浙江省哲学社会科学规划项目"基于大数据的现代汉语高频动词搭配特征研究"

（项目编号：18NDJC230YB）

外国语言学及应用语言学研究丛书

XIANDAI HANYU DAPEI CHOUQU
JI YINGYONG YANJIU

现代汉语搭配抽取及应用研究

秦少康　著

ZHEJIANG UNIVERSITY PRESS
浙江大学出版社
·杭州·

图书在版编目（CIP）数据

现代汉语搭配抽取及应用研究 / 秦少康著. —杭州：
浙江大学出版社，2023.11
ISBN 978-7-308-24378-0

Ⅰ．①现… Ⅱ．①秦… Ⅲ．①现代汉语－语法－
研究 Ⅳ．①H146

中国国家版本馆CIP数据核字(2023)第214858号

现代汉语搭配抽取及应用研究

秦少康　著

策　　划　包灵灵
责任编辑　包灵灵
责任校对　杨诗怡
封面设计　项梦怡
出版发行　浙江大学出版社
　　　　　（杭州市天目山路148号　　邮政编码　310007）
　　　　　（网址：http://www.zjupress.com）
排　　版　杭州林智广告有限公司
印　　刷　广东虎彩云印刷有限公司绍兴分公司
开　　本　710mm×1000mm　1/16
印　　张　19.25
字　　数　330千
版 印 次　2023年11月第1版　2023年11月第1次印刷
书　　号　ISBN 978-7-308-24378-0
定　　价　78.00元

浙江大学出版社市场运营中心联系方式：0571-88925591；http://zjdxcbs.tmall.com

前　言

在现代汉语研究中，搭配现象是一个不容忽视的领域。搭配作为词汇学习的重要组成部分，对于语言学者、语言学习者以及自然语言处理系统来说都具有重要的理论和实践价值。《现代汉语搭配抽取及应用研究》基于语义标注语料，进行了搭配自动抽取的实验研究，深入探讨了现代汉语搭配抽取的方法和技术，以及搭配在词典编纂、二语习得等领域的应用。

本书第一、二章主要阐述了课题的提出背景、研究任务和研究方法，对搭配的界定进行了详尽的讨论，并介绍了搭配抽取的不同方法。第三、四章讨论了搭配抽取的相关技术细节，如搭配自动抽取跨距的确定，包括跨距计算过程、跨距的选择，以及常用的统计方法，并以此为基础报告了一个基于语义标注语料的、细化的多统计特征搭配自动抽取系统。第五章对语料中的搭配进行确认后，针对搭配自动抽取的难点进行了深入分析，讨论了搭配与共现频率、搭配词语分布和文本分布，以及搭配对语义理解的影响，并通过统计和观察得出了一些新的结论。第六、七章探讨了搭配自动抽取的相关应用问题，如基于义项的自动搭配抽取工具在词典编纂中的辅助作用、二语习得中的搭配难题、学习词典中搭配的收录和呈现，以及代表性搭配词典中的搭配信息选择，并尝试探讨了搭配复杂性及多词搭配等问题。附录部分提供了语料的义项搭配清单，可供相关研究使用。

希望本书能为语言研究者、教师和学习者在相关理论研究和实践应用方面提供有益的参考。在写作过程中，笔者努力遵循严谨的研究方法和态度，但由于水平有限，书中难免存在不足和疏漏之处，敬请读者批评指正。

目　录

第一章　引　论

第一节　课题的提出

搭配作为一种重要的自然语言现象，无论在理论上还是实践上都受到了广泛的重视。随着计算机技术的发展，计算机也被应用到搭配的获取之中。当前，搭配自动抽取是获取搭配的重要途径之一。统计方法作为非常有效的处理自然语言的传统方法，也成为搭配自动抽取的重要手段。然而，到目前为止，基于统计的搭配自动抽取，都是在词语甚至词形的基础上进行的，因此产生了两方面的问题：其一，很多抽取出来的搭配不能显现搭配词语之间的义项关系，就是说，如果搭配词语是多义词语，自动抽取的方法使用没有义项信息的语料自然就不能展示多义词语的某个义项的某个搭配；其二，很多抽取的结果都不符合人们的语感。鉴于此，本研究利用义项标注语料库，分析在义项基础上的搭配的特点，而不仅仅是词形的特点，利用统计的方法自动抽取基于义项的符合语感的搭配词语对。

搭配这一语言现象，受到很多领域的研究者的重视。在语言学研究中，搭配受到了以弗思（J. R. Firth）为代表的英国伦敦学派的语言学家的重视；在二语习得方面，搭配是学习者习得地道语言的一个难点，因此也受到词典编纂者的重视；在自然语言任务处理方面，搭配有助于指示意义，提高句子的自然程度，所以也受到机器处理方面研究者重视。

既然无论从语言研究还是语言应用角度来看，搭配作为研究对象或应用的材料，都如此之重要，那么，如何从自然语言中发现、获取搭配就成了重要的课题。无论自然语言处理还是词典编纂，都需要获取搭配。而面对海量的数据、不断涌现的新的搭配，自动抽取的方法就成为必要的、不可或缺的辅助方法。典型的搭配抽取方法主要是利用搭配的定义将数据转化为一定的数量特征从而获取搭配。比如，用互信息来表示搭配的强度，体现搭配是重复出现的，搭配是任意的（习惯成自然）等特点；用离散度来体现搭配具有一定结构性等。

但是，在现有的搭配抽取方法所提供的结果中，我们很容易就能发现抽取结果和实际语感的差别。通常，搭配自动抽取总是利用一定的统计数据来区分不同的词语共现现象，而在数据特征相同的情况下，总是会存在不属于搭配的词语共现现象。同时，当前的所有搭配抽取方法都是基于词语的，而不是基于义项的。一方面，词语在搭配的组合中总是和意义相关的，一个词语的所有意义并不总是可以和另一个词语的所有意义构成搭配的。另一方面，也存在一个词语搭配中，构成词语的多个义项都可以构成搭配的情况。无论何种情况，如果抽取的是词语的搭配，而不是针对意义的搭配，词语的意义在搭配结果中就是无法显示的，比如"表达"是"感情"的搭配，但是"感情"的两个义项——（1）对外界刺激的比较强烈的心理反应；（2）对人或事物关切、喜爱的心情——在抽取结果中就会混为一条。如果将这类抽取结果应用于自然语言处理，就会造成利用搭配进行词义消歧等任务的准确率降低。

那么，现有的统计方法是否能够应用于基于义项的搭配自动抽取呢？结合义项标注语料库，利用现有的统计抽取方法，抽取出的搭配是否与之前仅仅基于词形的自动抽取有相似的准确率？如果能够达到相近的效果，那么毫无疑问，在义项层面上进行抽取符合语感的搭配，将为语言研究、词典编纂、自然语言任务处理提供有效帮助。

第二节　研究任务和研究方法

一、研究任务

本研究利用义项标注语料库，从词语义项层面抽取搭配，并改进基于词语层面的自动搭配抽取算法，一方面希望可以使基于词形的统计方法适用于基于义项的搭配抽取，另一方面希望可以使自动抽取出的搭配更符合语感，从而使抽取结果能有效应用于语言学、二语学习、自然语言任务处理等研究和应用。

本研究建立在利用《现代汉语词典》对大规模汉语语料库进行多义词义项标注而构建的义项标注语料库的基础上。语料库中的词语包含词形、拼音、词类、义项信息，所以，由于具有义项信息，抽取出来的搭配词语也包含义项，从而构成基于义项的搭配。

典型的搭配自动抽取算法主要是研究搭配词语在自然语言中表现出来的不同特点，发现搭配词语在语料中表现出来的不同统计特征，进而将这些特点用数据表现出来，结合统计特征，在语料确定的上下文中进行自动抽取。

所以，本研究基于义项的搭配自动抽取的主要任务包括：（1）确定搭配的定义。众多研究者都试图准确描述搭配这一语言现象，但方法和理论或有不同，这会造成研究对象名称不同，内容不同，结果也不同，如从词义角度、统计的角度、语法的角度、心理角度等不同侧面都可以刻画搭配的不同特点。搭配的不同定义，实际是描述了搭配的不同侧面、不同特点，因而研究者们会根据不同的特点进行抽取工作。（2）确定适用于义项标注语料库的搭配抽取上下文的范围。人们的语感可以帮助找到距离很远的搭配，而在搭配自动抽取的过程中，研究者必须让计算机在确定的范围内抽取搭配。这个范围的确定可以在多方面助益搭配自动抽取，比如抽取效率、抽取准确率等。（3）确定适用于义项标注的搭配词语的统计特征。在基于词语的搭配自动抽取算法中，诸如互信息、对数似然比等统计值得到了广泛的运用，这些统计值是否仍然适用于义项标注的语料，是需要在义项标注语料库中进行实验确认的。（4）提供基于义项的搭配抽取方法。

二、研究方法

本研究的主要方法是基于语料库的统计方法。

语料库由真实的自然语言构成，是自然语言的抽样和代表。在搭配抽取过程中，分析不同的常用统计变量对于基于义项的搭配的抽取结果的影响，进而寻找发现隐藏在搭配背后的统计特征，从而利用不同的统计变量进行过滤、确认，完成机器的自动抽取，这些都是需要具有代表性的语料库作为统计基础的。基于统计的语言研究需要一定的语言材料，而语料库天然的满足统计的要求。基于统计的搭配抽取，无论是在统计特征的寻找方面，还是在搭配的抽取方面，都离不开语料库的支持。

本研究所使用的是由新加坡国立大学、北京大学和商务印书馆三方联合开发的"全文义项标注汉语语料库"。本研究所使用的是该语料库中的教材语料库部分（以下称为"现代汉语语文教材语料库"），该语料库涵括了最具代表性、使用面最广的中小学语文教材共 14 套，其中，小学与中学各 7 套，去除重复篇章后，共计 2088 篇课文文本。该语料库规模达 2187215 个字、1476124 个词、171184 条句子。该语料库建设的主要目的是为词汇教学、词典编纂等服务，是一个经过深度加工的、高质量的，同时具有良好的语言代表性和平衡性的义项标注语料库。

首先，"现代汉语语文教材语料库"具有良好的代表性，可以作为现代汉语的典型抽样。语料库所收录的教材都是当代使用范围最广的中小学语文课文，大多数是现当代的名家名篇，共计近500位中外著名作家的作品，其中选用文章最多的有鲁迅、老舍、叶圣陶、朱自清、沈从文、巴金、丰子恺等现当代著名作家，这些作品在语言文字使用上具有公认的规范性与典型性。此外，从字词使用的代表性方面看，该语料库所含字种数达5550个，词种数达75000个，基本覆盖了现代汉语的常用字词及次常用字词，从这个方面看，该语料库可以基本反映出现代汉语的整体面貌。

其次，"现代汉语语文教材语料库"兼具良好的平衡性。语料库在时代、地区、文体、主题四个维度上体现了语料库的平衡性。从"时代"属性看，"现代汉语语文教材语料库"中的文本所属的时代可以分为3个阶段：

阶段一：1911—1949年

阶段二：1949—1979年

阶段三：1979年至今

从原作者所属的地区来看，由于该语料库属于现代汉语语料库，因此其中的文本以中国作家作品为主，同时，该语料库还兼收欧美等其他地区较有影响性的作家的作品，体现了该语料库在地域上的广泛性。从文体上看，该语料库除诗歌类作品外，主要有小说、戏剧、散文、应用文四大文体类型作品。从总体上看，在各种文体中，散文类语料所占比例最高，约占四分之三。在散文类语料中，记叙文类篇数比例最高。从主题上看，该语料库与典型的通用平衡性语料库如"台湾'中研院'平衡语料库"及"现代汉语通用语料库"的主题分布在总体上是一致的，都以人文社会科学类为主，自然科学类和综合类为次，只在某些方面有所不同，例如该语料库中新闻报道类比重较低。①

最后，语料库是义项标注语料库，包含多义词义项信息，这是构成基于义项进行自动搭配抽取研究的坚实基础。《现代汉语词典》是中国社会科学院语言研究所编写的以推广普通话，促进现代汉语规范化为宗旨的工具书，是一部规范型现代汉语词典，具有极高的权威性。而在《现代汉语词典》的第5版

---

① 关于语料库平衡性的详细说明图表，如时代、地区、文体、主题四个维度及其对应的文章数量、字词数量分布等，参见附录2。

中，每个词条、义项均标注了词类，可以作为义项标注语料的义项标注结果集使用。

　　毫无疑问，作为本研究基础的义项标注语料库的质量和标注信息会影响到本研究的过程和结果。在本研究中，语料库的处理过程大体可以分为文本去重、机器预标注和人工校对。需要注意的是，进行义项标注的语料库是经过分词、词形标注、拼音标注的语料库，不是未加工的生语料。样例如下：

　　端午/t◆duan1_wu3 日/n◆ri4 ，/w 当地/s◆dang1_di4 妇女/n◆fu4_nv3 、/w 小/a◆xiao3 孩子/n◆hai2_zi5 ，/w 莫/d◆mo4 不/d◆bu4 穿/v◆chuan1 了/u◆le5 新衣/n◆xin1_yi1 ，/w 额角/n◆e2_jiao3 上/f◆shang5 用/p◆yong4 雄黄/n◆xiong2_huang2 2/m 蘸/v◆zhan4 酒/n◆jiu3 画/v◆hua4 了/u◆le5 个/q◆ge4 王/Ng◆wang2 字/n◆zi4 。/w 任何/r◆ren4_he2 人家/n◆ren2_jia1 到/v◆dao4 了/u◆le5 这/r◆zhe4 天/q◆tian1 必/d◆bi4 可以/v◆ke3_yi3 吃/v◆chi1 鱼/n◆yu2 吃/v◆chi1 肉/n◆rou4 。/w 大约/d◆da4_yue1 上午/t◆shang4_wu3 十/m◆shi2 一/m◆yi1 点钟/q◆dian3_zhong1 左右/f◆zuo3_you4 ，/w 全/a◆quan2 茶峒/ns◆cha2_dong4 人/n◆ren2 就/d◆jiu4 吃/v◆chi1 了/u◆le5 午饭/n◆wu3_fan4 ，/w 把/p◆ba3 饭/n◆fan4 吃/v◆chi1 过/u◆guo5 后/f◆hou4 ，/w 在/p◆zai4 城里/s◆cheng2_li3 住家/v◆zhu4_jia1 的/u◆de5 ，/w 莫/d◆mo4 不/d◆bu4 倒/v◆dao4 锁/v◆suo3 了/u◆le5 门/n◆men2 ，/w 全家/n◆quan2_jia1 出/vd◆chu1 城/n◆cheng2 到/v◆dao4 河边/s◆he2_bian1 看/v◆kan4 划船/v◆hua4_chuan2 。/w 河街/ns◆he2_jie1 有/v◆you3 熟人/n◆shu2_ren2 的/u◆de5 ，/w 可/v◆ke3 到/v◆dao4 河街/ns◆he2_jie1 吊脚楼/n◆diao4_jiao3_lou2 门口/s◆men2_kou3 边/f◆bian1 看/v◆kan4 ，/w 不然/c◆bu4_ran2 就/d◆jiu4 站/v◆zhan4 在/p◆zai4 税关/n◆shui4_guan1 门口/s◆men2_kou3 与/c◆yu3 各个/r◆ge4_ge4 码头/n◆ma3_tou5 上/f◆shang5 看/v◆kan4 。/w 河中/s◆he2_zhong1 龙船/n◆long2_chuan2 以/p◆yi3 长潭/ns◆chang2_tan2 某/r◆mou3 处/n◆chu4 作/v◆zuo4 起点/n◆qi3_dian3 ，/w 税关/n◆shui4_guan1 前/f◆qian2 作/v◆zuo4 终点/n◆zhong1_dian3 ，/w 作/v◆zuo4 比赛/v◆bi3_sai4 竞争/v◆jing4_zheng1 。/w 因为/p◆yin1_wei4 这/r◆zhe4 一/m◆yi1 天/q◆tian1 军官/n◆jun1_guan1 、/w 税官/n◆shui4_guan1 以及/c◆yi3_ji2 当地/s◆dang1_di4 有/v◆you3 身份/n◆shen1_fen5 的/

u ◆ de5 人 /n ◆ ren2 ， /w 莫 /d ◆ mo4 不 /d ◆ bu4 在 /p ◆ zai4 税关 /n ◆ shui4_guan1 前 /f ◆ qian2 看 /v ◆ kan4 热闹 /a ◆ re4_nao5 。 /w

在本研究的语料库处理过程中，我们将不同出版社的相同文章进行了去重处理，使得语料库中收录的文章具有唯一性，避免了统计当中的简单重复。因为不同出版社的不同课本可能收录相同作品，并进行了一定的编辑，比如编写少量的说明文字，修订改写部分文字，但文本本身大体一致，如果保留，会使最后的统计出现偏差。极端的例子就是可能一个搭配词语对具有一定的统计意义，但在文本分布中却出现在不同出版社的同一篇文章的同一句话中，显而易见，这样很容易出现具有统计显著性，但实际却未必有代表性的偏差。所以，在最初的语料库建设工程中，我们对这一部分进行了去重处理，保证每一篇文章在语料库中唯一。文章去重是机器去重，采用的是计算字符串相似度的LD（Levenshtein Distance）算法。LD算法也称编辑距离算法（Edit Distance）。将字符串A通过插入字符、删除字符、替换字符变成另一个字符串B，如此操作的过程的次数就表示两个字符串的差异。用str1代表源字符串，str2代表目标字符串，举例如下：

　　★ 如果str1="test"，str2="test"，那么LD（str1,str2）= 0。没有经过转换。

　　★ 如果str1="test"，str2="tent"，那么LD（str1,str2）= 1。str1的"s"转换"n"，替换了一个字符，所以是1。它们的距离越大，说明两段文本差异越大。本研究中，对任意两篇课文进行对比时，如果LD距离小于设定的阈值，则认为两篇课文是重复的。

其次，在机器预标注过程中，机器会将不同词语标注一个默认的含义。最后，我们会进行人工校对。在人工校对过程中，以标注词为中心，给出一定长度的上下文并提供查询原文的链接，也就是说，每个人均是同时标注某一个词的不同义项，而不是分别标注不同词语的不同义项。这样可以保证词义标注的统一性，避免产生前后矛盾。人工校对由6位具有相关词汇学背景的受过严格词汇分析训练，并有一定甄别经验的中文系研究生完成，以保证最终语料库的义项标注的准确率。人工标注使用的表如表1.1所示。

表1.1 语料库义项手工标注示例

标注词左	标注词	机器标注	手工修订	标注词右
有一种声音在召唤着我。她	低 / a ◆ di1	低 / a ◆ di1 ▲ ^2	1	低地呼唤着我的名字，声音
一种声音在召唤着我。她低	低 / a ◆ di1	低 / a ◆ di1 ▲ ^2	1	地呼唤着我的名字，声音是
而又羞怯，静静地流着，	低 / a ◆ di1	低 / a ◆ di1 ▲ ^2	1	低地吟唱着，轻轻地度过
又羞怯，静静地流着，低	低 / a ◆ di1	低 / a ◆ di1 ▲ ^2	1	地吟唱着，轻轻地度过这
，如同向久别的朋友低语一样。它们	低 / a ◆ di1	低 / a ◆ di1 ▲ ^2	1	低地在沼泽和草地上空曲折地
如同向久别的朋友低语一样。它们低	低 / a ◆ di1	低 / a ◆ di1 ▲ ^2	1	地在沼泽和草地上空曲折地穿行
不相同的沉默的语言，向我发出	低 / a ◆ di1	低 / a ◆ di1 ▲ ^2	1	低的絮语11和呼唤。渐渐地
相同的沉默的语言，向我发出低	低 / a ◆ di1	低 / a ◆ di1 ▲ ^2	1	的絮语11和呼唤。渐渐地，
"是的。"我	低 / a ◆ di1	低 / a ◆ di1 ▲ ^2	1	低地说。

语料库中所有词语基于《现代汉语词典（第5版）》标注了词性及拼音信息，并对其中所有多义实词（名词、动词、形容词）标注了义项信息。义项标注后的语料库示例如下：

端午/t◆duan1_wu3 日/n◆ri4 ▲^4，/w 当地/s◆dang1_di4 妇女/n◆fu4_nv3、/w 小/a◆xiao3 ▲^1 孩子/n◆hai2_zi5 ▲^1，/w 莫/d◆mo4 不/d◆bu4 穿/v◆chuan1 ▲^5 了/u◆le5 新衣/n◆xin1_yi1，/w 额角/n◆e2_jiao3 上/f◆shang5 ▲^1 用/p◆yong4 雄黄/n◆xiong2_huang2 2/m 蘸/v◆zhan4 酒/n◆jiu3 画/v◆hua4 ▲^B1 了/u◆le5 个/q◆ge4 王/Ng◆wang2 字/n◆zi4 ▲^1。/w 任何/r◆ren4_he2 人家/n◆ren2_jia1 ▲^2 到/v◆dao4 ▲^1 了/u◆le5 这/r◆zhe4 天/q◆tian1 ▲^4 必/d◆bi4 可以/v◆ke3_yi3 ▲^A1 吃/v◆chi1 ▲^A1 鱼/n◆yu2 吃/v◆chi1 ▲^A1 肉/n◆rou4 ▲^1。/w 大约/d◆da4_yue1 上午/t◆shang4_wu3 十/m◆shi2 一/m◆yi1 点钟/q◆dian3_zhong1 左右/f◆zuo3_you4 ▲^2，/w 全/a◆quan2 ▲^3 茶峒/ns◆cha2_dong4 人/n◆ren2 ▲^1 就/d◆jiu4 吃/v◆chi1 ▲^A1 了/u◆le5 午饭/n◆wu3_fan4，/w 把/p◆ba3 饭/

n ◆ fan4 ▲ ^3 吃 /v ◆ chi1 ▲ ^A1 过 /u ◆ guo5 后 /f ◆ hou4 ▲ ^A2，/w 在 /p ◆ zai4 ▲ ^7 城里 /s ◆ cheng2_li3 住家 /v ◆ zhu4_jia1 ▲ ^1 的 /u ◆ de5，/w 莫 /d ◆ mo4 不 /d ◆ bu4 倒 /v ◆ dao4 ▲ ^A1 锁 /v ◆ suo3 ▲ ^2 了 /u ◆ le5 门 /n ◆ men2 ▲ ^2，/w 全家 /n ◆ quan2_jia1 出 /vd ◆ chu1 ▲ ^C 城 /n ◆ cheng2 ▲ ^2 到 /v ◆ dao4 ▲ ^2 河边 /s ◆ he2_bian1 看 /v ◆ kan4 ▲ ^1 划船 /v ◆ hua4_chuan2 。/w 河街 /ns ◆ he2_jie1 有 /v ◆ you3 ▲ ^2 熟人 /n ◆ shu2_ren2 的 /u ◆ de5，/w 可 /v ◆ ke3 ▲ ^A1 到 /v ◆ dao4 ▲ ^2 河街 /ns ◆ he2_jie1 吊脚楼 /n ◆ diao4_jiao3_lou2 门口 /s ◆ men2_kou3 边 /f ◆ bian1 ▲ ^2 看 /v ◆ kan4 ▲ ^1，/w 不然 /c ◆ bu4_ran2 ▲ ^3 就 /d ◆ jiu4 站 /v ◆ zhan4 ▲ ^A1 在 /p ◆ zai4 ▲ ^7 税关 /n ◆ shui4_guan1 门口 /s ◆ men2_kou3 与 /c ◆ yu3 ▲ ^B2 各个 /r ◆ ge4_ge4 ▲ ^1 码头 /n ◆ ma3_tou5 ▲ ^1 上 /f ◆ shang5 ▲ ^1 看 /v ◆ kan4 ▲ ^1。/w 河中 /s ◆ he2_zhong1 龙船 /n ◆ long2_chuan2 以 /p ◆ yi3 长潭 /ns ◆ chang2_tan2 某 /r ◆ mou3 处 /n ◆ chu4 ▲ ^1 作 /v ◆ zuo4 ▲ ^2 起点 /n ◆ qi3_dian3 ▲ ^1，/w 税关 /n ◆ shui4_guan1 前 /f ◆ qian2 ▲ ^1 作 /v ◆ zuo4 ▲ ^2 终点 /n ◆ zhong1_dian3 ▲ ^1，/w 作 /v ◆ zuo4 ▲ ^2 比赛 /v ◆ bi3_sai4 ▲ ^1 竞争 /v ◆ jing4_zheng1。/w

语料中的词语以空格为界分开，"/"之后标记词类，具体词类参见表 1.6，"◆"之后标记《现代汉语词典》拼音，其中声调用数字表示，"▲ ^"之后标记《现代汉语词典》义项序号。

语料库义项标注过程如图 1.1 所示。

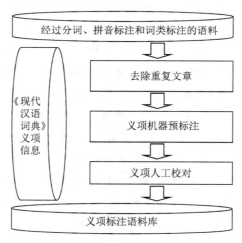

图 1.1 义项标注语料库标注过程

整个语料库的基本数据，可以按照宽松和严格两种方法进行统计。宽松的方法中，空格为分词标记，词语中任何字符均参与计算；严格的方法中，空格为分词标记，词语中仅Unicode汉字字符参与计算，特别去除了标点符号部分。两种方法中，句子分割标记为"。！？"。语料库的基本统计数据分别如表1.2、表1.3所示，宽松也好，严格也好，总词数均超过百万，为搭配抽取提供了坚实的数据基础。

表1.2 义项标注语料库基本统计数据（宽松）

使用阶段	文章数	字数	词数	句数
小学	1494	844889	604422	31710
初中	373	829326	579877	25426
高中	221	856141	582970	24370
合计	2088	2530356	1767269	81506

表1.3 义项标注语料库基本统计数据（严格）

使用阶段	文章数	字数	词数	句数
小学	1494	729770	505006	31710
初中	373	715403	483238	25426
高中	221	740032	487669	24370
合计	2088	2185205	1475913	81506

语料库全文标注动词、名词、形容词，其中，名词还包括时间词t、处所词s、方位词f三个小类，形容词还包括区别词b、状态词z两个小类。

若动词、名词、形容词与其他词类兼类，则兼类的也需进行标注，举例见表1.4。

表1.4 兼类词语标注情况示例

词语	拼音	词类	义项号	频次
把	ba3	v	A1	3
把	ba3	q	A10	352
把	ba3	p	—	5575
把	ba3	v	A4	1

在《现代汉语词典》中，"把"作为动词时与量词兼类，故"把"做量词时也要进行标注；而"把"作为介词在《现代汉语词典》中单独成条，没有标注。

所有未标注的动词、名词、形容词均为单义词。

语料库语文词条以"词形＋拼音＋词类"统计，共计45863条，共标注其中的 8306 条（计 12470 义项）。单义动词、名词、形容词以"词形＋拼音＋词类"统计，共计 35565 条。其中标注的具体词条数量分布见表 1.5。

表 1.5　义项标注语料库义项标注统计

使用阶段	小学	初中	高中	合计 *
词形＋拼音＋词类	5583	6722	6395	8306
词形＋拼音＋词类＋义项	7735	9445	8710	12470
标注数量	193998	178165	177802	549965

注：合计数量为不重复数量，小于单纯合计数量。因为小学、初中、高中有重复数量。

标注的具体词类分布见表 1.6。

表 1.6　义项标注语料库词类标注统计

词类	标记	词形＋拼音＋词类	词形＋拼音＋词类＋义项
形容词	a	998	1501
区别词	b	111	135
连词	c	33	33
副词	d	214	214
叹词	e	6	6
方位词	f	56	94
数词	m	11	11
名词	n	3480	4989
拟声词	o	25	28
介词	p	36	36
量词	q	161	161
代词	r	12	12
处所词	s	21	28
时间词	t	18	21
助词	u	9	9
动词	v	3012	5047
趋向动词	vd	7	18
助动词	vu	6	10
状态词	z	90	117
合计		8306	12470

第三节　本书结构

本书共分为七章：第一章介绍本研究的课题、研究任务、研究方法；第二章讨论不同学者对搭配的研究以及认识，并明确本研究的搭配定义，介绍不同的搭配抽取方法；第三章基于义项语料库确认本研究使用的搭配抽取时的跨距；第四章介绍本研究搭配抽取过程中使用的搭配统计特征，以及本研究算法的优化、搭配抽取的结果；第五章分析在搭配抽取过程中发现的搭配抽取的难点及其重要的影响因素；第六章展示本研究对词典编纂中搭配项目编写的助益；第七章对本研究进行总结。

第二章　搭配界定和抽取方法

　　词汇搭配（collocation）是语言学与应用语言学领域中的重要概念之一，长期受到学者的重视。尽管众多研究者都试图准确描述搭配这一语言现象，但由于各自的研究方法和理论框架多种多样，致使研究对象名称不同，内容不同，结果也不同，如从词义角度、统计角度、语法角度、心理角度等不同侧面都可以刻画搭配的不同特点。同时，不同的研究者从不同的理论、应用需求出发，采用不同的搭配界定方法，提出了不同的搭配获取方法，以满足研究与应用的需要。在不同的研究体系中的搭配几乎意味着完全不同的事物：弗思体系中，搭配基本等于词项的结伴使用；新弗思学派（neo-Firthians），如辛克莱（J. M. Sinclair）等人，认为搭配是词语的共现；词典编纂者如本森（M. Benson）则会将一些句法结构加到词典中；语言习得研究者将搭配视为语言的预制件（pre-fabrication, pre-fabricated chunks）。可以说，有关搭配的研究众多，且概念林立。

　　随着计算机技术的发展和应用，搭配自动抽取任务成为颇受重视的自然语言处理任务之一。而抽取的搭配认定也与根据抽取方法采取的搭配的概念相关联。本章试图评述不同研究者对搭配的不同认识，提出本研究采用的搭配定义，并介绍不同的搭配抽取方法。

第一节　搭配的界定

　　不同的学者会采用不同的方法界定不同的搭配范围。以弗思学派的辛克莱为代表的学者采用不同的量化指标来刻画搭配的显著性，定义搭配，这种基于语料库的定量研究的方法叫作"基于频率的研究"（frequency-based approach）（参见：Nesselhauf, 2004）。以考伊（A. P. Cowie）为代表的学者从搭配组成词语的特征上定性地定义搭配，属于一种内省的语言学方法。这种定性研究叫作

"短语法研究"（phraseological approach）（参见：Nesselhauf, 2004）。

一、基于统计的搭配界定

高登亮（2005）转述了董达武先生在《语境源流学》一文中的观点：德国哲学家弗雷格（G. Frege, 1848—1925）在《算术基础》中最早提出了语境问题。弗雷格在序言中提出了三个方法论原则，其二为"必须在句子联系中研究语词的意谓，而不是个别地研究语词的意谓"（弗雷格, 1998: 9）。他在讨论数的问题时提出"实际上只有在完整的句子中词才有意谓。……如果句子作为一个整体有一个意义，就足够了；这样句子的诸部分也就得到了它们的内涵"（弗雷格, 1998: 77）。从哲学的角度看，可以认为弗雷格说明了语境对于理解词义的重要性。张志毅和张庆云（2005）指出"后人称之为语境原则"。但人们普遍认为，人类学家马林诺夫斯基首先确定了"语境"概念。马林诺夫斯基（Malinowski, 1923）分析了自己在调查中遇到的语言问题，并提出了"情景语境"（context of situation）概念，这一概念是和语言问题直接相关的。

伦敦学派创始人弗思的主要学说之一就是根据语境来寻求意义。而一般也都认为弗思是第一位将词汇搭配作为一个语言学术语加以讨论的研究者，是搭配研究的开创者。他认为，对词汇项和词汇关系作形式描述不仅是必要的，而且是可能的。他认为要达到这一目的，研究词汇的搭配情况是最有效的途径。弗思关于搭配的观点大致有四个：（1）搭配是意义方式的一种；（2）搭配指词与词的结伴使用；（3）搭配词语之间相互期待、相互预见；（4）类连接（colligation）是更高一层的抽象。

弗思在《意义的方式》（参见：Firth, 1968b）一文中对意义做了详尽的论述。他认为，意义可以通过相互重叠的不同层面来研究，如情景层面、搭配层面、句法层面、语音层面等。"搭配意义"（meaning by collocation）是作为意义方式（modes of meaning）的一种提出来的。Firth（1968a）提出了之后被广为引用的"观其伴，知其义"（you shall know a word by the company it keeps）的观点。弗思本人并没有直接定义搭配，而是通过举例说明了这种现象，比如在"Don't be such an ass!""You silly ass!""What an ass he is!" 中，ass 和 you silly，he is a silly，don't be such an 结伴，所以，ass 的意义之一就是和上述词语的习惯性搭配。类似的，night 一词的意义之一是它与 dark 的"搭配性"（collocability），同样，dark 一词的意义之一是它与 night 的"搭配性"。搭配并不仅仅是词汇的简单并置，还体现了词与词的互相期待（mutual expectancy）。

同时，他认为搭配研究需要数量基础，这也是弗思学派的搭配研究的主要特色。

弗思的这些观点对于词语搭配研究具有重要的价值和启示意义。弗思所言之结伴使用也就是现在搭配研究中的"共现"（co-occurrence），是所有基于统计研究、应用搭配研究的基础，更是基于语料库的搭配研究的基础。同时，搭配并不是孤立存在的，是更大的意义研究的一环。弗思本人描述和介绍了搭配这种语言现象，并将之前被结构主义学者忽略的搭配纳入了语言学研究视野，但是他并未进行严格的搭配概念上的界定。

新弗思学派的代表人物韩礼德（M. A. K. Halliday）和辛克莱发展了弗思的理论。其中，辛克莱被视为英国语料库语言学的代表人物，他从语料库出发，通过统计手段来计量搭配，做了很多研究，也主编了搭配词典。他们关于搭配的研究充分利用了 20 世纪下半叶计算机技术和语料语言学的发展。

在纪念弗思的专集里，韩礼德和辛克莱分别发表了一篇文章，对于搭配的研究都具有重要意义。韩礼德的文章（Halliday, 1966）是"作为语言学独立层面的词语学"（lexis as an independent linguistic level），辛克莱的文章（Sinclair, 1966）是"开始词语学的研究"（beginning the study of lexis）。两人在文章中提出了词语学（lexis）概念，认为词语学研究词语行为，研究材料上应该使用真实语言实例，以词形（word form）在真实文本中的分布为数据基础，研究词语如何在文本中组织成为搭配。为此，他们提出了一整套的概念和方法，如节点词、跨距、搭配词，从语料库提取搭配例证。他们发展了弗思关于搭配伙伴相互预见的论说，认为节点词与搭配词具有相互吸引力（mutual attraction），并主张用一套统计手段测量，从而确定搭配关系。

Halliday（1966）提出并论证了独立于语法层的词汇层，认为从以下两个方面来认识词汇是有益的：（1）在语言学形式内部，词汇与（词汇）语义学的关系和语法与（语法）语义学的关系一样；（2）在语法之外，把词汇模式当作和语法模式完全不同的种类来看待。Halliday（1966）还提出了一些词语学（lexis）概念：搭配（collocation）、词项（lexical item）和词语集（lexical set）。词项是一个抽象的单位，比如，词项 strong 包括 strong、strongly、strength、strengthened 等不同词形，它们可以和词项 argue（包括 argue、argument 等）构成搭配；词语集是具有相同搭配形式的词项集，比如 strong 和 powerful 都可以和 argument 搭配，是 argument 限定的词语集的成员。Sinclair（1966）除了讨论词项等概念外，还提出了后来搭配研究中的一些基本概念：节点词（node）、跨距（span）、搭配词（collocate）。

Halliday（1966）在勾画了基本的搭配研究方法后提出，搭配研究需要非常大的文本样本。而基于统计的搭配总是在语料库的基础上进行抽取的，对搭配的界定应尽量使定义可以量化，以便于统计实现。韩礼德对词语搭配做了如下界定："词语学似乎只需要承认词项在某种显著的临近范围内的线性共现，或者是在一定区域内，或者是在某个截断点内。正是这种组合关系，才是所说的搭配。"（"Lexis seems to require the recognition merely of linear co-occurrence together with some measure of significant proximity, either a scale or at least a cut-off point. It is this syntagmatic relation which is referred to as collocation."）所以在韩礼德的界定中，线性共现成为重要的界定标准。

Sinclair（1966）提出了后来基于统计的搭配研究中的一些基本概念：节点词（node）、跨距（span）、搭配词（collocate）。同时，他还展示了如何统计手段来测量、确定搭配词和节点词之间的搭配关系。

辛克莱在著作《语料库、词语索引和搭配》（Sinclair, 1991：170）将中"搭配"定义为"两个或多个词在文本中相隔不远的空间出现"（collocation is the occurrence of two or more words within a short space of each other in a text）。在具体抽取搭配时，上述定义可以进行量化：首先，两个词分别为节点词和搭配词；"相隔不远的空间"定义成以节点词为中心，前后各N个词构成，其中不同的研究者对N有不同的设定，或者是经验值，或者是实验值；所谓"出现"，实际是节点词和搭配词在语料库中，在上述空间内出现的频率，不同的研究对此有不同的频率阈值。在上述"不远的空间"之内，实际上不同的词语和节点词的关系差异极大，所以 Sinclair（1991）区分"显著搭配"（significant collocation）和"偶然搭配"（casual collocation），但大多数情况下，辛克莱所说的搭配专指"显著搭配"。"显著搭配"也可以量化。Sinclair（1974）将显著搭配定义为词项间的常规搭配，节点词和搭配词实际共现的次数高于它们的频率与文本长度所预期的次数（regular collocation between items, such that they co-occur more often than their respective frequencies and the length of text in which they appear would predict）。[1] 显然，辛克莱和韩礼德的观点都非常重视线性共

---

[1] 辛克莱在搭配研究中，提出了自搭配（self-collocation）、位置相关搭配（position dependent collocation）和位置无关搭配（position free collocation）、向上搭配（upward collocation）、向下搭配（downward collocation）甚至中间搭配（neutral collocation）等。这些概念或多或少是与基于统计的语料库研究方法相关联的。位置相关和位置无关搭配直接和跨距内的位置联系。向上、向下和中间搭配的概念则完全是建立在语料统计的基础上，如果节点词的出现频率高于搭配词的出现频率，则为向下搭配，反之为向上搭配，中间搭配是居于中间的一个缓冲区。

现这一搭配特征，认为搭配相对于普通组合具有一定的显著性。这种观点得到辛克莱（Sinclair, 1991）的一贯坚持。例如下述句子中的斜体词都被看作back一词的搭配词语：

I crawled back to *camp*.

I'll drive you back to your *flat*.

Not a bit like his back *garden*.

He turned and went back *home*.

We had to go back to the *hotel*.

You have just got back from the *office*.

Set back from the *road*.

The back *streets* of Glasgow.

All the way back to the *village*.

On his *way* back to the apartment.

Without even a back *yard*

Go back to *bed*

He leaned back to the *window*.

Stepping outside the back *door*

A man standing by the back *wall*

Tom went back to the *window*

Britain would be back on his *feet*.

He brushed back his *hair*

With the back of his *hand*

She put her *head* back against the seat

The hairs on the back of my *neck*

He gestured back over his *shoulder*

They got back into the *car*.

There was some beer on the back *seat*

In the back of his *mind*

Then we go back to *sleep* again

You must come back to the *kitchen*.

She went back into the *living room*.

Beside me here on the back *porch*

He came back into *room*.

显然，上述例子中很多斜体词与back除了具有线性共现以及统计的显著性联系之外，并没有什么其他的特殊关系，比如，Go back to *bed* 中的bed，He brushed back his *hair* 中的hair。也就是说，辛克莱对搭配的界定非常注重搭配所具有的统计学上的特征。

可以说，以韩礼德和辛克莱为代表的新弗思学派创造性地提出了基于语料库的搭配研究统计方法，并且这种方法目前仍然是语料库语言学领域研究词语搭配甚至词语的重要方法。一方面，随着计算机技术的发展，他们提出的大规模的语料库基础在今天已经成为可能。但另一方面，基于统计的搭配界定也存在一定问题，除了不易区分不同义项的搭配词语之外，由于过分强调搭配词语的线性共现关系和搭配词语之间的概率属性特征，导致界定出来的有些搭配和人的语感差别极大，如以辛克莱主编的、纯粹基于统计结果的《英语搭配词典》（*Collins Collocation Dictionary*）为例，feeling条目下的搭配有：get、like、good、very、more、m、just、now、well、left、people、without、got、still、know、help、because、better、way。其中固然有feeling well这种典型的搭配，却也包含了very、more、just、now、without、still、because等典型的不符合语感但可能符合统计的搭配。

三、基于内省的搭配界定

基于统计的搭配界定首先重视甚至唯一重视的就是搭配词语在语言实例中所体现的统计特征。而基于内省的搭配研究则不同，研究者更依赖于自己的语言直觉，以及相关的句法、语义等信息。

R. C. Smith（1999）分别引述了朗德尔（M. Rundell）和考伊对英语对外教学的先驱帕尔默（H. E. Palmer）的评价。朗德尔认为：帕尔默的《英译词汇搭配第二次中期报告》（*Second Interim Report on English Collocations*）（1933）对于短语学（phraseology）的描写和解释之关心是有史以来单语词典的关键特征之一。他还认为当前应用语言学对于语言组块（chunking）的关注不仅源于弗思，也根源于此；考伊则指出帕尔默的研究揭示了日常口语和书面语中预制序列（ready-made sequences）大量使用的情况，并为20世纪八九十年代有关短语学的研究热潮铺平了道路。帕尔默的著作重点强调了搭配^①的学习困难以及需要采取的对策，而且不仅关注习语（如 put one's shoulders on the wheel），而且同样重视之后的概念意义上的搭配（如 ask a favour）。

考伊本人作为"牛津系列"多部搭配词典、"习语词典"的主编，也致力于短语的研究，并推动了帕尔默开创的搭配研究。考伊还在词典编纂中具体实践搭配的处理。

在讨论多个词语的组合这种语言现象时，Cowie（1998a）列举了phraseological units、word-combinations、phrasal lexemes、prefabs等不同名称，而考伊在解释书名中的phraseology时，也只是说明了这一术语使用范围比较广而已。事实上，这一语言现象/单位处于词汇之上，句子之下[Cowie（1975）在序言中声称其所指的idioms即为长于词、短于句的句法单位]，包含了词汇、语法、语用等多方面性质，从不同的角度观察自然会有不同的结果。Cowie（1981）认为"这一领域中缺乏一个标准的术语，这将会一直困扰词汇学家的工作"（the lack of a standardized terminology in this area continues to bedevil the work of lexicologists），作者在文中使用了"composite unit"来指称这一语言单位；在Cowie（1998b）中，作者又使用了"word-like unit"来指称。Altenberg（1998）也指出，短语是语言中的模糊的部分（Phraseology is a fuzzy part of language）。词语组合内部本身并没有清楚的界限，结果就是词语组合内部分类非常模糊，并非一清二楚。在这些不同的名称下，我们需要分析不同的词语组合的性质，将搭配分离出来。

考伊和麦金（R. Mackin）的《牛津当代英语成语词典》（*Oxford Dictionary of Current Idiomatic English*）（Cowie, Mackin, 1975）实质上就是一部英语词语搭配词典。Cowie（1978）介绍了该词典的搭配界定体系，将搭配界定为"作为一定句法模式中的结构成分，两个或多于两个的词项的共现"（By collocation is meant the co-ocurrence of two or more lexical items as realizations of structural elements within a given syntactic pattern.）。显然，考伊从两个角度界定搭配，其一是共现，其二是句法限制。而《牛津当代英语成语词典》注明了每个词组和成语的搭配范围，同时标注了它们的语法结构。在词典的序言和使用说明中，编者都特别说明了搭配。在使用说明中，编者专门指出："词条中的搭配信息如此安排一方面是为了清楚说明搭配之间的关系，另一方面是为了说明语法模

---

① 按照考伊的介绍，帕尔默本人就将这类现象称之为"collocation"。

式。" [Information about collocating words is set out in the entries in a way which is designed to make clear the relationship between collocations on the one hand and grammatical patterns (and their transforms) on the other.] 如在下面例子中，Verb 引导的几个动词都是 come-back 的搭配词语，词典中专门用 Verb 标明这几个搭配词语在做动词时与 come-back 搭配。

come-back ... Verb: make, stage; attempt, try *After many years of obscurity, the once-famous film-star made an unexpected* come-back.

考伊（Cowie, 1975；1981）提出了划分词语组合的两条标准——组合意义和组成词语意义的关系以及组成部分内部变化，并以此将词语的组合划分为四类：（1）纯习语（pure idiom）；（2）比喻性习语（figurative idioms），组合具有比喻意义，但字面意义仍然在使用，如 catch fire。（3）受限搭配（restricted collocation），一个词仅在此组合中具有比喻意义，另一个词保留字面意义并可能替换成其他词，如 a cardinal error/sin/virtue/grace；（4）开放搭配（open collocation），两个构成元素可以重新自由组合，如 fill/empty/drain the sink/basin/bucket。无论受限搭配还是开放搭配，在和其他组合区分时考虑的是搭配词语之间的意义关系，而这和考伊对搭配的界定是没有关联的。考伊界定搭配使用共现和句法因素，前者是搭配词语间的物理现象，后者是搭配词语之间的语法关系。所以，实际操作中采用的方法和搭配的概念并不统一。这表明了搭配现象的复杂性。同时，也可以认为考伊实际认可搭配具有物理的、语法的、语义的三方面特征。

本森主编的《BBI 英语搭配词典》（*The BBI Combinatory Dictionary of English*）主要面向英语学习者。在序言（Benson, 1986）中，作者首先区分了语法搭配和词汇搭配，认为"语法搭配由一个主要词语（名词、形容词、动词）和一个介词或语法结构，如不定式或从句构成" [a phrase consisting of a dominant word (noun, adjective, verb) and a preposition or grammatical structure such as an infinitive or clause]；自由语法搭配由满足英语句法规则的元素构成，并可自由替换。《BBI 英语搭配词典》列出了 8 类语法搭配，这些所谓的语法搭配实际上就是语法中的句法形式，如 SVO to O，例子 "they mentioned the book to her"。词汇搭配通常不包括介词、不定式或从句，主要由名词、形容词、动词和副词构成；自由词汇搭配中的元素不重复出现，不是一定共现，与其他词项自由共现。作者认为词典应该收录搭配，但不应收录自由搭配。根据词汇搭配的不同的黏合度，划分为（Benson et al., 1986：252）：

·自由组合：在和其他词项结合方面，组成部分最自由。具有最少的黏合性。

·习语：相对固定表达，其意义不反映组成部分的意义（to have an axe to grind）。

·搭配：介于习语和自由组合之间，松散的固定组合如 to commit murder[①]。

·过渡性组合（transitional combinations）：介于习语和搭配之间。比普通搭配更固定（缺少变化性）。和习语不同，因为这些组合的意义似乎和组成部分有关。如 to foot the bill，to curry favor，to catch one's breath。

·复合词：超过一个词，并完全固定。如 definite article, diesel engine[②]。

Cruse（1986）认为搭配是词汇项目（lexical items）的序列，它们习惯性共现（sequences of lexical items which habitually co-occur），同时意义透明，即组成部分之间有一种语义黏合，也就是组成部分之间在某种程度上互相选择。而对于像 foot the bill、curry favour 这种语义黏合程度非常强，一个词语要求另一个词语必须出现在附近上下文中，二者不可能分开的这种情况，克鲁斯认为仍属于搭配，并称之为边缘性搭配。

另外，有些学者尝试从语法、语义和替换的角度对搭配本身进行分类。

早在 1933 年，帕尔默就在《英语词汇搭配第二次中期报告》中将搭配从词类角度分为动词搭配、名词搭配、副词搭配和介词搭配。Benson（1986）从组成元素的语法类别角度的分类体系如下：

verb＋noun/Pron/Prep Clause（make an impression）

verb（具有 eradication 或 nullification 的含义）＋noun（reject and appeal）

adj.＋noun（strong tea）

noun＋verb（动词的动作是名词所具有的特点）（*bees buzz*）

noun 1 of noun 2（a piece of advice）

adj.＋adv.（deeply absorbed）

verb＋adv.（affect deeply）

---

① 不是习语，因为语义透明。不是自由组合，因为：（1）动词同义受限；（2）使用频率高，心理突出（psychologically salient）。

② 作者没有提供具有可操作性的划分依据，如 transitional combination。

Aisenstadt（1981）[①]也有类似的基于词类的分类。

Cowie（1992）从语义角度对受限搭配中的动词进行了分类：比喻性（figurative），如 deliver a speech；去词汇性（delexical），如 make proposals；技术性（technical），如 try a case。考伊分别为三类设计了测试：

> 比喻性：从名词的角度看，动词是否唯一或仅是很小的一个集合的成员；
> 去词汇性：存在一个与组合义相同的动词（proposal）；动词的比喻义已失去类推力量；动词可以用于技术性义项；
> 技术性：名词在与此动词相关的意义上是唯一选择。

Howarth（1998）从替换的角度将 verb＋noun 的搭配分为五种。

> Level 1　名词自由替换，动词受限（小部分同义动词）：adopt/accept/agree to a proposal/suggestion/recommendation/convention/plan, etc；
> Level 2　均可部分替换（小部分名词，小部分同义动词）：introduce/table/bring forward a bill/an amendment；
> Level 3　小部分同义动词＋名词唯一：pay/take heed；
> Level 4　小部分名词，动词唯一：give the appearance/impression；
> Level 5　二者都唯一：curry favour[②]。

这些都是通过观察、比较构成部分和整体的关系，以及构成部分内部性质而界定搭配，推动了人们对搭配的认识，很多相关成果都应用在了词典编纂中，在语言使用和教学中发挥了作用。以内省的方法界定搭配的优点在于界定出来的搭配接近人的语感，容易让人接受；缺点在于不容易取得一致，甚至一个人前后期可能都不一致，可操作性较差。而通过讨论，可以看到，限制条件的松紧会影响搭配范围的大小，实际上有较大的伸缩可能性。

汉语语言学家对搭配的认识有一个逐步深入的过程。

蒋绍愚1989年在《中国语文》上发表的《关于汉语词汇系统及其发展变化的几点想法》（转引自：蒋绍愚，1999）是较早涉及词的组合问题的文章。作者指出"词的组合关系，简单地说就是词的搭配关系"，并分析了词语组合的历史变化的两个方面：（1）"同一个词，词义基本不变，但在不同历史时期组

---

① 作者除了提到结构模式外，还提到了替换限制和组成部分意义。
② 本森的例子中，curry favour 是 transitional combination，不算搭配。

合关系有所不同。"（2）"在某一时期的语言平面中，既有继承前一时期的旧词和旧语法成分，又有新产生的新词和新语法成分，新旧的组合关系往往不同。"可见，作者已经关注到词语组合关系的历史变化问题。

葛本仪（2001）提到了"词义的变化和发展的情况，还能够影响到更多的方面，如词义的变化使词与词之间的相互结合受到影响的问题……"，但作者没有对此展开论述。

周荐和杨世铁（2006）在评介《词汇语义学》（张志毅，张庆云，2005）时指出："把义位组合作为该书的研究内容，这本身就是创新。"作者认为："义位搭配是深层现象，词语搭配是表层现象。"作者提出了义位组合的 16 种选择原则：同素规则、施事规则、同系规则、形容规则、同向规则、同层规则、同类规则、分布规则、语体同一规则、态度同一规则、倾向同一规则、修辞规则、传统规则、习惯规则、音节协调规则。作者还提出了义位组合的 9 个序列规则：时间序列、空间序列、数量序列、地位序列、标记序列、正负序列、语法序列、声调序列、习惯序列。另外，作者还总结了 10 种义位进入组合后的变异情况：同化、异化、特指化、虚化、强化、显化、广化、狭化、褒化、贬化[①]。可以看出，作者对于义位组合进行了详细的描述，这一点是未见于之前的文献的，这些对于理解生成自然语言、语言教学等都有一定的作用。

王惠等（2006）提出了一个现代汉语名词义位的组合框架来分析现代汉语名词义位。在这个框架中，首先要分析义位所能充当的句法成分及与其结合的句法成分/词类特征；然后需揭示此义位在每个句法位置上的特定词汇搭配和结构格式。将现代汉语名词语义类纳入此分析框架，对现代汉语多义名词进行组合分析，能够解释人在理解言语时如何确定具体义位。这一研究可应用于义位划分、词典编纂、词义消歧等。

张谂三（2005）对隋朝以前一组饮食类动词和名词的搭配和一组交通类动词与名词的搭配的变化作了描写，他主要通过搭配词语的不同词类来分类描写。作者介绍了词语搭配变化研究在汉语史研究中的作用以及在古籍整理、辞书编纂中的作用，并通过具体的描写表明了新词的产生、旧词的消亡、常用词的更替可以通过词语搭配变化来得到反映。

在汉语研究中，还有其他一些论述与搭配相关，兹简述如下：苏新春

---

① 王宗炎先生提出还应该有反化、转化、简化、丰化、确化、深化、淡化、隐化的情况，但他只是提到，并未进行详细介绍。

（1992）在汉语词义研究的方法论部分，总结了9种方法，其第八种方法即为语义搭配法。"语义搭配法就是通过一个词在与不同的词语形成不同的搭配关系来显示、判断词义的方法。"苏新春指出："搭配关系的不同与语义的构成有密切联系，也可以说语义搭配力是语义内部构成的一种功能性的体现。""语义搭配法对汉语来说具有特别重要的意义，因为汉语词没有形态，不像有形态的语言，一个词的具体意义和功能总在它的外部形态上表现出来。"作者也意识到，随着词义的发展变化，搭配对象也在发展变化。作者还指出了这种方法的局限性：不能深入义素分析词义的内部构成情况。 王希杰（1995）从语言和言语的角度分析了词语搭配的规则，并提出了对规则的正偏离和负偏离，正偏离就是艺术，负偏离就是错误；以及规则的高低层次对偏离也有影响。许多研究也对不同词类甚至具体对词、不同语法成分之间的搭配进行了描述工作。 王军（2005）对搭配有一些零散的论述。比如，作者注意到搭配组合对象的语法意义可以限定词语的意义，如"压根""雅观""起眼""照面"多用于否定结构中；还注意到一个词在同样的语法条件下，只和固定的一部分词搭配组合，在搭配对象上具有选择性，而不具有随意性。分为概括性搭配限制（和某一类在语义上有共同特点的类聚词进行搭配。例如"动不动就"＋{不希望的}）和个体性搭配限制（划定一个数量有限的封闭性词语群，如"冒"＋{危险、恶劣环境等}）。另外，李裕德（1998）可以分为两部分，前一部分介绍搭配，为后一部分搭配不当分析做铺垫。作者首先介绍了词语搭配的民族性、时代性、地方性、多样性和主观性；其次，介绍了义素分析法和格理论，并阐明如何将各种格归为不同的语义类型来解释搭配不当；再次，介绍了搭配的框架，即将搭配词加上不同的语法类别标签，构成主谓、动宾、动补、定中、状中、介宾六个框架；最后，针对不同的框架分析了语义类型和搭配不当的情况。需要指出的是，该书本身并不是一部理论著作，从松散的内容，到行文风格，都体现了作者前言中说明的该书的目标："本书正是为了帮助读者提高运用词语的能力和写作水平而编写的。"

在汉语的搭配研究中，不同的研究者从不同的角度对搭配提出了自己的认识。 林杏光（1999）总结了之前的搭配研究，将搭配的性质总结为10种观点，罗列如下：（1）语法说。郭绍虞先生认为"我喝饭"不通是动宾关系上的毛病。（2）非语法说。吕叔湘、朱德熙先生认为"语法不是修辞学，它只管虚字的用法，一般有实在意义的词儿用得对不对，例如'喝饭'的'喝'，它是不管的"。（3）阶段语法说。邢公畹先生认为总结出搭配中的"类"，并且认识

到这些类的意义后，搭配问题变成了语法问题。（转引自：林杏光，1999：366）
（4）词义和习惯说。黄成稳先生认为汉语无形态，词语组合采取直接搭配和关联搭配的方式，以语序和虚词为语法手段，搭配灵活自由，因此汉语搭配的性质是词义和习惯。（5）逻辑说。王力先生认为搭配是逻辑问题，如"老虎吃草"合语法，不合逻辑。（6）词汇—语法范畴说。张寿康先生认为词与词的搭配不是任意的，它既受词性的制约，也要受词义的制约。（7）句子相关成分的词语组合关系说。马挺生先生认为孤零零的一个词语不存在搭配的问题，词与进入句子以后才立足于一定的成分上并和"左邻右舍"发生搭配关系，从这个意义上说，所谓搭配就是指句子中相关句子成分的词语组合关系。（8）磁体构造说。张寿康、林杏光先生认为词语进入句子后像一块磁铁一样，吸引"左邻右舍"的铁屑，词语搭配的整体就是吸引与被吸附的结果。（9）语义系统说。林杏光先生将词语搭配分为习惯性搭配和事理性搭配，认为后者占大部分，而词语搭配体现民族性特征，不属于具有一般普遍性的认知系统和逻辑系统，而属于语义系统。（10）综合说。即认为词语搭配不是单一问题，而是多角度、多层面的综合性问题。

第二节　搭配抽取的不同方法

一、手工搭配抽取

在计算机技术得到广泛应用以前，从大规模语料库自动获取搭配只是存在理论上的可能，比如韩礼德和辛克莱早期提出的基于统计的设想。所以在大规模语料应用于词典编撰之前，搭配主要是通过词典编者的语感发现获取的。比如《牛津当代英语成语词典》尽管提供了每一个词条中的例句的出处（来自约30000不同的节选文字），却没有说明词条的具体获取方法。所以，我们可以认为之前讨论的基于内省的搭配界定方法就是手工搭配抽取。

《现代汉语实词搭配词典》（张寿康，林杏光，1992：4）介绍了词典的编纂过程，可以认为是采用了手工获取搭配的方法。

> 我们选择了3000万字的比较典范的作品作为语言材料：从语体上说，包括政论、文艺、公文、科学等语体；从表达方式上说，包括记叙、抒情、说

明、议论等方面。我们从这些语言材料中辑录实词的各种关系搭配的例句，写成卡片（计 30 多万张），这是向书面语言调查；另外，我们将 30 多万张卡片中搭配比较丰富的 10000 多个实词编印成调查表格，请一些有较高语言修养的同志按词的义项和搭配框架填写搭配词语，共填写了 3 万多张调查表格。……经过以上两方面的调查后，我们初步摸清了现代汉语的实词搭配情况。

可以看到，《现代汉语实词搭配词典》采用的方法是根据实词的各种关系在语言实例中确定实词的搭配词语，并直接通过语言的使用者的语感获取搭配词语。

手工搭配抽取需要耗费大量的人力、物力，并且相对于计算机普及发展后动辄以亿计算的大规模语料库，能够处理的语言材料数量相对有限。因此，自动搭配抽取随着计算机技术的发展而迅速应用到搭配抽取工作中来。

二、自动搭配抽取

相对于手工搭配抽取，自动搭配抽取基本可以处理无限大规模的语言材料，再辅之以一定的人工校对，可以迅速获取搭配候选集合，节省人工认定的工作量；而在自然语言任务处理中，自动获取搭配之后，搭配可以应用于意义的辨识，提高机器生成的句子的地道程度。所以，搭配的自动抽取在语言学界和自然语言任务处理中都获得了迅速的发展。

搭配自动抽取的主要方法是将搭配的特征进行形式化、数量化，从而让机器能够自动判断，得到最优结果。通常研究者会采用不同的统计变量来刻画搭配的特征，比如，辛克莱主要通过比较搭配词语在节点词语的上下文中实际出现次数和期望值来确定搭配的特征。一般情况下，搭配自动抽取过程首先需要确定一个合适的、最优的上下文长度，通常称为跨距（span），因为搭配的词语总是一起出现的；其次，在确定的上下文中，确认两个词语之间成为搭配的可能性（辛克莱的显著搭配）有多大，通常利用搭配的数量特征或将某些特征数量化来确认。所以，基本的搭配自动抽取过程一般如图 2.1 所示。

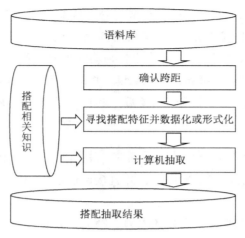

图 2.1 搭配自动抽取基本过程

（一）确定跨距的基本方法

以节点词语为中心，其前后的词语构成搭配词语出现的上下文。不同学者对于这个上下文有不同的命名，如窗口、跨距等。本研究采用跨距来指称这一上下文范围，以[−n1，+n2]来表示，其中，"−n1"表示节点词语之前的词语数，"+n2"表示节点词语之后的词语数。通常，搭配词语总是出现在节点词语前后的一定范围内，而常用的确定跨距的方法就是对可能的跨距范围进行穷举式的调查，从而找到最合适的结果。

Sinclair（1966）采用的跨距是[−3，+3]，但没有给出证明。Sinclair（1974）对 10 篇长度均为 5000 词的文本中节点词+1 到节点词+10 各个位置上搭配词的出现个数进行了分别测量，并计算期望值来确定跨距为+4，作者认为围绕节点词形成对称（作者没有给出证明），所以跨距为[−4，+4]。搭配显著性并没有变化，只是提供了一种标准统计测试来证明了前述界定方法。这个距离在英文搭配抽取的很多文献中，包括辛克莱主编的搭配词典（Sinclair, 1995）。辛克莱确定的跨距在实践中得到了广泛使用，但很多研究者也提出了新的观点。几乎同时，Berry-Rogghe（1973）建议跨距为[−4，+4]，但对于形容词，跨距为[−2，+2]。Mason（2000）则建议为每一个词都确定单独的跨距。在英文的自然语言处理中，Martin 指出，

统计测试表明，95%以上的搭配信息可以通过考察−5 和+5 范围内的词获得（标点符号忽略）"，但并没有说明这一统计数据的出处。而这正是 Smadja 的工作基础，在其自动抽取系统 Xtract 中就是把关键词左右各 5 个词

作为搭配词的候选（只是附加了 1 点，即不跨越句子界限）。（转引自：孙宏林，1998：231）

在汉语搭配抽取工作中，孙茂松等（1997）直接使用了斯马贾（Smadja）的[－5，＋5]，而孙宏林（1998）则认为汉语搭配和英语搭配不同，不同词类的搭配分布也不同，提出了汉语不同词类的搭配的跨距：名词是[－2，＋1]，动词是[－3，＋4]，形容词是[－1，＋2]。孙宏林的计算过程可以描述为：（1）动词、名词、形容词各选择一个作为节点词语；（2）抽取[－5，＋5]范围内的词语构成子语料库（SubCorp）；（3）过滤掉低频词语；（4）左右分别从 1 开始，逐步加 1 观察词种（type）和词形（token）的增量情况；（5）主要考虑词种数量，分词类确定左右跨距。

搭配的自动抽取中，跨距的确定是第一步，也是基础。单纯地认为搭配词语的上下文围绕节点词对称是一种经验性的结论，通过分析抽取的准确率和召回率确定跨距则更符合统计抽取的初衷。当然，针对不同语言、不同词类确定不同跨距，不仅可以提高自动抽取的准确率和召回率，也是符合不同语言具有不同的分布特点、不同词类具有不同分布特点的基本语言事实的。

（二）确认搭配的基本参数

在确认搭配上也有很多统计特征可以利用，最基本的共现频率仍然是可以利用的工具，尤其是连在一起的二元组；根据搭配词和节点词的距离来确定也是一种可行的方法。另外，一些基于假设检验的统计量也用于确认搭配。假设检验总是先确定某个假设，然后通过统计量来接受或者拒绝某个假设，比如，t 检验用于接受或拒绝假设的显著性。此外，信息论中的互信息也经常用于搭配的抽取。下面是一些基本的统计指标，包括期望值、z 值、t 值、互信息、卡方检验以及对数似然比。

Sinclair（1966）在区别显著搭配和偶然搭配时，给出了一种计算方法，即用 NSF/ρ 与某个搭配词与节点词共现的总次数相比较来区分。其中，ρ 是文本中的总词项出现次数，f 是某个词项的总出现次数，S 是跨距，N 是节点词出现次数，所以 NSF/ρ 代表某个搭配词和节点词共现的可能次数。这种方法就是用期望值和实际值作比较来获取显著搭配。

z 值的计算公式为：

$$z = \frac{C_2 - E}{SD}$$

其中

$$E = \frac{C_1 - (2S+1) \times N}{W}$$

$$SD = \sqrt{(2S+1)\,N \times \left(1 - \frac{C_1}{W}\right) \times \frac{C_1}{W}}$$

$C_2 =$ 搭配词和节点词共现的实际频数

$C_1 =$ 某个搭配词在语料库中的观察频数

$S =$ 跨距

$N =$ 节点词在语料库中出现总次数

$W =$ 语料库总词数

实际上，z 值是搭配共现的实际次数与期望次数之差和节点词在文本中分布的标准差的比值。对于确定的节点词和确定的文本，标准差是确定的，实际搭配次数与期望次数之差越大，z 值越大，搭配显著性越强。

t 值是 t 检验的值，计算步骤如下：

（1）零假设：假设 a、b 在总体中是偶然共现的，不构成搭配。

（2）计算 t 值（t 值表示在假设样本服从均值为 μ 的正态分布的情况下，得到具有这样一个均值和方差的样本的可能性）：

$$t = \frac{\overline{\chi} - \mu}{\sqrt{\dfrac{S^2}{N}}}$$

即

$$t = \frac{\text{样本均值} - \text{分布均值}}{\sqrt{\dfrac{\text{样本方差}}{\text{样本大小}}}}$$

（3）如果 t 值大于 2.576，表示有超过 99.5% 的信任度来拒绝零假设。即 a、b 不是偶然共现的，并且判断错误的概率小于 0.5%。

所以，z 值并不像 t 值是假设检验，单独看 z 值计算所得并不能确定某个搭配词和节点词是否构成搭配，但 z 值可以在不同搭配词中划分等级；t 值不同，它可以单独用来说明某个搭配词是否满足和节点词构成搭配的假设。

卡方（χ^2）检验计算观测值和期望值之间差别的总和，并且将期望值作为比例因子，公式为：

$$\chi^2 = \sum \frac{(O_{ij} - E_{ij})^2}{E_{ij}}$$

其中，i 表示表中的行变量，j 表示列变量，O 表示（i, j）的观测值，E 表示（i, j）的期望值。根据卡方值大小来决定是拒绝还是接受两个词语之间的独立性假设。

根据 Dunning（1993），对数似然比的计算公式为：

$$\log\lambda = \log L(C_{12}, C_1, p) + \log L(C_2 - C_{12}, N - C_1, p) - \log L(C_{12}, C_1, p_1)$$
$$- \log L(C_2 - C_{12}, N - C_1, p_2)$$

其中，$L(k, n, x) = x^k (1-x)^{(n-k)}$，$\rho = C_2/N$，$\rho_1 = C_{12}/C_1$，$\rho_2 = (C_2 - C_{12}) / (N - C_1)$。$C_1$、$C_2$、$C_{12}$ 分别表示词语出现次数和共现次数。N 表示节点词在语料库中出现的总次数。对数似然比的值越大，两个词语不是偶然共现的可能性也就越大。

互信息（Mutual Information, MI）来源于信息论，是用来测量随机事件 b 发生与随机事件 a 发生相关联而提供的信息量。在搭配研究中，互信息则被用来测量一个词和其他词语有多大联系，即搭配的显著性。互信息的值按下面的公式计算：

$$I(a,b) = \log_2 \frac{P(a,b)}{P(a) \times P(b)}$$

其中，P 表示概率，a、b 表示词语，$P(a,b)$ 表示 a、b 两个词共现的概率，$P(a)$、$P(b)$ 表示 a、b 两个词语的出现的概率，在计算时，认为概率是出现次数和总词数的比值。如果 $P(a, b) > P(a) \times P(b)$，则 $I(a, b) > 0$；如果 a、b 之间没有特别的关系，则 $P(a, b) \approx P(a) \times P(b)$，$I(a, b) \approx 0$；如果 $P(a, b) < P(a) \times P(b)$，比如 a、b 互补分布，则 $I(a, b) < 0$。

需要注意的是，不同的统计测量手段具有不同的特点，也各有不足，应该针对不同的问题使用不同的手段。比如，单独的 z 值并不能确定某个搭配词是否和节点词构成搭配；t 值的前提是样本服从正态分布，但在真实语言中，并不总是如此。在概率值较大时，通常不符合正态分布，此时，卡方检验同样适用。通常，对于稀疏数据，似然比较卡方检验更加合适，而且，似然比可以显示一个假设比另一个假设的可能性大多少；从MI的公式可以看出，MI值会给搭配次数很少的搭配非常大的值，而当搭配次数很少时，就很难确定它们是偶然的还是习惯性搭配。另外，Church et al.（1991）通过考查 strong 和 powerful，得到的结论就是互信息在揭示相似性方面更好一些；t 值在揭示近义词的差别时更好。

上述几个统计值是搭配抽取中基本的统计指标，并不意味着没有其他的统计指标可以使用，如MI3（Oakes, 1998）、fisher exact test（Pedersen, 1996）等。当然，也可以综合不同的指标来抽取搭配，如王大亮等（2008）。统计在基于语料库的搭配研究中扮演了重要角色，在提取搭配中，关键的量化指标全部来自统计结果。

第三节　本研究理论框架

通过上面的讨论，我们可以发现，搭配是词语组合的一种，在全部的可能词语组合中，存在两个极端，一端是完全自由的组合，或者偶然共现；另一端则是完全不自由的组合，如习语、成语，它们相互唯一，意义不透明。不同的界定之间的区别只在于对处于中间的词语组合的特征的描写。显然，我们希望找到搭配和两个极端的具有区别性的特征，进而较好地界定搭配。

将上述定义以及界定方法进行总结，可以罗列出如下搭配所具有的特征：

（1）共现性：统计显著性；黏合度；语义黏合。

（2）互相期待：统计显著性；复现。

（3）任意性：不是字对字；内部不可任意替代。

（4）意义透明。

（5）领域相关。

上述五个特点中，领域相关明显也可以作为自由组合、成语的特征出现，不作为搭配本身具有的区别性特征。其中（1）和（2）是搭配的数量特征；（3）和（4）是搭配的语言特征，主要表现在意义方面，这也是考伊划分搭配的两条特征：（a）合在一起之后的意义和组成部分的意义之间的联系；（b）短语的内部变化，即短语内部组成部分的可替代性。

表2.1是将这两条标准能产生全部情况进行了排列组合所得。最后几行全部为空，不予考虑。总结如下：

表 2.1　词语组合特征分析

组成部分	组合义	替换性	考伊的例子	《牛津英语搭配词典》的例子	考伊的分类	相关词语可否进入此上下文	备注
L+L	L	urn	fill a sink/a broken window/ burn one's boat/run a business	drink（have）tea	free combination	是	—
L+L	L	1+rm	do a u-turn	tea（coffee）break/ black（green）tea	—	否	—
L+L	L	1+1	—	tea dance（米自 Collins 词典）	—	否	—
L+L	F	urn	—	不可能	—	不可能	如果某个词语所有符合语义的搭配都产生类似组合的比喻义，这个词本身就已经具有比喻义了
L+L	F	1+rm	—	—	—	否	某一个比喻义形成过程中
L+L F+F	F	1+1	kick the bucket /burn one's boat/	afternoon tea	pure idiom	是	一个比喻义如果变成常用义会产生这种情况
F+L	L	urn	—	—	—	否	—
F+L	L	1+rm	cardinal error（sin...）/explode a myth（belief idea theory...）/ do a u-turn	—	restricted collocations	否	—
F+L	L	1+1	jog one's memory/	—	restricted collocations	否	—
F+L	F	urn	—	—	—	—	—
F+L	F	1+rm	—	—	—	—	—
F+F	L	1+1	—	—	—	—	—
F+F	F	urn	—	—	—	—	—
F+F	F	1+rm	—	—	—	—	—

注：词语组合的特征分析表的符号说明。

L：字面义（literal sense/meaning）

F：非字面义（non-literal sense/figurative sense）

m：搭配词语数量有限（restricted number），即使满足语义要求，数量也受限。

urn：搭配词语数量不限（unrestricted number），满足语义要求即可，数量不受限。

（1）搭配和自由组合的区别：它们的组成词语之间都满足语义相符的条件，区别在于满足语义要求的所有词语是否能够进入搭配。

（2）搭配和成语的区别：都有可能一个节点词只和一个搭配词共现，区别在于组合义是否等于组成部分的意义之和。jog one's memory和kick the bucket的区别就在于jog的一个义项就是和memory一起使用时的义项，而kick the bucket则不是简单的字面意义之和。

需要指出的是，单凭字面义和非字面义并不能很好地界定搭配。按照考伊的定义，tea（coffee）break是不算受限搭配的，因为都是字面义（literal sense）。但是，可以发现，不是所有的饮料种类都能和break搭配，所以tea（coffee）break不是自由组合；和break构成的搭配词不唯一，可以替换，所以不是成语。所以tea（coffee）break是搭配。

本研究认为，搭配是词语组合的一种。在搭配中，一个词语是节点词，另一个词语是节点词的搭配词。通常，（1）部分具有相关或类似的语义的词语不能和节点词构成搭配。所谓相关或类似的语义比较典型的有同一语义场的词语、同义词、近义词。（2）词语构成搭配时，组合义就是组合构成部分的意义之和，如"新/a——买/v"构成的搭配，一方面，其中"新"的反义词"旧"通常不和"买"共用；另一方面，两个词语搭配时，也不会有其他意义产生。

根据本研究的定义，二语习得中学习搭配的难点主要在于上述定义的搭配很难举一反三，因而难以根据规则快速掌握大量的实例。搭配和自由组合在学习过程中的区别：以run a business和black tea为例。run a business的学习难点在于什么时候学到run表示"经营"，"经营"其他类似的东西不是问题；black tea的难点在于哪些词语可以使用到这个上下文中（还可能涉及文化差异问题）。搭配和成语在学习过程中的区别表现在：搭配中有些相关或类似的搭配词可以进入搭配的上下文中，而成语则完全不可能。

第四节　小　结

本章一方面回顾了搭配研究的历史，分析了搭配研究中不同的界定方法，并最终确定了本研究所采用的搭配的概念；另一方面总结了搭配抽取的过程以及基于统计的搭配自动抽取中使用的主要统计变量，讨论了不同统计变量的优缺点及其不同的适用情况。

　　本研究认为，研究者往往会通过不同的观察角度，采用不同的特征来界定搭配，这些特征有数量的、语义的、句法的等，不一而足。通过对这些特征的详细列举与比较，本研究从搭配会阻碍二语习得进程和可以辅助词典编纂工作两个角度，探讨了词语组合中能够将搭配与自由组合、成语区分开来的主要特征，即搭配和自由组合都满足语义相符的条件，区别在于满足语义要求的所有词语是否能够进入搭配；搭配和成语都有可能一个节点词只和一个搭配词共现，区别在于组合义是否等于组成部分的意义之和。本章进一步描述了能够充分体现这些区别的搭配的两个显著特点：（1）部分具有相关或类似的语义的词语不能和节点词构成搭配；（2）词语构成搭配时，组合义就是组合构成部分的意义之和。

第三章　搭配自动抽取跨距的确定

第一节　跨距计算过程

一、测试节点词语的选择

根据语料库生成的义项频率统计表，本研究随机选择了高、中、低频动词、名词、形容词多义词语各一个，组成观察跨距的随机样本。为使抽取的词语具有代表性，本研究实验的词语并不是从统计表中完全随机抽取的，而是分频率、分词类抽取的，以期观察不同频次不同词类能获得最优跨距的影响。其中，词类选择主要针对汉语中的名词、动词、形容词这类实词，频次则依据统计表数据手工确定（表3.1）。

表3.1　计算最优跨距的测试词语

词语	词类	拼音	义项号	频次	共现对候选个数
高	a	gao1	1	1025	2646
时候	n	shi2_hou5	2	2120	5352
学习	v	xue2_xi2	1	1011	2161
满	a	man3	A1	552	1891
事情	n	shi4_qing5	1	497	1387
发生	v	fa1_sheng1	1	505	1667
穷	a	qiong2	1	113	493
骨头	n	gu3_tou5	1	52	213
主持	v	zhu3_chi2	1	108	440

从表3.1中可以看出，本研究的选择是基于义项的，也就是说，表中"高"这个词语的其他义项是可考虑在内的，这和本研究从义项标注语料库中抽取搭配的目的是一致的。同时，分别选择高中低频词语＋义项，比单独使用个别词语更具代表性，更能体现某一个词类在搭配行为上的共性。

二、跨距的计算

基于孙宏林（1998）的跨距计算过程，本研究的最优跨距计算方法见图3.1：

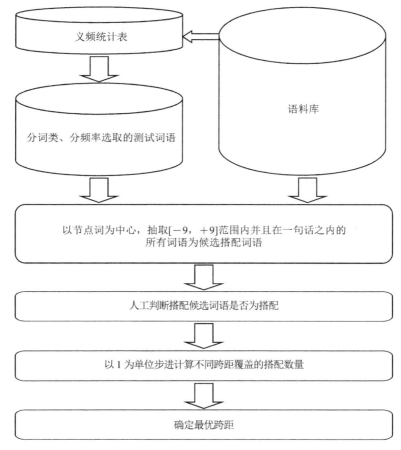

图 3.1　最优跨距计算过程

兹说明如下：

（1）动词、名词、形容词各选择三个多义词的某一个义项为节点词语，三个节点词语分别是高中低频词语＋义项。由于本研究使用的语料库是义项标注的语料库，每一个多义词都标注了词语的词类、拼音、义项，所以本研究在寻找跨距过程中不是针对词语＋词类，而是针对词语＋义项，颗粒更细。

（2）抽取[−9，＋9]范围内并且在一句话之内的所有词语为候选搭配词语，同时不过滤低频词语。抽取范围扩大主要是因为长距离搭配的存在，以保证抽取范围足够大，能够包含尽可能多的跨距组合。不过滤低频词语是因为语料库规模相对较小，而节点词语颗粒较细，可以保证覆盖尽可能多的搭配词语。

（3）观察所有不同的左右跨距组合所包含的词种数量和词形数量。以1为单位步进观察的好处在于可以探究跨距增加与词种数量增量的关系，不足在于不同的跨距组合所涵盖的词种数量、词形数量不够简洁清楚。当某一个搭配词语与节点词构成搭配并有两个实例时，其词种数量为1，词形数量为2。本研究兼顾词种数量和词形数量，因为对于搭配抽取而言，保证词形数量实际上就能保证抽取出来的搭配具有足够多的实例，保证词种数量则有助于不遗漏任何可能的搭配。

第二节　跨距的选择

在获得由所有出现在[−9，+9]范围内的共现对之后，手工对所有词语进行确认，获得认定后的搭配词语集合。然后根据搭配词语来观察不同跨距组合所涵盖的词种数量和词形数量。表3.2是对动词跨距结果的分析（部分）。

表3.2　动词跨距结果分析

跨距	词种数量	词种 %	词形数量	词形 %	跨距长度	词种均值	词形均值
l8r8	101	100	1092	98	16	6.31	68.25
l8r9	101	100	1092	98	17	5.94	64.24
l9r8	101	100	1116	100	17	5.94	65.65
l9r9	101	100	1116	100	18	5.61	62.00
l6r8	100	99	1015	91	14	7.14	72.50
l6r9	100	99	1015	91	15	6.67	67.67
l7r8	100	99	1057	95	15	6.67	70.47
l7r9	100	99	1057	95	16	6.25	66.06
l8r7	100	99	1049	94	15	6.67	69.93
l9r7	100	99	1073	96	16	6.25	67.06
l5r8	99	98	972	87	13	7.62	74.77
l5r9	99	98	972	87	14	7.07	69.43
l6r7	99	98	972	87	13	7.62	74.77
l7r7	99	98	1014	91	14	7.07	72.43
l8r5	99	98	964	86	13	7.62	74.15

续表

跨距	词种数量	词种 %	词形数量	词形 %	跨距长度	词种均值	词形均值
l8r6	99	98	1004	90	14	7.07	71.71
l9r5	99	98	988	89	14	7.07	70.57
l9r6	99	98	1028	92	15	6.60	68.53
l4r8	98	97	937	84	12	8.17	78.08
l4r9	98	97	937	84	13	7.54	72.08
l5r7	98	97	929	83	12	8.17	77.42
l6r5	98	97	887	79	11	8.91	80.64
l6r6	98	97	927	83	12	8.17	77.25
l7r5	98	97	929	83	12	8.17	77.42
l7r6	98	97	969	87	13	7.54	74.54
l4r7	97	96	894	80	11	8.82	81.27
l5r5	97	96	844	76	10	9.70	84.40
l5r6	97	96	884	79	11	8.82	80.36
l8r4	97	96	923	83	12	8.08	76.92
l9r4	97	96	947	85	13	7.46	72.85
l3r8	96	95	891	80	11	8.73	81.00
l3r9	96	95	891	80	12	8.00	74.25
l4r6	96	95	849	76	10	9.60	84.90
l6r4	96	95	846	76	10	9.60	84.60
l7r4	96	95	888	80	11	8.73	80.73
l9r3	96	95	884	79	12	8.00	73.67
l4r5	95	94	809	72	9	10.56	89.89
l5r4	95	94	803	72	9	10.56	89.22
l8r3	95	94	860	77	11	8.64	78.18
l2r8	94	93	847	76	10	9.40	84.70
l2r9	94	93	847	76	11	8.55	77.00
l3r7	94	93	848	76	10	9.40	84.80
l6r3	94	93	783	70	9	10.44	87.00
l7r3	94	93	825	74	10	9.40	82.50
l1r8	93	92	751	67	9	10.33	83.44
l1r9	93	92	751	67	10	9.30	75.10
l3r6	93	92	803	72	9	10.33	89.22
l4r4	93	92	768	69	8	11.63	96.00
l9r2	93	92	815	73	11	8.45	74.09
l3r5	92	91	763	68	8	11.50	95.38
l5r3	92	91	740	66	8	11.50	92.50

续表

跨距	词种数量	词种 %	词形数量	词形 %	跨距长度	词种均值	词形均值
l8r2	92	91	791	71	10	9.20	79.10
l2r7	91	90	804	72	9	10.11	89.33
l6r2	91	90	714	64	8	11.38	89.25
l7r2	91	90	756	68	9	10.11	84.00
l1r7	90	89	708	63	8	11.25	88.50
l2r6	90	89	759	68	8	11.25	94.88
l4r3	90	89	705	63	7	12.86	100.71
l9r1	90	89	733	66	10	9.00	73.30
l1r6	89	88	663	59	7	12.71	94.71
l2r5	89	88	719	64	7	12.71	102.71
l3r4	89	88	722	65	7	12.71	103.14
l5r2	89	88	671	60	7	12.71	95.86
l8r1	89	88	709	64	9	9.89	78.78
l1r5	88	87	623	56	6	14.67	103.83
l7r1	88	87	674	60	8	11.00	84.25
l4r2	87	86	636	57	6	14.50	106.00
l6r1	87	86	632	57	7	12.43	90.29
l2r4	86	85	678	61	6	14.33	113.00
l3r3	86	85	659	59	6	14.33	109.83
l1r4	85	84	582	52	5	17.00	116.40
l5r1	84	83	589	53	6	14.00	98.17
l3r2	83	82	590	53	5	16.60	118.00
l2r3	82	81	615	55	5	16.40	123.00
l4r1	82	81	554	50	5	16.40	110.80
l1r3	81	80	519	47	4	20.25	129.75
l2r2	78	77	546	49	4	19.50	136.50
l3r1	76	75	508	46	4	19.00	127.00
l1r2	75	74	450	40	3	25.00	150.00
l2r1	69	68	464	42	3	23.00	154.67
l1r1	62	61	368	33	2	31.00	184.00

　　表 3.2 中，"跨距"l3r8 就是[−3，＋8]，即在句子内节点词语左边 3 个词语和右边 8 个词语构成的观察窗口；"词种%"表示对应跨距内包含的搭配词语占全部词种的百分比；"词种均值"是"词种数量"除以"跨距长度"而获得的跨距内每一个距离所涵盖的平均词种数量；类似的，"词形均值"是"词形

数量"除以"跨距长度"获得的均值（图 3.2、图 3.3）。

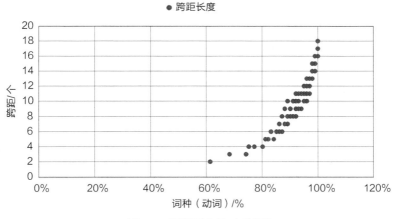

图 3.2　词种百分比（动词）

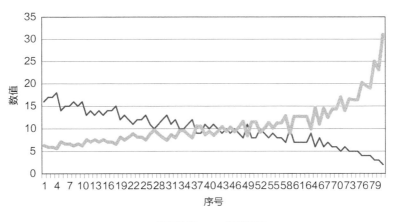

图 3.3　不同跨距对应的词种均值（动词）

图 3.2 和图 3.3 分别显示了本次调查中动词部分不同跨距及其所涵盖的词种数量，以及相同跨距单个距离词种覆盖均值的相互关系。可以发现，某一种跨距有不同的组合可能，同时，为达到某一个词种覆盖率，可以有不同的跨距的选择；而相同的跨距可能覆盖的词种数量又有多与少的区别。

不同于孙文的增量分析，本研究以观察两个均值与两个百分比的关系来确定跨距。跨距长度越短，单个跨距距离所包含的词种数量也就越多，是比较有效率的选择；跨距长度相同的，则选择平均词形数量较多的。首先，设定词种百分比为 93%—95%，共获得 14 种不同的跨距组合，跨距长度为 9—12。跨距长度为 9 是最有效率的，有三种选择跨距组合 l4r5、l5r4、l6r3，其中 l6r3 的词种平均数量少于前两者，但前两者跨距长度相同，由于 l4r5 所对应的词形平均数量最多，故选择 l4r5。类似的，参考表 3.3（图 3.4、图 3.5）和表 3.4（图 3.6、图 3.7），我们可以分别确定名词的跨距为 l6r2，形容词的跨距为 l3r1。

表 3.3　名词跨距结果分析

跨距	词种数量	词种 %	词形数量	词形 %	跨距长度	词种均值	词形均值
l8r5	77	100	597	86	13	5.92	45.92
l8r6	77	100	625	90	14	5.50	44.64
l8r7	77	100	640	92	15	5.13	42.67
l8r8	77	100	669	96	16	4.81	41.81
l8r9	77	100	669	96	17	4.53	39.35
l9r5	77	100	622	90	14	5.50	44.43
l9r6	77	100	650	94	15	5.13	43.33
l9r7	77	100	665	96	16	4.81	41.56
l9r8	77	100	694	100	17	4.53	40.82
l9r9	77	100	694	100	18	4.28	38.56
l8r3	76	99	537	77	11	6.91	48.82
l8r4	76	99	564	81	12	6.33	47.00
l9r3	76	99	562	81	12	6.33	46.83
l9r4	76	99	589	85	13	5.85	45.31
l6r5	75	97	535	77	11	6.82	48.64
l6r6	75	97	563	81	12	6.25	46.92
l6r7	75	97	578	83	13	5.77	44.46
l6r8	75	97	607	87	14	5.36	43.36
l6r9	75	97	607	87	15	5.00	40.47
l7r5	75	97	564	81	12	6.25	47.00
l7r6	75	97	592	85	13	5.77	45.54
l7r7	75	97	607	87	14	5.36	43.36
l7r8	75	97	636	92	15	5.00	42.40
l7r9	75	97	636	92	16	4.69	39.75
l9r2	75	97	531	77	11	6.82	48.27
l6r3	74	96	475	68	9	8.22	52.78
l6r4	74	96	502	72	10	7.40	50.20
l7r3	74	96	504	73	10	7.40	50.40
l7r4	74	96	531	77	11	6.73	48.27
l8r2	74	96	506	73	10	7.40	50.60

续表

跨距	词种数量	词种 %	词形数量	词形 %	跨距长度	词种均值	词形均值
l9r1	74	96	491	71	10	7.40	49.10
l8r1	73	95	466	67	9	8.11	51.78
l5r5	72	94	502	72	10	7.20	50.20
l5r6	72	94	530	76	11	6.55	48.18
l5r7	72	94	545	79	12	6.00	45.42
l5r8	72	94	574	83	13	5.54	44.15
l5r9	72	94	574	83	14	5.14	41.00
l6r2	72	94	444	64	8	9.00	55.50
l7r2	72	94	473	68	9	8.00	52.56
l4r7	71	92	496	71	11	6.45	45.09
l4r8	71	92	525	76	12	5.92	43.75
l4r9	71	92	525	76	13	5.46	40.38
l5r3	71	92	442	64	8	8.88	55.25
l5r4	71	92	469	68	9	7.89	52.11
l6r1	71	92	404	58	7	10.14	57.71
l7r1	71	92	433	62	8	8.88	54.13
l4r5	70	91	453	65	9	7.78	50.33
l4r6	70	91	481	69	10	7.00	48.10
l4r3	69	90	393	57	7	9.86	56.14
l4r4	69	90	420	61	8	8.63	52.50
l5r2	69	90	411	59	7	9.86	58.71
l3r7	68	88	442	64	10	6.80	44.20
l3r8	68	88	471	68	11	6.18	42.82
l3r9	68	88	471	68	12	5.67	39.25
l5r1	68	88	371	53	6	11.33	61.83
l2r7	67	87	375	54	9	7.44	41.67
l2r8	67	87	404	58	10	6.70	40.40
l2r9	67	87	404	58	11	6.09	36.73
l4r2	67	87	362	52	6	11.17	60.33
l3r5	66	86	399	57	8	8.25	49.88
l3r6	66	86	427	62	9	7.33	47.44
l4r1	66	86	322	46	5	13.20	64.40
l2r5	65	84	332	48	7	9.29	47.43
l2r6	65	84	360	52	8	8.13	45.00
l3r3	65	84	339	49	6	10.83	56.50

续表

跨距	词种数量	词种 %	词形数量	词形 %	跨距长度	词种均值	词形均值
l3r4	65	84	366	53	7	9.29	52.29
l2r3	64	83	272	39	5	12.80	54.40
l2r4	64	83	299	43	6	10.67	49.83
l3r2	63	82	308	44	5	12.60	61.60
l3r1	62	81	268	39	4	15.50	67.00
l2r2	60	78	241	35	4	15.00	60.25
l2r1	57	74	201	29	3	19.00	67.00
l1r7	50	65	229	33	8	6.25	28.63
l1r8	50	65	258	37	9	5.56	28.67
l1r9	50	65	258	37	10	5.00	25.80
l1r5	46	60	186	27	6	7.67	31.00
l1r6	46	60	214	31	7	6.57	30.57
l1r4	42	55	153	22	5	8.40	30.60
l1r3	39	51	126	18	4	9.75	31.50
l1r2	30	39	95	14	3	10.00	31.67
l1r1	23	30	55	8	2	11.50	27.50

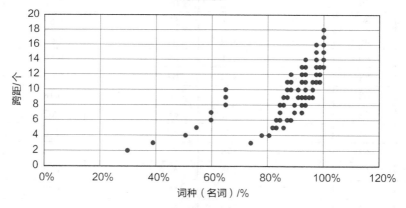

图 3.4　词种百分比（名词）

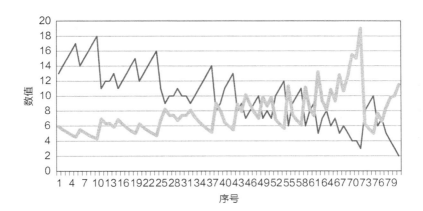

———— 跨距长度　━━━━ 词种均值

图 3.5　不同跨距对应词种均值（名词）

表 3.4　形容词跨距结果分析

跨距	词种数量	词种 %	词形数量	词形 %	跨距长度	词种均值	词形均值
19r6	70	100	896	97	2	35.00	448.00
19r7	70	100	911	99	3	23.33	303.67
19r8	70	100	923	100	4	17.50	230.75
19r9	70	100	923	100	5	14.00	184.60
17r6	69	99	861	93	6	11.50	143.50
17r7	69	99	876	95	7	9.86	125.14
17r8	69	99	888	96	8	8.63	111.00
17r9	69	99	888	96	9	7.67	98.67
18r6	69	99	873	95	10	6.90	87.30
18r7	69	99	888	96	3	23.00	296.00
18r8	69	99	900	98	4	17.25	225.00
18r9	69	99	900	98	5	13.80	180.00
19r5	69	99	880	95	6	11.50	146.67
17r5	68	97	845	92	7	9.71	120.71
18r5	68	97	857	93	8	8.50	107.13
19r4	68	97	857	93	9	7.56	95.22
13r6	67	96	755	82	10	6.70	75.50
13r7	67	96	770	83	11	6.09	70.00
13r8	67	96	782	85	4	16.75	195.50
13r9	67	96	782	85	5	13.40	156.40
14r6	67	96	783	85	6	11.17	130.50
14r7	67	96	798	86	7	9.57	114.00

续表

跨距	词种数量	词种 %	词形数量	词形 %	跨距长度	词种均值	词形均值
l4r8	67	96	810	88	8	8.38	101.25
l4r9	67	96	810	88	9	7.44	90.00
l5r6	67	96	806	87	10	6.70	80.60
l5r7	67	96	821	89	11	6.09	74.64
l5r8	67	96	833	90	12	5.58	69.42
l5r9	67	96	833	90	5	13.40	166.60
l6r6	67	96	834	90	6	11.17	139.00
l6r7	67	96	849	92	7	9.57	121.29
l6r8	67	96	861	93	8	8.38	107.63
l6r9	67	96	861	93	9	7.44	95.67
l7r4	67	96	822	89	10	6.70	82.20
l8r4	67	96	834	90	11	6.09	75.82
l9r2	67	96	809	88	12	5.58	67.42
l9r3	67	96	834	90	13	5.15	64.15
l3r5	66	94	739	80	6	11.00	123.17
l4r5	66	94	767	83	7	9.43	109.57
l5r5	66	94	790	86	8	8.25	98.75
l6r5	66	94	818	89	9	7.33	90.89
l7r2	66	94	774	84	10	6.60	77.40
l7r3	66	94	799	87	11	6.00	72.64
l8r2	66	94	786	85	12	5.50	65.50
l8r3	66	94	811	88	13	5.08	62.38
l2r6	65	93	702	76	14	4.64	50.14
l2r7	65	93	717	78	7	9.29	102.43
l2r8	65	93	729	79	8	8.13	91.13
l2r9	65	93	729	79	9	7.22	81.00
l3r4	65	93	716	78	10	6.50	71.60
l4r4	65	93	744	81	11	5.91	67.64
l5r4	65	93	767	83	12	5.42	63.92
l6r4	65	93	795	86	13	5.00	61.15
l9r1	65	93	751	81	14	4.64	53.64
l1r6	64	91	599	65	15	4.27	39.93
l1r7	64	91	614	67	8	8.00	76.75
l1r8	64	91	626	68	9	7.11	69.56
l1r9	64	91	626	68	10	6.40	62.60
l2r5	64	91	686	74	11	5.82	62.36
l3r3	64	91	693	75	12	5.33	57.75

续表

跨距	词种数量	词种 %	词形数量	词形 %	跨距长度	词种均值	词形均值
l4r3	64	91	721	78	13	4.92	55.46
l5r3	64	91	744	81	14	4.57	53.14
l6r2	64	91	747	81	15	4.27	49.80
l6r3	64	91	772	84	16	4.00	48.25
l8r1	64	91	728	79	9	7.11	80.89
l1r5	63	90	583	63	10	6.30	58.30
l3r2	63	90	668	72	11	5.73	60.73
l4r2	63	90	696	75	12	5.25	58.00
l5r2	63	90	719	78	13	4.85	55.31
l7r1	63	90	716	78	14	4.50	51.14
l2r4	62	89	663	72	15	4.13	44.20
l1r4	61	87	560	61	16	3.81	35.00
l6r1	61	87	689	75	17	3.59	40.53
l2r3	60	86	640	69	10	6.00	64.00
l3r1	60	86	610	66	11	5.45	55.45
l4r1	60	86	638	69	12	5.00	53.17
l5r1	60	86	661	72	13	4.62	50.85
l1r3	59	84	537	58	14	4.21	38.36
l2r2	59	84	615	67	15	3.93	41.00
l1r2	58	83	512	55	16	3.63	32.00
l2r1	55	79	557	60	17	3.24	32.76
l1r1	54	77	454	49	18	3.00	25.22

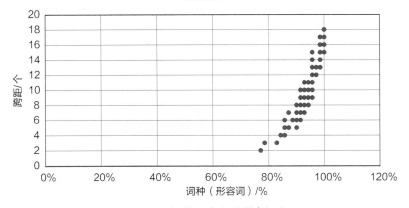

图 3.6　词种百分比（形容词）

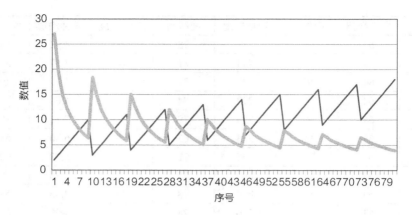

图 3.7　不同跨距对应词种均值（形容词）

第三节　结果分析

与孙宏林（1998）的跨距结果（简称"孙文"）相比，本研究提出的跨距结果有一定差别，下文将从词种和词形的覆盖来对比分析（表 3.5）。

表 3.5　跨距比较

词类	文本对比	跨距	词种覆盖 /%	词形覆盖 /%
动词	本研究	[−4，＋5]	94	72
	孙文	[−3，＋4]	95	77
名词	本研究	[−6，＋2]	94	64
	孙文	[−2，＋1]	96	63
形容词	本研究	[−3，＋1]	96	73
	孙文	[−1，＋2]	99	60

在词种覆盖率略小的情况下，本研究提出的跨距比对应的孙文的跨距都要长一些，同时两种词类词形覆盖相对大一些。主要原因是：

1）孙文没有考察左右距离超过 5 的情况，不会出现[−6，＋2]的结果。

2）文本构成的差别可能导致距离较远的搭配数量产生差别，从而影响跨距的选择。孙文采用的是一年的《人民日报》，属于比较严谨的新闻文体，本研究采用的是教材，文学性比较强。下面是两个远距离搭配的例子（"发生/v ◆ fa1_sheng1 ▲ ^1"为节点词语，"战争 /n ◆ zhan4_zheng1"为搭配词语）：

发 生 /v ◆ fa1_sheng1 ▲ˆ1 过 /u ◆ guo5 哪 些 /r ◆ na3_xie1 大 规 模 /
b ◆ da4_gui1_mo2 的 /u ◆ de5 战争 /n ◆ zhan4_zheng1（本研究跨距内）

战争 /n ◆ zhan4_zheng1 不 /d ◆ bu2 是 /v ◆ shi4 在 /p ◆ zai4 ▲ˆ7 任何 /
r ◆ ren4_he2 时候 /n ◆ shi2_hou5 ▲ˆ2 都 /d ◆ dou1 要 /v ◆ yao4 ▲ˆB7 发生 /
v ◆ fa1_sheng1 ▲ˆ1 的 /u ◆ de5（本研究跨距外）

　　寻找合适的跨距需要考虑文本差异以及搭配抽取目标。不同的文本需要通过调查设定不同的跨距。而针对不同的搭配抽取目标，则可以根据抽样获得的数据来做进一步细分。比如，如果需要获得大量的词形作为例证，就需要首先考虑词形的绝对数量。考虑到搭配的复杂，尤其远距离甚至超远距离搭配的存在，任何跨距都不可能涵盖 100% 的搭配词语，我们需要做的就是尽可能满足搭配抽取的目标应用。由于本项研究的目的在于获得尽可能多的搭配词语，所以在优先考虑词种数量的前提下考虑效率，就是采用尽可能短的跨距，相同的跨距长度则由单个距离覆盖的词种数量决定。根据抽样调查的结果，动词采用 [－4，＋5]，名词采用 [－6，＋2]，形容词采用[－3，＋1]。

第四节　小　结

　　本章通过抽样，选择了具有代表性的高、中、低频多义动词、名词、形容词，分析考察了它们的搭配词语在不同跨距内的分布状况。在此基础上，针对本研究之目的，作者提出了优先考虑词种数量的思路，确定了本项搭配自动抽取研究中使用的跨距；同时，通过分析研究，还得出了"不同质的语料，有效地跨距范围不同"的结论。

第四章　基于义项的搭配自动抽取算法

第一节　基本搭配模型的优化

在搭配中，不同词语的搭配以及搭配的选择涉及不同词语的义项，并不是两个词语在不同义项下全部可以搭配使用，所以搭配总是和义项相关联的。在本研究测试的搭配中，所谓词语是指构成搭配组成部分的基于义项的词语，如"表达——感情"这个搭配组合中，"表达"作为单义项词语可以和感情的两个义项——（1）对外界刺激的比较强烈的心理反应；（2）对人或事物关切、喜爱的心情——搭配，计为两个搭配。

为了对基本的参数进行测试，我们选择了部分词语（动词、名词、形容词各一）进行不同参数的考察，然后手工确认搭配，进而寻找参数的合理设定。测试的基础数据的节点词由多义的动词、名词和形容词构成，不同义项构成不同节点词。每个节点词在相应的跨距内寻找到的共现词语构成了备选的搭配词语，其中搭配词语出现的次数要大于 1。

测试的节点词语为：

研究 /v ◆ yan2_jiu1 ▲ ^1

研究 /v ◆ yan2_jiu1 ▲ ^2

研究 /v ◆ yan2_jiu1 ▲ ^ ★[①]

感情 /n ◆ gan3_qing2 ▲ ^1

感情 /n ◆ gan3_qing2 ▲ ^2

清楚 /a ◆ qing1_chu5 ▲ ^1

清楚 /a ◆ qing1_chu5 ▲ ^2

研究/v ◆ yan2_jiu1 ▲ ^1 表示词语为"研究"，词类为动词，读音为

---

① "★"表示在语料库中，出现的词语的义项不是词典给定的义项，下同。

yan2jiu1，义项为第一个义项。共得到 442 条候选搭配。

如果搭配词和节点词相同，则不认为构成搭配。它们可能基于不同原因而共现，比如，两个"感情"共现为偶然现象，两个"研究"共现为词语的重叠。这些都需要排除在外。预处理中的另一种情况是将搭配词语中的非动名形词类排除。经过以上两步，测试数据还剩余 356 项构成候选。

本研究的调查中，主要考虑"准确率""召回率"和"F值"三项指标。正确率、召回率和F值是在复杂的环境中，选出目标的重要评价指标：

$$正确率 = \frac{正确识别的个体总数}{识别出的个体总数}$$

$$召回率 = \frac{正确识别的个体总数}{测试集中存在的个体总数}$$

$$F = \frac{2 \times 召回率 \times 准确率}{召回率 + 准确率}$$

正确率是评估捕获的成果中目标成果所占的比例；召回率，顾名思义，就是从关注领域中召回目标类别的比例；而F值则是综合这二者指标的评估指标，用于综合反映整体的指标，是兼顾准确率与召回率的一个参数值。

一、根据频次确定参数

（一）共现频次

为了观察不同频次中搭配和候选的关系，需要对测试数据中的频次以及相应的候选、搭配进行统计，以观察频次对搭配候选的影响。结果如表 4.1 所示。

表 4.1 共现频次测试结果

共现频次	候选个数	搭配数	累计候选	累计搭配	搭配候选比 /%	准确率 /%	召回率 /%	F 值 /%
10	15	8	15	8	53.33	53.33	11.76	19.28
9	2	2	17	10	100.00	58.82	14.71	23.53
8	4	3	21	13	75.00	61.90	19.12	29.21
7	10	4	31	17	40.00	54.84	25.00	34.34
6	10	4	41	21	40.00	51.22	30.88	38.53
5	20	9	61	30	45.00	49.18	44.12	46.51
4	25	12	86	42	48.00	48.84	61.76	54.55
3	69	22	155	64	31.88	41.29	94.12	57.40
2	201	4	356	68	1.99	19.10	100.00	32.08

表 4.1 中，"候选个数"表示出现在设定跨距中的所有词语的数量，不同

义项按不同词语计算;"搭配数"表示手工确认的搭配数量,不同义项按不同词语计算;"累计候选"和"累计搭配"是将前两项数值在对应频率为频率阈值的情况下的累加数字;"搭配候选比"是"搭配数"/"候选个数"的值(图4.1)。

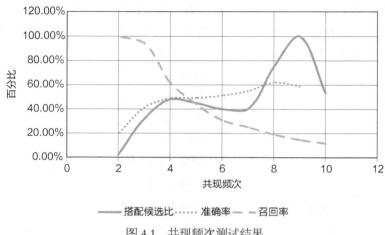

图 4.1 共现频次测试结果

图 4.1 是根据表 4.1 中的数据计算不同共现频次所得到的对应的搭配候选比和准确率的对比图。可以明显发现,在频次为 4 及以上时,搭配候选比尽管大幅度无规律变化,但准确率变化平稳;而在 7 之后,准确率受搭配候选比影响,快速下降。是以,大量的 3 次以下的共现对之中包含大量的偶然共现,快速地拉低了整体准确率与召回率。

由于上面的统计数据是基于测试数据的,其中最高频的搭配共现对只有 51次。因此我们在全部共现对中手动检查了 50 次以上的共现对,在 450 对中,共有 92 对被认定为搭配,搭配候选比仅为 20.44%。相对于准确率平滑部分集中于 40%—60% 的情况,显然高频共现部分也会拖累累计搭配候选比,只是频次越高,共现对越少,对搭配抽取结果整体上的影响就远小于数量庞大的低频共现对的影响。

(二) 互信息与共现频次

在测试互信息时,我们分别以最接近整数的互信息值为阈值,来观察不同阈值情况下的过滤结果集的召回率、准确率以及 F 值。

表 4.2 互信息测试结果

互信息值	搭配累计	候选累计	召回率 /%	准确率 /%	F 值 /%
13.81	1	1	1.47	100.00	2.90
12.00	2	5	2.94	40.00	5.48
11.16	5	9	7.35	55.56	12.99
10.01	10	17	14.71	58.82	23.53
9.00	25	48	36.76	52.08	43.10
8.01	40	99	58.82	40.40	47.90
7.00	52	166	76.47	31.33	44.44
6.00	59	235	86.76	25.11	38.94
5.03	64	299	94.12	21.40	34.88
4.04	67	342	98.53	19.59	32.68
3.15	68	353	100.00	19.26	32.30
2.41	68	355	100.00	19.15	32.15
1.84	68	356	100.00	19.10	32.08

以表 4.2 的数据为例，当互信息值为 12 时，共有 5 个搭配对的互信息大于等于 12，其中 2 对为搭配，占所有 68 个搭配对的 2.94%。

根据上面的统计，可以得到下面的图 4.2。

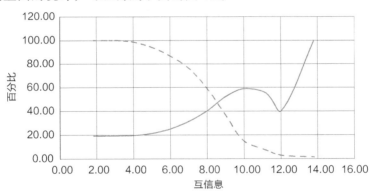

图 4.2 互信息测试结果

从中我们可以发现，召回率在起始部分和最终部分变化平缓，也就是说在互信息极高以及互信息极低时，召回率的变化不大。如果将互信息分为三段，每一段互信息所包含的搭配数量是不同的（表 4.3）。

表 4.3　不同的互信息值分段

互信息值	包含的搭配数量	包含的候选数量	分段搭配候选数量比 /%
≥10	10	17	58.82
10—5	54	282	19.15
≤5	4	57	7.02

　　一般而言，互信息更加有助于判断独立性。表 4.2 中的统计结果和这一基本观点是一致的，也就是说，当互信息值低于阈值时，我们有理由相信候选对不构成搭配，在表 4.3 中表现为互信息值越低，构成搭配的可能性越小。在互信息值较高的部分，包含的搭配的数量较少，包含的候选也比较少，超过 50% 也就意味着我们有超过一半的可能否认它们独立。而中间部分是快速变化的部分，图 4.2 中的准确率和召回率构成了两条相交的，斜率一正一负的曲线。表明随着互信息值的逐步降低，更多的候选对满足条件，而其中包含的搭配对却快速减少，直到二者相交，演变成了增加少量的搭配对，却带来了更多的候选对。

(三) 对数似然比与共现频次

　　我们分别对不同的频次的候选对进行了频次和对数似然比之间的关系的测试，分别如表 4.4 和图 4.3、图 4.4、图 4.5 所示。

表 4.4　频次为 6 和 3 的候选对中不同的对数似然比对应的召回率和准确率

频次	对数似然比	搭配数	候选数	准确数	召回率 /%	准确率 /%
6	57.07	4	10	1	25.00	100.00
6	54.54	4	10	1	25.00	50.00
6	49.95	4	10	1	25.00	33.33
6	46.45	4	10	1	25.00	25.00
6	43.43	4	10	2	50.00	40.00
6	43.33	4	10	2	50.00	33.33
6	39.08	4	10	3	75.00	42.86
6	36.82	4	10	3	75.00	37.50
6	32.69	4	10	3	75.00	33.33
6	26.77	4	10	4	100.00	40.00
3	46.01	22	69	1	4.55	100.00
3	42.04	22	69	1	4.55	50.00
3	38.06	22	69	2	9.09	66.67

续表

频次	对数似然比	搭配数	候选数	准确数	召回率 /%	准确率 /%
3	38.06	22	69	3	13.64	75.00
3	36.49	22	69	3	13.64	60.00
3	35.98	22	69	4	18.18	66.67
3	34.55	22	69	5	22.73	71.43
3	34.44	22	69	6	27.27	75.00
3	34.21	22	69	7	31.82	77.78
3	33.79	22	69	8	36.36	80.00
3	33.19	22	69	8	36.36	72.73
3	31.33	22	69	9	40.91	75.00
3	31.16	22	69	9	40.91	69.23
3	30.49	22	69	10	45.45	71.43
3	30.49	22	69	10	45.45	66.67
3	30.28	22	69	10	45.45	62.50
3	30.08	22	69	10	45.45	58.82
3	29.89	22	69	10	45.45	55.56
3	28.85	22	69	10	45.45	52.63
3	28.24	22	69	10	45.45	50.00
3	26.95	22	69	11	50.00	52.38
3	25.27	22	69	12	54.55	54.55
3	24.74	22	69	12	54.55	52.17
3	23.63	22	69	13	59.09	54.17
3	23.02	22	69	13	59.09	52.00
3	22.62	22	69	13	59.09	50.00
3	22.03	22	69	13	59.09	48.15
3	21.50	22	69	13	59.09	46.43
3	21.32	22	69	14	63.64	48.28
3	21.13	22	69	15	68.18	50.00
3	20.68	22	69	15	68.18	48.39
3	20.68	22	69	15	68.18	46.88
3	20.67	22	69	15	68.18	45.45
3	20.01	22	69	15	68.18	44.12

续表

频次	对数似然比	搭配数	候选数	准确数	召回率 /%	准确率 /%
3	19.94	22	69	15	68.18	42.86
3	19.52	22	69	15	68.18	41.67
3	18.60	22	69	15	68.18	40.54
3	18.30	22	69	16	72.73	42.11
3	18.11	22	69	17	77.27	43.59
3	17.86	22	69	18	81.82	45.00
3	17.77	22	69	18	81.82	43.90
3	17.69	22	69	18	81.82	42.86
3	17.64	22	69	18	81.82	41.86
3	17.48	22	69	18	81.82	40.91
3	17.34	22	69	18	81.82	40.00
3	17.26	22	69	18	81.82	39.13
3	17.25	22	69	18	81.82	38.30
3	16.87	22	69	18	81.82	37.50
3	16.87	22	69	18	81.82	36.73
3	16.81	22	69	18	81.82	36.00
3	16.45	22	69	18	81.82	35.29
3	15.75	22	69	18	81.82	34.62
3	15.42	22	69	18	81.82	33.96
3	14.75	22	69	18	81.82	33.33
3	14.74	22	69	19	86.36	34.55
3	13.84	22	69	19	86.36	33.93
3	13.74	22	69	19	86.36	33.33
3	13.28	22	69	19	86.36	32.76
3	13.26	22	69	19	86.36	32.20
3	12.29	22	69	20	90.91	33.33
3	12.21	22	69	20	90.91	32.79
3	11.67	22	69	21	95.45	33.87
3	11.40	22	69	21	95.45	33.33
3	10.95	22	69	22	100.00	34.38
3	10.94	22	69	22	100.00	33.85

频次	对数似然比	搭配数	候选数	准确数	召回率 /%	准确率 /%
3	8.72	22	69	22	100.00	33.33
3	8.20	22	69	22	100.00	32.84
3	6.39	22	69	22	100.00	32.35
3	0.56	22	69	22	100.00	31.88

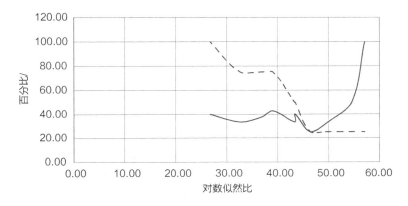

图 4.3　频次为 6 的候选对中不同的对数似然比对应的召回率和准确率

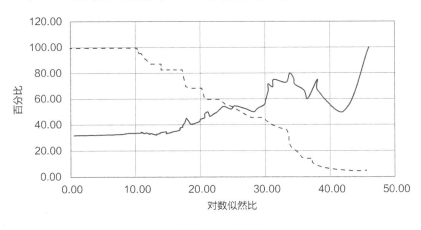

图 4.4　频次为 3 的候选对中不同的对数似然比对应的召回率和准确率

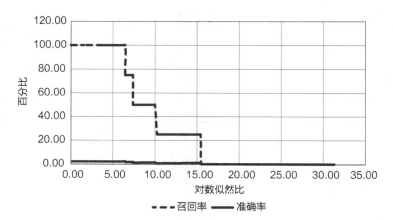

图 4.5　频次为 2 的候选对中不同的对数似然比对应的召回率和准确率

实际上，我们需要寻找的是召回率和准确率之间的平衡。基本上，5 次以上的情况与图 4.3 类似，召回率和准确率相交于 25% 左右，5 次及以下的情况与图 4.4 类似，相交于 50% 左右；而 2 次比较特殊，由于候选对和搭配对之间数据极为悬殊，准确率和召回率相交于 0% 左右，这也和频率测试的结果相统一。表 4.5 统计了不同频次下准确率和召回率综合最好的对应情况。

表 4.5　不同频率下准确率和召回率综合最好的对应情况

频次	对数似然比	搭配数	候选数	准确数	召回率	准确率 /%	F 值 /%
≥10	68.64	8	12	8	100.00%	66.67	80.00
7	46.10	4	9	4	100.00%	44.44	61.54
6	26.77	4	10	4	100.00%	40.00	57.14
5	43.07	9	10	7	77.78%	70.00	73.68
4	17.37	12	23	12	100.00%	52.17	68.57
3	17.86	22	40	18	81.82%	45.00	58.06
2	6.46	4	189	4	100.00%	2.12	4.15

结合上面的图和表，我们可以发现：1）对数似然比对于我们定义的搭配，对于低频的 4、5 次有较好的效果，3、6、7 次之；2）对不同频次的候选对应该使用不同的对数似然比阈值以取得最好效果，也就是针对不同频次进行细化；c）频次为 2 的最好结果太低，不可接受，属于直接过滤对象。

（四）卡方与共现频次

同样的，我们分别对不同频次的候选对进行了频次和卡方值之间的关系的测试，结果分别如表 4.6 和图 4.6、图 4.7 所示。

表 4.6　频次为 7、5 的候选对中不同的卡方值对应的召回率和准确率

频次	卡方值	搭配数	准确数	候选数	召回率 /%	准确率 /%	F 值 /%
7	179.63	8	1	1	12.50	100.00	22.22
7	99.55	8	2	2	25.00	100.00	40.00
7	90.70	8	2	3	25.00	66.67	36.36
7	85.71	8	3	4	37.50	75.00	50.00
7	59.67	8	3	5	37.50	60.00	46.15
7	57.64	8	3	6	37.50	50.00	42.86
7	51.30	8	4	7	50.00	57.14	53.33
7	28.50	8	5	8	62.50	62.50	62.50
7	16.03	8	5	9	62.50	55.56	58.82
7	8.95	8	5	10	62.50	50.00	55.56
7	8.22	8	6	11	75.00	54.55	63.16
7	7.71	8	6	12	75.00	50.00	60.00
7	7.57	8	6	13	75.00	46.15	57.14
7	7.20	8	6	14	75.00	42.86	54.55
7	1.17	8	7	15	87.50	46.67	60.87
7	0.98	8	8	16	100.00	50.00	66.67
7	0.78	8	8	17	100.00	47.06	64.00
7	0.40	8	8	18	100.00	44.44	61.54
7	−1.00	8	8	19	100.00	42.11	59.26
5	171.43	21	1	1	4.76	100.00	9.09
5	160.83	21	2	2	9.52	100.00	17.39
5	106.00	21	3	3	14.29	100.00	25.00
5	95.12	21	3	4	14.29	75.00	24.00
5	95.09	21	3	5	14.29	60.00	23.08
5	89.49	21	4	6	19.05	66.67	29.63
5	63.94	21	4	7	19.05	57.14	28.57
5	61.48	21	5	8	23.81	62.50	34.48
5	54.35	21	6	9	28.57	66.67	40.00
5	48.29	21	6	10	28.57	60.00	38.71
5	47.01	21	6	11	28.57	54.55	37.50
5	47.01	21	6	12	28.57	50.00	36.36

续表

频次	卡方值	搭配数	准确数	候选数	召回率 /%	准确率 /%	F 值 /%
5	43.56	21	7	13	33.33	53.85	41.18
5	32.36	21	8	14	38.10	57.14	45.71
5	24.55	21	8	15	38.10	53.33	44.44
5	24.54	21	9	16	42.86	56.25	48.65
5	22.47	21	10	17	47.62	58.82	52.63
5	22.18	21	10	18	47.62	55.56	51.28
5	21.62	21	10	19	47.62	52.63	50.00
5	16.85	21	11	20	52.38	55.00	53.66
5	16.26	21	11	21	52.38	52.38	52.38
5	13.60	21	11	22	52.38	50.00	51.16
5	12.60	21	12	23	57.14	52.17	54.55
5	11.07	21	13	24	61.90	54.17	57.78
5	11.02	21	14	25	66.67	56.00	60.87
5	9.61	21	14	26	66.67	53.85	59.57
5	8.82	21	15	27	71.43	55.56	62.50
5	7.62	21	16	28	76.19	57.14	65.31
5	7.00	21	16	29	76.19	55.17	64.00
5	6.85	21	16	30	76.19	53.33	62.75
5	6.25	21	16	31	76.19	51.61	61.54
5	6.07	21	16	32	76.19	50.00	60.38
5	3.98	21	16	33	76.19	48.48	59.26
5	3.75	21	17	34	80.95	50.00	61.82
5	3.15	21	17	35	80.95	48.57	60.71
5	3.03	21	17	36	80.95	47.22	59.65
5	2.54	21	17	37	80.95	45.95	58.62
5	1.33	21	18	38	85.71	47.37	61.02
5	0.31	21	19	39	90.48	48.72	63.33
5	0.30	21	20	40	95.24	50.00	65.57
5	0.21	21	20	41	95.24	48.78	64.52
5	0.14	21	20	42	95.24	47.62	63.49
5	0.12	21	20	43	95.24	46.51	62.50

续表

频次	卡方值	搭配数	准确数	候选数	召回率 /%	准确率 /%	F 值 /%
5	0.07	21	21	44	100.00	47.73	64.62
5	−1.00	21	21	45	100.00	46.67	63.64

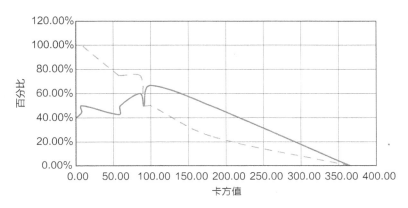

图 4.6　频次为 7 的候选对中不同的卡方值对应的召回率和准确率

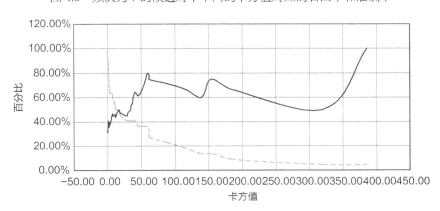

图 4.7　频次为 3 的候选对中不同的卡方值对应的召回率和准确率

从图 4.6、图 4.7 中可以看出，频次为 7 的时候，准确率和召回率的交点的卡方值要高于频次为 3 的时候。而且，频次为 3 时，交点的卡方值非常接近 0。这种曲线变化上的差异说明对于低频次的搭配对，尽管可以通过细微的卡方值变化来获得非常高的召回率，但同时也带来了准确率的快速下降。

表 4.7 列出了不同频次下的最优召回率和准确率配合（F 值）情况。需要

说明的是，9 次和 8 次的情况比较特殊，二者出现次数较少（小于等于 4 次），其中构成的搭配数又较多，代表性不强。

表 4.7　不同频次下准确率和召回率综合最好的对应情况

频次	卡方值	搭配数	候选数	准确数	召回率 /%	准确率 /%	F 值 /%
≥10	2.43	8	14	8	100.00	57.14	72.73
9	157.84	2	2	2	100.00	100.00	100.00
8	4.00	3	4	3	100.00	75.00	85.71
7	8.22	4	8	4	100.00	50.00	66.67
6	28.50	4	2	2	50.00	100.00	66.67
5	11.07	9	13	8	88.89	61.54	72.73
4	0.30	12	21	11	91.67	52.38	66.67
3	1.02	22	49	20	90.91	40.82	56.34
2	0.08	4	179	4	100.00	2.23	4.37

从表 4.7 中可以发现，除了 2、3 次的情况外，4、6、7 次的情况一样，5 次时的 F 值较高。同样，不同频次需要使用不同的卡方值做阈值才能得到最优结果。

（五）对数似然比和卡方值对不同频次产生的效果对比

如果将前述对数似然比和卡方值的调查情况相比较，可以发现，二者各方面表现差距细微。但如果进一步观察，我们按 F 值、准确率、召回率的优先顺序确定二者构成的差别，如果存在比较大的差距，我们有理由认为一方比另一方更好一些，参见表 4.8（表中的值为胜出一方的胜出的值）。

表 4.8　卡方值和对数似然比对比

频次	卡方值	对数似然比
≥8	—	F 值
7	F 值	—
6	F 值	—
5	—	准确率
4	—	召回率
3	—	准确率

这样的结果和普遍的结论是有一定差别的，差别集中于频次大于等于 8 的情况。本研究调查的语料库是中小学教材，总体规模较小，所谓高频、低频是相对于整体语言使用情况而言的，是相对数字。相对于我们的语料库规模，8 次属于高频共现对，卡方值结果更好是容易接受的结果。但是我们注意到在

大于等于 8 次的情况下，无论卡方值还是对数似然比都有比较好的结果，一方面，从绝对数量上看，8 次并不属于频率很高的情况；另一方面，共现频次越高，共现对越少，使得大部分搭配出现了共现频次接近 8 次的情况。

总结以上全部的测试、观察结果，将我们的策略确定为根据不同频次确定不同的阈值，用互信息排除独立性高的搭配候选，综合对数似然比和卡方值进行搭配确认。

具体而言，对数似然比和卡方值，根据频次不同而有变化：

对于 ≥8 次的，对数似然比确认为搭配即为搭配；

对于 6、7 次的，使用卡方值，强调准确率；

对于 3、4、5 次的，使用对数似然比，强调准确率。

二、根据词类确定参数

根据前一部分参数的讨论，我们选取了不同词类的词语，采用相同的参数进行测试。需要说明的是，在搭配候选过滤的过程中，我们并没有使用词类来进行过滤工作，主要原因在于该做法的作用很小。以"发生/v ◆ fa1_sheng1 ▲ ^1"的左侧搭配为例，其词类覆盖率见表 4.9。

表 4.9　搭配词类覆盖率示例

词类	词类覆盖率 /%
n	41
v	61
d	75
a	80
f	83
t	87
r	90
ns	92
q	94
s	96
m	97
nr	98
nz	99
b\Ng\nt\AABB\o	100

事实上，在只以统计参数最优组合抽取的搭配中，只包含 n、v、a 三种词类的词语，也就是说，无论词类覆盖率还是词类过滤都仅能减少计算复杂度，

不能提升计算结果。

测试结果如表 4.10 所示。

表 4.10　搭配抽取小规模测试结果

词语	目标搭配数	自动标注数	正确数	准确率 /%	召回率 /%
境界 /n 生活 /v 紧 /a	60	75	54	72.00	90.00
信息 /n 生活 /v 紧 /a	65	81	57	70.37	87.69
境界 /n 利用 /v 紧 /a	62	85	54	63.53	87.10
境界 /n 生活 /v 新 /a	98	97	56	57.73	57.14

在表 4.10 中，第一行（词语为：境界 /n 生活 /v 紧 /a）作为参照项目以便进行不同词语搭配抽取结果比较。表中后三行仅仅改变了参照项目中的一个词语。在参照项目的结果中，正确率、召回率均超过了 70%。对比的后三行的项目中，在改变名词和动词的情况下，召回率没有什么变化，正确率有小幅下降，而在改变形容词的时候，召回率和正确率均出现了严重下降。

这种情况提示我们，不同词类的词语对搭配结果的影响是不同的，不同词类可能需要采用不同的参数，这是之前很多文献没有提到的。我们已知不同的词类需要采用不同的跨距来计算他们的搭配情况，那为什么不同的词类就一定要采用相同的参数呢？所以我们针对这一问题观察了作为观察数据的不同词类在不同参数的最优表现，在经过必要的过滤之后，主要以准确率为参照，如表 4.11 所示。

表 4.11　不同参数对不同词类的搭配抽取的影响

词语	词类	频次	最优互信息值	最优似然对数比准确率 /%	最优卡方值准确率 /%
感情	n	≥8	46.34%	25.00	
		7			50.00
		6			100.00
		5		75.00	
		4		50.00	
		3		81.82	
研究	v	≥8	44.07%	87.50	
		7			33.33
		6			33.33
		5		55.56	
		4		58.33	
		3		25.00	

词语	词类	频次	最优互信息值	最优似然对数比准确率 /%	最优卡方值准确率 /%
清楚	a	≥8	75.00%	100.00	
		7			100.00
		6			100.00
		5			
		4		60.00	
		3		58.33	

最优互信息是目标搭配数和扣掉被最优互信息排除掉的结果，"清楚/a"高达 75% 意味着对于清楚来说，75% 是仅用互信息过滤可以获得的最优结果。"感情/n"和"研究/v"具有相似的最优互信息，45% 左右。结合最优似然对数比准确率和最优卡方值准确率，"清楚/a"明显和"感情/n""研究/v"表现不同，而后两者表现比较类似。

尽管被观察对象可能具有一定的特殊性，准确的结论只能是上面三个词语具有不同的表现。但是在不能为每个词语给予不同参数的时候，对词类给予不同参数则是折中的选择。

对不同的词类给予不同的参数，在表 4.12 中，仍以"境界/n 生活/v 紧/a"为参照项目，以得到此结果的不同词频对应的参数作为不同词类不同词频下的标准参数，仍然测试表 4.11 中的对比项目，结果如表 4.12 所示。

表 4.12　不同词类不同参数测试结果

词语	目标搭配数	自动标注数	正确数	准确率 /%	召回率 /%
境界 /n 生活 /v 紧 /a	60	62	48	77.42	80.00
信息 /n 生活 /v 紧 /a	65	65	50	76.92	76.92
境界 /n 利用 /v 紧 /a	62	71	49	69.01	79.03
境界 /n 生活 /v 新 /a	98	74	49	66.22	50.00

和采用同样参数的表 4.11 结果进行比较，在降低一部分召回率的情况下，准确确率得到了很大提升。所以，不同词类具有不同的搭配特征，对不同的词类应该采用不同的参数分别计算，而这也符合一般的语感。

第二节　细化的多统计义项特征搭配自动抽取算法

一、词类的选择

无论是在英语还是汉语的自动搭配抽取中，通常都是不需要考虑某些词类，比如介词、连词等明显具有语法意义的词类。同样的，本研究提出的搭配抽取算法中，首先要排除掉部分词类。

义项标注语料库采用的义项是《现代汉语词典》的义项。词类体系也与《现代汉语词典》的词类相似，包括：名词、动词、形容词、数词、量词、代词、副词、介词、连词、助词、叹词、拟声词。其中，名词、动词、形容词各有数量不等的附类，名词的附类是时间词、方位词、处所词，动词的附类是助动词、趋向动词，形容词的附类是区别词、状态词。

我们认为搭配具有两个特点：（1）部分具有相关或类似的语义的词语不能和节点词构成搭配；（2）通常，词语构成搭配时，组合义就是组合构成部分的意义之和。据此考察，可以发现，连词、助词是语法功能非常明显的词类，是虚词，更多的是语法意义，而不是搭配中搭配词本身具有的词汇意义，也就是说，它们表现的更多的是句法上的功能，而不是和某个词汇之间的联系；拟声词具有确定的使用方式，并且很多拟声的词语是临时使用的；叹词总是独立运用的，通常不和某个确定的词汇发生联系；《牛津英语搭配词典（第2版）》收录了单独的短语（phrase），它们多为名词、动词、形容词和介词构成的结构，并未被认定为搭配。而在汉语中，"介词只能放在一个实词性成分前面构成介词结构"（郭锐，2003：231），介词的主要功能就是引介对象，如"在（某处）"，其中的"某处"能够涵盖所有表示地点的词语，也不符合搭配的特点；《牛津英语搭配词典》（第2版）是收录副词的，但副词是不独立成条的，仅在相应动词下面显示，汉语的副词除了语法功能明确外，表示的意义基本是固定的，如郭锐（2002）将副词按意义划分为10种（表示语气、情态、时间、处所、重复、范围、程度、否定、数量、方式），实际上，副词和动词的搭配更多的是动词对于某一种意义的选择，而非词汇的选择；代词从句法功能上，属于不同词类，具有所指代的词语所属词类的特点；汉语中，数词、量词通常一起使用，有其固定的使用方式；在动词的附类中，助动词基本上表示情态意义，多为搭配词语对情态意义的选择，趋向动词表示趋向，与此类似。由此，我们需要抽取的搭配的节点词和搭配词为名词（包括时间词、方位词、处所词）、动词、形容词（包括区别词、状态词）。

二、搭配抽取算法

如前文所述，我们自动抽取的程序如下：

步骤 1：以具有不同意义的名词、动词、形容词为节点词，根据跨距讨论的结果，分别抽取它们在相应跨距范围内的所有词语作为其搭配候选。超高频的部分词语作为停止词[①]不参与计算。经统计，停止词有 177 个，其中，名词 6 个，如"人们 /n"；形容词 1 个，"一样 /a"；动词 16 个，如"是 /v"。除了名词、动词、形容词外，这些词语多为助词、代词等，使用停止词一方面可以加快程序运算速度，另一方面也使它们的超高频不至于影响运算结果。表 4.13 显示的是部分停止词。

表 4.13　停止词示例

序号	词语词类义项	出现次数
10757	的 /u ◆ de5	116152
62803	一 /m ◆ yi1	37957
48204	是 /v ◆ shi4	28873
32562	了 /u ◆ le5	26997
55687	我 /r ◆ wo3	24467
67073	在 /p ◆ zai4 ▲ ^7	22067
3911	不 /d ◆ bu4	19333
50915	他 /r ◆ ta1	16790
71546	着 /u ◆ zhe5	14151
17217	个 /q ◆ ge4	13892
68335	这 /r ◆ zhe4	12583
27969	就 /d ◆ jiu4	11124
37999	你 /r ◆ ni3	10396
32566	了 /y ◆ le5	10028
62564	也 /d ◆ ye3	9877
11099	地 /u ◆ de5	9823
20498	和 /c ◆ he2 ▲ ^B3	9492
45693	上 /f ◆ shang5 ▲ ^1	8024

---

① 停止词全表参见附录 3。

续表

序号	词语词类义项	出现次数
55721	我们 /r ◆ wo3_men5	7385
31652	里 /f ◆ li5 ▲ ^1	6963
12330	都 /d ◆ dou1	6912
962	把 /p ◆ ba3	6571
37446	那 /r ◆ na4	6250
65434	又 /d ◆ you4	6201
69728	中 /f ◆ zhong1 ▲ ^3	5673
50927	它 /r ◆ ta1	5473
22402	还 /d ◆ hai2	5271
10647	得 /u ◆ de5	5081
37894	能 /vu ◆ neng2 ▲ ^4	4993
26465	她 /r ◆ ta1	4883
20884	很 /d ◆ hen3	4656
70157	种 /q ◆ zhong3 ▲ ^6	4575
8392	从 /p ◆ cong2	4417
71863	自己 /r ◆ zi4_ji3	4280
9120	大 /n ◆ da4 ▲ ^A2	4204

步骤 2：排除所有共现次数为 1 或 2 的低频候选搭配对。

步骤 3：排除所有搭配词和节点词相同的候选搭配对，如"研究 /v"——"研究 /v"。

步骤 4：排除所有搭配词词类不是名词、动词、形容词的候选搭配对。

步骤 5：排除所有互信息值小于为不同词类确定的互信息阈值的所有候选搭配对。

步骤 6：根据不同词类、不同频次确认所有高于指定对数似然比阈值、卡方阈值的所有候选搭配对为搭配。

具体流程如图 4.8 所示。

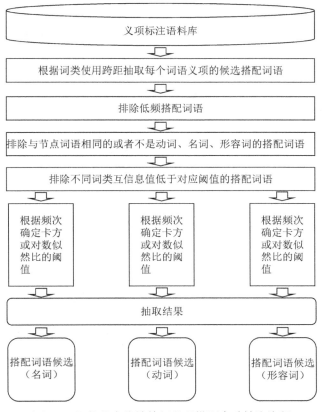

图 4.8 细化的多统计特征义项搭配自动抽取流程

第三节 搭配自动抽取结果分析

一、手工认定搭配过程

以根据前文计算的跨距所得到的搭配候选对为基本数据，我们对搭配候选对进行了手工认定，以便对最终结果进行比对。我们最后还请不同的专家凭借语感对认定的搭配进行了复查。在我们的数据库中，共现超过 2 次的共 4316个节点词，凡是出现在指定跨距内的词语构成搭配候选集，共 68690 个组合对；候选集中，11981 个不是名词、动词、形容词，直接认定为不构成搭配，实际手工标记 56709 个搭配词语。最终，在排除共现频次为 1 和 2 的搭配候选对后，从 68690 个候选搭配对中认定了 12697 个搭配。[①]由于共现频次为 1 和 2 的搭配候选对数量巨大，故我们对其进行了单独处理，依据不同参数降序排列，选择排列靠前的进行了手工认定，共得到 462 个搭配。部分手工认定的搭配如表 4.14 所示。

表 4.14　搭配认定过程及结果（部分）

序号	节点词	搭配词	共现频次
2412	安慰 /v ◆ an1_wei4 ▲ ^2	说 /v ◆ shuo1 ▲ ^1	11
2286	安慰 /v ◆ an1_wei4 ▲ ^2	尽量 /d ◆ jin3_liang4	4
2287	安慰 /v ◆ an1_wei4 ▲ ^2	想 /v ◆ xiang3 ▲ ^3	4
2386	安慰 /v ◆ an1_wei4 ▲ ^2	得到 /v ◆ de2_dao4	3
2297	安慰 /v ◆ an1_wei4 ▲ ^2	给 /v ◆ gei3 ▲ ^1	3
2353	安慰 /v ◆ an1_wei4 ▲ ^2	自我 /r ◆ zi4_wo3	3
2309	安慰 /v ◆ an1_wei4 ▲ ^2	女 /b ◆ nv3	3
2313	安慰 /v ◆ an1_wei4 ▲ ^2	笑 /v ◆ xiao4 ▲ ^1	3
2279	安慰 /a ◆ an1_wei4 ▲ ^1	得到 /v ◆ de2_dao4	2
2277	安慰 /a ◆ an1_wei4 ▲ ^1	高兴 /a ◆ gao1_xing4 ▲ ^1	2
2295	安慰 /v ◆ an1_wei4 ▲ ^2	惟一 /b ◆ wei2_yi1	2
2326	安慰 /v ◆ an1_wei4 ▲ ^2	汤姆 /nr ◆ tang1_mu3	2
2379	安慰 /v ◆ an1_wei4 ▲ ^2	至少 /d ◆ zhi4_shao3	2
2293	安慰 /v ◆ an1_wei4 ▲ ^2	互相 /d ◆ hu4_xiang1	2
2414	安慰 /v ◆ an1_wei4 ▲ ^2	只是 /d ◆ zhi3_shi4	2
2289	安慰 /v ◆ an1_wei4 ▲ ^2	开始 /v ◆ kai1_shi3 ▲ ^2	2
2329	安慰 /v ◆ an1_wei4 ▲ ^2	一点 /m ◆ yi1_dian3	2
2300	安慰 /v ◆ an1_wei4 ▲ ^2	来 /v ◆ lai2 ▲ ^A5	2
2362	安慰 /v ◆ an1_wei4 ▲ ^2	母亲 /n ◆ mu3_qin1	2
2340	安慰 /v ◆ an1_wei4 ▲ ^2	头 /n ◆ tou2 ▲ ^1	2
2371	安慰 /v ◆ an1_wei4 ▲ ^2	话 /n ◆ hua4 ▲ ^1	2
2338	安慰 /v ◆ an1_wei4 ▲ ^2	知道 /v ◆ zhi1_dao4	2
2360	安慰 /v ◆ an1_wei4 ▲ ^2	有 /v ◆ you3 ▲ ^2	2
2455	安稳 /a ◆ an1_wen3 ▲ ^2	睡 /v ◆ shui4	4

---

① 全部的搭配手工标注结果参见附录 4。篇幅所限，此处仅列出部分高频共现搭配对、部分共现频次为 5 的搭配对，以及超低频的共现频次为 2 的搭配对。

序号	节点词	搭配词	共现频次
2466	安稳 /a ◆ an1_wen3 ▲ ^2	静 /a ◆ jing4 ▲ ^2	2
2495	安息 /v ◆ an1_xi1 ▲ ^2	香甜 /a ◆ xiang1_tian2 ▲ ^2	2

手工搭配认定过程及结果（续表 4.14）

序号	互信息值	对数似然比	卡方值	是否重复	备注	程序认定	手工认定
2412	8.10	53.04	2.55			n	
2286	10.27	52.55	极大		not nva	n	
2287	7.00	26.14	9.74			n	
2386	7.28	24.68	23.05			r	r
2297	6.54	20.26	8.27			r	r
2353	8.81	33.90	极大		not nva	n	
2309	7.29	24.73	极大			n	
2313	6.54	20.26	6.19			n	
2279	8.62	25.69	222.30				
2277	8.27	24.32	282.65				
2295	7.30	19.77	极大				
2326	7.26	19.58	极大		not nva	n	
2379	7.25	19.54	极大		not nva	n	
2293	6.92	18.22	极大		not nva	n	
2414	5.93	14.27	极大		not nva	n	
2289	5.62	13.05	6.40				
2329	5.48	12.50	极大		not nva	n	
2300	5.33	11.91	3.22				
2362	5.23	11.53	2.83				
2340	5.09	10.95	2.99				
2371	4.95	10.42	1.53				
2338	4.53	8.79	0.31				
2360	3.04	3.42	5.74				
2455	10.49	56.27	391.68			r	r
2466	9.08	27.33	81.09				
2495	12.60	42.35	7943.17				

　　表 4.14 显示的是程序计算使用的统计特征参数以及手工认定的过程，程

序计算过程如前文所述。手工认定是对程序认定进行检查，并参考实例进行确认，实例未在表中列出。实际上，根据前述搭配之复杂性，我们在标注过程中也对其他词语组合进行了分析，并使用了不同标志标记。

r: 搭配。搭配标记为 r，来自 restricted collocation。

f: 套语。标记为 f（formuli）。此处的 f 比通常的套语要宽泛，指经常用在一起但不是搭配的两个词语的组合，主要包括以下几类：（1）并列，如"矛盾"—"冲突"；（2）常见四字组合，如"上下"—"翻飞"，"波涛"—"翻滚"；（3）远距离结构模板，如"像"—"一样"；（4）严格意义上的套语，如"请"—"进"，"请"—"坐"；（5）不完整的套语，如"说话"—"算"的组合标 f。

c: 自由组合。标记为 c（free combination）。意义不冲突、可能出现在自然语言中的组合，如"爱"—"姐姐"，"爱"—"唱歌"。

w: 词语。标记为 w（word）。主要包括两种：（1）可能构成词语，主要是因为没有返回原文查询确定，如"爱"—"心"，"红"—"包"；（2）离合词，如"跳"—"舞"。

t: 多词搭配。标记为 t（Trillocaiotn）。主要是这种情况：两个词语经常共现，但结构或意义上需要另外的成分才能出现在自然语言中，如"沉"—"气"和"沉"—"住"，"吃"—"肚子"。

s: 超常搭配。标记为 s（S 近似于上述 R、F、C）。主要指两个词语中至少一个是修辞用法的情况，如"电脑"—"管家"，"老"—"黄牛"。

n: 其他全部标记为 n。

手工认定之后，我们获得了语料库中的全部搭配，表 4.15、表 4.16、表 4.17 显示了部分高频次搭配、中频次搭配以及超低频次搭配。全表参见附录 4。

表 4.15　高频次搭配

共现频次	节点词	搭配词
339	话 /n ◆ hua4 ▲ ^1	说 /v ◆ shuo1 ▲ ^1
162	姑娘 /n ◆ gu1_niang5 ▲ ^1	小 /a ◆ xiao3 ▲ ^1
161	事 /n ◆ shi4 ▲ ^1	做 /v ◆ zuo4 ▲ ^3
140	孩子 /n ◆ hai2_zi5 ▲ ^1	小 /a ◆ xiao3 ▲ ^1
125	话 /n ◆ hua4 ▲ ^1	听 /v ◆ ting1 ▲ ^A1
117	时间 /n ◆ shi2_jian1 ▲ ^2	长 /a ◆ chang2 ▲ ^1
113	猫 /n ◆ mao1 ▲ ^1	小 /a ◆ xiao3 ▲ ^1

续表

共现频次	节点词	搭配词
109	好 /a ◆ hao3 ▲ ^1	说 /v ◆ shuo1 ▲ ^1
98	说 /v ◆ shuo1 ▲ ^1	到 /v ◆ dao4 ▲ ^1
97	走 /v ◆ zou3 ▲ ^1	进 /v ◆ jin4 ▲ ^2
96	家 /n ◆ jia1 ▲ ^2	回 /v ◆ hui2 ▲ ^A2
93	人 /n ◆ ren2 ▲ ^1	知道 /v ◆ zhi1_dao4
93	人 /n ◆ ren2 ▲ ^1	多 /a ◆ duo1 ▲ ^A1
93	头 /n ◆ tou2 ▲ ^1	低 /v ◆ di1 ▲ ^4
93	住 /v ◆ zhu4 ▲ ^3	忍 /v ◆ ren3
91	孩子 /n ◆ hai2_zi5 ▲ ^1	女 /b ◆ nv3
89	人 /n ◆ ren2 ▲ ^1	像 /v ◆ xiang4 ▲ ^3
89	树 /n ◆ shu4 ▲ ^1	小 /a ◆ xiao3 ▲ ^1
89	头 /n ◆ tou2 ▲ ^1	抬 /v ◆ tai2 ▲ ^1
88	人 /n ◆ ren2 ▲ ^1	叫 /v ◆ jiao4 ▲ ^B1

表 4.16　中频次搭配

共现频次	节点词	搭配词
5	爱 /v ◆ ai4 ▲ ^1	赢得 /v ◆ ying2_de2
5	安全带 /n ◆ an1_quan2_dai4 ▲ ^2	系 /v ◆ xi4 ▲ ^A6
5	败 /v ◆ bai4 ▲ ^2	打 /v ◆ da3 ▲ ^A3
5	拜 /v ◆ bai4 ▲ ^5	师 /n ◆ shi1
5	瓣 /n ◆ ban4 ▲ ^1	单 /b ◆ dan1 ▲ ^1
5	包 /v ◆ bao1 ▲ ^1	饺子 /n ◆ jiao3_zi5
5	包袱 /n ◆ bao1_fu5 ▲ ^2	背 /v ◆ bei1 ▲ ^1
5	报 /n ◆ bao4 ▲ ^6	读 /v ◆ du2 ▲ ^2
5	报纸 /n ◆ bao4_zhi3 ▲ ^1	广告 /n ◆ guang3_gao4
5	暴雨 /n ◆ bao4_yu3 ▲ ^1	下 /v ◆ xia4 ▲ ^B2
5	爆炸 /v ◆ bao4_zha4 ▲ ^1	炮弹 /n ◆ pao4_dan4
5	背 /v ◆ bei1 ▲ ^1	肩 /n ◆ jian1
5	背景 /n ◆ bei4_jing3 ▲ ^3	作者 /n ◆ zuo4_zhe3
5	背景 /n ◆ bei4_jing3 ▲ ^3	作 /v ◆ zuo4 ▲ ^6
5	比喻 /n ◆ bi3_yu4 ▲ ^1	生动 /a ◆ sheng1_dong4
5	笔 /n ◆ bi3 ▲ ^1	细 /a ◆ xi4 ▲ ^2
5	笔记 /n ◆ bi3_ji4 ▲ ^2	读书 /v ◆ du2_shu1 ▲ ^1
5	笔记 /n ◆ bi3_ji4 ▲ ^2	记 /v ◆ ji4 ▲ ^2

共现频次	节点词	搭配词
5	变 /v ◆ bian4 ▲ ^1	轻松 /a ◆ qing1_song1

表 4.17　超低频次搭配

共现次数	节点词	搭配词
2	安心 /a ◆ an1_xin1 ▲ ^B	养 /v ◆ yang3 ▲ ^6
2	案子 /n ◆ an4_zi5 ▲ ^B	审理 /v ◆ shen3_li3
2	白 /a ◆ bai2 ▲ ^A1	说 /v ◆ shuo1 ▲ ^1
2	白 /a ◆ bai2 ▲ ^A1	刷 /v ◆ shua1 ▲ ^A2
2	白 /a ◆ bai2 ▲ ^B	透 /v ◆ tou4 ▲ ^5
2	版面 /n ◆ ban3_mian4 ▲ ^1	占据 /v ◆ zhan4_ju4
2	报告 /n ◆ bao4_gao4 ▲ ^2	发表 /v ◆ fa1_biao3 ▲ ^2
2	比赛 /n ◆ bi3_sai4 ▲ ^2	参加 /v ◆ can1_jia1 ▲ ^1
2	鞭炮 /n ◆ bian1_pao4 ▲ ^2	放 /v ◆ fang4 ▲ ^7
2	便利 /a ◆ bian4_li4 ▲ ^1	图 /v ◆ tu2 ▲ ^3
2	标准 /n ◆ biao1_zhun3 ▲ ^1	低 /a ◆ di1 ▲ ^2
2	兵 /n ◆ bing1 ▲ ^2	进 /v ◆ jin4 ▲ ^2
2	病 /n ◆ bing4 ▲ ^1	好 /a ◆ hao3 ▲ ^1
2	材料 /n ◆ cai2_liao4 ▲ ^2	写 /v ◆ xie3 ▲ ^1
2	菜 /n ◆ cai4 ▲ ^1	好 /a ◆ hao3 ▲ ^1
2	插曲 /n ◆ cha1_qu3 ▲ ^1	电影 /n ◆ dian4_ying3
2	车 /n ◆ che1 ▲ ^1	拉 /v ◆ la1 ▲ ^A12
2	车 /n ◆ che1 ▲ ^1	开 /v ◆ kai1 ▲ ^A1
2	沉重 /a ◆ chen2_zhong4 ▲ ^1	打击 /v ◆ da3_ji1 ▲ ^2
2	成功 /a ◆ cheng2_gong1 ▲ ^2	爆炸 /v ◆ bao4_zha4 ▲ ^1

根据我们的定义，在具体认定过程中，针对不同的情况，我们采用了下面的认定原则：

（1）搭配词语的层级选择原则

词语根据意义的抽象程度、具体程度可以划分不同的层级，从最抽象到一般再到具体。例如，名词"生物""人""父亲"，以及具体人名就是从抽象到具体的序列，动词如"做""干""研究"（工作）也是如此，形容词如"白""洁白/惨白/雪白"。抽象程度不同的词语，可以从意义上结合的词语也是不同的，通常情况下，在可以使用抽象词语的上下文中，也可以使用具体的词语，反之则未必。这样，如果较抽象的词语可以构成搭配，则认定为搭配，同时比较具体的词语则认定为自由组合。例如："撑"—"船"（搭配）："撑"—"渡船"（自由组合）；"人"—"吃"（搭配）："爸爸"—"吃"（自由组合）；

"吃"—"饭"（搭配）："吃"—"米饭"（自由组合）；"吃"—"粮食"（搭配）："吃"—"玉米"（自由组合）。

（2）搭配词语的典型性原则

对于节点词语而言，有些搭配词语和节点词语的（某个）意义总是相关，有典型性，而有些则不是，这种情况下，前者认定为搭配，后者认定为自由组合。比如，对于"担架"而言，"抬"是一个典型动作，而对于"门板"而言，"抬"则是一个比较通用的动作，不是典型地针对"门板"的动作，不具有典型性。类似的，对于"成功"而言，"取得"具有典型性，而"发射"则不具有典型性。

（3）搭配词语的方向性原则

对于任何一对节点词语和搭配词语，当搭配词语做节点词语时，原来的节点词语未必能构成搭配词语。比如"做"和"作业"，如果"作业"是节点词，那么"做"是和"作业"经常联系在一起的典型动作；而如果"做"是节点词语，那么"作业"仅仅是无数可以"做"的对象之一种，不具有典型性，只能算自由组合，不能算搭配。

（4）搭配组合化学变化原则

对于有些组合，当两个词语共用时，除了有字面意义之外，也有可能有弦外之音，认定为搭配。比如对于"拍"而言，"身上"和"胸脯""桌子"不同，前者是自由组合，后两者是搭配，原因在于"拍胸脯"隐含了"承诺"的意义，"拍桌子"隐含了"愤怒"的意义。

为了使得前后认定标准统一，我们也总结并设定了如下的具体操作原则：

（1）对于"名词＋形容词"构成的组合，如果名词可以接受形容词的修饰，一般认定为搭配。因为通常形容词总是在描摹凸显名词的某一方面的特征。

（2）对于"动词＋补足语"构成的组合，如果补足语是特征，则认定为搭配；补足语是趋向等通用性质的词语，则认定为自由组合。比如"跌"—"断"（搭配）和"跌"—"倒"（自由组合）。

（3）有些动词，如"表示""以为""应该""需要""到""喜欢"等，在和别的词语搭配时，通常认定为自由组合。

（4）两个动词的组合，如果能构成连动，一般认定为自由组合。因为搭配要强调意义上的限制，而不是先后顺序等，如"举手"—"发言"。

（5）两的词语的组合，如果能构成并列，则认定为自由组合。

（6）具有词缀性质的词语，一般标为搭配，，如"突击"—"队"中的"队"。

（7）"动词＋名词"的组合，如果名词是动作对象，倾向于认定为自由组合，如果是动作结果，则倾向于认定为搭配，如"挖"—"土"，"挖"—"泥"，"挖"—"树"（自由组合）；"挖"—"坑"（搭配）。

二、基于义项的搭配抽取与基于词形的搭配抽取的比较

通过将机器抽取结果与手工认定结果进行比较，我们得到了机器标注的数据，结果如表 4.18 所示。

表 4.18　基于义项标注语料库的自动搭配抽取结果

参数	目标搭配数	自动标注数	正确数	准确率/%	召回率/%	F 值/%
使用测试集参数测试的结果	12697	17244	6858	39.77	54.01	45.81
最优参数	12697	20757	8211	39.56	64.67	49.09

表中的最优参数行是在经过手工认定后，分别计算出不同词类、不同频次对应的最优 F 值的参数，进而重新计算所得到的最优结果。表 4.18 中最优参数计算出的最优结果和我们之前使用少量词语构成的观察测试集的结果相比较，正确率稍有下降，召回率和 F 值有所提升，但总体而言，相差不大。这也说明我们之前的通过小部分观察测试集获取不同参数的方法在数据量提升等级后是可用的，方法是可行的。值得注意的是，我们的两种实验结果中，召回率比较突出，其中最优参数的结果与下文提到的词语级别的召回率差距并不大，这也和我们最初选择参数时将召回率优先于准确率的设想相吻合。

王大亮等（2008）报告的准确率为 86.45%、召回率为 67.31%、F 值为 78.15%。该实验结果要远远好于我们的计算结果。我们的计算方法是在类似的方法上进行了细化、优化，为什么准确率和词语级别的自动搭配抽取结果差距较大呢？

首先，本研究的结果是在全集数据库的基础上的进行的比对，没有对结果使用抽样的方法，不会存在可能的抽样误差。

其次，王大亮等对于搭配的认识和我们是不同的，王大亮认为："搭配是关于词项组合的研究。Halliday 将搭配界定为：体现词项在某种显著的临近范围内组合关系的线性共现与期待。可见搭配的含义不能由它的各个组成部分简单组合得到，不能随意地更改和替换搭配中的组成部分。"（2008：628）"从语言学角度分析，搭配抽取的统计评价方法应能够有效刻画搭配的同现性和期待

性。"（2008：612）王大亮等并没有给出实际认定结果的例子，但从对搭配的定义上看，该方法强调"不能简单组合"是不同于我们的认识的，我们认为简单组合、意义透明是搭配对的一个重要特征。理论上来讲，该方法使用的手工认定的搭配结果集和我们认定的搭配结果集可能差别很大。

再次，王大亮等（2008）的搭配是在词语级别进行抽取的，而我们的搭配是在义项级别进行抽取的，抽取的颗粒要小于该文。一方面，从上述我们的认定原则可以看出，并不是所有的认定的搭配对中的搭配词语在成为节点词语后，与原来的节点词语现在的搭配词语仍然可以构成搭配对。另一方面，由于细化到义项，对于相同的搭配词语，可能有的义项构成搭配，有的义项不构成搭配，比如"感情"和"作者"，我们认为，当"感情"表示"对外界刺激的比较强烈的心理反应"时，构成搭配；而当"感情"表示"对人或事物关切、喜爱的心情"，也就是"他对农村产生了深厚的感情"中的意义时，"作者"不是"感情"的搭配。在我们的候选搭配对中，考虑搭配词语儿词语顺序的情况下，全部68690个频次在2以上的搭配候选对是由61437个词语级别的候选搭配对构成的，不考虑顺序的话，则由52255个词语级别的候选搭配对构成。这一部分差距增加了错误的可能性，造成了准确率相对的降低。理论上来说，由于词语的多义性，词语级别的搭配对对应的义项级别搭配对存在一对多的关系，其中在义项级别仍然存在是否为搭配的变化，一定会造成义项级别的搭配抽取结果低于词语级别的搭配抽取结果。

最后，王大亮等（2008）采用的语料由1亿个中文互联网页面构成，我们的义项标注语料库相对较小，所以在高频部分容易产生差距。

第四节　小　结

本章观察到，不同词类、不同频次的词语具有不同的搭配行为，并据此提出：在搭配抽取中，不同的词类应该采用不同的参数值来确认搭配；类似的，不同频次的搭配候选对亦需要采用不同的参数值来确认。

此外，本章重点讨论了我们提出的更加细化和优化的算法，验证了分词类、分频率、使用不同参数获取自动抽取结果的方法的有效性；阐释了我们在手工认定搭配时采用的原则；并将自动抽取算法的实验结果同词语级别自动搭配抽取结果进行了差距比较分析。

　　首先，我们通过小规模的观察测试集来获取不同词类、不同频次的搭配候选对所需要使用的不同参数是有效的，因为其结果和手工认定后的全集的差距较小。其次，我们提出了一些在手工认定过程中，认定搭配的基本原则以及为保持认定结果一致性应该采取的具有较强操作性的操作原则，这些原则对于搭配的认定具有一定的借鉴作用。最后，通过本研究和词语级别的搭配抽取的对比分析，我们认为数据颗粒的变小以及搭配候选对中节点词和搭配词语的身份变化是造成义项级别的搭配抽取结果较低的重要原因。

第五章　搭配自动抽取难点分析

经过第四章的手工确认，在所有的 170326 个在确定跨距内，共现次数超过 1 次的候选搭配对中，我们共认定了 13159 个搭配。那么从全集的角度上，这些搭配是否和我们之前使用的观察测试集具有相同的特点呢？它们本身又具有哪些特点呢？

第一节　搭配和共现频次

利用统计来抽取搭配的时候，人们总是认为搭配相对于偶然共现，具有数量上的特征，比如 Sinclair（1974）就认为搭配中，节点词和搭配词实际共现的次数高于他们的频率与文本长度所预期的次数。

在第二章中，我们总结了搭配的特征，认为以下两个特征是搭配的数量特征。

（1）共现性；统计显著性；黏合度；语义黏合。
（2）互相期待；统计显著性；复现。

表 5.1 是分别统计认定的搭配分频次获得的比较表。其中，10 次以上的数量太少，所以分段统计。

表 5.1　共现频次和搭配数量比较

共现频次	非搭配数量	搭配数量	候选数量	搭配所占 /%
2	101174	462	101636	0.45
3	24278	4811	29089	16.54
4	11298	2538	13836	18.34
5	5585	1365	6950	19.64
6	3601	899	4500	19.98
7	2366	633	2999	21.11
8	1644	445	2089	21.30

续表

共现频次	非搭配数量	搭配数量	候选数量	搭配所占 /%
9	1215	322	1537	20.95
10	871	268	1139	23.53
11—20	3434	976	4410	22.13
21—30	873	233	1106	21.07
31—40	323	80	403	19.85
41—50	163	39	202	19.31
51—100	228	79	307	25.73
101—200	86	7	93	7.53
>200	28	2	30	6.67

从表 5.1 中，可以轻易发现下面的两个关系图（图 5.1、图 5.2）。

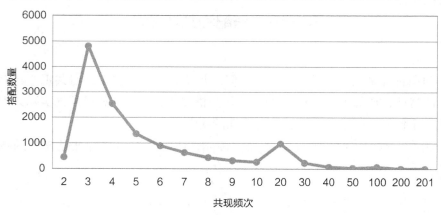

图 5.1　共现频次和搭配数量关系

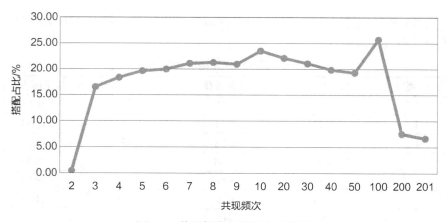

图 5.2　共现频次和搭配占比关系

首先，如图 5.1 所示，绝大部分搭配的共现频次的绝对数量并不高，主要集中在低频区域，共现频次为 3、4、5 的搭配占绝大部分。尽管我们统计的搭配并不能涵盖全部搭配，但因为来源于语料库，所以有理由相信搭配词语在真实语言中的频次分布也类似于这种分布。也就是说，相对于偶然共现，搭配的显著性的统计差别没有通常认为的那么大，绝大部分只有 1、2 次共现频次的差别。所以，相对于本研究使用的语料库，互相期待只是相对于偶然共现次数为 1、2 时具有一定的搭配显著性，而无论是机器选择还是手工认定，无论是以节点词为中心还是以搭配词为中心，面对的都是从低频到高频的不同共现对，由于其中任何一个频次都存在绝大部分候选不是搭配的问题，所以，所谓搭配的显著性就不具有明显的数量特征。

其次，如图 5.2 所示，所有的频次以及频次段，可以清晰地分为三个部分，2 次的超低频，100 次以上的超高频，以及处于中间的频次构成的部分。对于超高频和超低频部分，其搭配在全部候选中所占的比例极低，而中间的部分则意外地保持在 20% 上下，基本与横轴构成平行线。对于超低频部分，大量的偶然共现构成了抽取计算的噪音，这种情况是可以预期的，这也是多数抽取方法会将低频部分直接过滤掉的原因之一。我们观察所有超过 100 次共现的 123 个候选搭配，发现所有的词语都是常用词语以及常用义项，其中 101 个搭配候选中的搭配词以及节点词全部由单字词构成，超过一半的搭配词以及节点词均是标注的词典第一个义项。对于中间部分，搭配并没有和频次的变化产生任何必然的联系，搭配候选比是基本不变的，这一点也和通常认知的搭配的共现具有统计显著性不同。

从语言的角度来考虑，超高频和超低频搭配对所占共现比例很低是由下列原因造成的。首先，超高频搭配对中的节点词和搭配词一定都是词语频率更高的词语，如 "话 /n ◆ hua4 ▲ ^1" — "听 /v ◆ ting1 ▲ ^A1" 共现 125 次，但二者单独的词频分别为 1445 和 1790。由于高频词语出现的概率大，共现词语多，高频共现的情况自然就多，造成共现的基数大；其次，对于超低频词语而言，显然，偶然共现的可能性很高。

总结起来，一方面从自动搭配抽取的角度看，除去超高频、超低频的共现，频次越低含有的搭配越多，所以抽取的重点是低频次的共现中包含的搭配。对于本研究使用的语料库来说，就是共现频次为 3、4、5，这一点也印证了我们的自动抽取方法中低频部分细化到每个频次采用不同的参数的做法是有效的。另一方面，从统计结果来看，搭配并不和共现频次产生必然的联系。事实上，无论是本研究定义的搭配还是其他研究者认为的"任意性"和"意义透明"的特征，都是从意义角度刻画的搭配及其构成部分，并不必然具有一定的数量特征相联系。比如，"部分具有相关或类似的语义的词语不能和节点词构成搭配"这一点并不关乎搭配是高频出现还是低频出现，任何频次的词语组合都有可能具有这样的特点，这样，就可以解释为什么在不同共现频次的候选搭配会包含大约相同比例的搭配。

第二节　搭配词语分布和文本分布

一、词语分布

通常，不同的搭配抽取方法最多在词类级别进行不同的参数设定，以求获得更好的结果，比如，孙宏林（1998）提出的根据不同词类设定不同的跨距。甚至，Mason（2000）建议为每一个词都确定单独的跨距。那么，不同词语的最优参数是否不仅仅是词类之间具有差别，词语是不是也有差别呢？

表 5.2 统计了不同词语最优 F 值对应的情况。

表 5.2　不同词语最优 F 值对应的对数似然比

节点词	最优对数似然比
翻身 /v ◆ fan1_shen1 ▲ ^3	75.68
放 /v ◆ fang4 ▲ ^8	73.45
跃进 /v ◆ yue4_jin4 ▲ ^2	71.87
贯通 /v ◆ guan4_tong1 ▲ ^1	70.62
无常 /v ◆ wu2_chang2 ▲ ^1	70.62
连天 /v ◆ lian2_tian1 ▲ ^3	69.63
改道 /v ◆ gai3_dao4 ▲ ^2	69.63
献 /v ◆ xian4 ▲ ^2	68.73
说理 /v ◆ shuo1_li3 ▲ ^1	68.39
祭 /v ◆ ji4 ▲ ^2	67.97
奈何 /v ◆ nai4_he2 ▲ ^1	65.56
张罗 /v ◆ zhang1_luo5 ▲ ^3	64.34
壮 /v ◆ zhuang4 ▲ ^A3	64.15
报 /v ◆ bao4 ▲ ^4	63.66
出 /v ◆ chu1 ▲ ^A9	62.96

续表

节点词	最优对数似然比
突击 /v ◆ tu1_ji1 ▲ ^1	45.71
刺激 /v ◆ ci4_ji1 ▲ ^3	45.68
并行 /v ◆ bing4_xing2 ▲ ^2	45.65
加工 /v ◆ jia1_gong1 ▲ ^2	45.65
提取 /v ◆ ti2_qu3 ▲ ^2	45.64
敬礼 /v ◆ jing4_li3 ▲ ^1	45.63
主编 /v ◆ zhu3_bian1 ▲ ^1	45.55
反复 /v ◆ fan3_fu4 ▲ ^2	45.55
雕塑 /v ◆ diao1_su4 ▲ ^1	45.48
吐 /v ◆ tu3 ▲ ^2	45.42
升华 /v ◆ sheng1_hua2 ▲ ^2	39.76
探 /v ◆ tan4 ▲ ^4	39.58
起飞 /v ◆ qi3_fei1 ▲ ^1	39.58
照 /v ◆ zhao4 ▲ ^2	39.53
跳舞 /v ◆ tiao4_wu3 ▲ ^1	33.75
形容 /v ◆ xing2_rong2 ▲ ^2	33.74
可以 /v ◆ ke3_yi3 ▲ ^A1	29.83
解释 /v ◆ jie3_shi4 ▲ ^1	29.79
像 /v ◆ xiang4 ▲ ^3	29.79
进行 /v ◆ jin4_xing2 ▲ ^1	29.77
要 /v ◆ yao4 ▲ ^B8	29.77
归 /v ◆ gui1 ▲ ^ ★	29.77
给 /v ◆ gei3 ▲ ^2	29.76
现 /v ◆ xian4 ▲ ^5	18.43
不见 /v ◆ bu4_jian4 ▲ ^2	18.43
逗 /v ◆ dou4 ▲ ^A2	18.38
含 /v ◆ han2 ▲ ^3	18.38
威胁 /v ◆ wei1_xie2 ▲ ^1	18.10
炒 /v ◆ chao3 ▲ ^1	17.89
缺 /v ◆ que1 ▲ ^2	17.89
拉 /v ◆ la1 ▲ ^A2	17.78
打 /v ◆ da3 ▲ ^ ★	9.90
牺牲 /v ◆ xi1_sheng1 ▲ ^2	9.78
留 /v ◆ liu2 ▲ ^7	9.40
好 /v ◆ hao3 ▲ ^11	9.07
请求 /v ◆ qing3_qiu2 ▲ ^1	8.97

续表

节点词	最优对数似然比
计算 /v ◆ ji4_suan4 ▲ ^1	8.77
抬 /v ◆ tai2 ▲ ^1	3.86
包办 /v ◆ bao1_ban4 ▲ ^2	0.00
比喻 /v ◆ bi3_yu4 ▲ ^2	0.00
抽水 /v ◆ chou1_shui3 ▲ ^A	0.00

表 5.2 是从确认的结果中统计节点词为动词，共现次数为 3 的搭配候选对获得最优 F 值时，对应的对数似然比需要使用的阈值。表中只包括对数似然比按顺序排列的部分例子，从中可以看出，其最高和最低的最优对数似然比差距是很大的。

不仅如此，如果将对数似然比的数值按自然数区段统计，可以得到表 5.3 和图 5.3。

表 5.3　对数似然比阈值区段统计

对数似然比	词语数
0	43
3	1
8	2
9	4
10	1
27	79
28	145
29	149
30	166
40	25
41	28
42	21
49	13
50	10
51	9
59	7
60	5
61	4
69	2
70	2
71	1

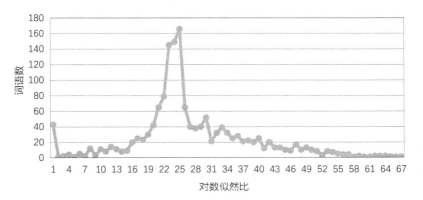

图 5.3 对数似然比阈值区段统计

图 5.3 中，横轴表示对数似然比数值，纵轴是对应的词语个数。词语数曲线成正态分布，曲线陡峭，说明分布很集中。如果从将属于某一词类的词语作为一个整体来看，这种分布就可以提供了一个很好的参数选择参考，将阈值设在曲线左半部由平缓转为陡峭的部分就可以得到较好的结果。然而，通过对整个共现 3 次的动词搭配进行统计，其整体最优结果就会出现在曲线左半部由平缓转为陡峭的部分，原因就在于我们必须考虑对数似然比阈值的变动而引起的搭配和候选之间的比例的变动。实际上，如果将同一词类的词语看作一个整体选择统一的阈值，那么，较好的结果是上面的图形呈现为斜率为正的陡峭曲线。最优对数似然比阈值分布太散是造成这种结果的原因。这也表明了词语不同，其搭配的分布自行其是，差异大于共性。而分布太散就意味着为每一个词语选择不同的参数是优化本研究方法的一个思路，这也是本研究的进一步要开展的工作之一。

二、搭配在文本中的分布

历来，人们都认为搭配难学，词典也越来越重视搭配信息。由于我们的搭配数据来自相当规模的语料库，我们又将搭配数据返回语料库来观察搭配中的节点词和搭配词在原始文本中的分布（见表 5.4）。

表 5.4 搭配在文本中的比重

	词汇数（含标点）	词汇数（不含标点）	名动形数	搭配数
总量	1767269	1487897	830651	94640
每句平均量	21.02	17.70	9.88	1.13

表 5.4 中的每句平均量指的是平均到每个句子的数量，其中句子结束的标志为"。？！"以及自定义的段落结束标志。

从表 5.4 中可以看出，一方面，搭配总量实际上在语言中并没有什么绝对优势，在平均 17.70 个词汇构成的句子中，只有 1.13 个词语是搭配中的节点词和搭配词，也就是说，很多句子中根本没有搭配。另一方面，如果考虑汉语中名词、动词、形容词的重要性，那么相对于每个句子中的 9.88 个名词、动词、形容词而言，1.13 个搭配词语占名动形的 11.40%。结合 5.1 中排除掉超高频、超低频的情况，这已经能引起足够的重视了，毕竟搭配不仅关乎句子的正确性，也与句子是否自然密切相关，有关搭配对句子自然程度的影响，可见Hoey（2005）的详细论述。

第三节　搭配对语义理解的影响

一、词义理解

在搭配的应用中，一个重要方面就是词义消歧。 Yarowsky（1995）提供了一种结果非常好的词义消歧方法，该方法基于两个理论假设：（1）一个搭配、一个意义（one sense per collocation）；（2）一段文本，一个意义（one sense per discourse）。前者是基于此前（Gale et al., 1992：190）研究的结论，认为搭配中的词语具有非常强的意义唯一的特征。

> 我们发现，在给定的搭配中，词语具有很强的意义确定的倾向……通常，这种行为的高可靠性（举例来说，在紧邻的词语组合中，超过 97% 的可能性）使之可以成为为词义消歧服务的一个重要特征。

在这篇文章中，雅罗斯基（Yarowsky）提到了非常好的词义消歧结果。那么汉语的搭配是不是也具有类似的特征呢？

经过统计，我们获得了 13159 个搭配，我们发现，搭配词语确实存在"一个搭配、一个意义"的倾向，可以将此运用到汉语词义消歧等自然语言处理任务中。比如下面的"发现"和"研究"共现的例子：

（a）在 /p 发现 /v 镭 /n 之后 /f 的 /u 不断 /d 研究 /v 中 /f

（b）迦诺 /nr 在 /p 研究 /v 蒸汽机 /n 工作 /v 原理 /n 时 /n 发现 /v

（c）著名 /a 的 /u 黑猩猩 /n 研究 /v 者 /k 珍妮·古多尔 /nr 3/m 发现 /v

（d）而/c 不/d 是/v 大家/r 分头/d 一/m 个/q 一/m 个/q 去/v <u>发现</u>/v、/w <u>研究</u>/v 自己/r "/w 喜欢/v "/w 的/u 基因/n

但也存在大量的一个词语搭配对应多个义项搭配的情况。在全部的 13159 个义项搭配中，有 2830 个是由 1257 个词语搭配构成的，也就是说，21.51% 的搭配中，词义是不能靠单独的搭配词语区分的。有时候，搭配词意义确定，但节点词意义不能确定，如 "故事/n" 和 "情节/n"，"情节" 一词不足以区分 "真实的或虚构的用作讲述对象的事情"（"故事" 义项 1）和 "文艺作品中用来体现主题的情节"（"故事" 义项 2），"成功/a" "成功/v" 和搭配词 "获得/v" 也类似这种情况。有时候，一个节点词可以和某个词语的多个义项构成搭配，需要首先确定搭配词的义项，如 "材料/n" 和 "建筑/v" "建筑/n"。这一点可以从两个方面说明：一方面，理论上，在搭配中，搭配词满足节点词的一定的意义要求 [Katz and Fodor（1963）提出了选择限制的理论]，而通常一个词语的不同义项间具有一定的联系，是可能满足所有节点词的要求的；另一方面，汉语词类之间的关系不同于英语，比如，英语中形容词不会修饰动词，而汉语中这是可以的，也就是说，如果节点词是动词，那么汉语中它的搭配词就多了一种词类的选择，自然产生一个搭配多个词类进而多个词义的可能性也就加大了。

二、句子难度

句子难度问题对于阅读分级等具有很大的实用意义。英语句子难度的计算有很多不同的公式，但基本上核心要素是词语的常用程度和句子的长度（Wikipedia, 2018; Lennon and Burdick, 2004）。王进等（2017）提出了汉语图书难度的计算方法，方法为：图书句子难度 = 句子长度 + 词组因素，公式为：

$$SD = \frac{1}{SN} \sum_{i=1}^{SN} (SL_i + \lambda_1 \times PN_i + \lambda_2 \times LN_i)$$

其中，SD = 图书句子难度；SL = 句子长度；PN = 句子中包含词组数量；LN = 句子中词汇的等级值之和。λ_1、λ_2 为设定的难度系数；SN = 过滤掉简单句子后的图书句子总数。SD 的值越大，句子阅读难度也较大。可见，其核心要素除了词语和句长之外，还增加了词组的要素。

词组的范围和搭配的范围是大范围交叉的。一般而言，词组（短语）是语法上能搭配在一起的（黄伯荣和廖序东，2017），但是搭配或者共现不一定受语法限制，比如下面的一些情况：

（1）搭配语义上透明，但是非常松散的词组或短语，有可能为阅读者或学习者造成困难。

　　（a）　鲁滨孙/nr 在/p 荒岛/n 上/f 发现/v 陌生/a 人/n 的/u 脚印/n

　　（b）　上帝/n 从/p 那/r 目光/n 中/f 发现/v 了/u 一/m 种/q 他/r 所/u
不/d 理解/v 的/u 美/a 和/c 某/r 种/q 从未/d 见/v 过/u 的/u 力量/n

（2）典型搭配词出现在不同语法层次中。在下面的例子中，"发现"和"敌人"是典型的搭配，但这里因为"发现"的对象不是敌人，"发现"的含义就改变了，也造成了阅读中的困难。

　　发现/v 敌人/n 来犯/v

（3）搭配词语属于同一语法层次，但是结构变复杂。在下面的例子中，"原理"一词句法上直接和"了解"发生关系，在句子宾语中，"发现"和"原理"语义上有联系，构成搭配，但句法上却很不明晰，"发现"处于"原理"的前置修饰语中谓语的位置。

　　因此/c 我/r 进一步/d 了解/v 了/u 阿基米德/nr 发现/v 的/u 这/r 条/q
物理/n 学/k 原理/n

当然，上面的几种情况只是示例性质的展示，说明搭配结合语义、结构给阅读带来的困难。结合二语习得中搭配学习的困难程度，有理由推断，度量句子难度时，如果只考虑词组不考虑搭配恐怕会和实际的阅读难度产生一定的差距。

第四节　小　结

本章利用已经获得的搭配数据，并结合获取搭配的语料库，对和搭配相关联的一些主要的观点进行了分析。

首先，我们认为，共现频次超高或超低的共现对构成搭配的可能性很小，远低于居于中间的共现对，而频次居于中间的共现对构成搭配的可能性则基本保持不变，说明搭配本身并不必然与共现频次产生关系。

其次，不同的词语的搭配的分布不同造成在自动抽取搭配时，不同的节点词的最优参数也不尽相同，由此，借助一定方法为不同的词语选定不同的参数是一种优化自动搭配抽取结果的思路。

再次，统计显示，与英语中的搭配一样，汉语搭配同样具有"一个搭配、一个义项"的特点，但同时也存在很多"一个词语搭配、多个义项搭配"这种一对多的情况。这一部分的研究将有益于利用搭配与意义之间的联系进行的自然语言处理任务。

最后，通过统计搭配在原始文本中的分布，我们发现，尽管实际上搭配在真实语言中所占比例并不高，但对自然语言的影响很大，这是搭配受重视的数量上的原因。

第六章　搭配自动抽取辅助词典编纂

实际上，自动搭配抽取方法本身结合了统计学与语言学，是经常使用的方法。自动搭配抽取的结果在自然语言处理、传统语言学方面都有比较广泛的运用，更好的、更多层次的自动搭配抽取能够在不同的领域发挥更好的作用。搭配本身具有不同的特征、属性，而在不同应用领域，搭配各有不同的侧重点，各不相同，如自然语言处理任务中的搭配、词典收录的搭配、困扰学习者的搭配问题等。

通常，自然语言处理任务的搭配不需要考虑容量的问题，需要或可能的话，机器可以处理所有的搭配。自然语言处理任务对结果非常看重，更多时候，研究者并不关心搭配的结果，而是关心现有的搭配结果对不同任务的最终结果的影响，所以，自然语言处理中的搭配一般和语言学中的搭配差距很大。比如，能够区分意义比是不是严格意义的搭配对于词义消歧来说就重要的多。而由于很多自然语言处理任务是考虑义项的，比如义项标注、句子生成、机器翻译等，基于义项的搭配抽取先天上就能有效地改善自然语言处理任务的结果。

词典的编者受词典容量的限制，一般会把自由组合排除在外，但是就像Nesselhauf（2004）指出的，学习搭配的困难也出现在自由组合上，是故词典编者有意识或无意识地将部分自由组合收入词典，如《牛津英语搭配词典》或梅家驹的《现代汉语搭配词典》。根据我们对梅家驹搭配词典 w 部的部分调查，其中超过一半属于自由组合。而对于学习者而言，不可能也不需要掌握所有搭配，重要的是掌握那些引起困难的搭配、使用频率高的搭配以达到接近于母语者的流利纯正。

在语言学习中，词典是重要工具，搭配信息逐渐受到词典编者的重视。比如，通常所说的四大学习词典的最新版本都包含搭配信息，还出现了专门的搭配词典，如《牛津英语搭配词典》，这些词典面对的主要使用者正是第二语言学习者。由是，基于义项的搭配抽取方法能够为词典的编纂提供一定的辅助作用，既有助于词典的编纂，也有助于学习者的学习。

本章主要讨论词典编纂中，基于义项的搭配自动抽取方法可以起到的作用。

第一节　二语习得中的搭配难题

一、搭配是学习者学习语言的难点

研究者主要通过elicitation test和production data来观察、研究学习者的搭配习得。所谓elicitation test，主要包括完形填空类和翻译类分析，如Bahns and Eldaw（1993）使用的是从第二语言到第一语言的翻译测试。Al-Zahrani（1998）使用的是完形填空。所谓的对production data的分析，主要通过对学习者的写作材料进行分析，如（Lombard, 1997; Granger, 1998）。当然，需要注意到这些分析调查也存在一些问题，主要包括：（1）被试数量少，多则几十，其代表性有待评估。（2）被试第一语言不同，汉语、波兰语、阿拉伯语等不一而足，而第二语言受第一语言的影响是得到公认的。（3）很多研究对被试的语言水平没有划分不同等级，Lien（2003）对不同等级的调查分析表明搭配和阅读能力之间的关系尽管全是正相关，但不同等级的学习者的正相关程度不同。不同等级的学习者遇到的搭配方面的问题很可能是不同的。（4）Lombard（1997）提到了一个重要问题：一个被试在不同的地方使用了两种搭配，所以能产生正确的搭配不代表被试就掌握了这个搭配。也就是说，被试做出了正确的搭配，并不等于被试就掌握了某个搭配。（5）从语料库的角度看，所有的研究使用的语言材料并不多，如Nesselhauf（2004）使用的语料有154191词，207个人写的318篇文章。

研究者在搭配是学习者学习语言的难点这一点上已经取得共识。Bahns and Eldaw（1993）调查发现的语言输出错误中，尽管其中的搭配仅涉及23%的词汇，却构成了48%的错误。Howarth（1998）进行了母语和非母语的人的写作语料对比，发现母语的语料中不标准的搭配有1%，而非母语为6%，而且作者将搭配分为自由搭配（free collocations）、受限搭配（restricted collocations）和成语（idioms），其中错误最多的是受限搭配（restricted collocations）。

同时，研究者也发现，不同类型的搭配对学习者而言，难度也不同。与

Howarth（1998）的研究类似，Nesselhauf（2003）对搭配进行了类型的划分，学习者产生错误的部分从高到低依次为：受限搭配（79%）、自由搭配（23%）、习语（23%），同时，作者还发现，在受限搭配的错误中，受到中度限制的搭配的错误率（33%）高于受到高度限制的搭配的错误率（18%）。这些结果和前述的 Howarth 的结果是一致的。

而在汉语搭配和语言习得方面，辛平指出：

> 在语言学习、语言教学领域中的词语搭配研究也没有引起研究者的重视，词语搭配的习得和输出，词语搭配对学习者语言加工过程的影响，学习者的词语搭配的习得难度等问题都是国外词语搭配研究的焦点问题，汉语词语搭配研究在这方面涉猎得不多，研究成果比较少见。（2008：7）

尽管这些研究可能存在部分不确定性，比如被试的数量、语料的规模等等，但显然，搭配是第二语言学习者习得语言过程中一大障碍。

二、第二语言学习者习得搭配过程的多面性

研究者们通过各种方法从不同的角度对搭配习得困难的问题进行了分析，显示了这个问题的多面性，下面是目前不同研究者已取得共识的一些主要结论。

（1）搭配作为一个单独的部分需要主动学习。Bahns et al.（1993）认为，学习者的搭配知识和学习者的词汇知识并不同步，搭配知识需要单独教学，Al-Zahrani（1998）也持类似的观点。Farghal et al.（1995）认为，第二语言学习者不能处理搭配是因为他们没有意识到搭配是多词单位的一个基本部分。

（2）搭配受母语的影响。Lombard（1997）认为，母语对 learner collocation 具有决定性的影响作用。从学习者的角度分析了母语在词汇迁移、词形变化、语法、意义四个方面对搭配的影响。Al-Zahrani（1998）也同意母语的影响因素，认为与 L1 相同的比较容易，否则难；文化差异造成困难；词义不对等也会造成困难。但是，Lesniewska et al.（2007）认为对于高水平的语言学习者而言，对搭配的处理是完全独立于第一语言的。

（3）碰到搭配问题时学习者的处理方法不同。Farghal et al.（1995）认为，学习者在碰到搭配难题时，主要会通过以下四种方式来解决：同义词、解释（paraphrase）、避免使用、转移（transfer）。

（4）不同水平的学习者的搭配水平对读写能力的影响不同。Lien（2003）

注意到了学习者的水平对阅读能力的影响，认为学习者二语水平不同，阅读能力不同。类似的，Zhang（1993）认为对于搭配的变化和准确的使用可以成为大学一年级写作的指标。

（5）大量接触不能提高搭配学习效果。Nesselhauf（2004）认为学习者在英语国家的时间长度对搭配准确性的影响可能很小，而在课堂的学习时间长度则对其完全没有影响。

可以看到，学习者的母语背景、语言程度等都会对搭配的习得使用产生不同的影响。从二语学习的角度研究搭配的主要目的是为二语学习提供指导帮助，但上述涉及的研究大多提供比较笼统的概括性教学建议，大多都是从结论中直接推论而及的建议。只有 Nesselhauf（2004）提供了一个选择搭配用于教学的模型，但可操作性比较差。

重新审视研究者的这些结论，可以发现，他们只涉及了搭配难学的外在表现，并未指出搭配难学的根本原因。比如受母语影响的结论，第二语言学习肯定会涉及第一语言的影响问题，但为什么搭配难学？还有文化差异问题，也是语言学习中不可避免的问题，为什么单单搭配凸显出来呢？还有大量接触不能提高搭配准确率的结论，并不能从根本上回答搭配难学的问题。

总之，目前来看，搭配难学的问题，比较一致的观点是搭配难学，受到很多因素影响，有很多表现形式，但没有从根本上解决搭配难学，如何学习搭配的问题。

三、不可类推是搭配难学的原因之一

根据我们在第二章中的讨论，在搭配中，通常，（1）部分具有相关或类似的语义的词语不能和节点词构成搭配；（2）词语构成搭配时，组合义就是组合构成部分的意义之和。这两个特点决定了搭配和自由组合以及成语的区别。相对于自由组合，搭配词语的选择是受到限制的，不能随便举一反三；相对于成语，搭配词语的选择所受到的限制是有限的，并不是唯一的。所以，二语学习者永远不知道某一个词语在和另外一个词语搭配时是否合适，是否和已经学会的类似搭配相同。我们认为，这一点是造成搭配在二语习得中成为一个巨大障碍的重要原因之一。

语法研究中，语法演变存在一种类推作用，即在语法变化中，大部分语言现实是符合规则的，但有一小部分属于例外。类推"指的是用一种规则的形式去铲平那些不规则的例外，使他们进入规则的系统；或者是推广新规则的适用

范围，使人们按照这种规则去创造新的结构单位"（徐通锵，2004: 359）。这里我们借用这个概念来表示词语组合中词语选择所受到的限制。自由组合全部是符合规则的，通常满足一定的语义条件、语法条件就可以组合使用；而成语完全是特例，通常只出现一种情况。搭配处于两者之间，凡能够构成搭配的，都是满足一定语义条件、语法条件的，也就是遵守规则的，反之则不然，也就是即使满足一定语义条件，语法条件也不能构成搭配，不可类推将之纳入搭配。比如，通常"感情丰富"是搭配，而"多"基本不能代替"丰富"出现在此上下文中。

搭配的这种"既有规则，但不是所有满足规则的都是搭配"的特性毫无疑问增大了学习难度。此外，搭配的数量并不少，首先搭配本身数量比较大，其次搭配几乎在每句话、每段文章都会出现和使用，可见，搭配成为二语学习者的一个巨大的障碍几乎是理所当然的。

第二节　学习词典中搭配的收录和呈现

英语中的四大学习词典是英语二语学习者的重要工具，在词典领域一直具有重要影响，他们的很多实践都具有开创性的贡献，引领了二语学习词典的发展。此外，随着手机、网络的发展，在线词典发展迅速，"在线词典在英语专业学生中的使用率（69.34%），已经远远超过英汉双解词典（13.21%）和电子词典（9.43%）"（范柯，2018），所以本研究观察并对比了四大学习词典的纸版和在线版，以考察其搭配信息的收录和呈现特点。

一、搭配收录范围的特点

首先，四大学习词典对搭配的认定大同小异，如表 6.1 所示。

表 6.1　四大学习词典对搭配的说明

词典	对搭配的说明
《牛津高阶英语词典（第 9 版）》（简称《牛津》）	搭配是指在某种语言中，能让口语和书面语显得自然流畅的词语组合 [《牛津英语搭配词典（第 2 版）》简称 OCD2]。 搭配是特定单词倾向于共同出现或总在一起的方式（《牛津》）
《剑桥高级学习者词典（第 4 版）》（简称《剑桥》）	搭配词指经常和查询的词语一起使用的词语。如果你能学会这些词语，你的英语听起来会更自然。

词典	对搭配的说明
《柯林斯高阶英语学习词典（第8版）》（简称《柯林斯》）	搭配是每当使用一个单词时其他某些单词固定出现的方式。（来自词条解释）
《朗曼当代英语词典（第6版）》（简称《朗曼》）	搭配，或者通常一起使用的词汇，已经是一个关键特征，……通过关注搭配信息，用户可以在阅读和听力时提高他们的理解力，并在用英语说话或写作时提高他们的流利程度。

综合来看，四部词典从两个角度认定搭配，一个是共现角度，即上述定义中的两个词语经常"一起使用""固定出现"等表述，另一个是语言自然性角度，即搭配使语言显得自然。四大学习词典中，《剑桥》、《朗曼》和《牛津》都明确强调了搭配的自然性特点。尤其《朗曼》早在第3版就已明确指出："词语搭配是指在日常应用中'自然地'组合在一起的一群词语。他们和成语有所不同，其含义通常可以通过单个的词反映出来。……用错了搭配，人家也许可以理解你的意思，但你的英语听起来就会很不自然。"对于自然性的重视是学习词典搭配概念的一个突出特点，四大学习词典在早期都没有特别强调搭配和语言自然性之间的关系，突出搭配和语言自然性的关系体现了研究者对搭配认识的进一步加深，也体现了词典编纂者对学习者问题和学习者需求的重视。

其次，搭配词语收录数量有增多的倾向，同时以实词搭配为主。通过分析四大学习词典搭配数量和搭配信息框及词类（A部），可以发现：（1）搭配收录数量越来越多，地位越来越重要。经历史版本比较，搭配收录数量逐渐增加，如OCD2收录的搭配数量比OCD1增加了10000个。相对于一般的语文词典，四部学习词典都专门强调了搭配的收录，而且收录的搭配数量很大。《剑桥》在2007年开始使用搭配信息框，《朗曼》2009年在封底把搭配收录情况作为亮点特别进行了介绍，《柯林斯》对搭配尤为重视，搭配数量和搭配信息框数量均为最高值。毋庸置疑，搭配在学习词典编撰中地位越来越重要。（2）搭配收录以实词搭配为主。尽管所有词典在界定搭配时都没有特别强调语法的限制，但实际收录时，所有的词典都在分类呈现的时候按照"节点词词类＋搭配词"的方式分类，集中在动词、名词、形容词上，体现了英语学习词典搭配主要是实词搭配的特点，如《柯林斯》A部共收录76个搭配信息框，节点词词类为名词、动词、形容词，搭配词为名词、动词、形容词、介词。

再次，学习词典有收录更多自由组合的倾向。

对比OCD1和OCD2，在OCD1的序言中，编者解释了何为搭配：语言中的单词组合可以看作一个连续统，从完全自由的如 see a man/car/book，到完全固定的或者惯用的如 not see the wood for the trees。……在这两个极端之间，有一系列的名词和 see 连用，既不完全可预测也不完全透明。……所有这些组合，除了那些在极端情况下的组合，都可称为搭配。

根据对两版搭配词典中搭配词语的观察，可以发现，首先，个例中反映了收录更多自由组合的倾向。因为词典编纂中要保持编纂原则的统一，个例中的情况可以反映整部词典的倾向。以 apple 为例，OCD2 中的搭配增加了 crisp/green，red/shiny，slice 等。像 green/red apple 这种完全自由组合的收录显示出编者对搭配词典收录自由组合的放宽。clear 形容词第一个义项的搭配收录情况也显示了这种倾向，相较于 OCD1，其动词搭配未删除原有条目，增加了 get sth. 一条，其副词搭配删除了原有 pretty 一条，增加 absolutely、not exactly、relatively 等 5 条。

此外，常用词的搭配数量变化也体现了收录自由组合的倾向。以动词 use 为例，两版中搭配词语数量也有变化，其中副词搭配词语数量增长明显，由 13 条增加到 41 条，而动词搭配词语的数量少量减少，由 18 条减少到 13 条。从语言的历时演变角度看，在不到 7 年的出版间隔里，use 这样的常用词语搭配词不可能自发产生如此显著的变化，只可能是编者调整了界定搭配的标准，在 adv. 部分增加了 appropriately、inappropriately、correctly、properly、effectively、successfully 等典型的自由组合。

综上所述，英语学习词典在搭配收录范围上体现了如下特点，即在搭配的特点认定上大同小异，认为搭配承载了语言的自然特点；收录范围逐步扩大，以实词搭配为主，开始收录更多自由组合。

二、搭配信息呈现的特点

纸版词典的信息呈现主要包括两种基本方式，一是示例呈现，有两种形式，示例中不特意标明搭配的隐式呈现和示例中利用字体变化（如加粗、黑体、斜体等方式）明确标明搭配的显式呈现；二是搭配信息框呈现，一般按词类、义项、义类等分类呈现，在此基础上，不同词典各自增加其他相关信息，如释义、语用等。

搭配示例呈现的方式如下：

（1）physical desire for food: *He suffered from headaches and **loss of appetite**.* ◇ *The walk gave me a good appetite.* ◇ *Don't **spoil your appetite** by eating between meals.*——《牛津》

（2）the feeling that when you want to eat food: *All that walking has **given me an appetite**. ∘I won't have any chocolate, thanks. It will **spoil** (= reduce) my appetite. I haven't **got much of** an appetite (= I am not hungry). The children all **have healthy/good** appetites (= they eat a lot). ∘Both viruses cause fever and **loss of** appetite.* ——《剑桥》

（3）Your **appetite** *is your desire to eat.* ❏ *He has a healthy appetite.* ❏ *Symptoms are a slight fever, headache and loss of appetite.* ——《柯林斯》

（4）a desire for food: *Her husband always had a huge appetite. |Symptoms include tiredness and loss of appetite.*

a desire or liking for a particular activity ***appetite for*** *She has an amazing appetite for knowledge. People seem to have an **insatiable appetite** (=always wanting more of something) for news of any kind. a loss of **sexual appetite*** ——《朗曼》

可以看到，四大学习词典都采用了示例呈现的方式，除了《柯林斯》隐式呈现外，其余都使用了显式呈现的方法，《牛津》采用加粗突出显示搭配中全部词语，《剑桥》只加粗突出显示搭配词，《朗曼》则加粗突出显示重要搭配。不难看出，显式呈现比隐式呈现更清晰明了，用户友好度高，如示例中的 loss 作为 appetite 的搭配词，在前两部词典中的显式呈现比在后两部词典中的隐式呈现更加清晰明了，搭配信息框则内容更为丰富。呈现方式分别见表 6.2。

表6.2　四大学习词典搭配信息框呈现

词典	格式	示例
《牛津》	义类＋搭配聚合（语用信息）	Criminal justice Breaking the law break/violate/obey/uphold the law be investigated/arrested/tried for a crime/a robbery/fraud... The legal process stand/await/bring somebody to/come to/be on trial…… be called to/enter (British English)...（在线原格式）
《剑桥》	节点词义项＋搭配集合	Word partners for act noun (THING DONE) an act of sth. • commit an act • a barbaric/cowardly/despicable act • a criminal/terrorist/unlawful act（纸版格式）

续表

词典	格式	示例
《柯林斯》	搭配词词类＋搭配集合＋节点词义项标记	Word Partnership Use announcement with: V. make an announcement 1 2 ADJ. formal announcement, public announcement, surprise announcement 1 2 official announcement 3（纸版格式）
《朗曼》	节点词义项＋搭配词词类＋搭配集合＋（语用信息＋简短释义）＋例句	COLLOCATIONS–Meanings 1,2 & 3 VERBS take part in an activity (also participate in an activity formal) The children were encouraged to take part in several different activities. engage in an activity formal (=take part) Police suspect he may have engaged in criminal activities. ... ADJECTIVES/NOUN ＋ ACTIVITY political activity Political activity is closely controlled by the government. ... COMMON ERRORS ▸ Don't say 'make an activity'. Say take part in an activity or be involved in an activity. Don't say 'sport activity'. Say sports activity. ...（在线原格式）

　　《牛津》搭配信息框比较特殊，搭配信息框的提示词语是义类的标记，搭配条目进一步根据相关子义类聚合。比如，提示词语 justice 条目，下设三个子义类，分别为 breaking the law、the legal process 和 sentencing and punishment，每个子义类收录若干搭配，每个搭配在自己对应的词条处出现时，通过参见等手段链接到这一义类聚合处。学习者在使用语言时，尤其是输出语言时，总是围绕相关的内容输出，义类的聚合提供了迅速获得同一义类下相关搭配的快速方式，对于拓展口语和书面语的表达大有裨益。

　　其他几部词典与《牛津》不同，没有采用义类聚类的方式，没有提示词语，都以词条为节点词，他们的主要差别集中在两个方面：（1）节点词义项、搭配词词类处理先后的差别，如《剑桥》先提示节点词义项，但没有标明搭配词语的词类；《朗曼》不提示或者笼统给出节点词义项，然后根据搭配词词类分类，也会个别解释一些搭配的意义；而《柯林斯》则根据词类为搭配词分组，然后再用数字符号标明节点词义项。学习者关注搭配信息时有两种情形：一是已经知道节点词意义，这时词典中先给出节点词义项有助于学习者根据义项迅速确认搭配；二是尚未掌握节点词意义，这时词典中先给出搭配词词类更方便缩小查找范围，快速锁定合适的搭配。（2）标注解释性信息与否和详略的差别。《剑桥》只提供了节点词的词类和义项；《柯林斯》只提供了搭配词词类和节点词在搭配中的义项；而《朗曼》提供了最为详细的信息，如搭配词词类、例句、释义、语用信息（正式与否、口语书面语等）等。简略的优势在于节约篇幅的同时可以满足学习者的基本需要（查询合适的符合语感的搭配），详细的优势在于能更好地满足不同程度学习者的使用需求。

第三节　搭配词典中的搭配信息

因为搭配的重要性，不仅学习词典重视搭配信息，专门的搭配词典也层出不穷。下面以《牛津英语搭配词典（第 1 版）》（OCD1）、《牛津英语搭配词典（第 2 版）》（OCD2）的搭配信息进行分析。OCD1 和 OCD2 出版相隔 7 年，有一定变化，下面所作对比引用的数据除来自两部词典本身之外，主要来自牛津出版社的网络说明和（Klotz, 2003）。

一、总体变化

在总词条上，OCD2 与 OCD1 相比较，变化较小，OCD1 总词条 9000，不能找到总搭配数目，OCD2 未提供总词条数目，总搭配数目 250000。经对比分析，OCD2 有所增删，但变化极小。OCD2 电子版将所有的词条和搭配词语共同排列，未单独成条的词语的注释则只说明词语的所在条目。在调查的 a 开头的词语中，只有 A level（noun）在 OCD1 中有完整词条，在 OCD2 中只显示所在条目。

使用的语料库发生变化，例句也发生了变化，但不是完全的新的例句。OCD1 使用的是 British National Corpus（BNC），OCD2 使用的是 Oxford English Corpus（OEC），根据 OEC 的网页说明，OEC 只收录 2000 年以后的语料。

词典中词条的不同搭配词语根据结构划分为不同的类排列显示。在 OCD2 中，将之前的 "quantifier ＋ noun: *a beam/ray of light*" 类变更为 "...of"，其他未变。

从总体上来说，OCD2 完整的继承了 OCD1 的体系结构，只是对一些小的细节进行了调整完善。

二、条目变化

在 OCD1 的序言中，编者解释了何为搭配。

Combinations of words in a language can be ranged on a cline from the totally free – *see a man/car/book* - to the totally fixed and idiomatic – *not see the wood for the trees*. ...Between these two extremes, there is a whole range of nouns that take the verb *see* in a way that is neither totally predictable nor totally opaque as to meaning....All these combinations, apart from those at the very extremes of the cline, can be called collocation.

而在（Klotz, 2003）中，作者提到搭配在从 BNC 中提取出来后，经过了人工评估，即对搭配词语在学习者学习过程中的有用程度进行评估（"assessed in terms of their usefulness to the learner"）。但未说明相关评估过程或方法。

根据对 OCD2 搭配词语的观察，可以发现，搭配词语的定义所包含的跨度进一步向完全自由的一方扩大。举例如下：

apple 的搭配增加了 crisp | green、red | shiny、slice 等。abbreviation 在 OCD1 中没有和 use 的搭配，在但在 OCD2 中有。use 比较偏向于活泼动词（light verb），这一点可以从 OCD2 电子版中 use 给出的出现在的搭配词语数多于作为活泼动词（light verb）而不收入词条的 come 可以得到侧面证明。像 green/red apple 这种近乎完全自由的组合的收录明显表现了编者对搭配词典收录自由组合的放宽。

（1）use 本身搭配词语数量两版对比如表 6.3。

表 6.3　OCD1 与 OCD2 搭配词语数量对比

use verb	OCD1	OCD2
adv.	13	41
verb＋use	18	13

可以发现，作为副词的搭配增加十分明显，而动词和动词 verb 的搭配则有所减少。在第二个结构中，出现的第一个 verb 基本上算是不同的结构形如 be easy to＋use、decide to＋use。像 use 这样的常用词语在 7 年中搭配词语发生了如此巨大的变化，只能是编者调整了搭配挑选的宽严程度。

（2）搭配词语的增删情况对比如表 6.4。

表 6.4　OCD1 与 OCD2 搭配词语增删对比

study *verb* 1 spend time learning about sth.

词语义项	模板（pattern）	OCD1	OCD2 增加的搭配	OCD2 删除的搭配	OCD1 数量 / OCD2 数量
1	adv.	hard	abroad		1/2

clear *adj.* 1 easy to understand

义项编号	模板（pattern）	OCD1	OCD2 增加的搭配	OCD2 删除的搭配	OCD1 数量 / OCD2 数量
1	verb	be, seem | become | make sth. | find sth.	get sth.		5/6
1	adv.	abundantly, extremely, very | crystal, perfectly, quite | by no means, not entirely, not quite | fairly, pretty, reasonably	absolutely, not exactly, relatively, painfully, increasingly	pretty	12/16

feeling *noun* 1 sth. that you feel/sense/believe

义项编号	模板（pattern）	OCD1	OCD2 增加的搭配	OCD2 删除的搭配	OCD1 数量 / OCD2 数量
1	adj.	strong | definite, distinct | nagging, sneaking/sneaky, vague | glorious, good, great, marvellous, warm, wonderful | horrible, nasty, queasy, sick, sinking, terrible, tight, uncomfortable, uneasy | guilty | curious, eerie, odd, peculiar, strange | gut, instinctive | general, popular, public	overwhelming, amazing, awesome (*informal, esp. AmE*), incredible, nice, pleasant, fuzzy, awful, bad, sickening, painful, creepy (*informal*), empty, hollow, funny, weird, familiar, widespread, nationalist, patriotic		32/52
1	verb + feeling	feel, get, have | give sb., leave sb. with | know (*informal*) | arouse, evoke, inspire	experience, shake, ignore, enjoy, like, love, hate		9/17
1	feeling + verb	come over sb. | be mutual	creep over sb.		2/3

从几个比较常用的动词、名词、形容词的常用义项的搭配词语对比看，主要以增加为主，并且增加幅度较大，且大多为比较明显的自由组合。

结合上述 green apple 的入选和 decide to use 的剔除，在 OCD2 中，编者在放宽自由组合入选的门槛的同时，也对过于自由的组合进行了排除。

可以看出，OCD2 与 OCD1 相比较：总体不变，优化细节；收录搭配的同时，选入了部分自由组合。

第四节　自动搭配抽取工具在词典编纂中的应用

　　语料库在现代已经成为语言学研究、词典编纂的重要辅助工具，从早期简单的关键字索引方式，到辛克莱主编的"柯林斯词典系列"利用一整套的语料库方法，可以说现代的词典编纂中，语料库逐步发展，并发挥着越来越不可或缺的作用。搭配信息作为可以从语料库中获取的部分，也随着搭配抽取方法的发展而越来越受到重视。

一、基于词语的自动搭配抽取工具在词典编纂中的作用

　　除了辛克莱主编的完全基于语料库的柯林斯搭配词典外，学习词典也运用了自动搭配抽取研究的成果。除了上面提到不知道具体方法的OCD系列外，*Cambridge International Dictionary of English*[①]（《剑桥英语学习词典》，简称CIED）是能找到具体方法的较早的，也是比较典型的，利用搭配自动抽取成果进行词典编撰的词典。

　　Baugh et al.（1996）详细描述了CIDE编纂过程中使用语料库的情况，其中很多对语料库的使用是建立在搭配的观察和统计之上的。词典在编纂的过程中，在三个方面使用了语料库工具：索引（concordance）、搭配模式（collocation patterns）的统计分析、语法模式（grammatical patterns）分析。其中观察搭配的工具利用C-score、mode和mode-%。C-score用来揭示重要搭配，使用的公式是：

$$\ln [1000/f \times m \times b]$$

其中，f是目标词（搭配词）在跨距（实际使用$-4/+4$）之内的频数，m是互信息的值，b是搭配词在最常出现的位置出现频数与搭配词在次常出现位置出现频数的一半之和。这个公式基于互信息，同时考虑频率和位置。f值的加入可以避免低频搭配获得太高的互信息的值；b值则考虑到了最常出现的位置，实际比较关注固定短语。mode值是搭配词最常出现的位置，mode-%指出现在最常出现的位置的次数占全部跨距之内的次数的比例。

　　作者指出，这个搭配工具实现后用在CIDE编纂的很多方面得到了使

[①]　这一系列的词典后来改名为*Cambridge Advanced Learner's Dictionary*，此处涉及的是最早的一版，即1995年版。

用，对词典的贡献良多。总结起来，搭配工具可用于揭示功能搭配（functional collocation），如和 of、with 的搭配；揭示固定词汇搭配（fixed lexical collocation），如 hard slog；揭示语法模式（grammatical pattern），如跟在之后使用的 to do 或 that 从句；揭示复合词以及习惯短语。

另外，搭配工具尽管不能提供现成可用的结果，但能在其他方面发挥作用。CIDE 的义项按义频排列，需要区分义项，但由于没有很好的义项标注器，就借助了搭配工具。"义项区分是一项判断工作，有时搭配或语法资料提供了一些有用的客观基础"（it was a matter of judgment, but sometimes collocational or grammatical data gave some useful objective basis.）。比如，"词语的义项不同通常搭配不同"可以用来帮助区分义项；搭配工具可以分析语法模式，这一点有时也有助于义项（如分析词语和小品词的搭配）划分。搭配有时可以揭示之前被忽略的意义，如 cause（表示 reason）通常用于消极的语义环境就可以从它的搭配词 cancer、harm、damage、accuse、injury 等之中显示出来。搭配工具还可以揭示一些语法信息，比如，和名词的搭配有助于分析动词的主语或宾语。由于 CIDE 使用的语料库标注有词类信息和语法信息[①]，所以搭配工具可以用来专门观察词语的某个词类或某个语法形式。例如 make 作为名词的情况。

综观搭配信息通过搭配工具在 CIDE 中的利用，可以看到搭配在词典编纂中的作用。其一，搭配工具提供的搭配词可以直接作为词典搭配的候选；其二，搭配信息可以为编者提供语义、语法方面的间接帮助；其三，搭配工具实际上是字符串与字符串共现的数据统计工具，所以，如果语料库提供了额外信息（如词类），搭配工具也可以提供具有额外信息的结果供编者参考。

二、基于义项的自动搭配抽取工具在词典编纂中的作用

相对于基于词语的自动搭配抽取，基于义项的自动搭配抽取自有其优缺点。优点在于指示的搭配比较细致，一旦认定就可直接为词典所用；缺点在于需要义项标注语料库。而对于后者，随着义项标注方法的发展，汉语义项标注语料库也已经得到了长足的发展，比如据（金澎等，2008），北京大学计算语言研究所、台湾"中研院"均有一定规模的义项标注语料库，其中北京大学的已经标注 66202 词次，台湾"中研院"已经标注 107078 词次；"台湾'中研院'、哈尔滨工业大学分别为 SENSEVAL2-2 和 SENSEVAL2-3 提供了中文评测语料，

---

① 作者提到标注集约有 60 个不同的标注码，包括词类和一些语法信息。语法信息如：最高级、过去分词、复数。

复旦大学、清华大学和山西大学等都进行过词义标注语料库建设"。所以，其缺点随着义项标注语料库的发展将不存在了。

首先，基于义项标注语料库的自动搭配抽取结果可以直接应用于词典搭配信息的编辑，为编者提供充足的词条及例句。基于义项的自动搭配抽取结果自然带有词语的词类、义项信息，不再需要进行意义上的判断，可以避免搭配信息不区分义项的情况。而其例句也自然是针对义项的例句，不再需要首先确认相应词语的意义。

其次，由于定义比通用的基于词语的自动搭配抽取方法定义的搭配要严格，能够直接排除不必要的自由组合，减轻编者的工作量。同时也有助于词典编者迅速找出典型的搭配。

最后，对于学习者而言，可以快速获取搭配，从而可以快速构建一些学习方面的应用以辅助学习者学习。

三、搭配学习词典示例及比较

目前，汉语的词典多不专门收录搭配信息，如常用的《现代汉语词典》《现代汉语规范词典》；已有的冠以学习词典名称的汉语词典也不专门收录搭配信息，如《现代汉语学习词典》《商务馆学汉语词典》等；专门的搭配词典在编制、使用上多存在各种不足，不能满足学习者的需求。

比如《现代汉语词典》"发生"条目如下：

fāshēng 动 原来没有的事出现了；产生：～变化｜～事故｜～关系。

可以看出，作为一本描写性的语文工具书，词典没有专门给出搭配信息，例证中的几个词语约略可以看作搭配词语，但从学习者的角度看，更多的搭配词语是没有出现的。从语料库出发，通过一定计算、编辑，可以获得下面的基本搭配信息：

动词：避免～｜～联系｜～争议 ～翻车 ～变化 ～爆炸
名词：～灾难 ～海啸 ～变故 ～悲剧 ～事故 ～火灾 ～分歧 ～祸事 ～问题 ～地震 ～纠纷 ～矛盾 ～战争｜事情～ 事件～ 故事～ 情况～
形容词：～不幸 ～意外

显然，这些基本信息对于语文辞书的编写至少可以提供以下的帮助：（1）提供丰富的搭配词语供词典编者选择为例证；（2）可以作为单独的搭配信息出现在词典条目中；3）对于本例来说，可以清楚地看到"发生"这个词语的搭配多是不幸的事情，可以为词典提供相应的释义、用法信息，尤其用法信息，对学习者无疑是有巨大帮助的。

又比如《现代汉语学习词典》是一部为母语者学习语言而编制的学习型词典，其中"高"的条目如下：

gāo

①形离地面远；上下距离大（跟"低"相对）：～空 | ～楼大厦 | 山～水深 | 这座塔很～ | 飞机飞得真～。②形在一般标准或平均程度之上的（跟"低"相对）：～速度 | 身量不～ | 曲～和寡 | 水平比别人～。③形等级在上的（跟'低'相对）：～等学校 | ～级工程师 | 他工资比我～三级。④形声音激越：嗓门儿～。⑤形指年老：～龄年事已～。⑥形价钱昂贵：索价太～。⑦形优异（用于称颂别人）：～见 | ～才 | ～风亮节 | 德～望重 | 见解真～。8名词……

相对于描写型的《现代汉语词典》，《现代汉语学习词典》义项划分要更细致、例证更丰富。从本项目的语料中，可以获得以下信息：

高　形容词

①从下向上距离大；离地面远（跟"低"相对）

•动词：长～ 比～ 升～ 爬～ 抬～垫～ 飞～ 举～ 加～ | 显得～ | ～达

•名词：个子～ 地势～ 台阶～ 个儿～ 路面～ 河段～ 河床～山势～ 身材～两头～

②在一般标准或平均程度之上

•动词：追求～ 评价～ 要求～ 辐射～

•名词：温度～ 强度～湿度～程度～含量～ 成就～气温～体温～速度～浓度～ | 境界～ 水平～ 价值～科技～ 效率～质量～标准～ 风险～ 声音～难度～ 工资～养分～ 医术～ 利润～天资～ 品质～ 姿态～ 能量～ 起点～

③等级在上的

•名词：年级～ 等级～ 身份～ 职位～ 军衔～学位～地位～

可以看到，一方面，本项目直接提供了针对义项的搭配词语，以方便编者使用；另一方面提供的搭配词语带有词类义项信息，可以减轻编者处理搭配、例证信息的工作负担。需要说明的是，在本书作者参与编写的《当代汉语学习词典》（张志毅，2020）部分中，已经应用了上述语料及相关思路。

《现代汉语实词搭配词典》是一部专门的搭配词典，但大部分多义词均未分义项标注搭配词语，失之笼统。而本研究的方法可以很好的弥补这一点。

总之，通过和现有不同类型词典的比较，可以发现，本研究所用的方法可以为词典编纂提供有效的帮助。

第五节　小　结

本章着重讨论了词典编纂中搭配的选取，二语学习者遇到的搭配习得难题以及自动搭配抽取方法在词典编纂中的运用。

作者认为，由于学习词典主要针对的就是二语学习者，因此二者在搭配的需求上是一致的。二者通过词典的编纂、使用联结在一起，其中联结的核心纽带就是本研究定义的搭配，因为这些搭配处于自由组合和成语之间，既具有一定的规则，而符合规则的又不全都是搭配，由此构成二语学习的难点，这也成为词典编纂中重要关注点。

基于义项的搭配自动抽取方法由于使用了义项标注语料库，所以抽取结果带有原始的义项、词类等关键信息。随着义项标注语料库的发展，基于义项标注的搭配自动抽取方法将更快速、有效地为词典编纂者提供准确、细致的高质量信息。由于本研究定义的搭配是针对词典编纂者和二语学习者面临的难题提出的，故本研究自动搭配抽取方法将进一步提高词典编纂与二语习得的效率。

第七章 余 论

第一节 搭配复杂性：语言接触

在前文中，笔者认为搭配难以习得的原因是搭配具有不可完全类推的特点。不可完全类推是外在的表现形式，其内在原因则很复杂，历时层面的语言的变迁传承，共时层面的不同地域方言社会方言的影响，语法、语义、语用等方面的影响，不一而足。在研究过程中，我们注意到，在语言接触中，源语言和目的语两种语言系统会互相影响，也会影响语言中的搭配系统，而这也是搭配学习过程中无法通过规则来学习的。

一、源语言搭配的影响

借入的外来意义在进入汉语时，源语言词语在源语言中的使用范围通常会影响借入词语在汉语中的使用范围。一般而言，在借义词彻底融入汉语，发生词义变化之前，源语言的使用范围和目标语言的使用范围是一致的，其使用范围可能大到专业领域范围，也可能小到搭配词语。

（一）保留源语言搭配的系统性

在借入过程中，源语言中某一概念并不一定使用单个词语表达，对于使用搭配表达的概念，借入时也常常将整个搭配甚至整个搭配系统同时借入。在一些专业领域，由于汉语对应概念的整体空缺，借入时常常将这一领域中一整套表达方式借入，词语之间的搭配关系也自然而然地进入汉语。借入后形成"借义词＋源语言搭配词语常用汉语汉译"的结果，如下面电脑领域的英文搭配词语选自 *Oxford Collocations Dictionary*（Deuter, 2008），按顺序写出的词语仅表示两个词语可以构成搭配：

operating system 操作系统   run software 运行软件

run program 运行程序   click mouse 单击鼠标

click menu 单击菜单   click button 单击按钮
write program 写程序   write software：写软件
write code 写代码

又如经济领域：

soft landing 软着陆   hard landing：硬着陆
hard currency 硬通货   currency system 货币体系
bubble economy 泡沫经济

这些词语，在相应的领域语言环境下，保持了和源语言相同的意义以及搭配关系。也就是说，汉语借入外来概念时，不仅仅是单个词语孤立的借入，还是成系统的整体借入，为了满足整个概念系统的表达，对应借入了源语言中的成套的搭配系统。

（二）保留源语言搭配的特殊性

有些源语言的搭配仅在特定语言环境下或以特定搭配的方式存在，借入后也需要特定的语言环境和特定搭配。例如：著名的"for dummies""Complete Idiot's Guides"书系的名称中，dummy（笨蛋）和 idiot（白痴）隐喻为"零基础的学习者、初学者"等意思，但词典不单独立义项，汉语引进时直译为"傻瓜"书系。无论是英语的 dummy、idiot，还是汉语的"傻瓜"，都不具有"零基础的学习者"的含义，只是在这个特定语言环境中具有了临时搭配义，借入汉语后这个含义也要求与英语相对应的语言环境和搭配。又如，black humour、black comedy 对应为"黑色幽默（喜剧）"；surf the net、surf the web 对应为"网上冲浪"也属于此类，"黑色"和"冲浪"脱离特定的搭配都不具有在搭配中负载的意义。其他的例子有 generation gap（代沟）、bottle neck（瓶颈）、cat's walk（猫步）、rule of the game（游戏规则）、flea market（跳蚤市场）。

这一类保留特殊性的例子中，因为汉语的对应词搭配起来不具有对应的含义，在发生词义变化之前，汉语对应搭配中的词语所负载的意义显然不宜认为具有单独的特定意义，所以借入的其实是搭配的意义而非词语的意义。

二、汉语语言环境和搭配系统的影响

考伊（Cowie, 1975; 1981）划分的开放搭配（open collocation）指两个构成元素可以自由重新组合，如 fill/empty/drain the sink/basin/bucket。由于不同语言的对应词并不一定具有完全对等的概念，在源语言搭配中，搭配的含义等同于搭配词语字面意义的组合（语义透明），但换成了目标语言环境之后，搭配词语并不一定对应，借入过程中，汉语的语言环境和搭配系统对借入后的汉语搭配具有一定的影响，直接体现在意译和直译的选择上以及汉语对应搭配中搭配词语的选择上。

（一）汉语词语义位是否空缺的影响

借入汉语后，对应的汉语搭配分两种情况，一是和源语言搭配相同，汉语搭配的意义等于搭配词语的字面意义的组合，如 air disaster（空难）、purchasing power（购买力）、declare war（宣战）、team spirit（团队精神）、break record（打破纪录）等，因为含义对应，可以产生一些汉语没有的搭配；二是和源语言搭配不同，汉语搭配的意义不能直接等同于搭配词语的字面意义的组合，这是因为汉语对应词具有源语言词语的某个含义，但未必具有源语言词语在搭配中所负载的含义，这一类造成两种后果：

（1）对应汉语搭配中的词语逐步具有了源语言搭配中负载的特定含义，甚至长期使用后与之搭配的词语也变得丰富，如 problem child 中的 problem，《牛津高阶英汉双解词典（第7版）》（霍恩比，2009）注释为"找麻烦的；成问题的；惹乱子的"，对应的汉语词语"问题"在《现代汉语词典（第5版）》中还没有这一义项，《现代汉语词典（第6版）》才出现并单独立义项，而且衍生了"问题少年、产品"等说法。类似的例子还有 shopping center（购物中心）中的"中心"、green building（绿色建筑）、green revolution（绿色革命）中的"绿色"、grey market（灰色市场）、grey area（灰色地带）中的"灰色"。这种情况尽管借入时是借入搭配，但显然已经脱离开源语言的影响，融合进了目标语言。这一过程可以总结为借入搭配→长期大量使用→搭配词语意义范围扩展（具有源语言搭配中的含义）→词典立项。

（2）对应汉语搭配中的词语长期使用后也没有具有源语言搭配中负载的特定含义，依然保持在特定搭配的特定含义状态，如 visit website 中的 visit 和汉语的"访问"对译，汉语借入英语搭配"访问网站"，但类似的 visit library 是不能对应汉语的"访问图书馆"的。产生这种差别主要在于汉语中是否有相应的搭配，"访问网站"借入了英语的概念，是新产生的搭配；而"访问图书馆"这种"访问＋地点"的搭配本来就有，并且哪些地点可以出现在"地点"的位置也是约定俗成的，所以不会受到"访问网站"这种新的搭配的影响。相对于上一种情况，这一过程可以描述为借入搭配→长期大量使用→搭配词语意义范围受限（不单独具有源语言搭配中的含义）→词典不立项。

1. 汉语中相同的对应概念的影响

如果借入的概念汉语中本来就有合适的表达，一般不会有系统的借入。相对于专业领域成系统的借入外来概念，基本词汇和非专门领域的一般词汇方面多不会成系统的借入，主要的原因在于两种发达成熟的语言不太可能在表示客观世界的某一方面的普通概念时完全没有交叉。这种情况下，源语言的搭配系统分成了两部分，一部分汉语里有对应的合适的表达，直接意译就可以了，另一部分没有的概念或不常见的概念，则有可能使用直译借入搭配，如pocket作形容词，表示"衣袋；口袋；兜"，引申为"小、袖珍"，如pocketbook、pocket dictionary、pocket knife、pocket money。其中，只有pocket book借入时可直译为"口袋书"，其余则由于本就有合适的汉语表达（"袖珍词典""小刀""零花钱"）而没有直译。而且，"口袋"一词在汉语里也没有形成"小"的意义。

2. 汉语经济性的影响

借入外来概念时借入的搭配如果搭配词语分别意译，借入后汉语搭配起来不够经济或意义不精确、不准确，则或者直译搭配词语借入，或者意译整个搭配。例如，dry wine表示"无甜味的葡萄酒"，这是分别意译两个词语，表达不够简洁，而根据词汇的一般规律，越常用的词语越短，随着使用频率的提高，汉语直接使用dry的常用对译词"干"，构成汉语搭配"干葡萄酒"。进而汉语词汇"干"还获得了新的含义，表示"没有甜味的"，但仅限于构成"干红、干白、干酒"等。soft drink（常用"软饮料"，多不说"不含酒精饮料"）也属此类。又如win-win，如直译为"赢赢"，足够简洁，可惜不够准确，也不符合汉语表达习惯，因为汉语单字动词重叠表达"短时""尝试"，会引发歧义，借入时使用意译"双赢""多赢"来表达。

3. 避免歧义的影响

借入外来概念时，有时直译或意译均可进入汉语搭配，但搭配后可能不易理解或引起歧义，则选择容易理解或没有歧义的，如engine可音译为"引擎"或意译为"发动机"，和"汽车"搭配"引擎"或"发动机"都可以，但对于searching engine这个概念，英语里两个词语的语法关系很明确，没有歧义，而和汉语词"搜索"搭配时，一般只说"搜索引擎"，不说"搜索发动机"。因为"搜索"和"发动机、引擎"之间的关系既可以是动宾关系也可以是定中关系，产生了歧义，相对于意译的"发动机"，"引擎"对于汉语母语者比较陌生，使搭配固定在其中一种意义上。类似的音译意译差别还有modern（摩登：现代）、copy（拷贝：复制）、motor（马达、摩托：电动机）等。

4. 领域区分

多种搭配均可进入汉语搭配时，各种搭配可能会各司其职，用于不同领域，如 virus，本来汉语就有消毒的说法，但在英语里 kill virus，直译过来用"杀毒"表示，"消毒"专用于医疗领域，"杀毒"既可用于医疗领域，也可用于电脑领域。又如，bull 意译为"多头"，直译为"牛"，bull market 可意译为"多头市场"，多用于专业领域，直译的"牛市"在非专业领域更常用。

三、语言接触造成的搭配复杂性

词汇的借用过程中，意义的借用是最核心的部分。借入的形式，除了词语之外，还有搭配。源语言的搭配和借入语言的搭配在词义的借入过程中都发挥着重要作用。

首先，由于客观世界的复杂，语言接触中借入的外来概念不仅限于词语，还包括整体借入的搭配甚至搭配系统。而之所以需要借入搭配，则和借入词语的原因类似，借入语言中或者没有这种意义，或者有近似的但不够精确，需要采用新的形式来表达，如前文中电脑领域借入的搭配以及"黑色幽默""写程序"等属于汉语中没有的意义；"干啤""双赢"等则属于后者。

其次，源语言语言环境和搭配以及借入语言的语言环境和搭配会对借入搭配的形式、意义产生综合的影响。对于任何一个外来概念来说，采用哪些词语搭配起来表达受到多方面因素影响，大体说来，源语言为借入语言限定了一个大致的范围，一般限于音译意译的选择和对译词的选择；借入语言的词义系统、语言本身的特性如经济性、常用性等限定了进入搭配的词语的可能性。

再次，构成借入搭配的词语本身的长期大量使用，是词义在语言环境或搭配中的实现，搭配也即外来意义的使用为词义的演变提供了现实基础，限定了词义演化的可能性和范围。

在语言学习中，无论懂或不懂源语言，上述情况都能造成搭配的不可完全类推的情况，最终的结果就是搭配习得困难。

第二节　搭配复杂性：多词搭配

尽管有些文献或多或少地提到了更多词语之间的搭配，但毫无疑问，大多数研究和应用都聚焦于两个词的搭配。在词典编纂方面，辛克莱的搭配词典 *Collins COBUILD English Collocations on CD-ROM*（CCEC）（Sinclair, 1995），以及其他一些有影响的词典，如英语的《牛津英语搭配词典（第 1 版）》（OCD1）、《牛津英语搭配词典（第 2 版）》（OCD2）、《BBI 英语搭配词典》（Benson M. et al., 1997），汉语的《现代汉语实词搭配词典》（XHSDC）（张寿康和林杏光, 1992）、《现代汉语搭配词典》（XHDC）（梅家驹, 1999）也都主要收录两个词语的搭配。在自然语言处理任务中，大多数系统只使用两个词的搭配，如（Yarowsky, 1995）。

由于自然句子的复杂性，在很多情况下，句子的生成和意义的输出都会涉及第三个词，甚至更多的词。在某些情况下，第三个词应该包含在搭配之中，它们的作用甚至与前两个词一样重要，而三个或更多词的搭配或多或少被忽视了。事实上，很多学者对搭配的定义也不排除更多词语之间的搭配，比如 Sinclair（1991）将搭配定义为"文本中两个或多个词在彼此的短空间内出现"。

毋庸置疑，两个词的搭配在自然语言处理中非常有用，但对于外语学习者来说也很难，但是第三个词的考量无疑使搭配变得更复杂。

一、第三个词影响句子自然度

如果我们检查这些词典，许多示例包含更多单词以使其自然。OCD1 和 OCD2 的编辑实际上在搭配词和示例中提供了第三个词的信息，如动词的 report：

> SCIENTIST ＋ VERB report sth.
>
> VERB ＋ FIND report *I reported my find to the landowner.*

同样，在 XHSDC 中，编者提供了"利用（电脑）设备"而不是"利用设备"。条目的安排显示了第三部分在二词搭配中的重要性。如何正确使用第三部分的问题有时可以通过语法知识来解决。但在真实语言环境下并非总是如此，因为可能在语言输出中产生语言不自然的结果。很多搭配自动抽取系统可以提取二词搭配，但提取出的搭配并不经常单独使用，而是和第三个词一起构成句子，而且第三个词也不能通过语法规则添加。例如：

（1）　打 /v 精神 /n

（2）　打 /v 起 /v 精神 /n

（3）　强 /a 打 /v 精神 /n

在第一个例子中，打 /v 和精神 /n 是一个搭配中的两个词。当在我们使用的语料库中搜索这两个词时，所有的用例都是第二个例子，如果使用其他的语料库，就可以检索到第三个例子。事实上，如果将这两个词组合起来单独使用，汉语母语人士会感到别扭或无法接受。我们也不能将原因归咎于语法，因为这里使用的两个词"起 /v"和"强 /a"不能更改为任何其他动词或形容词。基于这两点，"打 /v 精神 /n"如果是搭配，那么例子（2）和（3）应该是三词搭配。

如果不能接受三词搭配，则还有一种选择。我们可以把"打 /v 精神 /n"看做搭配，然后第三个词可以搭配这个搭配。Hoey（2005）使用心理学术语"启动（priming）"来解释搭配。priming 可以理解为"当一个词在口语或书面语中出现，它就会累积承载自己出现的上下文和共同文本，我们对它的知识包括它在某些类型的上下文中与某些其他词共同出现的事实"[1]。作者认为一个词可以与第二个词搭配，然后这个搭配可以有自己的搭配，不能与前两个词搭配中的任何一个词搭配。

无论是三词搭配还是搭配的搭配，有时两个词的搭配确实不自然，第三个词有助于提升句子的自然程度。在这些情况下，三个单词的组合比任何两个单词的组合具有更强的关系，并且更有可能被视为一个部分，这一事实也使得搭配变得更难于习得以及生成。

二、第三个词对句子自然度的影响程度

我们在教材语料库上利用互信息调查了三个词语，打 /v、培养 /v 和利用 /v，来初步观察第三个词语对句子自然程度的影响。三个词依次是语料库中出现频率高、中、低的词。结果如表 7.1。

表 7.1　三词搭配抽取结果（利用 /v）

二词搭配	共现频次	互信息值	第三个词	共现频次	互信息值
利用 /v 开发 /v	8	11.79	海洋 /n	6	12.25
			资源 /n	4	12.07
利用 /v 课余 /n	4	11.74	时间 /n	4	10.48

---

[1]　原文为：As a word is acquired through encounters with it in speech and writing, it becomes cumulatively loaded with the contexts and co-texts in which it is encountered, and our knowledge of it includes the fact that it co-occurs with certain other words in certain kinds of context.

续表

二词搭配	共现频次	互信息值	第三个词	共现频次	互信息值
利用 /v 时间 /n	16	11.08	课余 /n	4	13.92
			走遍 /v	2	10.74
利用 /v 资源 /n	7	10.88	开发 /v	4	12.72
			海洋 /n	3	10.31
利用 /v 发电 /v	4	10.52	来 /v	4	8.49
			可以 /v	2	7.20

然后我们手动检查了所有搭配和三词搭配，以查看有多少不自然的搭配变得自然。表 7.2 是结果。

表 7.2　第三个词对搭配自然程度的影响

词语	不自然数	自然数
打 /v	22	22/73
利用 /v	4	3/5
培养 /v	2	1/4
全部	28	26/82（32%）

自然列中有两个数字，例如"打 /v"行中的 22/73，表示 73 个三词搭配中的 22 个二次搭配中有打 /v 出现并且三词搭配要更自然一些，就是从"打精神"到"强打精神、打起精神"的数量变化。这是另外的例子：

打 /v 用 /v

用 /v 鞭子 /n 打 /v

因为打 /v 用 /v 不能原样使用，单独使用没有意义，所以我们认为这种搭配是不自然的。然后我们检查包含打 /v 用 /v 的所有三词搭配。鞭子 /n 是打 /v 用 /v 的搭配之一，决定了"用 /v 鞭子 /n 打 /v"在汉语中是自然的。上述结果表明，对于搭配而言，并不仅仅是两个词的问题，在很大程度上（根据上面的调查，会影响 32% 的二次搭配），第三个词会决定句子的自然程度。毫无疑问的，这一点也提升了搭配的复杂性，就是仅仅知道哪两个词可以正确搭配在很大程度上并不能保证获得正确的语言输出，这也是搭配难于习得的原因之一。

第三节　总　结

本研究分析讨论了已有的对搭配的诸多不同见解，总结了不同搭配定义中所认定的搭配的特征，从与自由组合以及成语相区别的典型特征出发，认为搭配是词语组合的一种。在搭配中，一个词语是节点词，另一个词语是节点词的搭配词。通常，（1）部分具有相关或类似的语义的词语不能和节点词构成搭配；（2）词语构成搭配时，组合义就是组合构成部分的意义之和。这个定义体现了搭配中部分搭配词语符合规则而符合规则的部分词语不一定总能构成搭配的特征，并且这两个典型特征也能够较好的区分搭配和成语、自由组合。

已有的研究中，搭配的自动抽取总是基于词语的，并且很多时候抽取出来的搭配总是包含部分的自由组合。本研究基于义项标注语料库，针对搭配的分布特点，优化了基于词语的搭配抽取方法。通过观察、统计、分析小规模的测试集，提出了针对义项标注语料库的自动搭配抽取使用的跨距：动词采用 $[-4，+5]$，名词采用 $[-6，+2]$，形容词采用 $[-3，+1]$；进而提出对不同词类、不同频次的词语采用不同参数的方法来优化自动搭配抽取的结果。这一方法在大规模的语料库中获得了基本等同于基于词语的自动搭配抽取的召回率的结果，同时获得 39.56% 的准确率。

通过分析手工认定的搭配数据库，本研究验证了部分搭配在数量方面的特征，提出了一些新的发现：对于搭配本身，除了超高频和超低频的共现对，其他词频的共现对具有大约相同的搭配、共现对比例，但词频越低，搭配的绝对数量越高；不同词语的搭配分布情况差别很大，印证了搭配抽取方法中分词类、分频次处理的基本原则的正确性；验证了汉语中也存在"一个搭配、一个意义"的倾向，但同时"一个搭配、多个义项"的情况也很多；搭配在真实文本中数量很多，相当重要。此外，在手工认定搭配过程中，我们总结了搭配的认定原则以及可运用的操作原则，这对于搭配的认定具有一定的帮助作用。

本研究对二语学习者学习搭配困难的原因，以及词典编纂中搭配信息的收录状况进行了分析，词典是主要学习辅助工具，二者是互相联系的。在此基础上，本研究提出，在二语习得中，搭配难于学习的原因在于搭配中，搭配词语符合一定规则，而符合规则的未必能构成搭配。利用本研究的方法，可以快速有效的为词典编纂者发现搭配、寻找实例，为编者提供相对于现有词典而言更加细化、准确的高质量的信息，其核心部分就是造成学习者困难的搭配。

本研究中的主要问题就是在保证一定召回率的情况下，自动搭配抽取的准确率较低，这使本研究所用的方法的实用性打了折扣。在本研究中，由于词语的搭配分布非常分散，故而准确率较低，在这种情况下，我们只是尽量对搭配的不同情况进行了细化，找到不同情况的最优结果。为进一步优化结果，首先，可以考虑通过数学的方法来为不同的词语寻找不同的参数，因为搭配中不同词语间在数量统计上个性大于共性；其次，要将搭配的意义特征形式化并用于到自动搭配抽取。

参考文献

Aisenstadt E, 1981. Restricted Collocations in English Lexicology and Lexicography[J]. ITL: Review of Applied Linguistics, 53: 53–61.

Altenberg B, 1998. On the Phraseology of Spoken English: The Evidence of Recurrent Word-Combination[M] // Cowie A P. Phraseology: Theory, Analysis, and Applications. Oxford: Clarendon Press: 1–23.

Al-Zahrani M S, 1998. Knowledge of English Lexical Collocations Among Male Saudi College Students Majoring in English at a Saudi university[D]. Indiana: Indiana University of Pennsylvania.

Bahns J, Eldaw M, 1993. Should We Teach EFL Students Collocations?[J]. System, 21(1):101–114.

Baugh S, Harley A, Jellis S, 1996. The Role of Corpora in Compiling the Cambridge International Dictionary of English[J]. International Journal of Corpus Linguistics, 1(1):39–59.

Bazell C E, Catford J C, Halliday M A K, Robins R H (eds.), 1966. In Memory of J. R. Firth[M]. London: Lowe & Brydone (Printers) Ltd.

Benson M, 1986. The BBI Combinatory Dictionary of English[M]. Amsterdam, Philadelphia: John Benjamins Pub. Co.

Benson M, Benson E, Ilson R, 1986. Lexicographic Description of English[M]. Amsterdam, Philadelphia: John Benjamins Pub. Co.

Benson M, Benson E, Ilson R, 1997. The BBI Dictionary of English Word Combinations[M]. Amsterdam, Philadelphia: John Benjamins Pub. Co.

Church K, Gale W, Hanks P, et al., 1991. Using Statistics in Lexical Analysis[M] // Zernik U. Lexical acquisition: Exploiting On-Line Resources to Build a Lexicon. Hillsdale, N J: Lawrence Erlbaum Associates: 115–164.

Cowie A P, Mackin R, 1975. Oxford Dictionary of Current Idiomatic English[M].

London: Oxford University Press.

Cowie A P, 1978. The Place of Illustrative Material and Collocations in the Design of a Learner's Dictionary[M] // Hornby A S, Strevens P. In Honour of A. S. Hornby. Oxford: Oxford University Press: 127–139.

Cowie A P, 1981. The Treatment of Collocations and Idioms in Learners' Dictionaries[J]. Applied Linguistics, 2(3):223–235.

Cowie A P, 1992. Multiword Lexical Units and Communicative Language Teaching[M] // Arnaud P J, Bejoint H. Vocabulary and Applied Linguistics. London: Mcmillan: 1–12.

Cowie A P, 1998a. Introduction[M] // Cowie A P. Phraseology: Theory, Analysis, and Applications. Oxford: Clarendon Press: 1–23.

Cowie A P, 1998b. Phraseological Dictionaries: Some East-West Comparisons[M] // Cowie A P. Phraseology: Theory, analysis, and applications. Oxford: Clarendon Press: xiii.

Cowie A P(ed.), 1998. Phraseology: Theory, Analysis, and Applications[M]. Oxford: Clarendon Press.

Cruse D A, 1986. Lexical Semantics[M]. Cambridge, New York: Cambridge University Press.

Deuter M, 2008. Oxford Collocations Dictionary: For Students of English[M]. Oxford: Oxford University Press.

Dunning T, 1993. Accurate Methods for the Statistics of Surprise and Coincidence[J]. Computational Linguistics, 19(1): 61-74.

Farghal M, Obiedat H, 1995. Collocations: A Neglected Variable in EFL[J]. IRAL: International Review of Applied Linguistics in Language Teaching, 33(4): 315.

Firth J R, 1968a. A Synopsis of Linguistic Theory, 1930–1955[M] // Firth J R. Selected papers of J. R. Firth, 1952–1959. Bloomington: Indiana University Press: 168–205.

Firth J R, 1968b. Selected Papers of J. R. Firth, 1952–1959[M]. Bloomington: Indiana University Press.

Gale W A, Church K W, Yarowsky D, 1992. One Sense per Discourse[C]// Proceedings of the Workshop on Speech and Natural Language. Harriman, New York: Association for Computational Linguistics: 233-237.

Berry-Rogghe G L M, 1973. The Computation of Collocations and their Relevance in Lexical Studies[M] // Aitken A J, Bailey R W, Hamilton-Smith N. The Computer and Literary Studies. Edinburgh: Edinburgh University Press: 113–133.

Granger S, 1998. Prefabricated Patterns in Advanced EFL writing: Collocations and Formulae[M] // Cowie A P. Phraseology: Theory, Analysis, and Applications. Oxford: Clarendon Press: 160.

Halliday M A K, 1966. Lexis As a Linguistic Level[M] // Bazell C E, Catford J C; Halliday M A K, et al. In Memory of J. R. Firth. London: Lowe & Brydone (Printers) Ltd.: 148–162.

Hoey M, 2005. Lexical Priming: A New Theory of Words and Language[M]. Milton: Routledge.

Howarth P, 1998. The Phraseology of Learners' Academic Writing[M] // Cowie A P. Phraseology: Theory, Analysis, and Applications. Oxford: Clarendon Press: 161–188.

Katz J J, Fodor J A, 1963. The Structure of a Semantic Theory[J]. Language, 39(2):170–210.

Klotz M, 2003. Oxford Collocations Dictionary for Students of English[J]. International Journal of Lexicography, 16(1): 57–61. DOI: 10.1093/ijl/16.1.57.

Lennon C, Burdick H, 2004. The Lexile Framework As an Approach for Reading Measurement and Success[J]. electronic publication on www. lexile. com.

Lesniewska J, Witalisz E, 2007. Cross-Linguistic Influence and Acceptability Judgments of L2 and L1 Collocations: A Study of Advanced Polish Learners of English[M]. Amsterdam, Philadelphia: John Benjamins Pub. Co.

Lien H Y, 2003. The Effects of Collocation Instruction on the Reading Comprehension of Taiwanese College Students[D]. Indiana: Indiana University of Pennsylvania.

Lombard R J, 1997. Non-Native Speaker Collocations: A Corpus-driven Characterization from the Writing of Native Speakers of Mandarin[D]. Arlington: University of Texas at Arlington.

Malinowski B, 1923. The Problem of Meaning in Primitive Languages[M] // The Meaning of Meaning: A Study of the Influence of Language Upon Thought and of the Science of Symbolism. London, New York: K. Paul, Trench, Trubner &

co., Harcourt, Brace & company, inc.: 451–510.

Mason O, 2000. Parameters of Collocation: The Word in the Centre of Gravity[M]. Leidon: Brill: 267–280.

Nesselhauf N, 2003. The Use of Collocations by Advanced Learners of English and Some Implications for Teaching[J]. Applied Linguistics, 24(2):223–242.

Nesselhauf N, 2004. Collocations in a Learner Corpus[M]. Amsterdam, Philadelphia: John Benjamins Pub. Co.

Oakes M P, 1998. Statistics for Corpus Linguistics[M]. Edinburgh: Edinburgh University Press.

Pedersen T, 1996. Fishing for Exactness. Proceedings of the SCSUG 96 in Austin[C], TX, 188-200.

Smith, R C, 1999. The Writings of Harold E. Palmer An Overview[M]. Tokyo: Honno-Tomosha Publishers.

Sinclair J, 1995. Collins COBUILD: English Collocations on CD-ROM: A Comprehensive Database of Common Word Patterns from the Bank of English[M]. London: Harper Collins.

Sinclair J, 1966. Beginning the Study of Lexis[M] // Bazell C E, Catford J C, Halliday M A K, et al. In Memory of J. R. Firth. London: Lowe & Brydone (Printers) Ltd.: 1–20.

Sinclair J, 1991. Corpus, Concordance, Collocation[M]. Oxford: Oxford University Press.

Sinclair J M, & Jones S, 1974. English Lexical Collocations[J]. Cahiers de Lexicologie, 24, 15–61.

Wikipedia. Readability-Wikipedia[OL]. [2018-11-02]. https://en.wikipedia.org/wiki/Readability.

Yarowsky D. Unsupervised Word Sense Disambiguation Rivaling Supervised Methods[C]//Proc Meeting of the Association for Computational Linguistics. 1995:189--196.DOI:10.3115/981658.981684 .

Zhang X, 1993. English Collocations and Their Effect on the Writing of Native and Non-Native College Freshmen[D]. Indiana: Indiana University of Pennsylvania.

范柯, 2018. 对时下英语词典的选择和使用情况调查——以英语专业学生为例[J]. 辞书研究, (6): 24-32, 93.

弗雷格, 1998. 算术基础——对于数这个概念的一种逻辑数学的研究 [M]. 北京：商务印书馆.

高登亮, 2005. 浅议语境理论在西方的形成与发展 [J]. 龙岩师专学报, 23(1): 99–101.

葛本仪, 2001. 现代汉语词汇学 [M]. 济南：山东人民出版社.

郭锐, 2002. 现代汉语词类研究 [M]. 北京：商务印书馆.

黄伯荣, 廖序东, 2017. 现代汉语：下册 [M]. 北京：高等教育出版社.

霍恩比, 2009. 牛津高阶英汉双解词典 [M]. 7 版. 北京：商务印书馆；牛津大学出版社（中国）有限公司.

蒋绍愚, 1999. 蒋绍愚自选集 [M]. 2 版. 郑州：大象出版社.

金澎, 吴云芳, 俞士汶, 2008. 词义标注语料库建设综述 [J]. 中文信息学报, 22(3): 16–23.

李裕德, 1998. 现代汉语词语搭配 [M]. 北京：商务印书馆国际有限公司.

林杏光, 1999. 词汇语义和计算语言学 [M]. 北京：语文出版社.

梅家驹, 1999. 现代汉语搭配词典 [M]. 上海：汉语大词典出版社.

苏新春, 1992. 汉语词义学 [M]. 广州：广东教育出版社.

孙宏林, 1998. 词语搭配在文本中的分布特征 [M] // 黄昌宁. 1998 中文信息处理国际会议论文集. 北京：清华大学出版社：230–236.

孙茂松, 黄昌宁, 方捷, 1997. 汉语搭配定量分析初探 [J]. 中国语文 (1): 29–38.

王大亮, 涂序彦, 郑雪峰, 等, 2008. 多策略融合的搭配抽取方法 [J]. 清华大学学报（自然科学版）(4): 608–612.

王惠, 詹卫东, 俞士汶, 2006. "现代汉语语义词典"的结构及应用 [J]. 语言文字应用 (1): 134–141.

王进, 周慧, 罗国峰, 等, 2017. 基于自然语言处理的图书阅读难度自动分级研究 [J]. 计算机时代 (8): 1–5.

王军, 2005. 汉语词义系统研究 [M]. 济南：山东人民出版社.

王希杰, 1995. 论词语搭配的规则和偏离 [J]. 山东师大学报（社会科学版）, (1): 100–104.

辛平, 2008. 面向对外汉语教学的动名搭配研究——基于学习者动名搭配常用度标注结果的分析 [J]. 云南师范大学学报（对外汉语教学与研究版）(5): 7–13.

徐通锵, 2004. 基础语言学教程 [M]. 北京：北京大学出版社.

张寿康, 林杏光, 1992. 现代汉语实词搭配词典 [M]. 北京：商务印书馆.

张谊三, 2005. 词语搭配变化研究——以隋前若干动词与名词的搭配变化为例 [M]. 济南: 齐鲁书社.

张志毅, 2020. 当代汉语学习词典 [M]. 北京: 商务印书馆.

张志毅, 张庆云, 2005. 词汇语义学 [M]. 北京: 商务印书馆.

周荐, 杨世铁, 2006. 汉语词汇研究百年史 [M]. 北京: 外语教学与研究出版社.

附　录

附录1　语料库详细样例

@

#篇名：普通高级中学教科书（必修）(语文)（人民教育出版社）

#期数：第一册

#时间：2003 年 6 月（第 1 版）

#作者：史铁生

#版面：第二单元第 7 课

#标题：我与地坛（节选）

#年级：G-1

#时代：当代

#地区：中国大陆

#语体：书面

#文体：S- 散文

#主题：人文与社会科学类 - 生活类

#题材领域来源：生活

#中小学：中学 - 高中

#自编写：

#其他：

一 /m ◆ yi1 我 /r ◆ wo3 在 /p ◆ zai4 ▲^7 好 /d ◆ hao3 几 /m ◆ ji3 篇 /q ◆ pian1 ▲^3 小说 /n ◆ xiao3_shuo1 中 /f ◆ zhong1 ▲^3 都 /d ◆ dou1 提到 /v ◆ ti2_dao4 过 /u ◆ guo5 一 /m ◆ yi1 座 /q ◆ zuo4 ▲^5 废弃 /v ◆ fei4_qi4 的 /u ◆ de5 古园 /n ◆ gu3_yuan2 ，/w 实际 /n ◆ shi2_ji4 ▲^1 就 /d ◆ jiu4 是 /v ◆ shi4 地坛 /ns ◆ di4_tan2 。/w 许多 /m ◆ xu3_duo1 年 /q ◆ nian2 ▲^2 前 /f ◆ qian2 ▲^4 旅游业 /n ◆ lv3_you2_ye4 还 /d ◆ hai2 没有 /d ◆ mei2_you3 开展 /v ◆ kai1_zhan3 ▲^A2 ，/w 园子 /n ◆ yuan2_zi5 ▲^1 荒芜 /a ◆ huang1_wu2 冷落 /a ◆ leng3_luo4 ▲^1 得 /u ◆ de5 如同 /v ◆ ru2_tong2 一 /m ◆ yi1 片 /q ◆ pian4 ▲^6 野地 /n ◆ ye3_di4 ，/w 很 /d ◆ hen3 少 /a ◆ shao3 ▲^1 被 /p ◆ bei4 ▲^C1 人 /n ◆ ren2 ▲^1 记 /v ◆ ji4 ▲^1 起 /vd ◆ qi3 。/w

地坛 /ns ◆ di4_tan2 离 /p ◆ li2 我 /r ◆ wo3 家 /n ◆ jia1 ▲^2 很 /d ◆ hen3 近 /a ◆ jin4 ▲^1 。/w 或者 /d ◆ huo4_zhe3 ▲^1 说 /v ◆ shuo1 ▲^1 我 /r ◆ wo3 家 /n ◆ jia1 ▲^2 离 /p ◆ li2 地坛 /ns ◆ di4_tan2 很 /d ◆ hen3 近 /a ◆ jin4 ▲^1 。/w 总之 /c ◆ zong3_zhi1 ，/w 只好 /d ◆ zhi3_hao3 认为 /v ◆ ren4_wei2 这 /r ◆ zhe4 是 /v ◆ shi4 缘分 /n ◆ yuan2_fen4 。/w 地坛 /ns ◆ di4_tan2 在 /p ◆ zai4 ▲^7 我 /r ◆ wo3 出生 /v ◆ chu1_sheng1 前 /f ◆ qian2 ▲^4 四 /m ◆ si4 ▲^A1

百/m ◆ bai3 多/m ◆ duo1 ▲^A4 年/q ◆ nian2 ▲^2 就/d ◆ jiu4 坐落/v ◆ zuo4_luo4 在/p ◆ zai4 ▲^7 那儿/r ◆ na4_r 了/y ◆ le5 ，/w 而/c ◆ er2 自从/p ◆ zi4_cong2 我/r ◆ wo3 的/u ◆ de5 祖母/n ◆ zu3_mu3 年轻/a ◆ nian2_qing1 ▲^1 时/n ◆ shi2 ▲^1 带/v ◆ dai4 ▲^B6 着/u ◆ zhe5 我/r ◆ wo3 父亲/n ◆ fu4_qin1 来到/v ◆ lai2_dao4 北京/ns ◆ bei3_jing1 ，/w 就/d ◆ jiu4 一直/d ◆ yi1_zhi2 住/v ◆ zhu4 ▲^1 在/p ◆ zai4 ▲^7 离/p ◆ li2 它/r ◆ ta1 不/d ◆ bu4 远/a ◆ yuan3 ▲^1 的/u ◆ de5 地方/n ◆ di4_fang5 ▲^1 ——/w 五/m ◆ wu3 ▲^A1 十/m ◆ shi2 多/m ◆ duo1 ▲^A4 年/q ◆ nian2 ▲^2 间/f ◆ jian1 ▲^1 搬/v ◆ ban1 ▲^2 过/u ◆ guo5 几/m ◆ ji3 次/q ◆ ci4 ▲^5 家/n ◆ jia1 ▲^2 ，/w 可/c ◆ ke3 ▲^B1 搬/v ◆ ban1 ▲^2 来/v ◆ lai2 ▲^A1 搬/v ◆ ban1 ▲^1 去/vd ◆ qu4 ▲^1 总是/d ◆ zong3_shi4 在/v ◆ zai4 ▲^2 它/r ◆ ta1 周围/f ◆ zhou1_wei2 ，/w 而且/c ◆ er2_qie3 是/v ◆ shi4 越/d ◆ yue4 搬/v ◆ ban1 ▲^2 离/p ◆ li2 它/r ◆ ta1 越/d ◆ yue4 近/a ◆ jin4 ▲^1 了/y ◆ le5 。/w 我/r ◆ wo3 常/d ◆ chang2 觉得/v ◆ jue2_de5 ▲^1 这/r ◆ zhe4 中间/f ◆ zhong1_jian1 ▲^3 有/v ◆ you3 ▲^2 着/u ◆ zhe5 宿命/n ◆ su4_ming4 的/u ◆ de5 味道/n ◆ wei4_dao4 ▲^2 ：/w 这/r ◆ zhe4 古园/n ◆ gu3_yuan2 仿佛/d ◆ fang3_fu2 ▲^1 就是/d ◆ jiu4_shi4 ▲^A2 为了/p ◆ wei4_le5 等/v ◆ deng3 ▲^B1 我/r ◆ wo3 ，/w 而/c ◆ er2 历尽沧桑/l ◆ li4_jin4_cang1_sang1 在/p ◆ zai4 ▲^7 那儿/r ◆ na4_r 等待/v ◆ deng3_dai4 了/u ◆ le5 四/m ◆ si4 ▲^A1 百/m ◆ bai3 多/m ◆ duo1 ▲^A4 年/q ◆ nian2 ▲^2 。/w

它/r ◆ ta1 等待/v ◆ deng3_dai4 我/r ◆ wo3 出生/v ◆ chu1_sheng1 ，/w 然后/c ◆ ran2_hou4 又/d ◆ you4 等待/v ◆ deng3_dai4 我/r ◆ wo3 活/v ◆ huo2 ▲^A1 到/v ◆ dao4 ▲^1 最/d ◆ zui4 狂妄/a ◆ kuang2_wang4 的/u ◆ de5 年龄/n ◆ nian2_ling2 上/f ◆ shang5 ▲^2 忽地/d ◆ hu1_di4 让/v ◆ rang4 ▲^4 我/r ◆ wo3 残废/v ◆ can2_fei4 ▲^1 了/u ◆ le5 双腿/n ◆ shuang1_tui3 。/w 四/m ◆ si4 ▲^A1 百/m ◆ bai3 多/m ◆ duo1 ▲^A4 年/q ◆ nian2 ▲^2 里/f ◆ li5 ▲^1 ，/w 它/r ◆ ta1 剥蚀/v ◆ bo1_shi2 ▲^1 了/u ◆ le5 古/a ◆ gu3 殿/n ◆ dian4 檐头/n ◆ yan2_tou2 浮夸/a ◆ fu2_kua1 的/u ◆ de5 琉璃/n ◆ liu2_li2 ，/w 淡褪/v ◆ dan4_tui4 了/u ◆ le5 门壁/n ◆ men2_bi4 上/f ◆ shang5 ▲^1 炫耀/v ◆ xuan4_yao4 ▲^2 的/u ◆ de5 朱红/b ◆ zhu1_hong2 ，/w 坍圮/v ◆ tan1_pi3 了/u ◆ le5 一/m ◆ yi1 段/q ◆ duan4 ▲^1 段/q ◆ duan4 ▲^1 高墙/n ◆ gao1_qiang2 又/d ◆ you4 散落/v ◆ san4_luo4 ▲^2 了/u ◆ le5 玉砌/v ◆ yu4_qi4 雕栏/n ◆ diao1_lan2 ，/w 祭坛/n ◆ ji4_tan2 四周/f ◆ si4_zhou1 的/u ◆ de5 老/a ◆ lao3 ▲^1 柏树/n ◆ bai3_shu4 愈/d ◆ yu4 见/v ◆ jian4 ▲^A3 苍 幽/a ◆ cang1_you1 ，/w 到处/d ◆ dao4_chu4 的/u ◆ de5 野草/n ◆ ye3_cao3 荒藤/n ◆ huang1_teng2 也/d ◆ ye3 都/d ◆ dou1 茂盛/a ◆ mao4_sheng4 ▲^1 得/u ◆ de5 自在/a ◆ zi4_zai4 坦荡/a ◆ tan3_dang4 ▲^2 。/w 这/r ◆ zhe4 时候/n ◆ shi2_hou5 ▲^2 想必/d ◆ xiang3_bi4 我/r ◆ wo3 是/v ◆ shi4 该/v ◆ gai1 ▲^A1 来/v ◆ lai2 ▲^A1 了/y ◆ le5 。/w 十/m ◆ shi2 五/m ◆ wu3 ▲^A1 年/q ◆ nian2 ▲^2 前/f ◆ qian2 ▲^4 的/u ◆ de5 一/m ◆ yi1 个/q ◆ ge4 下午/n ◆ xia4_wu3 。/w 我/r ◆ wo3 摇/v ◆ yao2 着/u ◆ zhe5 轮椅/n ◆ lun2_yi3 进入/v ◆ jin4_ru4 园中/s ◆ yuan2_zhong1 ，/w 它/r ◆ ta1 为/p ◆ wei4 一/m ◆ yi1 个/q ◆ ge4 失魂落魄/i ◆ shi1_hun2_luo4_po4 的/u ◆ de5 人/n ◆ ren2 ▲^1 把/p ◆ ba3 一切/m ◆ yi1_qie4 都/d ◆ dou1 准备/v ◆ zhun3_bei4 ▲^1 好/a ◆ hao3 ▲^7 了/y ◆ le5 。/w 那时/r ◆ na4_shi2 ，/w 太阳/n ◆ tai4_yang2 ▲^1 循/Vg ◆ xun2 着/u ◆ zhe5 亘古不变/l ◆ gen4_gu3_bu4_bian4 的/u ◆ de5 路途/n ◆ lu4_tu2 ▲^1 正/d ◆ zheng4 越来越/d ◆ yue4_lai2_yue4 大/n ◆ da4 ▲^A4 ，/w 也/d ◆ ye3 越/d ◆ yue4 红/a ◆ hong2 ▲^1 。/w 在/p ◆ zai4 ▲^7 满园/n ◆ man3_yuan2 弥漫/v ◆ mi2_man4 的/u ◆ de5 沉静/a ◆ chen2_jing4 ▲^1 光芒/n ◆ guang1_mang2

中/f◆ zhong1 ▲^3 ，/w 一/m ◆ yi1 个/q ◆ ge4 人/n ◆ ren2 ▲^1 更/d ◆ geng4 容易/a ◆ rong2_yi4 ▲^2 看/v ◆ kan4 ▲^1 到/v ◆ dao4 ▲^3 时间/n ◆ shi2_jian1 ▲^1 ，/w 并/c ◆ bing4 ▲^B4 看见/v ◆ kan4_jian4 自己/r ◆ zi4_ji3 的/u ◆ de5 身影/n ◆ shen1_ying3 。/w

自从/p ◆ zi4_cong2 那个/r ◆ na4_ge4 下午/n ◆ xia4_wu3 我/r ◆ wo3 无意/v ◆ wu2_yi4 ▲^1 中/f ◆ zhong1 ▲^10 进/v ◆ jin4 ▲^2 了/u ◆ le5 这/r ◆ zhe4 园子/n ◆ yuan2_zi5 ▲^1 ，/w 就/d ◆ jiu4 再/d ◆ zai4 没/d ◆ mei2 ▲^B 长久/a ◆ chang2_jiu3 地/u ◆ de5 离开/v ◆ li2_kai1 过/u ◆ guo5 它/r ◆ ta1 。/w 我/r ◆ wo3 一下子/m ◆ yi1_xia4_zi5 就/d ◆ jiu4 理解/v ◆ li3_jie3 了/u ◆ le5 它/r ◆ ta1 的/u ◆ de5 意图/n ◆ yi4_tu2 。/w 正如/v ◆ zheng4_ru2 我/r ◆ wo3 在/p ◆ zai4 ▲^7 一/m ◆ yi1 篇/q ◆ pian1 ▲^3 小说/n ◆ xiao3_shuo1 中/f ◆ zhong1 ▲^3 所/u ◆ suo3 说/v ◆ shuo1 ▲^1 的/u ◆ de5 ："/w 在/p ◆ zai4 ▲^7 人口/n ◆ ren2_kou3 ▲^1 密聚/v ◆ mi4_ju4 的/u ◆ de5 城市/n ◆ cheng2_shi4 里/f ◆ li5 ▲^1 ，/w 有/v ◆ you3 ▲^2 这样/r ◆ zhe4_yang4 一/m ◆ yi1 个/q ◆ ge4 宁静/a ◆ ning2_jing4 的/u ◆ de5 去处/n ◆ qu4_chu4 ▲^2 ，/w 像/v ◆ xiang4 ▲^3 是/v ◆ shi4 上帝/n ◆ shang4_di4 的/u ◆ de5 苦心/n ◆ ku3_xin1 ▲^1 安排/v ◆ an1_pai2 。"/w

附录2　中小学教材语料库平衡性

1. 中小学教材语料库的时代分布

时代	小学		中学		总合计	
	篇数	比例	篇数	比例	篇数	比例
1911—1949 年	19	1.27%	82	13.80%	101	4.84%
1949—1979 年	86	5.76%	162	27.27%	248	11.88%
1979 年至今	1389	92.97%	350	58.92%	1739	83.29%
总计	1494	71.55%	594	28.45%	2088	100.00%

时代	小学		中学		总合计	
	字数	比例	字数	比例	字数	比例
1911—1949 年	13852	1.90%	237754	16.32%	251606	11.50%
1949—1979 年	56992	7.81%	397507	27.28%	454499	20.78%
1979 年至今	659101	90.29%	822009	56.41%	1481110	67.72%
总计	729945	33.37%	1457270	66.63%	2187215	100.00%

2 地区

地区		小学		中学		总合计	
		篇数	比例	篇数	比例	篇数	比例
中国	大陆	1437	96.18%	454	76.43%	1891	90.57%
	港台	11	0.74%	9	1.52%	20	0.96%

续表

地区		小学		中学		总合计	
		篇数	比例	篇数	比例	篇数	比例
外国	欧美国家	33	2.21%	120	20.20%	153	7.33%
	俄罗斯	11	0.74%	4	0.67%	15	0.72%
	日本	1	0.07%	6	1.01%	7	0.34%
	其他	1	0.07%	1	0.17%	2	0.10%
总计		1494	71.55%	594	28.45%	2088	100.00%

地区		小学		中学		总合计	
		字数	比例	字数	比例	字数	比例
中国	大陆	684721	93.80%	1075171	73.78%	1759892	80.46%
	港台	7475	1.02%	16859	1.16%	24334	1.11%
外国	欧美国家	28818	3.95%	341793	23.45%	370611	16.94%
	俄罗斯	7751	1.06%	10561	0.72%	18312	0.84%
	日本	442	0.06%	11677	0.80%	12119	0.55%
	其他	738	0.10%	1209	0.08%	1947	0.09%
总计		729945	33.37%	1457270	66.63%	2187215	100.00%

3. 文体

文体	小学		中学		总合计	
	篇数	比例	篇数	比例	篇数	比例
a 应用文	16	1.07%	47	7.91%	63	3.02%
b 小说	45	3.01%	78	13.13%	123	5.89%
c 戏剧	8	0.54%	26	4.38%	34	1.63%
d 散文	1425	95.38%	443	74.58%	1868	89.46%
d1 议论文	7	0.47%	58	9.76%	65	3.11%
d2 说明文	188	12.58%	172	28.96%	360	17.24%
d3 记叙文	814	54.48%	48	8.08%	862	41.28%
d4 综合散文	416	27.84%	165	27.78%	581	27.83%
总计	1494	71.55%	594	28.45%	2088	100.00%

文体	小学		中学		总合计	
	字数	比例	字数	比例	字数	比例
a 应用文	10248	1.40%	76401	5.24%	86649	3.96%
b 小说	48369	6.63%	316975	21.75%	365344	16.70%
c 戏剧	7336	1.01%	101843	6.99%	109179	4.99%
d 散文	663992	90.96%	962051	66.02%	1626043	74.34%
d1 议论文	4945	0.68%	120177	8.25%	125122	5.72%
d2 说明文	93269	12.78%	410717	28.18%	503986	23.04%
d3 记叙文	400218	54.83%	113384	7.78%	513602	23.48%
d4 综合散文	165560	22.68%	317773	21.81%	483333	22.10%

文体	小学		中学		总合计	
	字数	比例	字数	比例	字数	比例
总计	729945	33.37%	1457270	66.63%	2187215	100.00%

4. 主题

主题		总篇数		总比例	
人文与社会科学类	历史类		187		8.96%
	社会类		233		11.16%
	生活类	1647	414	78.89%	19.83%
	文艺类		798		38.22%
	新闻报道类		15		0.72%
自然科学类	海洋气象类		19		0.91%
	农林类		10		0.48%
	生化类	269	100	12.89%	4.79%
	数理类		10		0.48%
	天文地理类		71		3.40%
	其他类		59		2.83%
综合类	应用文类	172	66	8.24%	3.16%
	知识类		106		5.08%
总计		2088		100.00%	

主题		总字数		总比例	
人文与社会科学类	历史类		168787		7.72%
	社会类		268454		12.27%
	生活类	1608437	286280	73.54%	13.09%
	文艺类		859164		39.28%
	新闻报道类		25752		1.18%
自然科学类	海洋气象类		12692		0.58%
	农林类		15412		0.70%
	生化类	234519	80216	10.72%	3.67%
	数理类		11177		0.51%
	天文地理类		55331		2.53%
	其他类		59691		2.73%
综合类	应用文类	344259	96062	15.74%	4.39%
	知识类		248197		11.35%
总计		2187215		100.00%	

附录3　停止词表

ID	词语词类义项	出现次数
10757	的 /u ◆ de5	116152
62803	一 /m ◆ yi1	37957
48204	是 /v ◆ shi4	28873
32562	了 /u ◆ le5	26997
55687	我 /r ◆ wo3	24467
67073	在 /p ◆ zai4 ▲ ^7	22067
3911	不 /d ◆ bu4	19333
50915	他 /r ◆ ta1	16790
71546	着 /u ◆ zhe5	14151
17217	个 /q ◆ ge4	13892
68335	这 /r ◆ zhe4	12583
27969	就 /d ◆ jiu4	11124
37999	你 /r ◆ ni3	10396
32566	了 /y ◆ le5	10028
62564	也 /d ◆ ye3	9877
11099	地 /u ◆ de5	9823
20498	和 /c ▲ he2 ▲ ^B3	9492
45693	上 /f ◆ shang5 ▲ ^1	8024
55721	我们 /r ◆ wo3_men5	7385
31652	里 /f ◆ li5 ▲ ^1	6963
12330	都 /d ◆ dou1	6912
962	把 /p ◆ ba3	6571
37446	那 /r ◆ na4	6250
65434	又 /d ◆ you4	6201
69728	中 /f ◆ zhong1 ▲ ^3	5673
50927	它 /r ◆ ta1	5473
22402	还 /d ◆ hai2	5271
10647	得 /u ◆ de5	5081
37894	能 /vu ◆ neng2 ▲ ^4	4993
26465	她 /r ◆ ta1	4883
20884	很 /d ◆ hen3	4656
70157	种 /q ◆ zhong3 ▲ ^6	4575
8392	从 /p ◆ cong2	4417
71863	自己 /r ◆ zi4_ji3	4280
9120	大 /n ◆ da4 ▲ ^A2	4204
12920	对 /p ◆ dui4 ▲ ^15	4011

ID	词语词类义项	出现次数
13405	而 /c ◆ er2	3973
23074	会 /v ◆ hui4 ▲ ^B5	3859
62474	要 /v ◆ yao4 ▲ ^B5	3706
32407	两 /q ◆ liang3 ▲ ^B	3634
50919	他们 /r ◆ ta1_men5	3597
47401	什么 /r ◆ shen2_me5	3573
7296	出 /vd ◆ chu1 ▲ ^C	3516
29382	可以 /v ◆ ke3_yi3 ▲ ^A1	3435
38066	年 /q ◆ nian2 ▲ ^2	3392
30498	来 /v ◆ lai2 ▲ ^A1	3320
24145	几 /m ◆ ji3	3290
44771	三 /m ◆ san1	2940
65736	与 /c ◆ yu3 ▲ ^B2	2888
64830	用 /p ◆ yong4	2869
69332	只 /d ◆ zhi3	2740
58340	向 /p ◆ xiang4 ▲ ^A5	2634
47580	时 /n ◆ shi2 ▲ ^1	2622
72463	最 /d ◆ zui4	2596
2390	被 /p ◆ bei4 ▲ ^C1	2584
37867	呢 /y ◆ ne5	2503
40926	起来 /vd ◆ qi3_lai2	2456
47351	十 /m ◆ shi2	2387
13382	儿 /k ◆ r	2371
19432	过 /u ◆ guo5	2347
52001	天 /q ◆ tian1 ▲ ^4	2345
68360	这样 /r ◆ zhe4_yang4	2344
10120	但 /d ◆ dan4 ▲ ^1	2330
17286	给 /p ◆ gei3	2237
43406	却 /d ◆ que4	2224
43133	去 /v ◆ qu4 ▲ ^A8	2209
10526	到 /v ◆ dao4 ▲ ^3	2172
4490	才 /d ◆ cai2	2141
67043	再 /d ◆ zai4	2133
68342	这个 /r ◆ zhe4_ge4	2130
47856	使 /v ◆ shi3 ▲ ^A3	2074
8331	次 /q ◆ ci4 ▲ ^5	2060
23500	或 /c ◆ huo4 ▲ ^2	2039
11267	第 /h ◆ di4	2011

续表

ID	词语词类义项	出现次数
50838	所 /u ◆ suo3	1999
68974	之 /u ◆ zhi1	1975
69333	只 /q ◆ zhi1 ▲ ^2	1950
35696	们 /k ◆ men5	1943
17350	更 /d ◆ geng4	1941
3072	便 /d ◆ bian4 ▲ ^B1	1937
43135	去 /vd ◆ qu4 ▲ ^1	1937
35329	没有 /d ◆ mei2_you3	1933
54873	为 /p ◆ wei4	1920
43546	让 /v ◆ rang4 ▲ ^4	1900
45712	上 /vd ◆ shang4	1846
13466	二 /m ◆ er4	1834
35446	每 /r ◆ mei3 ▲ ^1	1828
62473	要 /v ◆ yao4 ▲ ^B4	1824
34762	吗 /y ◆ ma5	1763
6776	吃 /v ◆ chi1 ▲ ^A1	1741
43788	人们 /n ◆ ren2_men5	1735
63526	已经 /d ◆ yi3_jing1	1734
63534	以 /p ◆ yi3	1726
926	吧 /y ◆ ba5	1713
55241	位 /q ◆ wei4 ▲ ^5	1712
52370	条 /q ◆ tiao2 ▲ ^6	1703
50928	它们 /r ◆ ta1_men5	1662
48357	手 /n ◆ shou3 ▲ ^1	1646
68359	这些 /r ◆ zhe4_xie1	1638
19588	孩子 /n ◆ hai2_zi5 ▲ ^1	1628
6490	成 /v ◆ cheng2 ▲ ^A3	1626
65532	于 /p ◆ yu2	1578
49274	水 /n ◆ shui3 ▲ ^1	1555
57880	现在 /t ◆ xian4_zai4	1551
40885	起 /vd ◆ qi3	1551
69772	中国 /ns ◆ zhong1_guo2	1547
25203	见 /v ◆ jian4 ▲ ^A1	1547
10847	等 /u ◆ deng3	1519
30503	来 /vd ◆ lai2 ▲ ^1	1454
29361	可是 /d ◆ ke3_shi4 ▲ ^2	1448
45694	上 /f ◆ shang5 ▲ ^2	1406
21345	后 /f ◆ hou4 ▲ ^A2	1367

ID	词语词类义项	出现次数
50029	四 /m ◆ si4 ▲ ^A1	1366
67072	在 /d ◆ zai4 ▲ ^8	1343
57263	下 /f ◆ xia4 ▲ ^A1	1336
60513	许多 /m ◆ xu3_duo1	1331
7360	出来 /vd ◆ chu1_lai2	1328
29304	可 /v ◆ ke3 ▲ ^A1	1306
63150	一样 /a ◆ yi1_yang4	1304
24606	家 /k ◆ jia5	1272
10127	但是 /c ◆ dan4_shi4	1267
67370	怎么 /r ◆ zen3_me5	1267
63960	因为 /c ◆ yin1_wei4 ▲ ^2	1263
38004	你们 /r ◆ ni3_men5	1253
13085	多 /m ◆ duo1 ▲ ^A4	1238
49265	谁 /r ◆ shei2	1234
29031	看见 /v ◆ kan4_jian4	1213
191	啊 /y ◆ a5	1210
56247	五 /m ◆ wu3 ▲ ^A1	1208
44362	如果 /c ◆ ru2_guo3	1190
34519	妈妈 /n ◆ ma1_ma5 ▲ ^1	1185
68452	真 /d ◆ zhen1 ▲ ^2	1184
68791	正 /d ◆ zheng4	1163
68345	这里 /r ◆ zhe4_li3	1157
38282	您 /r ◆ nin2	1131
68324	者 /k ◆ zhe3	1121
11353	点 /q ◆ dian3	1100
63133	一些 /m ◆ yi1_xie1	1099
63520	已 /d ◆ yi3	1093
35287	没 /d ◆ mei2 ▲ ^B	1088
57281	下 /vd ◆ xia4	1078
37460	那么 /r ◆ na4_me5	1061
39581	片 /q ◆ pian4 ▲ ^6	1043
57361	下来 /vd ◆ xia4_lai2	1027
60112	性 /k ◆ xing4	1003
39649	篇 /q ◆ pian1 ▲ ^3	997
2611	比 /p ◆ bi3 ▲ ^A9	981
20501	和 /p ◆ he2 ▲ ^B2	979
3519	并 /c ◆ bing4 ▲ ^B4	977
30502	来 /v ◆ lai2 ▲ ^A7	976
61216	呀 /y ◆ ya1	949

续表

ID	词语词类义项	出现次数
10233	当 /p ◆ dang1	947
17239	各 /r ◆ ge4 ▲ ^1	938
30053	块 /q ◆ kuai4	932
17331	跟 /p ◆ gen1	924
54631	往 /p ◆ wang3 ▲ ^3	918
25513	将 /p ◆ jiang1	910
59125	些 /q ◆ xie1	906
9363	大家 /r ◆ da4_jia1 ▲ ^B	905
50853	所以 /c ◆ suo3_yi3 ▲ ^1	896
65269	有的 /r ◆ you3_de5	887
25255	件 /q ◆ jian4	868
1228	百 /m ◆ bai3	866
65016	由 /p ◆ you2	862
62877	一定 /d ◆ yi1_ding4 ▲ ^3	837
63023	一切 /m ◆ yi1_qie4	836
54897	为了 /p ◆ wei4_le5	834
54920	为什么 /r ◆ wei4_shen2_me5	827
37468	那些 /r ◆ na4_xie1	824
3520	并 /d ◆ bing4	819
28154	句 /q ◆ ju4	798
72763	座 /q ◆ zuo4 ▲ ^5	795
51047	太 /d ◆ tai4	791
66614	月 /q ◆ yue4	788
1533	半 /m ◆ ban4 ▲ ^1	785
13411	而且 /c ◆ er2_qie3	781
41311	前 /f ◆ qian2 ▲ ^1	773

附录4　搭配手工标注结果集

共现频次	节点词语	搭配词语
339	话 /n ◆ hua4 ▲^1	说 /v ◆ shuo1 ▲^1
162	姑娘 /n ◆ gu1_niang5 ▲^1	小 /a ◆ xiao3 ▲^1
161	事 /n ◆ shi4 ▲^1	做 /v ◆ zuo4 ▲^3
140	孩子 /n ◆ hai2_zi5 ▲^1	小 /a ◆ xiao3 ▲^1
125	话 /n ◆ hua4 ▲^1	听 /v ◆ ting1 ▲^A1
117	时间 /n ◆ shi2_jian1 ▲^2	长 /a ◆ chang2 ▲^1
113	猫 /n ◆ mao1 ▲^1	小 /a ◆ xiao3 ▲^1
109	好 /a ◆ hao3 ▲^1	说 /v ◆ shuo1 ▲^1
98	说 /v ◆ shuo1 ▲^1	到 /v ◆ dao4 ▲^1
97	走 /v ◆ zou3 ▲^1	进 /v ◆ jin4 ▲^2
96	家 /n ◆ jia1 ▲^2	回 /v ◆ hui2 ▲^A2
93	人 /n ◆ ren2 ▲^1	知道 /v ◆ zhi1_dao4
93	人 /n ◆ ren2 ▲^1	多 /a ◆ duo1 ▲^A1
93	头 /n ◆ tou2 ▲^1	低 /v ◆ di1 ▲^4
93	住 /v ◆ zhu4 ▲^3	忍 /v ◆ ren3
91	孩子 /n ◆ hai2_zi5 ▲^1	女 /b ◆ nv3
89	人 /n ◆ ren2 ▲^1	像 /v ◆ xiang4 ▲^3
89	树 /n ◆ shu4 ▲^1	小 /a ◆ xiao3 ▲^1
89	头 /n ◆ tou2 ▲^1	抬 /v ◆ tai2 ▲^1
88	人 /n ◆ ren2 ▲^1	叫 /v ◆ jiao4 ▲^B1
85	路 /n ◆ lu4 ▲^1	走 /v ◆ zou3 ▲^1
84	世界 /n ◆ shi4_jie4 ▲^3	全 /a ◆ quan2 ▲^3
84	手 /n ◆ shou3 ▲^1	拿 /v ◆ na2 ▲^1
82	看 /v ◆ kan4 ▲^1	眼睛 /n ◆ yan3_jing1
78	花 /n ◆ hua1 ▲^A1	开 /v ◆ kai1 ▲^A3
77	水 /n ◆ shui3 ▲^1	喝 /v ◆ he1 ▲^A1
77	远 /a ◆ yuan3 ▲^1	离 /v ◆ li2 ▲^A2
76	手 /n ◆ shou3 ▲^1	拉 /v ◆ la1 ▲^A1
75	人 /n ◆ ren2 ▲^1	走 /v ◆ zou3 ▲^1
75	人 /n ◆ ren2 ▲^1	听 /v ◆ ting1 ▲^A1
75	文化 /n ◆ wen2_hua4 ▲^1	传统 /n ◆ chuan2_tong3 ▲^1
75	住 /v ◆ zhu4 ▲^3	抓 /v ◆ zhua1 ▲^1
74	字 /n ◆ zi4 ▲^1	写 /v ◆ xie3 ▲^1
73	传统 /n ◆ chuan2_tong3 ▲^1	文化 /n ◆ wen2_hua4 ▲^1
73	信 /n ◆ xin4 ▲^A7	写 /v ◆ xie3 ▲^2
71	对 /a ◆ dui4 ▲^10	说 /v ◆ shuo1 ▲^1
71	朋友 /n ◆ peng2_you5 ▲^1	好 /a ◆ hao3 ▲^4
69	地方 /n ◆ di4_fang5 ▲^1	到 /v ◆ dao4 ▲^1
69	手 /n ◆ shou3 ▲^1	伸 /v ◆ shen1
68	路 /n ◆ lu4 ▲^1	小 /a ◆ xiao3 ▲^1
68	着 /v ◆ zhao2 ▲^4	睡 /v ◆ shui4
67	看 /v ◆ kan4 ▲^1	书 /n ◆ shu1
67	事 /n ◆ shi4 ▲^1	有 /v ◆ you3 ▲^2
65	风 /n ◆ feng1 ▲^1	吹 /v ◆ chui1 ▲^3
65	走 /v ◆ zou3 ▲^5	飞 /v ◆ fei1 ▲^1
64	人 /n ◆ ren2 ▲^1	死 /v ◆ si3 ▲^1
64	下 /v ◆ xia4 ▲^B2	雨 /n ◆ yu3
63	抓 /v ◆ zhua1 ▲^1	住 /v ◆ zhu4 ▲^3
62	近 /v ◆ jin4 ▲^1	走 /v ◆ zou3 ▲^1
62	门 /n ◆ men2 ▲^2	开 /v ◆ kai1 ▲^A1
60	手 /n ◆ shou3 ▲^1	握 /v ◆ wo4 ▲^1
60	形象 /n ◆ xing2_xiang4 ▲^2	人物 /n ◆ ren2_wu4 ▲^3
59	清 /a ◆ qing1 ▲^A4	数 /v ◆ shu3 ▲^1
59	人物 /n ◆ ren2_wu4 ▲^3	形象 /n ◆ xing2_xiang4 ▲^2
59	事 /n ◆ shi4 ▲^1	说 /v ◆ shuo1 ▲^1
59	语文 /n ◆ yu3_wen2 ▲^2	学习 /v ◆ xue2_xi2 ▲^1
58	孩子 /n ◆ hai2_zi5 ▲^1	有 /v ◆ you3 ▲^2
56	故事 /n ◆ gu4_shi5 ▲^1	讲 /v ◆ jiang3 ▲^1
56	山 /n ◆ shan1 ▲^1	高 /a ◆ gao1 ▲^1
55	脸 /n ◆ lian3 ▲^1	红 /a ◆ hong2 ▲^1
54	人 /n ◆ ren2 ▲^1	小 /a ◆ xiao3 ▲^1
54	头 /n ◆ tou2 ▲^1	摇 /v ◆ yao2
54	作用 /n ◆ zuo4_yong4 ▲^3	起 /v ◆ qi3 ▲^A6
53	走 /v ◆ zou3 ▲^1	过去 /v ◆ guo4_qu4 ▲^1
52	人 /n ◆ ren2 ▲^1	感到 /v ◆ gan3_dao4
52	死 /v ◆ si3 ▲^1	打 /v ◆ da3 ▲^A3
52	眼 /n ◆ yan3 ▲^1	看 /v ◆ kan4 ▲^1
52	远 /a ◆ yuan3 ▲^1	走 /v ◆ zou3 ▲^1
51	人 /n ◆ ren2 ▲^1	给 /v ◆ gei3 ▲^2
51	人 /n ◆ ren2 ▲^1	问 /v ◆ wen4 ▲^1
51	人 /n ◆ ren2 ▲^1	来 /v ◆ lai2 ▲^A5
50	穿 /v ◆ chuan1 ▲^5	衣服 /n ◆ yi1_fu2
50	快 /a ◆ kuai4 ▲^1	说 /v ◆ shuo1 ▲^1
50	听 /v ◆ ting1 ▲^A1	讲 /v ◆ jiang3 ▲^1

共现频次	节点词语	搭配词语
49	大/n ◆ da4 ▲ ^A2	雨/n ◆ yu3
49	地方/n ◆ di4_fang1 ▲^1	到/v ◆ dao4 ▲^1
49	满/a ◆ man3 ▲^A1	装/v ◆ zhuang1 ▲^B1
49	生活/n ◆ sheng1_huo2 ▲^1	社会/n ◆ she4_hui4 ▲^2
48	清/a ◆ qing1 ▲^A4	看/v ◆ kan4 ▲^1
48	仔细/a ◆ zi3_xi4 ▲^1	看/v ◆ kan4 ▲^1
46	气/n ◆ qi4 ▲^3	叹/v ◆ tan4
46	人/n ◆ ren2 ▲^1	派/v ◆ pai4 ▲^A6
46	意义/n ◆ yi4_yi4 ▲^2	有/v ◆ you3 ▲^2
45	大/n ◆ da4 ▲^A2	风/n ◆ feng1 ▲^1
45	讲/v ◆ jiang3 ▲^1	听/v ◆ ting1 ▲^A1
45	满/a ◆ man3 ▲^A1	长/v ◆ zhang3 ▲^B1
45	腰/n ◆ yao1 ▲^1	弯/v ◆ wan1 ▲^2
44	高/a ◆ gao1 ▲^1	长/v ◆ zhang3 ▲^B2
44	人/n ◆ ren2 ▲^1	认为/v ◆ ren4_wei2
43	事情/n ◆ shi4_qing5 ▲^1	做/v ◆ zuo4 ▲^3
42	花/n ◆ hua1 ▲^A1	红/a ◆ hong2 ▲^1
42	快/a ◆ kuai4 ▲^1	跑/v ◆ pao3 ▲^1
42	脸/n ◆ lian3 ▲^1	满/a ◆ man3 ▲^A4
42	事/n ◆ shi4 ▲^1	发生/v ◆ fa1_sheng1 ▲^1
42	住/v ◆ zhu4 ▲^3	挡/v ◆ dang3 ▲^1
41	发现/v ◆ fa1_xian4 ▲^1	有/v ◆ you3 ▲^2
41	清楚/a ◆ qing1_chu5 ▲^1	看/v ◆ kan4 ▲^1
41	人/n ◆ ren2 ▲^1	成为/v ◆ cheng2_wei2
41	社会/n ◆ she4_hui4 ▲^2	生活/n ◆ sheng1_huo2 ▲^1
40	人/n ◆ ren2 ▲^1	外国/n ◆ wai4_guo2
40	听/v ◆ ting1 ▲^A1	懂/v ◆ dong3
40	头/n ◆ tou2 ▲^1	点/v ◆ dian3 ▲^A13
40	想/v ◆ xiang3 ▲^1	办法/n ◆ ban4_fa3
39	孩子/n ◆ hai2_zi5 ▲^1	看/v ◆ kan4 ▲^1
39	名字/n ◆ ming2_zi5 ▲^1	叫/v ◆ jiao4 ▲^A4
39	人/n ◆ ren2 ▲^1	想/v ◆ xiang3 ▲^3
39	人/n ◆ ren2 ▲^1	站/v ◆ zhan4 ▲^A1
39	人/n ◆ ren2 ▲^1	给/v ◆ gei3 ▲^1
39	日子/n ◆ ri4_zi5 ▲^3	过/v ◆ guo4 ▲^1
39	信/n ◆ xin4 ▲^A7	给/v ◆ gei3 ▲^1
38	吃/v ◆ chi1 ▲^A1	饱/a ◆ bao3 ▲^1
38	光/n ◆ guang1 ▲^1	太阳/n ◆ tai4_yang2 ▲^1
38	脸/n ◆ lian3 ▲^1	洗/v ◆ xi3 ▲^1
38	山羊/n ◆ shan1_yang2 ▲^1	小/a ◆ xiao3 ▲^1
38	声/n ◆ sheng1 ▲^1	听到/v ◆ ting1_dao4
37	创作/v ◆ chuang4_zuo4 ▲^1	文学/n ◆ wen2_xue2
37	大/n ◆ da4 ▲^A2	雪/n ◆ xue3
37	人/n ◆ ren2 ▲^1	青年/n ◆ qing1_nian2 ▲^1
37	问题/n ◆ wen4_ti2 ▲^2	解决/v ◆ jie3_jue2 ▲^1
37	语言/n ◆ yu3_yan2 ▲^1	国家/n ◆ guo2_jia1 ▲^1
35	划/v ◆ hua2 ▲^★	船/n ◆ chuan2
35	见/v ◆ jian4 ▲^A1	听/v ◆ ting1 ▲^A1
35	科学/n ◆ ke1_xue2 ▲^1	研究/v ◆ yan2_jiu1 ▲^1
35	朋友/n ◆ peng2_you5 ▲^1	小/a ◆ xiao3 ▲^1
35	人/n ◆ ren2 ▲^1	所有/b ◆ suo3_you3 ▲^3
35	人/n ◆ ren2 ▲^1	想/v ◆ xiang3 ▲^1
35	人/n ◆ ren2 ▲^1	写/v ◆ xie3 ▲^2
35	人/n ◆ ren2 ▲^1	说话/v ◆ shuo1_hua4 ▲^1
35	说话/v ◆ shuo1_hua4 ▲^1	会/v ◆ hui4 ▲^B3
35	太阳/n ◆ tai4_yang2 ▲^1	光/n ◆ guang1 ▲^1
35	文章/n ◆ wen2_zhang1 ▲^1	写/v ◆ xie3 ▲^2
34	近/a ◆ jin4 ▲^1	离/v ◆ li2 ▲^A2
34	劳动/v ◆ lao2_dong4 ▲^3	人民/n ◆ ren2_min2
34	人/n ◆ ren2 ▲^1	过/v ◆ guo4 ▲^1
34	住/v ◆ zhu4 ▲^3	停/v ◆ ting2 ▲^A1
34	嘴/n ◆ zui3 ▲^1	小/a ◆ xiao3 ▲^1
33	大/n ◆ da4 ▲^A2	年纪/n ◆ nian2_ji4
33	孩子/n ◆ hai2_zi5 ▲^1	好/a ◆ hao3 ▲^1
33	开/v ◆ kai1 ▲^A1	睁/v ◆ zheng1
33	门/n ◆ men2 ▲^2	进/v ◆ jin4 ▲^2
33	破/v ◆ po4 ▲^1	打/v ◆ da3 ▲^A2
33	气/n ◆ qi4 ▲^3	喘/v ◆ chuan3 ▲^1
33	人物/n ◆ ren2_wu4 ▲^3	语言/n ◆ yu3_yan2 ▲^2
33	山羊/n ◆ shan1_yang2 ▲^1	老/a ◆ lao3 ▲^1
33	水/n ◆ shui3 ▲^1	满/a ◆ man3 ▲^A1
33	住/v ◆ zhu4 ▲^3	拉/v ◆ la1 ▲^A1

共现频次	节点词语	搭配词语
32	东西/n ◆ dong1_xi5 ▲^2	看/v ◆ kan4 ▲^1
32	脚步/n ◆ jiao3_bu4 ▲^2	声/n ◆ sheng1 ▲^1
32	历史/n ◆ li4_shi3 ▲^1	人类/n ◆ ren2_lei4
32	人/n ◆ ren2 ▲^2	多/a ◆ duo1 ▲^A1
32	人物/n ◆ ren2_wu4 ▲^3	塑造/v ◆ su4_zao4 ▲^2
32	事情/n ◆ shi4_qing5 ▲^1	有/v ◆ you3 ▲^2
31	大/n ◆ da4 ▲^A2	长/v ◆ zhang3 ▲^B2
31	东西/n ◆ dong1_xi5 ▲^2	小/a ◆ xiao3 ▲^1
31	见/v ◆ jian4 ▲^A1	望/v ◆ wang4 ▲^A1
31	人/n ◆ ren2 ▲^1	住/v ◆ zhu4 ▲^1
31	人/n ◆ ren2 ▲^1	坐/v ◆ zuo4 ▲^1
31	人/n ◆ ren2 ▲^1	喜欢/v ◆ xi3_huan5 ▲^1
31	人/n ◆ ren2 ▲^1	读/v ◆ du2 ▲^2
31	人/n ◆ ren2 ▲^1	做/v ◆ zuo4 ▲^3
31	小/a ◆ xiao3 ▲^1	坐/v ◆ zuo4 ▲^1
30	吃/v ◆ chi1 ▲^A1	完/v ◆ wan2 ▲^3
30	给/v ◆ gei3 ▲^1	递/v ◆ di4
30	快/a ◆ kuai4 ▲^1	走/v ◆ zou3 ▲^1
30	清/a ◆ qing1 ▲^A4	说/v ◆ shuo1 ▲^1
30	人/n ◆ ren2 ▲^1	叫/v ◆ jiao4 ▲^A4
30	身/n ◆ shen1 ▲^1	起/v ◆ qi3 ▲^A1
30	想/v ◆ xiang3 ▲^1	心里/s ◆ xin1_li5 ▲^2
30	写/v ◆ xie3 ▲^2	小说/n ◆ xiao3_shuo1
29	茶/n ◆ cha2 ▲^2	喝/v ◆ he1 ▲^A1
29	大/n ◆ da4 ▲^A2	特别/a ◆ te4_bie2 ▲^1
29	地方/n ◆ di4_fang5 ▲^1	远/a ◆ yuan3 ▲^1
29	脸/n ◆ lian3 ▲^1	小/a ◆ xiao3 ▲^1
29	前/f ◆ qian2 ▲^1	向/v ◆ xiang4 ▲^A2
29	钱/n ◆ qian2 ▲^A2	要/v ◆ yao4 ▲^B2
29	清楚/a ◆ qing1_chu5 ▲^1	说/v ◆ shuo1 ▲^1
29	人/n ◆ ren2 ▲^1	觉得/v ◆ jue2_de5 ▲^1
29	人/n ◆ ren2 ▲^1	卖/v ◆ mai4 ▲^1
29	人物/n ◆ ren2_wu4 ▲^3	性格/n ◆ xing4_ge2
29	生活/n ◆ sheng1_huo2 ▲^1	人类/n ◆ ren2_lei4
29	手/n ◆ shou3 ▲^1	举/v ◆ ju3 ▲^1
29	说/v ◆ shuo1 ▲^1	死/v ◆ si3 ▲^1
29	头/n ◆ tou2 ▲^1	仰/v ◆ yang3
29	文化/n ◆ wen2_hua4 ▲^1	有/v ◆ you3 ▲^2
29	眼/n ◆ yan3 ▲^1	睁/v ◆ zheng1
28	看/v ◆ kan4 ▲^1	戏/n ◆ xi4
28	快/a ◆ kuai4 ▲^1	到/v ◆ dao4 ▲^1
28	牛/n ◆ niu2 ▲^A1	小/a ◆ xiao3 ▲^1
28	人/n ◆ ren2 ▲^1	爱/v ◆ ai4 ▲^1
28	人/n ◆ ren2 ▲^1	少/a ◆ shao3 ▲^1
28	生活/n ◆ sheng1_huo2 ▲^1	日常/b ◆ ri4_chang2
28	事情/n ◆ shi4_qing5 ▲^1	发生/v ◆ fa1_sheng1 ▲^1
28	手/n ◆ shou3 ▲^1	放/v ◆ fang4 ▲^13
28	树/n ◆ shu4 ▲^1	高/a ◆ gao1 ▲^1
28	望/v ◆ wang4 ▲^A1	眼睛/n ◆ yan3_jing1
28	现实/n ◆ xian4_shi2 ▲^1	生活/n ◆ sheng1_huo2 ▲^1
28	意义/n ◆ yi4_yi4 ▲^2	有/v ◆ you3 ▲^5
28	住/v ◆ zhu4 ▲^3	抱/v ◆ bao4 ▲^A1
27	车/n ◆ che1 ▲^1	下/v ◆ xia4 ▲^B1
27	错/a ◆ cuo4 ▲^A5	说/v ◆ shuo1 ▲^1
27	工作/v ◆ gong1_zuo4 ▲^1	人员/n ◆ ren2_yuan2
27	好/a ◆ hao3 ▲^8	说/v ◆ shuo1 ▲^1
27	猫/n ◆ mao1 ▲^1	花/a ◆ hua1 ▲^A6
27	钱/n ◆ qian2 ▲^A4	给/v ◆ gei3 ▲^1
27	人/n ◆ ren2 ▲^1	生活/n ◆ sheng1_huo2 ▲^1
27	人/n ◆ ren2 ▲^1	乡下/s ◆ xiang1_xia5
27	手/n ◆ shou3 ▲^1	摸/v ◆ mo1 ▲^1
27	文字/n ◆ wen2_zi4 ▲^1	国家/n ◆ guo2_jia1 ▲^2
27	语言/n ◆ yu3_yan2 ▲^1	通用/v ◆ tong1_yong4 ▲^1
27	语言/n ◆ yu3_yan2 ▲^2	人物/n ◆ ren2_wu4 ▲^3
26	大/n ◆ da4 ▲^A2	变化/v ◆ bian4_hua4
26	飞/v ◆ fei1 ▲^1	鸟/n ◆ niao3
26	高/a ◆ gao1 ▲^1	飞/v ◆ fei1 ▲^1
26	家/n ◆ jia1 ▲^2	在/v ◆ zai4 ▲^2
26	门/n ◆ men2 ▲^2	推/v ◆ tui1 ▲^1
26	朋友/n ◆ peng2_you5 ▲^1	有/v ◆ you3 ▲^2
26	人/n ◆ ren2 ▲^1	具有/v ◆ ju4_you3
26	人/n ◆ ren2 ▲^1	看到/v ◆ kan4_dao4
26	人/n ◆ ren2 ▲^1	找/v ◆ zhao3 ▲^A

共现频次	节点词语	搭配词语	共现频次	节点词语	搭配词语
26	人/n ◆ ren2 ▲^1	等/v ◆ deng3 ▲^B1	24	门/n ◆ men2 ▲^2	小/a ◆ xiao3 ▲^1
26	人/n ◆ ren2 ▲^4	读书/v ◆ du2_shu1 ▲^3	24	人/n ◆ ren2 ▲^1	好/a ◆ hao3 ▲^1
26	生活/n ◆ sheng1_huo2 ▲^1	现实/n ◆ xian4_shi2 ▲^1	24	人/n ◆ ren2 ▲^1	希望/v ◆ xi1_wang4 ▲^1
26	事/n ◆ shi4 ▲^1	干/v ◆ gan4 ▲^B1	24	人/n ◆ ren2 ▲^2	说/v ◆ shuo1 ▲^1
26	水/n ◆ shui3 ▲^1	入/v ◆ ru4 ▲^1	24	头/n ◆ tou2 ▲^1	回/v ◆ hui2 ▲^A3
26	死/v ◆ si3 ▲^1	饿/v ◆ e4 ▲^2	24	希望/v ◆ xi1_wang4 ▲^1	有/v ◆ you3 ▲^2
26	文化/n ◆ wen2_hua4 ▲^1	民族/n ◆ min2_zu2 ▲^2	24	想/v ◆ xiang3 ▲^2	心里/s ◆ xin1_li5 ▲^2
26	文字/n ◆ wen2_zi4 ▲^1	通用/v ◆ tong1_yong4 ▲^1	24	羊/n ◆ yang2 ▲^1	小/a ◆ xiao3 ▲^1
26	响/v ◆ xiang3 ▲^2	起/v ◆ qi3 ▲^A3	24	艺术/n ◆ yi4_shu4 ▲^1	文学/n ◆ wen2_xue2
26	远/v ◆ yuan3 ▲^1	望/v ◆ wang4 ▲^A1	24	艺术/n ◆ yi4_shu4 ▲^1	书法/n ◆ shu1_fa3
26	皱/v ◆ zhou4 ▲^2	眉头/n ◆ mei2_tou2	24	主席/n ◆ zhu3_xi2 ▲^2	副/b ◆ fu4 ▲^A1
25	瞪/v ◆ deng4 ▲^1	眼睛/n ◆ yan3_jing1	24	嘴/n ◆ zui3 ▲^1	张/v ◆ zhang1 ▲^1
25	地方/n ◆ di4_fang1 ▲^1	远/a ◆ yuan3 ▲^1	23	车/n ◆ che1 ▲^1	坐/v ◆ zuo4 ▲^2
25	看/v ◆ kan4 ▲^1	电影/n ◆ dian4_ying3	23	车/n ◆ che1 ▲^1	拉/v ◆ la1 ▲^A1
25	快/a ◆ kuai4 ▲^1	长/v ◆ zhang3 ▲^B2	23	吃/v ◆ chi1 ▲^A1	完/v ◆ wan2 ▲^2
25	历史/n ◆ li4_shi3 ▲^1	有/v ◆ you3 ▲^2	23	传说/n ◆ chuan2_shuo1 ▲^2	神话/n ◆ shen2_hua4 ▲^1
25	满/a ◆ man3 ▲^A1	开/v ◆ kai1 ▲^A3	23	电视/n ◆ dian4_shi4 ▲^3	看/v ◆ kan4 ▲^1
25	票/n ◆ piao4 ▲^1	买/v ◆ mai3	23	发出/v ◆ fa1_chu1 ▲^1	声音/n ◆ sheng1_yin1
25	人/n ◆ ren2 ▲^1	打/v ◆ da3 ▲^A3	23	风/n ◆ feng1 ▲^1	随/v ◆ sui2 ▲^2
25	声/n ◆ sheng1 ▲^1	听/v ◆ ting1 ▲^A1	23	高/a ◆ gao1 ▲^1	爬/v ◆ pa2 ▲^2
25	事/n ◆ shi4 ▲^1	小/a ◆ xiao3 ▲^1	23	高/a ◆ gao1 ▲^1	升/v ◆ sheng1 ▲^A1
25	手/n ◆ shou3 ▲^1	伸出/v ◆ shen1_chu1	23	给/v ◆ gei3 ▲^1	送/v ◆ song4 ▲^2
25	手/n ◆ shou3 ▲^1	捧/v ◆ peng3 ▲^1	23	好/a ◆ hao3 ▲^7	做/v ◆ zuo4 ▲^3
25	水/n ◆ shui3 ▲^1	清/a ◆ qing1 ▲^A1	23	精神/n ◆ jing1_shen2 ▲^2	民族/n ◆ min2_zu2 ▲^2
25	文化/n ◆ wen2_hua4 ▲^1	发展/v ◆ fa1_zhan3 ▲^1	23	开/v ◆ kai1 ▲^A1	打/v ◆ da3 ▲^A11
25	问题/n ◆ wen4_ti2 ▲^1	提/v ◆ ti2 ▲^4	23	看/v ◆ kan4 ▲^1	开/v ◆ kai1 ▲^A1
25	写/v ◆ xie3 ▲^2	诗/n ◆ shi1	23	人/n ◆ ren2 ▲^1	好像/v ◆ hao3_xiang4 ▲^1
25	信/n ◆ xin4 ▲^A7	送/v ◆ song4 ▲^1	23	人/n ◆ ren2 ▲^4	说/v ◆ shuo1 ▲^1
25	仔细/a ◆ zi3_xi4 ▲^1	观察/v ◆ guan1_cha2	23	声/n ◆ sheng1 ▲^1	发出/v ◆ fa1_chu1 ▲^1
25	走/v ◆ zou3 ▲^1	回/v ◆ hui2 ▲^A2	23	时间/n ◆ shi2_jian1 ▲^2	有/v ◆ you3 ▲^2
24	表/n ◆ biao3 ▲^10	看/v ◆ kan4 ▲^1	23	事/n ◆ shi4 ▲^1	有/v ◆ you3 ▲^1
24	道/v ◆ dao4 ▲^C3	问/v ◆ wen4 ▲^1	23	事/n ◆ shi4 ▲^1	问/v ◆ wen4 ▲^1
24	地方/n ◆ di4_fang5 ▲^1	找/v ◆ zhao3 ▲^A	23	手/n ◆ shou3 ▲^1	抓/v ◆ zhua1 ▲^1
24	读/v ◆ du2 ▲^2	完/v ◆ wan2 ▲^3	23	天/n ◆ tian1 ▲^3	亮/v ◆ liang4 ▲^2
24	工作/v ◆ gong1_zuo4 ▲^1	做/v ◆ zuo4 ▲^3	23	文章/n ◆ wen2_zhang1 ▲^2	写/v ◆ xie3 ▲^2
24	花/n ◆ hua1 ▲^A1	白/a ◆ bai2 ▲^A1			
24	决心/n ◆ jue2_xin1 ▲^1	下/v ◆ xia4 ▲^B9			
24	流/v ◆ liu2 ▲^A1	眼泪/n ◆ yan3_lei4			

共现频次	节点词语	搭配词语	共现频次	节点词语	搭配词语
23	习惯 /n ◆ xi2_guan4 ▲^2	养成 /v ◆ yang3_cheng2	21	钱 /n ◆ qian2 ▲^A4	有 /v ◆ you3 ▲^1
23	影响 /v ◆ ying3_xiang3 ▲^1	产生 /v ◆ chan3_sheng1	21	人 /n ◆ ren2 ▲^1	需要 /v ◆ xu1_yao4 ▲^1
23	远 /a ◆ yuan3 ▲^1	看 /v ◆ kan4 ▲^1	21	人 /n ◆ ren2 ▲^1	普通 /a ◆ pu3_tong1
23	走 /v ◆ zou3 ▲^1	过 /v ◆ guo4 ▲^1	21	人 /n ◆ ren2 ▲^1	高 /a ◆ gao1 ▲^1
22	道路 /n ◆ dao4_lu4 ▲^1	走 /v ◆ zou3 ▲^1	21	人 /n ◆ ren2 ▲^1	脸 /n ◆ lian3 ▲^1
22	多 /a ◆ duo1 ▲^A1	做 /v ◆ zuo4 ▲^3	21	人 /n ◆ ren2 ▲^1	如 /v ◆ ru2 ▲^A2
22	故事 /n ◆ gu4_shi5 ▲^1	听 /v ◆ ting1 ▲^A1	21	人 /n ◆ ren2 ▲^1	抬 /v ◆ tai2 ▲^2
22	好 /a ◆ hao3 ▲^1	看 /v ◆ kan4 ▲^1	21	人物 /n ◆ ren2_wu4 ▲^3	主要 /b ◆ zhu3_yao4
22	好 /a ◆ hao3 ▲^1	做 /v ◆ zuo4 ▲^3	21	声 /n ◆ sheng1 ▲^1	响 /v ◆ xiang3 ▲^2
22	老 /a ◆ lao3 ▲^1	说 /v ◆ shuo1 ▲^1	21	世界 /n ◆ shi4_jie4 ▲^3	文学 /n ◆ wen2_xue2
22	明白 /a ◆ ming2_bai5 ▲^1	弄 /v ◆ nong4 ▲^2	21	树 /n ◆ shu4 ▲^1	种 /v ◆ zhong4
22	人 /n ◆ ren2 ▲^1	生命 /n ◆ sheng1_ming4	21	树 /n ◆ shu4 ▲^1	栽 /v ◆ zai1 ▲^A1
22	人 /n ◆ ren2 ▲^1	心 /n ◆ xin1 ▲^2	21	水 /n ◆ shui3 ▲^1	深 /a ◆ shen1 ▲^1
22	人 /n ◆ ren2 ▲^1	自然 /n ◆ zi4_ran2 ▲^1	21	死 /v ◆ si3 ▲^1	淹 /v ◆ yan1 ▲^1
22	人 /n ◆ ren2 ▲^1	以为 /v ◆ yi3_wei2	21	速度 /n ◆ su4_du4 ▲^1	快 /a ◆ kuai4 ▲^1
22	人 /n ◆ ren2 ▲^1	教 /v ◆ jiao1	21	天 /n ◆ tian1 ▲^1	黑 /a ◆ hei1 ▲^2
22	人 /n ◆ ren2 ▲^1	拿 /v ◆ na2 ▲^1	21	天 /n ◆ tian1 ▲^3	黑 /a ◆ hei1 ▲^2
22	人 /n ◆ ren2 ▲^1	思想 /n ◆ si1_xiang3 ▲^1	21	艺术 /n ◆ yi4_shu4 ▲^1	作品 /n ◆ zuo4_pin3
22	实验 /n ◆ shi2_yan4 ▲^2	做 /v ◆ zuo4 ▲^3	21	游戏 /n ◆ you2_xi4 ▲^1	做 /v ◆ zuo4 ▲^3
22	死 /v ◆ si3 ▲^1	杀 /v ◆ sha1 ▲^1	21	知识 /n ◆ zhi1_shi5 ▲^2	学习 /v ◆ xue2_xi2 ▲^1
22	天气 /n ◆ tian1_qi4 ▲^1	好 /a ◆ hao3 ▲^1	20	吃 /v ◆ chi1 ▲^A1	掉 /v ◆ diao4 ▲^A5
22	天气 /n ◆ tian1_qi4 ▲^1	晴朗 /a ◆ qing2_lang3	20	道 /v ◆ dao4 ▲^C3	说 /v ◆ shuo1 ▲^1
22	小 /a ◆ xiao3 ▲^1	住 /v ◆ zhu4 ▲^3	20	点 /n ◆ dian3 ▲^A2	白 /a ◆ bai2 ▲^A1
22	写 /v ◆ xie3 ▲^2	书 /n ◆ shu1	20	电话 /n ◆ dian4_hua4 ▲^3	打 /v ◆ da3 ▲^A13
22	用 /n ◆ yong4 ▲^3	有 /v ◆ you3 ▲^2	20	多 /a ◆ duo1 ▲^A1	读 /v ◆ du2 ▲^2
22	住 /v ◆ zhu4 ▲^3	握 /v ◆ wo4 ▲^1	20	高兴 /a ◆ gao1_xing4 ▲^1	心里 /s ◆ xin1_li5 ▲^2
21	大 /n ◆ da4 ▲^A2	影响 /v ◆ ying3_xiang3 ▲^1	20	贡献 /n ◆ gong4_xian4 ▲^2	作出 /v ◆ zuo4_chu1
21	多 /a ◆ duo1 ▲^A1	看 /v ◆ kan4 ▲^1	20	好 /a ◆ hao3 ▲^1	做 /v ◆ zuo4 ▲^1
21	故事 /n ◆ gu4_shi5 ▲^1	说 /v ◆ shuo1 ▲^1	20	好 /a ◆ hao3 ▲^7	说 /v ◆ shuo1 ▲^1
21	海棠 /n ◆ hai3_tang2 ▲^1	花 /n ◆ hua1 ▲^A1	20	好 /a ◆ hao3 ▲^7	准备 /v ◆ zhun3_bei4 ▲^1
21	话 /n ◆ hua4 ▲^1	讲 /v ◆ jiang3 ▲^1	20	家 /n ◆ jia1 ▲^2	住 /v ◆ zhu4 ▲^1
21	亮 /a ◆ liang4 ▲^1	照 /v ◆ zhao4 ▲^1	20	紧 /a ◆ jin3 ▲^4	闭 /v ◆ bi4
21	密度 /n ◆ mi4_du4 ▲^2	宇宙 /n ◆ yu3_zhou4 ▲^1	20	民族 /n ◆ min2_zu2 ▲^2	国家 /n ◆ guo2_jia1 ▲^2
21	牛 /n ◆ niu2 ▲^A1	老 /a ◆ lao3 ▲^1	20	民族 /n ◆ min2_zu2 ▲^2	文化 /n ◆ wen2_hua4 ▲^1
			20	人 /n ◆ ren2 ▲^1	相信 /v ◆ xiang1_xin4
			20	人 /n ◆ ren2 ▲^1	住 /v ◆ zhu4 ▲^3

共现频次	节点词语	搭配词语
20	人/n ◆ ren2 ▲^1	声音/n ◆ sheng1_yin1
20	人/n ◆ ren2 ▲^1	杀/v ◆ sha1 ▲^1
20	人/n ◆ ren2 ▲^1	进/v ◆ jin4 ▲^2
20	人/n ◆ ren2 ▲^1	生活/v ◆ sheng1_huo2 ▲^2
20	人/n ◆ ren2 ▲^1	地方/n ◆ di4_fang5 ▲^1
20	人/n ◆ ren2 ▲^1	生/v ◆ sheng1 ▲^A1
20	人物/n ◆ ren2_wu4 ▲^3	描写/v ◆ miao2_xie3
20	事/n ◆ shi4 ▲^1	想/v ◆ xiang3 ▲^1
20	树/n ◆ shu4 ▲^1	爬/v ◆ pa2 ▲^2
20	思想/n ◆ si1_xiang3 ▲^1	有/v ◆ you3 ▲^2
20	同学/n ◆ tong2_xue2 ▲^2	说/v ◆ shuo1 ▲^1
20	尾巴/n ◆ wei3_ba5 ▲^1	摇/v ◆ yao2
20	小/a ◆ xiao3 ▲^1	跑/v ◆ pao3 ▲^1
20	阳光/n ◆ yang2_guang1 ▲^1	灿烂/a ◆ can4_lan4
20	语文/n ◆ yu3_wen2 ▲^1	学习/v ◆ xue2_xi2 ▲^1
20	住/v ◆ zhu4 ▲^3	咬/v ◆ yao3 ▲^1
20	作用/n ◆ zuo4_yong4 ▲^3	发挥/v ◆ fa1_hui1 ▲^1
19	长/a ◆ chang2 ▲^1	伸/v ◆ shen1
19	大/n ◆ da4 ▲^A2	红/a ◆ hong2 ▲^1
19	风/n ◆ feng1 ▲^1	刮/v ◆ gua1 ▲★
19	干净/a ◆ gan1_jing4 ▲^1	洗/v ◆ xi3 ▲^1
19	好/a ◆ hao3 ▲^1	多/a ◆ duo1 ▲^A1
19	精彩/a ◆ jing1_cai3 ▲^1	片段/n ◆ pian4_duan4
19	坑/n ◆ keng1 ▲^1	挖/v ◆ wa1 ▲^1
19	满/a ◆ man3 ▲^A1	挂/v ◆ gua4 ▲^1
19	门/n ◆ men2 ▲^1	进/v ◆ jin4 ▲^2
19	努力/a ◆ nu3_li4 ▲^2	经过/v ◆ jing1_guo4 ▲^1
19	气/n ◆ qi4 ▲^3	吸/v ◆ xi1 ▲^1
19	钱/n ◆ qian2 ▲^A4	有/v ◆ you3 ▲^2
19	人/n ◆ ren2 ▲^1	吸引/v ◆ xi1_yin3
19	人/n ◆ ren2 ▲^1	去/v ◆ qu4 ▲^A1
19	人/n ◆ ren2 ▲^1	帮助/v ◆ bang1_zhu4
19	人/n ◆ ren2 ▲^1	无法/v ◆ wu2_fa3
19	人/n ◆ ren2 ▲^4	看/v ◆ kan4 ▲^1
19	声/n ◆ sheng1 ▲^1	听见/v ◆ ting1_jian4
19	时/n ◆ shi2 ▲^1	发现/v ◆ fa1_xian4 ▲^1
19	时间/n ◆ shi2_jian1 ▲^2	短/a ◆ duan3 ▲^1
19	世界/n ◆ shi4_jie4 ▲^3	整个/b ◆ zheng3_ge4
19	手术/n ◆ shou3_shu4 ▲^3	做/v ◆ zuo4 ▲^3
19	水/n ◆ shui3 ▲^1	挑/v ◆ tiao1 ▲^B1
19	天/n ◆ tian1 ▲^3	整/a ◆ zheng3 ▲^1
19	停/v ◆ ting2 ▲^A1	雨/n ◆ yu3
19	腿/n ◆ tui3 ▲^1	长/a ◆ chang2 ▲^1
19	媳妇/n ◆ xi2_fu4 ▲^1	新/a ◆ xin1 ▲^6
19	小/a ◆ xiao3 ▲^1	雨/n ◆ yu3
19	小/a ◆ xiao3 ▲^5	女儿/n ◆ nv3_er2
19	小学/n ◆ xiao3_xue2 ▲^1	上/v ◆ shang4 ▲^B12
19	夜/n ◆ ye4 ▲^1	夏/n ◆ xia4
19	语言/n ◆ yu3_yan2 ▲^1	交际/v ◆ jiao1_ji4
19	字/n ◆ zi4 ▲^1	用/v ◆ yong4 ▲^1
19	走/v ◆ zou3 ▲^1	进去/v ◆ jin4_qu4
18	翅膀/n ◆ chi4_bang3 ▲^1	扇动/v ◆ shan1_dong4
18	掉/v ◆ diao4 ▲^A5	死/v ◆ si3 ▲^1
18	发生/v ◆ fa1_sheng1 ▲^1	变化/v ◆ bian4_hua4
18	工作/n ◆ gong1_zuo4 ▲^2	做/v ◆ zuo4 ▲^3
18	孩子/n ◆ hai2_zi5 ▲^1	多/a ◆ duo1 ▲^A1
18	话/n ◆ hua4 ▲^1	懂/v ◆ dong3
18	会/n ◆ hui4 ▲^A3	开/v ◆ kai1 ▲^A10
18	家/n ◆ jia1 ▲^1	到/v ◆ dao4 ▲^1
18	境界/n ◆ jing4_jie4 ▲^2	道德/n ◆ dao4_de2 ▲^1
18	科学/n ◆ ke1_xue2 ▲^1	现代/n ◆ xian4_dai4
18	满/a ◆ man3 ▲^A1	坐/v ◆ zuo4 ▲^1
18	门/n ◆ men2 ▲^1	出/v ◆ chu1 ▲^A1
18	名字/n ◆ ming2_zi5 ▲^1	叫/v ◆ jiao4 ▲^A2
18	气/n ◆ qi4 ▲^3	轻/a ◆ qing1 ▲^6
18	钱/n ◆ qian2 ▲^A4	花/v ◆ hua1 ▲^B
18	清楚/a ◆ qing1_chu5 ▲^1	弄/v ◆ nong4 ▲^2
18	人/n ◆ ren2 ▲^1	聪明/a ◆ cong1_ming2
18	人/n ◆ ren2 ▲^1	做/v ◆ zuo4 ▲^5
18	人/n ◆ ren2 ▲^1	拉/v ◆ la1 ▲^A1

共现频次	节点词语	搭配词语
18	人/n ◆ ren2 ▲ ^1	骂/v ◆ ma4 ▲ ^1
18	人/n ◆ ren2 ▲ ^1	笑/v ◆ xiao4 ▲ ^1
18	人/n ◆ ren2 ▲ ^1	怕/v ◆ pa4 ▲ ^1
18	人/n ◆ ren2 ▲ ^4	领导/v ◆ ling3_dao3 ▲ ^1
18	人/n ◆ ren2 ▲ ^5	说/v ◆ shuo1 ▲ ^1
18	上/v ◆ shang4 ▲ ^B12	大学/n ◆ da4_xue2
18	少年/n ◆ shao4_nian2 ▲ ^1	时代/n ◆ shi2_dai4 ▲ ^2
18	手/n ◆ shou3 ▲ ^1	指/v ◆ zhi3 ▲ ^3
18	死/v ◆ si3 ▲ ^1	弄/v ◆ nong4 ▲ ^2
18	同志/n ◆ tong2_zhi4 ▲ ^2	女/b ◆ nv3
18	头/n ◆ tou2 ▲ ^1	昂/v ◆ ang2
18	屋/n ◆ wu1 ▲ ^2	进/v ◆ jin4 ▲ ^1
18	戏剧/n ◆ xi4_ju4 ▲ ^1	冲突/v ◆ chong1_tu1 ▲ ^1
18	下/v ◆ xia4 ▲ ^B1	坐/v ◆ zuo4 ▲ ^1
18	形象/n ◆ xing2_xiang4 ▲ ^2	塑造/v ◆ su4_zao4 ▲ ^2
18	血/n ◆ xue4 ▲ ^1	流/v ◆ liu2 ▲ ^A1
18	阳光/n ◆ yang2_guang1 ▲ ^1	温暖/a ◆ wen1_nuan3 ▲ ^1
18	阳光/n ◆ yang2_guang1 ▲ ^1	照/v ◆ zhao4 ▲ ^1
18	艺术/n ◆ yi4_shu4 ▲ ^1	表现/v ◆ biao3_xian4 ▲ ^1
18	意思/n ◆ yi4_si5 ▲ ^1	话/n ◆ hua4 ▲ ^1
18	语言/n ◆ yu3_yan2 ▲ ^1	国际/n ◆ guo2_ji4 ▲ ^2
18	远/a ◆ yuan3 ▲ ^1	跑/v ◆ pao3 ▲ ^1
18	住/v ◆ zhu4 ▲ ^3	拦/v ◆ lan2 ▲ ^1
17	吃/v ◆ chi1 ▲ ^A1	光/a ◆ guang1 ▲ ^9
17	地方/n ◆ di4_fang5 ▲ ^1	好/a ◆ hao3 ▲ ^1
17	东西/n ◆ dong1_xi5 ▲ ^2	买/v ◆ mai3
17	风/n ◆ feng1 ▲ ^1	飘/v ◆ piao1 ▲ ^1
17	国际/n ◆ guo2_ji4 ▲ ^2	语言/n ◆ yu3_yan2 ▲ ^1
17	脚步/n ◆ jiao3_bu4 ▲ ^2	停/v ◆ ting2 ▲ ^A1
17	借/v ◆ jie4 ▲ ^A2	书/n ◆ shu1
17	开/v ◆ kai1 ▲ ^A1	推/v ◆ tui1 ▲ ^1
17	开/v ◆ kai1 ▲ ^A1	走/v ◆ zou3 ▲ ^5
17	门/n ◆ men2 ▲ ^2	走/v ◆ zou3 ▲ ^1
17	清/a ◆ qing1 ▲ ^A4	记/v ◆ ji4 ▲ ^1
17	人/n ◆ ren2 ▲ ^1	要/v ◆ yao4 ▲ ^B7
17	人/n ◆ ren2 ▲ ^1	注意/v ◆ zhu4_yi4
17	人/n ◆ ren2 ▲ ^1	美/a ◆ mei3 ▲ ^A1
17	人/n ◆ ren2 ▲ ^1	穿/v ◆ chuan1 ▲ ^5
17	杀/v ◆ sha1 ▲ ^1	死/v ◆ si3 ▲ ^1
17	山/n ◆ shan1 ▲ ^1	翻/v ◆ fan1 ▲ ^4
17	时间/n ◆ shi2_jian1 ▲ ^2	花/v ◆ hua1 ▲ ^B
17	世界/n ◆ shi4_jie4 ▲ ^3	著名/a ◆ zhu4_ming2
17	事/n ◆ shi4 ▲ ^1	告诉/v ◆ gao4_su4
17	试验/v ◆ shi4_yan4 ▲ ^1	做/v ◆ zuo4 ▲ ^3
17	手/n ◆ shou3 ▲ ^1	牵/v ◆ qian1
17	水面/n ◆ shui3_mian4 ▲ ^1	浮/v ◆ fu2 ▲ ^1
17	听/v ◆ ting1 ▲ ^A1	声音/n ◆ sheng1_yin1
17	头/n ◆ tou2 ▲ ^4	回/v ◆ hui2 ▲ ^A3
17	文化/n ◆ wen2_hua4 ▲ ^1	西方/s ◆ xi1_fang1 ▲ ^2
17	问/v ◆ wen4 ▲ ^1	好奇/a ◆ hao4_qi2
17	信/n ◆ xin4 ▲ ^A7	看/v ◆ kan4 ▲ ^1
17	醒/v ◆ xing3 ▲ ^2	叫/v ◆ jiao4 ▲ ^A2
17	艺术/n ◆ yi4_shu4 ▲ ^1	思想/n ◆ si1_xiang3 ▲ ^1
17	影响/v ◆ ying3_xiang3 ▲ ^1	有/v ◆ you3 ▲ ^2
17	语言/n ◆ yu3_yan2 ▲ ^2	材料/n ◆ cai2_liao4 ▲ ^2
17	走/v ◆ zou3 ▲ ^1	拿/v ◆ na2 ▲ ^1
17	作用/n ◆ zuo4_yong4 ▲ ^3	有/v ◆ you3 ▲ ^2
17	坐/v ◆ zuo4 ▲ ^1	请/v ◆ qing3 ▲ ^3
17	做/v ◆ zuo4 ▲ ^3	工作/v ◆ gong1_zuo4 ▲ ^1
16	背景/n ◆ bei4_jing3 ▲ ^3	时代/n ◆ shi2_dai4 ▲ ^1
16	笔/n ◆ bi3 ▲ ^1	用/v ◆ yong4 ▲ ^1
16	材料/n ◆ cai2_liao4 ▲ ^2	语言/n ◆ yu3_yan2 ▲ ^2
16	地方/n ◆ di4_fang5 ▲ ^1	去/v ◆ qu4 ▲ ^A1
16	东西/n ◆ dong1_xi5 ▲ ^1	看/v ◆ kan4 ▲ ^1
16	洞/n ◆ dong4 ▲ ^1	挖/v ◆ wa1 ▲ ^1
16	肚子/n ◆ du4_zi5 ▲ ^1	饿/v ◆ e4 ▲ ^2
16	放/v ◆ fang4 ▲ ^6	风筝/n ◆ feng1_zheng1
16	高/a ◆ gao1 ▲ ^1	举/v ◆ ju3 ▲ ^1

共现频次	节点词语	搭配词语	共现频次	节点词语	搭配词语
16	个子 /n ◆ ge4_zi5 ▲^1	高 /a ◆ gao1 ▲^1	16	生活 /n ◆ sheng1_huo2 ▲^1	幸福 /a ◆ xing4_fu2 ▲^2
16	给 /v ◆ gei3 ▲^1	拿 /v ◆ na2 ▲^1	16	生活 /n ◆ sheng1_huo2 ▲^1	场景 /n ◆ chang3_jing3 ▲^2
16	故事 /n ◆ gu4_shi5 ▲^1	写 /v ◆ xie3 ▲^2	16	树 /n ◆ shu4 ▲^1	高大 /a ◆ gao1_da4 ▲^1
16	胡子 /n ◆ hu2_zi5 ▲^1	山羊 /n ◆ shan1_yang2 ▲^1	16	水 /n ◆ shui3 ▲^1	洗 /v ◆ xi3 ▲^1
16	精灵 /n ◆ jing1_ling2 ▲^1	小 /a ◆ xiao3 ▲^1	16	太阳 /n ◆ tai4_yang2 ▲^1	晒 /v ◆ shai4 ▲^1
16	开 /v ◆ kai1 ▲^A1	拉 /v ◆ la1 ▲^A1	16	同学 /n ◆ tong2_xue2 ▲^2	全班 /n ◆ quan2_ban1
16	快 /a ◆ kuai4 ▲^1	飞 /v ◆ fei1 ▲^1	16	推 /v ◆ tui1 ▲^1	开 /v ◆ kai1 ▲^A1
16	脸 /n ◆ lian3 ▲^1	圆 /a ◆ yuan2 ▲^3	16	问 /v ◆ wen4 ▲^1	轻 /a ◆ qing1 ▲^6
16	路 /n ◆ lu4 ▲^2	走 /v ◆ zou3 ▲^1	16	问题 /n ◆ wen4_ti2 ▲^1	问 /v ◆ wen4 ▲^1
16	门 /n ◆ men2 ▲^2	打开 /v ◆ da3_kai1 ▲^1	16	问题 /n ◆ wen4_ti2 ▲^1	提出 /v ◆ ti2_chu1
16	梦 /n ◆ meng4 ▲^1	做 /v ◆ zuo4 ▲^3	16	问题 /n ◆ wen4_ti2 ▲^2	有 /v ◆ you3 ▲^2
16	努力 /a ◆ nu3_li4 ▲^2	学习 /v ◆ xue2_xi2 ▲^1	16	屋 /n ◆ wu1 ▲^1	进 /v ◆ jin4 ▲^2
16	跑 /v ◆ pao3 ▲^1	飞快 /z ◆ fei1_kuai4 ▲^1	16	下 /v ◆ xia4 ▲^B1	弯 /v ◆ wan1 ▲^2
16	朋友 /n ◆ peng2_you5 ▲^1	老 /a ◆ lao3 ▲^5	16	现实 /n ◆ xian4_shi2 ▲^1	社会 /n ◆ she4_hui4 ▲^2
16	朋友 /n ◆ peng2_you5 ▲^1	新 /a ◆ xin1 ▲^1	16	小 /a ◆ xiao3 ▲^1	变 /v ◆ bian4 ▲^1
16	全 /a ◆ quan2 ▲^3	人类 /n ◆ ren2_lei4	16	叶子 /n ◆ ye4_zi5 ▲^1	小 /a ◆ xiao3 ▲^1
16	人 /n ◆ ren2 ▲^1	留下 /v ◆ liu2_xia4	16	艺术 /n ◆ yi4_shu4 ▲^1	小说 /n ◆ xiao3_shuo1
16	人 /n ◆ ren2 ▲^1	讲 /v ◆ jiang3 ▲^1	16	艺术 /n ◆ yi4_shu4 ▲^1	形式 /n ◆ xing2_shi4
16	人 /n ◆ ren2 ▲^1	诗 /n ◆ shi1	16	英雄 /n ◆ ying1_xiong2 ▲^2	人民 /n ◆ ren2_min2
16	人 /n ◆ ren2 ▲^1	告诉 /v ◆ gao4_su4	16	语言 /n ◆ yu3_yan2 ▲^1	人类 /n ◆ ren2_lei4
16	人 /n ◆ ren2 ▲^1	眼睛 /n ◆ yan3_jing1	16	早 /a ◆ zao3 ▲^4	说 /v ◆ shuo1 ▲^1
16	人 /n ◆ ren2 ▲^1	老年 /n ◆ lao3_nian2	16	知识 /n ◆ zhi1_shi5 ▲^2	文化 /n ◆ wen2_hua4 ▲^1
16	人 /n ◆ ren2 ▲^1	中年 /n ◆ zhong1_nian2	16	知识 /n ◆ zhi1_shi5 ▲^2	学 /v ◆ xue2 ▲^1
16	人 /n ◆ ren2 ▲^1	一般 /a ◆ yi1_ban1 ▲^3	16	住 /v ◆ zhu4 ▲^3	站 /v ◆ zhan4 ▲^A1
16	人 /n ◆ ren2 ▲^1	古代 /n ◆ gu3_dai4 ▲^1	16	字 /n ◆ zi4 ▲^1	好 /a ◆ hao3 ▲^1
16	人 /n ◆ ren2 ▲^1	工作 /v ◆ gong1_zuo4 ▲^1	16	总理 /n ◆ zong3_li3 ▲^1	敬爱 /v ◆ jing4_ai4
16	人 /n ◆ ren2 ▲^4	陌生 /a ◆ mo4_sheng1	16	嘴 /n ◆ zui3 ▲^1	长 /a ◆ chang2 ▲^1
16	人 /n ◆ ren2 ▲^5	爱 /v ◆ ai4 ▲^1	16	嘴 /n ◆ zui3 ▲^1	咧 /v ◆ lie3 ▲^1
16	人物 /n ◆ ren2_wu4 ▲^3	内心 /n ◆ nei4_xin1 ▲^A	16	嘴 /n ◆ zui3 ▲^1	尖 /a ◆ jian1 ▲^1
16	伤 /n ◆ shang1 ▲^1	受 /v ◆ shou4 ▲^2	15	白菜 /n ◆ bai2_cai4 ▲^2	老 /a ◆ lao3 ▲^1
16	舌头 /n ◆ she2_tou5 ▲^1	舔 /v ◆ tian3	15	成就 /n ◆ cheng2_jiu4 ▲^1	高 /a ◆ gao1 ▲^4
16	社会 /n ◆ she4_hui4 ▲^2	发展 /v ◆ fa1_zhan3 ▲^1			
16	身 /n ◆ shen1 ▲^1	转 /v ◆ zhuan3 ▲^1			

共现频次	节点词语	搭配词语
15	吃 /v ◆ chi1 ▲ ^A1	快 /a ◆ kuai4 ▲ ^1
15	床 /n ◆ chuang2 ▲ ^1	上 /v ◆ shang4 ▲ ^B1
15	大 /n ◆ da4 ▲ ^A2	差别 /n ◆ cha1_bie2
15	大 /n ◆ da4 ▲ ^A2	事 /n ◆ shi4 ▲ ^1
15	大 /n ◆ da4 ▲ ^A2	嘴 /n ◆ zui3 ▲ ^1
15	道德 /n ◆ dao4_de2 ▲ ^1	境界 /n ◆ jing4_jie4 ▲ ^2
15	地 /n ◆ di4 ▲ ^3	种 /v ◆ zhong4
15	地方 /n ◆ di4_fang5 ▲ ^1	小 /a ◆ xiao3 ▲ ^1
15	读 /v ◆ du2 ▲ ^2	懂 /v ◆ dong3
15	发展 /v ◆ fa1_zhan3 ▲ ^1	过程 /n ◆ guo4_cheng2
15	给 /v ◆ gei3 ▲ ^1	写 /v ◆ xie3 ▲ ^2
15	根 /n ◆ gen1 ▲ ^1	树 /n ◆ shu4 ▲ ^1
15	故事 /n ◆ gu4_shi5 ▲ ^1	发生 /v ◆ fa1_sheng1 ▲ ^1
15	故事 /n ◆ gu4_shi5 ▲ ^1	情节 /n ◆ qing2_jie2
15	故事 /n ◆ gu4_shi5 ▲ ^1	历史 /n ◆ li4_shi3 ▲ ^1
15	国家 /n ◆ guo2_jia1 ▲ ^2	成为 /v ◆ cheng2_wei2
15	好 /a ◆ hao3 ▲ ^1	写 /v ◆ xie3 ▲ ^1
15	花 /n ◆ hua1 ▲ ^A1	黄 /a ◆ huang2 ▲ ^A1
15	话 /n ◆ hua4 ▲ ^1	问 /v ◆ wen4 ▲ ^1
15	技术 /n ◆ ji4_shu4 ▲ ^1	新 /a ◆ xin1 ▲ ^1
15	家 /n ◆ jia1 ▲ ^2	离 /v ◆ li2 ▲ ^A2
15	来 /v ◆ lai2 ▲ ^A1	气 /n ◆ qi4 ▲ ^3
15	满 /a ◆ man3 ▲ ^A1	挤 /v ◆ ji3 ▲ ^1
15	门 /n ◆ men2 ▲ ^2	出 /v ◆ chu1 ▲ ^A1
15	门 /n ◆ men2 ▲ ^2	关 /v ◆ guan1 ▲ ^1
15	民族 /n ◆ min2_zu2 ▲ ^2	精神 /n ◆ jing1_shen2 ▲ ^2
15	拿 /v ◆ na2 ▲ ^1	走 /v ◆ zou3 ▲ ^1
15	内心 /n ◆ nei4_xin1 ▲ ^A	人物 /n ◆ ren2_wu4 ▲ ^3
15	破 /a ◆ po4 ▲ ^8	穿 /v ◆ chuan1 ▲ ^5
15	钱 /n ◆ qian2 ▲ ^A4	多 /a ◆ duo1 ▲ ^A1
15	人 /n ◆ ren2 ▲ ^1	想起 /v ◆ xiang3_qi3
15	人 /n ◆ ren2 ▲ ^1	创造 /v ◆ chuang4_zao4
15	人 /n ◆ ren2 ▲ ^1	干 /v ◆ gan4 ▲ ^B1
15	人 /n ◆ ren2 ▲ ^1	靠 /v ◆ kao4 ▲ ^A4
15	人 /n ◆ ren2 ▲ ^1	受 /v ◆ shou4 ▲ ^2
15	人 /n ◆ ren2 ▲ ^1	听到 /v ◆ ting1_dao4
15	人 /n ◆ ren2 ▲ ^1	伟大 /a ◆ wei3_da4
15	人 /n ◆ ren2 ▲ ^1	开始 /v ◆ kai1_shi3 ▲ ^2
15	人 /n ◆ ren2 ▲ ^1	用 /v ◆ yong4 ▲ ^1
15	人 /n ◆ ren2 ▲ ^1	跑 /v ◆ pao3 ▲ ^1
15	人 /n ◆ ren2 ▲ ^4	负责 /v ◆ fu4_ze2 ▲ ^1
15	人 /n ◆ ren2 ▲ ^4	主持 /v ◆ zhu3_chi2 ▲ ^1
15	日子 /n ◆ ri4_zi5 ▲ ^2	过 /v ◆ guo4 ▲ ^1
15	闪 /v ◆ shan3 ▲ ^6	眼睛 /n ◆ yan3_jing1
15	身 /n ◆ shen1 ▲ ^1	穿 /v ◆ chuan1 ▲ ^5
15	深 /a ◆ shen1 ▲ ^4	印象 /n ◆ yin4_xiang4
15	生活 /n ◆ sheng1_huo2 ▲ ^1	新 /a ◆ xin1 ▲ ^1
15	时代 /n ◆ shi2_dai4 ▲ ^1	新 /a ◆ xin1 ▲ ^2
15	时间 /n ◆ shi2_jian1 ▲ ^2	经过 /v ◆ jing1_guo4 ▲ ^1
15	手 /n ◆ shou3 ▲ ^1	捏 /v ◆ nie1 ▲ ^1
15	手 /n ◆ shou3 ▲ ^1	洗 /v ◆ xi3 ▲ ^1
15	手 /n ◆ shou3 ▲ ^1	拍 /v ◆ pai1 ▲ ^1
15	手法 /n ◆ shou3_fa3 ▲ ^1	修辞 /n ◆ xiu1_ci2 ▲ ^2
15	水 /n ◆ shui3 ▲ ^1	跳 /v ◆ tiao4 ▲ ^1
15	水平 /n ◆ shui3_ping2 ▲ ^2	提高 /v ◆ ti2_gao1
15	天 /n ◆ tian1 ▲ ^7	冷 /a ◆ leng3 ▲ ^1
15	天气 /n ◆ tian1_qi4 ▲ ^1	变 /v ◆ bian4 ▲ ^1
15	同学 /n ◆ tong2_xue2 ▲ ^2	女 /b ◆ nv3
15	头 /n ◆ tou2 ▲ ^1	垂 /v ◆ chui2
15	腿 /n ◆ tui3 ▲ ^1	细 /a ◆ xi4 ▲ ^1
15	微风 /n ◆ wei1_feng1 ▲ ^1	吹 /v ◆ chui1 ▲ ^3
15	稳 /a ◆ wen3 ▲ ^1	站 /v ◆ zhan4 ▲ ^A1
15	窝 /n ◆ wo1 ▲ ^1	搭 /v ◆ da1 ▲ ^1
15	希望 /n ◆ xi1_wang4 ▲ ^2	有 /v ◆ you3 ▲ ^2
15	写 /v ◆ xie3 ▲ ^2	日记 /n ◆ ri4_ji4
15	信 /n ◆ xin4 ▲ ^A7	写 /v ◆ xie3 ▲ ^1
15	信息 /n ◆ xin4_xi1 ▲ ^1	传递 /v ◆ chuan2_di4
15	烟 /n ◆ yan1 ▲ ^4	抽 /v ◆ chou1 ▲ ^A4
15	眼 /n ◆ yan3 ▲ ^1	闭 /v ◆ bi4
15	艺术 /n ◆ yi4_shu4 ▲ ^1	电影 /n ◆ dian4_ying3
15	意义 /n ◆ yi4_yi4 ▲ ^2	没有 /v ◆ mei2_you3 ▲ ^A2

共现频次	节点词语	搭配词语	共现频次	节点词语	搭配词语
15	银杏/n ◆ yin2_xing4 ▲^1	树/n ◆ shu4 ▲^1	14	胡子/n ◆ hu2_zi5 ▲^1	花白/z ◆ hua1_bai2
15	影响/v ◆ ying3_xiang3 ▲^1	受/v ◆ shou4 ▲^1	14	花/n ◆ hua1 ▲^A1	盛开/v ◆ sheng4_kai1
15	语言/n ◆ yu3_yan2 ▲^1	文学/n ◆ wen2_xue2	14	花/n ◆ hua1 ▲^A1	落/v ◆ luo4 ▲^1
15	语言/n ◆ yu3_yan2 ▲^1	工作/v ◆ gong1_zuo4 ▲^1	14	话/n ◆ hua4 ▲^1	到/v ◆ dao4 ▲^1
15	责任/n ◆ ze2_ren4 ▲^1	尽/v ◆ jin4 ▲^1	14	会/n ◆ hui4 ▲^A3	音乐/n ◆ yin1_yue4
15	知识/n ◆ zhi1_shi5 ▲^2	科学/n ◆ ke1_xue2 ▲^1	14	火/n ◆ huo3 ▲^1	烧/v ◆ shao1 ▲^1
15	住/v ◆ zhu4 ▲^3	揪/v ◆ jiu1	14	家/n ◆ jia1 ▲^2	门口/s ◆ men2_kou3
15	住/v ◆ zhu4 ▲^3	逮/v ◆ dai3	14	久/a ◆ jiu3 ▲^1	过/v ◆ guo4 ▲^1
15	走/v ◆ zou3 ▲^5	拿/v ◆ na2 ▲^1	14	科学/n ◆ ke1_xue2 ▲^1	知识/n ◆ zhi1_shi5 ▲^2
14	病/n ◆ bing4 ▲^1	好/a ◆ hao3 ▲^5	14	科学/n ◆ ke1_xue2 ▲^1	西方/s ◆ xi1_fang1 ▲^2
14	草地/n ◆ cao3_di4 ▲^1	走/v ◆ zou3 ▲^1	14	刻苦/a ◆ ke4_ku3 ▲^1	学习/v ◆ xue2_xi2 ▲^1
14	车/n ◆ che1 ▲^1	上/v ◆ shang4 ▲^B1	14	脸/n ◆ lian3 ▲^1	转/v ◆ zhuan3 ▲^1
14	车/n ◆ che1 ▲^1	坐/v ◆ zuo4 ▲^1	14	路/n ◆ lu4 ▲^1	长/a ◆ chang2 ▲^1
14	成就/n ◆ cheng2_jiu4 ▲^1	取得/v ◆ qu3_de2	14	买卖/n ◆ mai3_mai5 ▲^1	做/v ◆ zuo4 ▲^3
14	程度/n ◆ cheng2_du4 ▲^2	到/v ◆ dao4 ▲^1	14	满/a ◆ man3 ▲^A1	摆/v ◆ bai3 ▲^A1
14	吃/v ◆ chi1 ▲^A1	好/a ◆ hao3 ▲^1	14	帽子/n ◆ mao4_zi5 ▲^1	戴/v ◆ dai4
14	翅膀/n ◆ chi4_bang3 ▲^1	拍/v ◆ pai1 ▲^1	14	明白/v ◆ ming2_bai5 ▲^4	说/v ◆ shuo1 ▲^1
14	穿/v ◆ chuan1 ▲^5	身上/s ◆ shen1_shang5 ▲^1	14	命/n ◆ ming4 ▲^A1	救/v ◆ jiu4 ▲^1
14	错/a ◆ cuo4 ▲^A5	做/v ◆ zuo4 ▲^3	14	牛/n ◆ niu2 ▲^A1	放/v ◆ fang4 ▲^4
14	大/n ◆ da4 ▲^A2	诗人/n ◆ shi1_ren2	14	飘/v ◆ piao1 ▲^1	轻/a ◆ qing1 ▲^6
14	代价/n ◆ dai4_jia4 ▲^2	付出/v ◆ fu4_chu1	14	群众/n ◆ qun2_zhong4 ▲^1	人民/n ◆ ren2_min2
14	道理/n ◆ dao4_li3 ▲^2	说/v ◆ shuo1 ▲^1	14	热闹/n ◆ re4_nao5 ▲^3	看/v ◆ kan4 ▲^1
14	点/n ◆ dian3 ▲^A2	黑/a ◆ hei1 ▲^1	14	人/n ◆ ren2 ▲^1	听见/v ◆ ting1_jian4
14	独立/v ◆ du2_li4 ▲^5	思考/v ◆ si1_kao3	14	人/n ◆ ren2 ▲^1	故事/n ◆ gu4_shi5 ▲^1
14	饿/v ◆ e4 ▲^2	死/v ◆ si3 ▲^1	14	人/n ◆ ren2 ▲^1	白/a ◆ bai2 ▲^A1
14	发展/v ◆ fa1_zhan3 ▲^1	文学/n ◆ wen2_xue2	14	人/n ◆ ren2 ▲^1	表现/v ◆ biao3_xian4 ▲^1
14	个人/n ◆ ge4_ren2 ▲^1	故事/n ◆ gu4_shi5 ▲^1	14	人/n ◆ ren2 ▲^1	认识/v ◆ ren4_shi5 ▲^1
14	给/v ◆ gei3 ▲^1	教/v ◆ jiao1	14	人/n ◆ ren2 ▲^1	供/v ◆ gong1 ▲^2
14	关系/n ◆ guan1_xi4 ▲^1	密切/a ◆ mi4_qie4 ▲^1	14	人/n ◆ ren2 ▲^1	明白/v ◆ ming2_bai5 ▲^4
14	光/n ◆ guang1 ▲^1	白/a ◆ bai2 ▲^A1	14	人/n ◆ ren2 ▲^1	称/v ◆ cheng1 ▲^A1
14	好/a ◆ hao3 ▲^1	学习/v ◆ xue2_xi2 ▲^1	14	人/n ◆ ren2 ▲^1	救/v ◆ jiu4 ▲^1
			14	人/n ◆ ren2 ▲^1	精神/n ◆ jing1_shen2 ▲^1
14	喝/v ◆ he1 ▲^A1	酒/n ◆ jiu3	14	人/n ◆ ren2 ▲^1	衣服/n ◆ yi1_fu2
			14	人/n ◆ ren2 ▲^1	活/v ◆ huo2 ▲^A1
			14	人/n ◆ ren2 ▲^1	叫/v ◆ jiao4 ▲^A2

共现频次	节点词语	搭配词语	共现频次	节点词语	搭配词语
14	人/n ◆ ren2 ▲^2	走/v ◆ zou3 ▲^1	14	语文/n ◆ yu3_wen2 ▲^2	老师/n ◆ lao3_shi1
14	人/n ◆ ren2 ▲^4	继承/v ◆ ji4_cheng2 ▲^1	14	责任/n ◆ ze2_ren4 ▲^1	负/v ◆ fu4 ▲^2
14	社会/n ◆ she4_hui4 ▲^2	反映/v ◆ fan3_ying4 ▲^1	14	走/v ◆ zou3 ▲^1	门口/s ◆ men2_kou3
14	社会/n ◆ she4_hui4 ▲^2	现实/n ◆ xian4_shi2 ▲^1	14	走/v ◆ zou3 ▲^1	带/v ◆ dai4 ▲^B6
14	生活/n ◆ sheng1_huo2 ▲^1	反映/v ◆ fan3_ying4 ▲^1	14	嘴/n ◆ zui3 ▲^1	伸/v ◆ shen1
14	声/n ◆ sheng1 ▲^1	叫/v ◆ jiao4 ▲^A1	13	车/n ◆ che1 ▲^1	小/a ◆ xiao3 ▲^1
14	时代/n ◆ shi2_dai4 ▲^1	背景/n ◆ bei4_jing3 ▲^3	13	撑/v ◆ cheng1 ▲^2	船/n ◆ chuan2
14	时间/n ◆ shi2_jian1 ▲^2	工作/v ◆ gong1_zuo4 ▲^1	13	成功/a ◆ cheng2_gong1 ▲^2	获得/v ◆ huo4_de2
14	时间/n ◆ shi2_jian1 ▲^2	过/v ◆ guo4 ▲^1	13	传统/n ◆ chuan2_tong3 ▲^1	有/v ◆ you3 ▲^2
14	事/n ◆ shi4 ▲^1	谈/v ◆ tan2	13	传统/n ◆ chuan2_tong3 ▲^1	反/v ◆ fan3 ▲^4
14	事/n ◆ shi4 ▲^1	出/v ◆ chu1 ▲^A6	13	错误/n ◆ cuo4_wu4 ▲^2	犯/v ◆ fan4 ▲^4
14	事/n ◆ shi4 ▲^1	办/v ◆ ban4 ▲^1	13	大/n ◆ da4 ▲^A2	规模/n ◆ gui1_mo2
14	手/n ◆ shou3 ▲^1	抱/v ◆ bao4 ▲^A1	13	大/n ◆ da4 ▲^A2	儿子/n ◆ er2_zi5
14	手法/n ◆ shou3_fa3 ▲^1	表现/v ◆ biao3_xian4 ▲^1	13	大/n ◆ da4 ▲^A2	本领/n ◆ ben3_ling3
14	熟/a ◆ shu2 ▲^6	睡/v ◆ shui4	13	大/n ◆ da4 ▲^A2	本领/n ◆ ben3_ling3
14	水/n ◆ shui3 ▲^1	流/v ◆ liu2 ▲^A1	13	地方/n ◆ di4_fang5 ▲^1	住/v ◆ zhu4 ▲^1
14	水/n ◆ shui3 ▲^1	倒/v ◆ dao4 ▲^A4	13	地位/n ◆ di4_wei4 ▲^1	有/v ◆ you3 ▲^2
14	水/n ◆ shui3 ▲^1	给/v ◆ gei3 ▲^1	13	东西/n ◆ dong1_xi5 ▲^1	买/v ◆ mai3
14	水/n ◆ shui3 ▲^1	进/v ◆ jin4 ▲^2	13	东西/n ◆ dong1_xi5 ▲^1	拿/v ◆ na2 ▲^1
14	耸/v ◆ song3 ▲^3	肩膀/n ◆ jian1_bang3	13	东西/n ◆ dong1_xi5 ▲^2	拿/v ◆ na2 ▲^1
14	碎/a ◆ sui4 ▲^3	打/v ◆ da3 ▲^A2	13	东西/n ◆ dong1_xi5 ▲^2	多/a ◆ duo1 ▲^A1
14	太阳/n ◆ tai4_yang2 ▲^1	升/v ◆ sheng1 ▲^A1	13	东西/n ◆ dong1_xi5 ▲^2	好/a ◆ hao3 ▲^1
14	态度/n ◆ tai4_du5 ▲^2	采取/v ◆ cai3_qu3 ▲^1	13	读/v ◆ du2 ▲^2	作品/n ◆ zuo4_pin3
14	条件/n ◆ tiao2_jian4 ▲^1	有/v ◆ you3 ▲^2	13	多/a ◆ duo1 ▲^A1	用/v ◆ yong4 ▲^1
14	头/n ◆ tou2 ▲^1	顶/v ◆ ding3 ▲^2	13	发展/v ◆ fa1_zhan3 ▲^1	人类/n ◆ ren2_lei4
14	卫星/n ◆ wei4_xing1 ▲^2	气象/n ◆ qi4_xiang4 ▲^1	13	翻/v ◆ fan1 ▲^1	书/n ◆ shu1
14	文章/n ◆ wen2_zhang1 ▲^2	读/v ◆ du2 ▲^2	13	高大/a ◆ gao1_da4 ▲^1	身材/n ◆ shen1_cai2
14	屋/n ◆ wu1 ▲^1	小/a ◆ xiao3 ▲^1	13	工作/n ◆ gong1_zuo4 ▲^2	从事/v ◆ cong2_shi4 ▲^1
14	欣赏/v ◆ xin1_shang3 ▲^1	诗/n ◆ shi1	13	工作/v ◆ gong1_zuo4 ▲^1	进行/v ◆ jin4_xing2 ▲^1
14	学问/n ◆ xue2_wen5 ▲^2	有/v ◆ you3 ▲^5			
14	英雄/n ◆ ying1_xiong2 ▲^1	小/a ◆ xiao3 ▲^1			

共现次数	节点词语	搭配词语	共现次数	节点词语	搭配词语
13	功课/n ◆ gong1_ke4 ▲ ^2	做/v ◆ zuo4 ▲ ^3	13	人/n ◆ ren2 ▲ ^1	特别/a ◆ te4_bie2 ▲ ^1
13	故事/n ◆ gu4_shi5 ▲ ^1	小/a ◆ xiao3 ▲ ^1	13	人/n ◆ ren2 ▲ ^1	走/v ◆ zou3 ▲ ^5
13	观念/n ◆ guan1_nian4 ▲ ^1	文学/n ◆ wen2_xue2	13	人/n ◆ ren2 ▲ ^1	得到/v ◆ de2_dao4
13	规则/n ◆ gui1_ze2 ▲ ^1	遵守/v ◆ zun1_shou3	13	人/n ◆ ren2 ▲ ^1	变/v ◆ bian4 ▲ ^1
13	孩子/n ◆ hai2_zi5 ▲ ^2	带/v ◆ dai4 ▲ ^B6	13	人/n ◆ ren2 ▲ ^1	做/v ◆ zuo4 ▲ ^1
13	好/a ◆ hao3 ▲ ^1	写/v ◆ xie3 ▲ ^2	13	人/n ◆ ren2 ▲ ^1	喊/v ◆ han3 ▲ ^1
13	好/a ◆ hao3 ▲ ^2	说/v ◆ shuo1 ▲ ^1	13	人/n ◆ ren2 ▲ ^1	所有/v ◆ suo3_you3 ▲ ^2
13	好/a ◆ hao3 ▲ ^7	学/v ◆ xue2 ▲ ^1	13	人物/n ◆ ren2_wu4 ▲ ^3	写/v ◆ xie3 ▲ ^2
13	好事/n ◆ hao3_shi4 ▲ ^1	做/v ◆ zuo4 ▲ ^3	13	入侵/v ◆ ru4_qin1 ▲ ^2	生物/n ◆ sheng1_wu4
13	红/a ◆ hong2 ▲ ^1	染/v ◆ ran3 ▲ ^1	13	深刻/a ◆ shen1_ke4 ▲ ^2	印象/n ◆ yin4_xiang4
13	欢迎/v ◆ huan1_ying2 ▲ ^1	热烈/a ◆ re4_lie4	13	生活/n ◆ sheng1_huo2 ▲ ^1	人民/n ◆ ren2_min2
13	环境/n ◆ huan2_jing4 ▲ ^2	生态/n ◆ sheng1_tai4	13	事/n ◆ shi4 ▲ ^1	多/a ◆ duo1 ▲ ^A1
13	活动/n ◆ huo2_dong4 ▲ ^5	参加/v ◆ can1_jia1 ▲ ^1	13	熟/a ◆ shu2 ▲ ^2	煮/v ◆ zhu3
13	家/n ◆ jia1 ▲ ^1	穷/a ◆ qiong2 ▲ ^1	13	水/n ◆ shui3 ▲ ^1	浇/v ◆ jiao1 ▲ ^A3
13	结论/n ◆ jie2_lun4 ▲ ^2	得出/v ◆ de2_chu1	13	水/n ◆ shui3 ▲ ^1	放/v ◆ fang4 ▲ ^13
13	劲/n ◆ jin4 ▲ ^1	费/v ◆ fei4 ▲ ^2	13	水/n ◆ shui3 ▲ ^1	游/v ◆ you2 ▲ ^1
13	境界/n ◆ jing4_jie4 ▲ ^2	人生/n ◆ ren2_sheng1	13	水土/n ◆ shui3_tu3 ▲ ^1	流失/v ◆ liu2_shi1 ▲ ^1
13	举/v ◆ ju3 ▲ ^7	例子/n ◆ li4_zi5	13	太阳/n ◆ tai4_yang2 ▲ ^1	照/v ◆ zhao4 ▲ ^1
13	可能/a ◆ ke3_neng2 ▲ ^1	有/v ◆ you3 ▲ ^2	13	天气/n ◆ tian1_qi4 ▲ ^1	冷/a ◆ leng3 ▲ ^1
13	空气/n ◆ kong1_qi4 ▲ ^1	清新/a ◆ qing1_xin1 ▲ ^1	13	头/n ◆ tou2 ▲ ^1	歪/a ◆ wai1 ▲ ^1
13	快/a ◆ kuai4 ▲ ^1	去/v ◆ qu4 ▲ ^A1	13	透/a ◆ tou4 ▲ ^4	湿/a ◆ shi1
13	流/v ◆ liu2 ▲ ^A1	泪水/n ◆ lei4_shui3	13	文章/n ◆ wen2_zhang1 ▲ ^2	好/a ◆ hao3 ▲ ^1
13	落/v ◆ luo4 ▲ ^1	雨点/n ◆ yu3_dian3	13	细/a ◆ xi4 ▲ ^6	看/v ◆ kan4 ▲ ^1
13	满/a ◆ man3 ▲ ^A1	铺/v ◆ pu1 ▲ ^1	13	向/v ◆ xiang4 ▲ ^A2	走/v ◆ zou3 ▲ ^1
13	门/n ◆ men2 ▲ ^2	敲/v ◆ qiao1 ▲ ^1	13	效果/n ◆ xiao4_guo3 ▲ ^1	艺术/n ◆ yi4_shu4 ▲ ^1
13	门/n ◆ men2 ▲ ^2	家/n ◆ jia1 ▲ ^2	13	新/a ◆ xin1 ▲ ^1	事物/n ◆ shi4_wu4
13	明白/a ◆ ming2_bai5 ▲ ^1	看/v ◆ kan4 ▲ ^1	13	学习/v ◆ xue2_xi2 ▲ ^1	成绩/n ◆ cheng2_ji4
13	弄/v ◆ nong4 ▲ ^2	死/v ◆ si3 ▲ ^1	13	研究/v ◆ yan2_jiu1 ▲ ^1	从事/v ◆ cong2_shi4 ▲ ^1
13	票/n ◆ piao4 ▲ ^1	卖/v ◆ mai4 ▲ ^1	13	研究/v ◆ yan2_jiu1 ▲ ^1	进行/v ◆ jin4_xing2 ▲ ^1
13	气/n ◆ qi4 ▲ ^3	长/a ◆ chang2 ▲ ^1	13	爷爷/n ◆ ye2_ye5 ▲ ^1	亲爱/b ◆ qin1_ai4
13	钱/n ◆ qian2 ▲ ^A2	给/v ◆ gei3 ▲ ^1	13	宇宙/n ◆ yu3_zhou4 ▲ ^1	整个/b ◆ zheng3_ge4
13	人/n ◆ ren2 ▲ ^1	回来/v ◆ hui2_lai2	13	语言/n ◆ yu3_yan2 ▲ ^1	说/v ◆ shuo1 ▲ ^1
13	人/n ◆ ren2 ▲ ^1	老/a ◆ lao3 ▲ ^1	13	直/a ◆ zhi2 ▲ ^1	伸/v ◆ shen1
13	人/n ◆ ren2 ▲ ^1	当/v ◆ dang1 ▲ ^B1			
13	人/n ◆ ren2 ▲ ^1	快/a ◆ kuai4 ▲ ^1			

共现次数	节点词语	搭配词语	共现次数	节点词语	搭配词语
13	住 /v ◆ zhu4 ▲ ^3	捉 /v ◆ zhuo1	12	光 /n ◆ guang1 ▲ ^1	闪 /v ◆ shan3 ▲ ^6
13	资料 /n ◆ zi1_liao4 ▲ ^2	有关 /v ◆ you3_guan1 ▲ ^2	12	过 /v ◆ guo4 ▲ ^1	桥 /n ◆ qiao2
13	字 /n ◆ zi4 ▲ ^1	结构 /n ◆ jie2_gou4 ▲ ^1	12	孩子 /n ◆ hai2_zi5 ▲ ^1	男 /b ◆ nan2
13	字 /n ◆ zi4 ▲ ^1	小 /a ◆ xiao3 ▲ ^1	12	孩子 /n ◆ hai2_zi5 ▲ ^2	生 /v ◆ sheng1 ▲ ^A1
13	自然 /n ◆ zi4_ran2 ▲ ^1	现象 /n ◆ xian4_xiang4	12	喊 /v ◆ han3 ▲ ^1	听见 /v ◆ ting1_jian4
13	走 /v ◆ zou3 ▲ ^1	回 /v ◆ hui2 ▲ ^A3	12	好 /a ◆ hao3 ▲ ^7	做 /v ◆ zuo4 ▲ ^1
13	走 /v ◆ zou3 ▲ ^5	带 /v ◆ dai4 ▲ ^B1	12	呼吸 /v ◆ hu1_xi1 ▲ ^1	屏住 /v ◆ bing3_zhu4
13	嘴 /n ◆ zui3 ▲ ^1	抿 /v ◆ min3 ▲ ^B1	12	画 /n ◆ hua4 ▲ ^A2	挂 /v ◆ gua4 ▲ ^1
13	嘴巴 /n ◆ zui3_ba5 ▲ ^2	张 /v ◆ zhang1 ▲ ^1	12	话 /n ◆ hua4 ▲ ^1	多 /a ◆ duo1 ▲ ^A1
13	作用 /n ◆ zuo4_yong4 ▲ ^3	重要 /a ◆ zhong4_yao4	12	话 /n ◆ hua4 ▲ ^1	意思 /n ◆ yi4_si5 ▲ ^1
13	坐 /v ◆ zuo4 ▲ ^2	火车 /n ◆ huo3_che1	12	技术 /n ◆ ji4_shu4 ▲ ^1	现代 /n ◆ xian4_dai4
13	做 /v ◆ zuo4 ▲ ^5	官 /n ◆ guan1	12	家 /n ◆ jia1 ▲ ^2	来到 /v ◆ lai2_dao4
12	报纸 /n ◆ bao4_zhi3 ▲ ^1	送 /v ◆ song4 ▲ ^1	12	建筑 /n ◆ jian4_zhu4 ▲ ^2	艺术 /n ◆ yi4_shu4 ▲ ^1
12	病 /n ◆ bing4 ▲ ^1	有 /v ◆ you3 ▲ ^4	12	健康 /a ◆ jian4_kang1 ▲ ^1	身体 /n ◆ shen1_ti3
12	柴 /n ◆ chai2 ▲ ^1	砍 /v ◆ kan3 ▲ ^A1	12	交接 /v ◆ jiao1_jie1 ▲ ^2	仪式 /n ◆ yi2_shi4
12	车 /n ◆ che1 ▲ ^1	开 /v ◆ kai1 ▲ ^A6	12	井 /n ◆ jing3 ▲ ^A1	小 /a ◆ xiao3 ▲ ^1
12	吃 /v ◆ chi1 ▲ ^A1	请 /v ◆ qing3 ▲ ^2	12	坑 /n ◆ keng1 ▲ ^1	小 /a ◆ xiao3 ▲ ^1
12	穿 /v ◆ chuan1 ▲ ^5	说 /v ◆ shuo1 ▲ ^1	12	快 /a ◆ kuai4 ▲ ^1	看 /v ◆ kan4 ▲ ^1
12	词 /n ◆ ci2 ▲ ^3	用 /v ◆ yong4 ▲ ^1	12	劳动 /v ◆ lao2_dong4 ▲ ^3	合同 /n ◆ he2_tong2
12	大 /n ◆ da4 ▲ ^A2	面积 /n ◆ mian4_ji1	12	老人 /n ◆ lao3_ren2 ▲ ^1	有 /v ◆ you3 ▲ ^2
12	大 /n ◆ da4 ▲ ^A2	劲 /n ◆ jin4 ▲ ^1	12	脸 /n ◆ lian3 ▲ ^1	黄 /a ◆ huang2 ▲ ^A1
12	道 /v ◆ dao4 ▲ ^C3	回答 /v ◆ hui2_da2	12	脸 /n ◆ lian3 ▲ ^1	露出 /v ◆ lou4_chu1
12	地 /n ◆ di4 ▲ ^3	落 /v ◆ luo4 ▲ ^1	12	路 /n ◆ lu4 ▲ ^1	走 /v ◆ zou3 ▲ ^8
12	地面 /n ◆ di4_mian4 ▲ ^1	到 /v ◆ dao4 ▲ ^1	12	落 /v ◆ luo4 ▲ ^1	雨 /n ◆ yu3
12	读 /v ◆ du2 ▲ ^2	课文 /n ◆ ke4_wen2	12	麻雀 /n ◆ ma2_que4 ▲ ^1	小 /a ◆ xiao3 ▲ ^1
12	队 /n ◆ dui4 ▲ ^1	排 /v ◆ pai2 ▲ ^A1	12	矛盾 /n ◆ mao2_dun4 ▲ ^4	社会 /n ◆ she4_hui4 ▲ ^2
12	多 /a ◆ duo1 ▲ ^A5	好 /a ◆ hao3 ▲ ^1	12	梦 /n ◆ meng4 ▲ ^1	做 /v ◆ zuo4 ▲ ^1
12	发现 /v ◆ fa1_xian4 ▲ ^1	研究 /v ◆ yan2_jiu1 ▲ ^1	12	庙 /n ◆ miao4 ▲ ^2	小 /a ◆ xiao3 ▲ ^1
12	发现 /v ◆ fa1_xian4 ▲ ^2	有 /v ◆ you3 ▲ ^2	12	目光 /n ◆ mu4_guang1 ▲ ^1	投 /v ◆ tou2 ▲ ^A4
12	发展 /v ◆ fa1_zhan3 ▲ ^1	科技 /n ◆ ke1_ji4	12	批评 /v ◆ pi1_ping2 ▲ ^1	文学 /n ◆ wen2_xue2
12	发展 /v ◆ fa1_zhan3 ▲ ^1	促进 /v ◆ cu4_jin4	12	平衡 /a ◆ ping2_heng2 ▲ ^2	保持 /v ◆ bao3_chi2
12	饭 /n ◆ fan4 ▲ ^3	给 /v ◆ gei3 ▲ ^1	12	起飞 /v ◆ qi3_fei1 ▲ ^1	飞机 /n ◆ fei1_ji1
12	工作 /v ◆ gong1_zuo4 ▲ ^1	研究 /v ◆ yan2_jiu1 ▲ ^1	12	气象 /n ◆ qi4_xiang4 ▲ ^1	卫星 /n ◆ wei4_xing1 ▲ ^2
12	贡献 /n ◆ gong4_xian4 ▲ ^2	巨大 /a ◆ ju4_da4	12	清 /a ◆ qing1 ▲ ^A4	听 /v ◆ ting1 ▲ ^A1
12	故事 /n ◆ gu4_shi5 ▲ ^1	讲述 /v ◆ jiang3_shu4			

共现次数	节点词语	搭配词语	共现次数	节点词语	搭配词语
12	热闹 /a ◆ re4_nao5 ▲^1	看 /v ◆ kan4 ▲^1	12	说 /v ◆ shuo1 ▲^1	到 /v ◆ dao4 ▲^2
12	人 /n ◆ ren2 ▲^1	名字 /n ◆ ming2_zi5 ▲^1	12	思想 /n ◆ si1_xiang3 ▲^1	文化 /n ◆ wen2_hua4 ▲^1
12	人 /n ◆ ren2 ▲^1	写 /v ◆ xie3 ▲^1	12	死 /v ◆ si3 ▲^1	冻 /v ◆ dong4 ▲^3
12	人 /n ◆ ren2 ▲^1	描写 /v ◆ miao2_xie3	12	抬 /v ◆ tai2 ▲^2	担架 /n ◆ dan1_jia4
12	人 /n ◆ ren2 ▲^1	感觉 /v ◆ gan3_jue2 ▲^2	12	太阳 /n ◆ tai4_yang2 ▲^1	落山 /v ◆ luo4_shan1
12	人 /n ◆ ren2 ▲^1	回答 /v ◆ hui2_da2	12	天气 /n ◆ tian1_qi4 ▲^1	热 /a ◆ re4 ▲^2
12	人 /n ◆ ren2 ▲^1	唱 /v ◆ chang4 ▲^1	12	尾巴 /n ◆ wei3_ba5 ▲^1	长 /a ◆ chang2 ▲^1
12	人 /n ◆ ren2 ▲^1	完 /v ◆ wan2 ▲^3	12	文化 /n ◆ wen2_hua4 ▲^1	历史 /n ◆ li4_shi3 ▲^1
12	人 /n ◆ ren2 ▲^1	知 /v ◆ zhi1	12	文化 /n ◆ wen2_hua4 ▲^1	学习 /v ◆ xue2_xi2 ▲^1
12	人 /n ◆ ren2 ▲^1	成年 /v ◆ cheng2_nian2 ▲^A	12	文化 /n ◆ wen2_hua4 ▲^1	交流 /v ◆ jiao1_liu2 ▲^2
12	人 /n ◆ ren2 ▲^1	心灵 /n ◆ xin1_ling2	12	问 /v ◆ wen4 ▲^1	奇怪 /v ◆ qi2_guai4 ▲^2
12	人 /n ◆ ren2 ▲^1	头 /n ◆ tou2 ▲^1	12	乌龟 /n ◆ wu1_gui1 ▲^1	小 /a ◆ xiao3 ▲^1
12	人 /n ◆ ren2 ▲^1	望 /v ◆ wang4 ▲^A1	12	下 /v ◆ xia4 ▲^B2	雪 /n ◆ xue3
12	人 /n ◆ ren2 ▲^1	变成 /v ◆ bian4_cheng2	12	小 /a ◆ xiao3 ▲^1	住 /v ◆ zhu4 ▲^1
12	人 /n ◆ ren2 ▲^1	开 /v ◆ kai1 ▲^A1	12	效果 /n ◆ xiao4_guo3 ▲^1	好 /a ◆ hao3 ▲^1
12	人 /n ◆ ren2 ▲^1	挤 /v ◆ ji3 ▲^1	12	心理 /n ◆ xin1_li3 ▲^2	人物 /n ◆ ren2_wu4 ▲^3
12	人 /n ◆ ren2 ▲^1	谈 /v ◆ tan2	12	新 /a ◆ xin1 ▲^1	开始 /v ◆ kai1_shi3 ▲^2
12	人 /n ◆ ren2 ▲^2	惹 /v ◆ re3 ▲^3	12	新 /a ◆ xin1 ▲^1	发现 /v ◆ fa1_xian4 ▲^1
12	人 /n ◆ ren2 ▲^4	创始 /v ◆ chuang4_shi3	12	信 /n ◆ xin4 ▲^A7	拿 /v ◆ na2 ▲^1
12	人物 /n ◆ ren2_wu4 ▲^3	戏剧 /n ◆ xi4_ju4 ▲^1	12	信 /n ◆ xin4 ▲^A7	寄 /v ◆ ji4 ▲^1
12	散文 /n ◆ san3_wen2 ▲^2	写 /v ◆ xie3 ▲^2	12	幸福 /a ◆ xing4_fu2 ▲^2	感到 /v ◆ gan3_dao4
12	傻 /a ◆ sha3 ▲^1	说 /v ◆ shuo1 ▲^1	12	学生 /n ◆ xue2_sheng5 ▲^1	女 /b ◆ nv3
12	社会 /n ◆ she4_hui4 ▲^2	现代 /n ◆ xian4_dai4	12	学习 /v ◆ xue2_xi2 ▲^1	方法 /n ◆ fang1_fa3
12	生意 /n ◆ sheng1_yi5 ▲^1	做 /v ◆ zuo4 ▲^3	12	样子 /n ◆ yang4_zi5 ▲^2	装 /v ◆ zhuang1 ▲^A5
12	实验 /v ◆ shi2_yan4 ▲^1	做 /v ◆ zuo4 ▲^3	12	咬 /v ◆ yao3 ▲^1	牙齿 /n ◆ ya2_chi3
12	事 /n ◆ shi4 ▲^1	错 /a ◆ cuo4 ▲^A5	12	要求 /n ◆ yao1_qiu2 ▲^2	提出 /v ◆ ti2_chu1
12	事 /n ◆ shi4 ▲^1	想 /v ◆ xiang3 ▲^3	12	艺术 /n ◆ yi4_shu4 ▲^1	建筑 /n ◆ jian4_zhu4 ▲^2
12	事情 /n ◆ shi4_qing5 ▲^1	好 /a ◆ hao3 ▲^1	12	意思 /n ◆ yi4_si5 ▲^1	词 /n ◆ ci2 ▲^3
12	事情 /n ◆ shi4_qing5 ▲^1	多 /a ◆ duo1 ▲^A1	12	语文 /n ◆ yu3_wen2 ▲^2	学 /v ◆ xue2 ▲^1
12	手 /n ◆ shou3 ▲^1	托 /v ◆ tuo1 ▲^A1			
12	手 /n ◆ shou3 ▲^1	攥 /v ◆ zuan4			
12	树 /n ◆ shu4 ▲^1	长 /v ◆ zhang3 ▲^B1			
12	树 /n ◆ shu4 ▲^1	砍 /v ◆ kan3 ▲^A1			
12	水 /n ◆ shui3 ▲^1	装 /v ◆ zhuang1 ▲^B1			
12	水 /n ◆ shui3 ▲^1	涨 /v ◆ zhang3			

共现次数	节点词语	搭配词语
12	语言 /n ◆ yu3_yan2 ▲^1	使用 /v ◆ shi3_yong4
12	远 /a ◆ yuan3 ▲^1	飞 /v ◆ fei1 ▲^1
12	知觉 /n ◆ zhi1_jue2 ▲^1	失去 /v ◆ shi1_qu4
12	主意 /n ◆ zhu3_yi5 ▲^2	想 /v ◆ xiang3 ▲^1
12	住 /v ◆ zhu4 ▲^3	盖 /v ◆ gai4 ▲^A4
12	住 /v ◆ zhu4 ▲^3	站 /v ◆ zhan4 ▲^B1
12	着 /v ◆ zhao2 ▲^3	点 /v ◆ dian3 ▲^A19
12	仔细 /a ◆ zi3_xi4 ▲^1	听 /v ◆ ting1 ▲^A1
12	字 /n ◆ zi4 ▲^1	多 /a ◆ duo1 ▲^A1
12	坐 /v ◆ zuo4 ▲^1	船 /n ◆ chuan2
11	材料 /n ◆ cai2_liao4 ▲^2	选择 /v ◆ xuan3_ze2
11	场景 /n ◆ chang3_jing3 ▲^2	生活 /n ◆ sheng1_huo2 ▲^1
11	车 /n ◆ che1 ▲^1	等 /v ◆ deng3 ▲^B1
11	传统 /n ◆ chuan2_tong3 ▲^1	文学 /n ◆ wen2_xue2
11	传统 /n ◆ chuan2_tong3 ▲^1	民族 /n ◆ min2_zu2 ▲^2
11	从事 /v ◆ cong2_shi4 ▲^1	研究 /v ◆ yan2_jiu1 ▲^1
11	大 /n ◆ da4 ▲^A2	范围 /n ◆ fan4_wei2 ▲^1
11	大 /n ◆ da4 ▲^A2	成就 /n ◆ cheng2_jiu4 ▲^1
11	大 /n ◆ da4 ▲^A2	用处 /n ◆ yong4_chu4
11	大 /n ◆ da4 ▲^A2	作用 /n ◆ zuo4_yong4 ▲^3
11	大人 /n ◆ da4_ren5 ▲^1	小 /a ◆ xiao3 ▲^1
11	大师 /n ◆ da4_shi1 ▲^1	文学 /n ◆ wen2_xue2
11	道 /v ◆ dao4 ▲^C3	喊 /v ◆ han3 ▲^1
11	等 /v ◆ deng3 ▲^B1	船 /n ◆ chuan2
11	地 /n ◆ di4 ▲^3	满 /a ◆ man3 ▲^A4
11	地方 /n ◆ di4_fang5 ▲^1	走 /v ◆ zou3 ▲^1
11	电视 /n ◆ dian4_shi4 ▲^2	看 /v ◆ kan4 ▲^1
11	掉 /v ◆ diao4 ▲^A5	卖 /v ◆ mai4 ▲^1
11	东西 /n ◆ dong1_xi5 ▲^1	多 /a ◆ duo1 ▲^A1
11	斗争 /v ◆ dou4_zheng1 ▲^1	作 /v ◆ zuo4 ▲^2
11	发展 /v ◆ fa1_zhan3 ▲^1	情节 /n ◆ qing2_jie2
11	方向 /n ◆ fang1_xiang4 ▲^1	迷失 /v ◆ mi2_shi1
11	飞 /v ◆ fei1 ▲^2	飞机 /n ◆ fei1_ji1
11	丰富 /a ◆ feng1_fu4 ▲^2	内容 /n ◆ nei4_rong2
11	高 /a ◆ gao1 ▲^1	站 /v ◆ zhan4 ▲^A1
11	高兴 /a ◆ gao1_xing4 ▲^1	感到 /v ◆ gan3_dao4
11	革命 /v ◆ ge2_ming4 ▲^3	文学 /n ◆ wen2_xue2
11	功 /n ◆ gong1 ▲^1	立 /v ◆ li4 ▲^4
11	关系 /n ◆ guan1_xi4 ▲^1	并列 /v ◆ bing4_lie4
11	光 /n ◆ guang1 ▲^1	红 /a ◆ hong2 ▲^1
11	光头 /n ◆ guang1_tou2 ▲^2	剃 /v ◆ ti4
11	规定 /n ◆ gui1_ding4 ▲^2	有关 /v ◆ you3_guan1 ▲^1
11	孩子 /n ◆ hai2_zi5 ▲^1	有 /v ◆ you3 ▲^2
11	含 /v ◆ han2 ▲^2	眼泪 /n ◆ yan3_lei4
11	好 /a ◆ hao3 ▲^1	成绩 /n ◆ cheng2_ji4
11	好 /a ◆ hao3 ▲^5	身体 /n ◆ shen1_ti3
11	好 /a ◆ hao3 ▲^5	治 /v ◆ zhi4 ▲^4
11	好 /a ◆ hao3 ▲^7	造 /v ◆ zao4 ▲^A1
11	话 /n ◆ hua4 ▲^1	明白 /v ◆ ming2_bai5 ▲^4
11	坏 /a ◆ huai4 ▲^2	弄 /v ◆ nong4 ▲^2
11	家 /n ◆ jia1 ▲^1	看 /v ◆ kan4 ▲^1
11	见 /v ◆ jian4 ▲^A1	着 /v ◆ zhao2 ▲^4
11	姐姐 /n ◆ jie3_jie5 ▲^1	说 /v ◆ shuo1 ▲^1
11	紧 /a ◆ jin3 ▲^4	贴 /v ◆ tie1 ▲^A2
11	进 /v ◆ jin4 ▲^2	掉 /v ◆ diao4 ▲^A1
11	经济 /n ◆ jing1_ji4 ▲^2	世界 /n ◆ shi4_jie4 ▲^3
11	精神 /n ◆ jing1_shen2 ▲^1	生活 /n ◆ sheng1_huo2 ▲^1
11	久 /a ◆ jiu3 ▲^1	等 /v ◆ deng3 ▲^B1
11	看 /v ◆ kan4 ▲^1	医生 /n ◆ yi1_sheng1
11	来 /v ◆ lai2 ▲^A1	雨 /n ◆ yu3
11	理论 /n ◆ li3_lun4 ▲^1	批评 /v ◆ pi1_ping2 ▲^1
11	理想 /n ◆ li3_xiang3 ▲^1	有 /v ◆ you3 ▲^2
11	历史 /n ◆ li4_shi3 ▲^1	民族 /n ◆ min2_zu2 ▲^2
11	脸 /n ◆ lian3 ▲^1	露 /v ◆ lu4 ▲^B2
11	路 /n ◆ lu4 ▲^1	远 /a ◆ yuan3 ▲^1

共现次数	节点词语	搭配词语
11	落/v ◆ luo4 ▲^2	飞/v ◆ fei1 ▲^1
11	民族/n ◆ min2_zu2 ▲^2	传统/n ◆ chuan2_tong3 ▲^1
11	明白/a ◆ ming2_bai5 ▲^1	说/v ◆ shuo1 ▲^1
11	命运/n ◆ ming4_yun4 ▲^1	人物/n ◆ ren2_wu4 ▲^3
11	念/v ◆ nian4 ▲^B1	书/n ◆ shu1
11	苹果/n ◆ ping2_guo3 ▲^2	切/v ◆ qie1 ▲^1
11	奇怪/a ◆ qi2_guai4 ▲^1	感到/v ◆ gan3_dao4
11	钱/n ◆ qian2 ▲^A2	有/v ◆ you3 ▲^2
11	清/a ◆ qing1 ▲^A4	多/a ◆ duo1 ▲^A1
11	情况/n ◆ qing2_kuang4 ▲^1	有/v ◆ you3 ▲^2
11	人/n ◆ ren2 ▲^1	耳朵/n ◆ er3_duo3
11	人/n ◆ ren2 ▲^1	幸福/a ◆ xing4_fu2 ▲^2
11	人/n ◆ ren2 ▲^1	剩下/v ◆ sheng4_xia4
11	人/n ◆ ren2 ▲^1	出/v ◆ chu1 ▲^A1
11	人/n ◆ ren2 ▲^1	表示/v ◆ biao3_shi4 ▲^2
11	人/n ◆ ren2 ▲^1	学问/n ◆ xue2_wen5 ▲^2
11	人/n ◆ ren2 ▲^1	带/v ◆ dai4 ▲^B1
11	人/n ◆ ren2 ▲^1	躺/v ◆ tang3
11	人/n ◆ ren2 ▲^1	买/v ◆ mai3
11	人/n ◆ ren2 ▲^1	明白/a ◆ ming2_bai5 ▲^1
11	人/n ◆ ren2 ▲^1	长/v ◆ zhang3 ▲^B1
11	人/n ◆ ren2 ▲^1	围/v ◆ wei2 ▲^1
11	人/n ◆ ren2 ▲^1	印象/n ◆ yin4_xiang4
11	人/n ◆ ren2 ▲^2	看/v ◆ kan4 ▲^1
11	人/n ◆ ren2 ▲^4	多/a ◆ duo1 ▲^A1
11	人物/n ◆ ren2_wu4 ▲^3	故事/n ◆ gu4_shi5 ▲^1
11	人物/n ◆ ren2_wu4 ▲^3	说/v ◆ shuo1 ▲^1
11	入/v ◆ ru4 ▲^1	放/v ◆ fang4 ▲^13
11	散文/n ◆ san3_wen2 ▲^2	读/v ◆ du2 ▲^2
11	散文/n ◆ san3_wen2 ▲^2	现代/n ◆ xian4_dai4
11	山/n ◆ shan1 ▲^1	远/a ◆ yuan3 ▲^1
11	社会/n ◆ she4_hui4 ▲^1	现代/n ◆ xian4_dai4
11	升/v ◆ sheng1 ▲^A1	月亮/n ◆ yue4_liang4
11	生活/n ◆ sheng1_huo2 ▲^1	方式/n ◆ fang1_shi4
11	生活/n ◆ sheng1_huo2 ▲^1	文化/n ◆ wen2_hua4 ▲^1
11	驶/v ◆ shi3 ▲^2	船/n ◆ chuan2
11	事/n ◆ shi4 ▲^4	没/v ▲ mei2 ▲ ★
11	事业/n ◆ shi4_ye4 ▲^1	伟大/a ◆ wei3_da4
11	树/n ◆ shu4 ▲^1	根/n ◆ gen1 ▲^1
11	水/n ◆ shui3 ▲^1	落/v ◆ luo4 ▲^1
11	水/n ◆ shui3 ▲^1	打/v ◆ da3 ▲^A16
11	水花/n ◆ shui3_hua1 ▲^1	溅/v ◆ jian4
11	思想/n ◆ si1_xiang3 ▲^1	发展/v ◆ fa1_zhan3 ▲^1
11	太阳/n ◆ tai4_yang2 ▲^2	晒/v ◆ shai4 ▲^2
11	听/v ◆ ting1 ▲^A1	注意/v ◆ zhu4_yi4
11	停/v ◆ ting2 ▲^A3	船/n ◆ chuan2
11	头/n ◆ tou2 ▲^1	低/a ◆ di1 ▲^1
11	头/n ◆ tou2 ▲^1	探/v ◆ tan4 ▲^4
11	文化/n ◆ wen2_hua4 ▲^1	生活/n ◆ sheng1_huo2 ▲^1
11	问题/n ◆ wen4_ti2 ▲^1	回答/v ◆ hui2_da2
11	问题/n ◆ wen4_ti2 ▲^2	思考/v ◆ si1_kao3
11	问题/n ◆ wen4_ti2 ▲^2	考虑/v ◆ kao3_lv4
11	屋/n ◆ wu1 ▲^2	小/a ◆ xiao3 ▲^1
11	习惯/n ◆ xi2_guan4 ▲^2	学习/v ◆ xue2_xi2 ▲^1
11	戏剧/n ◆ xi4_ju4 ▲^1	文学/n ◆ wen2_xue2
11	先生/n ◆ xian1_sheng5 ▲^2	请/v ◆ qing3 ▲^3
11	小/a ◆ xiao3 ▲^1	儿子/n ◆ er2_zi5
11	新/a ◆ xin1 ▲^4	书/n ◆ shu1
11	信/n ◆ xin4 ▲^A7	读/v ◆ du2 ▲^1
11	形象/n ◆ xing2_xiang4 ▲^2	文学/n ◆ wen2_xue2
11	虚弱/a ◆ xu1_ruo4 ▲^1	身体/n ◆ shen1_ti3
11	压迫/v ◆ ya1_po4 ▲^1	受/v ◆ shou4 ▲^2
11	烟/n ◆ yan1 ▲^1	冒/v ◆ mao4 ▲^1
11	淹/v ◆ yan1 ▲^1	死/v ◆ si3 ▲^1
11	眼/n ◆ yan3 ▲^1	望/v ◆ wang4 ▲^A1
11	眼光/n ◆ yan3_guang1 ▲^1	看/v ◆ kan4 ▲^1
11	羊羔/n ◆ yang2_gao1 ▲^1	小/a ◆ xiao3 ▲^1

共现次数	节点词语	搭配词语	共现次数	节点词语	搭配词语
11	阳光 /n ◆ yang2_guang1 ▲^1	照耀 /v ◆ zhao4_yao4	10	传统 /n ◆ chuan2_tong3 ▲^1	艺术 /n ◆ yi4_shu4 ▲^1
11	叶子 /n ◆ ye4_zi5 ▲^1	长 /v ◆ zhang3 ▲^B1	10	大 /a ◆ da4 ▲^A1	作家 /n ◆ zuo4_jia1
11	夜 /n ◆ ye4 ▲^1	深 /a ◆ shen1 ▲^7	10	大 /n ◆ da4 ▲^A2	变 /v ◆ bian4 ▲^1
11	艺术 /n ◆ yi4_shu4 ▲^1	欣赏 /v ◆ xin1_shang3 ▲^1	10	大 /n ◆ da4 ▲^A2	过 /v ◆ guo4 ▲^1
11	艺术 /n ◆ yi4_shu4 ▲^1	绘画 /v ◆ hui4_hua4	10	大 /n ◆ da4 ▲^A2	嘴巴 /n ◆ zui3_ba5 ▲^2
11	艺术 /n ◆ yi4_shu4 ▲^1	效果 /n ◆ xiao4_guo3 ▲^1	10	大 /n ◆ da4 ▲^A2	贡献 /n ◆ gong4_xian4 ▲^2
11	艺术 /n ◆ yi4_shu4 ▲^1	发展 /v ◆ fa1_zhan3 ▲^1	10	道 /v ◆ dao4 ▲^C3	嚷 /v ◆ rang3 ▲^1
11	意义 /n ◆ yi4_yi4 ▲^2	重要 /a ◆ zhong4_yao4	10	道理 /n ◆ dao4_li3 ▲^1	明白 /v ◆ ming2_bai5 ▲^4
11	游戏 /n ◆ you2_xi4 ▲^1	玩 /v ◆ wan2 ▲^A2	10	道路 /n ◆ dao4_lu4 ▲^1	开辟 /v ◆ kai1_pi4 ▲^1
11	有关 /v ◆ you3_guan1 ▲^1	部门 /n ◆ bu4_men2	10	灯 /n ◆ deng1 ▲^1	点 /v ◆ dian3 ▲^A19
11	宇宙 /n ◆ yu3_zhou4 ▲^1	探索 /v ◆ tan4_suo3	10	地步 /n ◆ di4_bu4 ▲^2	到 /v ◆ dao4 ▲^1
11	语文 /n ◆ yu3_wen2 ▲^2	课本 /n ◆ ke4_ben3	10	地方 /n ◆ di4_fang1 ▲^1	好 /a ◆ hao3 ▲^1
11	云 /n ◆ yun2 ▲^B	黑 /a ◆ hei1 ▲^1	10	地方 /n ◆ di4_fang1 ▲^1	走 /v ◆ zou3 ▲^1
11	运气 /n ◆ yun4_qi5 ▲^1	碰 /v ◆ peng4 ▲^3	10	地方 /n ◆ di4_fang5 ▲^1	在 /v ◆ zai4 ▲^2
11	知识 /n ◆ zhi1_shi5 ▲^2	丰富 /a ◆ feng1_fu4 ▲^1	10	电话 /n ◆ dian4_hua4 ▲^2	打 /v ◆ da3 ▲^A13
11	职业 /n ◆ zhi2_ye4 ▲^1	选择 /v ◆ xuan3_ze2	10	电视 /n ◆ dian4_shi4 ▲^2	广播 /n ◆ guang3_bo1 ▲^2
11	住 /v ◆ zhu4 ▲^3	抓 /v ◆ zhua1 ▲^3	10	东西 /n ◆ dong1_xi5 ▲^2	装 / v ◆ zhuang1 ▲^B1
11	住 /v ◆ zhu4 ▲^3	堵 /v ◆ du3 ▲^1	10	东西 /n ◆ dong1_xi5 ▲^2	找 /v ◆ zhao3 ▲^A
11	字 /n ◆ zi4 ▲^1	笔画 /n ◆ bi3_hua4 ▲^1	10	动作 /n ◆ dong4_zuo4 ▲^1	做 /v ◆ zuo4 ▲^3
11	走 /v ◆ zou3 ▲^5	开 /v ◆ kai1 ▲^A1	10	动作 /n ◆ dong4_zuo4 ▲^1	人物 /n ◆ ren2_wu4 ▲^3
11	嘴 /n ◆ zui3 ▲^1	住 /v ◆ zhu4 ▲^3	10	对 /a ◆ dui4 ▲^10	做 /v ◆ zuo4 ▲^3
11	坐 /v ◆ zuo4 ▲^1	椅子 /n ◆ yi3_zi5	10	多 /a ◆ duo1 ▲^A1	好 /a ◆ hao3 ▲^1
11	做 /v ◆ zuo4 ▲^1	记号 /n ◆ ji4_hao4	10	多 /a ◆ duo1 ▲^A1	给 /v ◆ gei3 ▲^1
10	宝贵 /a ◆ bao3_gui4 ▲^1	生命 /n ◆ sheng1_ming4	10	发展 /v ◆ fa1_zhan3 ▲^1	冲突 /v ◆ chong1_tu1 ▲^1
10	抱 /v ◆ bao4 ▲^A1	双手 /n ◆ shuang1_shou3	10	发展 /v ◆ fa1_zhan3 ▲^1	成为 /v ◆ cheng2_wei2
10	比较 /v ◆ bi3_jiao4 ▲^1	进行 /v ◆ jin4_xing2 ▲^1	10	方案 /n ◆ fang1_an4 ▲^1	设计 /v ◆ she4_ji4 ▲^1
10	长 /a ◆ chang2 ▲^1	过 /v ◆ guo4 ▲^1	10	飞船 /n ◆ fei1_chuan2 ▲^1	载人 /v ◆ zai4_ren2
10	唱 /v ◆ chang4 ▲^1	完 /v ◆ wan2 ▲^3	10	浮现 /v ◆ fu2_xian4 ▲^1	眼前 /s ◆ yan3_qian2 ▲^1
10	车 /n ◆ che1 ▲^1	走 /v ◆ zou3 ▲^1	10	感情 /n ◆ gan3_qing2 ▲^1	作者 /n ◆ zuo4_zhe3
10	车 /n ◆ che1 ▲^1	停 /v ◆ ting2 ▲^A3			
10	城 /n ◆ cheng2 ▲^3	进 /v ◆ jin4 ▲^2			
10	穿 /v ◆ chuan1 ▲^5	脚 /n ◆ jiao3			

147

共现次数	节点词语	搭配词语	共现次数	节点词语	搭配词语
10	高 /a ◆ gao1 ▲ ^4	温度 /n ◆ wen1_du4	10	决策 /n ◆ jue2_ce4 ▲ ^2	作出 /v ◆ zuo4_chu1
10	格 /n ◆ ge2 ▲ ^A1	空 /v ◆ kong4 ▲ ^1	10	开 /v ◆ kai1 ▲ ^A6	船 /n ◆ chuan2
10	给 /v ◆ gei3 ▲ ^1	分 /v ◆ fen1 ▲ ^2	10	科学 /n ◆ ke1_xue2 ▲ ^1	学习 /v ◆ xue2_xi2 ▲ ^1
10	工具 /n ◆ gong1_ju4 ▲ ^2	语言 /n ◆ yu3_yan2 ▲ ^1	10	空气 /n ◆ kong1_qi4 ▲ ^1	呼吸 /v ◆ hu1_xi1 ▲ ^1
10	构成 /v ◆ gou4_cheng2 ▲ ^1	部分 /n ◆ bu4_fen5	10	口袋 /n ◆ kou3_dai5 ▲ ^1	摸 /v ◆ mo1 ▲ ^2
10	故事 /n ◆ gu4_shi5 ▲ ^1	读 /v ◆ du2 ▲ ^2	10	快 /a ◆ kuai4 ▲ ^1	请 /v ◆ qing3 ▲ ^3
10	故事 /n ◆ gu4_shi5 ▲ ^1	人物 /n ◆ ren2_wu4 ▲ ^3	10	快 /a ◆ kuai4 ▲ ^1	船 /n ◆ chuan2
10	孩子 /n ◆ hai2_zi5 ▲ ^1	傻 /a ◆ sha3 ▲ ^1	10	快 /a ◆ kuai4 ▲ ^1	死 /v ◆ si3 ▲ ^1
10	好 /a ◆ hao3 ▲ ^1	长 /v ◆ zhang3 ▲ ^B2	10	来 /v ◆ lai2 ▲ ^A1	早 /a ◆ zao3 ▲ ^4
10	好 /a ◆ hao3 ▲ ^1	学 /v ◆ xue2 ▲ ^1	10	历史 /n ◆ li4_shi3 ▲ ^1	有 /v ◆ you3 ▲ ^1
10	好 /a ◆ hao3 ▲ ^1	听 /v ◆ ting1 ▲ ^A1			
10	好 /a ◆ hao3 ▲ ^1	快 /a ◆ kuai4 ▲ ^1	10	历史 /n ◆ li4_shi3 ▲ ^1	故事 /n ◆ gu4_shi5 ▲ ^1
10	好 /a ◆ hao3 ▲ ^7	写 /v ◆ xie3 ▲ ^1	10	历史 /n ◆ li4_shi3 ▲ ^1	发展 /v ◆ fa1_zhan3 ▲ ^1
10	痕迹 /n ◆ hen2_ji4 ▲ ^1	留下 /v ◆ liu2_xia4	10	脸 /n ◆ lian3 ▲ ^1	擦 /v ◆ ca1 ▲ ^2
10	花 /n ◆ hua1 ▲ ^A2	种 /v ◆ zhong4	10	脸色 /n ◆ lian3_se4 ▲ ^1	苍白 /a ◆ cang1_bai2 ▲ ^1
10	话 /n ◆ hua4 ▲ ^1	像 /v ◆ xiang4 ▲ ^3	10	楼 /n ◆ lou2 ▲ ^2	下 /v ◆ xia4 ▲ ^B1
10	话音 /n ◆ hua4_yin1 ▲ ^1	落 /v ◆ luo4 ▲ ^1	10	满 /a ◆ man3 ▲ ^A1	塞 /v ◆ sai1 ▲ ^1
10	欢迎 /v ◆ huan1_ying2 ▲ ^2	受 /v ◆ shou4 ▲ ^1	10	满 /a ◆ man3 ▲ ^A1	布 /v ◆ bu4 ▲ ^B2
10	环境 /n ◆ huan2_jing4 ▲ ^1	保护 /v ◆ bao3_hu4	10	毛 /n ◆ mao2 ▲ ^A1	换 /v ◆ huan4 ▲ ^2
10	环境 /n ◆ huan2_jing4 ▲ ^2	自然 /n ◆ zi4_ran2 ▲ ^1	10	矛盾 /n ◆ mao2_dun4 ▲ ^2	冲突 /v ◆ chong1_tu1 ▲ ^1
10	活 /n ◆ huo2 ▲ ^B1	干 /v ◆ gan4 ▲ ^B1	10	帽子 /n ◆ mao4_zi5 ▲ ^1	摘 /v ◆ zhai1 ▲ ^1
10	火 /n ◆ huo3 ▲ ^1	烧 /v ◆ shao1 ▲ ^2	10	梦 /n ◆ meng4 ▲ ^1	好 /a ◆ hao3 ▲ ^1
10	家 /n ◆ jia1 ▲ ^1	想 /v ◆ xiang3 ▲ ^3	10	梦想 /n ◆ meng4_xiang3 ▲ ^3	实现 /v ◆ shi2_xian4
10	家 /n ◆ jia1 ▲ ^1	住 /v ◆ zhu4 ▲ ^1	10	米 /n ◆ mi3 ▲ ^A1	淘 /v ◆ tao2 ▲ ^A1
10	家 /n ◆ jia1 ▲ ^2	远 /a ◆ yuan3 ▲ ^1	10	命令 /n ◆ ming4_ling4 ▲ ^2	下达 /v ◆ xia4_da2
10	建筑 /n ◆ jian4_zhu4 ▲ ^2	设计 /v ◆ she4_ji4 ▲ ^1	10	脑袋 /n ◆ nao3_dai5 ▲ ^1	摸 /v ◆ mo1 ▲ ^1
10	叫 /v ◆ jiao4 ▲ ^A2	醒 /v ◆ xing3 ▲ ^2	10	捧 /v ◆ peng3 ▲ ^1	双手 /n ◆ shuang1_shou3
10	结果 /n ◆ jie2_guo3 ▲ ^A1	产生 /v ◆ chan3_sheng1	10	漂亮 /a ◆ piao4_liang5 ▲ ^1	长 /v ◆ zhang3 ▲ ^B2
10	结论 /n ◆ jie2_lun4 ▲ ^2	得到 /v ◆ de2_dao4	10	苹果 /n ◆ ping2_guo3 ▲ ^2	红 /a ◆ hong2 ▲ ^1
10	紧 /a ◆ jin3 ▲ ^4	靠 /v ◆ kao4 ▲ ^A3	10	起 /v ◆ qi3 ▲ ^A6	变化 /v ◆ bian4_hua4
10	精神 /n ◆ jing1_shen2 ▲ ^2	文化 /n ◆ wen2_hua4 ▲ ^1	10	钱 /n ◆ qian2 ▲ ^A3	给 /v ◆ gei3 ▲ ^1
10	境界 /n ◆ jing4_jie4 ▲ ^2	达到 /v ◆ da2_dao4	10	钱 /n ◆ qian2 ▲ ^A4	卖 /v ◆ mai4 ▲ ^1
			10	钱 /n ◆ qian2 ▲ ^A4	没 /v ◆ mei2 ▲ ^★
10	镜子 /n ◆ jing4_zi5 ▲ ^1	小 /a ◆ xiao3 ▲ ^1	10	情感 /n ◆ qing2_gan3 ▲ ^2	思想 /n ◆ si1_xiang3 ▲ ^1

共现次数	节点词语	搭配词语
10	拳 /n ◆ quan2 ▲ ^1	打 /v ◆ da3 ▲ ^A3
10	人 /n ◆ ren2 ▲ ^1	语言 /n ◆ yu3_yan2 ▲ ^2
10	人 /n ◆ ren2 ▲ ^1	引起 /v ◆ yin3_qi3
10	人 /n ◆ ren2 ▲ ^1	真正 /b ◆ zhen1_zheng4 ▲ ^1
10	人 /n ◆ ren2 ▲ ^1	看来 /v ◆ kan4_lai2
10	人 /n ◆ ren2 ▲ ^1	正常 /a ◆ zheng4_chang2
10	人 /n ◆ ren2 ▲ ^1	少数 /n ◆ shao3_shu4
10	人 /n ◆ ren2 ▲ ^1	年纪 /n ◆ nian2_ji4
10	人 /n ◆ ren2 ▲ ^1	属于 /v ◆ shu3_yu2
10	人 /n ◆ ren2 ▲ ^1	进来 /v ◆ jin4_lai2
10	人 /n ◆ ren2 ▲ ^1	离开 /v ◆ li2_kai1
10	人 /n ◆ ren2 ▲ ^1	入 /v ◆ ru4 ▲ ^1
10	人 /n ◆ ren2 ▲ ^1	受 /v ◆ shou4 ▲ ^1
10	人 /n ◆ ren2 ▲ ^1	吹 /v ◆ chui1 ▲ ^2
10	人 /n ◆ ren2 ▲ ^1	发现 /v ◆ fa1_xian4 ▲ ^1
10	人 /n ◆ ren2 ▲ ^1	熟悉 /v ◆ shu2_xi1
10	人 /n ◆ ren2 ▲ ^1	要 /v ◆ yao4 ▲ ^B6
10	人 /n ◆ ren2 ▲ ^1	爱 /v ◆ ai4 ▲ ^2
10	人 /n ◆ ren2 ▲ ^1	境界 /n ◆ jing4_jie4 ▲ ^2
10	人 /n ◆ ren2 ▲ ^1	精神 /n ◆ jing1_shen2 ▲ ^2
10	人 /n ◆ ren2 ▲ ^1	该 /v ◆ gai1 ▲ ^A1
10	人 /n ◆ ren2 ▲ ^1	惊奇 /a ◆ jing1_qi2
10	人 /n ◆ ren2 ▲ ^2	喜欢 /v ◆ xi3_huan5 ▲ ^1
10	人 /n ◆ ren2 ▲ ^4	像 /v ◆ xiang4 ▲ ^3
10	人 /n ◆ ren2 ▲ ^4	签名 /v ◆ qian1_ming2
10	人 /n ◆ ren2 ▲ ^4	牧羊 /v ◆ mu4_yang2
10	人 /n ◆ ren2 ▲ ^4	打 /v ◆ da3 ▲ ^A18
10	人 /n ◆ ren2 ▲ ^5	受 /v ◆ shou4 ▲ ^1
10	认真 /a ◆ ren4_zhen1 ▲ ^2	学习 /v ◆ xue2_xi2 ▲ ^1
10	山 /n ◆ shan1 ▲ ^1	满 /a ◆ man3 ▲ ^A4
10	上 /v ◆ shang4 ▲ ^B1	岸 /n ◆ an4
10	上 /v ◆ shang4 ▲ ^B13	年纪 /n ◆ nian2_ji4
10	社会 /n ◆ she4_hui4 ▲ ^2	历史 /n ◆ li4_shi3 ▲ ^1
10	社会 /n ◆ she4_hui4 ▲ ^2	活动 /n ◆ huo2_dong4 ▲ ^5
10	身 /n ◆ shen1 ▲ ^1	翻 /v ◆ fan1 ▲ ^1
10	身子 /n ◆ shen1_zi5 ▲ ^1	扭动 /v ◆ niu3_dong4
10	身子 /n ◆ shen1_zi5 ▲ ^1	挺 /v ◆ ting3 ▲ ^A2
10	神 /n ◆ shen2 ▲ ^4	定 /v ◆ ding4 ▲ ^1
10	生活 /n ◆ sheng1_huo2 ▲ ^1	艺术 /n ◆ yi4_shu4 ▲ ^1
10	生活 /n ◆ sheng1_huo2 ▲ ^1	丰富 /a ◆ feng1_fu4 ▲ ^1
10	生活 /n ◆ sheng1_huo2 ▲ ^1	新 /a ◆ xin1 ▲ ^2
10	时 /n ◆ shi2 ▲ ^1	开始 /v ◆ kai1_shi3 ▲ ^2
10	时代 /n ◆ shi2_dai4 ▲ ^1	新 /a ◆ xin1 ▲ ^1
10	时间 /n ◆ shi2_jian1 ▲ ^1	长 /a ◆ chang2 ▲ ^1
10	时间 /n ◆ shi2_jian1 ▲ ^2	多 /a ◆ duo1 ▲ ^A1
10	时间 /n ◆ shi2_jian1 ▲ ^2	持续 /v ◆ chi2_xu4
10	实验 /v ◆ shi2_yan4 ▲ ^1	进行 /v ◆ jin4_xing2 ▲ ^1
10	世界 /n ◆ shi4_jie4 ▲ ^3	闻名 /v ◆ wen2_ming2 ▲ ^2
10	世界 /n ◆ shi4_jie4 ▲ ^3	文化 /n ◆ wen2_hua4 ▲ ^1
10	事 /n ◆ shi4 ▲ ^1	讲 /v ◆ jiang3 ▲ ^1
10	事 /n ◆ shi4 ▲ ^1	可能 /a ◆ ke3_neng2 ▲ ^1
10	事情 /n ◆ shi4_qing5 ▲ ^1	讲 /v ◆ jiang3 ▲ ^1
10	事情 /n ◆ shi4_qing5 ▲ ^1	想 /v ◆ xiang3 ▲ ^1
10	手 /n ◆ shou3 ▲ ^1	烫 /v ◆ tang4 ▲ ^1
10	手 /n ◆ shou3 ▲ ^1	搓 /v ◆ cuo1
10	手 /n ◆ shou3 ▲ ^1	抚摸 /v ◆ fu3_mo1
10	手法 /n ◆ shou3_fa3 ▲ ^1	运用 /v ◆ yun4_yong4
10	树 /n ◆ shu4 ▲ ^1	多 /a ◆ duo1 ▲ ^A1
10	水 /n ◆ shui3 ▲ ^1	灌 /v ◆ guan4 ▲ ^2
10	水 /n ◆ shui3 ▲ ^1	浅 /a ◆ qian3 ▲ ^1
10	说 /v ◆ shuo1 ▲ ^1	得意 /a ◆ de2_yi4
10	思想 /n ◆ si1_xiang3 ▲ ^1	内容 /n ◆ nei4_rong2
10	死 /v ◆ si3 ▲ ^1	咬 /v ◆ yao3 ▲ ^1
10	死 /v ◆ si3 ▲ ^1	等 /v ◆ deng3 ▲ ^B1
10	损失 /n ◆ sun3_shi1 ▲ ^2	造成 /v ◆ zao4_cheng2
10	抬 /v ◆ tai2 ▲ ^1	脚 /n ◆ jiao3
10	太阳 /n ◆ tai4_yang2 ▲ ^1	晒 /v ◆ shai4 ▲ ^2

149

共现次数	节点词语	搭配词语	共现次数	节点词语	搭配词语
10	太阳/n ◆ tai4_yang2 ▲^1	升起/v ◆ sheng1_qi3	10	艺术/n ◆ yi4_shu4 ▲^1	形象/n ◆ xing2_xiang4 ▲^2
10	特别/a ◆ te4_bie2 ▲^1	喜欢/v ◆ xi3_huan5 ▲^1	10	意思/n ◆ yi4_si5 ▲^1	没有/v ◆ mei2_you3 ▲^A2
10	玩意/n ◆ wan2_yi4 ▲^3	小/a ◆ xiao3 ▲^1	10	意思/n ◆ yi4_si5 ▲^1	有/v ◆ you3 ▲^2
10	委员/n ◆ wei3_yuan2 ▲^1	会/n ◆ hui4 ▲^A3	10	油菜/n ◆ you2_cai4 ▲^1	花/n ◆ hua1 ▲^A1
10	文化/n ◆ wen2_hua4 ▲^1	世界/n ◆ shi4_jie4 ▲^3	10	语言/n ◆ yu3_yan2 ▲^2	使用/v ◆ shi3_yong4
10	问/v ◆ wen4 ▲^1	惊奇/a ◆ jing1_qi2	10	语言/n ◆ yu3_yan2 ▲^2	文学/n ◆ wen2_xue2
10	乌云/n ◆ wu1_yun2 ▲^1	密布/v ◆ mi4_bu4	10	远/a ◆ yuan3 ▲^1	多/a ◆ duo1 ▲^A1
10	媳妇/n ◆ xi2_fu4 ▲^1	娶/v ◆ qu3	10	运气/n ◆ yun4_qi5 ▲^1	好/a ◆ hao3 ▲^1
10	下/v ◆ xia4 ▲^B2	停/v ◆ ting2 ▲^A1	10	早/a ◆ zao3 ▲^4	知道/v ◆ zhi1_dao4
10	笑话/n ◆ xiao4_hua5 ▲^1	说/v ◆ shuo1 ▲^1	10	站/n ◆ zhan4 ▲^B2	小/a ◆ xiao3 ▲^1
10	写/v ◆ xie3 ▲^1	顶格/v ◆ ding3_ge2	10	张/v ◆ zhang1 ▲^1	开/v ◆ kai1 ▲^A1
10	写/v ◆ xie3 ▲^2	短文/n ◆ duan3_wen2	10	证明/v ◆ zheng4_ming2 ▲^1	事实/n ◆ shi4_shi2
10	新/a ◆ xin1 ▲^2	时期/n ◆ shi2_qi1	10	住/v ◆ zhu4 ▲^2	停/v ◆ ting2 ▲^A1
10	形容/v ◆ xing2_rong2 ▲^2	难以/v ◆ nan2_yi3	10	住/v ◆ zhu4 ▲^3	楼/v ◆ lou3 ▲^1
10	形体/n ◆ xing2_ti3 ▲^2	汉字/n ◆ han4_zi4	10	住/v ◆ zhu4 ▲^3	遮/v ◆ zhe1 ▲^1
10	形象/n ◆ xing2_xiang4 ▲^2	鲜明/a ◆ xian1_ming2 ▲^2	10	住/v ◆ zhu4 ▲^3	叫/v ◆ jiao4 ▲^A2
10	形象/n ◆ xing2_xiang4 ▲^2	小说/n ◆ xiao3_shuo1	10	字/n ◆ zi4 ▲^1	写/v ◆ xie3 ▲^2
10	醒/v ◆ xing3 ▲^2	睡/v ◆ shui4	10	走/v ◆ zou3 ▲^1	背/v ◆ bei1 ▲^1
10	学习/v ◆ xue2_xi2 ▲^1	内容/n ◆ nei4_rong2	10	走/v ◆ zou3 ▲^1	大步/n ◆ da4_bu4
10	研究/v ◆ yan2_jiu1 ▲^1	工作/v ◆ gong1_zuo4 ▲^1	10	嘴/n ◆ zui3 ▲^1	闭/v ◆ bi4
10	羊/n ◆ yang2 ▲^1	母/b ◆ mu3 ▲^3	10	嘴/n ◆ zui3 ▲^1	轻/a ◆ qing1 ▲^6
10	痒/a ◆ yang3 ▲^1	觉得/v ◆ jue2_de5 ▲^1	10	作业/n ◆ zuo4_ye4 ▲^1	做/v ◆ zuo4 ▲^3
10	艺术/n ◆ yi4_shu4 ▲^1	生活/n ◆ sheng1_huo2 ▲^1	10	坐/v ◆ zuo4 ▲^1	请/v ◆ qing3 ▲^2
10	艺术/n ◆ yi4_shu4 ▲^1	戏剧/n ◆ xi4_ju4 ▲^1	10	座位/n ◆ zuo4_wei4 ▲^1	坐/v ◆ zuo4 ▲^1
10	艺术/n ◆ yi4_shu4 ▲^1	世界/n ◆ shi4_jie4 ▲^3	9	拔/v ◆ ba2 ▲^1	用力/a ◆ yong4_li4
10	艺术/n ◆ yi4_shu4 ▲^1	手法/n ◆ shou3_fa3 ▲^1	9	爆发/v ◆ bao4_fa1 ▲^1	火山/n ◆ huo3_shan1
10	艺术/n ◆ yi4_shu4 ▲^1	创造/v ◆ chuang4_zao4	9	辫子/n ◆ bian4_zi5 ▲^1	盘/v ◆ pan2 ▲^5
10	艺术/n ◆ yi4_shu4 ▲^1	内容/n ◆ nei4_rong2	9	表现/v ◆ biao3_xian4 ▲^1	形式/n ◆ xing2_shi4
			9	表演/v ◆ biao3_yan3 ▲^1	看/v ◆ kan4 ▲^1
			9	布/n ◆ bu4 ▲^A1	织/v ◆ zhi1 ▲^1
			9	茶/n ◆ cha2 ▲^2	端/v ◆ duan1
			9	茶/n ◆ cha2 ▲^2	碗/n ◆ wan3
			9	长/a ◆ chang2 ▲^1	拖/v ◆ tuo1 ▲^2
			9	成分/n ◆ cheng2_fen4 ▲^1	句子/n ◆ ju4_zi5

共现次数	节点词语	搭配词语	共现次数	节点词语	搭配词语
9	成立 /v ◆ cheng2_li4 ▲ ^1	新 /a ◆ xin1 ▲ ^2	9	给 /v ◆ gei3 ▲ ^1	带 /v ◆ dai4 ▲ ^B2
9	翅膀 /n ◆ chi4_bang3 ▲ ^1	扑 /v ◆ pu1 ▲ ^3	9	给 /v ◆ gei3 ▲ ^1	交 /v ◆ jiao1 ▲ ^A1
9	翅膀 /n ◆ chi4_bang3 ▲ ^1	展开 /v ◆ zhan3_kai1 ▲ ^1	9	工夫 /n ◆ gong1_fu5 ▲ ^1	费 /v ◆ fei4 ▲ ^2
9	穿 /v ◆ chuan1 ▲ ^5	鞋 /n ◆ xie2	9	工作 /n ◆ gong1_zuo4 ▲ ^2	找 /v ◆ zhao3 ▲ ^A
9	从事 /v ◆ cong2_shi4 ▲ ^1	工作 /v ◆ gong1_zuo4 ▲ ^1	9	工作 /v ◆ gong1_zuo4 ▲ ^1	从事 /v ◆ cong2_shi4 ▲ ^1
9	错 /a ◆ cuo4 ▲ ^A5	有 /v ◆ you3 ▲ ^2	9	贡献 /n ◆ gong4_xian4 ▲ ^2	做出 /v ◆ zuo4_chu1
9	错 /a ◆ cuo4 ▲ ^A5	读 /v ◆ du2 ▲ ^1	9	故事 /n ◆ gu4_shi5 ▲ ^2	情节 /n ◆ qing2_jie2
9	打 /v ◆ da3 ▲ ^A1	雨点 /n ◆ yu3_dian3	9	关系 /n ◆ guan1_xi4 ▲ ^1	转折 /v ◆ zhuan3_zhe2 ▲ ^2
9	打 /v ◆ da3 ▲ ^A23	呵欠 /n ◆ he1_qian4	9	关系 /n ◆ guan1_xi4 ▲ ^2	因果 /n ◆ yin1_guo3 ▲ ^1
9	大 /n ◆ da4 ▲ ^A2	做 /v ◆ zuo4 ▲ ^1	9	关系 /n ◆ guan1_xi4 ▲ ^2	密切 /a ◆ mi4_qie4 ▲ ^1
9	大 /n ◆ da4 ▲ ^A2	地方 /n ◆ di4_fang5 ▲ ^1	9	关系 /n ◆ guan1_xi4 ▲ ^2	亲缘 /n ◆ qin1_yuan2
9	大 /n ◆ da4 ▲ ^A2	胆子 /n ◆ dan3_zi5	9	光 /n ◆ guang1 ▲ ^1	发 /v ◆ fa1 ▲ ^3
9	道理 /n ◆ dao4_li3 ▲ ^2	讲 /v ◆ jiang3 ▲ ^2	9	轨道 /n ◆ gui3_dao4 ▲ ^3	预定 /v ◆ yu4_ding4 ▲ ^3
9	灯 /n ◆ deng1 ▲ ^1	亮 /v ◆ liang4 ▲ ^2	9	孩子 /n ◆ hai2_zi5 ▲ ^1	有 /v ◆ you3 ▲ ^1
9	滴 /v ◆ di1 ▲ ^1	落 /v ◆ luo4 ▲ ^1	9	孩子 /n ◆ hai2_zi5 ▲ ^1	长大 /v ◆ zhang3_da4
9	地 /n ◆ di4 ▲ ^2	满 /a ◆ man3 ▲ ^A4	9	好 /a ◆ hao3 ▲ ^ ★	说 /v ◆ shuo1 ▲ ^1
9	地 /n ◆ di4 ▲ ^2	倒 /v ◆ dao3 ▲ ^A1	9	好 /a ◆ hao3 ▲ ^1	心情 /n ◆ xin1_qing2
9	地步 /n ◆ di4_bu4 ▲ ^1	到 /v ◆ dao4 ▲ ^1	9	好 /a ◆ hao3 ▲ ^1	收成 /n ◆ shou1_cheng2
9	东西 /n ◆ dong1_xi5 ▲ ^1	想 /v ◆ xiang3 ▲ ^3	9	好 /a ◆ hao3 ▲ ^1	唱 /v ◆ chang4 ▲ ^1
9	东西 /n ◆ dong1_xi5 ▲ ^1	说 /v ◆ shuo1 ▲ ^1	9	好 /a ◆ hao3 ▲ ^1	做 /v ◆ zuo4 ▲ ^5
9	东西 /n ◆ dong1_xi5 ▲ ^1	写 /v ◆ xie3 ▲ ^2	9	好 /a ◆ hao3 ▲ ^7	看 /v ◆ kan4 ▲ ^1
9	东西 /n ◆ dong1_xi5 ▲ ^2	所有 /b ◆ suo3_you3 ▲ ^3	9	好 /a ◆ hao3 ▲ ^7	写 /v ◆ xie3 ▲ ^2
9	动作 /n ◆ dong4_zuo4 ▲ ^1	伴随 /v ◆ ban4_sui2	9	好 /a ◆ hao3 ▲ ^7	画 /v ◆ hua4 ▲ ^A1
9	洞 /n ◆ dong4 ▲ ^1	进 /v ◆ jin4 ▲ ^2	9	胡子 /n ◆ hu2_zi5 ▲ ^1	白 /a ◆ bai2 ▲ ^A1
9	读 /v ◆ du2 ▲ ^2	喜欢 /v ◆ xi3_huan5 ▲ ^1	9	花 /n ◆ hua1 ▲ ^A1	开放 /v ◆ kai1_fang4 ▲ ^1
9	读 /v ◆ du2 ▲ ^2	文学 /n ◆ wen2_xue2	9	花 /n ◆ hua1 ▲ ^A2	栽 /v ◆ zai1 ▲ ^A1
9	多 /a ◆ duo1 ▲ ^A1	想 /v ◆ xiang3 ▲ ^3	9	花 /n ◆ hua1 ▲ ^A2	养 /v ◆ yang3 ▲ ^2
9	风 /n ◆ feng1 ▲ ^1	刮 /v ◆ gua1 ▲ ^B	9	画 /v ◆ hua4 ▲ ^A1	学 /v ◆ xue2 ▲ ^1
9	干 /a ◆ gan1 ▲ ^E1	晒 /v ◆ shai4 ▲ ^2	9	话 /n ◆ hua4 ▲ ^1	听 /v ◆ ting1 ▲ ^A2
9	高 /a ◆ gao1 ▲ ^1	飞 /v ◆ fei1 ▲ ^2	9	会议 /n ◆ hui4_yi4 ▲ ^1	参加 /v ◆ can1_jia1 ▲ ^1
9	高 /a ◆ gao1 ▲ ^4	科技 /n ◆ ke1_ji4	9	活动 /n ◆ huo2_dong4 ▲ ^5	人物 /n ◆ ren2_wu4 ▲ ^3
9	高兴 /a ◆ gao1_xing4 ▲ ^1	看 /v ◆ kan4 ▲ ^1	9	活动 /n ◆ huo2_dong4 ▲ ^5	内心 /n ◆ nei4_xin1 ▲ ^A
9	个儿 /n ◆ ge4_r ▲ ^1	高 /a ◆ gao1 ▲ ^1			
9	个人 /n ◆ ge4_ren2 ▲ ^1	生活 /n ◆ sheng1_huo2 ▲ ^1			

共现次数	节点词语	搭配词语	共现次数	节点词语	搭配词语
9	激动 /a ◆ ji1_dong4 ▲^1	心里 /s ◆ xin1_li5 ▲^2	9	满 /a ◆ man3 ▲^A1	填 /v ◆ tian2 ▲^1
9	计划 /n ◆ ji4_hua4 ▲^1	读书 /v ◆ du2_shu1 ▲^1	9	满 /a ◆ man3 ▲^A1	堆 /v ◆ dui1 ▲^1
9	技术 /n ◆ ji4_shu4 ▲^1	掌握 /v ◆ zhang3_wo4 ▲^1	9	满 /a ◆ man3 ▲^A1	沾 /v ◆ zhan1 ▲^2
9	家 /n ◆ jia1 ▲^2	门 /n ◆ men2 ▲^2	9	满 /a ◆ man3 ▲^A1	站 /v ◆ zhan4 ▲^A1
9	教育 /v ◆ jiao4_yu4 ▲^2	受 /v ◆ shou4 ▲^1	9	猫 /n ◆ mao1 ▲^1	老 /a ◆ lao3 ▲^1
9	结构 /n ◆ jie2_gou4 ▲^1	汉字 /n ◆ han4_zi4	9	毛 /n ◆ mao2 ▲^A1	长 /v ◆ zhang3 ▲^B1
9	结晶 /n ◆ jie2_jing1 ▲^3	智慧 /n ◆ zhi4_hui4	9	矛盾 /n ◆ mao2_dun4 ▲^4	反映 /v ◆ fan3_ying4 ▲^1
9	近 /a ◆ jin4 ▲^1	看 /v ◆ kan4 ▲^1	9	玫瑰 /n ◆ mei2_gui5 ▲^1	花 /n ◆ hua1 ▲^A1
9	惊 /v ◆ jing1 ▲^1	吃 /v ◆ chi1 ▲^A6	9	美 /a ◆ mei3 ▲^A1	表现 /v ◆ biao3_xian4 ▲^1
9	井 /n ◆ jing3 ▲^A1	挖 /v ◆ wa1 ▲^1	9	门 /n ◆ men2 ▲^2	锁 /v ◆ suo3 ▲^2
9	距离 /n ◆ ju4_li2 ▲^2	远 /a ◆ yuan3 ▲^1	9	门 /n ◆ men2 ▲^2	看 /v ◆ kan4 ▲^1
9	开 /v ◆ kai1 ▲^A1	走 /v ◆ zou3 ▲^1	9	名字 /n ◆ ming2_zi5 ▲^2	叫 /v ◆ jiao4 ▲^A4
9	科学 /n ◆ ke1_xue2 ▲^1	考察 /v ◆ kao3_cha2 ▲^1	9	明白 /v ◆ ming2_bai5 ▲^4	心里 /s ◆ xin1_li5 ▲^2
9	空气 /n ◆ kong1_qi4 ▲^1	新鲜 /a ◆ xin1_xian1 ▲^3	9	摸 /v ◆ mo1 ▲^1	着 /v ◆ zhao2 ▲^4
9	快 /a ◆ kuai4 ▲^1	想 /v ◆ xiang3 ▲^1	9	目光 /n ◆ mu4_guang1 ▲^1	投向 /v ◆ tou2_xiang4
9	快 /a ◆ kuai4 ▲^1	画 /v ◆ hua4 ▲^A1	9	内心 /n ◆ nei4_xin1 ▲^A	深处 /s ◆ shen1_chu4
9	困难 /n ◆ kun4_nan5 ▲^3	遇到 /v ◆ yu4_dao4	9	难 /a ◆ nan2 ▲^1	说 /v ◆ shuo1 ▲^1
9	拉 /v ◆ la1 ▲^A4	小提琴 /n ◆ xiao3_ti2_qin2	9	努力 /a ◆ nu3_li4 ▲^2	工作 /v ◆ gong1_zuo4 ▲^1
9	来 /v ◆ lai2 ▲^A1	迟 /a ◆ chi2	9	朋友 /n ◆ peng2_you5 ▲^1	有 /v ◆ you3 ▲^1
9	劳动 /v ◆ lao2_dong4 ▲^3	创造 /v ◆ chuang4_zao4	9	朋友 /n ◆ peng2_you5 ▲^1	多 /a ◆ duo1 ▲^A1
9	老家 /n ◆ lao3_jia1 ▲^1	回 /v ◆ hui2 ▲^A2	9	披 /v ◆ pi1 ▲^1	身上 /s ◆ shen1_shang5 ▲^1
9	冷 /a ◆ leng3 ▲^1	怕 /v ◆ pa4 ▲^1	9	飘 /v ◆ piao1 ▲^1	天上 /s ◆ tian1_shang4
9	礼貌 /a ◆ li3_mao4 ▲^2	有 /v ◆ you3 ▲^5	9	平衡 /a ◆ ping2_heng2 ▲^1	生态 /n ◆ sheng1_tai4
9	历史 /n ◆ li4_shi3 ▲^1	悠久 /a ◆ you1_jiu3	9	起伏 /v ◆ qi3_fu2 ▲^1	连绵 /v ◆ lian2_mian2
9	历史 /n ◆ li4_shi3 ▲^1	成为 /v ◆ cheng2_wei2	9	枪 /n ◆ qiang1 ▲^A2	背 /v ◆ bei1 ▲^1
9	脸 /n ◆ lian3 ▲^1	白 /a ◆ bai2 ▲^A1	9	强 /a ◆ qiang2 ▲^1	能力 /n ◆ neng2_li4
9	脸 /n ◆ lian3 ▲^1	仰 /v ◆ yang3	9	清 /a ◆ qing1 ▲^A4	弄 /v ◆ nong4 ▲^2
9	脸 /n ◆ lian3 ▲^1	黑 /a ◆ hei1 ▲^1	9	清楚 /a ◆ qing1_chu5 ▲^1	记 /v ◆ ji4 ▲^1
9	脸 /n ◆ lian3 ▲^1	贴 /v ◆ tie1 ▲^A2	9	情况 /n ◆ qing2_kuang4 ▲^1	发生 /v ◆ fa1_sheng1 ▲^1
9	亮 /a ◆ liang4 ▲^1	眼睛 /n ◆ yan3_jing1	9	让 /v ◆ rang4 ▲^4	坐 /v ◆ zuo4 ▲^1
9	亮 /a ◆ liang4 ▲^1	红 /a ◆ hong2 ▲^1	9	人 /n ◆ ren2 ▲^1	现实 /n ◆ xian4_shi2 ▲^1
9	淋 /v ◆ lin2 ▲^1	雨 /n ◆ yu3	9	人 /n ◆ ren2 ▲^1	经过 /v ◆ jing1_guo4 ▲^1
9	萝卜 /n ◆ luo2_bo5 ▲^2	拔 /v ◆ ba2 ▲^1			
9	满 /a ◆ man3 ▲^A1	灌 /v ◆ guan4 ▲^2			

共现次数	节点词语	搭配词语	共现次数	节点词语	搭配词语
9	人 /n ◆ ren2 ▲ ^1	享受 /v ◆ xiang3_shou4	9	社会 /n ◆ she4_hui4 ▲ ^2	生活 /v ◆ sheng1_huo2 ▲ ^2
9	人 /n ◆ ren2 ▲ ^1	形象 /n ◆ xing2_xiang4 ▲ ^2	9	社会 /n ◆ she4_hui4 ▲ ^2	矛盾 /n ◆ mao2_dun4 ▲ ^4
9	人 /n ◆ ren2 ▲ ^1	善良 /a ◆ shan4_liang2	9	社会 /n ◆ she4_hui4 ▲ ^2	进步 /v ◆ jin4_bu4 ▲ ^1
9	人 /n ◆ ren2 ▲ ^1	咬 /v ◆ yao3 ▲ ^1	9	生活 /n ◆ sheng1_huo2 ▲ ^1	美好 /a ◆ mei3_hao3
9	人 /n ◆ ren2 ▲ ^1	感情 /n ◆ gan3_qing2 ▲ ^1	9	生活 /n ◆ sheng1_huo2 ▲ ^1	物质 /n ◆ wu4_zhi4 ▲ ^2
9	人 /n ◆ ren2 ▲ ^1	理解 /v ◆ li3_jie3	9	生活 /n ◆ sheng1_huo2 ▲ ^4	人民 /n ◆ ren2_min2
9	人 /n ◆ ren2 ▲ ^1	高兴 /a ◆ gao1_xing4 ▲ ^1	9	生机 /n ◆ sheng1_ji1 ▲ ^2	充满 /v ◆ chong1_man3 ▲ ^2
9	人 /n ◆ ren2 ▲ ^1	改变 /v ◆ gai3_bian4 ▲ ^2	9	声 /n ◆ sheng1 ▲ ^1	轻 /a ◆ qing1 ▲ ^6
9	人 /n ◆ ren2 ▲ ^1	劳动 /v ◆ lao2_dong4 ▲ ^3	9	时 /n ◆ shi2 ▲ ^1	发现 /v ◆ fa1_xian4 ▲ ^2
9	人 /n ◆ ren2 ▲ ^1	想到 /v ◆ xiang3_dao4	9	时代 /n ◆ shi2_dai4 ▲ ^1	信息 /n ◆ xin4_xi1 ▲ ^2
9	人 /n ◆ ren2 ▲ ^1	伤 /v ◆ shang1 ▲ ^2	9	事 /n ◆ shi4 ▲ ^1	没 /v ◆ mei2 ▲ ^ ★
9	人 /n ◆ ren2 ▲ ^1	找到 /v ◆ zhao3_dao4	9	事 /n ◆ shi4 ▲ ^1	来 /v ◆ lai2 ▲ ^A5
9	人 /n ◆ ren2 ▲ ^1	在 /v ◆ zai4 ▲ ^2	9	事情 /n ◆ shi4_qing5 ▲ ^1	办 /v ◆ ban4 ▲ ^1
9	人 /n ◆ ren2 ▲ ^1	成功 /a ◆ cheng2_gong1 ▲ ^2	9	手 /n ◆ shou3 ▲ ^1	老 /a ◆ lao3 ▲ ^1
9	人 /n ◆ ren2 ▲ ^1	如 /v ◆ ru2 ▲ ^A5	9	受 /v ◆ shou4 ▲ ^1	教育 /v ◆ jiao4_yu4 ▲ ^2
9	人 /n ◆ ren2 ▲ ^1	平常 /a ◆ ping2_chang2 ▲ ^1	9	受 /v ◆ shou4 ▲ ^2	压迫 /v ◆ ya1_po4 ▲ ^1
9	人 /n ◆ ren2 ▲ ^1	种 /v ◆ zhong4	9	水 /n ◆ shui3 ▲ ^1	舀 /v ◆ yao3
9	人 /n ◆ ren2 ▲ ^1	表达 /v ◆ biao3_da2	9	水 /n ◆ shui3 ▲ ^1	冲 /v ◆ chong1 ▲ ^B2
9	人 /n ◆ ren2 ▲ ^1	真 /a ◆ zhen1 ▲ ^1	9	水 /n ◆ shui3 ▲ ^1	喷 /v ◆ pen1
9	人 /n ◆ ren2 ▲ ^1	长 /v ◆ zhang3 ▲ ^B2	9	水 /n ◆ shui3 ▲ ^1	开 /v ◆ kai1 ▲ ^A14
9	人 /n ◆ ren2 ▲ ^1	难忘 /v ◆ nan2_wang4	9	说 /v ◆ shuo1 ▲ ^1	怕 /v ◆ pa4 ▲ ^3
9	人 /n ◆ ren2 ▲ ^1	道德 /n ◆ dao4_de2 ▲ ^1	9	说 /v ◆ shuo1 ▲ ^1	笑眯眯 /z ◆ xiao4_mi1_mi1
9	人 /n ◆ ren2 ▲ ^1	知识 /n ◆ zhi1_shi5 ▲ ^2	9	思想 /n ◆ si1_xiang3 ▲ ^1	哲学 /n ◆ zhe2_xue2
9	人 /n ◆ ren2 ▲ ^1	指 /v ◆ zhi3 ▲ ^3	9	随便 /a ◆ sui2_bian4 ▲ ^3	说 /v ◆ shuo1 ▲ ^1
9	人 /n ◆ ren2 ▲ ^1	灵魂 /n ◆ ling2_hun2 ▲ ^2	9	台阶 /n ◆ tai2_jie1 ▲ ^1	坐 /v ◆ zuo4 ▲ ^1
9	人 /n ◆ ren2 ▲ ^1	愉快 /a ◆ yu2_kuai4	9	疼 /a ◆ teng2 ▲ ^1	脚 /n ◆ jiao3
9	人 /n ◆ ren2 ▲ ^1	应当 /v ◆ ying1_dang1	9	听 /v ◆ ting1 ▲ ^A1	专心 /a ◆ zhuan1_xin1
9	人物 /n ◆ ren2_wu4 ▲ ^1	伟大 /a ◆ wei3_da4	9	听 /v ◆ ting1 ▲ ^A1	音乐 /n ◆ yin1_yue4
9	人物 /n ◆ ren2_wu4 ▲ ^1	代表 /n ◆ dai4_biao3 ▲ ^3	9	停 /v ◆ ting2 ▲ ^A1	下 /v ◆ xia4 ▲ ^B2
9	人物 /n ◆ ren2_wu4 ▲ ^3	刻画 /v ◆ ke4_hua4 ▲ ^2	9	挺 /v ◆ ting3 ▲ ^A2	胸脯 /n ◆ xiong1_pu2
9	人物 /n ◆ ren2_wu4 ▲ ^3	心理 /n ◆ xin1_li3 ▲ ^2	9	同学 /n ◆ tong2_xue2 ▲ ^2	学校 /n ◆ xue2_xiao4
9	日子 /n ◆ ri4_zi5 ▲ ^2	长 /a ◆ chang2 ▲ ^1	9	同学 /n ◆ tong2_xue2 ▲ ^3	女 /b ◆ nv3
9	肉 /n ◆ rou4 ▲ ^1	割 /v ◆ ge1			
9	社会 /n ◆ she4_hui4 ▲ ^2	环境 /n ◆ huan2_jing4 ▲ ^2			

共现次数	节点词语	搭配词语	共现次数	节点词语	搭配词语
9	头 /n ◆ tou2 ▲ ^1	转 /v ◆ zhuan3 ▲ ^1	9	阳光 /n ◆ yang2_guang1 ▲ ^1	明媚 /a ◆ ming2_mei4 ▲ ^1
9	外甥 /n ◆ wai4_sheng5 ▲ ^1	小 /a ◆ xiao3 ▲ ^1	9	阳光 /n ◆ yang2_guang1 ▲ ^1	照射 /v ◆ zhao4_she4
9	尾巴 /n ◆ wei3_ba5 ▲ ^1	短 /a ◆ duan3 ▲ ^1	9	艺术 /n ◆ yi4_shu4 ▲ ^1	人生 /n ◆ ren2_sheng1
9	卫星 /n ◆ wei4_xing1 ▲ ^2	发射 /v ◆ fa1_she4	9	艺术 /n ◆ yi4_shu4 ▲ ^1	伟大 /a ◆ wei3_da4
9	位置 /n ◆ wei4_zhi4 ▲ ^1	占 /v ◆ zhan4 ▲ ^1	9	艺术 /n ◆ yi4_shu4 ▲ ^1	古代 /n ◆ gu3_dai4 ▲ ^1
9	文化 /n ◆ wen2_hua4 ▲ ^1	社会 /n ◆ she4_hui4 ▲ ^2	9	艺术 /n ◆ yi4_shu4 ▲ ^1	现代 /n ◆ xian4_dai4
9	文明 /n ◆ wen2_ming2 ▲ ^1	现代 /n ◆ xian4_dai4	9	意思 /n ◆ yi4_si5 ▲ ^1	知道 /v ◆ zhi1_dao4
9	问 /v ◆ wen4 ▲ ^1	惊讶 /a ◆ jing1_ya4	9	语言 /n ◆ yu3_yan2 ▲ ^2	说 /v ◆ shuo1 ▲ ^1
9	问题 /n ◆ wen4_ti2 ▲ ^2	提出 /v ◆ ti2_chu1	9	云 /n ◆ yun2 ▲ ^B	薄 /a ◆ bao2 ▲ ^1
9	问题 /n ◆ wen4_ti2 ▲ ^2	讨论 /v ◆ tao3_lun4	9	早 /a ◆ zao3 ▲ ^4	有 /v ◆ you3 ▲ ^2
9	窝 /n ◆ wo1 ▲ ^1	做 /v ◆ zuo4 ▲ ^1	9	责任 /n ◆ ze2_ren4 ▲ ^1	有 /v ◆ you3 ▲ ^1
9	希望 /v ◆ xi1_wang4 ▲ ^1	有 /v ◆ you3 ▲ ^1	9	战士 /n ◆ zhan4_shi4 ▲ ^1	小 /a ◆ xiao3 ▲ ^1
9	鲜明 /a ◆ xian1_ming2 ▲ ^2	性格 /n ◆ xing4_ge2	9	知识 /n ◆ zhi1_shi5 ▲ ^2	积累 /v ◆ ji1_lei3 ▲ ^1
9	小孩 /n ◆ xiao3_hai2 ▲ ^1	有 /v ◆ you3 ▲ ^2	9	知识 /n ◆ zhi1_shi5 ▲ ^2	多 /a ◆ duo1 ▲ ^A1
9	笑 /v ◆ xiao4 ▲ ^1	忍 /v ◆ ren3	9	中学 /n ◆ zhong1_xue2 ▲ ^A	上 / v ◆ shang4 ▲ ^B12
9	心地 /n ◆ xin1_di4 ▲ ^1	善良 /a ◆ shan4_liang2	9	种子 /n ◆ zhong3_zi5 ▲ ^1	植物 /n ◆ zhi2_wu4
9	新 /a ◆ xin1 ▲ ^4	校舍 /n ◆ xiao4_she4	9	主流 /n ◆ zhu3_liu2 ▲ ^2	世界 /n ◆ shi4_jie4 ▲ ^3
9	信 /n ◆ xin4 ▲ ^A7	念 /v ◆ nian4 ▲ ^B1	9	住 /v ◆ zhu4 ▲ ^3	夹 /v ◆ jia1 ▲ ^1
9	信息 /n ◆ xin4_xi1 ▲ ^2	时代 /n ◆ shi2_dai4 ▲ ^1	9	抓 /v ◆ zhua1 ▲ ^3	住 /v ◆ zhu4 ▲ ^3
9	形象 /a ◆ xing2_xiang4 ▲ ^3	生动 /a ◆ sheng1_dong4	9	追求 /v ◆ zhui1_qiu2 ▲ ^1	真理 /n ◆ zhen1_li3
9	形象 /n ◆ xing2_xiang4 ▲ ^2	生动 /a ◆ sheng1_dong4	9	准 /a ◆ zhun3 ▲ ^B3	说 /v ◆ shuo1 ▲ ^1
9	形象 /n ◆ xing2_xiang4 ▲ ^2	思维 /n ◆ si1_wei2 ▲ ^1	9	着 /v ◆ zhao2 ▲ ^4	摸 /v ◆ mo1 ▲ ^1
9	修辞 /n ◆ xiu1_ci2 ▲ ^2	手法 /n ◆ shou3_fa3 ▲ ^1	9	字 /n ◆ zi4 ▲ ^1	签 /v ◆ qian1 ▲ ^A1
9	需要 /n ◆ xu1_yao4 ▲ ^2	满足 /v ◆ man3_zu2 ▲ ^2	9	走 /v ◆ zou3 ▲ ^1	开 /v ◆ kai1 ▲ ^A1
9	学生 /n ◆ xue2_sheng5 ▲ ^1	班 /n ◆ ban1 ▲ ^1	9	走 /v ◆ zou3 ▲ ^5	带 /v ◆ dai4 ▲ ^B6
9	学习 /v ◆ xue2_xi2 ▲ ^1	过程 /n ◆ guo4_cheng2	9	走 /v ◆ zou3 ▲ ^8	过 /v ◆ guo4 ▲ ^1
9	研究 /v ◆ yan2_jiu1 ▲ ^1	成果 /n ◆ cheng2_guo3	9	嘴巴 /n ◆ zui3_ba5 ▲ ^2	长 /a ◆ chang2 ▲ ^1
9	眼 /n ◆ yan3 ▲ ^1	瞪 /v ◆ deng4 ▲ ^1	8	报告 /n ◆ bao4_gao4 ▲ ^2	学术 /n ◆ xue2_shu4
			8	比较 /v ◆ bi3_jiao4 ▲ ^1	加以 /v ◆ jia1_yi3 ▲ ^1
			8	笔 /n ◆ bi3 ▲ ^1	起 /v ◆ qi3 ▲ ^A1
			8	笔画 /n ◆ bi3_hua4 ▲ ^1	汉字 /n ◆ han4_zi4

共现次数	节点词语	搭配词语	共现次数	节点词语	搭配词语
8	标准/n◆biao1_zhun3 ▲^1	国家/n◆guo2_jia1 ▲^2	8	对面/n◆dui4_mian4 ▲^1	坐/v◆zuo4 ▲^1
8	病/n◆bing4 ▲^1	治/v◆zhi4 ▲^4	8	多/a◆duo1 ▲^A1	加/v◆jia1 ▲^2
8	玻璃/n◆bo1_li5 ▲^1	片/n◆pian4 ▲^1	8	多/a◆duo1 ▲^A1	画/v◆hua4 ▲^A1
8	菜/n◆cai4 ▲^3	买/v◆mai3	8	多/a◆duo1 ▲^A1	特别/a◆te4_bie2 ▲^1
8	草/n◆cao3 ▲^A1	拔/v◆ba2 ▲^1	8	多/a◆duo1 ▲^A1	学/v◆xue2 ▲^1
8	撑/v◆cheng1 ▲^4	伞/n◆san3	8	多/a◆duo1 ▲^A1	想/v◆xiang3 ▲^1
8	成就/n◆cheng2_jiu4 ▲^1	艺术/n◆yi4_shu4 ▲^1	8	发生/v◆fa1_sheng1 ▲^1	事件/n◆shi4_jian4
8	乘/v◆cheng2 ▲^A1	汽车/n◆qi4_che1	8	发现/v◆fa1_xian4 ▲^1	观察/v◆guan1_cha2
8	吃/v◆chi1 ▲^A1	少/a◆shao3 ▲^1	8	发现/v◆fa1_xian4 ▲^1	仔细/a◆zi3_xi4 ▲^1
8	打/v◆da3 ▲^A1	雨/n◆yu3	8	放/v◆fang4 ▲^1	开/v◆kai1 ▲^A1
8	打/v◆da3 ▲^A9	草鞋/n◆cao3_xie2	8	分/v◆fen1 ▲^2	给/v◆gei3 ▲^1
8	大/n◆da4 ▲^A2	长/v◆zhang3 ▲^B1	8	风/n◆feng1 ▲^1	停/v◆ting2 ▲^A1
8	大/n◆da4 ▲^A2	学者/n◆xue2_zhe3	8	风格/n◆feng1_ge2 ▲^2	独特/a◆du2_te4
8	大/n◆da4 ▲^A2	帮助/v◆bang1_zhu4	8	感觉/n◆gan3_jue2 ▲^1	给/v◆gei3 ▲^2
8	大/n◆da4 ▲^A2	片/n◆pian4 ▲^1	8	高/a◆gao1 ▲^1	看/v◆kan4 ▲^1
8	代表/n◆dai4_biao3 ▲^2	签字/v◆qian1_zi4	8	个人/n◆ge4_ren2 ▲^1	历史/n◆li4_shi3 ▲^1
8	带/v◆dai4 ▲^B6	走/v◆zou3 ▲^1	8	个性/n◆ge4_xing4 ▲^1	鲜明/a◆xian1_ming2 ▲^2
8	蛋/n◆dan4 ▲^1	下/v◆xia4 ▲^B11	8	个子/n◆ge4_zi5 ▲^1	小/a◆xiao3 ▲^1
8	倒/v◆dao3 ▲^A1	醉/v◆zui4 ▲^1	8	给/v◆gei3 ▲^1	发/v◆fa1 ▲^1
8	道/v◆dao4 ▲^C3	解释/v◆jie3_shi4 ▲^2	8	工具/n◆gong1_ju4 ▲^2	人类/n◆ren2_lei4
8	道/v◆dao4 ▲^C3	笑/v◆xiao4 ▲^1	8	工作/n◆gong1_zuo4 ▲^2	进行/v◆jin4_xing2 ▲^1
8	道路/n◆dao4_lu4 ▲^1	人生/n◆ren2_sheng1	8	贡献/n◆gong4_xian4 ▲^2	重大/a◆zhong4_da4
8	地/◆di4 ▲^2	落/v◆luo4 ▲^1	8	故事/n◆gu4_shi5 ▲^1	多/a◆duo1 ▲^A1
8	地方/n◆di4_fang1 ▲^1	找/v◆zhao3 ▲^A	8	故事/n◆gu4_shi5 ▲^1	有趣/a◆you3_qu4
8	地方/n◆di4_fang5 ▲^1	到/v◆dao4 ▲^2	8	故事/n◆gu4_shi5 ▲^1	编/v◆bian1 ▲^4
8	定/◆ding4 ▲^1	站/v◆zhan4 ▲^A1	8	故事/n◆gu4_shi5 ▲^1	流传/v◆liu2_chuan2
8	东西/n◆dong1_xi5 ▲^1	小/a◆xiao3 ▲^1	8	故事/n◆gu4_shi5 ▲^2	人物/n◆ren2_wu4 ▲^3
8	东西/n◆dong1_xi5 ▲^1	想/v◆xiang3 ▲^1	8	关系/n◆guan1_xi4 ▲^1	条件/n◆tiao2_jian4 ▲^1
8	东西/n◆dong1_xi5 ▲^1	给/v◆gei3 ▲^1	8	关系/n◆guan1_xi4 ▲^1	文学/n◆wen2_xue2
8	东西/n◆dong1_xi5 ▲^2	带/v◆dai4 ▲^B1			
8	东西/n◆dong1_xi5 ▲^2	学/v◆xue2 ▲^1			
8	豆/n◆dou4 ▲^B1	剥/v◆bao1			
8	肚子/n◆du4_zi5 ▲^1	满/a◆man3 ▲^A4			
8	渡/v◆du4 ▲^1	抢/v◆qiang3 ▲^A2			

共现次数	节点词语	搭配词语
8	光/n ◆ guang1 ▲^1	强烈/a ◆ qiang2_lie4 ▲^1
8	光/n ◆ guang1 ▲^1	绿/a ◆ lv4
8	规范/a ◆ gui1_fan4 ▲^2	汉字/n ◆ han4_zi4
8	轨道/n ◆ gui3_dao4 ▲^3	进入/v ◆ jin4_ru4
8	国家/n ◆ guo2_jia1 ▲^2	主席/n ◆ zhu3_xi2 ▲^2
8	孩子/n ◆ hai2_zi5 ▲^1	没/v ◆ mei2 ▲^★
8	孩子/n ◆ hai2_zi5 ▲^1	亲爱/b ◆ qin1_ai4
8	孩子/n ◆ hai2_zi5 ▲^1	顽皮/a ◆ wan2_pi2
8	孩子/n ◆ hai2_zi5 ▲^1	聪明/a ◆ cong1_ming2
8	孩子/n ◆ hai2_zi5 ▲^1	话/n ◆ hua4 ▲^1
8	好/a ◆ hao3 ▲^1	找/v ◆ zhao3 ▲^A
8	好/a ◆ hao3 ▲^1	算/v ◆ suan4 ▲^5
8	好/a ◆ hao3 ▲^1	工作/v ◆ gong1_zuo4 ▲^1
8	好/a ◆ hao3 ▲^5	医/v ◆ yi1 ▲^3
8	好/a ◆ hao3 ▲^7	收拾/v ◆ shou1_shi5 ▲^1
8	好/a ◆ hao3 ▲^7	作/v ◆ zuo4 ▲^2
8	好/a ◆ hao3 ▲^7	排/v ◆ pai2 ▲^A1
8	喝/v ◆ he1 ▲^A1	毒药/n ◆ du2_yao4
8	喝/v ◆ he1 ▲^A1	完/v ◆ wan2 ▲^3
8	喝/v ◆ he1 ▲^A2	酒/n ◆ jiu3
8	红/a ◆ hong2 ▲^1	穿/v ◆ chuan1 ▲^5
8	红/a ◆ hong2 ▲^1	眼圈/n ◆ yan3_quan1
8	花/n ◆ hua1 ▲^A2	开/v ◆ kai1 ▲^A3
8	话/n ◆ hua4 ▲^1	轻/a ◆ qing1 ▲^6
8	话/n ◆ hua4 ▲^1	对/a ◆ dui4 ▲^10
8	环境/n ◆ huan2_jing4 ▲^2	社会/n ◆ she4_hui4 ▲^2
8	环境/n ◆ huan2_jing4 ▲^2	生存/v ◆ sheng1_cun2
8	活动/n ◆ huo2_dong4 ▲^5	开展/v ◆ kai1_zhan3 ▲^A1
8	活动/n ◆ huo2_dong4 ▲^5	社会/n ◆ she4_hui4 ▲^2
8	基础/n ◆ ji1_chu3 ▲^2	奠定/v ◆ dian4_ding4
8	技术/n ◆ ji4_shu4 ▲^1	发展/v ◆ fa1_zhan3 ▲^1
8	技术/n ◆ ji4_shu4 ▲^1	先进/a ◆ xian1_jin4 ▲^1
8	家伙/n ◆ jia1_huo5 ▲^2	老/a ◆ lao3 ▲^1
8	角度/n ◆ jiao3_du4 ▲^2	研究/v ◆ yan2_jiu1 ▲^1
8	教育/n ◆ jiao4_yu4 ▲^1	义务/b ◆ yi4_wu4 ▲^3
8	结构/n ◆ jie2_gou4 ▲^1	故事/n ◆ gu4_shi5 ▲^1
8	解放/v ◆ jie3_fang4 ▲^1	人民/n ◆ ren2_min2
8	借/v ◆ jie4 ▲^A1	书/n ◆ shu1
8	借款/v ◆ jie4_kuan3 ▲^1	合同/n ◆ he2_tong2
8	紧/a ◆ jin3 ▲^4	看/v ◆ kan4 ▲^1
8	精神/n ◆ jing1_shen2 ▲^1	年轻/a ◆ nian2_qing1 ▲^1
8	净/a ◆ jing4 ▲^A1	洗/v ◆ xi3 ▲^1
8	境界/n ◆ jing4_jie4 ▲^2	高/a ◆ gao1 ▲^4
8	境界/n ◆ jing4_jie4 ▲^2	自然/n ◆ zi4_ran2 ▲^1
8	镜子/n ◆ jing4_zi5 ▲^1	照/v ◆ zhao4 ▲^2
8	究竟/n ◆ jiu1_jing4 ▲^1	看/v ◆ kan4 ▲^1
8	具体/a ◆ ju4_ti3 ▲^1	事实/n ◆ shi4_shi2
8	距离/n ◆ ju4_li2 ▲^2	缩短/v ◆ suo1_duan3
8	开/v ◆ kai1 ▲^A1	放/v ◆ fang4 ▲^1
8	看/v ◆ kan4 ▲^1	偷/v ◆ tou1 ▲^1
8	看/v ◆ kan4 ▲^1	出神/v ◆ chu1_shen2
8	看守/v ◆ kan1_shou3 ▲^2	人员/n ◆ ren2_yuan2
8	科学/n ◆ ke1_xue2 ▲^1	发现/v ◆ fa1_xian4 ▲^1
8	科学/n ◆ ke1_xue2 ▲^1	伟大/a ◆ wei3_da4
8	科学/n ◆ ke1_xue2 ▲^1	生命/n ◆ sheng1_ming4
8	可能/n ◆ ke3_neng2 ▲^2	尽/v ◆ jin4 ▲^4
8	刻/v ◆ ke4 ▲^1	记号/n ◆ ji4_hao4
8	刻苦/a ◆ ke4_ku3 ▲^1	钻研/v ◆ zuan1_yan2
8	课/n ◆ ke4 ▲^A2	上/v ◆ shang4 ▲^B12
8	孔/n ◆ kong3 ▲^1	小/a ◆ xiao3 ▲^1
8	口/n ◆ kou3 ▲^5	大门/n ◆ da4_men2
8	口袋/n ◆ kou3_dai5 ▲^1	装/v ◆ zhuang1 ▲^B1

共现次数	节点词语	搭配词语	共现次数	节点词语	搭配词语
8	口袋/n ◆ kou3_dai5 ▲^2	掏/v ◆ tao1 ▲^1	8	皮/n ◆ pi2 ▲^1	换/v ◆ huan4 ▲^2
8	快/a ◆ kuai4 ▲^1	叫/v ◆ jiao4 ▲^B1	8	葡萄/n ◆ pu2_tao2 ▲^2	酸/a ◆ suan1 ▲^A2
8	快/a ◆ kuai4 ▲^1	多/a ◆ duo1 ▲^A1	8	气候/n ◆ qi4_hou4 ▲^1	变化/v ◆ bian4_hua4
8	快/a ◆ kuai4 ▲^1	飞/v ◆ fei1 ▲^2	8	钱/n ◆ qian2 ▲^A2	多/a ◆ duo1 ▲^A1
8	浪花/n ◆ lang4_hua1 ▲^1	溅/v ◆ jian4	8	钱/n ◆ qian2 ▲^A2	卖/v ◆ mai4 ▲^1
8	劳动/n ◆ lao2_dong4 ▲^1	人民/n ◆ ren2_min2	8	钱/n ◆ qian2 ▲^A4	挣/v ◆ zheng4 ▲^B
8	劳动/v ◆ lao2_dong4 ▲^3	智慧/n ◆ zhi4_hui4	8	钱/n ◆ qian2 ▲^A4	还/v ◆ huan2 ▲^2
8	历史/n ◆ li4_shi3 ▲^1	有/v ◆ you3 ▲^3	8	枪/n ◆ qiang1 ▲^A2	带/v ◆ dai4 ▲^B1
8	例/n ◆ li4 ▲^1	举/v ◆ ju3 ▲^7	8	琴/n ◆ qin2 ▲^2	拉/v ◆ la1 ▲^A4
8	脸/n ◆ lian3 ▲^1	年轻/a ◆ nian2_qing1 ▲^1	8	轻/a ◆ qing1 ▲^6	笑/v ◆ xiao4 ▲^1
8	脸/n ◆ lian3 ▲^1	笑/v ◆ xiao4 ▲^1	8	轻/a ◆ qing1 ▲^6	放/v ◆ fang4 ▲^15
8	脸/n ◆ lian3 ▲^1	瘦/a ◆ shou4 ▲^1	8	清楚/a ◆ qing1_chu5 ▲^1	听/v ◆ ting1 ▲^A1
8	脸/n ◆ lian3 ▲^1	通红/z ◆ tong1_hong2	8	情况/n ◆ qing2_kuang4 ▲^1	了解/v ◆ liao3_jie3 ▲^1
8	流/v ◆ liu2 ▲^A1	泪/n ◆ lei4	8	人/n ◆ ren2 ▲^1	不知/v ◆ bu4_zhi1
8	流/v ◆ liu2 ▲^A1	汗/n ◆ han4	8	人/n ◆ ren2 ▲^1	造/v ◆ zao4 ▲^A1
8	楼/n ◆ lou2 ▲^2	上/v ◆ shang4 ▲^B1	8	人/n ◆ ren2 ▲^1	背/v ◆ bei1 ▲^1
8	卵/n ◆ luan3 ▲^3	生/v ◆ sheng1 ▲^A1	8	人/n ◆ ren2 ▲^1	能力/n ◆ neng2_li4
8	落/v ◆ luo4 ▲^1	滴/v ◆ di1 ▲^1	8	人/n ◆ ren2 ▲^1	样子/n ◆ yang4_zi5 ▲^2
8	妈妈/n ◆ ma1_ma5 ▲^1	亲爱/b ◆ qin1_ai4	8	人/n ◆ ren2 ▲^1	发现/v ◆ fa1_xian4 ▲^2
8	妈妈/n ◆ ma1_ma5 ▲^1	好/a ◆ hao3 ▲^1	8	人/n ◆ ren2 ▲^1	作为/v ◆ zuo4_wei2 ▲^B1
8	骂/v ◆ ma4 ▲^1	挨/v ◆ ai1 ▲^1	8	人/n ◆ ren2 ▲^1	正直/a ◆ zheng4_zhi2
8	卖/v ◆ mai4 ▲^1	掉/v ◆ diao4 ▲^A5	8	人/n ◆ ren2 ▲^1	勇敢/a ◆ yong3_gan3
8	满/a ◆ man3 ▲^A1	放/v ◆ fang4 ▲^13	8	人/n ◆ ren2 ▲^1	停/v ◆ ting2 ▲^A1
8	满/a ◆ man3 ▲^A1	爬/v ◆ pa2 ▲^2	8	人/n ◆ ren2 ▲^1	经验/n ◆ jing1_yan4 ▲^1
8	美/a ◆ mei3 ▲^A1	比/v ◆ bi3 ▲^A1	8	人/n ◆ ren2 ▲^1	不幸/a ◆ bu4_xing4 ▲^1
8	密度/n ◆ mi4_du4 ▲^2	临界/b ◆ lin2_jie4	8	人/n ◆ ren2 ▲^1	听说/v ◆ ting1_shuo1 ▲^1
8	民族/n ◆ min2_zu2 ▲^2	语言/n ◆ yu3_yan2 ▲^1	8	人/n ◆ ren2 ▲^1	研究/v ◆ yan2_jiu1 ▲^1
8	名/n ◆ ming2 ▲^1	叫/v ◆ jiao4 ▲^A4	8	人/n ◆ ren2 ▲^1	感觉/v ◆ gan3_jue2 ▲^1
8	名字/n ◆ ming2_zi5 ▲^1	起/v ◆ qi3 ▲^A8	8	人/n ◆ ren2 ▲^1	发出/v ◆ fa1_chu1 ▲^1
8	名字/n ◆ ming2_zi5 ▲^1	写/v ◆ xie3 ▲^1	8	人/n ◆ ren2 ▲^1	提到/v ◆ ti2_dao4
8	明白/v ◆ ming2_bai5 ▲^4	弄/v ◆ nong4 ▲^2	8	人/n ◆ ren2 ▲^1	高尚/a ◆ gao1_shang4 ▲^1
8	拿/v ◆ na2 ▲^1	走/v ◆ zou3 ▲^5	8	人/n ◆ ren2 ▲^1	著名/a ◆ zhu4_ming2
8	内心/n ◆ nei4_xin1 ▲^A	独白/n ◆ du2_bai2	8	人/n ◆ ren2 ▲^1	了解/v ◆ liao3_jie3 ▲^1
8	朋友/n ◆ peng2_you5 ▲^1	好/a ◆ hao3 ▲^1	8	人/n ◆ ren2 ▲^1	担心/v ◆ dan1_xin1

157

共现次数	节点词语	搭配词语	共现次数	节点词语	搭配词语
8	人 /n ◆ ren2 ▲ ^1	羡慕 /v ◆ xian4_mu4	8	身子 /n ◆ shen1_zi5 ▲ ^1	探 /v ◆ tan4 ▲ ^4
8	人 /n ◆ ren2 ▲ ^1	怕 /v ◆ pa4 ▲ ^3	8	生活 /n ◆ sheng1_huo2 ▲ ^1	享受 /v ◆ xiang3_shou4
8	人 /n ◆ ren2 ▲ ^1	拖 /v ◆ tuo1 ▲ ^1	8	生活 /n ◆ sheng1_huo2 ▲ ^1	故事 /n ◆ gu4_shi5 ▲ ^1
8	人 /n ◆ ren2 ▲ ^1	快乐 /a ◆ kuai4_le4	8	生活 /n ◆ sheng1_huo2 ▲ ^1	共同 /b ◆ gong4_tong2 ▲ ^1
8	人 /n ◆ ren2 ▲ ^1	骑 /v ◆ qi2	8	生活 /n ◆ sheng1_huo2 ▲ ^1	真实 /a ◆ zhen1_shi2
8	人 /n ◆ ren2 ▲ ^1	沉默 /a ◆ chen2_mo4 ▲ ^1	8	生活 /n ◆ sheng1_huo2 ▲ ^1	个人 /n ◆ ge4_ren2 ▲ ^1
8	人 /n ◆ ren2 ▲ ^1	动作 /n ◆ dong4_zuo4 ▲ ^1	8	生活 /n ◆ sheng1_huo2 ▲ ^1	家庭 /n ◆ jia1_ting2
8	人 /n ◆ ren2 ▲ ^1	请 /v ◆ qing3 ▲ ^2	8	生活 /n ◆ sheng1_huo2 ▲ ^1	体验 /v ◆ ti3_yan4
8	人 /n ◆ ren2 ▲ ^1	热爱 /v ◆ re4_ai4	8	声 /n ◆ sheng1 ▲ ^1	小 /a ◆ xiao3 ▲ ^1
8	人 /n ◆ ren2 ▲ ^1	过去 /v ◆ guo4_qu4 ▲ ^1	8	声 /n ◆ sheng1 ▲ ^1	喊 /v ◆ han3 ▲ ^1
8	人 /n ◆ ren2 ▲ ^1	排 /v ◆ pai2 ▲ ^A1	8	声 /n ◆ sheng1 ▲ ^1	传 /v ◆ chuan2 ▲ ^3
8	人 /n ◆ ren2 ▲ ^1	爬 /v ◆ pa2 ▲ ^2	8	胜利 /v ◆ sheng4_li4 ▲ ^1	取得 /v ◆ qu3_de2
8	人 /n ◆ ren2 ▲ ^1	叫 /v ◆ jiao4 ▲ ^A1	8	时间 /n ◆ shi2_jian1 ▲ ^1	多 /a ◆ duo1 ▲ ^A1
8	人 /n ◆ ren2 ▲ ^1	感受 /v ◆ gan3_shou4 ▲ ^1	8	事 /n ◆ shi4 ▲ ^1	好 /a ◆ hao3 ▲ ^1
8	人 /n ◆ ren2 ▲ ^1	懂得 /v ◆ dong3_de5	8	事 /n ◆ shi4 ▲ ^1	写 /v ◆ xie3 ▲ ^2
8	人 /n ◆ ren2 ▲ ^1	存在 /v ◆ cun2_zai4 ▲ ^1	8	事 /n ◆ shi4 ▲ ^1	有趣 /a ◆ you3_qu4
8	人 /n ◆ ren2 ▲ ^1	指 /v ◆ zhi3 ▲ ^6	8	事 /n ◆ shi4 ▲ ^1	重要 /a ◆ zhong4_yao4
8	人 /n ◆ ren2 ▲ ^1	语言 /n ◆ yu3_yan2 ▲ ^1	8	事 /n ◆ shi4 ▲ ^1	快乐 /a ◆ kuai4_le4
8	人 /n ◆ ren2 ▲ ^1	吃惊 /v ◆ chi1_jing1	8	事情 /n ◆ shi4_qing5 ▲ ^1	干 /v ◆ gan4 ▲ ^B1
8	人 /n ◆ ren2 ▲ ^1	窒息 /v ◆ zhi4_xi1	8	事业 /n ◆ shi4_ye4 ▲ ^1	革命 /v ◆ ge2_ming4 ▲ ^1
8	人 /n ◆ ren2 ▲ ^2	逗 /v ◆ dou4 ▲ ^A2	8	事业 /n ◆ shi4_ye4 ▲ ^1	建设 /v ◆ jian4_she4
8	人 /n ◆ ren2 ▲ ^2	一般 /a ◆ yi1_ban1 ▲ ^3	8	手 /n ◆ shou3 ▲ ^1	挽 /v ◆ wan3 ▲ ^A1
8	人 /n ◆ ren2 ▲ ^1	产生 /v ◆ chan3_sheng1	8	手 /n ◆ shou3 ▲ ^1	搭 /v ◆ da1 ▲ ^2
8	人 /n ◆ ren2 ▲ ^2	等 /v ◆ deng3 ▲ ^B1	8	手 /n ◆ shou3 ▲ ^1	按 /v ◆ an4 ▲ ^A1
8	人 /n ◆ ren2 ▲ ^4	走 /v ◆ zou3 ▲ ^1	8	受 /v ◆ shou4 ▲ ^1	影响 /v ◆ ying3_xiang3 ▲ ^1
8	人 /n ◆ ren2 ▲ ^4	写 /v ◆ xie3 ▲ ^1	8	树 /n ◆ shu4 ▲ ^1	长 /v ◆ zhang3 ▲ ^B2
8	人 /n ◆ ren2 ▲ ^5	叫 /v ◆ jiao4 ▲ ^B1	8	树 /n ◆ shu4 ▲ ^1	美丽 /a ◆ mei3_li4
8	人 /n ◆ ren2 ▲ ^5	受 /v ◆ shou4 ▲ ^2	8	水 /n ◆ shui3 ▲ ^1	浸 /v ◆ jin4 ▲ ^1
8	人物 /n ◆ ren2_wu4 ▲ ^3	发展 /v ◆ fa1_zhan3 ▲ ^1	8	水 /n ◆ shui3 ▲ ^1	靠 /v ◆ kao4 ▲ ^A1
8	人物 /n ◆ ren2_wu4 ▲ ^3	冲突 /v ◆ chong1_tu1 ▲ ^1	8	水 /n ◆ shui3 ▲ ^1	出 /v ◆ chu1 ▲ ^A1
8	认真 /a ◆ ren4_zhen1 ▲ ^2	做 /v ◆ zuo4 ▲ ^3	8	水 /n ◆ shui3 ▲ ^1	取 /v ◆ qu3 ▲ ^1
8	散文 /n ◆ san3_wen2 ▲ ^2	回忆 /v ◆ hui2_yi4	8	水 /n ◆ shui3 ▲ ^1	滴 /v ◆ di1 ▲ ^1
8	山 /n ◆ shan1 ▲ ^1	下 /v ◆ xia4 ▲ ^B1	8	水平 /n ◆ shui3_ping2 ▲ ^2	高 /a ◆ gao1 ▲ ^4
8	社会 /n ◆ she4_hui4 ▲ ^1	封建 /a ◆ feng1_jian4 ▲ ^3	8	说 /v ◆ shuo1 ▲ ^1	感激 /v ◆ gan3_ji1
8	身子 /n ◆ shen1_zi5 ▲ ^1	侧 /v ◆ ce4 ▲ ^2			

共现次数	节点词语	搭配词语	共现次数	节点词语	搭配词语
8	说法 /n ◆ shuo1_fa3 ▲^2	有 /v ◆ you3 ▲^2	8	香 /a ◆ xiang1 ▲^4	睡 /v ◆ shui4
8	思维 /n ◆ si1_wei2 ▲^1	形象 /n ◆ xing2_xiang4 ▲^2	8	效果 /n ◆ xiao4_guo3 ▲^1	取得 /v ◆ qu3_de2
8	思想 /v ◆ si1_xiang3 ▲^3	文学 /n ◆ wen2_xue2	8	心 /n ◆ xin1 ▲^1	跳 /v ◆ tiao4 ▲^3
8	死 /v ◆ si3 ▲^1	撞 /v ◆ zhuang4 ▲^1	8	心 /n ◆ xin1 ▲^2	想 /v ◆ xiang3 ▲^1
8	死 /v ◆ si3 ▲^1	想 /v ◆ xiang3 ▲^1	8	欣赏 /v ◆ xin1_shang3 ▲^1	文学 /n ◆ wen2_xue2
8	碎 /v ◆ sui4 ▲^1	打 /v ◆ da3 ▲^A2	8	欣赏 /v ◆ xin1_shang3 ▲^1	诗歌 /n ◆ shi1_ge1
8	太阳 /n ◆ tai4_yang2 ▲^1	红 /a ◆ hong2 ▲^1	8	新 /a ◆ xin1 ▲^1	书 /n ◆ shu1
8	太阳 /n ◆ tai4_yang2 ▲^1	落 /v ◆ luo4 ▲^2	8	新 /a ◆ xin1 ▲^1	学 /v ◆ xue2 ▲^1
8	天 /n ◆ tian1 ▲^1	亮 /v ◆ liang4 ▲^2	8	新 /a ◆ xin1 ▲^1	课文 /n ◆ ke4_wen2
8	天气 /n ◆ tian1_qi4 ▲^1	炎热 /a ◆ yan2_re4	8	新 /a ◆ xin1 ▲^4	换 /v ◆ huan4 ▲^2
8	天气 /n ◆ tian1_qi4 ▲^1	凉 /a ◆ liang2 ▲^1	8	学问 /n ◆ xue5_wen5 ▲^2	有 /v ◆ you3 ▲^2
8	甜 /a ◆ tian2 ▲^2	笑 /v ◆ xiao4 ▲^1	8	学习 /v ◆ xue2_xi2 ▲^1	综合 /v ◆ zong1_he2 ▲^2
8	条件 /n ◆ tiao2_jian4 ▲^1	关系 /n ◆ guan1_xi4 ▲^1	8	烟 /n ◆ yan1 ▲^5	点 /v ◆ dian3 ▲^A19
8	头 /n ◆ tou2 ▲^1	扭 /v ◆ niu3 ▲^1	8	研究 /v ◆ yan2_jiu1 ▲^1	动物 /n ◆ dong4_wu4
8	头 /n ◆ tou2 ▲^1	红 /a ◆ hong2 ▲^1	8	颜色 /n ◆ yan2_se4 ▲^1	红 /a ◆ hong2 ▲^1
8	头 /n ◆ tou2 ▲^1	抱 /v ◆ bao4 ▲^A1	8	颜色 /n ◆ yan2_se4 ▲^1	绿 /a ◆ lv4
8	头 /n ◆ tou2 ▲^1	满 /a ◆ man3 ▲^A4	8	颜色 /n ◆ yan2_se4 ▲^1	黄 /a ◆ huang2 ▲^A1
8	头 /n ◆ tou2 ▲^1	侧 /v ◆ ce4 ▲^2	8	眼 /n ◆ yan3 ▲^1	合 /v ◆ he2 ▲^A1
8	土地 /n ◆ tu3_di4 ▲^1	肥沃 /a ◆ fei2_wo4	8	眼 /n ◆ yan3 ▲^1	闪 /v ◆ shan3 ▲^6
8	腿 /n ◆ tui3 ▲^1	伸 /v ◆ shen1	8	腰 /n ◆ yao1 ▲^1	伸 /v ◆ shen1
8	微笑 /v ◆ wei1_xiao4 ▲^1	带 /v ◆ dai4 ▲^B3	8	爷爷 /n ◆ ye2_ye5 ▲^1	看 /v ◆ kan4 ▲^1
8	桅杆 /n ◆ wei2_gan1 ▲^1	爬 /v ◆ pa2 ▲^2	8	夜 /n ◆ ye4 ▲^1	整 /a ◆ zheng3 ▲^1
8	温暖 /a ◆ wen1_nuan3 ▲^1	感到 /v ◆ gan3_dao4	8	艺术 /n ◆ yi4_shu4 ▲^1	传统 /n ◆ chuan2_tong3 ▲^1
8	文章 /n ◆ wen2_zhang1 ▲^1	读 /v ◆ du2 ▲^2	8	艺术 /n ◆ yi4_shu4 ▲^1	新 /a ◆ xin1 ▲^1
8	文章 /n ◆ wen2_zhang1 ▲^2	多 /a ◆ duo1 ▲^A1	8	艺术 /n ◆ yi4_shu4 ▲^1	西方 /s ◆ xi1_fang1 ▲^1
8	问 /v ◆ wen4 ▲^1	亲切 /a ◆ qin1_qie4 ▲^2	8	艺术 /n ◆ yi4_shu4 ▲^1	创作 /v ◆ chuang4_zuo4 ▲^1
8	问题 /n ◆ wen4_ti2 ▲^1	有 /v ◆ you3 ▲^2	8	艺术 /n ◆ yi4_shu4 ▲^1	影视 /n ◆ ying3_shi4
8	戏剧 /n ◆ xi4_ju4 ▲^1	人物 /n ◆ ren2_wu4 ▲^3	8	意思 /n ◆ yi4_si5 ▲^1	字 /n ◆ zi4 ▲^1
8	系 /v ◆ xi4 ▲^A6	绳子 /n ◆ sheng2_zi5	8	意思 /n ◆ yi4_si5 ▲^1	明白 /v ◆ ming2_bai5 ▲^4
8	先生 /n ◆ xian1_sheng5 ▲^2	洋 /b ◆ yang2 ▲^4	8	因果 /n ◆ yin1_guo3 ▲^1	关系 /n ◆ guan1_xi4 ▲^2
8	线 /n ◆ xian4 ▲^1	白 /a ◆ bai2 ▲^A1	8	印 /v ◆ yin4 ▲^3	书 /n ◆ shu1
8	相 /n ◆ xiang4 ▲^★	照 /v ◆ zhao4 ▲^3	8	影响 /n ◆ ying3_xiang3 ▲^2	后世 /n ◆ hou4_shi4 ▲^1

共现次数	节点词语	搭配词语
8	影响/v ◆ ying3_xiang3 ▲^1	有/v ◆ you3 ▲^5
8	宇宙/n ◆ yu3_zhou4 ▲^1	空间/n ◆ kong1_jian1
8	语法/n ◆ yu3_fa3 ▲^1	词/n ◆ ci2 ▲^3
8	语文/n ◆ yu3_wen2 ▲^2	书/n ◆ shu1
8	语言/n ◆ yu3_yan2 ▲^1	学习/v ◆ xue2_xi2 ▲^1
8	语言/n ◆ yu3_yan2 ▲^1	社会/n ◆ she4_hui4 ▲^2
8	语言/n ◆ yu3_yan2 ▲^1	官方/n ◆ guan1_fang1
8	原始/a ◆ yuan2_shi3 ▲^2	森林/n ◆ sen1_lin2
8	远/a ◆ yuan3 ▲^1	走/v ◆ zou3 ▲^5
8	远/a ◆ yuan3 ▲^3	超过/v ◆ chao1_guo4 ▲^2
8	早/a ◆ zao3 ▲^4	起/ ◆ qi3 ▲^A1
8	找/v ◆ zhao3 ▲^A	着/v ◆ zhao2 ▲^4
8	真/a ◆ zhen1 ▲^1	有/v ◆ you3 ▲^2
8	知识/n ◆ zhi1_shi5 ▲^2	科技/n ◆ ke1_ji4
8	纸/n ◆ zhi3 ▲^1	红/a ◆ hong2 ▲^1
8	中/f ◆ zhong1 ▲^10	比赛/v ◆ bi3_sai4 ▲^1
8	种子/n ◆ zhong3_zi5 ▲^1	播/v ◆ bo1 ▲^2
8	皱/v ◆ zhou4 ▲^2	眉/n ◆ mei2
8	主义/n ◆ zhu3_yi4 ▲^1	象征/v ◆ xiang4_zheng1 ▲^1
8	住/v ◆ zhu4 ▲^3	止/v ◆ zhi3 ▲^2
8	住/v ◆ zhu4 ▲^3	掩/v ◆ yan3 ▲^1
8	住/v ◆ zhu4 ▲^3	裹/v ◆ guo3 ▲^1
8	追/v ◆ zhui1 ▲^1	上/v ◆ shang4 ▲^B1
8	准/a ◆ zhun3 ▲^B3	对/v ◆ dui4 ▲^3
8	字/n ◆ zi4 ▲^1	加/v ◆ jia1 ▲^3
8	字/n ◆ zi4 ▲^1	印/v ◆ yin4 ▲^3
8	字/n ◆ zi4 ▲^1	错/a ◆ cuo4 ▲^A5
8	字/n ◆ zi4 ▲^1	造/v ◆ zao4 ▲^A1
8	自然/a ◆ zi4_ran2 ▲^1	环境/n ◆ huan2_jing4 ▲^2
8	综合/v ◆ zong1_he2 ▲^2	学习/v ◆ xue2_xi2 ▲^1
8	走/v ◆ zou3 ▲^1	上/v ◆ shang4 ▲^B1
8	嘴/n ◆ zui3 ▲^1	张开/v ◆ zhang1_kai1
8	醉/v ◆ zui4 ▲^1	酒/n ◆ jiu3
8	作文/n ◆ zuo4_wen2 ▲^2	写/v ◆ xie3 ▲^2
8	作业/n ◆ zuo4_ye4 ▲^1	完成/v ◆ wan2_cheng2
8	坐/v ◆ zuo4 ▲^1	围/v ◆ wei2 ▲^1
8	坐/v ◆ zuo4 ▲^1	汽车/n ◆ qi4_che1
7	报纸/n ◆ bao4_zhi3 ▲^1	看/v ◆ kan4 ▲^1
7	抱/v ◆ bao4 ▲^A1	怀里/s ◆ huai2_li3
7	遍/v ◆ bian4 ▲^1	传/v ◆ chuan2 ▲^3
7	表情/n ◆ biao3_qing2 ▲^2	脸/n ◆ lian3 ▲^1
7	博士/n ◆ bo2_shi4 ▲^1	学位/n ◆ xue2_wei4
7	步履/n ◆ bu4_lv3 ▲^2	蹒跚/a ◆ pan2_shan1
7	材料/n ◆ cai2_liao4 ▲^1	建筑/n ◆ jian4_zhu4 ▲^2
7	采/v ◆ cai3 ▲^A1	蜜蜂/n ◆ mi4_feng1
7	菜/n ◆ cai4 ▲^1	买/v ◆ mai3
7	菜/n ◆ cai4 ▲^1	洗/v ◆ xi3 ▲^1
7	菜/n ◆ cai4 ▲^1	种/v ◆ zhong4
7	菜/n ◆ cai4 ▲^3	做/v ◆ zuo4 ▲^1
7	草/n ◆ cao3 ▲^A1	种/v ◆ zhong4
7	长夜/n ◆ chang2_ye4 ▲^1	漫漫/z ◆ man4_man4
7	成/v ◆ cheng2 ▲^A3	书/n ◆ shu1
7	成功/a ◆ cheng2_gong1 ▲^2	取得/v ◆ qu3_de2
7	程度/n ◆ cheng2_du4 ▲^2	一定/b ◆ yi1_ding4 ▲^1
7	吃/v ◆ chi1 ▲^A1	香/a ◆ xiang1 ▲^3
7	翅膀/n ◆ chi4_bang3 ▲^1	插/v ◆ cha1 ▲^1
7	充满/v ◆ chong1_man3 ▲^2	智慧/n ◆ zhi4_hui4
7	穿/v ◆ chuan1 ▲^5	衣裳/n ◆ yi1_shang5
7	吹/v ◆ chui1 ▲^2	口哨/n ◆ kou3_shao4
7	存在/v ◆ cun2_zai4 ▲^1	生命/n ◆ sheng1_ming4
7	错/a ◆ cuo4 ▲^A5	走/v ◆ zou3 ▲^1
7	打/v ◆ da3 ▲^A12	雨伞/n ◆ yu3_san3
7	打/v ◆ da3 ▲^A12	火把/n ◆ huo3_ba3
7	打/v ◆ da3 ▲^A3	挨/v ◆ ai1 ▲^1
7	大/n ◆ da4 ▲^A2	好/a ◆ hao3 ▲^7
7	大/n ◆ da4 ▲^A2	密度/n ◆ mi4_du4 ▲^2
7	大/n ◆ da4 ▲^A2	事业/n ◆ shi4_ye4 ▲^1
7	大/n ◆ da4 ▲^A2	事情/n ◆ shi4_qing5 ▲^1

160

共现次数	节点词语	搭配词语
7	大 /n ◆ da4 ▲ ^A2	火 /n ◆ huo3 ▲ ^1
7	大 /n ◆ da4 ▲ ^A2	爆炸 /v ◆ bao4_zha4 ▲ ^1
7	代表 /n ◆ dai4_biao3 ▲ ^3	人物 /n ◆ ren2_wu4 ▲ ^1
7	带 /v ◆ dai4 ▲ ^B2	给 /v ◆ gei3 ▲ ^1
7	袋 /n ◆ dai4 ▲ ^1	拿 /v ◆ na2 ▲ ^1
7	倒 /v ◆ dao3 ▲ ^A1	吹 /v ◆ chui1 ▲ ^3
7	道 /v ◆ dao4 ▲ ^C3	叫 /v ◆ jiao4 ▲ ^A1
7	道德 /n ◆ dao4_de2 ▲ ^1	伦理 /n ◆ lun2_li3
7	道理 /n ◆ dao4_li3 ▲ ^1	说 /v ◆ shuo1 ▲ ^1
7	道理 /n ◆ dao4_li3 ▲ ^2	讲 /v ◆ jiang3 ▲ ^1
7	道路 /n ◆ dao4_lu4 ▲ ^1	革命 /v ◆ ge2_ming4 ▲ ^1
7	灯 /n ◆ deng1 ▲ ^1	提 /v ◆ ti2 ▲ ^1
7	低 /a ◆ di1 ▲ ^1	飞 /v ◆ fei1 ▲ ^1
7	低 /a ◆ di1 ▲ ^2	声音 /n ◆ sheng1_yin1
7	地方 /n ◆ di4_fang1 ▲ ^1	住 /v ◆ zhu4 ▲ ^1
7	地方 /n ◆ di4_fang5 ▲ ^1	发现 /v ◆ fa1_xian4 ▲ ^1
7	地方 /n ◆ di4_fang5 ▲ ^1	离开 /v ◆ li2_kai1
7	地方 /n ◆ di4_fang5 ▲ ^1	出现 /v ◆ chu1_xian4 ▲ ^1
7	地面 /n ◆ di4_mian4 ▲ ^1	离 /v ◆ li2 ▲ ^A2
7	地位 /n ◆ di4_wei4 ▲ ^1	重要 /a ◆ zhong4_yao4
7	地位 /n ◆ di4_wei4 ▲ ^1	没有 /v ◆ mei2_you3 ▲ ^A1
7	点 /v ◆ dian3 ▲ ^A19	蜡烛 /n ◆ la4_zhu2
7	店 /n ◆ dian4 ▲ ^2	老板 /n ◆ lao3_ban3 ▲ ^1
7	掉 /v ◆ diao4 ▲ ^A5	脱 /v ◆ tuo1 ▲ ^2
7	东西 /n ◆ dong1_xi5 ▲ ^1	带 /v ◆ dai4 ▲ ^B1
7	东西 /n ◆ dong1_xi5 ▲ ^1	知道 /v ◆ zhi1_dao4
7	东西 /n ◆ dong1_xi5 ▲ ^1	新 /a ◆ xin1 ▲ ^1
7	东西 /n ◆ dong1_xi5 ▲ ^1	宝贵 /a ◆ bao3_gui4 ▲ ^1
7	东西 /n ◆ dong1_xi5 ▲ ^2	新 /a ◆ xin1 ▲ ^1
7	东西 /n ◆ dong1_xi5 ▲ ^2	宝贵 /a ◆ bao3_gui4 ▲ ^1

共现次数	节点词语	搭配词语
7	动静 /n ◆ dong4_jing5 ▲ ^1	没有 /v ◆ mei2_you3 ▲ ^A2
7	动手 /v ◆ dong4_shou3 ▲ ^1	做 /v ◆ zuo4 ▲ ^3
7	冻 /v ◆ dong4 ▲ ^3	死 /v ◆ si3 ▲ ^1
7	洞 /n ◆ dong4 ▲ ^1	钻 /v ◆ zuan1 ▲ ^2
7	斗争 /v ◆ dou4_zheng1 ▲ ^1	进行 /v ◆ jin4_xing2 ▲ ^1
7	杜鹃 /n ◆ du4_juan1 ▲ ^B1	花 /n ◆ hua1 ▲ ^A1
7	肚子 /n ◆ du4_zi5 ▲ ^1	小 /a ◆ xiao3 ▲ ^1
7	断 /v ◆ duan4 ▲ ^A1	折 /v ◆ zhe2 ▲ ^A1
7	对话 /n ◆ dui4_hua4 ▲ ^1	人物 /n ◆ ren2_wu4 ▲ ^3
7	多 /a ◆ duo1 ▲ ^A1	了解 /v ◆ liao3_jie3 ▲ ^1
7	多 /a ◆ duo1 ▲ ^A1	写 /v ◆ xie3 ▲ ^2
7	饿 /a ◆ e4 ▲ ^1	挨 /v ◆ ai1 ▲ ^1
7	发 /v ◆ fa1 ▲ ^3	声音 /n ◆ sheng1_yin1
7	发出 /v ◆ fa1_chu1 ▲ ^1	响声 /n ◆ xiang3_sheng1
7	发生 /v ◆ fa1_sheng1 ▲ ^1	兴趣 /n ◆ xing4_qu4
7	翻 /v ◆ fan1 ▲ ^1	船 /n ◆ chuan2
7	反射 /v ◆ fan3_she4 ▲ ^1	光波 /n ◆ guang1_bo1
7	方向 /n ◆ fang1_xiang4 ▲ ^2	指 /v ◆ zhi3 ▲ ^3
7	芳香 /n ◆ fang1_xiang1 ▲ ^1	散发 /v ◆ san4_fa1
7	丰富 /a ◆ feng1_fu4 ▲ ^1	资源 /n ◆ zi1_yuan2
7	风 /n ◆ feng1 ▲ ^1	小 /a ◆ xiao3 ▲ ^1
7	风 /n ◆ feng1 ▲ ^1	冷 /a ◆ leng3 ▲ ^1
7	风 /n ◆ feng1 ▲ ^1	轻 /a ◆ qing1 ▲ ^6
7	风格 /n ◆ feng1_ge2 ▲ ^2	艺术 /n ◆ yi4_shu4 ▲ ^1
7	感动 /v ◆ gan3_dong4 ▲ ^2	受 /v ◆ shou4 ▲ ^1
7	感情 /n ◆ gan3_qing2 ▲ ^1	强烈 /a ◆ qiang2_lie4 ▲ ^1
7	高 /a ◆ gao1 ▲ ^1	坐 /v ◆ zuo4 ▲ ^1
7	高 /a ◆ gao1 ▲ ^1	悬 /v ◆ xuan2 ▲ ^A1
7	高 /a ◆ gao1 ▲ ^1	挂 /v ◆ gua4 ▲ ^1
7	高度 /n ◆ gao1_du4 ▲ ^1	达到 /v ◆ da2_dao4
7	高兴 /a ◆ gao1_xing4 ▲ ^1	特别 /a ◆ te4_bie2 ▲ ^1

共现次数	节点词语	搭配词语
7	革命/v ◆ ge2_ming4 ▲^1	人民/n ◆ ren2_min2
7	革命/v ◆ ge2_ming4 ▲^1	参加/v ◆ can1_jia1 ▲^1
7	给/v ◆ gei3 ▲^1	买/v ◆ mai3
7	给/v ◆ gei3 ▲^1	借/v ◆ jie4 ▲^A1
7	给/v ◆ gei3 ▲^1	借/v ◆ jie4 ▲^A2
7	给/v ◆ gei3 ▲^1	印象/n ◆ yin4_xiang4
7	工作/n ◆ gong1_zuo4 ▲^3	人员/n ◆ ren2_yuan2
7	功夫/n ◆ gong1_fu5 ▲^★	下/v ◆ xia4 ▲^B10
7	贡献/n ◆ gong4_xian4 ▲^2	作/v ◆ zuo4 ▲^2
7	构成/v ◆ gou4_cheng2 ▲^1	汉字/n ◆ han4_zi4
7	故事/n ◆ gu4_shi5 ▲^1	民间/n ◆ min2_jian1 ▲^1
7	故事/n ◆ gu4_shi5 ▲^1	简单/a ◆ jian3_dan1 ▲^1
7	关系/n ◆ guan1_xi4 ▲^1	相互/b ◆ xiang1_hu4 ▲^2
7	观念/n ◆ guan1_nian4 ▲^1	新/a ◆ xin1 ▲^1
7	观念/n ◆ guan1_nian4 ▲^1	价值/n ◆ jia4_zhi2 ▲^2
7	观念/n ◆ guan1_nian4 ▲^1	荣誉/n ◆ rong2_yu4
7	光/n ◆ guang1 ▲^1	照/v ◆ zhao4 ▲^1
7	规范/a ◆ gui1_fan4 ▲^2	普通话/n ◆ pu3_tong1_hua4
7	规范/a ◆ gui1_fan4 ▲^1	国家/n ◆ guo2_jia1 ▲^1
7	桂花/n ◆ gui4_hua1 ▲^1	树/n ◆ shu4 ▲^1
7	国际/n ◆ guo2_ji4 ▲^2	事务/n ◆ shi4_wu4 ▲^1
7	国家/n ◆ guo2_jia1 ▲^2	共同语/n ◆ gong4_tong2_yu3
7	孩子/n ◆ hai2_zi5 ▲^1	有/v ◆ you3 ▲^6
7	孩子/n ◆ hai2_zi5 ▲^1	懂事/a ◆ dong3_shi4
7	海/n ◆ hai3 ▲^1	蓝/a ◆ lan2 ▲^1
7	含/v ◆ han2 ▲^2	泪/n ◆ lei4
7	好/a ◆ hao3 ▲^1	办法/n ◆ ban4_fa3
7	好/a ◆ hao3 ▲^1	读书/v ◆ du2_shu1 ▲^1
7	好/a ◆ hao3 ▲^1	想/v ◆ xiang3 ▲^1
7	好/a ◆ hao3 ▲^1	机会/n ◆ ji1_hui4
7	好/a ◆ hao3 ▲^5	说/v ◆ shuo1 ▲^1
7	好/a ◆ hao3 ▲^7	挖/v ◆ wa1 ▲^1
7	好听/a ◆ hao3_ting1 ▲^1	声音/n ◆ sheng1_yin1
7	盒子/n ◆ he2_zi5 ▲^1	装/v ◆ zhuang1 ▲^B1
7	黑/a ◆ hei1 ▲^1	眼圈/n ◆ yan3_quan1
7	红/a ◆ hong2 ▲^1	眼睛/n ◆ yan3_jing1
7	红/a ◆ hong2 ▲^1	灯笼/n ◆ deng1_long2
7	厚/a ◆ hou4 ▲^1	积/v ◆ ji1 ▲^1
7	厚/a ◆ hou4 ▲^1	盖/v ◆ gai4 ▲^A4
7	花/n ◆ hua1 ▲^A1	谢/v ◆ xie4 ▲^4
7	花/n ◆ hua1 ▲^A1	美丽/a ◆ mei3_li4
7	花/n ◆ hua1 ▲^A1	雌雄/n ◆ ci2_xiong2 ▲^1
7	花/n ◆ hua1 ▲^A1	美/a ◆ mei3 ▲^A1
7	花/v ◆ hua1 ▲^B	力气/n ◆ li4_qi4
7	化/v ◆ hua4 ▲^A3	晒/v ◆ shai4 ▲^2
7	话/n ◆ hua4 ▲^1	嘴/n ◆ zui3 ▲^1
7	欢迎/v ◆ huan1_ying2 ▲^1	受/v ◆ shou4 ▲^1
7	环境/n ◆ huan2_jing4 ▲^2	生活/v ◆ sheng1_huo2 ▲^2
7	环境/n ◆ huan2_jing4 ▲^2	保护/v ◆ bao3_hu4
7	环境/n ◆ huan2_jing4 ▲^2	恶劣/a ◆ e4_lie4
7	黄/a ◆ huang2 ▲^A1	叶/n ◆ ye4
7	黄瓜/n ◆ huang2_gua1 ▲^2	结/v ◆ jie1
7	会/n ◆ hui4 ▲^A3	联欢/v ◆ lian2_huan1
7	会/v ◆ hui4 ▲^B5	同样/a ◆ tong2_yang4
7	活动/n ◆ huo2_dong4 ▲^5	从事/v ◆ cong2_shi4 ▲^1
7	活动/n ◆ huo2_dong4 ▲^5	人类/n ◆ ren2_lei4
7	火/n ◆ huo3 ▲^1	生/v ◆ sheng1 ▲^A9
7	机关/n ◆ ji1_guan1 ▲^3	税务/n ◆ shui4_wu4
7	基础/n ◆ ji1_chu3 ▲^2	发展/v ◆ fa1_zhan3 ▲^1
7	纪年/v ◆ ji4_nian2 ▲^1	干支/n ◆ gan1_zhi1
7	技术/n ◆ ji4_shu4 ▲^1	人员/n ◆ ren2_yuan2
7	家/n ◆ jia1 ▲^2	离开/v ◆ li2_kai1
7	家/n ◆ jia1 ▲^2	搬/v ◆ ban1 ▲^2
7	家门/n ◆ jia1_men2 ▲^1	进/v ◆ jin4 ▲^2

共现次数	节点词语	搭配词语	共现次数	节点词语	搭配词语
7	价值/n ◆ jia4_zhi2 ▲ ^2	审美/v ◆ shen3_mei3	7	科学/n ◆ ke1_xue2 ▲ ^1	搞/v ◆ gao3 ▲ ^1
7	建筑/n ◆ jian4_zhu4 ▲ ^2	材料/n ◆ cai2_liao4 ▲ ^1	7	口/n ◆ kou3 ▲ ^1	说/v ◆ shuo1 ▲ ^1
7	交通/n ◆ jiao1_tong1 ▲ ^2	工具/n ◆ gong1_ju4 ▲ ^1	7	口袋/n ◆ kou3_dai5 ▲ ^1	小/a ◆ xiao3 ▲ ^1
7	脚步/n ◆ jiao3_bu4 ▲ ^2	停下/v ◆ ting2_xia4	7	口气/n ◆ kou3_qi4 ▲ ^3	说/v ◆ shuo1 ▲ ^1
7	结果/n ◆ jie2_guo3 ▲ ^A1	得到/v ◆ de2_dao4	7	口吻/n ◆ kou3_wen3 ▲ ^2	说/v ◆ shuo1 ▲ ^1
7	紧/a ◆ jin3 ▲ ^2	咬/v ◆ yao3 ▲ ^1	7	窟窿/n ◆ ku1_long5 ▲ ^1	冰/n ◆ bing1 ▲ ^1
7	紧/a ◆ jin3 ▲ ^4	裹/v ◆ guo3 ▲ ^1	7	窟窿/n ◆ ku1_long5 ▲ ^1	钻/v ◆ zuan1 ▲ ^2
7	紧/a ◆ jin3 ▲ ^4	拉/v ◆ la1 ▲ ^A1	7	快/a ◆ kuai4 ▲ ^1	开/v ◆ kai1 ▲ ^A6
7	紧/a ◆ jin3 ▲ ^4	握/v ◆ wo4 ▲ ^1	7	宽/a ◆ kuan1 ▲ ^1	肩膀/n ◆ jian1_bang3
7	紧/a ◆ jin3 ▲ ^4	盯/v ◆ ding1	7	困难/a ◆ kun4_nan5 ▲ ^1	有/v ◆ you3 ▲ ^2
7	紧/a ◆ jin3 ▲ ^4	抱/v ◆ bao4 ▲ ^A1	7	篮/n ◆ lan2 ▲ ^1	小/a ◆ xiao3 ▲ ^1
7	尽/v ◆ jin4 ▲ ^1	想/v ◆ xiang3 ▲ ^1	7	浪花/n ◆ lang4_hua1 ▲ ^1	白色/n ◆ bai2_se4 ▲ ^1
7	进/v ◆ jin4 ▲ ^2	学校/n ◆ xue2_xiao4	7	老虎/n ◆ lao3_hu3 ▲ ^1	打/v ◆ da3 ▲ ^A3
7	经典/n ◆ jing1_dian3 ▲ ^1	文学/n ◆ wen2_xue2	7	雷鸣/v ◆ lei2_ming2 ▲ ^1	掌声/n ◆ zhang3_sheng1
7	经典/n ◆ jing1_dian3 ▲ ^1	大师/n ◆ da4_shi1 ▲ ^1	7	冷/a ◆ leng3 ▲ ^1	冬天/t ◆ dong1_tian1
7	经过/v ◆ jing1_guo4 ▲ ^1	选择/v ◆ xuan3_ze2	7	理想/n ◆ li3_xiang3 ▲ ^1	实现/v ◆ shi2_xian4
7	经过/v ◆ jing1_guo4 ▲ ^1	训练/v ◆ xun4_lian4	7	理想/n ◆ li3_xiang3 ▲ ^1	追求/v ◆ zhui1_qiu2 ▲ ^1
7	精彩/a ◆ jing1_cai3 ▲ ^1	表演/v ◆ biao3_yan3 ▲ ^1	7	力量/n ◆ li4_liang4 ▲ ^2	有/v ◆ you3 ▲ ^2
7	精神/n ◆ jing1_shen2 ▲ ^2	体现/v ◆ ti3_xian4	7	力量/n ◆ li4_liang4 ▲ ^3	有/v ◆ you3 ▲ ^2
7	精神/n ◆ jing1_shen2 ▲ ^2	人类/n ◆ ren2_lei4	7	历史/n ◆ li4_shi3 ▲ ^1	时代/n ◆ shi2_dai4 ▲ ^1
7	久/a ◆ jiu3 ▲ ^1	看/v ◆ kan4 ▲ ^1	7	连接/v ◆ lian2_jie1 ▲ ^1	词语/n ◆ ci2_yu3
7	久/a ◆ jiu3 ▲ ^1	坐/v ◆ zuo4 ▲ ^1	7	脸/n ◆ lian3 ▲ ^1	苍白/a ◆ cang1_bai2 ▲ ^1
7	具体/a ◆ ju4_ti3 ▲ ^1	分析/v ◆ fen1_xi1	7	临/v ◆ lin2 ▲ ^1	走/v ◆ zou3 ▲ ^5
7	开/v ◆ kai1 ▲ ^A1	房门/n ◆ fang2_men2	7	领域/n ◆ ling3_yu4 ▲ ^2	新/a ◆ xin1 ▲ ^1
7	开/v ◆ kai1 ▲ ^A1	离/v ◆ li2 ▲ ^A3	7	流/v ◆ liu2 ▲ ^A1	小溪/n ◆ xiao3_xi1
7	开/v ◆ kai1 ▲ ^A6	火车/n ◆ huo3_che1	7	流水/n ◆ liu2_shui3 ▲ ^1	声/n ◆ sheng1 ▲ ^1
7	开/v ◆ kai1 ▲ ^A6	汽车/n ◆ qi4_che1	7	楼/n ◆ lou2 ▲ ^2	住/v ◆ zhu4 ▲ ^1
7	扛/v ◆ kang2 ▲ ^1	肩/n ◆ jian1	7	路/n ◆ lu4 ▲ ^1	走/v ◆ zou3 ▲ ^5
7	科学/n ◆ ke1_xue2 ▲ ^1	热爱/v ◆ re4_ai4	7	路/n ◆ lu4 ▲ ^1	曲折/a ◆ qu1_zhe2 ▲ ^1
7	科学/n ◆ ke1_xue2 ▲ ^1	从事/v ◆ cong2_shi4 ▲ ^1	7	路/n ◆ lu4 ▲ ^1	铺/v ◆ pu1 ▲ ^1
7	科学/n ◆ ke1_xue2 ▲ ^1	发展/v ◆ fa1_zhan3 ▲ ^1			
7	科学/n ◆ ke1_xue2 ▲ ^1	幻想/n ◆ huan4_xiang3 ▲ ^2			
7	科学/n ◆ ke1_xue2 ▲ ^1	实验/v ◆ shi2_yan4 ▲ ^1			

共现次数	节点词语	搭配词语	共现次数	节点词语	搭配词语
7	路 /n ◆ lu4 ▲ ^1	山 /n ◆ shan1 ▲ ^1	7	情况 /n ◆ qing2_ kuang4 ▲ ^1	紧急 /a ◆ jin3_ji2
7	妈妈 /n ◆ ma1_ ma5 ▲ ^1	年轻 /a ◆ nian2_ qing1 ▲ ^1	7	球 /n ◆ qiu2 ▲ ^3	好 /a ◆ hao3 ▲ ^1
7	马路 /n ◆ ma3_ lu4 ▲ ^2	走 /v ◆ zou3 ▲ ^8	7	权 /n ◆ quan2 ▲ ^3	有 /v ◆ you3 ▲ ^1
7	满 /a ◆ man3 ▲ ^A1	结 /v ◆ jie1	7	燃烧 /v ◆ ran2_ shao1 ▲ ^1	火焰 /n ◆ huo3_yan4
7	冒 /v ◆ mao4 ▲ ^1	热气 /n ◆ re4_qi4	7	人 /n ◆ ren2 ▲ ^1	愿意 /v ◆ yuan4_ yi4 ▲ ^2
7	美 /a ◆ mei3 ▲ ^A1	真 /a ◆ zhen1 ▲ ^1			
7	门 /n ◆ men2 ▲ ^1	走 /v ◆ zou3 ▲ ^1	7	人 /n ◆ ren2 ▲ ^1	美丽 /a ◆ mei3_li4
7	民间 /n ◆ min2_ jian1 ▲ ^1	流传 /v ◆ liu2_chuan2	7	人 /n ◆ ren2 ▲ ^1	命运 /n ◆ ming4_ yun4 ▲ ^2
7	命运 /n ◆ ming4_ yun4 ▲ ^1	悲剧 /n ◆ bei1_ ju4 ▲ ^2	7	人 /n ◆ ren2 ▲ ^1	训练 /v ◆ xun4_lian4
7	内涵 /n ◆ nei4_ han2 ▲ ^1	文化 /n ◆ wen2_ hua4 ▲ ^1	7	人 /n ◆ ren2 ▲ ^1	职业 /n ◆ zhi2_ ye4 ▲ ^1
7	能量 /n ◆ neng2_ liang4 ▲ ^1	转化 /v ◆ zhuan3_ hua4 ▲ ^1	7	人 /n ◆ ren2 ▲ ^1	读书 /v ◆ du2_ shu1 ▲ ^1
7	牛 /n ◆ niu2 ▲ ^A1	白 /a ◆ bai2 ▲ ^A1	7	人 /n ◆ ren2 ▲ ^1	从事 /v ◆ cong2_ shi4 ▲ ^1
7	弄 /v ◆ nong4 ▲ ^2	明白 /v ◆ ming2_ bai5 ▲ ^4	7	人 /n ◆ ren2 ▲ ^1	跟 /v ◆ gen1 ▲ ^2
7	朋友 /n ◆ peng2_ you5 ▲ ^1	结识 /v ◆ jie2_shi2	7	人 /n ◆ ren2 ▲ ^1	满足 /v ◆ man3_ zu2 ▲ ^2
7	朋友 /n ◆ peng2_ you5 ▲ ^1	交 /v ◆ jiao1 ▲ ^A5	7	人 /n ◆ ren2 ▲ ^1	受到 /v ◆ shou4_dao4
7	捧 /v ◆ peng3 ▲ ^1	鲜花 /n ◆ xian1_hua1	7	人 /n ◆ ren2 ▲ ^1	不要 /v ◆ bu4_yao4
7	片 /v ◆ pian4 ▲ ^1	玻璃 /n ◆ bo1_ li5 ▲ ^1	7	人 /n ◆ ren2 ▲ ^1	带 /v ◆ dai4 ▲ ^B6
7	飘 /v ◆ piao1 ▲ ^1	雪花 /n ◆ xue3_hua1	7	人 /n ◆ ren2 ▲ ^1	文明 /a ◆ wen2_ ming2 ▲ ^2
7	票 /n ◆ piao4 ▲ ^1	给 /v ◆ gei3 ▲ ^1	7	人 /n ◆ ren2 ▲ ^1	留 /v ◆ liu2 ▲ ^7
7	品种 /n ◆ pin3_ zhong3 ▲ ^1	新 /a ◆ xin1 ▲ ^1	7	人 /n ◆ ren2 ▲ ^1	追求 /v ◆ zhui1_ qiu2 ▲ ^1
7	平 /a ◆ ping2 ▲ ^1	伸 /v ◆ shen1	7	人 /n ◆ ren2 ▲ ^1	觉得 /v ◆ jue2_ de5 ▲ ^2
7	破 /a ◆ po4 ▲ ^8	咬 /v ◆ yao3 ▲ ^1	7	人 /n ◆ ren2 ▲ ^1	女 /b ◆ nv3
7	破 /v ◆ po4 ▲ ^1	花瓶 /n ◆ hua1_ping2	7	人 /n ◆ ren2 ▲ ^1	学 /v ◆ xue2 ▲ ^1
7	气 /n ◆ qi4 ▲ ^3	松 /v ◆ song1 ▲ ^B2	7	人 /n ◆ ren2 ▲ ^1	影响 /v ◆ ying3_ xiang3 ▲ ^1
7	气候 /n ◆ qi4_ hou4 ▲ ^1	条件 /n ◆ tiao2_ jian4 ▲ ^1	7	人 /n ◆ ren2 ▲ ^1	命运 /n ◆ ming4_ yun4 ▲ ^1
7	钱 /n ◆ qian2 ▲ ^A2	出 /v ◆ chu1 ▲ ^A4			
7	钱 /n ◆ qian2 ▲ ^A2	赔 /v ◆ pei2 ▲ ^1	7	人 /n ◆ ren2 ▲ ^1	承认 /v ◆ cheng2_ ren4 ▲ ^1
7	钱 /n ◆ qian2 ▲ ^A4	出 /v ◆ chu1 ▲ ^A4	7	人 /n ◆ ren2 ▲ ^1	肯 /v ◆ ken3 ▲ ^B1
7	钱 /n ◆ qian2 ▲ ^A4	赚 /v ◆ zhuan4 ▲ ^3	7	人 /n ◆ ren2 ▲ ^1	地球 /n ◆ di4_qiu2
7	青 /a ◆ qing1 ▲ ^1	发 /v ◆ fa1 ▲ ^10	7	人 /n ◆ ren2 ▲ ^1	观察 /v ◆ guan1_cha2
7	青年 /n ◆ qing1_ nian2 ▲ ^1	男女 /n ◆ nan2_ nv3 ▲ ^1	7	人 /n ◆ ren2 ▲ ^1	仔细 /a ◆ zi3_xi4 ▲ ^1
7	清 /a ◆ qing1 ▲ ^A4	分 /v ◆ fen1 ▲ ^3	7	人 /n ◆ ren2 ▲ ^1	提起 /v ◆ ti2_qi3 ▲ ^1
7	清楚 /a ◆ qing1_ chu5 ▲ ^1	搞 /v ◆ gao3 ▲ ^1	7	人 /n ◆ ren2 ▲ ^1	回忆 /v ◆ hui2_yi4
7	清楚 /a ◆ qing1_ chu5 ▲ ^1	记得 /v ◆ ji4_de5	7	人 /n ◆ ren2 ▲ ^1	砍 /v ◆ kan3 ▲ ^A1
			7	人 /n ◆ ren2 ▲ ^1	可怜 /a ◆ ke3_ lian2 ▲ ^1
			7	人 /n ◆ ren2 ▲ ^1	太空 /n ◆ tai4_kong1

共现次数	节点词语	搭配词语	共现次数	节点词语	搭配词语
7	人 /n ◆ ren2 ▲ ^1	立 /v ◆ li4 ▲ ^1	7	人物 /n ◆ ren2_wu4 ▲ ^3	众多 /z ◆ zhong4_duo1
7	人 /n ◆ ren2 ▲ ^1	发生 /v ◆ fa1_sheng1 ▲ ^1	7	人物 /n ◆ ren2_wu4 ▲ ^3	作品 /n ◆ zuo4_pin3
7	人 /n ◆ ren2 ▲ ^1	遇到 /v ◆ yu4_dao4	7	人物 /n ◆ ren2_wu4 ▲ ^3	鲜明 /a ◆ xian1_ming2 ▲ ^2
7	人 /n ◆ ren2 ▲ ^1	直接 /a ◆ zhi2_jie1	7	人物 /n ◆ ren2_wu4 ▲ ^3	动作 /n ◆ dong4_zuo4 ▲ ^1
7	人 /n ◆ ren2 ▲ ^1	行为 /n ◆ xing2_wei2	7	认识 /n ◆ ren4_shi5 ▲ ^2	社会 /n ◆ she4_hui4 ▲ ^2
7	人 /n ◆ ren2 ▲ ^1	进入 /v ◆ jin4_ru4	7	容易 /a ◆ rong2_yi4 ▲ ^1	学 /v ◆ xue2 ▲ ^1
7	人 /n ◆ ren2 ▲ ^1	自由 /a ◆ zi4_you2 ▲ ^3	7	散文 /n ◆ san3_wen2 ▲ ^2	欣赏 /v ◆ xin1_shang3 ▲ ^1
7	人 /n ◆ ren2 ▲ ^1	记 /v ◆ ji4 ▲ ^1	7	嗓子 /n ◆ sang3_zi5 ▲ ^1	哑 /a ◆ ya3 ▲ ^2
7	人 /n ◆ ren2 ▲ ^1	继续 /v ◆ ji4_xu4	7	山 /n ◆ shan1 ▲ ^1	翻过 /v ◆ fan1_guo4
7	人 /n ◆ ren2 ▲ ^1	气 /v ◆ qi4 ▲ ^10	7	山 /n ◆ shan1 ▲ ^1	爬 /v ◆ pa2 ▲ ^2
7	人 /n ◆ ren2 ▲ ^1	举 /v ◆ ju3 ▲ ^1	7	伤 /n ◆ shang1 ▲ ^1	负 /v ◆ fu4 ▲ ^4
7	人 /n ◆ ren2 ▲ ^1	敢于 /v ◆ gan3_yu2	7	少 /a ◆ shao3 ▲ ^1	发现 /v ◆ fa1_xian4 ▲ ^2
7	人 /n ◆ ren2 ▲ ^1	讨厌 /v ◆ tao3_yan4 ▲ ^3	7	社会 /n ◆ she4_hui4 ▲ ^2	背景 /n ◆ bei4_jing3 ▲ ^3
7	人 /n ◆ ren2 ▲ ^1	挂 /v ◆ gua4 ▲ ^1	7	社会 /n ◆ she4_hui4 ▲ ^2	变化 /v ◆ bian4_hua4
7	人 /n ◆ ren2 ▲ ^1	回 /v ◆ hui2 ▲ ^A2	7	社会 /n ◆ she4_hui4 ▲ ^2	古代 /n ◆ gu3_dai4 ▲ ^1
7	人 /n ◆ ren2 ▲ ^1	惊叹 /v ◆ jing1_tan4	7	生活 /n ◆ sheng1_huo2 ▲ ^1	现实 /a ◆ xian4_shi2 ▲ ^2
7	人 /n ◆ ren2 ▲ ^1	文化 /n ◆ wen2_hua4 ▲ ^1	7	生活 /n ◆ sheng1_huo2 ▲ ^4	艰难 /a ◆ jian1_nan2
7	人 /n ◆ ren2 ▲ ^1	看 /v ◆ kan4 ▲ ^2	7	生活 /n ◆ sheng1_huo2 ▲ ^4	日常 /b ◆ ri4_chang2
7	人 /n ◆ ren2 ▲ ^1	坐 /v ◆ zuo4 ▲ ^2	7	师傅 /n ◆ shi1_fu5 ▲ ^2	老 /a ◆ lao3 ▲ ^1
7	人 /n ◆ ren2 ▲ ^1	留 /v ◆ liu2 ▲ ^1	7	时代 /n ◆ shi2_dai4 ▲ ^1	同 /a ◆ tong2 ▲ ^1
7	人 /n ◆ ren2 ▲ ^1	送 /v ◆ song4 ▲ ^1	7	时代 /n ◆ shi2_dai4 ▲ ^1	战国 /t ◆ zhan4_guo2
7	人 /n ◆ ren2 ▲ ^1	内心 /n ◆ nei4_xin1 ▲ ^A	7	时代 /n ◆ shi2_dai4 ▲ ^1	生活 /n ◆ sheng1_huo2 ▲ ^1
7	人 /n ◆ ren2 ▲ ^1	清高 /a ◆ qing1_gao1 ▲ ^1	7	时间 /n ◆ shi2_jian1 ▲ ^1	浪费 /v ◆ lang4_fei4
7	人 /n ◆ ren2 ▲ ^1	参加 /v ◆ can1_jia1 ▲ ^1	7	时间 /n ◆ shi2_jian1 ▲ ^1	利用 /v ◆ li4_yong4 ▲ ^1
7	人 /n ◆ ren2 ▲ ^1	喝 /v ◆ he1 ▲ ^A1	7	时间 /n ◆ shi2_jian1 ▲ ^1	宝贵 /a ◆ bao3_gui4 ▲ ^1
7	人 /n ◆ ren2 ▲ ^1	居住 /v ◆ ju1_zhu4	7	时间 /n ◆ shi2_jian1 ▲ ^1	过 /v ◆ guo4 ▲ ^1
7	人 /n ◆ ren2 ▲ ^1	特长 /n ◆ te4_chang2			
7	人 /n ◆ ren2 ▲ ^2	看到 /v ◆ kan4_dao4			
7	人 /n ◆ ren2 ▲ ^2	如 /v ◆ ru2 ▲ ^A2			
7	人 /n ◆ ren2 ▲ ^4	奠基 /v ◆ dian4_ji1			
7	人 /n ◆ ren2 ▲ ^4	当事 /v ◆ dang1_shi4			
7	人 /n ◆ ren2 ▲ ^4	种田 /v ◆ zhong4_tian2			
7	人 /n ◆ ren2 ▲ ^4	听 /v ◆ ting1 ▲ ^A1			
7	人 /n ◆ ren2 ▲ ^5	送 /v ◆ song4 ▲ ^2			
7	人 /n ◆ ren2 ▲ ^5	听 /v ◆ ting1 ▲ ^A1			
7	人 /n ◆ ren2 ▲ ^5	称 /v ◆ cheng1 ▲ ^A1			
7	人口 /n ◆ ren2_kou3 ▲ ^1	世界 /n ◆ shi4_jie4 ▲ ^3			
7	人口 /n ◆ ren2_kou3 ▲ ^1	多 /a ◆ duo1 ▲ ^A1			

共现次数	节点词语	搭配词语	共现次数	节点词语	搭配词语
7	时间/n ◆ shi2_jian1 ▲^1	顺序/n ◆ shun4_xu4 ▲^1	7	说话/v ◆ shuo1_hua4 ▲^1	声音/n ◆ sheng1_yin1
7	市场/n ◆ shi4_chang3 ▲^2	进入/v ◆ jin4_ru4	7	丝/n ◆ si1 ▲^2	细/a ◆ xi4 ▲^1
7	事/n ◆ shi4 ▲^1	听/v ◆ ting1 ▲^A1	7	思维/n ◆ si1_wei2 ▲^1	过程/n ◆ guo4_cheng2
7	事/n ◆ shi4 ▲^1	容易/a ◆ rong2_yi4 ▲^1	7	思想/n ◆ si1_xiang3 ▲^1	社会/n ◆ she4_hui4 ▲^2
7	事情/n ◆ shi4_qing5 ▲^1	有/v ◆ you3 ▲^1	7	思想/n ◆ si1_xiang3 ▲^1	新/a ◆ xin1 ▲^1
7	事情/n ◆ shi4_qing5 ▲^1	看/v ◆ kan4 ▲^1	7	思想/n ◆ si1_xiang3 ▲^1	艺术/n ◆ yi4_shu4 ▲^1
7	事业/n ◆ shi4_ye4 ▲^1	航天/n ◆ hang2_tian1	7	思想/v ◆ si1_xiang3 ▲^3	伟大/a ◆ wei3_da4
7	手/n ◆ shou3 ▲^1	胖/a ◆ pang4	7	死/v ◆ si3 ▲^1	想/v ◆ xiang3 ▲^3
7	手/n ◆ shou3 ▲^1	放/v ◆ fang4 ▲^1	7	死/v ◆ si3 ▲^1	病/v ◆ bing4 ▲^2
7	手/n ◆ shou3 ▲^1	擦/v ◆ ca1 ▲^2	7	死/v ◆ si3 ▲^1	烧/v ◆ shao1 ▲^1
7	手/n ◆ shou3 ▲^1	松/v ◆ song1 ▲^B5	7	台阶/n ◆ tai2_jie1 ▲^1	高/a ◆ gao1 ▲^1
7	手/n ◆ shou3 ▲^1	推/v ◆ tui1 ▲^1	7	太阳/n ◆ tai4_yang2 ▲^1	温暖/a ◆ wen1_nuan3 ▲^1
7	手/n ◆ shou3 ▲^1	缩/v ◆ suo1 ▲^2	7	讨/v ◆ tao3 ▲^4	喜欢/v ◆ xi3_huan5 ▲^1
7	手/n ◆ shou3 ▲^1	执/v ◆ zhi2	7	题/n ◆ ti2 ▲^1	数学/n ◆ shu4_xue2
7	手/n ◆ shou3 ▲^1	扶/v ◆ fu2 ▲^1	7	题/n ◆ ti2 ▲^1	做/v ◆ zuo4 ▲^3
7	手法/n ◆ shou3_fa3 ▲^1	艺术/n ◆ yi4_shu4 ▲^1	7	天/n ◆ tian1 ▲^3	晚/a ◆ wan3 ▲^3
7	手工/n ◆ shou3_gong1 ▲^1	做/v ◆ zuo4 ▲^3	7	天气/n ◆ tian1_qi4 ▲^1	识/v ◆ shi2
7	输入/v ◆ shu1_ru4 ▲^3	电脑/n ◆ dian4_nao3	7	天气/n ◆ tian1_qi4 ▲^1	预报/v ◆ yu4_bao4
7	刷/v ◆ shua1 ▲^A2	墙/n ◆ qiang2	7	条件/n ◆ tiao2_jian4 ▲^1	有利/a ◆ you3_li4
7	刷/v ◆ shua1 ▲^A2	完/v ◆ wan2 ▲^3	7	条件/n ◆ tiao2_jian4 ▲^1	气候/n ◆ qi4_hou4 ▲^1
7	水/n ◆ shui3 ▲^1	端/v ◆ duan1	7	条件/n ◆ tiao2_jian4 ▲^1	具备/v ◆ ju4_bei4
7	水/n ◆ shui3 ▲^1	缺/v ◆ que1 ▲^1	7	头/n ◆ tou2 ▲^1	回过/v ◆ hui2_guo4
7	水/n ◆ shui3 ▲^1	过/v ◆ guo4 ▲^1	7	头/n ◆ tou2 ▲^1	露/v ◆ lu4 ▲^B2
7	水/n ◆ shui3 ▲^1	河/n ◆ he2	7	图/n ◆ tu2 ▲^1	远景/n ◆ yuan3_jing3 ▲^2
7	顺序/n ◆ shun4_xu4 ▲^1	时间/n ◆ shi2_jian1 ▲^1	7	推/v ◆ tui1 ▲^1	走/v ◆ zou3 ▲^1
7	顺序/n ◆ shun4_xu4 ▲^1	继承/v ◆ ji4_cheng2 ▲^1	7	腿/n ◆ tui3 ▲^1	疼/a ◆ teng2 ▲^1
7	说/v ◆ shuo1 ▲^1	严厉/a ◆ yan2_li4	7	脱/v ◆ tuo1 ▲^2	衣服/n ◆ yi1_fu2
7	说/v ◆ shuo1 ▲^1	郑重/a ◆ zheng4_zhong4	7	旺/a ◆ wang4 ▲^1	烧/v ◆ shao1 ▲^1
7	说/v ◆ shuo1 ▲^1	惊讶/a ◆ jing1_ya4	7	尾巴/n ◆ wei3_ba5 ▲^1	甩/v ◆ shuai3 ▲^1
7	说/v ◆ shuo1 ▲^1	怕/v ◆ pa4 ▲^1	7	卫星/n ◆ wei4_xing1 ▲^2	人造/b ◆ ren2_zao4
7	说/v ◆ shuo1 ▲^1	实话/n ◆ shi2_hua4	7	味道/n ◆ wei4_dao4 ▲^1	好/a ◆ hao3 ▲^1
7	说/v ◆ shuo1 ▲^1	笑呵呵/z ◆ xiao4_he1_he1			
7	说/v ◆ shuo1 ▲^1	笑嘻嘻/z ◆ xiao4_xi1_xi1			
7	说/v ◆ shuo1 ▲^1	轻声/n ◆ qing1_sheng1			

共现次数	节点词语	搭配词语
7	文化/n ◆ wen2_hua4 ▲^1	丰富/a ◆ feng1_fu4 ▲^1
7	文化/n ◆ wen2_hua4 ▲^1	外来/b ◆ wai4_lai2
7	文化/n ◆ wen2_hua4 ▲^1	时代/n ◆ shi2_dai4 ▲^1
7	文明/n ◆ wen2_ming2 ▲^1	人类/n ◆ ren2_lei4
7	文章/n ◆ wen2_zhang1 ▲^1	做/v ◆ zuo4 ▲^2
7	问题/n ◆ wen4_ti2 ▲^2	研究/v ◆ yan2_jiu1 ▲^1
7	问题/n ◆ wen4_ti2 ▲^2	存在/v ◆ cun2_zai4 ▲^1
7	问题/n ◆ wen4_ti2 ▲^2	社会/n ◆ she4_hui4 ▲^2
7	物理/n ◆ wu4_li3 ▲^2	理论/n ◆ li3_lun4 ▲^1
7	物理/n ◆ wu4_li3 ▲^2	定律/n ◆ ding4_lv4
7	物质/n ◆ wu4_zhi4 ▲^2	生活/n ◆ sheng1_huo2 ▲^1
7	吸/v ◆ xi1 ▲^1	鼻子/n ◆ bi2_zi5
7	希望/n ◆ xi1_wang4 ▲^2	充满/v ◆ chong1_man3 ▲^1
7	牺牲/v ◆ xi1_sheng1 ▲^2	人民/n ◆ ren2_min2
7	习惯/n ◆ xi2_guan4 ▲^2	好/a ◆ hao3 ▲^1
7	戏剧/n ◆ xi4_ju4 ▲^1	主要/b ◆ zhu3_yao4
7	系统/n ◆ xi4_tong3 ▲^1	生态/n ◆ sheng1_tai4
7	细/a ◆ xi4 ▲^6	想/v ◆ xiang3 ▲^1
7	下/v ◆ xia4 ▲^B1	写/v ◆ xie3 ▲^2
7	先生/n ◆ xian1_sheng5 ▲^2	老/a ◆ lao3 ▲^1
7	响/v ◆ xiang3 ▲^2	枪声/n ◆ qiang1_sheng1
7	想象/v ◆ xiang3_xiang4 ▲^2	难以/v ◆ nan2_yi3
7	消息/n ◆ xiao1_xi5 ▲^1	听/v ◆ ting1 ▲^A1
7	消息/n ◆ xiao1_xi5 ▲^2	传开/v ◆ chuan2_kai1
7	小/a ◆ xiao3 ▲^1	胖/a ◆ pang4
7	小/a ◆ xiao3 ▲^1	雪/n ◆ xue3
7	小学/n ◆ xiao3_xue2 ▲^1	毕业/v ◆ bi4_ye4
7	写/v ◆ xie3 ▲^1	正文/n ◆ zheng4_wen2
7	写/v ◆ xie3 ▲^2	表扬稿/n ◆ biao3_yang2_gao3
7	写/v ◆ xie3 ▲^2	下/v ◆ xia4 ▲^B1
7	心/n ◆ xin1 ▲^2	荣誉/n ◆ rong2_yu4
7	信息/n ◆ xin4_xi1 ▲^1	时代/n ◆ shi2_dai4 ▲^1
7	信息/n ◆ xin4_xi1 ▲^1	交流/v ◆ jiao1_liu2 ▲^2
7	星/n ◆ xing1 ▲^1	天上/s ◆ tian1_shang4
7	形象/n ◆ xing2_xiang4 ▲^2	创造/v ◆ chuang4_zao4
7	形象/n ◆ xing2_xiang4 ▲^2	戏剧/n ◆ xi4_ju4 ▲^1
7	需要/v ◆ xu1_yao4	人类/n ◆ ren2_lei4
7	学/v ◆ xue2 ▲^1	本领/n ◆ ben3_ling3
7	学习/v ◆ xue2_xi2 ▲^1	勤奋/a ◆ qin2_fen4
7	学习/v ◆ xue2_xi2 ▲^1	方式/n ◆ fang1_shi4
7	学习/v ◆ xue2_xi2 ▲^1	途径/n ◆ tu2_jing4
7	血/n ◆ xue4 ▲^1	淌/v ◆ tang3
7	烟/n ◆ yan1 ▲^1	轻/a ◆ qing1 ▲^1
7	研究/v ◆ yan2_jiu1 ▲^1	经过/v ◆ jing1_guo4 ▲^1
7	要求/n ◆ yao1_qiu2 ▲^2	符合/v ◆ fu2_he2
7	爷爷/n ◆ ye2_ye5 ▲^2	老/a ◆ lao3 ▲^1
7	叶子/n ◆ ye4_zi5 ▲^1	嫩绿/z ◆ nen4_lv4
7	艺术/n ◆ yi4_shu4 ▲^1	语言/n ◆ yu3_yan2 ▲^2
7	艺术/n ◆ yi4_shu4 ▲^1	真实/a ◆ zhen1_shi2
7	艺术/n ◆ yi4_shu4 ▲^1	音乐/n ◆ yin1_yue4
7	艺术/n ◆ yi4_shu4 ▲^1	诗歌/n ◆ shi1_ge1
7	艺术/n ◆ yi4_shu4 ▲^1	舞台/n ◆ wu3_tai2
7	艺术/n ◆ yi4_shu4 ▲^1	运用/v ◆ yun4_yong4
7	艺术/n ◆ yi4_shu4 ▲^1	魅力/n ◆ mei4_li4
7	意见/n ◆ yi4_jian4 ▲^1	征求/v ◆ zheng1_qiu2

共现次数	节点词语	搭配词语	共现次数	节点词语	搭配词语
7	意义/n ◆ yi4_yi4 ▲^1	有/v ◆ you3 ▲^2	7	资料/n ◆ zi1_liao4 ▲^2	查找/v ◆ cha2_zhao3
7	意义/n ◆ yi4_yi4 ▲^2	联想/v ◆ lian2_xiang3	7	资料/n ◆ zi1_liao4 ▲^2	查阅/v ◆ cha2_yue4
7	影响/v ◆ ying3_xiang3 ▲^1	直接/a ◆ zhi2_jie1	7	字/n ◆ zi4 ▲^1	教/v ◆ jiao1
7	影响/v ◆ ying3_xiang3 ▲^1	文学/n ◆ wen2_xue2	7	字/n ◆ zi4 ▲^1	认/v ◆ ren4 ▲^1
7	用心/a ◆ yong4_xin1 ▲^A	听/v ◆ ting1 ▲^A1	7	字/n ◆ zi4 ▲^1	排/v ◆ pai2 ▲^A1
7	宇宙/n ◆ yu3_zhou4 ▲^1	存在/v ◆ cun2_zai4 ▲^1	7	字母/n ◆ zi4_mu3 ▲^1	写/v ◆ xie3 ▲^1
7	语言/n ◆ yu3_yan2 ▲^2	生动/a ◆ sheng1_dong4	7	自然/n ◆ zi4_ran2 ▲^1	美/a ◆ mei3 ▲^A1
7	语言/n ◆ yu3_yan2 ▲^2	艺术/n ◆ yi4_shu4 ▲^1	7	走/v ◆ zou3 ▲^1	拉/v ◆ la1 ▲^A1
7	载/v ◆ zai3 ▲^B	船/n ◆ chuan2	7	走/v ◆ zou3 ▲^1	艰难/a ◆ jian1_nan2
7	扎/v ◆ za1 ▲^1	进/v ◆ jin4 ▲^2	7	走/v ◆ zou3 ▲^1	匆匆/z ◆ cong1_cong1
7	站/v ◆ zhan4 ▲^A1	定/v ◆ ding4 ▲^1	7	走/v ◆ zou3 ▲^5	拖/v ◆ tuo1 ▲^1
7	障碍/n ◆ zhang4_ai4 ▲^2	遇到/v ◆ yu4_dao4	7	组织/v ◆ zu3_zhi1 ▲^1	学校/n ◆ xue2_xiao4
7	照/v ◆ zhao4 ▲^1	月光/n ◆ yue4_guang1	7	嘴巴/n ◆ zui3_ba5 ▲^2	尖/a ◆ jian1 ▲^1
7	支持/v ◆ zhi1_chi2 ▲^1	靠/v ◆ kao4 ▲^A4	7	作/v ◆ zuo4 ▲^6	用/v ◆ yong4 ▲^1
7	知识/n ◆ zhi1_shi5 ▲^2	新/a ◆ xin1 ▲^1	7	坐/v ◆ zuo4 ▲^1	轮椅/n ◆ lun2_yi3
7	知识/n ◆ zhi1_shi5 ▲^2	书本/n ◆ shu1_ben3	6	挨/v ◆ ai1 ▲^1	骂/v ◆ ma4 ▲^1
7	知识/n ◆ zhi1_shi5 ▲^2	有/v ◆ you3 ▲^2	6	白菜/n ◆ bai2_cai4 ▲^2	种/v ◆ zhong4
7	中心/n ◆ zhong1_xin1 ▲^4	指挥/v ◆ zhi3_hui1 ▲^1	6	宝/n ◆ bao3 ▲^1	寻/v ◆ xun2 ▲^B
7	中学/n ◆ zhong1_xue2 ▲^A	文科/n ◆ wen2_ke1	6	报/n ◆ bao4 ▲^6	看/v ◆ kan4 ▲^1
7	重/a ◆ zhong4 ▲^2	说/v ◆ shuo1 ▲^1	6	报告/n ◆ bao4_gao4 ▲^2	做/v ◆ zuo4 ▲^3
7	主题/n ◆ zhu3_ti2 ▲^1	作品/n ◆ zuo4_pin3	6	报告/n ◆ bao4_gao4 ▲^2	作/v ◆ zuo4 ▲^2
7	主席/n ◆ zhu3_xi2 ▲^2	国家/n ◆ guo2_jia1 ▲^2	6	报纸/n ◆ bao4_zhi3 ▲^1	读/v ◆ du2 ▲^2
7	主意/n ◆ zhu3_yi5 ▲^1	拿/v ◆ na2 ▲^3	6	悲剧/n ◆ bei1_ju4 ▲^2	命运/n ◆ ming4_yun4 ▲^1
7	住/v ◆ zhu4 ▲^3	托/v ◆ tuo1 ▲^A1	6	北极/n ◆ bei3_ji2 ▲^1	探险/v ◆ tan4_xian3
7	住/v ◆ zhu4 ▲^3	记/v ◆ ji4 ▲^1	6	背景/n ◆ bei4_jing3 ▲^3	社会/n ◆ she4_hui4 ▲^2
7	住/v ◆ zhu4 ▲^3	钩/v ◆ gou1 ▲^4	6	背景/n ◆ bei4_jing3 ▲^3	历史/n ◆ li4_shi3 ▲^1
7	著作/n ◆ zhu4_zuo4 ▲^2	阅读/v ◆ yue4_du2	6	背景/n ◆ bei4_jing3 ▲^3	有/v ◆ you3 ▲^2
7	撞/v ◆ zhuang4 ▲^1	死/v ◆ si3 ▲^1	6	比较/v ◆ bi3_jiao4 ▲^1	不同/a ◆ bu4_tong2
7	资料/n ◆ zi1_liao4 ▲^2	参考/v ◆ can1_kao3 ▲^1	6	比赛/n ◆ bi3_sai4 ▲^2	进行/v ◆ jin4_xing2 ▲^1
			6	笔/n ◆ bi3 ▲^1	提/v ◆ ti2 ▲^1
			6	遍/v ◆ bian4 ▲^1	响/v ◆ xiang3 ▲^2
			6	表面/n ◆ biao3_mian4 ▲^1	看/v ◆ kan4 ▲^1

共现次数	节点词语	搭配词语
6	表演 /v ◆ biao3_yan3 ▲ ^1	舞台 /n ◆ wu3_tai2
6	冰 /n ◆ bing1 ▲ ^1	结 /v ◆ jie2 ▲ ^4
6	病 /v ◆ bing4 ▲ ^2	死 /v ◆ si3 ▲ ^1
6	玻璃 /n ◆ bo1_li5 ▲ ^1	碎 /a ◆ sui4 ▲ ^3
6	补充 /v ◆ bu3_chong1 ▲ ^2	说 /v ◆ shuo1 ▲ ^1
6	布局 /n ◆ bu4_ju2 ▲ ^2	讲究 /v ◆ jiang3_jiu5 ▲ ^1
6	擦 /v ◆ ca1 ▲ ^2	毛巾 /n ◆ mao2_jin1
6	采 /v ◆ cai3 ▲ ^A1	蜜 /n ◆ mi4
6	采取 /v ◆ cai3_qu3 ▲ ^1	措施 /n ◆ cuo4_shi1
6	菜 /n ◆ cai4 ▲ ^1	卖 /v ◆ mai4 ▲ ^1
6	参加 /v ◆ can1_jia1 ▲ ^1	革命 /v ◆ ge2_ming4 ▲ ^1
6	长城 /n ◆ chang2_cheng2 ▲ ^1	筑 /v ◆ zhu4 ▲ ^A
6	场面 /n ◆ chang3_mian4 ▲ ^4	热闹 /a ◆ re4_nao5 ▲ ^1
6	唱 /v ◆ chang4 ▲ ^1	曲子 /n ◆ qu3_zi5
6	车 /n ◆ che1 ▲ ^1	乘 /v ◆ cheng2 ▲ ^A1
6	车 /n ◆ che1 ▲ ^1	推 /v ◆ tui1 ▲ ^1
6	车门 /n ◆ che1_men2 ▲ ^1	打开 /v ◆ da3_kai1 ▲ ^1
6	车子 /n ◆ che1_zi5 ▲ ^1	开 /v ◆ kai1 ▲ ^A6
6	沉 /v ◆ chen2 ▲ ^1	船 /n ◆ chuan2
6	程度 /n ◆ cheng2_du4 ▲ ^2	高 /a ◆ gao1 ▲ ^4
6	吃 /v ◆ chi1 ▲ ^A1	包 /v ◆ bao1 ▲ ^1
6	翅膀 /n ◆ chi4_bang3 ▲ ^1	张开 /v ◆ zhang1_kai1
6	翅膀 /n ◆ chi4_bang3 ▲ ^1	长 /a ◆ chang2 ▲ ^1
6	充满 /v ◆ chong1_man3 ▲ ^1	心里 /s ◆ xin1_li5 ▲ ^2
6	出息 /n ◆ chu1_xi5 ▲ ^1	没 /v ◆ mei2 ▲ ^ ★
6	出息 /n ◆ chu1_xi5 ▲ ^1	有 /v ◆ you3 ▲ ^5
6	传统 /n ◆ chuan2_tong3 ▲ ^1	优良 /z ◆ you1_liang2
6	床 /n ◆ chuang2 ▲ ^1	下 /v ◆ xia4 ▲ ^B1
6	创意 /n ◆ chuang4_yi4 ▲ ^1	有 /v ◆ you3 ▲ ^5
6	吹 /v ◆ chui1 ▲ ^3	绿 /a ◆ lv4
6	错 /a ◆ cuo4 ▲ ^A5	弄 /v ◆ nong4 ▲ ^2
6	错 /a ◆ cuo4 ▲ ^A5	写 /v ◆ xie3 ▲ ^2
6	大 /n ◆ da4 ▲ ^A2	价值 /n ◆ jia4_zhi2 ▲ ^2
6	大 /n ◆ da4 ▲ ^A2	个儿 /n ◆ ge4_r ▲ ^1
6	大 /n ◆ da4 ▲ ^A2	差异 /n ◆ cha1_yi4
6	大 /n ◆ da4 ▲ ^A2	兴趣 /n ◆ xing4_qu4
6	大 /n ◆ da4 ▲ ^A2	好处 /n ◆ hao3_chu5 ▲ ^1
6	大 /n ◆ da4 ▲ ^A2	进步 /v ◆ jin4_bu4 ▲ ^1
6	大 /n ◆ da4 ▲ ^A2	缺点 /n ◆ que1_dian3
6	大 /n ◆ da4 ▲ ^A2	草原 /n ◆ cao3_yuan2
6	大 /n ◆ da4 ▲ ^A2	尺度 /n ◆ chi3_du4
6	大师 /n ◆ da4_shi1 ▲ ^1	建筑 /n ◆ jian4_zhu4 ▲ ^2
6	大雨 /n ◆ da4_yu3 ▲ ^1	下 /v ◆ xia4 ▲ ^B2
6	呆 /a ◆ dai1 ▲ ^2	看 /v ◆ kan4 ▲ ^1
6	代表 /n ◆ dai4_biao3 ▲ ^3	学派 /n ◆ xue2_pai4
6	代表 /n ◆ dai4_biao3 ▲ ^3	文学 /n ◆ wen2_xue2
6	单位 /n ◆ dan1_wei4 ▲ ^2	名称 /n ◆ ming2_cheng1
6	蛋 /n ◆ dan4 ▲ ^1	生 /v ◆ sheng1 ▲ ^A1
6	刀 /n ◆ dao1 ▲ ^1	拿 /v ◆ na2 ▲ ^1
6	道 /v ◆ dao4 ▲ ^C3	写 /v ◆ xie3 ▲ ^2
6	道德 /n ◆ dao4_de2 ▲ ^1	封建 /a ◆ feng1_jian4 ▲ ^3
6	低 /a ◆ di1 ▲ ^2	温度 /n ◆ wen1_du4
6	地 /n ◆ di4 ▲ ^2	伏 /v ◆ fu2 ▲ ^A1
6	地 /n ◆ di4 ▲ ^2	着 /v ◆ zhao2 ▲ ^1
6	地方 /n ◆ di4_fang5 ▲ ^1	发生 /v ◆ fa1_sheng1 ▲ ^1
6	地方 /n ◆ di4_fang5 ▲ ^1	高 /a ◆ gao1 ▲ ^1
6	地方 /n ◆ di4_fang5 ▲ ^1	代表 /n ◆ dai4_biao3 ▲ ^2
6	地位 /n ◆ di4_wei4 ▲ ^1	高 /a ◆ gao1 ▲ ^4
6	地位 /n ◆ di4_wei4 ▲ ^1	社会 /n ◆ she4_hui4 ▲ ^2
6	地位 /n ◆ di4_wei4 ▲ ^1	没有 /v ◆ mei2_you3 ▲ ^A2
6	地位 /n ◆ di4_wei4 ▲ ^1	占 /v ◆ zhan4 ▲ ^2
6	地震 /n ◆ di4_zhen4 ▲ ^1	发生 /v ◆ fa1_sheng1 ▲ ^1
6	点 /n ◆ dian3 ▲ ^A2	小 /a ◆ xiao3 ▲ ^1
6	点 /v ◆ dian3 ▲ ^A19	火把 /n ◆ huo3_ba3
6	电 /n ◆ dian4 ▲ ^1	怕 /v ◆ pa4 ▲ ^3

共现次数	节点词语	搭配词语	共现次数	节点词语	搭配词语
6	电话 /n ◆ dian4_hua4 ▲ ^1	号码 /n ◆ hao4_ma3	6	多 /a ◆ duo1 ▲ ^A1	读书 /v ◆ du2_shu1 ▲ ^1
6	电话 /n ◆ dian4_hua4 ▲ ^2	铃声 /n ◆ ling2_sheng1	6	多 /a ◆ duo1 ▲ ^A1	收 /v ◆ shou1 ▲ ^4
6	店 /n ◆ dian4 ▲ ^2	开 /v ◆ kai1 ▲ ^A8	6	多 /a ◆ duo1 ▲ ^A1	跑 /v ◆ pao3 ▲ ^1
6	店 /n ◆ dian4 ▲ ^2	主人 /n ◆ zhu3_ren2 ▲ ^3	6	发 /v ◆ fa1 ▲ ^3	大水 /n ◆ da4_shui3
6	掉 /v ◆ diao4 ▲ ^A1	眼泪 /n ◆ yan3_lei4	6	发明 /n ◆ fa1_ming2 ▲ ^2	新 /a ◆ xin1 ▲ ^1
6	掉 /v ◆ diao4 ▲ ^A5	抖 /v ◆ dou3 ▲ ^2	6	发展 /v ◆ fa1_zhan3 ▲ ^1	阻碍 /v ◆ zu3_ai4 ▲ ^1
6	东西 /n ◆ dong1_xi5 ▲ ^1	找 /v ◆ zhao3 ▲ ^A	6	发展 /v ◆ fa1_zhan3 ▲ ^1	巨大 /a ◆ ju4_da4
6	东西 /n ◆ dong1_xi5 ▲ ^1	学 /v ◆ xue2 ▲ ^1	6	翻 /v ◆ fan1 ▲ ^1	看 /v ◆ kan4 ▲ ^1
6	东西 /n ◆ dong1_xi5 ▲ ^1	轻 /a ◆ qing1 ▲ ^6	6	反应 /v ◆ fan3_ying4 ▲ ^1	瞧 /v ◆ qiao2
6	东西 /n ◆ dong1_xi5 ▲ ^1	喜欢 /v ◆ xi3_huan5 ▲ ^1	6	饭 /n ◆ fan4 ▲ ^1	碗 /n ◆ wan3
6	东西 /n ◆ dong1_xi5 ▲ ^1	像 /v ◆ xiang4 ▲ ^3	6	饭 /n ◆ fan4 ▲ ^3	做 /v ◆ zuo4 ▲ ^1
6	东西 /n ◆ dong1_xi5 ▲ ^1	做 /v ◆ zuo4 ▲ ^3	6	范围 /n ◆ fan4_wei2 ▲ ^1	扩大 /v ◆ kuo4_da4
6	东西 /n ◆ dong1_xi5 ▲ ^2	用 /v ◆ yong4 ▲ ^1	6	放 /v ◆ fang4 ▲ ^2	暑假 /n ◆ shu3_jia4
6	东西 /n ◆ dong1_xi5 ▲ ^2	想 /v ◆ xiang3 ▲ ^3	6	飞 /v ◆ fei1 ▲ ^1	展翅 /v ◆ zhan3_chi4
6	东西 /n ◆ dong1_xi5 ▲ ^2	需要 /v ◆ xu1_yao4 ▲ ^1	6	飞 /v ◆ fei1 ▲ ^1	风筝 /n ◆ feng1_zheng1
6	东西 /n ◆ dong1_xi5 ▲ ^2	放 /v ◆ fang4 ▲ ^13	6	飞船 /n ◆ fei1_chuan2 ▲ ^1	发射 /v ◆ fa1_she4
6	东西 /n ◆ dong1_xi5 ▲ ^2	少 /a ◆ shao3 ▲ ^1	6	费 /n ◆ fei4 ▲ ^1	付 /v ◆ fu4
6	东西 /n ◆ dong1_xi5 ▲ ^2	给 /v ◆ gei3 ▲ ^1	6	风 /n ◆ feng1 ▲ ^1	起 /v ◆ qi3 ▲ ^A6
6	动 /v ◆ dong4 ▲ ^1	跑 /v ◆ pao3 ▲ ^1	6	风 /n ◆ feng1 ▲ ^1	扇 /v ◆ shan1 ▲ ^1
6	动 /v ◆ dong4 ▲ ^3	拉 /v ◆ la1 ▲ ^A1	6	风 /n ◆ feng1 ▲ ^1	凉 /a ◆ liang2 ▲ ^1
6	动力 /n ◆ dong4_li4 ▲ ^1	空气 /n ◆ kong1_qi4 ▲ ^1	6	风 /n ◆ feng1 ▲ ^1	过 /v ◆ guo4 ▲ ^1
6	洞 /n ◆ dong4 ▲ ^1	桥 /n ◆ qiao2	6	干 /a ◆ gan1 ▲ ^E1	擦 /v ◆ ca1 ▲ ^2
6	洞 /n ◆ dong4 ▲ ^1	破 /a ◆ po4 ▲ ^8	6	干部 /n ◆ gan4_bu4 ▲ ^1	乡 /n ◆ xiang1 ▲ ^3
6	斗争 /v ◆ dou4_zheng1 ▲ ^1	人民 /n ◆ ren2_min2	6	杆 /n ◆ gan3 ▲ ^1	锄头 /n ◆ chu2_tou5 ▲ ^2
6	读 /v ◆ du2 ▲ ^2	名著 /n ◆ ming2_zhu4	6	感情 /n ◆ gan3_qing2 ▲ ^1	美好 /a ◆ mei3_hao3
6	读 /v ◆ du2 ▲ ^2	爱 /v ◆ ai4 ▲ ^2	6	缸 /n ◆ gang1 ▲ ^1	搬 /v ◆ ban1 ▲ ^1
6	独立 /v ◆ du2_li4 ▲ ^5	创造 /v ◆ chuang4_zao4	6	高 /a ◆ gao1 ▲ ^1	天空 /n ◆ tian1_kong1
6	断 /v ◆ duan4 ▲ ^A1	压 /v ◆ ya1 ▲ ^1	6	高级 /a ◆ gao1_ji2 ▲ ^2	将领 /n ◆ jiang4_ling3
6	队 /n ◆ dui4 ▲ ^2	突击 /v ◆ tu1_ji1 ▲ ^2	6	个性 /n ◆ ge4_xing4 ▲ ^1	独特 /a ◆ du2_te4
6	对 /a ◆ dui4 ▲ ^10	想 /v ◆ xiang3 ▲ ^1	6	个性 /n ◆ ge4_xing4 ▲ ^1	人物 /n ◆ ren2_wu4 ▲ ^3
6	对子 /n ◆ dui4_zi5 ▲ ^1	对 /v ◆ dui4 ▲ ^6	6	个性 /n ◆ ge4_xing4 ▲ ^1	语言 /n ◆ yu3_yan2 ▲ ^2
			6	给 /v ◆ gei3 ▲ ^1	送 /v ◆ song4 ▲ ^1
			6	根本 /n ◆ gen1_ben3 ▲ ^2	原因 /n ◆ yuan2_yin1
			6	跟 /v ◆ gen1 ▲ ^2	去 /v ◆ qu4 ▲ ^A1

共现次数	节点词语	搭配词语
6	工作 /v ◆ gong1_zuo4 ▲ ^1	参加 /v ◆ can1_jia1 ▲ ^1
6	功 /n ◆ gong1 ▲ ^4	做 /v ◆ zuo4 ▲ ^3
6	功 /n ◆ gong1 ▲ ^4	做 /v ◆ zuo4 ▲ ^1
6	功课 /n ◆ gong1_ke4 ▲ ^1	温习 /v ◆ wen1_xi2
6	攻击 /v ◆ gong1_ji1 ▲ ^1	发起 /v ◆ fa1_qi3 ▲ ^2
6	姑娘 /n ◆ gu1_niang5 ▲ ^1	漂亮 /a ◆ piao4_liang5 ▲ ^1
6	姑娘 /n ◆ gu1_niang5 ▲ ^1	美丽 /a ◆ mei3_li4
6	鼓 /a ◆ gu3 ▲ ^7	裤兜 /n ◆ ku4_dou1
6	鼓 /v ◆ gu3 ▲ ^5	勇气 /n ◆ yong3_qi4
6	故事 /n ◆ gu4_shi5 ▲ ^1	看 /v ◆ kan4 ▲ ^1
6	故事 /n ◆ gu4_shi5 ▲ ^1	内容 /n ◆ nei4_rong2
6	故事 /n ◆ gu4_shi5 ▲ ^1	结构 /n ◆ jie2_gou4 ▲ ^1
6	关系 /n ◆ guan1_xi4 ▲ ^1	选择 /v ◆ xuan3_ze2
6	观念 /n ◆ guan1_nian4 ▲ ^1	思想 /n ◆ si1_xiang3 ▲ ^1
6	观念 /n ◆ guan1_nian4 ▲ ^1	艺术 /n ◆ yi4_shu4 ▲ ^1
6	光 /n ◆ guang1 ▲ ^1	闪闪 /z ◆ shan3_shan3
6	规定 /v ◆ gui1_ding4 ▲ ^1	合同 /n ◆ he2_tong2
6	规范 /n ◆ gui1_fan4 ▲ ^1	标准 /n ◆ biao1_zhun3 ▲ ^1
6	规范 /n ◆ gui1_fan4 ▲ ^1	文字 /n ◆ wen2_zi4 ▲ ^1
6	规范 /n ◆ gui1_fan4 ▲ ^1	语言 /n ◆ yu3_yan2 ▲ ^1
6	规范 /n ◆ gui1_fan4 ▲ ^1	通用 /v ◆ tong1_yong4 ▲ ^1
6	国家 /n ◆ guo2_jia1 ▲ ^2	利益 /n ◆ li4_yi4
6	国家 /n ◆ guo2_jia1 ▲ ^2	领导 /v ◆ ling3_dao3 ▲ ^1
6	过去 /v ◆ guo4_qu4 ▲ ^1	冬天 /t ◆ dong1_tian1
6	孩子 /n ◆ hai2_zi5 ▲ ^1	没有 /v ◆ mei2_you3 ▲ ^A2
6	孩子 /n ◆ hai2_zi5 ▲ ^2	小 /a ◆ xiao3 ▲ ^1
6	孩子 /n ◆ hai2_zi5 ▲ ^2	有 /v ◆ you3 ▲ ^1
6	海 /n ◆ hai3 ▲ ^1	跳 /v ◆ tiao4 ▲ ^1
6	好 /a ◆ hao3 ▲ ^1	酒 /n ◆ jiu3
6	好 /a ◆ hao3 ▲ ^1	想 /v ◆ xiang3 ▲ ^3
6	好 /a ◆ hao3 ▲ ^1	特别 /a ◆ te4_bie2 ▲ ^1
6	好 /a ◆ hao3 ▲ ^1	用 /v ◆ yong4 ▲ ^1
6	好 /a ◆ hao3 ▲ ^1	定义 /v ◆ ding4_yi4 ▲ ^2
6	好 /a ◆ hao3 ▲ ^1	方法 /n ◆ fang1_fa3
6	好 /a ◆ hao3 ▲ ^2	办 /v ◆ ban4 ▲ ^1
6	好 /a ◆ hao3 ▲ ^2	看 /v ◆ kan4 ▲ ^1
6	好 /a ◆ hao3 ▲ ^6	行 /v ◆ xing2 ▲ ^9
6	好 /a ◆ hao3 ▲ ^7	用 /v ◆ yong4 ▲ ^1
6	好 /a ◆ hao3 ▲ ^7	砍 /v ◆ kan3 ▲ ^A1
6	好听 /a ◆ hao3_ting1 ▲ ^1	唱 /v ◆ chang4 ▲ ^1
6	喝 /v ◆ he1 ▲ ^A1	够 /v ◆ gou4 ▲ ^2
6	喝 /v ◆ he1 ▲ ^A1	泉水 /n ◆ quan2_shui3
6	黑 /a ◆ hei1 ▲ ^1	发 /v ◆ fa1 ▲ ^10
6	痕迹 /n ◆ hen2_ji4 ▲ ^1	留 /v ◆ liu2 ▲ ^7
6	红 /a ◆ hong2 ▲ ^1	映 /v ◆ ying4
6	后代 /n ◆ hou4_dai4 ▲ ^2	繁衍 /v ◆ fan2_yan3
6	厚 /a ◆ hou4 ▲ ^1	铺 /v ◆ pu1 ▲ ^1
6	呼吸 /v ◆ hu1_xi1 ▲ ^1	停止 /v ◆ ting2_zhi3
6	胡子 /n ◆ hu2_zi5 ▲ ^1	刮 /v ◆ gua1 ▲ ^A1
6	胡子 /n ◆ hu2_zi5 ▲ ^1	小 /a ◆ xiao3 ▲ ^1
6	花 /n ◆ hua1 ▲ ^A1	采 /v ◆ cai3 ▲ ^A1
6	花 /n ◆ hua1 ▲ ^A1	鲜艳 /a ◆ xian1_yan4
6	花 /n ◆ hua1 ▲ ^A2	盆 /n ◆ pen2
6	化 /v ◆ hua4 ▲ ^A1	为 /v ◆ wei2 ▲ ^A3
6	划 /v ◆ hua2 ▲ ^ ★	桨 /n ◆ jiang3
6	画 /n ◆ hua4 ▲ ^A2	学 /v ◆ xue2 ▲ ^1
6	画 /n ◆ hua4 ▲ ^A2	多 /a ◆ duo1 ▲ ^A1
6	话 /n ◆ hua4 ▲ ^1	通 /v ◆ tong1 ▲ ^5
6	话 /n ◆ hua4 ▲ ^1	告诉 /v ◆ gao4_su4
6	话 /n ◆ hua4 ▲ ^1	算 /v ◆ suan4 ▲ ^6
6	话 /n ◆ hua4 ▲ ^1	找 /v ◆ zhao3 ▲ ^A
6	话 /n ◆ hua4 ▲ ^1	简单 /a ◆ jian3_dan1 ▲ ^1
6	话 /n ◆ hua4 ▲ ^1	老 /a ◆ lao3 ▲ ^1
6	坏 /a ◆ huai4 ▲ ^5	饿 /v ◆ e4 ▲ ^2
6	坏事 /n ◆ huai4_shi4 ▲ ^2	做 /v ◆ zuo4 ▲ ^3
6	欢迎 /v ◆ huan1_ying2 ▲ ^1	受到 /v ◆ shou4_dao4

共现次数	节点词语	搭配词语	共现次数	节点词语	搭配词语
6	环境 /n ◆ huan2_jing4 ▲ ^1	描写 /v ◆ miao2_xie3	6	结实 /a ◆ jie1_shi5 ▲ ^2	身体 /n ◆ shen1_ti3
6	环境 /n ◆ huan2_jing4 ▲ ^2	具体 /a ◆ ju4_ti3 ▲ ^1	6	姐姐 /n ◆ jie3_jie5 ▲ ^2	小 /a × xiao3 ▲ ^1
6	幻想 /n ◆ huan4_xiang3 ▲ ^2	科学 /n ◆ ke1_xue2 ▲ ^1	6	紧 /a ◆ jin3 ▲ ^1	绷 /v ◆ beng1 ▲ ^A1
6	换 /v ◆ huan4 ▲ ^2	衣服 /n ◆ yi1_fu2	6	紧 /a ◆ jin3 ▲ ^4	皱 /v ◆ zhou4 ▲ ^2
6	回 /v ◆ hui2 ▲ ^A2	想 /v ◆ xiang3 ▲ ^3	6	紧 /a ◆ jin3 ▲ ^4	跟 /v ◆ gen1 ▲ ^2
6	活 /n ◆ huo2 ▲ ^B1	做 /v ◆ zuo4 ▲ ^3	6	紧 /a ◆ jin3 ▲ ^4	衣服 /n ◆ yi1_fu2
6	活 /n ◆ huo2 ▲ ^A1	像 /v ◆ xiang4 ▲ ^3	6	紧 /a ◆ jin3 ▲ ^4	绷 /v ◆ beng1 ▲ ^A1
6	活动 /n ◆ huo2_dong4 ▲ ^5	进行 /v ◆ jin4_xing2 ▲ ^1	6	紧 /a ◆ jin3 ▲ ^4	挨着 /v ◆ ai1_zhe5
6	火 /n ◆ huo3 ▲ ^1	放 /v ◆ fang4 ▲ ^13	6	经典 /n ◆ jing1_dian3 ▲ ^1	读 /v ◆ du2 ▲ ^2
6	火 /n ◆ huo3 ▲ ^1	点 /v ◆ dian3 ▲ ^A19	6	经典 /n ◆ jing1_dian3 ▲ ^1	阅读 /v ◆ yue4_du2
6	火 /n ◆ huo3 ▲ ^1	着 /v ◆ zhao2 ▲ ^3	6	经历 /n ◆ jing1_li4 ▲ ^2	生活 /n ◆ sheng1_huo2 ▲ ^1
6	基础 /n ◆ ji1_chu3 ▲ ^2	语言 /n ◆ yu3_yan2 ▲ ^1	6	经验 /n ◆ jing1_yan4 ▲ ^1	积累 /v ◆ ji1_lei3 ▲ ^1
6	激动 /a ◆ ji1_dong4 ▲ ^1	心情 /n ◆ xin1_qing2	6	经验 /n ◆ jing1_yan4 ▲ ^1	总结 /v ◆ zong3_jie2 ▲ ^1
6	激动 /a ◆ ji1_dong4 ▲ ^1	无比 /z ◆ wu2_bi3	6	精华 /n ◆ jing1_hua2 ▲ ^1	文化 /n ◆ wen2_hua4 ▲ ^1
6	集中 /v ◆ ji2_zhong1 ▲ ^1	注意力 /n ◆ zhu4_yi4_li4	6	精神 /n ◆ jing1_shen2 ▲ ^1	创造 /v ◆ chuang4_zao4
6	计划 /n ◆ ji4_hua4 ▲ ^1	活动 /n ◆ huo2_dong4 ▲ ^5	6	精神 /n ◆ jing1_shen2 ▲ ^1	顽强 /a ◆ wan2_qiang2
6	价值 /n ◆ jia4_zhi2 ▲ ^2	高 /a ◆ gao1 ▲ ^4	6	精神 /n ◆ jing1_shen2 ▲ ^1	饱满 /a ◆ bao3_man3 ▲ ^2
6	见 /v ◆ jian4 ▲ ^A1	眼 /n ◆ yan3 ▲ ^1	6	井 /n ◆ jing3 ▲ ^A1	掉 /v ◆ diao4 ▲ ^A1
6	建议 /n ◆ jian4_yi4 ▲ ^2	提出 /v ◆ ti2_chu1	6	井 /n ◆ jing3 ▲ ^A1	古 /a ◆ gu3
6	健康 /a ◆ jian4_kang1 ▲ ^1	有益 /a ◆ you3_yi4	6	境界 /n ◆ jing4_jie4 ▲ ^2	精神 /n ◆ jing1_shen2 ▲ ^1
6	交通 /n ◆ jiao1_tong1 ▲ ^2	陆上 /s ◆ lu4_shang5	6	开 /v ◆ kai1 ▲ ^A1	跑 /v ◆ pao3 ▲ ^1
6	脚步 /n ◆ jiao3_bu4 ▲ ^2	加快 /v ◆ jia1_kuai4 ▲ ^1	6	开 /v ◆ kai1 ▲ ^A1	离 /v ◆ li2 ▲ ^A1
6	教授 /n ◆ jiao4_shou4 ▲ ^2	数学 /n ◆ shu4_xue2	6	开车 /v ◆ kai1_che1 ▲ ^1	谨慎 /a ◆ jin3_shen4
6	教训 /n ◆ jiao4_xun5 ▲ ^2	经验 /n ◆ jing1_yan4 ▲ ^1	6	开始 /v ◆ kai1_shi3 ▲ ^1	仪式 /n ◆ yi2_shi4
6	教育 /n ◆ jiao4_yu4 ▲ ^1	全民 /n ◆ quan2_min2	6	看 /v ◆ kan4 ▲ ^1	快乐 /a ◆ kuai4_le4
6	教育 /v ◆ jiao4_yu4 ▲ ^2	学校 /n ◆ xue2_xiao4	6	科学 /n ◆ ke1_xue2 ▲ ^1	世界 /n ◆ shi4_jie4 ▲ ^3
6	结构 /n ◆ jie2_gou4 ▲ ^1	相同 /a ◆ xiang1_tong2	6	科学 /n ◆ ke1_xue2 ▲ ^1	生物 /n ◆ sheng1_wu4
6	结构 /n ◆ jie2_gou4 ▲ ^1	复杂 /a ◆ fu4_za2	6	可以 /v ◆ ke3_yi3 ▲ ^A1	同样 /a ◆ tong2_yang4
6	结果 /n ◆ jie2_guo3 ▲ ^A1	实验 /v ◆ shi2_yan4 ▲ ^1	6	课 /n ◆ ke4 ▲ ^A1	上 /v ◆ shang4 ▲ ^B12
			6	坑 /n ◆ keng1 ▲ ^1	树 /n ◆ shu4 ▲ ^1
			6	空气 /n ◆ kong1_qi4 ▲ ^1	充满 /v ◆ chong1_man3 ▲ ^1

共现次数	节点词语	搭配词语
6	空气/n ◆ kong1_qi4 ▲^1	动力/n ◆ dong4_li4 ▲^1
6	苦/a ◆ ku3 ▲^2	受/v ◆ shou4 ▲^2
6	快/a ◆ kuai4 ▲^1	想/v ◆ xiang3 ▲^3
6	快/a ◆ kuai4 ▲^1	叫/v ◆ jiao4 ▲^A1
6	快/a ◆ kuai4 ▲^1	走/v ◆ zou3 ▲^5
6	狂风/n ◆ kuang2_feng1 ▲^1	呼啸/v ◆ hu1_xiao4
6	困难/n ◆ kun4_nan5 ▲^3	克服/v ◆ ke4_fu2 ▲^1
6	喇叭/n ◆ la3_ba5 ▲^2	吹/v ◆ chui1 ▲^2
6	来信/n ◆ lai2_xin4 ▲^2	收到/v ◆ shou1_dao4
6	浪/n ◆ lang4 ▲^1	涌/v ◆ yong3 ▲^1
6	老/a ◆ lao3 ▲^1	死/v ◆ si3 ▲^1
6	老人/n ◆ lao3_ren2 ▲^1	想/v ◆ xiang3 ▲^3
6	理想/n ◆ li3_xiang3 ▲^1	人类/n ◆ ren2_lei4
6	理性/n ◆ li3_xing4 ▲^2	人类/n ◆ ren2_lei4
6	力量/n ◆ li4_liang4 ▲^3	具有/v ◆ ju4_you3
6	历史/n ◆ li4_shi3 ▲^1	整个/b ◆ zheng3_ge4
6	历史/n ◆ li4_shi3 ▲^1	世界/n ◆ shi4_jie4 ▲^3
6	历史/n ◆ li4_shi3 ▲^1	背景/n ◆ bei4_jing3 ▲^3
6	历史/n ◆ li4_shi3 ▲^1	进程/n ◆ jin4_cheng2
6	立/v ◆ li4 ▲^5	合同/n ◆ he2_tong2
6	荔枝/n ◆ li4_zhi1 ▲^1	树/n ◆ shu4 ▲^1
6	脸/n ◆ lian3 ▲^1	涨/v ◆ zhang3
6	脸/n ◆ lian3 ▲^1	涨/v ◆ zhang4 ▲^2
6	脸/n ◆ lian3 ▲^1	板/v ◆ ban3 ▲^A8
6	脸/n ◆ lian3 ▲^1	凑/v ◆ cou4 ▲^3
6	脸/n ◆ lian3 ▲^1	稚气/n ◆ zhi4_qi4
6	脸色/n ◆ lian3_se4 ▲^3	变/v ◆ bian4 ▲^1
6	亮/v ◆ liang4 ▲^2	眼前/s ◆ yan3_qian2 ▲^1
6	楼/n ◆ lou2 ▲^1	高/a ◆ gao1 ▲^1
6	楼/n ◆ lou2 ▲^1	小/a ◆ xiao3 ▲^1
6	路/v ◆ lu4 ▲^1	筑/v ◆ zhu4 ▲^A
6	路/v ◆ lu4 ▲^2	远/a ◆ yuan3 ▲^1
6	落/v ◆ luo4 ▲^1	雪/n ◆ xue3
6	满/a ◆ man3 ▲^A1	撒/v ◆ sa3 ▲^1
6	满/a ◆ man3 ▲^A1	摘/v ◆ zhai1 ▲^1
6	满/a ◆ man3 ▲^A1	载/v ◆ zai3 ▲^B
6	满足/v ◆ man3_zu2 ▲^1	感到/v ◆ gan3_dao4
6	忙/a ◆ mang2 ▲^1	工作/v ◆ gong1_zuo4 ▲^1
6	毛/n ◆ mao2 ▲^A1	黑/a ◆ hei1 ▲^1
6	毛/n ◆ mao2 ▲^A1	红/a ◆ hong2 ▲^1
6	矛盾/n ◆ mao2_dun4 ▲^4	冲突/v ◆ chong1_tu1 ▲^1
6	冒/v ◆ mao4 ▲^2	危险/a ◆ wei1_xian3
6	妹妹/n ◆ mei4_mei5 ▲^2	小/a ◆ xiao3 ▲^1
6	猛/a ◆ meng3 ▲^1	扑/v ◆ pu1 ▲^1
6	眯/v ◆ mi1 ▲^1	眼睛/n ◆ yan3_jing1
6	民间/n ◆ min2_jian1 ▲^1	故事/n ◆ gu4_shi5 ▲^1
6	民族/n ◆ min2_zu2 ▲^2	多/a ◆ duo1 ▲^A1
6	名字/n ◆ ming2_zi5 ▲^2	起/v ◆ qi3 ▲^A8
6	明白/a ◆ ming2_bai5 ▲^1	问/v ◆ wen4 ▲^1
6	明亮/a ◆ ming2_liang4 ▲^2	眼睛/n ◆ yan3_jing1
6	命/n ◆ ming4 ▲^A1	拼/v ◆ pin1 ▲^B
6	命令/n ◆ ming4_ling4 ▲^2	下/v ◆ xia4 ▲^B3
6	命运/n ◆ ming4_yun4 ▲^1	抗争/v ◆ kang4_zheng1
6	抹/v ◆ mo3 ▲^2	眼睛/n ◆ yan3_jing1
6	末/n ◆ mo4 ▲^A3	世纪/n ◆ shi4_ji4
6	木棉/n ◆ mu4_mian2 ▲^1	树/n ◆ shu4 ▲^1
6	内涵/n ◆ nei4_han2 ▲^1	丰富/a ◆ feng1_fu4 ▲^1
6	内心/n ◆ nei4_xin1 ▲^A	丰富/a ◆ feng1_fu4 ▲^1
6	内心/n ◆ nei4_xin1 ▲^A	活动/n ◆ huo2_dong4 ▲^5
6	难/a ◆ nan2 ▲^1	走/v ◆ zou3 ▲^1
6	脑袋/n ◆ nao3_dai5 ▲^1	歪/a ◆ wai1 ▲^1
6	能量/n ◆ neng2_liang4 ▲^1	总和/n ◆ zong3_he2
6	牛/n ◆ niu2 ▲^A1	喂/v ◆ wei4 ▲^B1
6	牛/n ◆ niu2 ▲^A1	黑/a ◆ hei1 ▲^1
6	抛/v ◆ pao1 ▲^1	远/a ◆ yuan3 ▲^1
6	朋友/n ◆ peng2_you5 ▲^1	穷/a ◆ qiong2 ▲^1

共现次数	节点词语	搭配词语	共现次数	节点词语	搭配词语
6	朋友/n ◆ peng2_you5 ▲^1	做/v ◆ zuo4 ▲^7	6	情趣/n ◆ qing2_qu4 ▲^2	生活/n ◆ sheng1_huo2 ▲^1
6	脾气/n ◆ pi2_qi5 ▲^1	坏/a ◆ huai4 ▲^2	6	情绪/n ◆ qing2_xu4 ▲^1	激动/a ◆ ji1_dong4 ▲^1
6	飘/v ◆ piao1 ▲^1	空中/s ◆ kong1_zhong1 ▲^1	6	圈/n ◆ quan1 ▲^1	绕/v ◆ rao4 ▲^2
6	品味/v ◆ pin3_wei4 ▲^2	欣赏/v ◆ xin1_shang3 ▲^1	6	圈/n ◆ quan1 ▲^1	画/v ◆ hua4 ▲^B1
6	平/a ◆ ping2 ▲^1	压/v ◆ ya1 ▲^1	6	群众/n ◆ qun2_zhong4 ▲^1	广大/b ◆ guang3_da4 ▲^1
6	苹果/n ◆ ping2_guo3 ▲^2	捡/v ◆ jian3	6	热/a ◆ re4 ▲^2	怕/v ◆ pa4 ▲^1
6	破/v ◆ po4 ▲^1	打/v ◆ da3 ▲^★	6	人/n ◆ ren2 ▲^1	叫做/v ◆ jiao4_zuo4
6	破坏/v ◆ po4_huai4 ▲^2	遭到/v ◆ zao1_dao4	6	人/n ◆ ren2 ▲^1	考虑/v ◆ kao3_lv4
6	扑/v ◆ pu1 ▲^1	进/v ◆ jin4 ▲^2	6	人/n ◆ ren2 ▲^1	孤零零/z ◆ gu1_ling2_ling2
6	起身/v ◆ qi3_shen1 ▲^3	站/v ◆ zhan4 ▲^A1	6	人/n ◆ ren2 ▲^1	压/v ◆ ya1 ▲^1
6	起源/n ◆ qi3_yuan2 ▲^2	物种/n ◆ wu4_zhong3	6	人/n ◆ ren2 ▲^1	来自/v ◆ lai2_zi4
6	气/n ◆ qi4 ▲^1	吹/v ◆ chui1 ▲^1	6	人/n ◆ ren2 ▲^1	包括/v ◆ bao1_kuo4
6	气/n ◆ qi4 ▲^1	白/a ◆ bai2 ▲^A1	6	人/n ◆ ren2 ▲^1	使用/v ◆ shi3_yong4
6	气/n ◆ qi4 ▲^3	吐/v ◆ tu3 ▲^1	6	人/n ◆ ren2 ▲^1	算/v ◆ suan4 ▲^5
6	前后/n ◆ qian2_hou4 ▲^2	呼应/v ◆ hu1_ying4	6	人/n ◆ ren2 ▲^1	整个/b ◆ zheng3_ge4
6	前沿/n ◆ qian2_yan2 ▲^1	敌人/n ◆ di2_ren2	6	人/n ◆ ren2 ▲^1	寂寞/a ◆ ji4_mo4 ▲^1
6	钱/n ◆ qian2 ▲^A2	挣/v ◆ zheng4 ▲^B	6	人/n ◆ ren2 ▲^1	富有/v ◆ fu4_you3 ▲^2
6	钱/n ◆ qian2 ▲^A2	算/v ◆ suan4 ▲^1	6	人/n ◆ ren2 ▲^1	创造力/n ◆ chuang4_zao4_li4
6	钱/n ◆ qian2 ▲^A3	付/v ◆ fu4	6	人/n ◆ ren2 ▲^1	懂/v ◆ dong3
6	钱/n ◆ qian2 ▲^A4	付/v ◆ fu4	6	人/n ◆ ren2 ▲^1	要/v ◆ yao4 ▲^B8
6	钱/n ◆ qian2 ▲^A4	寄/v ◆ ji4 ▲^1	6	人/n ◆ ren2 ▲^1	危险/a ◆ wei1_xian3
6	钱/n ◆ qian2 ▲^A4	要/v ◆ yao4 ▲^B2	6	人/n ◆ ren2 ▲^1	想/v ◆ xiang3 ▲^2
6	枪/n ◆ qiang1 ▲^A2	响/v ◆ xiang3 ▲^2	6	人/n ◆ ren2 ▲^1	渴望/v ◆ ke3_wang4
6	强度/n ◆ qiang2_du4 ▲^2	高/a ◆ gao1 ▲^4	6	人/n ◆ ren2 ▲^1	当作/v ◆ dang1_zuo4
6	亲人/n ◆ qin1_ren2 ▲^1	失去/v ◆ shi1_qu4	6	人/n ◆ ren2 ▲^1	喜爱/v ◆ xi3_ai4
6	轻/a ◆ qing1 ▲^3	年纪/n ◆ nian2_ji4	6	人/n ◆ ren2 ▲^1	屠杀/v ◆ tu2_sha1
6	轻/a ◆ qing1 ▲^6	看/v ◆ kan4 ▲^1	6	人/n ◆ ren2 ▲^1	掉/v ◆ diao4 ▲^A5
6	轻/a ◆ qing1 ▲^6	年纪/n ◆ nian2_ji4	6	人/n ◆ ren2 ▲^1	简单/a ◆ jian3_dan1 ▲^1
6	轻/a ◆ qing1 ▲^6	声音/n ◆ sheng1_yin1	6	人/n ◆ ren2 ▲^1	遭/v ◆ zao1 ▲^A
6	情感/n ◆ qing2_gan3 ▲^1	表达/v ◆ biao3_da2	6	人/n ◆ ren2 ▲^1	苦难/n ◆ ku3_nan4
6	情况/n ◆ qing2_kuang4 ▲^1	检查/v ◆ jian3_cha2 ▲^1	6	人/n ◆ ren2 ▲^1	怀疑/v ◆ huai2_yi2 ▲^1
6	情况/n ◆ qing2_kuang4 ▲^1	特殊/a ◆ te4_shu1	6	人/n ◆ ren2 ▲^1	进步/v ◆ jin4_bu4 ▲^1
6	情况/n ◆ qing2_kuang4 ▲^1	实际/a ◆ shi2_ji4 ▲^2	6	人/n ◆ ren2 ▲^1	健康/a ◆ jian4_kang1 ▲^1
			6	人/n ◆ ren2 ▲^1	瘦/a ◆ shou4 ▲^1
			6	人/n ◆ ren2 ▲^1	温柔/a ◆ wen1_rou2
			6	人/n ◆ ren2 ▲^1	上去/v ◆ shang4_qu4
			6	人/n ◆ ren2 ▲^1	饿/a ◆ e4 ▲^1
			6	人/n ◆ ren2 ▲^1	强/a ◆ qiang2 ▲^1

共现次数	节点词语	搭配词语	共现次数	节点词语	搭配词语
6	人 /n ◆ ren2 ▲ ^1	主张 /v ◆ zhu3_zhang1 ▲ ^1	6	人 /n ◆ ren2 ▲ ^2	来 /v ◆ lai2 ▲ ^A5
6	人 /n ◆ ren2 ▲ ^1	同情 /v ◆ tong2_qing2 ▲ ^1	6	人 /n ◆ ren2 ▲ ^2	经过 /v ◆ jing1_guo4 ▲ ^1
6	人 /n ◆ ren2 ▲ ^1	准备 /v ◆ zhun3_bei4 ▲ ^1	6	人 /n ◆ ren2 ▲ ^2	知道 /v ◆ zhi1_dao4
6	人 /n ◆ ren2 ▲ ^1	证明 /v ◆ zheng4_ming2 ▲ ^1	6	人 /n ◆ ren2 ▲ ^2	称 /v ◆ cheng1 ▲ ^A1
6	人 /n ◆ ren2 ▲ ^1	进行 /v ◆ jin4_xing2 ▲ ^1	6	人 /n ◆ ren2 ▲ ^2	脸 /n ◆ lian3 ▲ ^1
6	人 /n ◆ ren2 ▲ ^1	探索 /v ◆ tan4_suo3	6	人 /n ◆ ren2 ▲ ^4	知道 /v ◆ zhi1_dao4
6	人 /n ◆ ren2 ▲ ^1	脑袋 /n ◆ nao3_dai5 ▲ ^1	6	人 /n ◆ ren2 ▲ ^4	怪 /a ◆ guai4 ▲ ^A1
6	人 /n ◆ ren2 ▲ ^1	年龄 /n ◆ nian2_ling2	6	人 /n ◆ ren2 ▲ ^4	来 /v ◆ lai2 ▲ ^A5
6	人 /n ◆ ren2 ▲ ^1	兴奋 /a ◆ xing1_fen4 ▲ ^1	6	人家 /n ◆ ren2_jia1 ▲ ^1	乡下 /s ◆ xiang1_xia5
6	人 /n ◆ ren2 ▲ ^1	送 /v ◆ song4 ▲ ^2	6	人物 /n ◆ ren2_wu4 ▲ ^3	生动 /a ◆ sheng1_dong4
6	人 /n ◆ ren2 ▲ ^1	错 /a ◆ cuo4 ▲ ^A5	6	人物 /n ◆ ren2_wu4 ▲ ^3	故事 /n ◆ gu4_shi5 ▲ ^2
6	人 /n ◆ ren2 ▲ ^1	目标 /n ◆ mu4_biao1 ▲ ^2	6	人物 /n ◆ ren2_wu4 ▲ ^3	文学 /n ◆ wen2_xue2
6	人 /n ◆ ren2 ▲ ^1	开始 /v ◆ kai1_shi3 ▲ ^1	6	人物 /n ◆ ren2_wu4 ▲ ^3	个性 /n ◆ ge4_xing4 ▲ ^2
6	人 /n ◆ ren2 ▲ ^1	性格 /n ◆ xing4_ge2	6	人物 /n ◆ ren2_wu4 ▲ ^3	命运 /n ◆ ming4_yun4 ▲ ^1
6	人 /n ◆ ren2 ▲ ^1	捡 /v ◆ jian3	6	认真 /a ◆ ren4_zhen1 ▲ ^2	看 /v ◆ kan4 ▲ ^1
6	人 /n ◆ ren2 ▲ ^1	自然 /a ◆ zi4_ran2 ▲ ^2	6	认真 /a ◆ ren4_zhen1 ▲ ^2	学 /v ◆ xue2 ▲ ^1
6	人 /n ◆ ren2 ▲ ^1	取 /v ◆ qu3 ▲ ^1	6	日子 /n ◆ ri4_zi5 ▲ ^3	晴朗 /a ◆ qing2_lang3
6	人 /n ◆ ren2 ▲ ^1	反对 /v ◆ fan3_dui4	6	日子 /n ◆ ri4_zi5 ▲ ^3	好 /a ◆ hao3 ▲ ^1
6	人 /n ◆ ren2 ▲ ^1	保护 /v ◆ bao3_hu4	6	肉 /n ◆ rou4 ▲ ^1	好 /a ◆ hao3 ▲ ^1
6	人 /n ◆ ren2 ▲ ^1	养 /v ◆ yang3 ▲ ^2	6	肉 /n ◆ rou4 ▲ ^1	买 /v ◆ mai3
6	人 /n ◆ ren2 ▲ ^1	吃饭 /v ◆ chi1_fan4	6	肉 /n ◆ rou4 ▲ ^1	多 /a ◆ duo1 ▲ ^A1
6	人 /n ◆ ren2 ▲ ^1	好 /a ◆ hao3 ▲ ^7	6	入 /v ◆ ru4 ▲ ^1	移 /v ◆ yi2
6	人 /n ◆ ren2 ▲ ^1	确信 /v ◆ que4_xin4 ▲ ^1	6	入 /v ◆ ru4 ▲ ^1	走 /v ◆ zou3 ▲ ^1
6	人 /n ◆ ren2 ▲ ^1	警告 /v ◆ jing3_gao4 ▲ ^1	6	入 /v ◆ ru4 ▲ ^1	跳 /v ◆ tiao4 ▲ ^1
6	人 /n ◆ ren2 ▲ ^1	恐怖 /a ◆ kong3_bu4	6	散文 /n ◆ san3_wen2 ▲ ^2	创作 /v ◆ chuang4_zuo4 ▲ ^1
6	人 /n ◆ ren2 ▲ ^1	达到 /v ◆ da2_dao4	6	色彩 /n ◆ se4_cai3 ▲ ^1	绚丽 /a ◆ xuan4_li4
6	人 /n ◆ ren2 ▲ ^1	欺侮 /v ◆ qi1_wu3	6	色彩 /n ◆ se4_cai3 ▲ ^1	感情 /n ◆ gan3_qing2 ▲ ^1
6	人 /n ◆ ren2 ▲ ^1	开心 /v ◆ kai1_xin1 ▲ ^1	6	山 /n ◆ shan1 ▲ ^1	青 /a ◆ qing1 ▲ ^1
6	人 /n ◆ ren2 ▲ ^1	联想 /v ◆ lian2_xiang3	6	山羊 /n ◆ shan1_yang2 ▲ ^1	黑 /a ◆ hei1 ▲ ^1
6	人 /n ◆ ren2 ▲ ^1	努力 /a ◆ nu3_li4 ▲ ^2	6	闪 /v ◆ shan3 ▲ ^6	星星 /n ◆ xing1_xing1
6	人 /n ◆ ren2 ▲ ^1	视觉 /n ◆ shi4_jue2	6	伤 /v ◆ shang1 ▲ ^2	打 /v ◆ da3 ▲ ^A3
6	人 /n ◆ ren2 ▲ ^1	走路 /v ◆ zou3_lu4 ▲ ^1	6	上下 /n ◆ shang4_xia4 ▲ ^A2	浑身 /n ◆ hun2_shen1
6	人 /n ◆ ren2 ▲ ^2	像 /v ◆ xiang4 ▲ ^3	6	少 /a ◆ shao3 ▲ ^1	看 /v ◆ kan4 ▲ ^1
6	人 /n ◆ ren2 ▲ ^1	呆 /a ◆ dai1 ▲ ^2	6	舌头 /n ◆ she2_tou5 ▲ ^1	长 /a ◆ chang2 ▲ ^1

共现次数	节点词语	搭配词语	共现次数	节点词语	搭配词语
6	舌头/n◆she2_tou5 ▲^1	吐/v◆tu3 ▲^1	6	实验/n◆shi2_yan4 ▲^2	科学/n◆ke1_xue2 ▲^1
6	社会/n◆she4_hui4 ▲^2	整个/b◆zheng3_ge4	6	世界/n◆shi4_jie4 ▲^1	创造/v◆chuang4_zao4
6	社会/n◆she4_hui4 ▲^2	揭示/v◆jie1_shi4 ▲^2	6	世界/n◆shi4_jie4 ▲^1	动物/n◆dong4_wu4
6	摄影/n◆she4_ying3 ▲^1	记者/n◆ji4_zhe3	6	世界/n◆shi4_jie4 ▲^3	影响/v◆ying3_xiang3 ▲^1
6	身/n◆shen1 ▲^1	转过/v◆zhuan3_guo4	6	世界/n◆shi4_jie4 ▲^5	丰富/a◆feng1_fu4 ▲^1
6	身/n◆shen1 ▲^1	跳/v◆tiao4 ▲^1	6	世界/n◆shi4_jie4 ▲^5	外部/n◆wai4_bu4 ▲^1
6	身/n◆shen1 ▲^1	着/v◆zhuo2	6	世界/n◆shi4_jie4 ▲^5	童话/n◆tong2_hua4
6	身子/n◆shen1_zi5 ▲^1	扭/v◆niu3 ▲^4	6	世界/n◆shi4_jie4 ▲^5	小/a◆xiao3 ▲^1
6	身子/n◆shen1_zi5 ▲^1	俯/v◆fu3	6	事/n◆shi4 ▲^1	怕/v◆pa4 ▲^1
6	神话/n◆shen2_hua4 ▲^1	故事/n◆gu4_shi5 ▲^1	6	事/n◆shi4 ▲^1	了/v◆liao3 ▲^A2
6	生活/n◆sheng1_huo2 ▲^1	经历/n◆jing1_li4 ▲^2	6	事/n◆shi4 ▲^1	遇到/v◆yu4_dao4
6	生活/n◆sheng1_huo2 ▲^1	人物/n◆ren2_wu4 ▲^3	6	事/n◆shi4 ▲^1	提/v◆ti2 ▲^7
6	生活/n◆sheng1_huo2 ▲^1	政治/n◆zheng4_zhi4	6	事/n◆shi4 ▲^1	家/n◆jia1 ▲^2
6	生活/n◆sheng1_huo2 ▲^1	平凡/a◆ping2_fan2	6	事/n◆shi4 ▲^1	管/v◆guan3 ▲^B5
6	生活/n◆sheng1_huo2 ▲^1	发展/v◆fa1_zhan3 ▲^1	6	事/n◆shi4 ▲^1	过去/v◆guo4_qu4 ▲^1
6	生活/n◆sheng1_huo2 ▲^1	细节/n◆xi4_jie2	6	事/n◆shi4 ▲^1	懂得/v◆dong3_de5
6	生活/n◆sheng1_huo2 ▲^4	童年/n◆tong2_nian2	6	事/n◆shi4 ▲^2	出/v◆chu1 ▲^A6
6	声/n◆sheng1 ▲^1	低/a◆di1 ▲^2	6	事业/n◆shi4_ye4 ▲^1	国家/n◆guo2_jia1 ▲^2
6	声/n◆sheng1 ▲^1	发/v◆fa1 ▲^3	6	事业/n◆shi4_ye4 ▲^1	教育/v◆jiao4_yu4 ▲^2
6	时代/n◆shi2_dai4 ▲^1	生活/v◆sheng1_huo2 ▲^2	6	试验/v◆shi4_yan4 ▲^1	经过/v◆jing1_guo4 ▲^1
6	时间/n◆shi2_jian1 ▲^1	看/v◆kan4 ▲^1	6	收拾/v◆shou1_shi5 ▲^1	行李/n◆xing2_li3
6	时间/n◆shi2_jian1 ▲^1	珍惜/v◆zhen1_xi1	6	手/n◆shou3 ▲^1	提/v◆zhuo1
6	时间/n◆shi2_jian1 ▲^2	有/v◆you3 ▲^1	6	手/n◆shou3 ▲^1	抽/v◆chou1 ▲^A1
6	时间/n◆shi2_jian1 ▲^2	费/v◆fei4 ▲^2	6	手/n◆shou3 ▲^1	招/v◆zhao1 ▲^A1
6	时间/n◆shi2_jian1 ▲^2	少/a◆shao3 ▲^1	6	手/n◆shou3 ▲^1	摆/v◆bai3 ▲^A3
6	时间/n◆shi2_jian1 ▲^2	有/v◆you3 ▲^3	6	手/n◆shou3 ▲^1	捂/v◆wu3
6	实际/n◆shi2_ji4 ▲^1	生活/n◆sheng1_huo2 ▲^1	6	手/n◆shou3 ▲^1	高/a◆gao1 ▲^1
			6	手/n◆shou3 ▲^1	拨/v◆bo1 ▲^1
			6	手/n◆shou3 ▲^1	持/v◆chi2 ▲^1
			6	水/n◆shui3 ▲^1	多/a◆duo1 ▲^A1
			6	水/n◆shui3 ▲^1	清凉/a◆qing1_liang2
			6	水/n◆shui3 ▲^1	气/n◆qi4 ▲^3
			6	水/n◆shui3 ▲^1	淹/v◆yan1 ▲^1
			6	水平/n◆shui3_ping2 ▲^2	有/v◆you3 ▲^2
			6	说/v◆shuo1 ▲^1	开/v◆kai1 ▲^A1

共现次数	节点词语	搭配词语	共现次数	节点词语	搭配词语
6	思维/n ◆ si1_wei2 ▲^1	创造/v ◆ chuang4_zao4	6	头脑/n ◆ tou2_nao3 ▲^1	简单/a ◆ jian3_dan1 ▲^1
6	思想/n ◆ si1_xiang3 ▲^1	重要/a ◆ zhong4_yao4	6	头皮/n ◆ tou2_pi2 ▲^1	硬/a ◆ ying4 ▲^1
6	思想/n ◆ si1_xiang3 ▲^1	反映/v ◆ fan3_ying4 ▲^1	6	透/a ◆ tou4 ▲^4	糟糕/a ◆ zao1_gao1
6	思想/n ◆ si1_xiang3 ▲^1	解放/v ◆ jie3_fang4 ▲^1	6	突出/a ◆ tu1_chu1 ▲^B2	表现/v ◆ biao3_xian4 ▲^1
6	死/v ◆ si3 ▲^1	怕/v ◆ pa4 ▲^1	6	脱/v ◆ tuo1 ▲^2	靴子/n ◆ xue1_zi5
6	送/v ◆ song4 ▲^3	走/v ◆ zou3 ▲^5	6	玩/v ◆ wan2 ▲^A1	陪/v ◆ pei2
6	速度/n ◆ su4_du4 ▲^2	快/a ◆ kuai4 ▲^1	6	微笑/v ◆ wei1_xiao4 ▲^1	露出/v ◆ lou4_chu1
6	塑造/v ◆ su4_zao4 ▲^2	小说/n ◆ xiao3_shuo1	6	尾巴/n ◆ wei3_ba5 ▲^1	咬/v ◆ yao3 ▲^1
6	损失/n ◆ sun3_shi1 ▲^2	赔偿/v ◆ pei2_chang2	6	尾巴/n ◆ wei3_ba5 ▲^1	翘/v ◆ qiao4
6	损失/n ◆ sun3_shi1 ▲^2	经济/n ◆ jing1_ji4 ▲^1	6	尾巴/n ◆ wei3_ba5 ▲^1	摆/v ◆ bai3 ▲^A3
6	损失/n ◆ sun3_shi1 ▲^2	受/v ◆ shou4 ▲^2	6	卫生/a ◆ wei4_sheng1 ▲^1	讲/v ◆ jiang3 ▲^5
6	台阶/n ◆ tai2_jie1 ▲^1	跳/v ◆ tiao4 ▲^1	6	味/n ◆ wei4 ▲^1	甜/a ◆ tian2 ▲^1
6	太阳/n ◆ tai4_yang2 ▲^1	照射/v ◆ zhao4_she4	6	味道/n ◆ wei4_dao4 ▲^1	有/v ◆ you3 ▲^2
6	态度/n ◆ tai4_du5 ▲^1	人生/n ◆ ren2_sheng1	6	味道/n ◆ wei4_dao4 ▲^2	有/v ◆ you3 ▲^2
6	汤/n ◆ tang1 ▲^3	喝/v ◆ he1 ▲^A1	6	温/v ◆ wen1 ▲^3	酒/n ◆ jiu3
6	体育/n ◆ ti3_yu4 ▲^1	科学/n ◆ ke1_xue2 ▲^1	6	文化/n ◆ wen2_hua4 ▲^1	民族/n ◆ min2_zu2 ▲^1
6	天/n ◆ tian1 ▲^1	升/v ◆ sheng1 ▲^A1	6	文化/n ◆ wen2_hua4 ▲^1	新/a ◆ xin1 ▲^2
6	天/n ◆ tian1 ▲^1	高/a ◆ gao1 ▲^1	6	文章/n ◆ wen2_zhang1 ▲^1	阅读/v ◆ yue4_du2
6	天/n ◆ tian1 ▲^1	亮/a ◆ liang4 ▲^1	6	文字/n ◆ wen2_zi4 ▲^1	规范/n ◆ gui1_fan4 ▲^1
6	天/n ◆ tian1 ▲^3	亮/a ◆ liang4 ▲^1	6	文字/n ◆ wen2_zi4 ▲^3	写/v ◆ xie3 ▲^2
6	天使/n ◆ tian1_shi3 ▲^1	小/a ◆ xiao3 ▲^1	6	问题/n ◆ wen4_ti2 ▲^2	说/v ◆ shuo1 ▲^1
6	条件/n ◆ tiao2_jian4 ▲^1	有/v ◆ you3 ▲^1	6	问题/n ◆ wen4_ti2 ▲^2	提/v ◆ ti2 ▲^4
6	条件/n ◆ tiao2_jian4 ▲^1	提供/v ◆ ti2_gong1	6	戏剧/n ◆ xi4_ju4 ▲^1	语言/n ◆ yu3_yan2 ▲^2
6	条件/n ◆ tiao2_jian4 ▲^1	自然/n ◆ zi4_ran2 ▲^1	6	系统/n ◆ xi4_tong3 ▲^1	制导/v ◆ zhi4_dao3
6	听/v ◆ ting1 ▲^A1	歌/n ◆ ge1	6	下/v ◆ xia4 ▲^B1	俯/v ◆ fu3
6	停/v ◆ ting2 ▲^A1	脚/n ◆ jiao3	6	下/v ◆ xia4 ▲^B1	船/n ◆ chuan2
6	同学/n ◆ tong2_xue2 ▲^3	说/v ◆ shuo1 ▲^1	6	闲话/n ◆ xian2_hua4 ▲^1	说/v ◆ shuo1 ▲^1
6	头/n ◆ tou2 ▲^1	昏/v ◆ hun1	6	现实/n ◆ xian4_shi2 ▲^1	历史/n ◆ li4_shi3 ▲^1
6	头/n ◆ tou2 ▲^1	兽/n ◆ shou4			
6	头/n ◆ tou2 ▲^1	仰起/v ◆ yang3_qi3			
6	头/n ◆ tou2 ▲^1	撞/v ◆ zhuang4 ▲^1			

共现次数	节点词语	搭配词语	共现次数	节点词语	搭配词语
6	现实/n ◆ xian4_shi2 ▲^1	讽刺/v ◆ feng3_ci4	6	学生/n ◆ xue2_sheng5 ▲^1	大学/n ◆ da4_xue2
6	线/n ◆ xian4 ▲^1	穿/v ◆ chuan1 ▲^5	6	学生/n ◆ xue2_sheng5 ▲^1	上课/v ◆ shang4_ke4
6	线/n ◆ xian4 ▲^1	纺/v ◆ fang3	6	学徒/n ◆ xue2_tu2 ▲^1	当/v ◆ dang1 ▲^B1
6	限制/v ◆ xian4_zhi4 ▲^1	受/v ◆ shou4 ▲^1	6	学习/v ◆ xue2_xi2 ▲^1	阶段/n ◆ jie1_duan4
6	陷/v ◆ xian4 ▲^2	进/v ◆ jin4 ▲^2	6	学习/v ◆ xue2_xi2 ▲^1	课外/t ◆ ke4_wai4
6	响/v ◆ xiang3 ▲^2	铃声/n ◆ ling2_sheng1	6	学习/v ◆ xue2_xi2 ▲^1	坚持/v ◆ jian1_chi2
6	小/a ◆ xiao3 ▲^1	胖墩/n ◆ pang4_dun1	6	烟/n ◆ yan1 ▲^1	黑/a ◆ hei1 ▲^1
6	小/a ◆ xiao3 ▲^1	声音/n ◆ sheng1_yin1	6	烟/n ◆ yan1 ▲^4	吸/v ◆ xi1 ▲^1
6	小/a ◆ xiao3 ▲^1	等/v ◆ deng3 ▲^B1	6	严格/a ◆ yan2_ge2 ▲^1	要求/v ◆ yao1_qiu2 ▲^1
6	小/a ◆ xiao3 ▲^1	演员/n ◆ yan3_yuan2	6	严肃/a ◆ yan2_su4 ▲^1	老师/n ◆ lao3_shi1
6	小/a ◆ xiao3 ▲^5	儿子/n ◆ er2_zi5	6	严肃/a ◆ yan2_su4 ▲^1	变/v ◆ bian4 ▲^1
6	小车/n ◆ xiao3_che1 ▲^1	推/v ◆ tui1 ▲^1	6	严重/a ◆ yan2_zhong4 ▲^1	破坏/v ◆ po4_huai4 ▲^2
6	笑/v ◆ xiao4 ▲^1	满意/v ◆ man3_yi4	6	研究/v ◆ yan2_jiu1 ▲^1	做/v ◆ zuo4 ▲^3
6	写/v ◆ xie3 ▲^1	行楷字/n ◆ xing2_kai3_zi4	6	颜色/n ◆ yan2_se4 ▲^1	蓝/a ◆ lan2 ▲^1
6	写/v ◆ xie3 ▲^2	完/v ◆ wan2 ▲^3	6	颜色/n ◆ yan2_se4 ▲^1	改变/v ◆ gai3_bian4 ▲^2
6	心/n ◆ xin1 ▲^2	说/v ◆ shuo1 ▲^1	6	颜色/n ◆ yan2_se4 ▲^1	美丽/a ◆ mei3_li4
6	欣赏/v ◆ xin1_shang3 ▲^1	书法/n ◆ shu1_fa3	6	颜色/n ◆ yan2_se4 ▲^1	深/a ◆ shen1 ▲^6
6	新/a ◆ xin1 ▲^1	希望/v ◆ xi1_wang4 ▲^1	6	羊/n ◆ yang2 ▲^1	养/v ◆ yang3 ▲^2
6	新/a ◆ xin1 ▲^1	多/a ◆ duo1 ▲^A1	6	阳光/n ◆ yang2_guang1 ▲^1	金色/n ◆ jin1_se4
6	新/a ◆ xin1 ▲^1	生命/n ◆ sheng1_ming4	6	阳光/n ◆ yang2_guang1 ▲^1	沐浴/v ◆ mu4_yu4 ▲^2
6	新/a ◆ xin1 ▲^4	买/v ◆ mai3	6	阳光/n ◆ yang2_guang1 ▲^1	强烈/a ◆ qiang2_lie4 ▲^1
6	新/a ◆ xin1 ▲^4	衣服/n ◆ yi1_fu2	6	阳光/n ◆ yang2_guang1 ▲^1	透/v ◆ tou4 ▲^1
6	新闻/n ◆ xin1_wen2 ▲^1	报道/v ◆ bao4_dao4 ▲^1	6	药/n ◆ yao4 ▲^1	用/v ◆ yong4 ▲^1
6	新闻/n ◆ xin1_wen2 ▲^1	记者/n ◆ ji4_zhe3	6	椰子/n ◆ ye1_zi5 ▲^1	树/n ◆ shu4 ▲^1
6	信/n ◆ xin4 ▲^A7	短/a ◆ duan3 ▲^1	6	叶子/n ◆ ye4_zi5 ▲^1	长/v ◆ zhang3 ▲^B2
6	信/n ◆ xin4 ▲^A7	读/v ◆ du2 ▲^2	6	艺术/n ◆ yi4_shu4 ▲^1	特色/n ◆ te4_se4
6	信/n ◆ xin4 ▲^A7	收到/v ◆ shou1_dao4	6	艺术/n ◆ yi4_shu4 ▲^1	人类/n ◆ ren2_lei4
6	信息/n ◆ xin4_xi1 ▲^1	网络/n ◆ wang3_luo4 ▲^3			
6	信息/n ◆ xin4_xi1 ▲^1	多/a ◆ duo1 ▲^A1			
6	信息/n ◆ xin4_xi1 ▲^1	处理/v ◆ chu3_li3 ▲^4			
6	行政/n ◆ xing2_zheng4 ▲^2	管理/v ◆ guan3_li3 ▲^1			
6	形象/n ◆ xing2_xiang4 ▲^2	典型/a ◆ dian3_xing2 ▲^2			
6	雄伟/a ◆ xiong2_wei3 ▲^1	气势/n ◆ qi4_shi4			

共现次数	节点词语	搭配词语	共现次数	节点词语	搭配词语
6	艺术 /n ◆ yi4_shu4 ▲^1	个性 /n ◆ ge4_xing4 ▲^1	6	职业 /n ◆ zhi2_ye4 ▲^1	神圣 /a ◆ shen2_sheng4
6	艺术 /n ◆ yi4_shu4 ▲^1	世界 /n ◆ shi4_jie4 ▲^5	6	纸 /n ◆ zhi3 ▲^1	糊 /v ◆ hu2 ▲^A
6	意识 /n ◆ yi4_shi2 ▲^1	民族 /n ◆ min2_zu2 ▲^2	6	纸 /n ◆ zhi3 ▲^1	造 /v ◆ zao4 ▲^A1
6	意思 /n ◆ yi4_si5 ▲^1	相反 /v ◆ xiang1_fan3	6	制度 /n ◆ zhi4_du4 ▲^2	封建 /a ◆ feng1_jian4 ▲^3
6	意味 /n ◆ yi4_wei4 ▲^1	有 /v ◆ you3 ▲^2	6	中学 /n ◆ zhong1_xue2 ▲^A	毕业 /v ◆ bi4_ye4
6	因果 /n ◆ yin1_guo3 ▲^1	关系 /n ◆ guan1_xi4 ▲^1	6	重复 /v ◆ chong2_fu4 ▲^1	无尽 /v ◆ wu2_jin4
6	音 /n ◆ yin1 ▲^1	字 /n ◆ zi4 ▲^1	6	主角 /n ◆ zhu3_jue2 ▲^1	女 /b ◆ nv3
6	影片 /n ◆ ying3_pian4 ▲^2	类型 /n ◆ lei4_xing2	6	主席 /n ◆ zhu3_xi2 ▲^2	遗体 /n ◆ yi2_ti3 ▲^1
6	影响 /v ◆ ying3_xiang3 ▲^1	重大 /a ◆ zhong4_da4	6	主意 /n ◆ zhu3_yi5 ▲^2	好 /a ◆ hao3 ▲^1
6	影响 /v ◆ ying3_xiang3 ▲^1	深远 /a ◆ shen1_yuan3	6	住 /v ◆ zhu4 ▲^3	接 /v ◆ jie1 ▲^3
6	影子 /n ◆ ying3_zi5 ▲^1	映 /v ◆ ying4	6	住 /v ◆ zhu4 ▲^3	捏 /v ◆ nie1 ▲^1
6	影子 /n ◆ ying3_zi5 ▲^1	长 /a ◆ chang2 ▲^1	6	住 /v ◆ zhu4 ▲^3	拴 /v ◆ shuan1 ▲^1
6	语言 /n ◆ yu3_yan2 ▲^1	记录 /v ◆ ji4_lu4 ▲^1	6	住 /v ◆ zhu4 ▲^3	捂 /v ◆ wu3
6	语言 /n ◆ yu3_yan2 ▲^1	发展 /v ◆ fa1_zhan3 ▲^1	6	著作 /n ◆ zhu4_zuo4 ▲^2	伟大 /a ◆ wei3_da4
6	语言 /n ◆ yu3_yan2 ▲^1	基础 /n ◆ ji1_chu3 ▲^2	6	桌 /n ◆ zhuo1 ▲^1	放 /v ◆ fang4 ▲^13
6	语言 /n ◆ yu3_yan2 ▲^1	原始 /a ◆ yuan2_shi3 ▲^2	6	仔细 /a ◆ zi3_xi4 ▲^1	研究 /v ◆ yan2_jiu1 ▲^1
6	语言 /n ◆ yu3_yan2 ▲^2	丰富 /a ◆ feng1_fu4 ▲^1	6	资料 /n ◆ zi1_liao4 ▲^2	课外 /t ◆ ke4_wai4
6	语言 /n ◆ yu3_yan2 ▲^2	个性 /n ◆ ge4_xing4 ▲^2	6	资料 /n ◆ zi1_liao4 ▲^2	搜集 /v ◆ sou1_ji2
6	圆 /a ◆ yuan2 ▲^3	瞪 /v ◆ deng4 ▲^1	6	字 /n ◆ zi4 ▲^1	查 /v ◆ cha2 ▲^3
6	远 /a ◆ yuan3 ▲^1	离 /v ◆ li2 ▲^A1	6	走 /v ◆ zou3 ▲^1	拐 /v ◆ guai3 ▲^A3
6	远 /a ◆ yuan3 ▲^1	传 /v ◆ chuan2 ▲^3	6	走 /v ◆ zou3 ▲^1	放 /v ◆ fang4 ▲^13
6	远景 /n ◆ yuan3_jing3 ▲^2	图 /n ◆ tu2 ▲^1	6	走 /v ◆ zou3 ▲^5	取 /v ◆ qu3 ▲^1
6	院 /n ◆ yuan4 ▲^1	小 /a ◆ xiao3 ▲^1	6	走 /v ◆ zou3 ▲^5	进去 /v ◆ jin4_qu4
6	云 /n ◆ yun2 ▲^B	轻 /a ◆ qing1 ▲^1	6	嘴 /n ◆ zui3 ▲^1	紧 /a ◆ jin3 ▲^4
6	站 /v ◆ zhan4 ▲^B2	到 /v ◆ dao4 ▲^1	6	嘴 /n ◆ zui3 ▲^1	叼 /v ◆ diao1
6	照 /v ◆ zhao4 ▲^1	火把 /n ◆ huo3_ba3	6	嘴 /n ◆ zui3 ▲^1	含 /v ◆ han2 ▲^1
6	折 /v ◆ zhe2 ▲^A1	断 /v ◆ duan4 ▲^A1	6	嘴 /n ◆ zui3 ▲^1	伸出 /v ◆ shen1_chu1
6	知识 /n ◆ zhi1_shi5 ▲^2	掌握 /v ◆ zhang3_wo4 ▲^1	6	嘴 /n ◆ zui3 ▲^1	扁 /a ◆ bian3
6	知识 /n ◆ zhi1_shi5 ▲^2	科学 /a ◆ ke1_xue2 ▲^2	6	尊重 /v ◆ zun1_zhong4 ▲^2	生命 /n ◆ sheng1_ming4
6	值得 /v ◆ zhi2_de2 ▲^2	留恋 /v ◆ liu2_lian4	6	作 /v ◆ zuo4 ▲^2	斗争 /v ◆ dou4_zheng1 ▲^1
			6	坐 /v ◆ zuo4 ▲^1	板凳 /n ◆ ban3_deng4
			6	坐 /v ◆ zuo4 ▲^1	长凳 /n ◆ chang2_deng4
			6	坐 /v ◆ zuo4 ▲^1	木椅 /n ◆ mu4_yi3
			6	坐 /v ◆ zuo4 ▲^2	飞机 /n ◆ fei1_ji1

共现次数	节点词语	搭配词语	共现次数	节点词语	搭配词语
6	做 /v ◆ zuo4 ▲ ^3	实验 /v ◆ shi2_yan4 ▲ ^1	5	步伐 /n ◆ bu4_fa2 ▲ ^2	迈 /v ◆ mai4 ▲ ^A1
6	做 /v ◆ zuo4 ▲ ^3	训练 /v ◆ xun4_lian4	5	材料 /n ◆ cai2_liao4 ▲ ^2	组织 /v ◆ zu3_zhi1 ▲ ^1
5	爱 /v ◆ ai4 ▲ ^1	赢得 /v ◆ ying2_de2	5	菜 /n ◆ cai4 ▲ ^1	浇 /v ◆ jiao1 ▲ ^A3
5	安全带 /n ◆ an1_quan2_dai4 ▲ ^2	系 /v ◆ xi4 ▲ ^A6	5	菜 /n ◆ cai4 ▲ ^3	好 /a ◆ hao3 ▲ ^1
5	败 /v ◆ bai4 ▲ ^2	打 /v ◆ da3 ▲ ^A3	5	草 /n ◆ cao3 ▲ ^A1	长 /v ◆ zhang3 ▲ ^B2
5	拜 /v ◆ bai4 ▲ ^5	师 /n ◆ shi1	5	草 /n ◆ cao3 ▲ ^A1	长 /v ◆ zhang3 ▲ ^B1
5	瓣 /n ◆ ban4 ▲ ^1	单 /b ◆ dan1 ▲ ^1	5	草 /n ◆ cao3 ▲ ^A1	青 /a ◆ qing1 ▲ ^1
5	包 /n ◆ bao1 ▲ ^1	饺子 /n ◆ jiao3_zi5	5	草地 /n ◆ cao3_di4 ▲ ^2	走 /v ◆ zou3 ▲ ^1
5	包袱 /n ◆ bao1_fu5 ▲ ^2	背 /v ◆ bei1 ▲ ^1	5	查 /v ◆ cha2 ▲ ^3	词典 /n ◆ ci2_dian3
5	报 /n ◆ bao4 ▲ ^6	读 /v ◆ du2 ▲ ^2	5	茶 /n ◆ cha2 ▲ ^2	泡 /v ◆ pao4 ▲ ^3
5	报纸 /n ◆ bao4_zhi3 ▲ ^1	广告 /n ◆ guang3_gao4	5	长 /a ◆ chang2 ▲ ^1	拉 /v ◆ la1 ▲ ^A5
5	暴雨 /n ◆ bao4_yu3 ▲ ^1	下 /v ◆ xia4 ▲ ^B2	5	唱 /v ◆ chang4 ▲ ^1	国歌 /n ◆ guo2_ge1
5	爆炸 /v ◆ bao4_zha4 ▲ ^1	炮弹 /n ◆ pao4_dan4	5	抄 /v ◆ chao1 ▲ ^A1	书 /n ◆ shu1
5	背 /v ◆ bei1 ▲ ^1	肩 /n ◆ jian1	5	朝阳 /n ◆ zhao1_yang2 ▲ ^2	迎 /v ◆ ying2 ▲ ^2
5	背景 /n ◆ bei4_jing3 ▲ ^3	作者 /n ◆ zuo4_zhe3	5	车 /n ◆ che1 ▲ ^1	拉 /v ◆ la1 ▲ ^A2
5	背景 /n ◆ bei4_jing3 ▲ ^3	作 /v ◆ zuo4 ▲ ^6	5	车 /n ◆ che1 ▲ ^1	骑 /v ◆ qi2
5	比喻 /n ◆ bi3_yu4 ▲ ^1	生动 /a ◆ sheng1_dong4	5	车 /n ◆ che1 ▲ ^1	装 /v ◆ zhuang1 ▲ ^B1
5	笔 /n ◆ bi3 ▲ ^1	细 /a ◆ xi4 ▲ ^2	5	车子 /n ◆ che1_zi5 ▲ ^1	坐 /v ◆ zuo4 ▲ ^1
5	笔记 /n ◆ bi3_ji4 ▲ ^2	读书 /v ◆ du2_shu1 ▲ ^1	5	成分 /n ◆ cheng2_fen4 ▲ ^1	组成 /v ◆ zu3_cheng2
5	笔记 /n ◆ bi3_ji4 ▲ ^2	记 /v ◆ ji4 ▲ ^2	5	成功 /v ◆ cheng2_gong1 ▲ ^1	获得 /v ◆ huo4_de2
5	变 /v ◆ bian4 ▲ ^1	轻松 /a ◆ qing1_song1	5	城 /n ◆ cheng2 ▲ ^3	上 /v ◆ shang4 ▲ ^B2
5	遍 /v ◆ bian4 ▲ ^1	走 /v ◆ zou3 ▲ ^1	5	吃 /v ◆ chi1 ▲ ^A1	着 /v ◆ zhao2 ▲ ^4
5	表示 /v ◆ biao3_shi4 ▲ ^2	主要 /b ◆ zhu3_yao4	5	吃 /v ◆ chi1 ▲ ^A1	好 /a ◆ hao3 ▲ ^7
5	表现 /v ◆ biao3_xian4 ▲ ^1	真实 /a ◆ zhen1_shi2	5	吃 /v ◆ chi1 ▲ ^A1	够 /v ◆ gou4 ▲ ^1
5	表现 /v ◆ biao3_xian4 ▲ ^1	内容 /n ◆ nei4_rong2	5	吃 /v ◆ chi1 ▲ ^A1	药 /n ◆ yao4 ▲ ^1
5	表现 /v ◆ biao3_xian4 ▲ ^1	不同 /a ◆ bu4_tong2	5	充分 /a ◆ chong1_fen4 ▲ ^1	得到 /v ◆ de2_dao4
5	表演 /v ◆ biao3_yan3 ▲ ^1	节目 /n ◆ jie2_mu4	5	充分 /a ◆ chong1_fen4 ▲ ^2	体现 /v ◆ ti3_xian4
5	兵 /n ◆ bing1 ▲ ^3	当 /v ◆ dang1 ▲ ^B1	5	充分 /a ◆ chong1_fen4 ▲ ^2	利用 /v ◆ li4_yong4 ▲ ^1
5	病 /n ◆ bing4 ▲ ^1	得 /v ◆ de2 ▲ ^A1	5	充满 /v ◆ chong1_man3 ▲ ^2	眼睛 /n ◆ yan3_jing1
5	病 /n ◆ bing4 ▲ ^1	没有 /v ◆ mei2_you3 ▲ ^A1	5	充满 /v ◆ chong1_man3 ▲ ^2	心中 /s ◆ xin1_zhong1
5	不安 /a ◆ bu4_an1 ▲ ^1	感到 /v ◆ gan3_dao4	5	冲 /v ◆ chong1 ▲ ^B2	走 /v ◆ zou3 ▲ ^5
5	布 /n ◆ bu4 ▲ ^A1	缠 /v ◆ chan2 ▲ ^1	5	冲突 /v ◆ chong1_tu1 ▲ ^1	主要 /b ◆ zhu3_yao4
5	布 /n ◆ bu4 ▲ ^A1	买 /v ◆ mai3	5	锄头 /n ◆ chu2_tou5 ▲ ^1	拿 /v ◆ na2 ▲ ^1
			5	橱窗 /n ◆ chu2_chuang1 ▲ ^1	商店 /n ◆ shang1_dian4

共现次数	节点词语	搭配词语
5	传 /v ◆ chuan2 ▲ ^3	遍 /v ◆ bian4 ▲ ^1
5	传奇 /n ◆ chuan2_qi2 ▲ ^1	小说 /n ◆ xiao3_shuo1
5	传说 /n ◆ chuan2_shuo1 ▲ ^2	民间 /n ◆ min2_jian1 ▲ ^1
5	传说 /n ◆ chuan2_shuo1 ▲ ^2	历史 /n ◆ li4_shi3 ▲ ^1
5	传统 /n ◆ chuan2_tong3 ▲ ^1	社会 /n ◆ she4_hui4 ▲ ^2
5	传统 /n ◆ chuan2_tong3 ▲ ^1	具有 /v ◆ ju4_you3
5	传统 /n ◆ chuan2_tong3 ▲ ^1	建筑 /n ◆ jian4_zhu4 ▲ ^2
5	传统 /n ◆ chuan2_tong3 ▲ ^1	光荣 /a ◆ guang1_rong2 ▲ ^1
5	传统 /n ◆ chuan2_tong3 ▲ ^1	成为 /v ◆ cheng2_wei2
5	传统 /n ◆ chuan2_tong3 ▲ ^1	没有 /v ◆ mei2_you3 ▲ ^A2
5	传统 /n ◆ chuan2_tong3 ▲ ^1	教育 /n ◆ jiao4_yu4 ▲ ^2
5	词 /n ◆ ci2 ▲ ^3	拼写 /v ◆ pin1_xie3
5	错 /a ◆ cuo4 ▲ ^A5	写 /v ◆ xie3 ▲ ^1
5	错 /a ◆ cuo4 ▲ ^A5	容易 /a ◆ rong2_yi4 ▲ ^2
5	错 /a ◆ cuo4 ▲ ^A7	说 /v ◆ shuo1 ▲ ^1
5	错误 /n ◆ cuo4_wu4 ▲ ^2	纠正 /v ◆ jiu1_zheng4
5	打 /v ◆ da3 ▲ ^A23	手势 /n ◆ shou3_shi4
5	打开 /v ◆ da3_kai1 ▲ ^1	书包 /n ◆ shu1_bao1
5	大 /n ◆ da4 ▲ ^A2	问题 /n ◆ wen4_ti2 ▲ ^2
5	大 /n ◆ da4 ▲ ^A2	雾 /n ◆ wu4
5	大 /n ◆ da4 ▲ ^A2	危害 /v ◆ wei1_hai4
5	大 /n ◆ da4 ▲ ^A2	希望 /v ◆ xi1_wang4 ▲ ^1
5	大 /n ◆ da4 ▲ ^A2	冬天 /t ◆ dong1_tian1
5	大 /n ◆ da4 ▲ ^A2	养 /v ◆ yang3 ▲ ^1
5	大 /n ◆ da4 ▲ ^A2	笑 /v ◆ xiao4 ▲ ^1
5	大 /n ◆ da4 ▲ ^A2	学问 /n ◆ xue2_wen5 ▲ ^2
5	大 /n ◆ da4 ▲ ^A2	本事 /n ◆ ben3_shi4
5	大 /n ◆ da4 ▲ ^A2	文豪 /n ◆ wen2_hao2
5	大 /n ◆ da4 ▲ ^A2	病 /n ◆ bing4 ▲ ^1
5	大师 /n ◆ da4_shi1 ▲ ^1	音乐 /n ◆ yin1_yue4
5	大师 /n ◆ da4_shi1 ▲ ^1	经典 /n ◆ jing1_dian3 ▲ ^1
5	大小 /n ◆ da4_xiao3 ▲ ^1	不一 /a ◆ bu4_yi1 ▲ ^1
5	呆 /a ◆ dai1 ▲ ^2	吓 /v ◆ xia4
5	呆 /a ◆ dai1 ▲ ^2	惊 /v ◆ jing1 ▲ ^1
5	带 /v ◆ dai4 ▲ ^B1	身边 /s ◆ shen1_bian1 ▲ ^2
5	袋 /n ◆ dai4 ▲ ^1	装 / v ◆ zhuang1 ▲ ^B1
5	单位 /n ◆ dan1_wei4 ▲ ^2	工作 /v ◆ gong1_zuo4 ▲ ^1
5	弹 /v ◆ tan2 ▲ ^4	曲子 /n ◆ qu3_zi5
5	弹性 /n ◆ tan2_xing4 ▲ ^1	富有 /v ◆ fu4_you3 ▲ ^2
5	蛋 /n ◆ dan4 ▲ ^2	下 /v ◆ xia4 ▲ ^B11
5	刀 /n ◆ dao1 ▲ ^2	割 /v ◆ ge1
5	倒 /v ◆ dao3 ▲ ^A1	睡 /v ◆ shui4
5	到 /v ◆ dao4 ▲ ^1	机会 /n ◆ ji1_hui4
5	到 /v ◆ dao4 ▲ ^1	中年 /n ◆ zhong1_nian2
5	道路 /n ◆ dao4_lu4 ▲ ^1	铺 /v ◆ pu1 ▲ ^1
5	等 /v ◆ deng3 ▲ ^B1	好久 /a ◆ hao3_jiu3
5	底 /n ◆ di3 ▲ ^A5	花 /n ◆ hua1 ▲ ^A1
5	地方 /n ◆ di4_fang1 ▲ ^1	在 /v ◆ zai4 ▲ ^2
5	地方 /n ◆ di4_fang5 ▲ ^1	近 /a ◆ jin4 ▲ ^1
5	地方 /n ◆ di4_fang5 ▲ ^1	没 /v ◆ mei2 ▲ ^ ★
5	地方 /n ◆ di4_fang5 ▲ ^1	该 /v ◆ gai1 ▲ ^A1
5	地方 /n ◆ di4_fang5 ▲ ^1	飞 /v ◆ fei1 ▲ ^1
5	地方 /n ◆ di4_fang5 ▲ ^1	安全 /a ◆ an1_quan2
5	地方 /n ◆ di4_fang5 ▲ ^1	等 /v ◆ deng3 ▲ ^B1
5	地方 /n ◆ di4_fang5 ▲ ^1	原来 /b ◆ yuan2_lai2 ▲ ^2
5	点 /n ◆ dian3 ▲ ^A3	横 /n ◆ heng2 ▲ ^8
5	点 /n ◆ dian3 ▲ ^A8	高 /a ◆ gao1 ▲ ^1
5	店 /n ◆ dian4 ▲ ^2	小 /a ◆ xiao3 ▲ ^1
5	掉 /v ◆ diao4 ▲ ^A1	天上 /s ◆ tian1_shang4
5	掉 /v ◆ diao4 ▲ ^A5	杀 /v ◆ sha1 ▲ ^1
5	掉 /v ◆ diao4 ▲ ^A5	割 /v ◆ ge1
5	掉 /v ◆ diao4 ▲ ^A5	放 /v ◆ fang4 ▲ ^1
5	跌 /v ◆ die1 ▲ ^1	断 /v ◆ duan4 ▲ ^A1
5	东西 /n ◆ dong1_xi5 ▲ ^1	卖 /v ◆ mai4 ▲ ^1

共现次数	节点词语	搭配词语	共现次数	节点词语	搭配词语
5	东西/n ◆ dong1_xi5 ▲^1	偷/v ◆ tou1 ▲^1	5	发展/v ◆ fa1_zhan3 ▲^1	蓬勃/a ◆ peng2_bo2
5	东西/n ◆ dong1_xi5 ▲^1	搬/v ◆ ban1 ▲^1	5	发展/v ◆ fa1_zhan3 ▲^1	工业/n ◆ gong1_ye4
5	东西/n ◆ dong1_xi5 ▲^1	所有/n ◆ suo3_you3 ▲^2	5	发展/v ◆ fa1_zhan3 ▲^1	推动/v ◆ tui1_dong4
5	东西/n ◆ dong1_xi5 ▲^1	好/a ◆ hao3 ▲^1	5	发展/v ◆ fa1_zhan3 ▲^1	性格/n ◆ xing4_ge2
5	东西/n ◆ dong1_xi5 ▲^2	看到/v ◆ kan4_dao4	5	发展/v ◆ fa1_zhan3 ▲^1	电影/n ◆ dian4_ying3
5	东西/n ◆ dong1_xi5 ▲^2	做/v ◆ zuo4 ▲^1	5	发展/v ◆ fa1_zhan3 ▲^1	阶段/n ◆ jie1_duan4
5	东西/n ◆ dong1_xi5 ▲^2	偷/v ◆ tou1 ▲^1	5	饭/n ◆ fan4 ▲^1	煮/v ◆ zhu3
5	东西/n ◆ dong1_xi5 ▲^2	圆/a ◆ yuan2 ▲^3	5	房/n ◆ fang2 ▲^A1	住/v ◆ zhu4 ▲^1
5	东西/n ◆ dong1_xi5 ▲^2	重/a ◆ zhong4 ▲^2	5	放/v ◆ fang4 ▲^1	掉/v ◆ diao4 ▲^A5
5	东西/n ◆ dong1_xi5 ▲^2	珍贵/a ◆ zhen1_gui4	5	费/n ◆ fei4 ▲^1	生活/v ◆ sheng1_huo2 ▲^3
5	东西/n ◆ dong1_xi5 ▲^2	好吃/a ◆ hao3_chi1	5	风格/n ◆ feng1_ge2 ▲^2	作品/n ◆ zuo4_pin3
5	动作/n ◆ dong4_zuo4 ▲^1	做出/v ◆ zuo4_chu1	5	风格/n ◆ feng1_ge2 ▲^2	作家/n ◆ zuo4_jia1
5	洞/n ◆ dong4 ▲^1	深/a ◆ shen1 ▲^1	5	富有/v ◆ fu4_you3 ▲^2	诗意/n ◆ shi1_yi4
5	洞/n ◆ dong4 ▲^1	树/n ◆ shu4 ▲^1	5	改编/v ◆ gai3_bian1 ▲^1	小说/n ◆ xiao3_shuo1
5	毒/n ◆ du2 ▲^1	有/v ◆ you3 ▲^2	5	干净/a ◆ gan1_jing4 ▲^1	收拾/v ◆ shou1_shi5 ▲^1
5	独立/v ◆ du2_li4 ▲^4	殖民地/n ◆ zhi2_min2_di4	5	干净/a ◆ gan1_jing4 ▲^1	擦/v ◆ ca1 ▲^2
5	杜鹃/n ◆ du4_juan1 ▲^A	叫/v ◆ jiao4 ▲^A1	5	感动/v ◆ gan3_dong4 ▲^2	深受/v ◆ shen1_shou4
5	肚子/n ◆ du4_zi5 ▲^1	填/v ◆ tian2 ▲^1	5	感觉/n ◆ gan3_jue2 ▲^1	心里/s ◆ xin1_li5 ▲^2
5	断/v ◆ duan4 ▲^A1	跌/v ◆ die1 ▲^1	5	感情/n ◆ gan3_qing2 ▲^1	丰富/a ◆ feng1_fu4 ▲^1
5	断/v ◆ duan4 ▲^A1	吹/v ◆ chui1 ▲^3	5	感情/n ◆ gan3_qing2 ▲^1	抒发/v ◆ shu1_fa1
5	堆/v ◆ dui1 ▲^2	雪人/n ◆ xue3_ren2	5	感情/n ◆ gan3_qing2 ▲^1	人类/n ◆ ren2_lei4
5	队伍/n ◆ dui4_wu5 ▲^3	长/a ◆ chang2 ▲^1	5	感情/n ◆ gan3_qing2 ▲^1	色彩/n ◆ se4_cai3 ▲^2
5	对象/n ◆ dui4_xiang4 ▲^1	具体/a ◆ ju4_ti3 ▲^1	5	感受/v ◆ gan3_shou4 ▲^1	理解/v ◆ li3_jie3
5	多/a ◆ duo1 ▲^A1	好/a ◆ hao3 ▲^5	5	缸/n ◆ gang1 ▲^1	满/a ◆ man3 ▲^A1
5	多/a ◆ duo1 ▲^A1	问/v ◆ wen4 ▲^1	5	高/a ◆ gao1 ▲^1	颧骨/n ◆ quan2_gu3
5	发现/v ◆ fa1_xian4 ▲^1	重要/a ◆ zhong4_yao4	5	高/a ◆ gao1 ▲^1	抬/v ◆ tai2 ▲^1
5	发现/v ◆ fa1_xian4 ▲^1	人类/n ◆ ren2_lei4	5	高/a ◆ gao1 ▲^1	多/a ◆ duo1 ▲^A1
5	发展/v ◆ fa1_zhan3 ▲^1	研究/v ◆ yan2_jiu1 ▲^1	5	高/a ◆ gao1 ▲^1	砌/v ◆ qi4
5	发展/v ◆ fa1_zhan3 ▲^1	生物/n ◆ sheng1_wu4	5	高/a ◆ gao1 ▲^4	气温/n ◆ qi4_wen1

共现次数	节点词语	搭配词语	共现次数	节点词语	搭配词语
5	高/a ◆ gao1 ▲^4	成本/n ◆ cheng2_ben3	5	故事/n ◆ gu4_shi5 ▲^1	感人/a ◆ gan3_ren2
5	高/a ◆ gao1 ▲^4	含量/n ◆ han2_liang4	5	故事/n ◆ gu4_shi5 ▲^1	英雄/n ◆ ying1_xiong2 ▲^1
5	高峰/n ◆ gao1_feng1 ▲^1	世界/n ◆ shi4_jie4 ▲^3	5	故事/n ◆ gu4_shi5 ▲^1	好/a ◆ hao3 ▲^1
5	高兴/a ◆ gao1_xing4 ▲^1	叫/v ◆ jiao4 ▲^B1	5	故事/n ◆ gu4_shi5 ▲^1	动人/a ◆ dong4_ren2
5	高兴/a ◆ gao1_xing4 ▲^1	玩/v ◆ wan2 ▲^A1	5	故事/n ◆ gu4_shi5 ▲^1	谈/v ◆ tan2
5	高兴/a ◆ gao1_xing4 ▲^1	多/a ◆ duo1 ▲^A1	5	故事/n ◆ gu4_shi5 ▲^1	熟悉/v ◆ shu2_xi1
5	革命/v ◆ ge2_ming4 ▲^1	领导/v ◆ ling3_dao3 ▲^1	5	故事/n ◆ gu4_shi5 ▲^1	题材/n ◆ ti2_cai2
5	革命/v ◆ ge2_ming4 ▲^1	无产阶级/n ◆ wu2_chan3_jie1_ji2	5	关/n ◆ guan1 ▲^9	过/v ◆ guo4 ▲^1
5	革命/v ◆ ge2_ming4 ▲^1	文学/n ◆ wen2_xue2	5	关/v ◆ guan1 ▲^3	笼子/n ◆ long2_zi5
5	革命/v ◆ ge2_ming4 ▲^1	胜利/v ◆ sheng4_li4 ▲^1	5	关键/n ◆ guan1_jian4 ▲^2	在于/v ◆ zai4_yu2 ▲^1
5	个人/n ◆ ge4_ren2 ▲^1	单位/n ◆ dan1_wei4 ▲^2	5	关系/n ◆ guan1_xi4 ▲^1	递进/v ◆ di4_jin4 ▲^1
5	个性/n ◆ ge4_xing4 ▲^2	人物/n ◆ ren2_wu4 ▲^3	5	关系/n ◆ guan1_xi4 ▲^1	因果/n ◆ yin1_guo3 ▲^1
5	给/v ◆ gei3 ▲^1	倒/v ◆ dao4 ▲^A4	5	关系/n ◆ guan1_xi4 ▲^1	建立/v ◆ jian4_li4 ▲^2
5	给/v ◆ gei3 ▲^1	寄/v ◆ ji4 ▲^1	5	关系/n ◆ guan1_xi4 ▲^1	包含/v ◆ bao1_han2
5	根/n ◆ gen1 ▲^1	深/a ◆ shen1 ▲^1	5	贯通/v ◆ guan4_tong1 ▲^1	古今/n ◆ gu3_jin1
5	根/n ◆ gen1 ▲^1	扎/v ◆ za1 ▲^1	5	惯/v ◆ guan4 ▲^1	住/v ◆ zhu4 ▲^1
5	工具/n ◆ gong1_ju4 ▲^2	辅助/v ◆ fu3_zhu4 ▲^1	5	惯/v ◆ guan4 ▲^1	听/v ◆ ting1 ▲^A1
5	工具/n ◆ gong1_ju4 ▲^2	重要/a ◆ zhong4_yao4	5	光/a ◆ guang1 ▲^9	砍/v ◆ kan3 ▲^A1
5	工具/n ◆ gong1_ju4 ▲^2	说话/v ◆ shuo1_hua4 ▲^1	5	光/n ◆ guang1 ▲^1	黑/a ◆ hei1 ▲^1
5	工作/n ◆ gong1_zuo4 ▲^3	研究/v ◆ yan2_jiu1 ▲^1	5	光/n ◆ guang1 ▲^1	发出/v ◆ fa1_chu1 ▲^1
5	工作/v ◆ gong1_zuo4 ▲^1	埋头/v ◆ mai2_tou2	5	光/n ◆ guang1 ▲^1	射出/v ◆ she4_chu1
5	工作/v ◆ gong1_zuo4 ▲^1	准备/v ◆ zhun3_bei4 ▲^1	5	光彩/n ◆ guang1_cai3 ▲^1	增添/v ◆ zeng1_tian1
5	公寓/n ◆ gong1_yu4 ▲^2	住/v ◆ zhu4 ▲^1	5	光明/n ◆ guang1_ming2 ▲^1	爱/v ◆ ai4 ▲^1
5	功夫/n ◆ gong1_fu5 ▲^1	深/a ◆ shen1 ▲^3	5	广播/n ◆ guang3_bo1 ▲^2	部门/n ◆ bu4_men2
5	贡献/n ◆ gong4_xian4 ▲^2	科学/n ◆ ke1_xue2 ▲^1	5	鬼脸/n ◆ gui3_lian3 ▲^2	做/v ◆ zuo4 ▲^8
5	姑娘/n ◆ gu1_niang5 ▲^1	年轻/a ◆ nian2_qing1 ▲^1	5	贵/a ◆ gui4 ▲^1	妇人/n ◆ fu4_ren2
5	古董/n ◆ gu3_dong3 ▲^1	店/n ◆ dian4 ▲^2	5	国际/n ◆ guo2_ji4 ▲^2	组织/n ◆ zu3_zhi1 ▲^5
5	骨头/n ◆ gu3_tou5 ▲^1	啃/v ◆ ken3	5	国际/n ◆ guo2_ji4 ▲^2	贸易/n ◆ mao4_yi4
			5	国家/n ◆ guo2_jia1 ▲^2	先进/a ◆ xian1_jin4 ▲^1

共现次数	节点词语	搭配词语	共现次数	节点词语	搭配词语
5	国务院/n ◆ guo2_wu4_yuan4 ▲^1	总理/n ◆ zong3_li3 ▲^1	5	红/a ◆ hong2 ▲^1	涨/v ◆ zhang4 ▲^2
5	过/v ◆ guo4 ▲^1	冬天/t ◆ dong1_tian1	5	红/a ◆ hong2 ▲^1	透/v ◆ tou4 ▲^5
5	过/v ◆ guo4 ▲^1	生日/n ◆ sheng1_ri4	5	红/a ◆ hong2 ▲^1	烧/v ◆ shao1 ▲^1
5	过/v ◆ guo4 ▲^1	了/v ◆ liao3 ▲^A2	5	红/a ◆ hong2 ▲^1	发/v ◆ fa1 ▲^10
5	过去/v ◆ guo4_qu4 ▲^1	夏天/n ◆ xia4_tian1	5	后门/n ◆ hou4_men2 ▲^1	走/v ◆ zou3 ▲^1
5	孩子/n ◆ hai2_zi5 ▲^1	带/v ◆ dai4 ▲^B6	5	后续/v ◆ hou4_xu4 ▲^2	部队/n ◆ bu4_dui4
5	孩子/n ◆ hai2_zi5 ▲^1	诚实/a ◆ cheng2_shi2	5	胡子/n ◆ hu2_zi5 ▲^1	长/v ◆ zhang3 ▲^B1
5	孩子/n ◆ hai2_zi5 ▲^1	高/a ◆ gao1 ▲^1	5	湖/n ◆ hu2 ▲^1	岸/n ◆ an4
5	孩子/n ◆ hai2_zi5 ▲^1	逗/v ◆ dou4 ▲^A1	5	花/a ◆ hua1 ▲^A6	白/a ◆ bai2 ▲^A1
5	孩子/n ◆ hai2_zi5 ▲^2	看/v ◆ kan4 ▲^1	5	花/n ◆ hua1 ▲^A1	底/n ◆ di3 ▲^A5
5	海/n ◆ hai3 ▲^1	入/v ◆ ru4 ▲^1	5	花/n ◆ hua1 ▲^A1	插/v ◆ cha1 ▲^1
5	海/n ◆ hai3 ▲^1	投/v ◆ tou2 ▲^A1	5	花/n ◆ hua1 ▲^A1	盆/n ◆ pen2
5	好/a ◆ hao3 ▲^★	带/v ◆ dai4 ▲^B6	5	花/n ◆ hua1 ▲^A1	养/v ◆ yang3 ▲^2
5	好/a ◆ hao3 ▲^1	身体/n ◆ shen1_ti3	5	花/n ◆ hua1 ▲^A1	真/a ◆ zhen1 ▲^1
5	好/a ◆ hao3 ▲^1	记性/n ◆ ji4_xing4	5	花/n ◆ hua1 ▲^A2	浇/v ◆ jiao1 ▲^A3
5	好/a ◆ hao3 ▲^1	问/v ◆ wen4 ▲^1	5	花椒/n ◆ hua1_jiao1 ▲^1	树/n ◆ shu4 ▲^1
5	好/a ◆ hao3 ▲^1	戏/n ◆ xi4	5	划/v ◆ hua2 ▲^★	破/v ◆ po4 ▲^1
5	好/a ◆ hao3 ▲^1	要/v ◆ yao4 ▲^B8	5	划/v ◆ hua2 ▲^★	火柴/n ◆ huo3_chai2
5	好/a ◆ hao3 ▲^1	放/v ◆ fang4 ▲^13	5	话/n ◆ hua4 ▲^1	所有/b ◆ suo3_you3 ▲^3
5	好/a ◆ hao3 ▲^1	玩/v ◆ wan2 ▲^A1	5	话/n ◆ hua4 ▲^1	谈/v ◆ tan2
5	好/a ◆ hao3 ▲^1	讲/v ◆ jiang3 ▲^1	5	话/n ◆ hua4 ▲^1	真/a ◆ zhen1 ▲^1
5	好/a ◆ hao3 ▲^1	办/v ◆ ban4 ▲^1	5	坏/a ◆ huai4 ▲^5	乐/a ◆ le4 ▲^1
5	好/a ◆ hao3 ▲^1	挑/v ◆ tiao1 ▲^A1	5	坏话/n ◆ huai4_hua4 ▲^2	说/v ◆ shuo1 ▲^1
5	好/a ◆ hao3 ▲^10	说/v ◆ shuo1 ▲^1	5	环境/n ◆ huan2_jing4 ▲^2	描写/v ◆ miao2_xie3
5	好/a ◆ hao3 ▲^6	说/v ◆ shuo1 ▲^1	5	环境/n ◆ huan2_jing4 ▲^2	语言/n ◆ yu3_yan2 ▲^2
5	好/a ◆ hao3 ▲^7	放/v ◆ fang4 ▲^13	5	环境/n ◆ huan2_jing4 ▲^2	语言/n ◆ yu3_yan2 ▲^1
5	好/a ◆ hao3 ▲^7	布置/v ◆ bu4_zhi4 ▲^1	5	换/v ◆ huan4 ▲^2	衣裳/n ◆ yi1_shang5
5	好/a ◆ hao3 ▲^7	工作/v ◆ gong1_zuo4 ▲^1	5	回信/n ◆ hui2_xin4 ▲^2	写/v ◆ xie3 ▲^2
5	好/a ◆ hao3 ▲^7	系/v ◆ xi4 ▲^A6	5	会/n ◆ hui4 ▲^A3	参加/v ◆ can1_jia1 ▲^1
5	好/a ◆ hao3 ▲^7	站/v ◆ zhan4 ▲^A1	5	会/v ◆ hui4 ▲^B5	生物/n ◆ sheng1_wu4
5	好/a ◆ hao3 ▲^8	弄/v ◆ nong4 ▲^2	5	活/v ◆ huo2 ▲^A1	干/v ◆ gan4 ▲^B1
5	好处/n ◆ hao3_chu5 ▲^1	多/a ◆ duo1 ▲^A1	5	活动/n ◆ huo2_dong4 ▲^5	课外/t ◆ ke4_wai4
5	好日子/n ◆ hao3_ri4_zi5 ▲^3	过/v ◆ guo4 ▲^1	5	活动/n ◆ huo2_dong4 ▲^5	体育/n ◆ ti3_yu4 ▲^2
5	和平/n ◆ he2_ping2 ▲^1	世界/n ◆ shi4_jie4 ▲^3	5	活动/v ◆ huo2_dong4 ▲^1	火山/n ◆ huo3_shan1
5	盒子/n ◆ he2_zi5 ▲^1	小/a ◆ xiao3 ▲^1	5	火/n ◆ huo3 ▲^1	红/a ◆ hong2 ▲^1
5	红/a ◆ hong2 ▲^1	脸蛋/n ◆ lian3_dan4			

共现次数	节点词语	搭配词语
5	火 /n ◆ huo3 ▲ ^1	灭 /v ◆ mie4 ▲ ^1
5	火 /n ◆ huo3 ▲ ^3	有 /v ◆ you3 ▲ ^2
5	基础 /n ◆ ji1_ chu3 ▲ ^2	科学 /n ◆ ke1_ xue2 ▲ ^1
5	基础 /n ◆ ji1_ chu3 ▲ ^2	扎实 /a ◆ zha1_ shi5 ▲ ^2
5	基础 /n ◆ ji1_ chu3 ▲ ^2	打下 /v ◆ da3_xia4
5	基础 /n ◆ ji1_ chu3 ▲ ^2	思想 /n ◆ si1_ xiang3 ▲ ^1
5	基础 /n ◆ ji1_ chu3 ▲ ^2	国家 /n ◆ guo2_ jia1 ▲ ^2
5	级 /n ◆ ji2 ▲ ^1	世界 /n ◆ shi4_ jie4 ▲ ^3
5	集合 /n ◆ ji2_ he2 ▲ ^3	事物 /n ◆ shi4_wu4
5	计划 /n ◆ ji4_ hua4 ▲ ^1	制定 /v ◆ zhi4_ding4
5	计划 /n ◆ ji4_ hua4 ▲ ^1	订 /v ◆ ding4 ▲ ^1
5	计划 /n ◆ ji4_ hua4 ▲ ^1	学习 /v ◆ xue2_ xi2 ▲ ^1
5	纪年 /v ◆ ji4_ nian2 ▲ ^1	帝王 /n ◆ di4_wang2
5	技术 /n ◆ ji4_ shu4 ▲ ^1	学习 /v ◆ xue2_ xi2 ▲ ^1
5	技术 /n ◆ ji4_ shu4 ▲ ^1	利用 /v ◆ li4_ yong4 ▲ ^1
5	家 /n ◆ jia1 ▲ ^2	看 /v ◆ kan4 ▲ ^1
5	家 /n ◆ jia1 ▲ ^2	归 /v ◆ gui1 ▲ ^★
5	家伙 /n ◆ jia1_ huo5 ▲ ^2	坏 /a ◆ huai4 ▲ ^2
5	价值 /n ◆ jia4_ zhi2 ▲ ^2	生命 /n ◆ sheng1_ ming4
5	价值 /n ◆ jia4_ zhi2 ▲ ^2	实用 /a ◆ shi2_ yong4 ▲ ^2
5	价值 /n ◆ jia4_ zhi2 ▲ ^2	人生 /n ◆ ren2_sheng1
5	价值 /n ◆ jia4_ zhi2 ▲ ^2	道德 /n ◆ dao4_ de2 ▲ ^1
5	驾 /v ◆ jia4 ▲ ^2	船 /n ◆ chuan2
5	尖 /n ◆ jian1 ▲ ^5	鞋 /n ◆ xie2
5	检查 /v ◆ jian3_ cha2 ▲ ^1	受到 /v ◆ shou4_dao4
5	见 /v ◆ jian4 ▲ ^A1	梦 /n ◆ meng4 ▲ ^1
5	建 /v ◆ jian4 ▲ ^A1	桥 /n ◆ qiao2
5	建筑 /n ◆ jian4_ zhu4 ▲ ^2	古代 /n ◆ gu3_ dai4 ▲ ^1
5	建筑 /n ◆ jian4_ zhu4 ▲ ^2	风格 /n ◆ feng1_ ge2 ▲ ^2
5	建筑 /n ◆ jian4_ zhu4 ▲ ^2	园林 /n ◆ yuan2_lin2
5	建筑 /n ◆ jian4_ zhu4 ▲ ^2	大师 /n ◆ da4_ shi1 ▲ ^1
5	讲话 /n ◆ jiang3_ hua4 ▲ ^3	发表 /v ◆ fa1_ biao3 ▲ ^1
5	焦 /a ◆ jiao1 ▲ A1	烧 /v ◆ shao1 ▲ ^1
5	角度 /n ◆ jiao3_ du4 ▲ ^2	历史 /n ◆ li4_ shi3 ▲ ^1
5	脚步 /n ◆ jiao3_ bu4 ▲ ^2	轻 /a ◆ qing1 ▲ ^6
5	叫 /v ◆ jiao4 ▲ ^A1	欢 /a ◆ huan1
5	叫 /v ◆ jiao4 ▲ ^A4	外号 /n ◆ wai4_hao4
5	教授 /n ◆ jiao4_ shou4 ▲ ^2	当 /v ◆ dang1 ▲ ^B1
5	教训 /n ◆ jiao4_ xun5 ▲ ^2	记住 /v ◆ ji4_zhu4
5	阶级 /n ◆ jie1_ ji2 ▲ ^3	特殊 /a ◆ te4_shu1
5	街 /n ◆ jie1 ▲ ^1	小 /a ◆ xiao3 ▲ ^1
5	节日 /n ◆ jie2_ ri4 ▲ ^2	风俗 /n ◆ feng1_su2
5	结构 /n ◆ jie2_ gou4 ▲ ^1	间架 /n ◆ jian1_jia4
5	结构 /n ◆ jie2_ gou4 ▲ ^1	句子 /n ◆ ju4_zi5
5	结构 /n ◆ jie2_ gou4 ▲ ^1	情节 /n ◆ qing2_jie2
5	结构 /n ◆ jie2_ gou4 ▲ ^1	物质 /n ◆ wu4_ zhi4 ▲ ^1
5	结果 /n ◆ jie2_ guo3 ▲ ^A1	事情 /n ◆ shi4_ qing5 ▲ ^1
5	结果 /n ◆ jie2_ guo3 ▲ ^A1	研究 /v ◆ yan2_ jiu1 ▲ ^1
5	结合 /v ◆ jie2_ he2 ▲ ^1	巧妙 /a ◆ qiao3_miao4
5	结论 /n ◆ jie2_ lun4 ▲ ^2	下 /v ◆ xia4 ▲ ^B9
5	解决 /v ◆ jie3_ jue2 ▲ ^1	难题 /n ◆ nan2_ti2
5	紧 /a ◆ jin3 ▲ ^4	抓 /v ◆ zhua1 ▲ ^1
5	紧张 /a ◆ jin3_ zhang1 ▲ ^1	心里 /s ◆ xin1_ li5 ▲ ^2
5	劲 /n ◆ jin4 ▲ ^1	加 /v ◆ jia1 ▲ ^2
5	进步 /v ◆ jin4_ bu4 ▲ ^1	学习 /v ◆ xue2_ xi2 ▲ ^1
5	经过 /v ◆ jing1_ guo4 ▲ ^1	研究 /v ◆ yan2_ jiu1 ▲ ^1
5	经济 /n ◆ jing1_ ji4 ▲ ^1	发展 /v ◆ fa1_ zhan3 ▲ ^1

共现次数	节点词语	搭配词语
5	经济/n ◆ jing1_ji4 ▲^1	工业/n ◆ gong1_ye4
5	经济/n ◆ jing1_ji4 ▲^1	损失/n ◆ sun3_shi1 ▲^2
5	经济/n ◆ jing1_ji4 ▲^2	社会/n ◆ she4_hui4 ▲^2
5	经济/n ◆ jing1_ji4 ▲^2	主流/n ◆ zhu3_liu2 ▲^2
5	经济/n ◆ jing1_ji4 ▲^2	发展/v ◆ fa1_zhan3 ▲^1
5	精神/n ◆ jing1_shen2 ▲^1	抖擞/v ◆ dou3_sou3
5	精神/n ◆ jing1_shen2 ▲^1	人民/n ◆ ren2_min2
5	精神/n ◆ jing1_shen2 ▲^1	强烈/a ◆ qiang2_lie4 ▲^1
5	精神/n ◆ jing1_shen2 ▲^1	文化/n ◆ wen2_hua4 ▲^1
5	精神/n ◆ jing1_shen2 ▲^1	人类/n ◆ ren2_lei4
5	精神/n ◆ jing1_shen2 ▲^2	现代/n ◆ xian4_dai4
5	精神/n ◆ jing1_shen2 ▲^2	创造/v ◆ chuang4_zao4
5	景/n ◆ jing3 ▲^A1	冬/n ◆ dong1
5	举/v ◆ ju3 ▲^1	右手/n ◆ you4_shou3
5	卷/v ◆ juan3 ▲^1	袖子/n ◆ xiu4_zi5
5	开/v ◆ kai1 ▲^A1	说/v ◆ shuo1 ▲^1
5	开/v ◆ kai1 ▲^A3	花朵/n ◆ hua1_duo3
5	开花/v ◆ kai1_hua1 ▲^1	植物/n ◆ zhi2_wu4
5	看/v ◆ kan4 ▲^1	小说/n ◆ xiao3_shuo1
5	看/v ◆ kan4 ▲^1	吃惊/v ◆ chi1_jing1
5	看/v ◆ kan4 ▲^1	机会/n ◆ ji1_hui4
5	科学/n ◆ ke1_xue2 ▲^1	献身/v ◆ xian4_shen1
5	科学/n ◆ ke1_xue2 ▲^1	自然/n ◆ zi4_ran2 ▲^1
5	科学/n ◆ ke1_xue2 ▲^1	掌握/v ◆ zhang3_wo4 ▲^1
5	科学/n ◆ ke1_xue2 ▲^1	农业/n ◆ nong2_ye4
5	科学/n ◆ ke1_xue2 ▲^1	原理/n ◆ yuan2_li3
5	科学/n ◆ ke1_xue2 ▲^1	人类/n ◆ ren2_lei4
5	科学/n ◆ ke1_xue2 ▲^1	进步/v ◆ jin4_bu4 ▲^1
5	科学/n ◆ ke1_xue2 ▲^1	发达/a ◆ fa1_da2 ▲^1
5	可怜/a ◆ ke3_lian2 ▲^1	说/v ◆ shuo1 ▲^1
5	可怜/a ◆ ke3_lian2 ▲^1	觉得/v ◆ jue2_de5 ▲^1
5	课/n ◆ ke4 ▲^A2	语文/n ◆ yu3_wen2 ▲^2
5	坑/n ◆ keng1 ▲^1	深/a ◆ shen1 ▲^1
5	空气/n ◆ kong1_qi4 ▲^1	吸/v ◆ xi1 ▲^1
5	口/n ◆ kou3 ▲^1	张开/v ◆ zhang1_kai1
5	口/n ◆ kou3 ▲^1	开/v ◆ kai1 ▲^A1
5	口/n ◆ kou3 ▲^1	渴/a ◆ ke3
5	口袋/n ◆ kou3_dai5 ▲^1	背/v ◆ bei1 ▲^1
5	口袋/n ◆ kou3_dai5 ▲^2	塞/v ◆ sai1 ▲^1
5	口袋/n ◆ kou3_dai5 ▲^2	放/v ◆ fang4 ▲^13
5	口语/n ◆ kou3_yu3 ▲^1	交际/v ◆ jiao1_ji4
5	窟窿/n ◆ ku1_long5 ▲^1	破/v ◆ po4 ▲^1
5	窟窿/n ◆ ku1_long5 ▲^1	堵/v ◆ du3 ▲^1
5	快/a ◆ kuai4 ▲^1	发展/v ◆ fa1_zhan3 ▲^1
5	快/a ◆ kuai4 ▲^1	打/v ◆ da3 ▲^A3
5	快/a ◆ kuai4 ▲^1	坐/v ◆ zuo4 ▲^1
5	宽/a ◆ kuan1 ▲^1	河面/n ◆ he2_mian4
5	困难/a ◆ kun4_nan5 ▲^1	怕/v ◆ pa4 ▲^1
5	拉/v ◆ la1 ▲^A1	使劲/v ◆ shi3_jin4
5	拉/v ◆ la1 ▲^A4	响/v ◆ xiang3 ▲^2
5	来/v ◆ lai2 ▲^A1	暴风雨/n ◆ bao4_feng1_yu3
5	来/v ◆ lai2 ▲^A1	久/a ◆ jiu3 ▲^1
5	篮球/n ◆ lan2_qiu2 ▲^1	世界/n ◆ shi4_jie4 ▲^3
5	浪花/n ◆ lang4_hua1 ▲^1	高/a ◆ gao1 ▲^1
5	劳动/n ◆ lao2_dong4 ▲^1	脑力/n ◆ nao3_li4
5	劳动/v ◆ lao2_dong4 ▲^3	靠/v ◆ kao4 ▲^A4
5	劳动/v ◆ lao2_dong4 ▲^3	成果/n ◆ cheng2_guo3
5	老/a ◆ lao3 ▲^1	看/v ◆ kan4 ▲^1
5	老/a ◆ lao3 ▲^5	根据地/n ◆ gen1_ju4_di4

共现次数	节点词语	搭配词语	共现次数	节点词语	搭配词语
5	老爷 /n ◆ lao3_ye5 ▲^1	说 /v ◆ shuo1 ▲^1	5	脸 /n ◆ lian3 ▲^1	摸 /v ◆ mo1 ▲^1
5	烙印 /n ◆ lao4_yin4 ▲^1	打 /v ◆ da3 ▲^A10	5	脸 /n ◆ lian3 ▲^1	变 /v ◆ bian4 ▲^1
5	乐 /a ◆ le4 ▲^1	坏 /a ◆ huai4 ▲^5	5	脸色 /n ◆ lian3_se4 ▲^3	看 /v ◆ kan4 ▲^1
5	累 /a ◆ lei4 ▲^1	觉得 /v ◆ jue2_de5 ▲^1	5	练习 /v ◆ lian4_xi2 ▲^1	开始 /v ◆ kai1_shi3 ▲^2
5	累 /a ◆ lei4 ▲^1	走 /v ◆ zou3 ▲^1	5	凉水 /n ◆ liang2_shui3 ▲^1	喝 /v ◆ he1 ▲^A1
5	累 /a ◆ lei4 ▲^1	怕 /v ◆ pa4 ▲^1	5	淋 /v ◆ lin2 ▲^1	湿 /a ◆ shi1
5	累累 /z ◆ lei3_lei3 ▲^2	伤痕 /n ◆ shang1_hen2	5	领导 /v ◆ ling3_dao3 ▲^1	党 /n ◆ dang3
5	礼貌 /n ◆ li3_mao4 ▲^1	有 /v ◆ you3 ▲^5	5	领域 /n ◆ ling3_yu4 ▲^2	科学 /n ◆ ke1_xue2 ▲^1
5	李子 /n ◆ li3_zi5 ▲^1	树 /n ◆ shu4 ▲^1	5	流 /v ◆ liu2 ▲^A1	河水 /n ◆ he2_shui3
5	理 /v ◆ li3 ▲^5	说 /v ◆ shuo1 ▲^1	5	流 /v ◆ liu2 ▲^A1	溪水 /n ◆ xi1_shui3
5	理论 /n ◆ li3_lun4 ▲^1	创作 /v ◆ chuang4_zuo4 ▲^1	5	楼 /n ◆ lou2 ▲^1	住 /v ◆ zhu4 ▲^1
5	理想 /n ◆ li3_xiang3 ▲^1	革命 /v ◆ ge2_ming4 ▲^1	5	楼 /n ◆ lou2 ▲^2	高 /a ◆ gao1 ▲^1
5	理性 /n ◆ li3_xing4 ▲^2	思维 /n ◆ si1_wei2 ▲^1	5	路 /n ◆ lu4 ▲^1	多 /a ◆ duo1 ▲^A1
5	历史 /n ◆ li4_shi3 ▲^1	发现 /v ◆ fa1_xian4 ▲^1	5	路 /n ◆ lu4 ▲^1	认识 /v ◆ ren4_shi5 ▲^1
5	历史 /n ◆ li4_shi3 ▲^1	我国 /n ◆ wo3_guo2	5	路 /n ◆ lu4 ▲^1	泥泞 /a ◆ ni2_ning4 ▲^1
5	历史 /n ◆ li4_shi3 ▲^1	人民 /n ◆ ren2_min2	5	路 /n ◆ lu4 ▲^1	通往 /v ◆ tong1_wang3
5	历史 /n ◆ li4_shi3 ▲^1	文学 /n ◆ wen2_xue2	5	路 /n ◆ lu4 ▲^1	滑 /a ◆ hua2 ▲^1
5	历史 /n ◆ li4_shi3 ▲^1	创造 /v ◆ chuang4_zao4	5	路 /n ◆ lu4 ▲^1	尽头 /n ◆ jin4_tou2
5	历史 /n ◆ li4_shi3 ▲^1	反映 /v ◆ fan3_ying4 ▲^1	5	路线 /n ◆ lu4_xian4 ▲^1	游览 /v ◆ you2_lan3
5	历史 /n ◆ li4_shi3 ▲^1	证明 /v ◆ zheng4_ming2 ▲^1	5	绿色 /n ◆ lv4_se4 ▲^1	淡 /a ◆ dan4 ▲^3
5	历史 /n ◆ li4_shi3 ▲^1	传说 /n ◆ chuan2_shuo1 ▲^2	5	萝卜 /n ◆ luo2_bo5 ▲^1	种 /v ◆ zhong4
5	历史 /n ◆ li4_shi3 ▲^1	意义 /n ◆ yi4_yi4 ▲^2	5	落 /v ◆ luo4 ▲^1	吹 /v ◆ chui1 ▲^3
5	历史 /n ◆ li4_shi3 ▲^1	记忆 /n ◆ ji4_yi4 ▲^2	5	落 /v ◆ luo4 ▲^1	摇 /v ◆ yao2
5	立 /v ◆ li4 ▲^1	起 /v ◆ qi3 ▲^A1	5	馒头 /n ◆ man2_tou5 ▲^1	干硬 /a ◆ gan1_ying4
5	荔枝 /n ◆ li4_zhi1 ▲^1	花 /n ◆ hua1 ▲^A1	5	满 /a ◆ man3 ▲^A1	写 /v ◆ xie3 ▲^1
5	荔枝 /n ◆ li4_zhi1 ▲^2	鲜 /a ◆ xian1 ▲^1	5	满 /a ◆ man3 ▲^A1	落 /v ◆ luo4 ▲^1
5	荔枝 /n ◆ li4_zhi1 ▲^2	成熟 /a ◆ cheng2_shu2 ▲^2	5	满 /a ◆ man3 ▲^A1	盛 /v ◆ cheng2 ▲^2
5	脸 /n ◆ lian3 ▲^1	热 /a ◆ re4 ▲^2	5	满 /a ◆ man3 ▲^A1	挑 /v ◆ tiao1 ▲^B1
5	脸 /n ◆ lian3 ▲^1	抹 /v ◆ mo3 ▲^2	5	慢 /a ◆ man4 ▲^A1	放 /v ◆ fang4 ▲^15
			5	猫 /n ◆ mao1 ▲^1	养 /v ◆ yang3 ▲^2
			5	毛病 /n ◆ mao2_bing4 ▲^1	有 /v ◆ you3 ▲^2
			5	茂盛 /a ◆ mao4_sheng4 ▲^1	长 /v ◆ zhang3 ▲^B2
			5	帽子 /n ◆ mao4_zi5 ▲^1	脱 /v ◆ tuo1 ▲^2
			5	美 /a ◆ mei3 ▲^A1	景色 /n ◆ jing3_se4

共现次数	节点词语	搭配词语	共现次数	节点词语	搭配词语
5	美 /a ◆ mei3 ▲^A1	欣赏 /v ◆ xin1_shang3 ▲^1	5	能量 /n ◆ neng2_liang4 ▲^1	有效 /a ◆ you3_xiao4
5	门 /n ◆ men2 ▲^2	闭 /v ◆ bi4	5	能量 /n ◆ neng2_liang4 ▲^1	状态 /n ◆ zhuang4_tai4
5	门 /n ◆ men2 ▲^2	对 /v ◆ dui4 ▲^3	5	尿 /n ◆ niao4 ▲^1	撒 /v ◆ sa3 ▲^★
5	门 /n ◆ men2 ▲^2	拉 /v ◆ la1 ▲^A1	5	牛 /n ◆ niu2 ▲^A1	拴 /v ◆ shuan1 ▲^1
5	米 /n ◆ mi3 ▲^A1	净 /a ◆ jing4 ▲^A1	5	牛 /n ◆ niu2 ▲^A1	成群 /v ◆ cheng2_qun2
5	秘密 /n ◆ mi4_mi4 ▲^2	揭开 /v ◆ jie1_kai1	5	牛 /n ◆ niu2 ▲^A1	骑 /v ◆ qi2
5	秘密 /n ◆ mi4_mi4 ▲^2	探索 /v ◆ tan4_suo3	5	牛 /n ◆ niu2 ▲^A1	背 /n ◆ bei4 ▲^A1
5	密度 /n ◆ mi4_du4 ▲^2	膨胀 /v ◆ peng2_zhang4 ▲^1	5	浓 /a ◆ nong2 ▲^1	雾 /n ◆ wu4
5	密切 /a ◆ mi4_qie4 ▲^1	联系 /v ◆ lian2_xi4	5	拍 /v ◆ pai1 ▲^4	照片 /n ◆ zhao4_pian4
5	庙 /n ◆ miao4 ▲^2	建造 /v ◆ jian4_zao4	5	盘子 /n ◆ pan2_zi5 ▲^1	洗 /v ◆ xi3 ▲^1
5	灭 /v ◆ mie4 ▲^1	浇 /v ◆ jiao1 ▲^A1	5	胚胎 /n ◆ pei1_tai1 ▲^1	细胞 /n ◆ xi4_bao1
5	民间 /n ◆ min2_jian1 ▲^1	音乐 /v ◆ yin1_yue4	5	朋友 /n ◆ peng2_you5 ▲^1	成为 /v ◆ cheng2_wei2
5	民间 /n ◆ min2_jian1 ▲^1	创作 /v ◆ chuang4_zuo4 ▲^1	5	朋友 /n ◆ peng2_you5 ▲^1	亲爱 /b ◆ qin1_ai4
5	民族 /n ◆ min2_zu2 ▲^2	古老 /a ◆ gu3_lao3	5	捧 /v ◆ peng3 ▲^1	起 /v ◆ qi3 ▲^A1
5	民族 /n ◆ min2_zu2 ▲^2	矛盾 /n ◆ mao2_dun4 ▲^4	5	碰 /v ◆ peng4 ▲^1	铃铛 /n ◆ ling2_dang1
5	名 /n ◆ ming2 ▲^1	得 /v ◆ de2 ▲^A1	5	屁股 /n ◆ pi4_gu5 ▲^2	坐 /v ◆ zuo4 ▲^1
5	名 /n ◆ ming2 ▲^1	求 /v ◆ qiu2 ▲^3	5	篇幅 /n ◆ pian1_fu5 ▲^1	长 /a ◆ chang2 ▲^1
5	名堂 /n ◆ ming2_tang5 ▲^2	玩 /v ◆ wan2 ▲^A1	5	飘 /v ◆ piao1 ▲^1	白云 /n ◆ bai2_yun2
5	名字 /n ◆ ming2_zi5 ▲^1	取 /v ◆ qu3 ▲^3	5	飘 /v ◆ piao1 ▲^1	天空 /n ◆ tian1_kong1
5	明 /a ◆ ming2 ▲^A2	写 /v ◆ xie3 ▲^2	5	票 /n ◆ piao4 ▲^1	投 /v ◆ tou2 ▲^A2
5	明白 /v ◆ ming2_bai5 ▲^4	听 /v ◆ ting1 ▲^A1	5	平衡 /a ◆ ping2_heng2 ▲^1	保持 /v ◆ bao3_chi2
5	命运 /n ◆ ming4_yun4 ▲^1	悲惨 /a ◆ bei1_can3	5	苹果 /n ◆ ping2_guo3 ▲^2	摘 /v ◆ zhai1 ▲^1
5	模型 /n ◆ mo2_xing2 ▲^1	航空 /n ◆ hang2_kong1	5	破 /a ◆ po4 ▲^8	说 /v ◆ shuo1 ▲^1
5	模型 /n ◆ mo2_xing2 ▲^1	小 /a ◆ xiao3 ▲^1	5	破 /v ◆ po4 ▲^1	划 /v ◆ hua2 ▲^★
5	目标 /n ◆ mu4_biao1 ▲^2	共同 /b ◆ gong4_tong2 ▲^1	5	葡萄 /n ◆ pu2_tao2 ▲^2	摘 /v ◆ zhai1 ▲^1
5	目光 /n ◆ mu4_guang1 ▲^2	炯炯 /z ◆ jiong3_jiong3	5	奇怪 /v ◆ qi2_guai4 ▲^2	觉得 /v ◆ jue2_de5 ▲^1
5	内心 /n ◆ nei4_xin1 ▲^A	发自 /v ◆ fa1_zi4	5	起 /v ◆ qi3 ▲^A12	做 /v ◆ zuo4 ▲^3
5	难 /a ◆ nan2 ▲^1	做 /v ◆ zuo4 ▲^3	5	气 /n ◆ qi4 ▲^3	断 /v ◆ duan4 ▲^A2
5	脑袋 /n ◆ nao3_dai5 ▲^1	露 /v ◆ lu4 ▲^B2	5	气 /n ◆ qi4 ▲^3	沉 /v ◆ chen2 ▲^3
5	闹 /v ◆ nao4 ▲^4	乱子 /n ◆ luan4_zi5	5	气息 /n ◆ qi4_xi1 ▲^2	时代 /n ◆ shi2_dai4 ▲^1
			5	前沿 /n ◆ qian2_yan2 ▲^1	阵地 /n ◆ zhen4_di4
			5	钱 /n ◆ qian2 ▲^A2	值 /v ◆ zhi2 ▲^2
			5	钱 /n ◆ qian2 ▲^A2	寄 /v ◆ ji4 ▲^1
			5	钱 /n ◆ qian2 ▲^A3	花 /v ◆ hua1 ▲^B

共现次数	节点词语	搭配词语	共现次数	节点词语	搭配词语
5	钱 /n ◆ qian2 ▲ ^A3	交 /v ◆ jiao1 ▲ ^A1	5	人 /n ◆ ren2 ▲ ^1	厌恶 /v ◆ yan4_wu4
5	钱 /n ◆ qian2 ▲ ^A4	用 /v ◆ yong4 ▲ ^1	5	人 /n ◆ ren2 ▲ ^1	念 /v ◆ nian4 ▲ ^B1
5	钱 /n ◆ qian2 ▲ ^A4	省 /v ◆ sheng3 ▲ ^A1	5	人 /n ◆ ren2 ▲ ^1	充实 /v ◆ chong1_shi2 ▲ ^2
5	钱 /n ◆ qian2 ▲ ^A4	要 /v ◆ yao4 ▲ ^B1	5	人 /n ◆ ren2 ▲ ^1	强调 /v ◆ qiang2_diao4
5	钱 /n ◆ qian2 ▲ ^A4	赚 /v ◆ zhuan4 ▲ ^1	5	人 /n ◆ ren2 ▲ ^1	反映 /v ◆ fan3_ying4 ▲ ^1
5	枪 /n ◆ qiang1 ▲ ^A2	开 /v ◆ kai1 ▲ ^A6	5	人 /n ◆ ren2 ▲ ^1	教育 /v ◆ jiao4_yu4 ▲ ^2
5	强烈 /a ◆ qiang2_lie4 ▲ ^1	表现 /v ◆ biao3_xian4 ▲ ^1	5	人 /n ◆ ren2 ▲ ^1	聚集 /v ◆ ju4_ji2
5	青 /a ◆ qing1 ▲ ^1	冻 /v ◆ dong4 ▲ ^3	5	人 /n ◆ ren2 ▲ ^1	体会 /v ◆ ti3_hui4 ▲ ^1
5	青年 /n ◆ qing1_nian2 ▲ ^1	时代 /n ◆ shi2_dai4 ▲ ^2	5	人 /n ◆ ren2 ▲ ^1	尊严 /v ◆ zun1_yan2 ▲ ^2
5	青年 /n ◆ qing1_nian2 ▲ ^2	女 /b ◆ nv3	5	人 /n ◆ ren2 ▲ ^1	生 /v ◆ sheng1 ▲ ^A2
5	青年 /n ◆ qing1_nian2 ▲ ^2	广大 /b ◆ guang3_da4 ▲ ^3	5	人 /n ◆ ren2 ▲ ^1	托 /v ◆ tuo1 ▲ ^B1
5	轻 /a ◆ qing1 ▲ ^6	拉 /v ◆ la1 ▲ ^A1	5	人 /n ◆ ren2 ▲ ^1	奇怪 /a ◆ qi2_guai4 ▲ ^1
5	轻 /a ◆ qing1 ▲ ^6	抬 /v ◆ tai2 ▲ ^1	5	人 /n ◆ ren2 ▲ ^1	眼光 /n ◆ yan3_guang1 ▲ ^1
5	清 /v ◆ qing1 ▲ ^A6	还 /v ◆ huan2 ▲ ^2	5	人 /n ◆ ren2 ▲ ^1	发展 /v ◆ fa1_zhan3 ▲ ^1
5	情感 /n ◆ qing2_gan3 ▲ ^1	思想 /n ◆ si1_xiang3 ▲ ^1	5	人 /n ◆ ren2 ▲ ^1	瞧 /v ◆ qiao2
5	情况 /n ◆ qing2_kuang4 ▲ ^1	变化 /v ◆ bian4_hua4	5	人 /n ◆ ren2 ▲ ^1	助威 /v ◆ zhu4_wei1
5	情况 /n ◆ qing2_kuang4 ▲ ^1	身体 /n ◆ shen1_ti3	5	人 /n ◆ ren2 ▲ ^1	呐喊 /v ◆ na4_han3
5	秋风 /n ◆ qiu1_feng1 ▲ ^1	起 /v ◆ qi3 ▲ ^A6	5	人 /n ◆ ren2 ▲ ^1	启发 /v ◆ qi3_fa1
5	秋风 /n ◆ qiu1_feng1 ▲ ^1	吹 /v ◆ chui1 ▲ ^3	5	人 /n ◆ ren2 ▲ ^1	醒 /v ◆ xing3 ▲ ^2
5	球 /n ◆ qiu2 ▲ ^1	红 /a ◆ hong2 ▲ ^1	5	人 /n ◆ ren2 ▲ ^1	形成 /v ◆ xing2_cheng2
5	曲折 /a ◆ qu1_zhe2 ▲ ^2	情节 /n ◆ qing2_jie2	5	人 /n ◆ ren2 ▲ ^1	扩大 /v ◆ kuo4_da4
5	渠道 /n ◆ qu2_dao4 ▲ ^2	销售 /v ◆ xiao1_shou4	5	人 /n ◆ ren2 ▲ ^1	活动 /n ◆ huo2_dong4 ▲ ^5
5	圈 /n ◆ quan1 ▲ ^1	年轮 /n ◆ nian2_lun2	5	人 /n ◆ ren2 ▲ ^1	逼 /v ◆ bi1 ▲ ^1
5	圈 /n ◆ quan1 ▲ ^1	转 /v ◆ zhuan4 ▲ ^1	5	人 /n ◆ ren2 ▲ ^1	抓 /v ◆ zhua1 ▲ ^1
5	圈 /n ◆ quan1 ▲ ^1	圆 /a ◆ yuan2 ▲ ^3	5	人 /n ◆ ren2 ▲ ^1	送 /v ◆ song4 ▲ ^3
5	群众 /n ◆ qun2_zhong4 ▲ ^1	当地 /s ◆ dang1_di4	5	人 /n ◆ ren2 ▲ ^1	睡 /v ◆ shui4
5	染 /v ◆ ran3 ▲ ^1	绿 /a ◆ lv4	5	人 /n ◆ ren2 ▲ ^1	像 /v ◆ xiang4 ▲ ^5
5	让 /v ◆ rang4 ▲ ^4	开 /v ◆ kai1 ▲ ^A1	5	人 /n ◆ ren2 ▲ ^1	陶醉 /v ◆ tao2_zui4
5	人 /n ◆ ren2 ▲ ^1	讲究 /v ◆ jiang3_jiu5 ▲ ^1	5	人 /n ◆ ren2 ▲ ^1	痛苦 /a ◆ tong4_ku3
5	人 /n ◆ ren2 ▲ ^1	飞 /v ◆ fei1 ▲ ^1	5	人 /n ◆ ren2 ▲ ^1	平凡 /a ◆ ping2_fan2
5	人 /n ◆ ren2 ▲ ^1	富于 /v ◆ fu4_yu2	5	人 /n ◆ ren2 ▲ ^1	牺牲 /v ◆ xi1_sheng1 ▲ ^2
5	人 /n ◆ ren2 ▲ ^1	勇气 /n ◆ yong3_qi4	5	人 /n ◆ ren2 ▲ ^1	经历 /v ◆ jing1_li4 ▲ ^1
5	人 /n ◆ ren2 ▲ ^1	画 /v ◆ hua4 ▲ ^A1	5	人 /n ◆ ren2 ▲ ^1	给予 /v ◆ ji3_yu3
5	人 /n ◆ ren2 ▲ ^1	力量 /n ◆ li4_liang4 ▲ ^2	5	人 /n ◆ ren2 ▲ ^1	模仿 /v ◆ mo2_fang3
5	人 /n ◆ ren2 ▲ ^1	黑 /a ◆ hei1 ▲ ^1	5	人 /n ◆ ren2 ▲ ^1	容纳 /v ◆ rong2_na4
			5	人 /n ◆ ren2 ▲ ^1	下等 /b ◆ xia4_deng3

共现次数	节点词语	搭配词语	共现次数	节点词语	搭配词语
5	人 /n ◆ ren2 ▲ ^1	跳 /v ◆ tiao4 ▲ ^1	5	人 /n ◆ ren2 ▲ ^1	对话 /v ◆ dui4_hua4 ▲ ^2
5	人 /n ◆ ren2 ▲ ^1	放 /v ◆ fang4 ▲ ^13	5	人 /n ◆ ren2 ▲ ^2	问 /v ◆ wen4 ▲ ^1
5	人 /n ◆ ren2 ▲ ^1	发明 /v ◆ fa1_ming2 ▲ ^1	5	人 /n ◆ ren2 ▲ ^2	死 /v ◆ si3 ▲ ^1
5	人 /n ◆ ren2 ▲ ^1	欣赏 /v ◆ xin1_shang3 ▲ ^1	5	人 /n ◆ ren2 ▲ ^2	行 /v ◆ xing2 ▲ ^9
5	人 /n ◆ ren2 ▲ ^1	生存 /v ◆ sheng1_cun2	5	人 /n ◆ ren2 ▲ ^2	少 /a ◆ shao3 ▲ ^1
5	人 /n ◆ ren2 ▲ ^1	亲切 /a ◆ qin1_qie4 ▲ ^1	5	人 /n ◆ ren2 ▲ ^2	怕 /v ◆ pa4 ▲ ^1
5	人 /n ◆ ren2 ▲ ^1	哭 /v ◆ ku1	5	人 /n ◆ ren2 ▲ ^2	认为 /v ◆ ren4_wei2
5	人 /n ◆ ren2 ▲ ^1	独立 /v ◆ du2_li4 ▲ ^5	5	人 /n ◆ ren2 ▲ ^2	围观 /v ◆ wei2_guan1
5	人 /n ◆ ren2 ▲ ^1	抢 /v ◆ qiang3 ▲ ^A1	5	人 /n ◆ ren2 ▲ ^2	注意 /v ◆ zhu4_yi4
5	人 /n ◆ ren2 ▲ ^1	注视 /v ◆ zhu4_shi4	5	人 /n ◆ ren2 ▲ ^2	重视 /v ◆ zhong4_shi4
5	人 /n ◆ ren2 ▲ ^1	关心 /v ◆ guan1_xin1	5	人 /n ◆ ren2 ▲ ^2	喜爱 /v ◆ xi3_ai4
5	人 /n ◆ ren2 ▲ ^1	办 /v ◆ ban4 ▲ ^1	5	人 /n ◆ ren2 ▲ ^4	当地 /s ◆ dang1_di4
5	人 /n ◆ ren2 ▲ ^1	获得 /v ◆ huo4_de2	5	人 /n ◆ ren2 ▲ ^4	姓名 /n ◆ xing4_ming2
5	人 /n ◆ ren2 ▲ ^1	孤独 /a ◆ gu1_du2	5	人 /n ◆ ren2 ▲ ^4	想 /v ◆ xiang3 ▲ ^1
5	人 /n ◆ ren2 ▲ ^1	唱歌 /v ◆ chang4_ge1	5	人 /n ◆ ren2 ▲ ^4	年轻 /a ◆ nian2_qing1 ▲ ^1
5	人 /n ◆ ren2 ▲ ^1	在于 /v ◆ zai4_yu2 ▲ ^1	5	人 /n ◆ ren2 ▲ ^4	去 /v ◆ qu4 ▲ ^A1
5	人 /n ◆ ren2 ▲ ^1	少 /v ◆ shao3 ▲ ^2	5	人 /n ◆ ren2 ▲ ^4	问 /v ◆ wen4 ▲ ^1
5	人 /n ◆ ren2 ▲ ^1	据说 /v ◆ ju4_shuo1	5	人 /n ◆ ren2 ▲ ^4	走 /v ◆ zou3 ▲ ^5
5	人 /n ◆ ren2 ▲ ^1	工作 /n ◆ gong1_zuo4 ▲ ^2	5	人 /n ◆ ren2 ▲ ^4	好心 /n ◆ hao3_xin1
5	人 /n ◆ ren2 ▲ ^1	想像 /v ◆ xiang3_xiang4	5	人 /n ◆ ren2 ▲ ^4	做 /v ◆ zuo4 ▲ ^5
5	人 /n ◆ ren2 ▲ ^1	诅咒 /v ◆ zu3_zhou4	5	人 /n ◆ ren2 ▲ ^4	代表 /v ◆ dai4_biao3 ▲ ^4
5	人 /n ◆ ren2 ▲ ^1	缺少 /v ◆ que1_shao3	5	人 /n ◆ ren2 ▲ ^4	领导 /n ◆ ling3_dao3 ▲ ^2
5	人 /n ◆ ren2 ▲ ^1	头脑 /n ◆ tou2_nao3 ▲ ^1	5	人 /n ◆ ren2 ▲ ^4	过路 /v ◆ guo4_lu4
5	人 /n ◆ ren2 ▲ ^1	信 /v ◆ xin4 ▲ ^A3	5	人 /n ◆ ren2 ▲ ^4	养蜂 /v ◆ yang3_feng1
5	人 /n ◆ ren2 ▲ ^1	提出 /v ◆ ti2_chu1	5	人 /n ◆ ren2 ▲ ^5	骂 /v ◆ ma4 ▲ ^1
5	人 /n ◆ ren2 ▲ ^1	心理 /n ◆ xin1_li3 ▲ ^2	5	人口 /n ◆ ren2_kou3 ▲ ^1	增长 /v ◆ zeng1_zhang3
5	人 /n ◆ ren2 ▲ ^1	长大 /v ◆ zhang3_da4	5	人口 /n ◆ ren2_kou3 ▲ ^1	农业 /n ◆ nong2_ye4
5	人 /n ◆ ren2 ▲ ^1	野蛮 /a ◆ ye3_man2 ▲ ^1	5	人物 /n ◆ ren2_wu4 ▲ ^1	历史 /n ◆ li4_shi3 ▲ ^1
5	人 /n ◆ ren2 ▲ ^1	牵 /v ◆ qian1	5	人物 /n ◆ ren2_wu4 ▲ ^3	身份 /n ◆ shen1_fen5 ▲ ^1
5	人 /n ◆ ren2 ▲ ^1	故乡 /n ◆ gu4_xiang1	5	人物 /n ◆ ren2_wu4 ▲ ^3	细节 /n ◆ xi4_jie2
5	人 /n ◆ ren2 ▲ ^1	可怜 /a ◆ ke3_lian2 ▲ ^2	5	人物 /n ◆ ren2_wu4 ▲ ^3	感受 /v ◆ gan3_shou4 ▲ ^1
5	人 /n ◆ ren2 ▲ ^1	知晓 /v ◆ zhi1_xiao3	5	人物 /n ◆ ren2_wu4 ▲ ^3	特征 /n ◆ te4_zheng1
5	人 /n ◆ ren2 ▲ ^1	理性 /n ◆ li3_xing4 ▲ ^2	5	认识 /n ◆ ren4_shi5 ▲ ^2	获得 /v ◆ huo4_de2
5	人 /n ◆ ren2 ▲ ^1	忍 /v ◆ ren3	5	认真 /a ◆ ren4_zhen1 ▲ ^2	读 /v ◆ du2 ▲ ^2
5	人 /n ◆ ren2 ▲ ^1	振奋 /v ◆ zhen4_fen4 ▲ ^2	5	肉 /n ◆ rou4 ▲ ^1	叼 /v ◆ diao1

共现次数	节点词语	搭配词语	共现次数	节点词语	搭配词语
5	肉眼 /n ◆ rou4_yan3 ▲^1	看 /v ◆ kan4 ▲^1	5	身子 /n ◆ shen1_zi5 ▲^1	蹲 /v ◆ dun1 ▲^1
5	入 /v ◆ ru4 ▲^1	沉 /v ◆ chen2 ▲^1	5	身子 /n ◆ shen1_zi5 ▲^1	直 /a ◆ zhi2 ▲^2
5	散文 /n ◆ san3_wen2 ▲^2	风格 /n ◆ feng1_ge2 ▲^2	5	深 /a ◆ shen1 ▲^1	扎 /v ◆ za1 ▲^1
5	散文 /n ◆ san3_wen2 ▲^2	笔调 /n ◆ bi3_diao4	5	深 /a ◆ shen1 ▲^1	挖 /v ◆ wa1 ▲^1
5	散文 /n ◆ san3_wen2 ▲^2	写作 /v ◆ xie3_zuo4	5	深入 /a ◆ shen1_ru4 ▲^2	钻研 /v ◆ zuan1_yan2
5	嗓子 /n ◆ sang3_zi5 ▲^2	好 /a ◆ hao3 ▲^1	5	神 /n ◆ shen2 ▲^4	入 /v ◆ ru4 ▲^1
5	色彩 /n ◆ se4_cai3 ▲^2	神秘 /a ◆ shen2_mi4	5	神话 /n ◆ shen2_hua4 ▲^1	古代 /n ◆ gu3_dai4 ▲^1
5	杀 /v ◆ sha1 ▲^1	掉 /v ◆ diao4 ▲^A5	5	神经 /n ◆ shen2_jing1 ▲^1	中枢 /n ◆ zhong1_shu1
5	傻 /a ◆ sha3 ▲^1	笑 /v ◆ xiao4 ▲^1	5	生产 /v ◆ sheng1_chan3 ▲^1	农业 /n ◆ nong2_ye4
5	山 /n ◆ shan1 ▲^1	雨 /n ◆ yu3	5	生长 /v ◆ sheng1_zhang3 ▲^1	苗壮 /a ◆ zhuo2_zhuang4
5	山 /n ◆ shan1 ▲^1	上 /v ◆ shang4 ▲^B1	5	生长 /v ◆ sheng1_zhang3 ▲^1	植物 /n ◆ zhi2_wu4
5	山头 /n ◆ shan1_tou2 ▲^1	小 /a ◆ xiao3 ▲^1	5	生活 /n ◆ sheng1_huo2 ▲^1	观察 /v ◆ guan1_cha2
5	山羊 /n ◆ shan1_yang2 ▲^1	白 /a ◆ bai2 ▲^A1	5	生活 /n ◆ sheng1_huo2 ▲^1	道路 /n ◆ dao4_lu4 ▲^1
5	扇 /v ◆ shan1 ▲^1	扇子 /n ◆ shan4_zi5	5	生活 /n ◆ sheng1_huo2 ▲^1	创造 /v ◆ chuang4_zao4
5	商品 /n ◆ shang1_pin3 ▲^2	广告 /n ◆ guang3_gao4	5	生活 /n ◆ sheng1_huo2 ▲^1	维持 /v ◆ wei2_chi2 ▲^1
5	上 /v ◆ shang4 ▲^B12	学校 /n ◆ xue2_xiao4	5	生活 /n ◆ sheng1_huo2 ▲^1	向往 /v ◆ xiang4_wang3
5	烧 /v ◆ shao1 ▲^2	锅 /n ◆ guo1	5	生活 /n ◆ sheng1_huo2 ▲^1	乐趣 /n ◆ le4_qu4
5	少 /a ◆ shao3 ▲^1	工作 /v ◆ gong1_zuo4 ▲^1	5	生活 /n ◆ sheng1_huo2 ▲^1	面对 /v ◆ mian4_dui4
5	舌头 /n ◆ she2_tou5 ▲^1	伸出 /v ◆ shen1_chu1	5	生活 /n ◆ sheng1_huo2 ▲^4	维持 /v ◆ wei2_chi2 ▲^1
5	设计 /v ◆ she4_ji4 ▲^1	精心 /a ◆ jing1_xin1	5	生活 /n ◆ sheng1_huo2 ▲^4	改善 /v ◆ gai3_shan4
5	设想 /v ◆ she4_xiang3 ▲^1	大胆 /a ◆ da4_dan3	5	生活 /v ◆ sheng1_huo2 ▲^3	靠 /v ◆ kao4 ▲^A4
5	社会 /n ◆ she4_hui4 ▲^1	制度 /n ◆ zhi4_du4 ▲^2	5	生意 /n ◆ sheng1_yi5 ▲^1	好 /a ◆ hao3 ▲^1
5	社会 /n ◆ she4_hui4 ▲^2	形象 /n ◆ xing2_xiang4 ▲^2	5	声 /n ◆ sheng1 ▲^1	读书 /v ◆ du2_shu1 ▲^1
5	社会 /n ◆ she4_hui4 ▲^2	时期 /n ◆ shi2_qi1	5	声 /n ◆ sheng1 ▲^1	闻 /v ◆ wen2
5	社会 /n ◆ she4_hui4 ▲^2	需要 /v ◆ xu1_yao4 ▲^1	5	声明 /n ◆ sheng1_ming2 ▲^2	联合 /v ◆ lian2_he2 ▲^1
5	社会 /n ◆ she4_hui4 ▲^2	实践 /v ◆ shi2_jian4 ▲^1	5	胜利 /v ◆ sheng4_li4 ▲^1	革命 /v ◆ ge2_ming4 ▲^1
5	射 /v ◆ she4 ▲^1	中 /v ◆ zhong4 ▲^1	5	盛 /a ◆ sheng4 ▲^1	开 /v ◆ kai1 ▲^A3
5	身 /n ◆ shen1 ▲^1	俯 /v ◆ fu3			
5	身子 /n ◆ shen1_zi5 ▲^1	躺 /v ◆ tang3			

共现次数	节点词语	搭配词语	共现次数	节点词语	搭配词语
5	失望/a ◆ shi1_wang4 ▲^2	感到/v ◆ gan3_dao4	5	事/n ◆ shi4 ▲^1	做/v ◆ zuo4 ▲^5
5	时/n ◆ shi2 ▲^1	准备/v ◆ zhun3_bei4 ▲^2	5	事/n ◆ shi4 ▲^1	明白/v ◆ ming2_bai5 ▲^4
5	时/n ◆ shi2 ▲^1	开始/v ◆ kai1_shi3 ▲^1	5	事/n ◆ shi4 ▲^1	借/v ◆ jie4 ▲^A1
5	时代/n ◆ shi2_dai4 ▲^1	超越/v ◆ chao1_yue4	5	事/n ◆ shi4 ▲^1	该/v ◆ gai1 ▲^A1
5	时代/n ◆ shi2_dai4 ▲^1	信息/n ◆ xin4_xi1 ▲^1	5	事/n ◆ shi4 ▲^1	关/v ◆ guan1 ▲^11
5	时光/n ◆ shi2_guang1 ▲^1	度过/v ◆ du4_guo4	5	事/n ◆ shi4 ▲^1	忘/v ◆ wang4
5	时光/n ◆ shi2_guang1 ▲^1	流逝/v ◆ liu2_shi4	5	事/n ◆ shi4 ▲^1	明白/a ◆ ming2_bai5 ▲^1
5	时间/n ◆ shi2_jian1 ▲^1	花/v ◆ hua1 ▲^B	5	事/n ◆ shi4 ▲^3	做/v ◆ zuo4 ▲^3
5	时间/n ◆ shi2_jian1 ▲^1	持续/v ◆ chi2_xu4	5	事情/n ◆ shi4_qing5 ▲^1	可怕/a ◆ ke3_pa4
5	时间/n ◆ shi2_jian1 ▲^1	爱惜/v ◆ ai4_xi1	5	事情/n ◆ shi4_qing5 ▲^1	想/v ◆ xiang3 ▲^3
5	时间/n ◆ shi2_jian1 ▲^2	走/v ◆ zou3 ▲^1	5	事情/n ◆ shi4_qing5 ▲^1	好/a ◆ hao3 ▲^7
5	时间/n ◆ shi2_jian1 ▲^2	休息/v ◆ xiu1_xi5 ▲^1	5	事情/n ◆ shi4_qing5 ▲^1	重要/a ◆ zhong4_yao4
5	时间/n ◆ shi2_jian1 ▲^2	利用/v ◆ li4_yong4 ▲^1	5	事情/n ◆ shi4_qing5 ▲^1	结束/v ◆ jie2_shu4 ▲^1
5	时间/n ◆ shi2_jian1 ▲^2	漫长/a ◆ man4_chang2	5	事务/n ◆ shi4_wu4 ▲^1	国际/n ◆ guo2_ji4 ▲^2
5	实/a ◆ shi2 ▲^2	有/v ◆ you3 ▲^2	5	事业/n ◆ shi4_ye4 ▲^1	发展/v ◆ fa1_zhan3 ▲^1
5	世界/n ◆ shi4_jie4 ▲^1	丰富/a ◆ feng1_fu4 ▲^1	5	事业/n ◆ shi4_ye4 ▲^1	解放/v ◆ jie3_fang4 ▲^2
5	世界/n ◆ shi4_jie4 ▲^1	小/a ◆ xiao3 ▲^1	5	事业/n ◆ shi4_ye4 ▲^1	文学/n ◆ wen2_xue2
5	世界/n ◆ shi4_jie4 ▲^3	人类/n ◆ ren2_lei4	5	收入/n ◆ shou1_ru4 ▲^2	高/a ◆ gao1 ▲^4
5	世界/n ◆ shi4_jie4 ▲^3	小/a ◆ xiao3 ▲^1	5	手/n ◆ shou3 ▲^1	举起/v ◆ ju3_qi3
5	世界/n ◆ shi4_jie4 ▲^3	周游/v ◆ zhou1_you2	5	手/n ◆ shou3 ▲^1	颤抖/v ◆ chan4_dou3
5	世界/n ◆ shi4_jie4 ▲^3	先进/a ◆ xian1_jin4 ▲^1	5	手/n ◆ shou3 ▲^1	携/v ◆ xie2
5	世界/n ◆ shi4_jie4 ▲^3	末日/n ◆ mo4_ri4	5	手/n ◆ shou3 ▲^1	递/v ◆ di4
5	世界/n ◆ shi4_jie4 ▲^5	精神/n ◆ jing1_shen2 ▲^1	5	手/n ◆ shou3 ▲^1	好/a ◆ hao3 ▲^1
5	市/n ◆ shi4 ▲^3	中心/n ◆ zhong1_xin1 ▲^3	5	手段/n ◆ shou3_duan4 ▲^1	艺术/n ◆ yi4_shu4 ▲^1
5	事/n ◆ shi4 ▲^1	正经/a ◆ zheng4_jing5 ▲^2	5	手法/n ◆ shou3_fa3 ▲^1	传统/n ◆ chuan2_tong3 ▲^1
5	事/n ◆ shi4 ▲^1	忙/v ◆ mang2 ▲^2	5	受/v ◆ shou4 ▲^1	尊敬/v ◆ zun1_jing4 ▲^1
			5	受/v ◆ shou4 ▲^1	感动/v ◆ gan3_dong4 ▲^2
			5	受/v ◆ shou4 ▲^2	折磨/v ◆ zhe2_mo2
			5	受/v ◆ shou4 ▲^2	重伤/v ◆ zhong4_shang1
			5	刷/v ◆ shua1 ▲^A2	屋顶/s ◆ wu1_ding3
			5	摔/v ◆ shuai1 ▲^2	掉/v ◆ diao4 ▲^A1
			5	甩/v ◆ shuai3 ▲^1	胳膊/n ◆ ge1_bo2
			5	水/n ◆ shui3 ▲^1	积/v ◆ ji1 ▲^1

共现次数	节点词语	搭配词语
5	水/n ◆ shui3 ▲^1	小溪/n ◆ xiao3_xi1
5	水/n ◆ shui3 ▲^1	出/v ◆ chu1 ▲^A8
5	水/n ◆ shui3 ▲^1	好/a ◆ hao3 ▲^7
5	水/n ◆ shui3 ▲^1	添/v ◆ tian1 ▲^1
5	水/n ◆ shui3 ▲^1	饮/v ◆ yin3
5	水/n ◆ shui3 ▲^1	平面/n ◆ ping2_mian4
5	水/n ◆ shui3 ▲^1	瓶子/n ◆ ping2_zi5
5	水/n ◆ shui3 ▲^1	死/v ◆ si3 ▲^1
5	水面/n ◆ shui3_mian4 ▲^1	平静/a ◆ ping2_jing4
5	说/v ◆ shuo1 ▲^1	动/v ◆ dong4 ▲^1
5	说/v ◆ shuo1 ▲^1	恳切/a ◆ ken3_qie4
5	说/v ◆ shuo1 ▲^1	普通话/n ◆ pu3_tong1_hua4
5	说/v ◆ shuo1 ▲^1	够/v ◆ gou4 ▲^2
5	思维/n ◆ si1_wei2 ▲^1	理性/n ◆ li3_xing4 ▲^2
5	思想/n ◆ si1_xiang3 ▲^1	丰富/a ◆ feng1_fu4 ▲^1
5	思想/n ◆ si1_xiang3 ▲^1	旧/a ◆ jiu4 ▲^1
5	思想/n ◆ si1_xiang3 ▲^1	好/a ◆ hao3 ▲^1
5	思想/n ◆ si1_xiang3 ▲^1	人物/n ◆ ren2_wu4 ▲^3
5	思想/n ◆ si1_xiang3 ▲^1	科学/n ◆ ke1_xue2 ▲^1
5	思想/n ◆ si1_xiang3 ▲^1	体现/v ◆ ti3_xian4
5	送/v ◆ song4 ▲^3	医院/n ◆ yi1_yuan4
5	速度/n ◆ su4_du4 ▲^2	提高/v ◆ ti2_gao1
5	碎/a ◆ sui4 ▲^3	掉/v ◆ diao4 ▲^A1
5	潭/n ◆ tan2 ▲^1	深/a ◆ shen1 ▲^1
5	掏/v ◆ tao1 ▲^1	衣兜/n ◆ yi1_dou1
5	特别/a ◆ te4_bie2 ▲^1	变/v ◆ bian4 ▲^1
5	特别/a ◆ te4_bie2 ▲^1	爱/v ◆ ai4 ▲^2
5	天/n ◆ tian1 ▲^1	满/a ◆ man3 ▲^A4
5	天/n ◆ tian1 ▲^7	热/a ◆ re4 ▲^2
5	天气/n ◆ tian1_qi4 ▲^1	异常/a ◆ yi4_chang2 ▲^1
5	甜/a ◆ tian2 ▲^1	香/a ◆ xiang1 ▲^1
5	条件/n ◆ tiao2_jian4 ▲^1	恶劣/a ◆ e4_lie4
5	听/v ◆ ting1 ▲^A1	歌曲/n ◆ ge1_qu3
5	听/v ◆ ting1 ▲^A1	歌声/n ◆ ge1_sheng1
5	听/v ◆ ting1 ▲^A1	惯/v ◆ guan4 ▲^1
5	同学/n ◆ tong2_xue2 ▲^2	多/a ◆ duo1 ▲^A1
5	同学/n ◆ tong2_xue2 ▲^2	好/a ◆ hao3 ▲^1
5	同学/n ◆ tong2_xue2 ▲^3	亲爱/b ◆ qin1_ai4
5	同学/n ◆ tong2_xue2 ▲^3	问/v ◆ wen4 ▲^1
5	同志/n ◆ tong2_zhi4 ▲^2	好/a ◆ hao3 ▲^1
5	头/n ◆ tou2 ▲^1	翘/v ◆ qiao4
5	头/n ◆ tou2 ▲^1	白/a ◆ bai2 ▲^A1
5	头/n ◆ tou2 ▲^1	朝/v ◆ chao2 ▲^5
5	土/n ◆ tu3 ▲^1	钻/v ◆ zuan1 ▲^2
5	吐/v ◆ tu3 ▲^1	唾沫/n ◆ tuo4_mo4
5	推/v ◆ tui1 ▲^1	用力/a ◆ yong4_li4
5	腿/n ◆ tui3 ▲^1	断/v ◆ duan4 ▲^A1
5	腿/n ◆ tui3 ▲^1	小/a ◆ xiao3 ▲^1
5	脱/v ◆ tuo1 ▲^2	衣裳/n ◆ yi1_shang5
5	玩笑/n ◆ wan2_xiao4 ▲^2	开/v ◆ kai1 ▲^★
5	微风/n ◆ wei1_feng1 ▲^1	吹拂/v ◆ chui1_fu2
5	维持/v ◆ wei2_chi2 ▲^1	秩序/n ◆ zhi4_xu4
5	委员/n ◆ wei3_yuan2 ▲^1	编写/v ◆ bian1_xie3 ▲^1
5	卫星/n ◆ wei4_xing1 ▲^2	地球/n ◆ di4_qiu2
5	位置/n ◆ wei4_zhi4 ▲^1	好/a ◆ hao3 ▲^7
5	文化/n ◆ wen2_hua4 ▲^1	华夏/n ◆ hua2_xia4
5	文化/n ◆ wen2_hua4 ▲^1	重要/a ◆ zhong4_yao4
5	文化/n ◆ wen2_hua4 ▲^1	经济/n ◆ jing1_ji4 ▲^2
5	文化/n ◆ wen2_hua4 ▲^1	反映/v ◆ fan3_ying4 ▲^1
5	文化/n ◆ wen2_hua4 ▲^1	精华/n ◆ jing1_hua2 ▲^1
5	文明/a ◆ wen2_ming2 ▲^2	人类/n ◆ ren2_lei4
5	文字/n ◆ wen2_zi4 ▲^1	学习/v ◆ xue2_xi2 ▲^1
5	问题/n ◆ wen4_ti2 ▲^2	处理/v ◆ chu3_li3 ▲^1
5	问题/n ◆ wen4_ti2 ▲^2	新/a ◆ xin1 ▲^1

共现次数	节点词语	搭配词语	共现次数	节点词语	搭配词语
5	问题/n ◆ wen4_ti2 ▲^2	面临/v ◆ mian4_lin2	5	笑/v ◆ xiao4 ▲^1	憨厚/a ◆ han1_hou4
5	问题/n ◆ wen4_ti2 ▲^2	重要/a ◆ zhong4_yao4	5	写/v ◆ xie3 ▲^★	诗/n ◆ shi1
5	问题/n ◆ wen4_ti2 ▲^2	小/a ◆ xiao3 ▲^1	5	写/v ◆ xie3 ▲^1	完/v ◆ wan2 ▲^3
5	问题/n ◆ wen4_ti2 ▲^2	发生/v ◆ fa1_sheng1 ▲^1	5	写/v ◆ xie3 ▲^1	内容/n ◆ nei4_rong2
5	问题/n ◆ wen4_ti2 ▲^2	出/v ◆ chu1 ▲^A6	5	写/v ◆ xie3 ▲^2	正文/n ◆ zheng4_wen2
5	窝/n ◆ wo1 ▲^1	鸟/n ◆ niao3	5	写/v ◆ xie3 ▲^2	作品/n ◆ zuo4_pin3
5	窝/n ◆ wo1 ▲^1	小/a ◆ xiao3 ▲^1	5	心/n ◆ xin1 ▲^2	想/v ◆ xiang3 ▲^3
5	夕阳/n ◆ xi1_yang2 ▲^1	照/v ◆ zhao4 ▲^1	5	心/n ◆ xin1 ▲^2	充满/v ◆ chong1_man3 ▲^1
5	希望/n ◆ xi1_wang4 ▲^2	寄托/v ◆ ji4_tuo1 ▲^2	5	心肠/n ◆ xin1_chang2 ▲^1	好/a ◆ hao3 ▲^1
5	牺牲/v ◆ xi1_sheng1 ▲^2	革命/v ◆ ge2_ming4 ▲^1	5	心理/n ◆ xin1_li3 ▲^2	文化/n ◆ wen2_hua4 ▲^1
5	戏剧/n ◆ xi4_ju4 ▲^1	欣赏/v ◆ xin1_shang3 ▲^1	5	心理/n ◆ xin1_li3 ▲^2	刻画/v ◆ ke4_hua4 ▲^2
5	系统/n ◆ xi4_tong3 ▲^1	电脑/n ◆ dian4_nao3	5	欣赏/v ◆ xin1_shang3 ▲^1	音乐/n ◆ yin1_yue4
5	细腻/a ◆ xi4_ni4 ▲^2	描写/v ◆ miao2_xie3	5	新/a ◆ xin1 ▲^1	小说/n ◆ xiao3_shuo1
5	下/v ◆ xia4 ▲^B2	细雨/n ◆ xi4_yu3	5	新/a ◆ xin1 ▲^1	开创/v ◆ kai1_chuang4
5	先生/n ◆ xian1_sheng5 ▲^2	请/v ◆ qing3 ▲^2	5	新/a ◆ xin1 ▲^1	结识/v ◆ jie2_shi2
5	现实/n ◆ xian4_shi2 ▲^1	反映/v ◆ fan3_ying4 ▲^1	5	新/a ◆ xin1 ▲^1	人类/n ◆ ren2_lei4
5	线/n ◆ xian4 ▲^1	红/a ◆ hong2 ▲^1	5	新/a ◆ xin1 ▲^1	作家/n ◆ zuo4_jia1
5	限制/v ◆ xian4_zhi4 ▲^1	受到/v ◆ shou4_dao4	5	新/a ◆ xin1 ▲^4	衣裳/n ◆ yi1_shang5
5	香/a ◆ xiang1 ▲^1	飘/v ◆ piao1 ▲^1	5	信/n ◆ xin4 ▲^A7	发/v ◆ fa1 ▲^1
5	响/v ◆ xiang3 ▲^2	声音/n ◆ sheng1_yin1	5	信/n ◆ xin4 ▲^A7	接到/v ◆ jie1_dao4
5	响/v ◆ xiang3 ▲^2	门铃/n ◆ men2_ling2	5	信/n ◆ xin4 ▲^A7	回/v ◆ hui2 ▲^A4
5	响/v ◆ xiang3 ▲^2	回声/n ◆ hui2_sheng1	5	信/n ◆ xin4 ▲^A7	收/v ◆ shou1 ▲^5
5	响/v ◆ xiang3 ▲^2	耳边/s ◆ er3_bian1	5	信/n ◆ xin4 ▲^A7	要紧/a ◆ yao4_jin3 ▲^1
5	像/n ◆ xiang4 ▲^1	雕/v ◆ diao1 ▲^A1	5	信息/n ◆ xin4_xi1 ▲^1	生物/n ◆ sheng1_wu4
5	消灭/v ◆ xiao1_mie4 ▲^2	敌人/n ◆ di2_ren2	5	行/v ◆ xing2 ▲^9	船/n ◆ chuan2
5	消灭/v ◆ xiao1_mie4 ▲^2	害虫/n ◆ hai4_chong2	5	行政/n ◆ xing2_zheng4 ▲^2	长官/n ◆ zhang3_guan1
5	小/a ◆ xiao3 ▲^1	画家/n ◆ hua4_jia1	5	形象/n ◆ xing2_xiang4 ▲^2	主要/b ◆ zhu3_yao4
5	小学/n ◆ xiao3_xue2 ▲^1	念/v ◆ nian4 ▲^B2	5	醒/v ◆ xing3 ▲^2	惊/v ◆ jing1 ▲^1
5	效果/n ◆ xiao4_guo3 ▲^1	收到/v ◆ shou1_dao4	5	醒/v ◆ xing3 ▲^2	推/v ◆ tui1 ▲^1
5	效率/n ◆ xiao4_lv4 ▲^2	提高/v ◆ ti2_gao1	5	修辞/n ◆ xiu1_ci2 ▲^2	运用/v ◆ yun4_yong4
5	笑/v ◆ xiao4 ▲^1	逗/v ◆ dou4 ▲^A1	5	修养/n ◆ xiu1_yang3 ▲^2	思想/n ◆ si1_xiang3 ▲^1
			5	学生/n ◆ xue2_sheng5 ▲^1	组织/v ◆ zu3_zhi1
			5	学生/n ◆ xue2_sheng5 ▲^1	带/v ◆ dai4 ▲^B6
			5	学生/n ◆ xue2_sheng5 ▲^1	学习/v ◆ xue2_xi2 ▲^1

共现次数	节点词语	搭配词语	共现次数	节点词语	搭配词语
5	学生/n ◆ xue2_sheng5 ▲^1	好/a ◆ hao3 ▲^1	5	艺术/n ◆ yi4_shu4 ▲^1	独特/a ◆ du2_te4
5	学生/n ◆ xue2_sheng5 ▲^1	中学/n ◆ zhong1_xue2 ▲^A	5	艺术/n ◆ yi4_shu4 ▲^1	舞蹈/n ◆ wu3_dao3 ▲^1
5	学问/n ◆ xue2_wen5 ▲^1	研究/v ◆ yan2_jiu1 ▲^1	5	艺术/n ◆ yi4_shu4 ▲^1	作者/n ◆ zuo4_zhe3
5	学习/v ◆ xue2_xi2 ▲^1	重要/a ◆ zhong4_yao4	5	艺术/n ◆ yi4_shu4 ▲^1	方式/n ◆ fang1_shi4
5	学院/n ◆ xue2_yuan4 ▲^1	音乐/n ◆ yin1_yue4	5	艺术/n ◆ yi4_shu4 ▲^1	技巧/n ◆ ji4_qiao3 ▲^1
5	严肃/a ◆ yan2_su4 ▲^1	神情/n ◆ shen2_qing2	5	艺术/n ◆ yi4_shu4 ▲^1	综合/v ◆ zong1_he2 ▲^2
5	研究/v ◆ yan2_jiu1 ▲^1	专心/a ◆ zhuan1_xin1	5	艺术/n ◆ yi4_shu4 ▲^1	讲/v ◆ jiang3 ▲^1
5	颜色/n ◆ yan2_se4 ▲^1	白/a ◆ bai2 ▲^A1	5	艺术/n ◆ yi4_shu4 ▲^1	语言/n ◆ yu3_yan2 ▲^1
5	颜色/n ◆ yan2_se4 ▲^1	显出/v ◆ xian3_chu1	5	艺术/n ◆ yi4_shu4 ▲^1	学习/v ◆ xue2_xi2 ▲^1
5	眼/n ◆ yan3 ▲^1	瞎/v ◆ xia1 ▲^1	5	艺术/n ◆ yi4_shu4 ▲^1	成就/n ◆ cheng2_jiu4 ▲^1
5	眼/n ◆ yan3 ▲^1	瞟/v ◆ piao3	5	意见/n ◆ yi4_jian4 ▲^1	提出/v ◆ ti2_chu1
5	眼/n ◆ yan3 ▲^1	小/a ◆ xiao3 ▲^1	5	意识/n ◆ yi4_shi2 ▲^1	有/v ◆ you3 ▲^1
5	眼/n ◆ yan3 ▲^1	盯/v ◆ ding1	5	意识/n ◆ yi4_shi2 ▲^1	有/v ◆ you3 ▲^2
5	羊/n ◆ yang2 ▲^1	白/a ◆ bai2 ▲^A1	5	意识/n ◆ yi4_shi2 ▲^1	无/v ◆ wu2 ▲^1
5	羊/n ◆ yang2 ▲^1	放/v ◆ fang4 ▲^4	5	意思/n ◆ yi4_si5 ▲^1	理解/v ◆ li3_jie3
5	阳光/n ◆ yang2_guang1 ▲^1	燥热/a ◆ zao4_re4	5	意思/n ◆ yi4_si5 ▲^1	分句/n ◆ fen1_ju4
5	阳光/n ◆ yang2_guang1 ▲^1	和煦/a ◆ he2_xu4	5	意思/n ◆ yi4_si5 ▲^1	完整/a ◆ wan2_zheng3
5	阳光/n ◆ yang2_guang1 ▲^1	透过/v ◆ tou4_guo4	5	意味/n ◆ yi4_wei4 ▲^1	讽刺/v ◆ feng3_ci4
5	阳光/n ◆ yang2_guang1 ▲^1	射/v ◆ she4 ▲^3	5	意义/n ◆ yi4_yi4 ▲^2	历史/n ◆ li4_shi3 ▲^1
5	腰/n ◆ yao1 ▲^1	弯/a ◆ wan1 ▲^1	5	意义/n ◆ yi4_yi4 ▲^2	富有/v ◆ fu4_you3 ▲^2
5	腰/n ◆ yao1 ▲^1	闪/v ◆ shan3 ▲^3	5	意义/n ◆ yi4_yi4 ▲^2	毫无/v ◆ hao2_wu2
5	腰/n ◆ yao1 ▲^1	酸/a ◆ suan1 ▲^A2	5	因果/n ◆ yin1_guo3 ▲^1	分句/n ◆ fen1_ju4
5	咬/v ◆ yao3 ▲^1	死/v ◆ si3 ▲^1	5	音/n ◆ yin1 ▲^1	读/v ◆ du2 ▲^1
5	药/n ◆ yao4 ▲^1	拿/v ◆ na2 ▲^1	5	英雄/n ◆ ying1_xiong2 ▲^1	故事/n ◆ gu4_shi5 ▲^1
5	药/n ◆ yao4 ▲^1	买/v ◆ mai3	5	影响/n ◆ ying3_xiang3 ▲^2	产生/v ◆ chan3_sheng1
5	要求/n ◆ yao1_qiu2 ▲^2	答应/v ◆ da1_ying5 ▲^2	5	影响/n ◆ ying3_xiang3 ▲^1	受到/v ◆ shou4_dao4
5	叶子/n ◆ ye4_zi5 ▲^1	花/n ◆ hua1 ▲^A1	5	涌/v ◆ yong3 ▲^1	潮水/n ◆ chao2_shui3
5	一致/a ◆ yi1_zhi4 ▲^1	完全/a ◆ wan2_quan2 ▲^1			
5	移植/v ◆ yi2_zhi2 ▲^2	骨髓/n ◆ gu3_sui3			
5	遗产/n ◆ yi2_chan3 ▲^2	文化/n ◆ wen2_hua4 ▲^1			
5	艺人/n ◆ yi4_ren2 ▲^1	民间/n ◆ min2_jian1 ▲^1			

共现次数	节点词语	搭配词语	共现次数	节点词语	搭配词语
5	涌 /v ◆ yong3 ▲ ^1	泉水 /n ◆ quan2_shui3	5	语言 /n ◆ yu3_yan2 ▲ ^2	风格 /n ◆ feng1_ge2 ▲ ^2
5	用 /v ◆ yong4 ▲ ^1	改 /v ◆ gai3 ▲ ^1	5	语言 /n ◆ yu3_yan2 ▲ ^2	学习 /v ◆ xue2_xi2 ▲ ^1
5	用功 /a ◆ yong4_gong1 ▲ ^2	读书 /v ◆ du2_shu1 ▲ ^2	5	语言 /n ◆ yu3_yan2 ▲ ^2	农民 /n ◆ nong2_min2
5	油菜 /n ◆ you2_cai4 ▲ ^1	黄 /a ◆ huang2 ▲ ^A1	5	语言 /n ◆ yu3_yan2 ▲ ^2	大师 /n ◆ da4_shi1 ▲ ^1
5	游 /v ◆ you2 ▲ ^1	快活 /a ◆ kuai4_huo2	5	语言 /n ◆ yu3_yan2 ▲ ^2	诗歌 /n ◆ shi1_ge1
5	游戏 /n ◆ you2_xi4 ▲ ^1	玩 /v ◆ wan2 ▲ ^A1	5	月季 /n ◆ yue4_ji4 ▲ ^1	花 /n ◆ hua1 ▲ ^A1
5	宇宙 /n ◆ yu3_zhou4 ▲ ^1	认识 /n ◆ ren4_shi5 ▲ ^2	5	云 /n ◆ yun2 ▲ ^B	高 /a ◆ gao1 ▲ ^1
5	宇宙 /n ◆ yu3_zhou4 ▲ ^1	茫茫 /z ◆ mang2_mang2	5	云 /n ◆ yun2 ▲ ^B	低 /a ◆ di1 ▲ ^1
5	宇宙 /n ◆ yu3_zhou4 ▲ ^1	膨胀 /v ◆ peng2_zhang4 ▲ ^1	5	云 /n ◆ yun2 ▲ ^B	飘 /v ◆ piao1 ▲ ^1
5	羽毛 /n ◆ yu3_mao2 ▲ ^1	漂亮 /a ◆ piao4_liang5 ▲ ^1	5	云 /n ◆ yun2 ▲ ^B	红 /a ◆ hong2 ▲ ^1
5	羽毛 /n ◆ yu3_mao2 ▲ ^1	长 /v ◆ zhang3 ▲ ^B1	5	运动 /n ◆ yun4_dong4 ▲ ^5	做 /v ◆ zuo4 ▲ ^3
5	语法 /n ◆ yu3_fa3 ▲ ^1	知识 /n ◆ zhi1_shi5 ▲ ^2	5	杂志 /n ◆ za2_zhi4 ▲ ^1	发表 /v ◆ fa1_biao3 ▲ ^2
5	语气 /n ◆ yu3_qi4 ▲ ^1	强烈 /a ◆ qiang2_lie4 ▲ ^1	5	枣 /n ◆ zao3 ▲ ^2	甜 /a ◆ tian2 ▲ ^1
5	语文 /n ◆ yu3_wen2 ▲ ^2	好 /a ◆ hao3 ▲ ^7	5	噪声 /n ◆ zao4_sheng1 ▲ ^1	污染 /v ◆ wu1_ran3 ▲ ^2
5	语言 /n ◆ yu3_yan2 ▲ ^1	诗歌 /n ◆ shi1_ge1	5	炸 /v ◆ zha2 ▲ ^1	死 /v ◆ si3 ▲ ^1
5	语言 /n ◆ yu3_yan2 ▲ ^1	学 /v ◆ xue2 ▲ ^1	5	占 /v ◆ zhan4 ▲ ^2	面积 /n ◆ mian4_ji1
5	语言 /n ◆ yu3_yan2 ▲ ^1	懂 /v ◆ dong3	5	战士 /n ◆ zhan4_shi4 ▲ ^1	老 /a ◆ lao3 ▲ ^1
5	语言 /n ◆ yu3_yan2 ▲ ^1	多 /a ◆ duo1 ▲ ^A1	5	战士 /n ◆ zhan4_shi4 ▲ ^1	坐 /v ◆ zuo4 ▲ ^1
5	语言 /n ◆ yu3_yan2 ▲ ^1	具体 /a ◆ ju4_ti3 ▲ ^1	5	站 /n ◆ zhan4 ▲ ^B3	观察 /v ◆ guan1_cha2
5	语言 /n ◆ yu3_yan2 ▲ ^1	艺术 /n ◆ yi4_shu4 ▲ ^1	5	仗 /n ◆ zhang4 ▲ ^B	打 /v ◆ da3 ▲ ^A21
5	语言 /n ◆ yu3_yan2 ▲ ^1	翻译 /v ◆ fan1_yi4 ▲ ^1	5	真 /a ◆ zhen1 ▲ ^1	相信 /v ◆ xiang1_xin4
5	语言 /n ◆ yu3_yan2 ▲ ^1	环境 /n ◆ huan2_jing4 ▲ ^2	5	政权 /v ◆ zheng4_quan2 ▲ ^2	交接 /v ◆ jiao1_jie1 ▲ ^2
5	语言 /n ◆ yu3_yan2 ▲ ^2	优美 /a ◆ you1_mei3	5	知识 /n ◆ zhi1_shi5 ▲ ^2	重要 /a ◆ zhong4_yao4
5	语言 /n ◆ yu3_yan2 ▲ ^2	多 /a ◆ duo1 ▲ ^A1	5	知识 /n ◆ zhi1_shi5 ▲ ^2	生产 /v ◆ sheng1_chan3 ▲ ^1
5	语言 /n ◆ yu3_yan2 ▲ ^2	主要 /b ◆ zhu3_yao4	5	知识 /n ◆ zhi1_shi5 ▲ ^2	增长 /v ◆ zeng1_zhang3
5	语言 /n ◆ yu3_yan2 ▲ ^2	准确 /a ◆ zhun3_que4	5	知识 /n ◆ zhi1_shi5 ▲ ^2	特殊 /a ◆ te4_shu1
			5	职业 /n ◆ zhi2_ye4 ▲ ^1	从事 /v ◆ cong2_shi4 ▲ ^1
			5	纸 /n ◆ zhi3 ▲ ^1	铺 /v ◆ pu1 ▲ ^1
			5	至 /v ◆ zhi4 ▲ ^1	死 /v ◆ si3 ▲ ^1
			5	制度 /n ◆ zhi4_du4 ▲ ^1	科举 /n ◆ ke1_ju3
			5	制度 /n ◆ zhi4_du4 ▲ ^1	高考 /n ◆ gao1_kao3

共现次数	节点词语	搭配词语
5	制度/n ◆ zhi4_du4 ▲ ^2	社会/n ◆ she4_hui4 ▲ ^1
5	中/v ◆ zhong4 ▲ ^1	射/v ◆ she4 ▲ ^1
5	中心/n ◆ zhong1_xin1 ▲ ^1	星系/n ◆ xing1_xi4
5	主流/n ◆ zhu3_liu2 ▲ ^2	经济/n ◆ jing1_ji4 ▲ ^2
5	主流/n ◆ zhu3_liu2 ▲ ^2	进入/v ◆ jin4_ru4
5	主人/n ◆ zhu3_ren2 ▲ ^3	家/n ◆ jia1 ▲ ^1
5	主意/n ◆ zhu3_yi5 ▲ ^1	打/v ◆ da3 ▲ ^A20
5	主意/n ◆ zhu3_yi5 ▲ ^2	有/v ◆ you3 ▲ ^1
5	主意/n ◆ zhu3_yi5 ▲ ^2	出/v ◆ chu1 ▲ ^A4
5	住/v ◆ zhu4 ▲ ^3	坚持/v ◆ jian1_chi2
5	住/v ◆ zhu4 ▲ ^3	系/v ◆ xi4 ▲ ^A6
5	住/v ◆ zhu4 ▲ ^3	留/v ◆ liu2 ▲ ^3
5	住/v ◆ zhu4 ▲ ^3	锁/v ◆ suo3 ▲ ^2
5	住/v ◆ zhu4 ▲ ^3	扶/v ◆ fu2 ▲ ^1
5	住/v ◆ zhu4 ▲ ^3	叫/v ◆ jiao4 ▲ ^B1
5	住/v ◆ zhu4 ▲ ^3	包/v ◆ bao1 ▲ ^1
5	住/v ◆ zhu4 ▲ ^3	按/v ◆ an4 ▲ ^A1
5	著作/n ◆ zhu4_zuo4 ▲ ^2	经典/a ◆ jing1_dian3 ▲ ^3
5	筑/v ◆ zhu4 ▲ ^A	巢/n ◆ chao2
5	装饰/v ◆ zhuang1_shi4 ▲ ^1	简陋/a ◆ jian3_lou4
5	壮观/a ◆ zhuang4_guan1 ▲ ^2	气势/n ◆ qi4_shi4
5	追/v ◆ zhui1 ▲ ^1	上去/v ◆ shang4_qu4
5	准/a ◆ zhun3 ▲ ^B3	看/v ◆ kan4 ▲ ^1
5	准备/v ◆ zhun3_bei4 ▲ ^1	有/v ◆ you3 ▲ ^1
5	准备/v ◆ zhun3_bei4 ▲ ^1	有/v ◆ you3 ▲ ^2
5	仔细/a ◆ zi3_xi4 ▲ ^1	瞧/v ◆ qiao2
5	资料/n ◆ zi1_liao4 ▲ ^2	找/v ◆ zhao3 ▲ ^A
5	资料/n ◆ zi1_liao4 ▲ ^2	相关/v ◆ xiang1_guan1
5	字/n ◆ zi4 ▲ ^1	饱满/a ◆ bao3_man3 ▲ ^2
5	字/n ◆ zi4 ▲ ^1	认识/v ◆ ren4_shi5 ▲ ^1
5	字/n ◆ zi4 ▲ ^1	偏旁/n ◆ pian1_pang2
5	字/n ◆ zi4 ▲ ^1	念/v ◆ nian4 ▲ ^B1
5	自然/n ◆ zi4_ran2 ▲ ^1	条件/n ◆ tiao2_jian4 ▲ ^1
5	自然/n ◆ zi4_ran2 ▲ ^1	选择/v ◆ xuan3_ze2
5	走/v ◆ zou3 ▲ ^1	急匆匆/z ◆ ji2_cong1_cong1
5	走/v ◆ zou3 ▲ ^1	提/v ◆ ti2 ▲ ^1
5	走/v ◆ zou3 ▲ ^1	喊/v ◆ han3 ▲ ^1
5	走/v ◆ zou3 ▲ ^1	送/v ◆ song4 ▲ ^3
5	走/v ◆ zou3 ▲ ^1	带/v ◆ dai4 ▲ ^B1
5	走/v ◆ zou3 ▲ ^1	抱/v ◆ bao4 ▲ ^A1
5	走/v ◆ zou3 ▲ ^1	推/v ◆ tui1 ▲ ^1
5	走/v ◆ zou3 ▲ ^5	大门/n ◆ da4_men2
5	走/v ◆ zou3 ▲ ^5	挖/v ◆ wa1 ▲ ^1
5	走/v ◆ zou3 ▲ ^5	拉/v ◆ la1 ▲ ^A1
5	走/v ◆ zou3 ▲ ^5	叼/v ◆ diao1
5	走/v ◆ zou3 ▲ ^5	送/v ◆ song4 ▲ ^3
5	足球/n ◆ zu2_qiu2 ▲ ^1	赛/v ◆ sai4 ▲ ^A1
5	嘴/n ◆ zui3 ▲ ^1	啃/v ◆ ken3
5	嘴/n ◆ zui3 ▲ ^1	衔/v ◆ xian2 ▲ ^A1
5	嘴/n ◆ zui3 ▲ ^1	嚼/v ◆ jiao2
5	嘴巴/n ◆ zui3_ba5 ▲ ^1	打/v ◆ da3 ▲ ^A3
5	罪/n ◆ zui4 ▲ ^1	犯/v ◆ fan4 ▲ ^4
5	醉/v ◆ zui4 ▲ ^1	倒/v ◆ dao3 ▲ ^A1
5	尊敬/v ◆ zun1_jing4 ▲ ^1	受/v ◆ shou4 ▲ ^1
5	作/v ◆ zuo4 ▲ ^2	用/v ◆ yong4 ▲ ^1
5	作用/n ◆ zuo4_yong4 ▲ ^3	积极/a ◆ ji1_ji2 ▲ ^1
5	坐/v ◆ zuo4 ▲ ^2	船/n ◆ chuan2
5	做/v ◆ zuo4 ▲ ^3	叫/v ◆ jiao4 ▲ ^B1
5	做/v ◆ zuo4 ▲ ^3	活儿/n ◆ huo2_r
5	做/v ◆ zuo4 ▲ ^3	研究/v ◆ yan2_jiu1 ▲ ^1
5	做/v ◆ zuo4 ▲ ^3	家务/n ◆ jia1_wu4
5	做/v ◆ zuo4 ▲ ^5	皇帝/n ◆ huang2_di4
5	做/v ◆ zuo4 ▲ ^6	叫/v ◆ jiao4 ▲ ^A4
4	挨/v ◆ ai1 ▲ ^1	打/v ◆ da3 ▲ ^A3
4	爱/v ◆ ai4 ▲ ^1	强烈/a ◆ qiang2_lie4 ▲ ^1
4	爱/v ◆ ai4 ▲ ^1	接受/v ◆ jie1_shou4 ▲ ^2
4	安/v ◆ an1 ▲ ^A6	巢/n ◆ chao2
4	安稳/a ◆ an1_wen3 ▲ ^2	睡/v ◆ shui4
4	把戏/n ◆ ba3_xi4 ▲ ^1	小/a ◆ xiao3 ▲ ^1

共现次数	节点词语	搭配词语	共现次数	节点词语	搭配词语
4	白 /a ◆ bai2 ▲ ^A1	看 /v ◆ kan4 ▲ ^1	4	辫子 /n ◆ bian4_zi5 ▲ ^1	小 /a ◆ xiao3 ▲ ^1
4	白 /a ◆ bai2 ▲ ^B	洗 /v ◆ xi3 ▲ ^1	4	辫子 /n ◆ bian4_zi5 ▲ ^1	长 /a ◆ chang2 ▲ ^1
4	白菜 /n ◆ bai2_cai4 ▲ ^2	收 /v ◆ shou1 ▲ ^4	4	辫子 /n ◆ bian4_zi5 ▲ ^1	剪 /v ◆ jian3
4	摆 /v ◆ bai3 ▲ ^A1	桌子 /n ◆ zhuo1_zi5	4	标准 /n ◆ biao1_zhun3 ▲ ^1	看齐 /v ◆ kan4_qi2 ▲ ^2
4	板 /v ◆ ban3 ▲ ^A8	面孔 /n ◆ mian4_kong3	4	标准 /n ◆ biao1_zhun3 ▲ ^1	国际 /n ◆ guo2_ji4 ▲ ^2
4	版面 /n ◆ ban3_mian4 ▲ ^1	报纸 /n ◆ bao4_zhi3 ▲ ^1	4	标准 /n ◆ biao1_zhun3 ▲ ^1	通用 /v ◆ tong1_yong4 ▲ ^1
4	办 /v ◆ ban4 ▲ ^2	学校 /n ◆ xue2_xiao4	4	标准 /n ◆ biao1_zhun3 ▲ ^1	分类 /v ◆ fen1_lei4
4	包 /v ◆ bao1 ▲ ^1	粽子 /n ◆ zong4_zi5	4	表面 /n ◆ biao3_mian4 ▲ ^1	离开 /v ◆ li2_kai1
4	饱 /a ◆ bao3 ▲ ^1	喝 /v ◆ he1 ▲ ^A1	4	表面 /n ◆ biao3_mian4 ▲ ^2	看 /v ◆ kan4 ▲ ^1
4	保留 /v ◆ bao3_liu2 ▲ ^3	登 /v ◆ deng1 ▲ ^A2	4	表情 /n ◆ biao3_qing2 ▲ ^2	注意 /v ◆ zhu4_yi4
4	报纸 /n ◆ bao4_zhi3 ▲ ^1	登载 /v ◆ deng1_zai3	4	表现 /v ◆ biao3_xian4 ▲ ^1	主要 /b ◆ zhu3_yao4
4	报纸 /n ◆ bao4_zhi3 ▲ ^1	挡 /v ◆ dang3 ▲ ^1	4	表现 /v ◆ biao3_xian4 ▲ ^1	生动 /a ◆ sheng1_dong4
4	暴雨 /n ◆ bao4_yu3 ▲ ^1	特大 /b ◆ te4_da4	4	表现 /v ◆ biao3_xian4 ▲ ^1	方法 /n ◆ fang1_fa3
4	暴雨 /n ◆ bao4_yu3 ▲ ^2	炸药 /n ◆ zha4_yao4	4	表现 /v ◆ biao3_xian4 ▲ ^1	方式 /n ◆ fang1_shi4
4	爆炸 /v ◆ bao4_zha4 ▲ ^1	爱情 /n ◆ ai4_qing2	4	冰 /n ◆ bing1 ▲ ^1	厚 /a ◆ hou4 ▲ ^1
4	悲剧 /n ◆ bei1_ju4 ▲ ^2	书 /n ◆ shu1	4	冰 /n ◆ bing1 ▲ ^1	破 /v ◆ po4 ▲ ^2
4	背 /v ◆ bei4 ▲ ^B4	作品 /n ◆ zuo4_pin3	4	兵 /n ◆ bing1 ▲ ^2	带 /v ◆ dai4 ▲ ^B6
4	背景 /n ◆ bei4_jing3 ▲ ^3	文化 /n ◆ wen2_hua4 ▲ ^1	4	病 /n ◆ bing4 ▲ ^1	生 /v ◆ sheng1 ▲ ^A8
4	背景 /n ◆ bei4_jing3 ▲ ^3		4	病 /v ◆ bing4 ▲ ^2	小 /a ◆ xiao3 ▲ ^1
4	本子 /n ◆ ben3_zi5 ▲ ^1	厚 /a ◆ hou4 ▲ ^1	4	玻璃 /n ◆ bo1_li5 ▲ ^1	打 /v ◆ da3 ▲ ^A1
4	绷 /v ◆ beng1 ▲ ^A1	绳子 /n ◆ sheng2_zi5	4	玻璃 /n ◆ bo1_li5 ▲ ^1	透过 /v ◆ tou4_guo4
4	比赛 /v ◆ bi3_sai4 ▲ ^1	参加 /v ◆ can1_jia1 ▲ ^1	4	玻璃 /n ◆ bo1_li5 ▲ ^1	擦 /v ◆ ca1 ▲ ^2
4	笔 /n ◆ bi3 ▲ ^1	停 /v ◆ ting2 ▲ ^A1	4	玻璃 /n ◆ bo1_li5 ▲ ^1	破 /v ◆ po4 ▲ ^1
4	笔画 /n ◆ bi3_hua4 ▲ ^1	粗重 /a ◆ cu1_zhong4 ▲ ^4	4	哺育 /v ◆ bu3_yu4 ▲ ^1	乳汁 /n ◆ ru3_zhi1
4	笔画 /n ◆ bi3_hua4 ▲ ^1	组合 /v ◆ zu3_he2 ▲ ^1	4	布 /n ◆ bu4 ▲ ^A1	包 /v ◆ bao1 ▲ ^1
4	笔记 /n ◆ bi3_ji4 ▲ ^2	做 /v ◆ zuo4 ▲ ^2	4	材料 /n ◆ cai2_liao4 ▲ ^1	建筑 /v ◆ jian4_zhu4 ▲ ^1
4	避 /v ◆ bi4 ▲ ^1	雨 /n ◆ yu3	4	材料 /n ◆ cai2_liao4 ▲ ^2	丰富 /a ◆ feng1_fu4 ▲ ^1
4	便宜 /a ◆ pian2_yi5 ▲ ^1	价钱 /n ◆ jia4_qian2	4	采 /v ◆ cai3 ▲ ^A1	野果 /n ◆ ye3_guo3
4	变 /v ◆ bian4 ▲ ^1	心情 /n ◆ xin1_qing2			
4	变种 /n ◆ bian4_zhong3 ▲ ^1	物种 /n ◆ wu4_zhong3			
4	遍 /v ◆ bian4 ▲ ^1	找 /v ◆ zhao3 ▲ ^A			

共现次数	节点词语	搭配词语
4	参加/v ◆ can1_jia1 ▲^1	讨论/v ◆ tao3_lun4
4	参考/v ◆ can1_kao3 ▲^1	阅读/v ◆ yue4_du2
4	惨/a ◆ can3 ▲^1	死/v ◆ si3 ▲^1
4	侧/v ◆ ce4 ▲^2	耳朵/n ◆ er3_duo3
4	查/v ◆ cha2 ▲^3	字典/n ◆ zi4_dian3
4	茶/n ◆ cha2 ▲^2	倒/v ◆ dao4 ▲^A4
4	茶/n ◆ cha2 ▲^2	送/v ◆ song4 ▲^1
4	茶/n ◆ cha2 ▲^2	沏/v ◆ qi1
4	茶/n ◆ cha2 ▲^2	冲/v ◆ chong1 ▲^B1
4	柴/n ◆ chai2 ▲^1	劈/v ◆ pi1 ▲^1
4	长/a ◆ chang2 ▲^1	写/v ◆ xie3 ▲^1
4	长/a ◆ chang2 ▲^1	留/v ◆ liu2 ▲^5
4	长/a ◆ chang2 ▲^1	小巷/n ◆ xiao3_xiang4
4	长/a ◆ chang2 ▲^1	耳朵/n ◆ er3_duo3
4	长/v ◆ zhang3 ▲^B2	身体/n ◆ shen1_ti3
4	场面/n ◆ chang3_mian4 ▲^4	热烈/a ◆ re4_lie4
4	唱/v ◆ chang4 ▲^1	宛转/a ◆ wan3_zhuan3
4	唱/v ◆ chang4 ▲^1	小调/n ◆ xiao3_diao4
4	唱/v ◆ chang4 ▲^1	教/v ◆ jiao1
4	唱/v ◆ chang4 ▲^1	学/v ◆ xue2 ▲^2
4	唱/v ◆ chang4 ▲^1	歌曲/n ◆ ge1_qu3
4	车/n ◆ che1 ▲^1	跑/v ◆ pao3 ▲^1
4	车/n ◆ che1 ▲^1	快/a ◆ kuai4 ▲^1
4	陈设/n ◆ chen2_she4 ▲^2	简单/a ◆ jian3_dan1 ▲^1
4	成分/n ◆ cheng2_fen4 ▲^1	搭配/v ◆ da1_pei4 ▲^1
4	成就/n ◆ cheng2_jiu4 ▲^1	新/a ◆ xin1 ▲^1
4	成熟/a ◆ cheng2_shu2 ▲^2	时机/n ◆ shi2_ji1
4	城/n ◆ cheng2 ▲^1	攻/v ◆ gong1 ▲^1
4	城/n ◆ cheng2 ▲^2	进/v ◆ jin4 ▲^2
4	城/n ◆ cheng2 ▲^3	出/v ◆ chu1 ▲^A1
4	乘/v ◆ cheng2 ▲^A1	飞机/n ◆ fei1_ji1
4	程度/n ◆ cheng2_du4 ▲^2	一定/b ◆ yi1_ding4 ▲^4
4	吃/v ◆ chi1 ▲^A1	偷/v ◆ tou1 ▲^1
4	吃/v ◆ chi1 ▲^A1	抢/v ◆ qiang3 ▲^A1
4	翅膀/n ◆ chi4_bang3 ▲^1	扑打/v ◆ pu1_da3
4	翅膀/n ◆ chi4_bang3 ▲^1	张/v ◆ zhang1 ▲^1
4	充实/a ◆ chong1_shi2 ▲^1	内容/n ◆ nei4_rong2
4	冲突/v ◆ chong1_tu1 ▲^1	造成/v ◆ zao4_cheng2
4	臭/a ◆ chou4 ▲^1	发/v ◆ fa1 ▲^10
4	臭/a ◆ chou4 ▲^1	无/v ◆ wu2 ▲^1
4	出息/n ◆ chu1_xi5 ▲^1	有/v ◆ you3 ▲^2
4	出现/v ◆ chu1_xian4 ▲^1	奇迹/n ◆ qi2_ji4
4	出现/v ◆ chu1_xian4 ▲^2	奇迹/n ◆ qi2_ji4
4	处理/v ◆ chu3_li3 ▲^1	情节/n ◆ qing2_jie2
4	处理/v ◆ chu3_li3 ▲^1	方法/n ◆ fang1_fa3
4	传说/n ◆ chuan2_shuo1 ▲^2	古老/a ◆ gu3_lao3
4	传统/n ◆ chuan2_tong3 ▲^1	优秀/a ◆ you1_xiu4
4	传统/n ◆ chuan2_tong3 ▲^1	作品/n ◆ zuo4_pin3
4	传统/n ◆ chuan2_tong3 ▲^1	继承/v ◆ ji4_cheng2 ▲^2
4	创意/n ◆ chuang4_yi4 ▲^1	写作/v ◆ xie3_zuo4
4	创作/v ◆ chuang4_zuo4 ▲^1	从事/v ◆ cong2_shi4 ▲^1
4	创作/v ◆ chuang4_zuo4 ▲^1	主要/b ◆ zhu3_yao4
4	创作/v ◆ chuang4_zuo4 ▲^1	方法/n ◆ fang1_fa3
4	吹/v ◆ chui1 ▲^1	蜡烛/v ◆ la4_zhu2
4	吹/v ◆ chui1 ▲^3	使劲/v ◆ shi3_jin4
4	垂危/v ◆ chui2_wei1 ▲^1	生命/n ◆ sheng1_ming4
4	春风/n ◆ chun1_feng1 ▲^1	吹/v ◆ chui1 ▲^3
4	词/n ◆ ci2 ▲^3	使用/v ◆ shi3_yong4
4	词/n ◆ ci2 ▲^3	组合/v ◆ zu3_he2 ▲^1
4	雌雄/n ◆ ci2_xiong2 ▲^1	分/v ◆ fen1 ▲^1
4	刺/n ◆ ci4 ▲^6	带/v ◆ dai4 ▲^B5
4	刺/n ◆ ci4 ▲^6	长/a ◆ chang2 ▲^1
4	村/n ◆ cun1 ▲^1	全/a ◆ quan2 ▲^3
4	存在/v ◆ cun2_zai4 ▲^1	动物/n ◆ dong4_wu4
4	错/a ◆ cuo4 ▲^A5	看/v ◆ kan4 ▲^1
4	错/a ◆ cuo4 ▲^A5	没/v ◆ mei2 ▲^★

现代汉语搭配抽取及应用研究

共现次数	节点词语	搭配词语	共现次数	节点词语	搭配词语
4	错/a ◆ cuo4 ▲^A5	送/v ◆ song4 ▲^1	4	单位/n ◆ dan1_wei4 ▲^1	计量/v ◆ ji4_liang4 ▲^1
4	错/a ◆ cuo4 ▲^A5	签/v ◆ qian1 ▲^A1	4	单位/n ◆ dan1_wei4 ▲^1	语言/n ◆ yu3_yan2 ▲^1
4	错误/n ◆ cuo4_wu4 ▲^2	承认/v ◆ cheng2_ren4 ▲^1	4	单位/n ◆ dan1_wei4 ▲^2	有关/v ◆ you3_guan1 ▲^1
4	搭/v ◆ da1 ▲^1	桥/n ◆ qiao2	4	单位/n ◆ dan1_wei4 ▲^2	借款/v ◆ jie4_kuan3 ▲^1
4	打/v ◆ da3 ▲^A3	怕/v ◆ pa4 ▲^1	4	单位/n ◆ dan1_wei4 ▲^2	公章/n ◆ gong1_zhang1
4	打算/v ◆ da3_suan4 ▲^1	有/v ◆ you3 ▲^2	4	担子/n ◆ dan4_zi5 ▲^1	挑/v ◆ tiao1 ▲^B1
4	大/a ◆ da4 ▲^A1	开/v ◆ kai1 ▲^A1	4	淡/a ◆ dan4 ▲^3	黑/a ◆ hei1 ▲^1
4	大/n ◆ da4 ▲^A2	撑/v ◆ cheng1 ▲^4	4	淡/a ◆ dan4 ▲^3	绿/a ◆ lv4
4	大/n ◆ da4 ▲^A2	好/v ◆ hao3 ▲^11	4	挡/v ◆ dang3 ▲^1	去路/n ◆ qu4_lu4
4	大/n ◆ da4 ▲^A2	勇气/n ◆ yong3_qi4	4	刀/n ◆ dao1 ▲^1	磨/v ◆ mo2 ▲^2
4	大/n ◆ da4 ▲^A2	发展/v ◆ fa1_zhan3 ▲^1	4	刀/n ◆ dao1 ▲^2	刺/v ◆ ci4 ▲^1
4	大/n ◆ da4 ▲^A2	体积/n ◆ ti3_ji1	4	刀/n ◆ dao1 ▲^2	削/v ◆ xiao1
4	大/n ◆ da4 ▲^A2	英雄/n ◆ ying1_xiong2 ▲^2	4	刀/n ◆ dao1 ▲^2	绞/v ◆ jiao3 ▲^2
4	大/n ◆ da4 ▲^A2	关系/n ◆ guan1_xi4 ▲^3	4	倒/v ◆ dao3 ▲^A1	哭/v ◆ ku1
4	大/n ◆ da4 ▲^A2	幅度/n ◆ fu2_du4	4	倒/v ◆ dao3 ▲^A1	推/v ◆ tui1 ▲^1
4	大/n ◆ da4 ▲^A2	养/v ◆ yang3 ▲^2	4	倒/v ◆ dao3 ▲^A1	昏/v ◆ hun1
4	大/n ◆ da4 ▲^A2	岁数/n ◆ sui4_shu4	4	倒/v ◆ dao3 ▲^A1	砍/v ◆ kan3 ▲^A1
4	大/n ◆ da4 ▲^A2	风雨/n ◆ feng1_yu3 ▲^1	4	到/v ◆ dao4 ▲^1	季节/n ◆ ji4_jie2
4	大/n ◆ da4 ▲^A2	耻辱/n ◆ chi3_ru3	4	道/v ◆ dao4 ▲^C3	争辩/v ◆ zheng1_bian4
4	大/n ◆ da4 ▲^A2	诱惑/v ◆ you4_huo4 ▲^1	4	道/v ◆ dao4 ▲^C3	分付/v ◆ fen1_fu4
4	大/n ◆ da4 ▲^A2	风暴/n ◆ feng1_bao4 ▲^1	4	道/v ◆ dao4 ▲^C3	咕哝/v ◆ gu1_nong2
4	大地/n ◆ da4_di4 ▲^1	照/v ◆ zhao4 ▲^1	4	道/v ◆ dao4 ▲^C3	命令/v ◆ ming4_ling4 ▲^1
4	大户/n ◆ da4_hu4 ▲^2	人家/n ◆ ren2_jia1 ▲^2	4	道/v ◆ dao4 ▲^C3	称赞/v ◆ cheng1_zan4
4	大师/n ◆ da4_shi1 ▲^1	成为/v ◆ cheng2_wei2	4	道/v ◆ dao4 ▲^C3	赞叹/v ◆ zan4_tan4
4	大师/n ◆ da4_shi1 ▲^1	语言/n ◆ yu3_yan2 ▲^2	4	道理/n ◆ dao4_li3 ▲^2	明白/v ◆ ming2_bai5 ▲^4
4	大师/n ◆ da4_shi1 ▲^1	著名/a ◆ zhu4_ming2	4	灯/n ◆ deng1 ▲^1	亮/a ◆ liang4 ▲^1
4	大雪/n ◆ da4_xue3 ▲^1	下/v ◆ xia4 ▲^B2	4	灯光/n ◆ deng1_guang1 ▲^1	闪耀/v ◆ shan3_yao4
4	代表/n ◆ dai4_biao3 ▲^3	杰出/a ◆ jie2_chu1	4	登/v ◆ deng1 ▲^A2	广告/n ◆ guang3_gao4
4	代表/n ◆ dai4_biao3 ▲^3	作品/n ◆ zuo4_pin3	4	低/a ◆ di1 ▲^1	压/v ◆ ya1 ▲^1
4	代理/v ◆ dai4_li3 ▲^2	签名/v ◆ qian1_ming2	4	底/n ◆ di3 ▲^A5	白/a ◆ bai2 ▲^A1
4	带/v ◆ dai4 ▲^B3	脸上/s ◆ lian3_shang4	4	地/n ◆ di4 ▲^3	扫/v ◆ sao3 ▲^1
4	带/v ◆ dai4 ▲^B6	走/v ◆ zou3 ▲^5	4	地/n ◆ di4 ▲^3	铲/v ◆ chan3 ▲^2
			4	地板/n ◆ di4_ban3 ▲^1	擦/v ◆ ca1 ▲^2
			4	地方/n ◆ di4_fang1 ▲^1	找到/v ◆ zhao3_dao4
			4	地方/n ◆ di4_fang1 ▲^1	阴凉/a ◆ yin1_liang2 ▲^1

共现次数	节点词语	搭配词语	共现次数	节点词语	搭配词语
4	地方 /n ◆ di4_fang1 ▲ ^1	放 /v ◆ fang4 ▲ ^13	4	电话 /n ◆ dian4_hua4 ▲ ^2	挂 /v ◆ gua4 ▲ ^3
4	地方 /n ◆ di4_fang1 ▲ ^1	美丽 /a ◆ mei3_li4	4	电视 /n ◆ dian4_shi4 ▲ ^2	广告 /n ◆ guang3_gao4
4	地方 /n ◆ di4_fang1 ▲ ^1	去 /v ◆ qu4 ▲ ^A1	4	电台 /n ◆ dian4_tai2 ▲ ^2	广播 /v ◆ guang3_bo1 ▲ ^1
4	地方 /n ◆ di4_fang1 ▲ ^1	去 /v ◆ qu4 ▲ ^A10	4	吊 /v ◆ diao4 ▲ ^A1	死 /v ◆ si3 ▲ ^1
4	地方 /n ◆ di4_fang5 ▲ ^1	穷 /a ◆ qiong2 ▲ ^1	4	掉 /v ◆ diao4 ▲ ^A5	消灭 /v ◆ xiao1_mie4 ▲ ^2
4	地方 /n ◆ di4_fang5 ▲ ^1	低 /a ◆ di1 ▲ ^1	4	掉 /v ◆ diao4 ▲ ^A5	忘 /v ◆ wang4
4	地方 /n ◆ di4_fang5 ▲ ^1	遥远 /a ◆ yao2_yuan3	4	掉 /v ◆ diao4 ▲ ^A5	剥 /v ◆ bao1
4	地方 /n ◆ di4_fang5 ▲ ^1	隐蔽 /a ◆ yin3_bi4 ▲ ^2	4	掉 /v ◆ diao4 ▲ ^A5	烧 /v ◆ shao1 ▲ ^1
4	地方 /n ◆ di4_fang5 ▲ ^1	占 /v ◆ zhan4 ▲ ^1	4	掉 /v ◆ diao4 ▲ ^A5	砍 /v ◆ kan3 ▲ ^A1
4	地方 /n ◆ di4_fang5 ▲ ^1	少 /a ◆ shao3 ▲ ^1	4	顶 /n ◆ ding3 ▲ ^1	尖 /a ◆ jian1 ▲ ^1
4	地面 /n ◆ di4_mian4 ▲ ^1	钻 /v ◆ zuan1 ▲ ^2	4	顶 /n ◆ ding3 ▲ ^1	高 /a ◆ gao1 ▲ ^1
4	地面 /n ◆ di4_mian4 ▲ ^1	贴 /v ◆ tie1 ▲ ^A2	4	定义 /n ◆ ding4_yi4 ▲ ^1	下 /v ◆ xia4 ▲ ^B9
4	地面 /n ◆ di4_mian4 ▲ ^2	敲 /v ◆ qiao1 ▲ ^1	4	东西 /n ◆ dong1_xi5 ▲ ^1	少 /a ◆ shao3 ▲ ^1
4	地位 /n ◆ di4_wei4 ▲ ^1	有 /v ◆ you3 ▲ ^1	4	东西 /n ◆ dong1_xi5 ▲ ^1	新鲜 /a ◆ xin1_xian1 ▲ ^4
4	地位 /n ◆ di4_wei4 ▲ ^1	人物 /n ◆ ren2_wu4 ▲ ^3	4	东西 /n ◆ dong1_xi5 ▲ ^1	打 /v ◆ da3 ▲ ^A2
4	地位 /n ◆ di4_wei4 ▲ ^1	处于 /v ◆ chu3_yu2	4	东西 /n ◆ dong1_xi5 ▲ ^1	得到 /v ◆ de2_dao4
4	地位 /n ◆ di4_wei4 ▲ ^1	文化 /n ◆ wen2_hua4 ▲ ^1	4	东西 /n ◆ dong1_xi5 ▲ ^1	放弃 /v ◆ fang4_qi4
4	地位 /n ◆ di4_wei4 ▲ ^1	具有 /v ◆ ju4_you3	4	东西 /n ◆ dong1_xi5 ▲ ^2	贵重 /a ◆ gui4_zhong4
4	地位 /n ◆ di4_wei4 ▲ ^1	现代 /n ◆ xian4_dai4	4	东西 /n ◆ dong1_xi5 ▲ ^2	发现 /v ◆ fa1_xian4 ▲ ^1
4	地位 /n ◆ di4_wei4 ▲ ^1	特殊 /a ◆ te4_shu1	4	东西 /n ◆ dong1_xi5 ▲ ^2	搬 /v ◆ ban1 ▲ ^1
4	地位 /n ◆ di4_wei4 ▲ ^1	传统 /n ◆ chuan2_tong3 ▲ ^1	4	东西 /n ◆ dong1_xi5 ▲ ^2	煮 /v ◆ zhu3
4	典型 /n ◆ dian3_xing2 ▲ ^1	艺术 /n ◆ yi4_shu4 ▲ ^1	4	东西 /n ◆ dong1_xi5 ▲ ^2	要 /v ◆ yao4 ▲ ^B1
4	点 /n ◆ dian3 ▲ ^A2	说 /v ◆ shuo1 ▲ ^1	4	东西 /n ◆ dong1_xi5 ▲ ^2	送 /v ◆ song4 ▲ ^1
4	点 /n ◆ dian3 ▲ ^A3	竖 /n ◆ shu4 ▲ ^A4	4	东西 /n ◆ dong1_xi5 ▲ ^2	提 /v ◆ ti2 ▲ ^1
4	电 /n ◆ dian4 ▲ ^1	用 /v ◆ yong4 ▲ ^1	4	东西 /n ◆ dong1_xi5 ▲ ^2	值钱 /a ◆ zhi2_qian2
4	电话 /n ◆ dian4_hua4 ▲ ^2	有 /v ◆ you3 ▲ ^2	4	东西 /n ◆ dong1_xi5 ▲ ^2	给 /v ◆ gei3 ▲ ^2
			4	动 /v ◆ dong4 ▲ ^1	飘 /v ◆ piao1 ▲ ^1
			4	动 /v ◆ dong4 ▲ ^1	说 /v ◆ shuo1 ▲ ^1
			4	动 /v ◆ dong4 ▲ ^2	懒得 /v ◆ lan3_de5
			4	动 /v ◆ dong4 ▲ ^2	说 /v ◆ shuo1 ▲ ^1
			4	动 /v ◆ dong4 ▲ ^3	吹 /v ◆ chui1 ▲ ^3

共现次数	节点词语	搭配词语	共现次数	节点词语	搭配词语
4	动作 /n ◆ dong4_zuo4 ▲ ^1	心理 /n ◆ xin1_li3 ▲ ^2	4	多 /a ◆ duo1 ▲ ^A1	希望 /v ◆ xi1_wang4 ▲ ^1
4	动作 /n ◆ dong4_zuo4 ▲ ^1	敏捷 /a ◆ min3_jie2	4	多 /a ◆ duo1 ▲ ^A1	拿 /v ◆ na2 ▲ ^1
4	动作 /n ◆ dong4_zuo4 ▲ ^1	做 /v ◆ zuo4 ▲ ^1	4	多 /a ◆ duo1 ▲ ^A1	养 /v ◆ yang3 ▲ ^2
4	动作 /n ◆ dong4_zuo4 ▲ ^1	重复 /v ◆ chong2_fu4 ▲ ^2	4	多 /a ◆ duo1 ▲ ^A1	干 /v ◆ gan4 ▲ ^B1
4	动作 /n ◆ dong4_zuo4 ▲ ^1	舞蹈 /n ◆ wu3_dao3 ▲ ^1	4	饿 /a ◆ e4 ▲ ^1	死 /v ◆ si3 ▲ ^1
4	动作 /n ◆ dong4_zuo4 ▲ ^1	慢 /a ◆ man4 ▲ ^A1	4	耳 /n ◆ er3 ▲ ^A1	聋 /v ◆ long2
4	冻 /v ◆ dong4 ▲ ^1	死 /v ◆ si3 ▲ ^1	4	发 /v ◆ fa1 ▲ ^3	高烧 /n ◆ gao1_shao1
4	洞 /n ◆ dong4 ▲ ^1	出 /v ◆ chu1 ▲ ^A1	4	发表 /v ◆ fa1_biao3 ▲ ^2	论文 /n ◆ lun4_wen2
4	洞 /n ◆ dong4 ▲ ^1	开 /v ◆ kai1 ▲ ^A2	4	发财 /v ◆ fa1_cai2 ▲ ^1	升官 /v ◆ sheng1_guan1
4	洞 /n ◆ dong4 ▲ ^1	穿 /v ◆ chuan1 ▲ ^1	4	发出 /v ◆ fa1_chu1 ▲ ^1	声响 /v ◆ sheng1_xiang3
4	兜 /n ◆ dou1 ▲ ^A1	掏 /v ◆ tao1 ▲ ^1	4	发出 /v ◆ fa1_chu1 ▲ ^1	光芒 /n ◆ guang1_mang2
4	抖动 /v ◆ dou3_dong4 ▲ ^1	剧烈 /a ◆ ju4_lie4	4	发明 /v ◆ fa1_ming2 ▲ ^1	人类 /n ◆ ren2_lei4
4	读 /v ◆ du2 ▲ ^1	课文 /n ◆ ke4_wen2	4	发生 /v ◆ fa1_sheng1 ▲ ^1	奇迹 /n ◆ qi2_ji4
4	读 /v ◆ du2 ▲ ^2	传记 /n ◆ zhuan4_ji4	4	发生 /v ◆ fa1_sheng1 ▲ ^1	地点 /n ◆ di4_dian3
4	读 /v ◆ du2 ▲ ^2	剧本 /n ◆ ju4_ben3	4	发现 /v ◆ fa1_xian4 ▲ ^1	分析 /v ◆ fen1_xi1
4	读书 /v ◆ du2_shu1 ▲ ^1	会 /v ◆ hui4 ▲ ^B3	4	发现 /v ◆ fa1_xian4 ▲ ^1	有 /v ◆ you3 ▲ ^4
4	读书 /v ◆ du2_shu1 ▲ ^1	埋头 /v ◆ mai2_tou2	4	发展 /v ◆ fa1_zhan3 ▲ ^1	剧情 /n ◆ ju4_qing2
4	肚子 /n ◆ du4_zi5 ▲ ^1	饿 /a ◆ e4 ▲ ^1	4	发展 /v ◆ fa1_zhan3 ▲ ^1	我国 /n ◆ wo3_guo2
4	断 /v ◆ duan4 ▲ ^A1	打 /v ◆ da3 ▲ ^A3	4	发展 /v ◆ fa1_zhan3 ▲ ^1	生产 /v ◆ sheng1_chan3 ▲ ^1
4	断 /v ◆ duan4 ▲ ^A1	炸 /v ◆ zha2 ▲ ^1	4	发展 /v ◆ fa1_zhan3 ▲ ^1	能力 /n ◆ neng2_li4
4	断 /v ◆ duan4 ▲ ^A1	砍 /v ◆ kan3 ▲ ^A1	4	发展 /v ◆ fa1_zhan3 ▲ ^1	广告 /n ◆ guang3_gao4
4	断 /v ◆ duan4 ▲ ^A1	打 /v ◆ da3 ▲ ^ ★	4	发展 /v ◆ fa1_zhan3 ▲ ^1	适应 /v ◆ shi4_ying4
4	锻炼 /v ◆ duan4_lian4 ▲ ^2	身体 /n ◆ shen1_ti3	4	发展 /v ◆ fa1_zhan3 ▲ ^1	迅速 /a ◆ xun4_su4
4	队 /n ◆ dui4 ▲ ^1	长 /a ◆ chang2 ▲ ^1	4	发展 /v ◆ fa1_zhan3 ▲ ^1	生命 /n ◆ sheng1_ming4
4	队 /n ◆ dui4 ▲ ^2	突击 /v ◆ tu1_ji1 ▲ ^1	4	发展 /v ◆ fa1_zhan3 ▲ ^1	时期 /n ◆ shi2_qi1
4	对比 /v ◆ dui4_bi3 ▲ ^1	形成 /v ◆ xing2_cheng2	4	发展 /v ◆ fa1_zhan3 ▲ ^1	重要 /a ◆ zhong4_yao4
4	对话 /n ◆ dui4_hua4 ▲ ^1	描写 /v ◆ miao2_xie3	4	发展 /v ◆ fa1_zhan3 ▲ ^1	城市 /n ◆ cheng2_shi4
4	对面 /n ◆ dui4_mian4 ▲ ^1	站 /v ◆ zhan4 ▲ ^A1	4	发展 /v ◆ fa1_zhan3 ▲ ^1	延续 /v ◆ yan2_xu4
4	对象 /n ◆ dui4_xiang4 ▲ ^1	研究 /v ◆ yan2_jiu1 ▲ ^1			
4	对象 /n ◆ dui4_xiang4 ▲ ^1	通知 /n ◆ tong1_zhi1 ▲ ^2			
4	对象 /n ◆ dui4_xiang4 ▲ ^1	存在 /v ◆ cun2_zai4 ▲ ^1			
4	多 /a ◆ duo1 ▲ ^A1	喝 /v ◆ he1 ▲ ^A1			

共现次数	节点词语	搭配词语	共现次数	节点词语	搭配词语
4	发展/v ◆ fa1_zhan3 ▲^1	主要/b ◆ zhu3_yao4	4	风格/n ◆ feng1_ge2 ▲^2	形成/v ◆ xing2_cheng2
4	发展/v ◆ fa1_zhan3 ▲^1	规律/n ◆ gui1_lv4	4	风格/n ◆ feng1_ge2 ▲^2	语言/n ◆ yu3_yan2 ▲^2
4	法律/v ◆ fa3_lv4 ▲^1	制定/v ◆ zhi4_ding4	4	封建/a ◆ feng1_jian4 ▲^3	反/v ◆ fan3 ▲^4
4	翻/v ◆ fan1 ▲^1	筋斗/n ◆ jin1_dou3	4	封建/a ◆ feng1_jian4 ▲^3	统治/v ◆ tong3_zhi4 ▲^1
4	翻/v ◆ fan1 ▲^1	嘴唇/n ◆ zui3_chun2	4	缝/n ◆ feng4 ▲^2	裂开/v ◆ lie4_kai1
4	翻/v ◆ fan1 ▲^2	开/v ◆ kai1 ▲^A1	4	扶/v ◆ fu2 ▲^2	眼镜/n ◆ yan3_jing4
4	翻译/v ◆ fan1_yi4 ▲^1	文学/n ◆ wen2_xue2	4	浮现/v ◆ fu2_xian4 ▲^1	脑海/n ◆ nao3_hai3
4	翻译/v ◆ fan1_yi4 ▲^1	机器/n ◆ ji1_qi4	4	符号/n ◆ fu2_hao4 ▲^1	加/v ◆ jia1 ▲^3
4	反动/a ◆ fan3_dong4 ▲^1	统治/v ◆ tong3_zhi4 ▲^1	4	腐败/a ◆ fu3_bai4 ▲^3	无能/a ◆ wu2_neng2
4	反射/v ◆ fan3_she4 ▲^1	回来/v ◆ hui2_lai2	4	负担/v ◆ fu4_dan1 ▲^1	费用/n ◆ fei4_yong4
4	反映/v ◆ fan3_ying4 ▲^1	人民/n ◆ ren2_min2	4	富有/v ◆ fu4_you3 ▲^2	创造力/n ◆ chuang4_zao4_li4
4	饭/n ◆ fan4 ▲^1	送/v ◆ song4 ▲^1	4	改/v ◆ gai3 ▲^1	用/v ◆ yong4 ▲^1
4	饭/n ◆ fan4 ▲^3	用/v ◆ yong4 ▲^1	4	改/v ◆ gai3 ▲^2	说/v ◆ shuo1 ▲^1
4	范围/n ◆ fan4_wei2 ▲^1	小/a ◆ xiao3 ▲^1	4	改编/v ◆ gai3_bian1 ▲^1	文学/n ◆ wen2_xue2
4	范围/n ◆ fan4_wei2 ▲^1	广/a ◆ guang3	4	改编/v ◆ gai3_bian1 ▲^1	作品/n ◆ zuo4_pin3
4	方向/n ◆ fang1_xiang4 ▲^1	指示/v ◆ zhi3_shi4 ▲^1	4	干/a ◆ gan1 ▲^E1	喝/v ◆ he1 ▲^A1
4	方向/n ◆ fang1_xiang4 ▲^1	无/v ◆ wu2 ▲^1	4	干部/n ◆ gan4_bu4 ▲^1	学生/n ◆ xue2_sheng5 ▲^1
4	方向/n ◆ fang1_xiang4 ▲^2	发展/v ◆ fa1_zhan3 ▲^1	4	干部/n ◆ gan4_bu4 ▲^1	村/n ◆ cun1 ▲^1
4	房/n ◆ fang2 ▲^A1	买/v ◆ mai3	4	干净/a ◆ gan1_jing4 ▲^1	衣服/n ◆ yi1_fu2
4	放/v ◆ fang4 ▲^13	走/v ◆ zou3 ▲^1	4	杆/n ◆ gan3 ▲^1	铁/n ◆ tie3 ▲^1
4	飞船/n ◆ fei1_chuan2 ▲^1	飞行/v ◆ fei1_xing2	4	感觉/n ◆ gan3_jue2 ▲^1	毫无/v ◆ hao2_wu2
4	飞船/n ◆ fei1_chuan2 ▲^1	乘坐/v ◆ cheng2_zuo4	4	感情/n ◆ gan3_qing2 ▲^1	人物/n ◆ ren2_wu4 ▲^3
4	飞船/n ◆ fei1_chuan2 ▲^1	太空/n ◆ tai4_kong1	4	感情/n ◆ gan3_qing2 ▲^1	动人/a ◆ dong4_ren2
4	肥/n ◆ fei2 ▲^4	施/v ◆ shi1 ▲^4	4	高/a ◆ gao1 ▲^1	特别/a ◆ te4_bie2 ▲^1
4	丰富/a ◆ feng1_fu4 ▲^1	食物/n ◆ shi2_wu4	4	高/a ◆ gao1 ▲^1	垫/v ◆ dian4 ▲^1
4	丰富/a ◆ feng1_fu4 ▲^1	无比/z ◆ wu2_bi3	4	高/a ◆ gao1 ▲^1	冲/v ◆ chong1 ▲^A2
4	风/n ◆ feng1 ▲^1	住/v ◆ zhu4 ▲^3	4	高/a ◆ gao1 ▲^1	顶/v ◆ ding3 ▲^2
4	风/n ◆ feng1 ▲^1	热/a ◆ re4 ▲^2	4	高/a ◆ gao1 ▲^4	难度/n ◆ nan2_du4
4	风/n ◆ feng1 ▲^1	狂/a ◆ kuang2	4	高/a ◆ gao1 ▲^4	风险/n ◆ feng1_xian3
4	风格/n ◆ feng1_ge2 ▲^2	建筑/n ◆ jian4_zhu4 ▲^2	4	高潮/n ◆ gao1_chao2 ▲^3	进入/v ◆ jin4_ru4

共现次数	节点词语	搭配词语	共现次数	节点词语	搭配词语
4	高度/n ◆ gao1_du4 ▲^1	新/a ◆ xin1 ▲^1	4	工作/v ◆ gong1_zuo4 ▲^1	坚持/v ◆ jian1_chi2
4	高度/n ◆ gao1_du4 ▲^1	艺术/n ◆ yi4_shu4 ▲^1	4	工作/v ◆ gong1_zuo4 ▲^1	疲倦/a ◆ pi2_juan4
4	高粱/n ◆ gao1_liang5 ▲^1	叶/n ◆ ye4	4	工作/v ◆ gong1_zuo4 ▲^1	独立/v ◆ du2_li4 ▲^5
4	搞/v ◆ gao3 ▲^1	研究/v ◆ yan2_jiu1 ▲^1	4	工作/v ◆ gong1_zuo4 ▲^1	部门/n ◆ bu4_men2
4	告别/v ◆ gao4_bie2 ▲^1	仪式/n ◆ yi2_shi4	4	弓/n ◆ gong1 ▲^1	拉/v ◆ la1 ▲^A1
4	革命/v ◆ ge2_ming4 ▲^1	思想/v ◆ si1_xiang3 ▲^3	4	功夫/n ◆ gong1_fu5 ▲^1	下/v ◆ xia4 ▲^B10
4	隔离/v ◆ ge2_li2 ▲^1	种族/n ◆ zhong3_zu2	4	共鸣/v ◆ gong4_ming2 ▲^2	产生/v ◆ chan3_sheng1
4	个别/a ◆ ge4_bie2 ▲^2	建筑/v ◆ jian4_zhu4 ▲^1	4	钩/n ◆ gou1 ▲^1	弯/a ◆ wan1 ▲^1
4	个人/n ◆ ge4_ren2 ▲^1	得失/n ◆ de2_shi1 ▲^1	4	够/v ◆ gou4 ▲^4	着/v ◆ zhao2 ▲^4
4	个人/n ◆ ge4_ren2 ▲^1	有关/v ◆ you3_guan1 ▲^2	4	谷子/n ◆ gu3_zi5 ▲^2	打/v ◆ da3 ▲^A19
4	个体/n ◆ ge4_ti3 ▲^1	单位/n ◆ dan1_wei4 ▲^2	4	谷子/n ◆ gu3_zi5 ▲^2	收/v ◆ shou1 ▲^4
4	个体/n ◆ ge4_ti3 ▲^1	工商业/n ◆ gong1_shang1_ye4	4	鼓/a ◆ gu3 ▲^7	肚子/n ◆ du4_zi5 ▲^1
4	个子/n ◆ ge4_zi5 ▲^1	矮/a ◆ ai3 ▲^1	4	鼓/a ◆ gu3 ▲^7	喉囊/n ◆ hou2_nang2
4	给/v ◆ gei3 ▲^1	抓/v ◆ zhua1 ▲^1	4	鼓/n ◆ gu3 ▲^1	擂/v ◆ lei2 ▲^2
4	给/v ◆ gei3 ▲^1	还/v ◆ huan2 ▲^2	4	鼓/n ◆ gu3 ▲^1	敲/v ◆ qiao1 ▲^1
4	给/v ◆ gei3 ▲^1	带/v ◆ dai4 ▲^B1	4	鼓/n ◆ gu3 ▲^1	打/v ◆ da3 ▲^A1
4	给/v ◆ gei3 ▲^1	卖/v ◆ mai4 ▲^1	4	鼓/v ◆ gu3 ▲^6	腮帮/n ◆ sai1_bang1
4	给/v ◆ gei3 ▲^1	启发/v ◆ qi3_fa1	4	鼓舞/v ◆ gu3_wu3 ▲^1	人民/n ◆ ren2_min2
4	给/v ◆ gei3 ▲^1	报酬/n ◆ bao4_chou2	4	故事/n ◆ gu4_shi5 ▲^1	一般/a ◆ yi1_ban1 ▲^3
4	给/v ◆ gei3 ▲^1	画/v ◆ hua4 ▲^A1	4	故事/n ◆ gu4_shi5 ▲^1	离奇/a ◆ li2_qi2
4	给/v ◆ gei3 ▲^2	拿/v ◆ na2 ▲^1	4	故事/n ◆ gu4_shi5 ▲^1	美丽/a ◆ mei3_li4
4	给/v ◆ gei3 ▲^2	印象/n ◆ yin4_xiang4	4	故事/n ◆ gu4_shi5 ▲^1	想/v ◆ xiang3 ▲^1
4	跟头/n ◆ gen1_tou5 ▲^1	摔/v ◆ shuai1 ▲^1	4	故事/n ◆ gu4_shi5 ▲^1	宗教/n ◆ zong1_jiao4
4	工程/n ◆ gong1_cheng2 ▲^1	完成/v ◆ wan2_cheng2	4	故事/n ◆ gu4_shi5 ▲^2	形象/n ◆ xing2_xiang4 ▲^2
4	工程/n ◆ gong1_cheng2 ▲^1	队/n ◆ dui4 ▲^2	4	关/v ◆ guan1 ▲^1	城门/n ◆ cheng2_men2
4	工程/n ◆ gong1_cheng2 ▲^1	人员/n ◆ ren2_yuan2	4	关系/n ◆ guan1_xi4 ▲^1	交叉/v ◆ jiao1_cha1 ▲^2
4	工夫/n ◆ gong1_fu5 ▲^1	眨眼/v ◆ zha3_yan3 ▲^2	4	关系/n ◆ guan1_xi4 ▲^1	属于/v ◆ shu3_yu2
4	工作/n ◆ gong1_zuo4 ▲^2	人员/n ◆ ren2_yuan2	4	关系/n ◆ guan1_xi4 ▲^2	家庭/n ◆ jia1_ting2
4	工作/v ◆ gong1_zuo4 ▲^1	找到/v ◆ zhao3_dao4	4	关系/n ◆ guan1_xi4 ▲^2	建立/v ◆ jian4_li4 ▲^2

共现次数	节点词语	搭配词语	共现次数	节点词语	搭配词语
4	观念 /n ◆ guan1_nian4 ▲ ^1	宗教 /n ◆ zong1_jiao4	4	国家 /n ◆ guo2_jia1 ▲ ^2	伟大 /a ◆ wei3_da4
4	观念 /n ◆ guan1_nian4 ▲ ^1	创作 /v ◆ chuang4_zuo4 ▲ ^1	4	国家 /n ◆ guo2_jia1 ▲ ^2	访问 /v ◆ fang3_wen4 ▲ ^1
4	管道 /n ◆ guan3_dao4 ▲ ^1	长 /a ◆ chang2 ▲ ^1	4	国家 /n ◆ guo2_jia1 ▲ ^2	关系 /v ◆ guan1_xi4 ▲ ^6
4	贯通 /v ◆ guan4_tong1 ▲ ^1	中西 /n ◆ zhong1_xi1	4	国家 /n ◆ guo2_jia1 ▲ ^2	领导 /v ◆ ling3_dao3 ▲ ^2
4	光 /a ◆ guang1 ▲ ^8	磨 /v ◆ mo2 ▲ ^1	4	国家 /n ◆ guo2_jia1 ▲ ^2	发展 /v ◆ fa1_zhan3 ▲ ^1
4	光 /a ◆ guang1 ▲ ^9	啃 /v ◆ ken3	4	国家 /n ◆ guo2_jia1 ▲ ^2	规定 /v ◆ gui1_ding4 ▲ ^1
4	光 /a ◆ guang1 ▲ ^9	落 /v ◆ luo4 ▲ ^1	4	国家 /n ◆ guo2_jia1 ▲ ^2	建设 /v ◆ jian4_she4
4	光 /n ◆ guang1 ▲ ^1	无 /v ◆ wu2 ▲ ^1	4	国家 /n ◆ guo2_jia1 ▲ ^2	机关 /n ◆ ji1_guan1 ▲ ^3
4	光 /n ◆ guang1 ▲ ^1	紫 /a ◆ zi3	4	国语 /n ◆ guo2_yu3 ▲ ^1	普及 /v ◆ pu3_ji2 ▲ ^2
4	光 /n ◆ guang1 ▲ ^1	挡 /v ◆ dang3 ▲ ^1	4	果实 /n ◆ guo3_shi2 ▲ ^1	植物 /n ◆ zhi2_wu4
4	光 /n ◆ guang1 ▲ ^1	黄 /a ◆ huang2 ▲ ^A1	4	果实 /n ◆ guo3_shi2 ▲ ^1	成熟 /a ◆ cheng2_shu2 ▲ ^2
4	光 /n ◆ guang1 ▲ ^1	强 /a ◆ qiang2 ▲ ^1	4	裹 /v ◆ guo3 ▲ ^1	身上 /s ◆ shen1_shang5 ▲ ^1
4	光 /v ◆ guang1 ▲ ^10	脚 /n ◆ jiao3	4	过 /v ◆ guo4 ▲ ^1	一生 /n ◆ yi1_sheng1
4	光彩 /n ◆ guang1_cai3 ▲ ^1	添 /v ◆ tian1 ▲ ^1	4	过 /v ◆ guo4 ▲ ^1	认真 /a ◆ ren4_zhen1 ▲ ^2
4	光彩 /n ◆ guang1_cai3 ▲ ^1	闪烁 /v ◆ shan3_shuo4 ▲ ^1	4	过 /v ◆ guo4 ▲ ^1	匆匆 /z ◆ cong1_cong1
4	光辉 /a ◆ guang1_hui1 ▲ ^2	业绩 /n ◆ ye4_ji4	4	过 /v ◆ guo4 ▲ ^1	冬 /n ◆ dong1
4	归 /v ◆ gui1 ▲ ^★	巢 /n ◆ chao2	4	过道 /n ◆ guo4_dao4 ▲ ^1	长 /a ◆ chang2 ▲ ^1
4	规定 /n ◆ gui1_ding4 ▲ ^2	法律 /n ◆ fa3_lv4 ▲ ^1	4	过去 /v ◆ guo4_qu4 ▲ ^1	世纪 /n ◆ shi4_ji4
4	规定 /n ◆ gui1_ding4 ▲ ^2	有关 /v ◆ you3_guan1 ▲ ^2	4	孩子 /n ◆ hai2_zi5 ▲ ^1	要 /v ◆ yao4 ▲ ^B7
4	规定 /n ◆ gui1_ding4 ▲ ^2	法 ◆ fa3 ▲ ^A1	4	孩子 /n ◆ hai2_zi5 ▲ ^1	生 /v ◆ sheng1 ▲ ^A1
4	规定 /n ◆ gui1_ding4 ▲ ^2	违反 /v ◆ wei2_fan3	4	孩子 /n ◆ hai2_zi5 ▲ ^2	领 /v ◆ ling3 ▲ ^6
4	规定 /n ◆ gui1_ding4 ▲ ^2	遵守 /v ◆ zun1_shou3	4	海 /n ◆ hai3 ▲ ^1	渡 /v ◆ du4 ▲ ^1
4	规定 /n ◆ gui1_ding4 ▲ ^2	补充 /v ◆ bu3_chong1 ▲ ^1	4	海 /n ◆ hai3 ▲ ^1	隔 /v ◆ ge2 ▲ ^1
4	规格 /n ◆ gui1_ge2 ▲ ^1	统一 /a ◆ tong3_yi1 ▲ ^2	4	好 /a ◆ hao3 ▲ ^★	看 /v ◆ kan4 ▲ ^1
4	规矩 /n ◆ gui1_ju5 ▲ ^1	懂得 /v ◆ dong3_de5	4	好 /a ◆ hao3 ▲ ^1	带 /v ◆ dai4 ▲ ^B1
4	规则 /n ◆ gui1_ze2 ▲ ^1	国际 /n ◆ guo2_ji4 ▲ ^2	4	好 /a ◆ hao3 ▲ ^1	雨 /n ◆ yu3
4	规则 /n ◆ gui1_ze2 ▲ ^1	市场 /n ◆ shi4_chang3 ▲ ^2	4	好 /a ◆ hao3 ▲ ^1	弹 /v ◆ tan2 ▲ ^4
4	规则 /n ◆ gui1_ze2 ▲ ^2	语法 /n ◆ yu3_fa3 ▲ ^1	4	好 /a ◆ hao3 ▲ ^1	练 /v ◆ lian4 ▲ ^3
4	轨道 /n ◆ gui3_dao4 ▲ ^3	地球 /n ◆ di4_qiu2	4	好 /a ◆ hao3 ▲ ^1	生活 /n ◆ sheng1_huo2 ▲ ^1
4	国际 /n ◆ guo2_ji4 ▲ ^2	会议 /n ◆ hui4_yi4 ▲ ^2	4	好 /a ◆ hao3 ▲ ^1	说话 /v ◆ shuo1_hua4 ▲ ^1

共现次数	节点词语	搭配词语
4	好/a ◆ hao3 ▲^1	脚/n ◆ jiao3
4	好/a ◆ hao3 ▲^1	早/a ◆ zao3 ▲^4
4	好/a ◆ hao3 ▲^1	拿/v ◆ na2 ▲^1
4	好/a ◆ hao3 ▲^1	家境/n ◆ jia1_jing4
4	好/a ◆ hao3 ▲^1	拉/v ◆ la1 ▲^A4
4	好/a ◆ hao3 ▲^1	画/v ◆ hua4 ▲^A1
4	好/a ◆ hao3 ▲^1	发现/v ◆ fa1_xian4 ▲^1
4	好/a ◆ hao3 ▲^1	功课/n ◆ gong1_ke4 ▲^1
4	好/a ◆ hao3 ▲^1	人类/n ◆ ren2_lei4
4	好/a ◆ hao3 ▲^1	印象/n ◆ yin4_xiang4
4	好/a ◆ hao3 ▲^10	走/v ◆ zou3 ▲^1
4	好/a ◆ hao3 ▲^7	快/a ◆ kuai4 ▲^1
4	好/a ◆ hao3 ▲^7	关/v ◆ guan1 ▲^1
4	好/a ◆ hao3 ▲^7	想/v ◆ xiang3 ▲^1
4	好/a ◆ hao3 ▲^7	折/v ◆ zhe2 ▲^B1
4	好话/n ◆ hao3_hua4 ▲^3	说/v ◆ shuo1 ▲^1
4	好听/a ◆ hao3_ting1 ▲^1	歌声/n ◆ ge1_sheng1
4	喝/v ◆ he1 ▲^A2	春酒/n ◆ chun1_jiu3
4	合/v ◆ he2 ▲^A1	书/n ◆ shu1
4	和平/n ◆ he2_ping2 ▲^1	维护/v ◆ wei2_hu4
4	盒子/n ◆ he2_zi5 ▲^1	打开/v ◆ da3_kai1 ▲^1
4	黑/a ◆ hei1 ▲^1	特别/a ◆ te4_bie2 ▲^1
4	黑/a ◆ hei1 ▲^1	熏/v ◆ xun1 ▲^1
4	黑/a ◆ hei1 ▲^2	天色/n ◆ tian1_se4
4	痕迹/n ◆ hen2_ji4 ▲^1	留/v ◆ liu2 ▲^5
4	横/n ◆ heng2 ▲^8	点/n ◆ dian3 ▲^A3
4	红/a ◆ hong2 ▲^1	烧/v ◆ shao1 ▲^2
4	红/a ◆ hong2 ▲^1	颊/n ◆ jia2
4	红领巾/n ◆ hong2_ling3_jin1 ▲^1	戴/v ◆ dai4
4	红领巾/n ◆ hong2_ling3_jin1 ▲^1	系/v ◆ xi4 ▲^A6
4	红色/n ◆ hong2_se4 ▲^1	染/v ◆ ran3 ▲^1
4	厚/a ◆ hou4 ▲^1	穿/v ◆ chuan1 ▲^5
4	胡子/n ◆ hu2_zi5 ▲^1	长/a ◆ chang2 ▲^1
4	胡子/n ◆ hu2_zi5 ▲^1	留/v ◆ liu2 ▲^5
4	湖/n ◆ hu2 ▲^1	美丽/a ◆ mei3_li4
4	葫芦/n ◆ hu2_lu5 ▲^2	嘴/n ◆ zui3 ▲^1
4	花/n ◆ hua1 ▲^A1	紫/a ◆ zi3
4	花/n ◆ hua1 ▲^A1	摘/v ◆ zhai1 ▲^1
4	花/n ◆ hua1 ▲^A1	香/n ◆ xiang1 ▲^7
4	花/n ◆ hua1 ▲^A1	飞/v ◆ fei1 ▲^3
4	花/n ◆ hua1 ▲^A1	折/v ◆ zhe2 ▲^A1
4	花/n ◆ hua1 ▲^A1	眼睛/n ◆ yan3_jing1
4	花/n ◆ hua1 ▲^A1	瓣/n ◆ ban4 ▲^1
4	花/n ◆ hua1 ▲^A1	蓝/a ◆ lan2 ▲^1
4	花/n ◆ hua1 ▲^A1	金色/n ◆ jin1_se4
4	花/n ◆ hua1 ▲^A1	飞/v ◆ fei1 ▲^1
4	花/n ◆ hua1 ▲^A1	种/v ◆ zhong4
4	花/n ◆ hua1 ▲^A1	飞舞/v ◆ fei1_wu3
4	花/n ◆ hua1 ▲^A2	美丽/a ◆ mei3_li4
4	滑/v ◆ hua2 ▲^2	脚/n ◆ jiao3
4	画/v ◆ hua4 ▲^A1	画家/n ◆ hua4_jia1
4	画卷/n ◆ hua4_juan4 ▲^2	美丽/a ◆ mei3_li4
4	话/n ◆ hua4 ▲^1	引用/v ◆ yin3_yong4 ▲^1
4	欢迎/v ◆ huan1_ying2 ▲^1	鼓掌/v ◆ gu3_zhang3
4	环境/n ◆ huan2_jing4 ▲^2	人类/n ◆ ren2_lei4
4	环境/n ◆ huan2_jing4 ▲^2	生活/n ◆ sheng1_huo2 ▲^4
4	环境/n ◆ huan2_jing4 ▲^2	适应/v ◆ shi4_ying4
4	黄/a ◆ huang2 ▲^A1	发/v ◆ fa1 ▲^10
4	灰色/n ◆ hui1_se4 ▲^1	眼睛/n ◆ yan3_jing1
4	回/v ◆ hui2 ▲^A2	放/v ◆ fang4 ▲^1
4	会/n ◆ hui4 ▲^A3	追悼/v ◆ zhui1_dao4
4	会/n ◆ hui4 ▲^A3	讨论/v ◆ tao3_lun4
4	会/v ◆ hui4 ▲^B3	本领/n ◆ ben3_ling3
4	会议/n ◆ hui4_yi4 ▲^1	召开/v ◆ zhao4_kai1
4	会议/n ◆ hui4_yi4 ▲^2	国际/n ◆ guo2_ji4 ▲^2
4	活/v ◆ huo2 ▲^A1	养/v ◆ yang3 ▲^2
4	活动/n ◆ huo2_dong4 ▲^5	心理/n ◆ xin1_li3 ▲^2
4	活动/n ◆ huo2_dong4 ▲^5	新/a ◆ xin1 ▲^1
4	活动/n ◆ huo2_dong4 ▲^5	计划/n ◆ ji4_hua4 ▲^1
4	活动/n ◆ huo2_dong4 ▲^5	参与/v ◆ can1_yu4

共现次数	节点词语	搭配词语	共现次数	节点词语	搭配词语
4	活动/n ◆ huo2_dong4 ▲^5	政治/n ◆ zheng4_zhi4	4	家/n ◆ jia1 ▲^2	想/v ◆ xiang3 ▲^3
4	火/n ◆ huo3 ▲^1	炉子/n ◆ lu2_zi5	4	家/n ◆ jia1 ▲^2	好/a ◆ hao3 ▲^7
4	火/n ◆ huo3 ▲^1	热/a ◆ re4 ▲^2	4	家/n ◆ jia1 ▲^2	养/v ◆ yang3 ▲^2
4	火/n ◆ huo3 ▲^1	有/v ◆ you3 ▲^2	4	家/n ◆ jia1 ▲^2	还/v ◆ huan2 ▲^2
4	火/n ◆ huo3 ▲^1	扑灭/v ◆ pu1_mie4 ▲^2	4	家伙/n ◆ jia1_huo5 ▲^2	小/a ◆ xiao3 ▲^1
4	火/n ◆ huo3 ▲^1	起/v ◆ qi3 ▲^A12	4	家门/n ◆ jia1_men2 ▲^1	出/v ◆ chu1 ▲^A1
4	机关/n ◆ ji1_guan1 ▲^3	国家/n ◆ guo2_jia1 ▲^2	4	家门/n ◆ jia1_men2 ▲^1	口/n ◆ kou3 ▲^5
4	机械/n ◆ ji1_xie4 ▲^1	技术/n ◆ ji4_shu4 ▲^1	4	价值/n ◆ jia4_zhi2 ▲^2	艺术/n ◆ yi4_shu4 ▲^1
4	机械/n ◆ ji1_xie4 ▲^1	制造/v ◆ zhi4_zao4 ▲^1	4	价值/n ◆ jia4_zhi2 ▲^2	科学/n ◆ ke1_xue2 ▲^1
4	积/v ◆ ji1 ▲^1	雪/n ◆ xue3	4	尖/n ◆ jian1 ▲^5	钢笔/n ◆ gang1_bi3
4	积极/a ◆ ji1_ji2 ▲^2	劳动/v ◆ lao2_dong4 ▲^3	4	肩头/n ◆ jian1_tou2 ▲^2	拍/v ◆ pai1 ▲^1
4	积极/a ◆ ji1_ji2 ▲^2	参加/v ◆ can1_jia1 ▲^1	4	见/v ◆ jian4 ▲^A1	碰/v ◆ peng4 ▲^2
4	基础/n ◆ ji1_chu3 ▲^2	语言/n ◆ yu3_yan2 ▲^2	4	见/v ◆ jian4 ▲^A1	肉眼/n ◆ rou4_yan3 ▲^1
4	基础/n ◆ ji1_chu3 ▲^2	建立/v ◆ jian4_li4 ▲^2	4	见识/n ◆ jian4_shi5 ▲^2	增长/v ◆ zeng1_zhang3
4	基础/n ◆ ji1_chu3 ▲^2	经济/n ◆ jing1_ji4 ▲^2	4	建/v ◆ jian4 ▲^★	岛/n ◆ dao3
4	基础/n ◆ ji1_chu3 ▲^2	文字/n ◆ wen2_zi4 ▲^1	4	建/v ◆ jian4 ▲^A1	房子/n ◆ fang2_zi5
4	激动/a ◆ ji1_dong4 ▲^1	听/v ◆ ting1 ▲^A1	4	建筑/n ◆ jian4_zhu4 ▲^2	研究/v ◆ yan2_jiu1 ▲^1
4	激烈/a ◆ ji1_lie4 ▲^1	战斗/v ◆ zhan4_dou4 ▲^2	4	建筑/n ◆ jian4_zhu4 ▲^2	设计/n ◆ she4_ji4 ▲^2
4	集中/a ◆ ji2_zhong1 ▲^2	体现/v ◆ ti3_xian4	4	建筑/n ◆ jian4_zhu4 ▲^2	现代/n ◆ xian4_dai4
4	集中/v ◆ ji2_zhong1 ▲^1	精力/n ◆ jing1_li4	4	建筑/n ◆ jian4_zhu4 ▲^2	著名/a ◆ zhu4_ming2
4	挤/v ◆ ji3 ▲^3	人丛/n ◆ ren2_cong2	4	建筑/n ◆ jian4_zhu4 ▲^2	发展/v ◆ fa1_zhan3 ▲^1
4	挤/v ◆ ji3 ▲^3	人群/n ◆ ren2_qun2	4	建筑/n ◆ jian4_zhu4 ▲^2	体系/n ◆ ti3_xi4
4	记忆/n ◆ ji4_yi4 ▲^2	留下/v ◆ liu2_xia4	4	健康/a ◆ jian4_kang1 ▲^1	祝/v ◆ zhu4
4	记忆/n ◆ ji4_yi4 ▲^2	历史/n ◆ li4_shi3 ▲^1	4	健康/a ◆ jian4_kang1 ▲^1	恢复/v ◆ hui1_fu4 ▲^2
4	记载/v ◆ ji4_zai3 ▲^1	史书/n ◆ shi3_shu1	4	舰队/n ◆ jian4_dui4 ▲^2	无敌/v ◆ wu2_di2
4	技术/n ◆ ji4_shu4 ▲^1	克隆/v ◆ ke4_long2 ▲^1	4	箭/n ◆ jian4 ▲^1	射/v ◆ she4 ▲^1
4	技术/n ◆ ji4_shu4 ▲^1	生产/v ◆ sheng1_chan3 ▲^1	4	讲/v ◆ jiang3 ▲^1	课文/n ◆ ke4_wen2
4	技术/n ◆ ji4_shu4 ▲^1	发展/v ◆ fa1_zhan3 ▲^2	4	讲/v ◆ jiang3 ▲^3	价钱/n ◆ jia4_qian2
4	家/n ◆ jia1 ▲^1	想/v ◆ xiang3 ▲^4	4	讲究/v ◆ jiang3_jiu5 ▲^1	布局/v ◆ bu4_ju2 ▲^2
4	家/n ◆ jia1 ▲^2	老/a ◆ lao3 ▲^1	4	奖/n ◆ jiang3 ▲^2	获得/v ◆ huo4_de2
			4	奖/n ◆ jiang3 ▲^2	颁发/v ◆ ban1_fa1 ▲^2

共现次数	节点词语	搭配词语	共现次数	节点词语	搭配词语
4	交/v ◆ jiao1 ▲^A5	好运/n ◆ hao3_yun4	4	结构/n ◆ jie2_gou4 ▲^1	层次/n ◆ ceng2_ci4 ▲^1
4	骄傲/a ◆ jiao1_ao4 ▲^2	人民/n ◆ ren2_min2	4	结果/n ◆ jie2_guo3 ▲^A1	证明/v ◆ zheng4_ming2 ▲^1
4	角/n ◆ jiao3 ▲^A1	对/v ◆ dui4 ▲^3	4	结晶/n ◆ jie2_jing1 ▲^3	劳动/v ◆ lao2_dong4 ▲^3
4	脚步/n ◆ jiao3_bu4 ▲^2	放慢/v ◆ fang4_man4	4	结论/n ◆ jie2_lun4 ▲^2	正确/a ◆ zheng4_que4
4	脚步/n ◆ jiao3_bu4 ▲^2	慢/a ◆ man4 ▲^A1	4	结论/n ◆ jie2_lun4 ▲^2	一般/a ◆ yi1_ban1 ▲^3
4	教授/n ◆ jiao4_shou4 ▲^2	大学/n ◆ da4_xue2	4	结论/n ◆ jie2_lun4 ▲^2	完全/a ◆ wan2_quan2 ▲^1
4	教授/n ◆ jiao4_shou4 ▲^2	著名/a ◆ zhu4_ming2	4	结实/a ◆ jie1_shi5 ▲^2	长/v ◆ zhang3 ▲^B2
4	教授/n ◆ jiao4_shou4 ▲^2	任/v ◆ ren4 ▲^A2	4	姐姐/n ◆ jie3_jie5 ▲^1	小/a ◆ xiao3 ▲^1
4	教训/n ◆ jiao4_xun5 ▲^2	取得/v ◆ qu3_de2	4	姐姐/n ◆ jie3_jie5 ▲^2	说/v ◆ shuo1 ▲^1
4	教训/n ◆ jiao4_xun5 ▲^2	吸取/v ◆ xi1_qu3	4	解决/v ◆ jie3_jue2 ▲^1	得到/v ◆ de2_dao4
4	教育/n ◆ jiao4_yu4 ▲^1	受/v ◆ shou4 ▲^1	4	解决/v ◆ jie3_jue2 ▲^1	方法/n ◆ fang1_fa3
4	教育/v ◆ jiao4_yu4 ▲^2	重视/v ◆ zhong4_shi4	4	介绍/v ◆ jie4_shao4 ▲^3	作/v ◆ zuo4 ▲^2
4	阶级/n ◆ jie1_ji2 ▲^3	下层/f ◆ xia4_ceng2	4	借口/n ◆ jie4_kou3 ▲^2	找/v ◆ zhao3 ▲^A
4	接受/v ◆ jie1_shou4 ▲^2	劝告/v ◆ quan4_gao4 ▲^1	4	紧/a ◆ jin3 ▲^1	绳子/n ◆ sheng2_zi5
4	街/n ◆ jie1 ▲^1	长/a ◆ chang2 ▲^1	4	紧/a ◆ jin3 ▲^2	握/v ◆ wo4 ▲^1
4	节奏/n ◆ jie2_zou4 ▲^1	声音/n ◆ sheng1_yin1	4	紧/a ◆ jin3 ▲^2	攥/v ◆ zuan4
4	节奏/n ◆ jie2_zou4 ▲^2	生活/n ◆ sheng1_huo2 ▲^1	4	紧/a ◆ jin3 ▲^2	抓/v ◆ zhua1 ▲^1
4	结构/n ◆ jie2_gou4 ▲^1	主要/b ◆ zhu3_yao4	4	紧/a ◆ jin3 ▲^2	挨/v ◆ ai1 ▲^1
4	结构/n ◆ jie2_gou4 ▲^1	关系/n ◆ guan1_xi4 ▲^1	4	紧/a ◆ jin3 ▲^4	靠/v ◆ kao4 ▲^A1
4	结构/n ◆ jie2_gou4 ▲^1	研究/v ◆ yan2_jiu1 ▲^1	4	紧/a ◆ jin3 ▲^4	捏/v ◆ nie1 ▲^1
4	结构/n ◆ jie2_gou4 ▲^1	内部/f ◆ nei4_bu4	4	紧/a ◆ jin3 ▲^4	关/v ◆ guan1 ▲^1
4	结构/n ◆ jie2_gou4 ▲^1	组成/v ◆ zu3_cheng2	4	紧/a ◆ jin3 ▲^4	咬/v ◆ yao3 ▲^1
4	结构/n ◆ jie2_gou4 ▲^1	改变/v ◆ gai3_bian4 ▲^2	4	紧/a ◆ jin3 ▲^5	跟/v ◆ gen1 ▲^2
4	结构/n ◆ jie2_gou4 ▲^1	特殊/a ◆ te4_shu1	4	紧密/a ◆ jin3_mi4 ▲^1	相连/v ◆ xiang1_lian2
4	结构/n ◆ jie2_gou4 ▲^1	基本/b ◆ ji1_ben3 ▲^3	4	紧密/a ◆ jin3_mi4 ▲^1	结合/v ◆ jie2_he2 ▲^1
4	结构/n ◆ jie2_gou4 ▲^1	形式/n ◆ xing2_shi4	4	尽/v ◆ jin4 ▲^1	力气/n ◆ li4_qi4
			4	劲/n ◆ jin4 ▲^1	缓/v ◆ huan3 ▲^4
			4	近/a ◆ jin4 ▲^1	距/v ◆ ju4 ▲^A1
			4	近/a ◆ jin4 ▲^1	逼/v ◆ bi1 ▲^1
			4	近/a ◆ jin4 ▲^1	逼/v ◆ bi1 ▲^★
			4	进/v ◆ jin4 ▲^2	跟/v ◆ gen1 ▲^2
			4	进步/v ◆ jin4_bu4 ▲^1	科技/n ◆ ke1_ji4
			4	进攻/v ◆ jin4_gong1 ▲^1	敌人/n ◆ di2_ren2

共现次数	节点词语	搭配词语	共现次数	节点词语	搭配词语
4	经/v ◆ jing1 ▲^B1	协商/v ◆ xie2_shang1	4	静/a ◆ jing4 ▲^2	站/v ◆ zhan4 ▲^A1
4	经典/n ◆ jing1_dian3 ▲^1	作品/n ◆ zuo4_pin3	4	久/a ◆ jiu3 ▲^1	想/v ◆ xiang3 ▲^1
4	经典/n ◆ jing1_dian3 ▲^1	思想/n ◆ si1_xiang3 ▲^1	4	久/a ◆ jiu3 ▲^1	呆/v ◆ dai1 ▲^3
4	经过/v ◆ jing1_guo4 ▲^2	事情/n ◆ shi4_qing5 ▲^1	4	久/a ◆ jiu3 ▲^1	睡/v ◆ shui4
4	经过/v ◆ jing1_guo4 ▲^1	试验/v ◆ shi4_yan4 ▲^1	4	久/a ◆ jiu3 ▲^1	站/v ◆ zhan4 ▲^A1
4	经过/v ◆ jing1_guo4 ▲^1	分析/v ◆ fen1_xi1	4	久/a ◆ jiu3 ▲^1	找/v ◆ zhao3 ▲^A
4	经济/n ◆ jing1_ji4 ▲^2	发展/v ◆ fa1_zhan3 ▲^2	4	旧/a ◆ jiu4 ▲^1	小说/n ◆ xiao3_shuo1
4	经验/n ◆ jing1_yan4 ▲^1	人生/n ◆ ren2_sheng1	4	菊花/n ◆ ju2_hua1 ▲^2	开/v ◆ kai1 ▲^A3
4	精彩/a ◆ jing1_cai3 ▲^1	节目/n ◆ jie2_mu4	4	巨人/n ◆ ju4_ren2 ▲^3	传/n ◆ zhuan4 ▲^2
4	精神/n ◆ jing1_shen2 ▲^1	民族/n ◆ min2_zu2 ▲^2	4	具体/a ◆ ju4_ti3 ▲^1	写/v ◆ xie3 ▲^2
4	精神/n ◆ jing1_shen2 ▲^1	高尚/a ◆ gao1_shang4 ▲^1	4	具体/a ◆ ju4_ti3 ▲^1	事物/n ◆ shi4_wu4
4	精神/n ◆ jing1_shen2 ▲^1	生活/n ◆ sheng1_huo2 ▲^4	4	距离/n ◆ ju4_li2 ▲^2	保持/v ◆ bao3_chi2
4	精神/n ◆ jing1_shen2 ▲^1	品质/n ◆ pin3_zhi4 ▲^1	4	锯/v ◆ ju4 ▲^2	木头/n ◆ mu4_tou5
4	精神/n ◆ jing1_shen2 ▲^1	科学/n ◆ ke1_xue2 ▲^1	4	卷/v ◆ juan3 ▲^2	走/v ◆ zou3 ▲^5
4	精神/n ◆ jing1_shen2 ▲^1	改变/v ◆ gai3_bian4 ▲^2	4	绝招/n ◆ jue2_zhao1 ▲^2	比/v ◆ bi3 ▲^A1
4	精神/n ◆ jing1_shen2 ▲^1	境界/n ◆ jing4_jie4 ▲^2	4	咖啡/n ◆ ka1_fei1 ▲^3	速溶/v ◆ su4_rong2
4	精神/n ◆ jing1_shen2 ▲^1	面貌/n ◆ mian4_mao4 ▲^2	4	开/v ◆ kai1 ▲^A1	咧/v ◆ lie3 ▲^1
4	精神/n ◆ jing1_shen2 ▲^2	人民/n ◆ ren2_min2	4	开/v ◆ kai1 ▲^A1	划/v ◆ hua2 ▲^★
4	精神/n ◆ jing1_shen2 ▲^2	科学/n ◆ ke1_xue2 ▲^1	4	开/v ◆ kai1 ▲^A1	窗子/n ◆ chuang1_zi5
4	精神/n ◆ jing1_shen2 ▲^2	发展/v ◆ fa1_zhan3 ▲^1	4	开/v ◆ kai1 ▲^A1	分/v ◆ fen1 ▲^1
4	井/n ◆ jing3 ▲^A1	打/v ◆ da3 ▲^A11	4	开/v ◆ kai1 ▲^A3	杏花/n ◆ xing4_hua1
4	景/n ◆ jing3 ▲^A1	情/n ◆ qing2	4	开发/v ◆ kai1_fa1 ▲^1	人类/n ◆ ren2_lei4
4	景观/n ◆ jing3_guan1 ▲^2	设计师/n ◆ she4_ji4_shi1	4	开发/v ◆ kai1_fa1 ▲^1	资源/n ◆ zi1_yuan2
4	警告/v ◆ jing3_gao4 ▲^1	发出/v ◆ fa1_chu1 ▲^2	4	开阔/a ◆ kai1_kuo4 ▲^1	视野/n ◆ shi4_ye3
4	警卫/v ◆ jing3_wei4 ▲^1	人员/n ◆ ren2_yuan2	4	开始/v ◆ kai1_shi3 ▲^2	迅速/a ◆ xun4_su4
4	境界/n ◆ jing4_jie4 ▲^2	精神/n ◆ jing1_shen2 ▲^2	4	砍/v ◆ kan3 ▲^A1	倒/v ◆ dao3 ▲^A1
4	静/a ◆ jing4 ▲^2	坐/v ◆ zuo4 ▲^1	4	砍/v ◆ kan3 ▲^A1	断/v ◆ duan4 ▲^A1
			4	砍/v ◆ kan3 ▲^A1	掉/v ◆ diao4 ▲^A5
			4	看/v ◆ kan4 ▲^1	眼巴巴/z ◆ yan3_ba1_ba1 ▲^1
			4	看/v ◆ kan4 ▲^2	眼睛/n ◆ yan3_jing1
			4	科学/a ◆ ke1_xue2 ▲^2	研究/v ◆ yan2_jiu1 ▲^1
			4	科学/n ◆ ke1_xue2 ▲^1	探索/v ◆ tan4_suo3
			4	科学/n ◆ ke1_xue2 ▲^1	历史/n ◆ li4_shi3 ▲^1
			4	科学/n ◆ ke1_xue2 ▲^1	工作/v ◆ gong1_zuo4 ▲^1
			4	科学/n ◆ ke1_xue2 ▲^1	应用/v ◆ ying4_yong4 ▲^1

共现次数	节点词语	搭配词语	共现次数	节点词语	搭配词语
4	科学/n ◆ ke1_xue2 ▲ ^1	真理/n ◆ zhen1_li3	4	狂风/n ◆ kuang2_feng1 ▲ ^1	怒吼/v ◆ nu4_hou3
4	科学/n ◆ ke1_xue2 ▲ ^1	政治/n ◆ zheng4_zhi4	4	狂风/n ◆ kuang2_feng1 ▲ ^1	大作/v ◆ da4_zuo4 ▲ ^B
4	科学/n ◆ ke1_xue2 ▲ ^1	精神/n ◆ jing1_shen2 ▲ ^2	4	矿石/n ◆ kuang4_shi2 ▲ ^1	金属/n ◆ jin1_shu3
4	科学/n ◆ ke1_xue2 ▲ ^1	近代/n ◆ jin4_dai4 ▲ ^1	4	捆/v ◆ kun3 ▲ ^1	绳子/n ◆ sheng2_zi5
4	科学/n ◆ ke1_xue2 ▲ ^1	领域/n ◆ ling3_yu4 ▲ ^2	4	困难/a ◆ kun4_nan5 ▲ ^1	遇到/v ◆ yu4_dao4
4	磕/v ◆ ke1 ▲ ^2	烟灰/n ◆ yan1_hui1	4	困难/a ◆ kun4_nan5 ▲ ^1	感到/v ◆ gan3_dao4
4	可能/a ◆ ke3_neng2 ▲ ^1	完全/a ◆ wan2_quan2 ▲ ^1	4	困难/a ◆ kun4_nan5 ▲ ^1	克服/v ◆ ke4_fu2 ▲ ^1
4	刻/v ◆ ke4 ▲ ^1	碑/n ◆ bei1	4	来/v ◆ lai2 ▲ ^A1	晚/a ◆ wan3 ▲ ^3
4	客人/n ◆ ke4_ren2 ▲ ^2	欢迎/v ◆ huan1_ying2 ▲ ^1	4	来/v ◆ lai2 ▲ ^A1	暴雨/n ◆ bao4_yu3 ▲ ^1
4	课/n ◆ ke4 ▲ ^A1	公开/a ◆ gong1_kai1 ▲ ^1	4	篮/n ◆ lan2 ▲ ^1	提/v ◆ ti2 ▲ ^1
4	空/a ◆ kong1 ▲ ^1	捧/v ◆ peng3 ▲ ^1	4	浪花/n ◆ lang4_hua1 ▲ ^1	奔腾/v ◆ ben1_teng2
4	空气/n ◆ kong1_qi4 ▲ ^1	吸收/v ◆ xi1_shou1 ▲ ^1	4	劳动/v ◆ lao2_dong4 ▲ ^3	家务/n ◆ jia1_wu4
4	空气/n ◆ kong1_qi4 ▲ ^1	冷/a ◆ leng3 ▲ ^1	4	牢/a ◆ lao2 ▲ ^4	抓/v ◆ zhua1 ▲ ^1
4	空气/n ◆ kong1_qi4 ▲ ^1	潮湿/a ◆ chao2_shi1	4	牢/a ◆ lao2 ▲ ^4	记/v ◆ ji4 ▲ ^1
4	口/n ◆ kou3 ▲ ^1	入/v ◆ ru4 ▲ ^1	4	老/a ◆ lao3 ▲ ^1	年纪/n ◆ nian2_ji4
4	口/n ◆ kou3 ▲ ^5	说/v ◆ shuo1 ▲ ^1	4	老/a ◆ lao3 ▲ ^1	问/v ◆ wen4 ▲ ^1
4	口/n ◆ kou3 ▲ ^5	家门/n ◆ jia1_men2 ▲ ^1	4	老人/n ◆ lao3_ren2 ▲ ^1	胖/a ◆ pang4
4	口袋/n ◆ kou3_dai5 ▲ ^1	厚实/a ◆ hou4_shi5 ▲ ^1	4	老人/n ◆ lao3_ren2 ▲ ^1	想/v ◆ xiang3 ▲ ^1
4	口袋/n ◆ kou3_dai5 ▲ ^1	驮/v ◆ tuo2	4	老头子/n ◆ lao3_tou2_zi5 ▲ ^1	和气/a ◆ he2_qi5 ▲ ^1
4	口袋/n ◆ kou3_dai5 ▲ ^1	塑料/n ◆ su4_liao4	4	烙印/n ◆ lao4_yin4 ▲ ^1	深/a ◆ shen1 ▲ ^4
4	口袋/n ◆ kou3_dai5 ▲ ^2	拍/v ◆ pai1 ▲ ^1	4	类/n ◆ lei4 ▲ ^1	小/a ◆ xiao3 ▲ ^1
4	口子/n ◆ kou3_zi5 ▲ ^B2	划/v ◆ hua2 ▲ ^ ★	4	累/a ◆ lei4 ▲ ^1	玩/v ◆ wan2 ▲ ^A1
4	口子/n ◆ kou3_zi5 ▲ ^B2	小/a ◆ xiao3 ▲ ^1	4	累/a ◆ lei4 ▲ ^1	爬/v ◆ pa2 ▲ ^2
4	扣/v ◆ kou4 ▲ ^1	轻/a ◆ qing1 ▲ ^6	4	累/a ◆ lei4 ▲ ^1	坏/v ◆ huai4 ▲ ^5
4	窟窿/n ◆ ku1_long5 ▲ ^1	小/a ◆ xiao3 ▲ ^1	4	礼貌/n ◆ li3_mao4 ▲ ^1	有/v ◆ you3 ▲ ^2
4	快/a ◆ kuai4 ▲ ^1	好/a ◆ hao3 ▲ ^1	4	理论/n ◆ li3_lun4 ▲ ^1	研究/v ◆ yan2_jiu1 ▲ ^1
4	快/a ◆ kuai4 ▲ ^1	滚/v ◆ gun3 ▲ ^2	4	理论/n ◆ li3_lun4 ▲ ^1	提出/v ◆ ti2_chu1
4	快/a ◆ kuai4 ▲ ^1	游/v ◆ you2 ▲ ^1	4	理论/n ◆ li3_lun4 ▲ ^1	设计/v ◆ she4_ji4 ▲ ^1
4	快/a ◆ kuai4 ▲ ^1	跳/v ◆ tiao4 ▲ ^1	4	理想/n ◆ li3_xiang3 ▲ ^1	美好/a ◆ mei3_hao3
4	狂风/n ◆ kuang2_feng1 ▲ ^1	挡/v ◆ dang3 ▲ ^1	4	理想/n ◆ li3_xiang3 ▲ ^1	崇高/a ◆ chong2_gao1

共现次数	节点词语	搭配词语
4	理想 /n ◆ li3_xiang3 ▲ ^1	有 /v ◆ you3 ▲ ^1
4	理性 /n ◆ li3_xing4 ▲ ^2	数学 /n ◆ shu4_xue2
4	理性 /n ◆ li3_xing4 ▲ ^2	生命 /n ◆ sheng1_ming4
4	力量 /n ◆ li4_liang4 ▲ ^1	美 /a ◆ mei3 ▲ ^A1
4	力量 /n ◆ li4_liang4 ▲ ^2	发挥 /v ◆ fa1_hui1 ▲ ^1
4	力量 /n ◆ li4_liang4 ▲ ^2	依靠 /v ◆ yi1_kao4 ▲ ^1
4	力量 /n ◆ li4_liang4 ▲ ^3	巨大 /a ◆ ju4_da4
4	历史 /n ◆ li4_shi3 ▲ ^1	前进 /v ◆ qian2_jin4
4	历史 /n ◆ li4_shi3 ▲ ^1	传统 /n ◆ chuan2_tong3 ▲ ^1
4	历史 /n ◆ li4_shi3 ▲ ^1	人物 /n ◆ ren2_wu4 ▲ ^1
4	历史 /n ◆ li4_shi3 ▲ ^1	珍贵 /a ◆ zhen1_gui4
4	历史 /n ◆ li4_shi3 ▲ ^1	记载 /v ◆ ji4_zai3 ▲ ^1
4	历史 /n ◆ li4_shi3 ▲ ^1	社会 /n ◆ she4_hui4 ▲ ^2
4	历史 /n ◆ li4_shi3 ▲ ^1	任务 /n ◆ ren4_wu4
4	厉害 /a ◆ li4_hai5 ▲ ^1	病 /v ◆ bing4 ▲ ^2
4	利用 /v ◆ li4_yong4 ▲ ^1	人类 /n ◆ ren2_lei4
4	荔枝 /n ◆ li4_zhi1 ▲ ^2	树 /n ◆ shu4 ▲ ^1
4	荔枝 /n ◆ li4_zhi1 ▲ ^2	摘 /v ◆ zhai1 ▲ ^1
4	荔枝 /n ◆ li4_zhi1 ▲ ^2	肉 /n ◆ rou4 ▲ ^2
4	荔枝 /n ◆ li4_zhi1 ▲ ^2	核 /n ◆ he2
4	荔枝 /n ◆ li4_zhi1 ▲ ^2	生产 /v ◆ sheng1_chan3 ▲ ^1
4	脸 /n ◆ lian3 ▲ ^1	沉 /v ◆ chen2 ▲ ^3
4	脸 /n ◆ lian3 ▲ ^1	扭 /v ◆ niu3 ▲ ^1
4	脸 /n ◆ lian3 ▲ ^1	阴沉 /a ◆ yin1_chen2
4	脸 /n ◆ lian3 ▲ ^1	长 /a ◆ chang2 ▲ ^1
4	脸 /n ◆ lian3 ▲ ^1	背 /v ◆ bei4 ▲ ^B6
4	脸 /n ◆ lian3 ▲ ^1	可爱 /a ◆ ke3_ai4
4	脸 /n ◆ lian3 ▲ ^1	遮 /v ◆ zhe1 ▲ ^1
4	脸 /n ◆ lian3 ▲ ^1	布满 /v ◆ bu4_man3
4	脸 /n ◆ lian3 ▲ ^1	长 /v ◆ zhang3 ▲ ^B1
4	脸 /n ◆ lian3 ▲ ^1	带 /v ◆ dai4 ▲ ^B3
4	脸 /n ◆ lian3 ▲ ^1	干瘪 /a ◆ gan1_bie3 ▲ ^1
4	亮 /a ◆ liang4 ▲ ^1	眼前 /s ◆ yan3_qian2 ▲ ^1
4	亮 /v ◆ liang4 ▲ ^2	电灯 /n ◆ dian4_deng1
4	量 /n ◆ liang4 ▲ ^3	年产 /v ◆ nian2_chan3
4	量 /n ◆ liang4 ▲ ^3	增加 /v ◆ zeng1_jia1
4	量 /n ◆ liang4 ▲ ^3	多 /a ◆ duo1 ▲ ^A1
4	料 /n ◆ liao4 ▲ ^B1	省 /v ◆ sheng3 ▲ ^A1
4	咧 /v ◆ lie3 ▲ ^1	开 /v ◆ kai1 ▲ ^A1
4	临 /v ◆ lin2 ▲ ^1	死 /v ◆ si3 ▲ ^1
4	灵魂 /n ◆ ling2_hun2 ▲ ^2	净化 /v ◆ jing4_hua4
4	灵魂 /n ◆ ling2_hun2 ▲ ^2	人类 /n ◆ ren2_lei4
4	翎毛 /n ◆ ling2_mao2 ▲ ^1	抖 /v ◆ dou3 ▲ ^2
4	领导 /v ◆ ling3_dao3 ▲ ^1	成功 /a ◆ cheng2_gong1 ▲ ^2
4	领导 /v ◆ ling3_dao3 ▲ ^1	革命 /v ◆ ge2_ming4 ▲ ^1
4	领导 /v ◆ ling3_dao3 ▲ ^1	人民 /n ◆ ren2_min2
4	领域 /n ◆ ling3_yu4 ▲ ^2	思想 /n ◆ si1_xiang3 ▲ ^1
4	领域 /n ◆ ling3_yu4 ▲ ^2	广阔 /a ◆ guang3_kuo4
4	领域 /n ◆ ling3_yu4 ▲ ^2	社会 /n ◆ she4_hui4 ▲ ^2
4	流 /v ◆ liu2 ▲ ^A1	鲜血 /n ◆ xian1_xue4
4	路 /n ◆ lu4 ▲ ^1	开 /v ◆ kai1 ▲ ^A2
4	路 /n ◆ lu4 ▲ ^1	挡 /v ◆ dang3 ▲ ^1
4	路 /n ◆ lu4 ▲ ^1	宽 /a ◆ kuan1 ▲ ^1
4	路 /n ◆ lu4 ▲ ^1	好 /a ◆ hao3 ▲ ^ ★
4	路程 /n ◆ lu4_cheng2 ▲ ^2	走 /v ◆ zou3 ▲ ^1
4	绿色 /n ◆ lv4_se4 ▲ ^1	草原 /n ◆ cao3_yuan2
4	卵 /n ◆ luan3 ▲ ^3	产 /v ◆ chan3 ▲ ^1
4	落 /v ◆ luo4 ▲ ^1	雪花 /n ◆ xue3_hua1
4	落 /v ◆ luo4 ▲ ^1	飘 /v ◆ piao1 ▲ ^1
4	落 /v ◆ luo4 ▲ ^1	尘土 /n ◆ chen2_tu3
4	马车 /n ◆ ma3_che1 ▲ ^1	坐 /v ◆ zuo4 ▲ ^2
4	马路 /n ◆ ma3_lu4 ▲ ^1	宽 /a ◆ kuan1 ▲ ^1
4	马路 /n ◆ ma3_lu4 ▲ ^1	柏油 /n ◆ bai3_you2

共现次数	节点词语	搭配词语	共现次数	节点词语	搭配词语
4	卖/v ◆ mai4 ▲^1	给/v ◆ gei3 ▲^1	4	民族/n ◆ min2_zu2 ▲^2	感情/n ◆ gan3_qing2 ▲^1
4	脉络/n ◆ mai4_luo4 ▲^1	细/a ◆ xi4 ▲^6	4	民族/n ◆ min2_zu2 ▲^2	解放/v ◆ jie3_fang4 ▲^1
4	满/a ◆ man3 ▲^A1	插/v ◆ cha1 ▲^1	4	名/n ◆ ming2 ▲^1	取/v ◆ qu3 ▲^3
4	满/a ◆ man3 ▲^A1	盛/v ◆ cheng2 ▲^1	4	名词/n ◆ ming2_ci2 ▲^2	用/v ◆ yong4 ▲^1
4	满/a ◆ man3 ▲^A1	缀/v ◆ zhui4	4	名字/n ◆ ming2_zi5 ▲^1	呼唤/v ◆ hu1_huan4 ▲^2
4	满/a ◆ man3 ▲^A1	积/v ◆ ji1 ▲^1	4	名字/n ◆ ming2_zi5 ▲^1	叫做/v ◆ jiao4_zuo4
4	满/a ◆ man3 ▲^A4	落/v ◆ luo4 ▲^1	4	明白/a ◆ ming2_bai5 ▲^1	想/v ◆ xiang3 ▲^3
4	忙/a ◆ mang2 ▲^1	说/v ◆ shuo1 ▲^1	4	明白/a ◆ ming2_bai5 ▲^1	听/v ◆ ting1 ▲^A1
4	猫/n ◆ mao1 ▲^1	多/a ◆ duo1 ▲^A1	4	明确/a ◆ ming2_que4 ▲^1	写/v ◆ xie3 ▲^2
4	毛/n ◆ mao2 ▲^A1	短/a ◆ duan3 ▲^1	4	命/n ◆ ming4 ▲^A3	好/a ◆ hao3 ▲^1
4	毛/n ◆ mao2 ▲^A1	脱落/v ◆ tuo1_luo4 ▲^1	4	命令/n ◆ ming4_ling4 ▲^2	听/v ◆ ting1 ▲^A1
4	毛病/n ◆ mao2_bing4 ▲^1	出/v ◆ chu1 ▲^A6	4	命令/n ◆ ming4_ling4 ▲^2	等待/v ◆ deng3_dai4
4	毛病/n ◆ mao2_bing4 ▲^1	有/v ◆ you3 ▲^2	4	命令/n ◆ ming4_ling4 ▲^2	接到/v ◆ jie1_dao4
4	矛盾/n ◆ mao2_dun4 ▲^2	解决/v ◆ jie3_jue2 ▲^1	4	命运/n ◆ ming4_yun4 ▲^1	看/v ◆ kan4 ▲^1
4	矛盾/n ◆ mao2_dun4 ▲^4	民族/n ◆ min2_zu2 ▲^2	4	模样/n ◆ mu2_yang4 ▲^1	变/v ◆ bian4 ▲^1
4	茂盛/a ◆ mao4_sheng4 ▲^1	树木/n ◆ shu4_mu4	4	模样/n ◆ mu2_yang4 ▲^1	瞧/v ◆ qiao2
4	冒/v ◆ mao4 ▲^2	雨/n ◆ yu3	4	磨/v ◆ mo2 ▲^1	脚/n ◆ jiao3
4	帽/n ◆ mao4 ▲^1	脱/v ◆ tuo1 ▲^2	4	蘑菇/n ◆ mo2_gu5 ▲^A	采/v ◆ cai3 ▲^A1
4	帽子/n ◆ mao4_zi5 ▲^1	织/v ◆ zhi1 ▲^2	4	魔鬼/n ◆ mo2_gui3 ▲^1	憎恶/v ◆ zeng1_wu4
4	美/a ◆ mei3 ▲^A1	风景/n ◆ feng1_jing3	4	抹/v ◆ mo3 ▲^2	鼻涕/n ◆ bi2_ti4
4	美术/n ◆ mei3_shu4 ▲^2	作品/n ◆ zuo4_pin3	4	茉莉/n ◆ mo4_li4 ▲^1	花/n ◆ hua1 ▲^A1
4	门/n ◆ men2 ▲^2	过/v ◆ guo4 ▲^1	4	目标/n ◆ mu4_biao1 ▲^1	发现/v ◆ fa1_xian4 ▲^1
4	蒙/v ◆ meng2 ▲^1	眼睛/n ◆ yan3_jing1	4	目标/n ◆ mu4_biao1 ▲^2	追求/v ◆ zhui1_qiu2 ▲^1
4	梦/n ◆ meng4 ▲^1	圆/a ◆ yuan2 ▲^4	4	目标/n ◆ mu4_biao1 ▲^2	实现/v ◆ shi2_xian4
4	梦想/n ◆ meng4_xiang3 ▲^3	多/a ◆ duo1 ▲^A1	4	难/a ◆ nan2 ▲^1	好/a ◆ hao3 ▲^1
4	米/n ◆ mi3 ▲^A1	白/a ◆ bai2 ▲^B	4	难/a ◆ nan2 ▲^1	发现/v ◆ fa1_xian4 ▲^1
4	密度/n ◆ mi4_du4 ▲^2	接近/v ◆ jie1_jin4	4	难/a ◆ nan2 ▲^1	熬/v ◆ ao2 ▲^3
4	密度/n ◆ mi4_du4 ▲^2	达到/v ◆ da2_dao4	4	脑袋/n ◆ nao3_dai5 ▲^1	耷拉/v ◆ da1_la1
4	棉花/n ◆ mian2_hua5 ▲^2	雪白/z ◆ xue3_bai2			
4	面貌/n ◆ mian4_mao4 ▲^2	精神/n ◆ jing1_shen2 ▲^1			
4	面目/n ◆ mian4_mu4 ▲^2	本来/b ◆ ben3_lai2 ▲^1			
4	灭绝/v ◆ mie4_jue2 ▲^1	生物/n ◆ sheng1_wu4			
4	民间/n ◆ min2_jian1 ▲^1	学习/v ◆ xue2_xi2 ▲^1			

共现次数	节点词语	搭配词语	共现次数	节点词语	搭配词语
4	脑袋/n ◆ nao3_dai5 ▲^1	尖/a ◆ jian1 ▲^1	4	飘/v ◆ piao1 ▲^1	雨/n ◆ yu3
4	脑袋/n ◆ nao3_dai5 ▲^1	方/a ◆ fang1 ▲^A1	4	票/n ◆ piao4 ▲^1	要/v ◆ yao4 ▲^B6
4	脑筋/n ◆ nao3_jin1 ▲^1	动/v ◆ dong4 ▲^4	4	票/n ◆ piao4 ▲^1	逃/v ◆ tao2
4	能量/n ◆ neng2_liang4 ▲^1	释放/v ◆ shi4_fang4 ▲^2	4	票/n ◆ piao4 ▲^1	要/v ◆ yao4 ▲^B1
4	年代/n ◆ nian2_dai4 ▲^1	战争/n ◆ zhan4_zheng1	4	票/n ◆ piao4 ▲^1	等/v ◆ deng3 ▲^B1
4	年代/n ◆ nian2_dai4 ▲^2	开始/v ◆ kai1_shi3 ▲^1	4	品质/n ◆ pin3_zhi4 ▲^1	美好/a ◆ mei3_hao3
4	念/v ◆ nian4 ▲^B1	课文/n ◆ ke4_wen2	4	品种/n ◆ pin3_zhong3 ▲^2	多/a ◆ duo1 ▲^A1
4	捏/v ◆ nie1 ▲^1	手指/n ◆ shou3_zhi3	4	平/a ◆ ping2 ▲^1	踏/v ◆ ta4
4	牛/n ◆ niu2 ▲^A1	头/n ◆ tou2 ▲^1	4	平等/a ◆ ping2_deng3 ▲^2	种族/n ◆ zhong3_zu2
4	牛/n ◆ niu2 ▲^A1	死/v ◆ si3 ▲^1	4	苹果/n ◆ ping2_guo3 ▲^2	圆/a ◆ yuan2 ▲^3
4	牛/n ◆ niu2 ▲^A1	赶/v ◆ gan3 ▲^4	4	坡/n ◆ po1 ▲^1	陡/a ◆ dou3
4	牛/n ◆ niu2 ▲^A1	牵/v ◆ qian1	4	破/a ◆ po4 ▲^8	撕/v ◆ si1
4	牛/n ◆ niu2 ▲^A1	看/v ◆ kan4 ▲^1	4	破坏/v ◆ po4_huai4 ▲^2	受到/v ◆ shou4_dao4
4	牛皮/n ◆ niu2_pi2 ▲^1	鼓面/n ◆ gu3_mian4	4	破坏/v ◆ po4_huai4 ▲^2	人类/n ◆ ren2_lei4
4	浓/a ◆ nong2 ▲^1	墨/n ◆ mo4	4	匍匐/v ◆ pu2_fu2 ▲^1	前进/v ◆ qian2_jin4
4	奴才/n ◆ nu2_cai5 ▲^1	做/v ◆ zuo4 ▲^5	4	蒲公英/n ◆ pu2_gong1_ying1 ▲^1	花/n ◆ hua1 ▲^A1
4	努力/v ◆ nu3_li4 ▲^1	付出/v ◆ fu4_chu1	4	蒲公英/n ◆ pu2_gong1_ying1 ▲^1	种子/n ◆ zhong3_zi5 ▲^1
4	爬/v ◆ pa2 ▲^2	过/v ◆ guo4 ▲^1	4	奇怪/a ◆ qi2_guai4 ▲^1	看/v ◆ kan4 ▲^1
4	拍/v ◆ pai1 ▲^1	巴掌/n ◆ ba1_zhang3	4	旗帜/n ◆ qi2_zhi4 ▲^1	飘扬/v ◆ piao1_yang2
4	盘旋/v ◆ pan2_xuan2 ▲^1	上空/s ◆ shang4_kong1	4	起伏/v ◆ qi3_fu2 ▲^1	蜿蜒/z ◆ wan1_yan2 ▲^2
4	盘旋/v ◆ pan2_xuan2 ▲^1	高空/s ◆ gao1_kong1	4	起伏/v ◆ qi3_fu2 ▲^2	波澜/n ◆ bo1_lan2
4	判断/v ◆ pan4_duan4 ▲^2	独立/v ◆ du2_li4 ▲^5	4	起来/v ◆ qi3_lai2 ▲^3	人民/n ◆ ren2_min2
4	判断/v ◆ pan4_duan4 ▲^2	作出/v ◆ zuo4_chu1	4	气/n ◆ qi4 ▲^3	透/v ◆ tou4 ▲^1
4	抛/v ◆ pao1 ▲^2	远/a ◆ yuan3 ▲^1	4	气候/n ◆ qi4_hou4 ▲^1	反映/v ◆ fan3_ying4 ▲^1
4	跑/v ◆ pao3 ▲^1	飞/v ◆ fei1 ▲^1	4	气候/n ◆ qi4_hou4 ▲^1	寒冷/a ◆ han2_leng3
4	跑/v ◆ pao3 ▲^1	匆匆/z ◆ cong1_cong1	4	气候/n ◆ qi4_hou4 ▲^1	温暖/a ◆ wen1_nuan3 ▲^1
4	培养/v ◆ pei2_yang3 ▲^2	美感/n ◆ mei3_gan3	4	气味/n ◆ qi4_wei4 ▲^1	闻/v ◆ wen2
4	朋友/n ◆ peng2_you5 ▲^1	找/v ◆ zhao3 ▲^A	4	钱/n ◆ qian2 ▲^A1	欠/v ◆ qian4 ▲^B1
4	皮/n ◆ pi2 ▲^1	树/n ◆ shu4 ▲^1	4	钱/n ◆ qian2 ▲^A2	付/v ◆ fu4
4	皮/n ◆ pi2 ▲^1	薄/a ◆ bao2 ▲^1	4	钱/n ◆ qian2 ▲^A2	赚/v ◆ zhuan4 ▲^3
4	皮/n ◆ pi2 ▲^1	旧/a ◆ jiu4 ▲^2	4	钱/n ◆ qian2 ▲^A2	花/v ◆ hua1 ▲^B
4	片/n ◆ pian4 ▲^1	小/a ◆ xiao3 ▲^1	4	钱/n ◆ qian2 ▲^A2	有/v ◆ you3 ▲^1
4	漂亮/a ◆ piao4_liang5 ▲^1	穿/v ◆ chuan1 ▲^5			
4	飘/v ◆ piao1 ▲^1	吹/v ◆ chui1 ▲^3			

共现次数	节点词语	搭配词语
4	钱/n ◆ qian2 ▲ ^A2	用/v ◆ yong4 ▲ ^1
4	钱/n ◆ qian2 ▲ ^A2	还/v ◆ huan2 ▲ ^2
4	钱/n ◆ qian2 ▲ ^A3	还/v ◆ huan2 ▲ ^2
4	钱/n ◆ qian2 ▲ ^A3	凑/v ◆ cou4 ▲ ^1
4	钱/n ◆ qian2 ▲ ^A4	小/a ◆ xiao3 ▲ ^1
4	强烈/a ◆ qiang2_lie4 ▲ ^1	发出/v ◆ fa1_chu1 ▲ ^1
4	强烈/a ◆ qiang2_lie4 ▲ ^1	对比/v ◆ dui4_bi3 ▲ ^1
4	抢/v ◆ qiang3 ▲ ^A2	渡/v ◆ du4 ▲ ^1
4	敲/v ◆ qiao1 ▲ ^1	锣/n ◆ luo2
4	敲/v ◆ qiao1 ▲ ^1	锣鼓/n ◆ luo2_gu3
4	桥梁/n ◆ qiao2_liang2 ▲ ^1	造/v ◆ zao4 ▲ ^A1
4	亲人/n ◆ qin1_ren2 ▲ ^2	家乡/n ◆ jia1_xiang1
4	琴/n ◆ qin2 ▲ ^2	练/v ◆ lian4 ▲ ^3
4	勤/a ◆ qin2 ▲ ^1	动手/v ◆ dong4_shou3 ▲ ^1
4	青/a ◆ qing1 ▲ ^1	草色/n ◆ cao3_se4
4	青/a ◆ qing1 ▲ ^1	紫/a ◆ zi3
4	青年/n ◆ qing1_nian2 ▲ ^1	健壮/a ◆ jian4_zhuang4
4	青年/n ◆ qing1_nian2 ▲ ^1	时期/n ◆ shi2_qi1
4	轻/a ◆ qing1 ▲ ^6	碰/v ◆ peng4 ▲ ^3
4	轻/a ◆ qing1 ▲ ^6	开/v ◆ kai1 ▲ ^A1
4	轻/a ◆ qing1 ▲ ^6	推/v ◆ tui1 ▲ ^1
4	轻/a ◆ qing1 ▲ ^6	提/v ◆ ti2 ▲ ^1
4	轻/a ◆ qing1 ▲ ^6	摸/v ◆ mo1 ▲ ^1
4	清/a ◆ qing1 ▲ ^A1	河水/n ◆ he2_shui3
4	清/a ◆ qing1 ▲ ^A1	听/v ◆ ting1 ▲ ^A1
4	清/a ◆ qing1 ▲ ^A4	写/v ◆ xie3 ▲ ^2
4	清/a ◆ qing1 ▲ ^A4	眼睛/n ◆ yan3_jing1
4	清楚/a ◆ qing1_chu5 ▲ ^1	想/v ◆ xiang3 ▲ ^3
4	清楚/a ◆ qing1_chu5 ▲ ^1	数/v ◆ shu3 ▲ ^1
4	清脆/a ◆ qing1_cui4 ▲ ^1	响/v ◆ xiang3 ▲ ^2
4	情感/n ◆ qing2_gan3 ▲ ^1	丰富/a ◆ feng1_fu4 ▲ ^1
4	情况/n ◆ qing2_kuang4 ▲ ^1	考虑/v ◆ kao3_lv4
4	情况/n ◆ qing2_kuang4 ▲ ^1	严重/a ◆ yan2_zhong4 ▲ ^1
4	情况/n ◆ qing2_kuang4 ▲ ^1	具体/a ◆ ju4_ti3 ▲ ^1
4	情况/n ◆ qing2_kuang4 ▲ ^1	正常/a ◆ zheng4_chang2
4	情况/n ◆ qing2_kuang4 ▲ ^1	介绍/v ◆ jie4_shao4 ▲ ^3
4	情况/n ◆ qing2_kuang4 ▲ ^1	调查/v ◆ diao4_cha2
4	情趣/n ◆ qing2_qu4 ▲ ^2	审美/v ◆ shen3_mei3
4	请求/n ◆ qing3_qiu2 ▲ ^2	答应/v ◆ da1_ying5 ▲ ^2
4	球/n ◆ qiu2 ▲ ^3	踢/v ◆ ti1
4	球/n ◆ qiu2 ▲ ^3	打/v ◆ da3 ▲ ^A22
4	区别/n ◆ qu1_bie2 ▲ ^2	根本/a ◆ gen1_ben3 ▲ ^2
4	去/v ◆ qu4 ▲ ^A8	直接/a ◆ zhi2_jie1
4	圈/n ◆ quan1 ▲ ^1	白/a ◆ bai2 ▲ ^A1
4	圈子/n ◆ quan1_zi5 ▲ ^1	转/v ◆ zhuan4 ▲ ^2
4	权/n ◆ quan2 ▲ ^3	有/v ◆ you3 ▲ ^2
4	劝告/v ◆ quan4_gao4 ▲ ^1	接受/v ◆ jie1_shou4 ▲ ^2
4	群众/n ◆ qun2_zhong4 ▲ ^1	广大/b ◆ guang3_da4 ▲ ^3
4	热/a ◆ re4 ▲ ^2	觉得/v ◆ jue2_de5 ▲ ^1
4	人/n ◆ ren2 ▲ ^1	温和/a ◆ wen1_he2 ▲ ^2
4	人/n ◆ ren2 ▲ ^1	重视/v ◆ zhong4_shi4
4	人/n ◆ ren2 ▲ ^1	站立/v ◆ zhan4_li4
4	人/n ◆ ren2 ▲ ^1	蹲/v ◆ dun1 ▲ ^1
4	人/n ◆ ren2 ▲ ^1	阅读/v ◆ yue4_du2
4	人/n ◆ ren2 ▲ ^1	微笑/v ◆ wei1_xiao4 ▲ ^1
4	人/n ◆ ren2 ▲ ^1	激动/a ◆ ji1_dong4 ▲ ^1
4	人/n ◆ ren2 ▲ ^1	毁灭/v ◆ hui3_mie4
4	人/n ◆ ren2 ▲ ^1	沮丧/a ◆ ju3_sang4 ▲ ^1
4	人/n ◆ ren2 ▲ ^1	谈话/v ◆ tan2_hua4 ▲ ^1
4	人/n ◆ ren2 ▲ ^1	决定/v ◆ jue2_ding4 ▲ ^1
4	人/n ◆ ren2 ▲ ^1	交给/v ◆ jiao1_gei3
4	人/n ◆ ren2 ▲ ^1	保持/v ◆ bao3_chi2
4	人/n ◆ ren2 ▲ ^1	高贵/a ◆ gao1_gui4 ▲ ^1
4	人/n ◆ ren2 ▲ ^1	充满/v ◆ chong1_man3 ▲ ^2
4	人/n ◆ ren2 ▲ ^1	记忆/n ◆ ji4_yi4 ▲ ^2
4	人/n ◆ ren2 ▲ ^1	做出/v ◆ zuo4_chu1
4	人/n ◆ ren2 ▲ ^1	赋予/v ◆ fu4_yu3
4	人/n ◆ ren2 ▲ ^1	显得/v ◆ xian3_de5

共现次数	节点词语	搭配词语	共现次数	节点词语	搭配词语
4	人 /n ◆ ren2 ▲ ^1	良心 /n ◆ liang2_xin1	4	人 /n ◆ ren2 ▲ ^1	算是 /v ◆ suan4_shi4
4	人 /n ◆ ren2 ▲ ^1	缺乏 /v ◆ que1_fa2	4	人 /n ◆ ren2 ▲ ^1	取得 /v ◆ qu3_de2
4	人 /n ◆ ren2 ▲ ^1	悲观 /a ◆ bei1_guan1	4	人 /n ◆ ren2 ▲ ^1	一般 /a ◆ yi1_ban1 ▲ ^1
4	人 /n ◆ ren2 ▲ ^1	失掉 /v ◆ shi1_diao4 ▲ ^1	4	人 /n ◆ ren2 ▲ ^1	行 /v ◆ xing2 ▲ ^9
4	人 /n ◆ ren2 ▲ ^1	美 /a ◆ mei3 ▲ ^A3	4	人 /n ◆ ren2 ▲ ^1	丧失 /v ◆ sang4_shi1
4	人 /n ◆ ren2 ▲ ^1	须 /v ◆ xu1	4	人 /n ◆ ren2 ▲ ^1	姓 /v ◆ xing4 ▲ ^2
4	人 /n ◆ ren2 ▲ ^1	飞行 /v ◆ fei1_xing2	4	人 /n ◆ ren2 ▲ ^1	好 /a ◆ hao3 ▲ ^5
4	人 /n ◆ ren2 ▲ ^1	揭示 /v ◆ jie1_shi4 ▲ ^2	4	人 /n ◆ ren2 ▲ ^1	玩 /v ◆ wan2 ▲ ^A1
4	人 /n ◆ ren2 ▲ ^1	惟一 /b ◆ wei2_yi1	4	人 /n ◆ ren2 ▲ ^1	养活 /v ◆ yang3_huo5 ▲ ^1
4	人 /n ◆ ren2 ▲ ^1	进去 /v ◆ jin4_qu4	4	人 /n ◆ ren2 ▲ ^1	请 /v ◆ qing3 ▲ ^3
4	人 /n ◆ ren2 ▲ ^1	要 /v ◆ yao4 ▲ ^B3	4	人 /n ◆ ren2 ▲ ^1	想象 /v ◆ xiang3_xiang4 ▲ ^2
4	人 /n ◆ ren2 ▲ ^1	饿 /v ◆ e4 ▲ ^2	4	人 /n ◆ ren2 ▲ ^1	帮 /v ◆ bang1 ▲ ^A1
4	人 /n ◆ ren2 ▲ ^1	议论 /v ◆ yi4_lun4 ▲ ^1	4	人 /n ◆ ren2 ▲ ^1	革命 /v ◆ ge2_ming4 ▲ ^1
4	人 /n ◆ ren2 ▲ ^1	尊敬 /v ◆ zun1_jing4 ▲ ^1	4	人 /n ◆ ren2 ▲ ^1	杀死 /v ◆ sha1_si3
4	人 /n ◆ ren2 ▲ ^1	优美 /a ◆ you1_mei3	4	人 /n ◆ ren2 ▲ ^1	发展 /v ◆ fa1_zhan3 ▲ ^2
4	人 /n ◆ ren2 ▲ ^1	渡过 /v ◆ du4_guo4			
4	人 /n ◆ ren2 ▲ ^1	增加 /v ◆ zeng1_jia1	4	人 /n ◆ ren2 ▲ ^1	逗 /v ◆ dou4 ▲ ^A2
4	人 /n ◆ ren2 ▲ ^1	活泼 /a ◆ huo2_po1 ▲ ^1	4	人 /n ◆ ren2 ▲ ^1	病 /n ◆ bing4 ▲ ^1
4	人 /n ◆ ren2 ▲ ^1	出去 /v ◆ chu1_qu4	4	人 /n ◆ ren2 ▲ ^1	出来 /v ◆ chu1_lai2 ▲ ^1
4	人 /n ◆ ren2 ▲ ^1	请 /v ◆ qing3 ▲ ^1	4	人 /n ◆ ren2 ▲ ^1	说道 /v ◆ shuo1_dao4
4	人 /n ◆ ren2 ▲ ^1	同龄 /v ◆ tong2_ling2	4	人 /n ◆ ren2 ▲ ^1	搞 /v ◆ gao3 ▲ ^1
4	人 /n ◆ ren2 ▲ ^1	在场 /v ◆ zai4_chang3	4	人 /n ◆ ren2 ▲ ^1	失明 /v ◆ shi1_ming2
4	人 /n ◆ ren2 ▲ ^1	矮小 /a ◆ ai3_xiao3	4	人 /n ◆ ren2 ▲ ^1	吹竽 /v ◆ chui1_yu2
4	人 /n ◆ ren2 ▲ ^1	散 /v ◆ san4 ▲ ^1	4	人 /n ◆ ren2 ▲ ^1	旅行 /v ◆ lv3_xing2
4	人 /n ◆ ren2 ▲ ^1	虚心 /a ◆ xu1_xin1	4	人 /n ◆ ren2 ▲ ^1	生气 /a ◆ sheng1_qi4
4	人 /n ◆ ren2 ▲ ^1	恨 /v ◆ hen4	4	人 /n ◆ ren2 ▲ ^1	种田 /v ◆ zhong4_tian2
4	人 /n ◆ ren2 ▲ ^1	值得 /v ◆ zhi2_de2 ▲ ^2	4	人 /n ◆ ren2 ▲ ^1	可笑 /a ◆ ke3_xiao4 ▲ ^2
4	人 /n ◆ ren2 ▲ ^1	失败 /v ◆ shi1_bai4 ▲ ^2	4	人 /n ◆ ren2 ▲ ^1	登 /v ◆ deng1 ▲ ^A1
4	人 /n ◆ ren2 ▲ ^1	带 /v ◆ dai4 ▲ ^B4	4	人 /n ◆ ren2 ▲ ^1	抓 /v ◆ zhua1 ▲ ^3
4	人 /n ◆ ren2 ▲ ^1	接近 /v ◆ jie1_jin4	4	人 /n ◆ ren2 ▲ ^1	稳 /a ◆ wen3 ▲ ^1
4	人 /n ◆ ren2 ▲ ^1	眼 /n ◆ yan3 ▲ ^1	4	人 /n ◆ ren2 ▲ ^1	行走 /v ◆ xing2_zou3
4	人 /n ◆ ren2 ▲ ^1	天资 /n ◆ tian1_zi1	4	人 /n ◆ ren2 ▲ ^1	鼓舞 /v ◆ gu3_wu3 ▲ ^1
4	人 /n ◆ ren2 ▲ ^1	复杂 /a ◆ fu4_za2			
4	人 /n ◆ ren2 ▲ ^1	美德 /n ◆ mei3_de2	4	人 /n ◆ ren2 ▲ ^1	举手 /v ◆ ju3_shou3
4	人 /n ◆ ren2 ▲ ^1	奔放 /a ◆ ben1_fang4	4	人 /n ◆ ren2 ▲ ^1	死亡 /v ◆ si3_wang2
4	人 /n ◆ ren2 ▲ ^1	高 /a ◆ gao1 ▲ ^4	4	人 /n ◆ ren2 ▲ ^1	忘记 /v ◆ wang4_ji4 ▲ ^1
4	人 /n ◆ ren2 ▲ ^1	挣扎 /v ◆ zheng1_zha2	4	人 /n ◆ ren2 ▲ ^1	浑身 /n ◆ hun2_shen1
4	人 /n ◆ ren2 ▲ ^1	开口 /v ◆ kai1_kou3 ▲ ^A	4	人 /n ◆ ren2 ▲ ^1	讲 /v ◆ jiang3 ▲ ^2
4	人 /n ◆ ren2 ▲ ^1	衣着 /n ◆ yi1_zhuo2	4	人 /n ◆ ren2 ▲ ^1	上等 /b ◆ shang4_deng3
4	人 /n ◆ ren2 ▲ ^1	去 /v ◆ qu4 ▲ ^A10			
4	人 /n ◆ ren2 ▲ ^1	意志 /n ◆ yi4_zhi4			

共现次数	节点词语	搭配词语	共现次数	节点词语	搭配词语
4	人 /n ◆ ren2 ▲ ^1	仿佛 /v ◆ fang3_fu2 ▲ ^2	4	人 /n ◆ ren2 ▲ ^1	关注 /v ◆ guan1_zhu4
4	人 /n ◆ ren2 ▲ ^1	散步 /v ◆ san4_bu4	4	人 /n ◆ ren2 ▲ ^1	选择 /v ◆ xuan3_ze2
4	人 /n ◆ ren2 ▲ ^1	宗教 /n ◆ zong1_jiao4	4	人 /n ◆ ren2 ▲ ^1	视为 /v ◆ shi4_wei2
4	人 /n ◆ ren2 ▲ ^1	睡觉 /v ◆ shui4_jiao4	4	人 /n ◆ ren2 ▲ ^1	拆除 /v ◆ chai1_chu2
4	人 /n ◆ ren2 ▲ ^1	思考 /v ◆ si1_kao3	4	人 /n ◆ ren2 ▲ ^1	特招 /v ◆ te4_zhao1
4	人 /n ◆ ren2 ▲ ^1	个性 /n ◆ ge4_xing4 ▲ ^1	4	人 /n ◆ ren2 ▲ ^1	飞 /v ◆ fei1 ▲ ^2
4	人 /n ◆ ren2 ▲ ^1	回头 /v ◆ hui2_tou2 ▲ ^1	4	人 /n ◆ ren2 ▲ ^1	摆 /v ◆ bai3 ▲ ^A1
4	人 /n ◆ ren2 ▲ ^1	实现 /v ◆ shi2_xian4	4	人 /n ◆ ren2 ▲ ^1	寻 /v ◆ xun2 ▲ ^B
4	人 /n ◆ ren2 ▲ ^1	好比 /v ◆ hao3_bi3	4	人 /n ◆ ren2 ▲ ^1	健谈 /a ◆ jian4_tan2
4	人 /n ◆ ren2 ▲ ^1	似 /v ◆ si4 ▲ ^1	4	人 /n ◆ ren2 ▲ ^1	看不起 /v ◆ kan4_bu4_qi3
4	人 /n ◆ ren2 ▲ ^1	赞同 /v ◆ zan4_tong2	4	人 /n ◆ ren2 ▲ ^1	赞叹 /v ◆ zan4_tan4
4	人 /n ◆ ren2 ▲ ^1	伤心 /a ◆ shang1_xin1	4	人 /n ◆ ren2 ▲ ^1	捉摸 /v ◆ zhuo1_mo1
4	人 /n ◆ ren2 ▲ ^1	新 /a ◆ xin1 ▲ ^1	4	人 /n ◆ ren2 ▲ ^1	伸出 /v ◆ shen1_chu1
4	人 /n ◆ ren2 ▲ ^1	指出 /v ◆ zhi3_chu1	4	人 /n ◆ ren2 ▲ ^1	吓 /v ◆ xia4
4	人 /n ◆ ren2 ▲ ^1	心醉 /v ◆ xin1_zui4	4	人 /n ◆ ren2 ▲ ^1	帮忙 /v ◆ bang1_mang2
4	人 /n ◆ ren2 ▲ ^1	希望 /n ◆ xi1_wang4 ▲ ^2	4	人 /n ◆ ren2 ▲ ^1	摘 /v ◆ zhai1 ▲ ^1
4	人 /n ◆ ren2 ▲ ^1	文明 /n ◆ wen2_ming2 ▲ ^1	4	人 /n ◆ ren2 ▲ ^1	问道 /v ◆ wen4_dao4
4	人 /n ◆ ren2 ▲ ^1	名 /n ◆ ming2 ▲ ^1	4	人 /n ◆ ren2 ▲ ^1	等待 /v ◆ deng3_dai4
4	人 /n ◆ ren2 ▲ ^1	唤 /v ◆ huan4	4	人 /n ◆ ren2 ▲ ^1	痛心 /a ◆ tong4_xin1
4	人 /n ◆ ren2 ▲ ^1	争 /v ◆ zheng1 ▲ ^A1	4	人 /n ◆ ren2 ▲ ^1	握 /v ◆ wo4 ▲ ^1
4	人 /n ◆ ren2 ▲ ^1	欢喜 /v ◆ huan1_xi3 ▲ ^2	4	人 /n ◆ ren2 ▲ ^1	驾 /v ◆ jia4 ▲ ^2
4	人 /n ◆ ren2 ▲ ^1	拥 /v ◆ yong1 ▲ ^3	4	人 /n ◆ ren2 ▲ ^2	高 /a ◆ gao1 ▲ ^1
4	人 /n ◆ ren2 ▲ ^1	可怕 /a ◆ ke3_pa4	4	人 /n ◆ ren2 ▲ ^2	证明 /v ◆ zheng4_ming2 ▲ ^1
4	人 /n ◆ ren2 ▲ ^1	招 /v ◆ zhao1 ▲ ^A2	4	人 /n ◆ ren2 ▲ ^2	认识 /v ◆ ren4_shi5 ▲ ^1
4	人 /n ◆ ren2 ▲ ^1	报名 /v ◆ bao4_ming2			
4	人 /n ◆ ren2 ▲ ^1	认识 /v ◆ ren4_shi5 ▲ ^2	4	人 /n ◆ ren2 ▲ ^2	明白 /v ◆ ming2_bai5 ▲ ^4
4	人 /n ◆ ren2 ▲ ^1	使得 /v ◆ shi3_de5 ▲ ^B	4	人 /n ◆ ren2 ▲ ^2	发现 /v ◆ fa1_xian4 ▲ ^1
4	人 /n ◆ ren2 ▲ ^1	划船 /v ◆ hua4_chuan2	4	人 /n ◆ ren2 ▲ ^2	厉害 /a ◆ li4_hai5 ▲ ^1
4	人 /n ◆ ren2 ▲ ^1	患难 /n ◆ huan4_nan4			
4	人 /n ◆ ren2 ▲ ^1	剩 /v ◆ sheng4	4	人 /n ◆ ren2 ▲ ^2	吓 /v ◆ xia4
4	人 /n ◆ ren2 ▲ ^1	焦急 /a ◆ jiao1_ji2	4	人 /n ◆ ren2 ▲ ^2	送 /v ◆ song4 ▲ ^1
4	人 /n ◆ ren2 ▲ ^1	回家 /v ◆ hui2_jia1	4	人 /n ◆ ren2 ▲ ^2	要 /v ◆ yao4 ▲ ^B7
4	人 /n ◆ ren2 ▲ ^1	打 /v ◆ da3 ▲ ^A12	4	人 /n ◆ ren2 ▲ ^2	受 /v ◆ shou4 ▲ ^1
4	人 /n ◆ ren2 ▲ ^1	上岸 /v ◆ shang4_an4	4	人 /n ◆ ren2 ▲ ^2	可怜 /a ◆ ke3_lian2 ▲ ^1
4	人 /n ◆ ren2 ▲ ^1	记得 /v ◆ ji4_de5	4	人 /n ◆ ren2 ▲ ^2	老 /a ◆ lao3 ▲ ^1
4	人 /n ◆ ren2 ▲ ^1	踏 /v ◆ ta4	4	人 /n ◆ ren2 ▲ ^2	精神 /n ◆ jing1_shen2 ▲ ^1
4	人 /n ◆ ren2 ▲ ^1	嫁 /v ◆ jia4			
4	人 /n ◆ ren2 ▲ ^1	成熟 /a ◆ cheng2_shu2 ▲ ^2	4	人 /n ◆ ren2 ▲ ^2	在场 /v ◆ zai4_chang3
			4	人 /n ◆ ren2 ▲ ^2	小 /a ◆ xiao3 ▲ ^1
			4	人 /n ◆ ren2 ▲ ^2	欺凌 /v ◆ qi1_ling2
			4	人 /n ◆ ren2 ▲ ^2	生 /v ◆ sheng1 ▲ ^A1
4	人 /n ◆ ren2 ▲ ^1	活动 /v ◆ huo2_dong4 ▲ ^2	4	人 /n ◆ ren2 ▲ ^4	经验 /n ◆ jing1_yan4 ▲ ^1

共现次数	节点词语	搭配词语	共现次数	节点词语	搭配词语
4	人 /n ◆ ren2 ▲ ^4	设计 /v ◆ she4_ji4 ▲ ^1	4	人物 /n ◆ ren2_wu4 ▲ ^2	著名 /a ◆ zhu4_ming2
4	人 /n ◆ ren2 ▲ ^4	发现 /v ◆ fa1_xian4 ▲ ^1	4	人物 /n ◆ ren2_wu4 ▲ ^3	对话 /n ◆ dui4_hua4 ▲ ^1
4	人 /n ◆ ren2 ▲ ^4	联系 /v ◆ lian2_xi4	4	人物 /n ◆ ren2_wu4 ▲ ^3	写 /v ◆ xie3 ▲ ^ ★
4	人 /n ◆ ren2 ▲ ^4	从事 /v ◆ cong2_shi4 ▲ ^1	4	人物 /n ◆ ren2_wu4 ▲ ^3	完整 /a ◆ wan2_zheng3
4	人 /n ◆ ren2 ▲ ^4	爱 /v ◆ ai4 ▲ ^1	4	人物 /n ◆ ren2_wu4 ▲ ^3	揭示 /v ◆ jie1_shi4 ▲ ^2
4	人 /n ◆ ren2 ▲ ^4	文明 /a ◆ wen2_ming2 ▲ ^2	4	人物 /n ◆ ren2_wu4 ▲ ^3	各色 /b ◆ ge4_se4 ▲ ^1
4	人 /n ◆ ren2 ▲ ^4	收信 /v ◆ shou1_xin4	4	人物 /n ◆ ren2_wu4 ▲ ^3	语言 /n ◆ yu3_yan2 ▲ ^1
4	人 /n ◆ ren2 ▲ ^4	看到 /v ◆ kan4_dao4	4	人物 /n ◆ ren2_wu4 ▲ ^3	个性 /n ◆ ge4_xing4 ▲ ^1
4	人 /n ◆ ren2 ▲ ^4	要 /v ◆ yao4 ▲ ^B7	4	人物 /n ◆ ren2_wu4 ▲ ^3	成功 /a ◆ cheng2_gong1 ▲ ^2
4	人 /n ◆ ren2 ▲ ^4	俗 /a ◆ su2	4	人物 /n ◆ ren2_wu4 ▲ ^3	活动 /n ◆ huo2_dong4 ▲ ^5
4	人 /n ◆ ren2 ▲ ^4	出席 /v ◆ chu1_xi2	4	人物 /n ◆ ren2_wu4 ▲ ^3	多 /a ◆ duo1 ▲ ^A1
4	人 /n ◆ ren2 ▲ ^4	记录 /v ◆ ji4_lu4 ▲ ^1	4	人物 /n ◆ ren2_wu4 ▲ ^3	欣赏 /v ◆ xin1_shang3 ▲ ^1
4	人 /n ◆ ren2 ▲ ^4	找 /v ◆ zhao3 ▲ ^A	4	人物 /n ◆ ren2_wu4 ▲ ^3	反面 /b ◆ fan3_mian4 ▲ ^2
4	人 /n ◆ ren2 ▲ ^4	接班 /v ◆ jie1_ban1 ▲ ^2	4	认识 /n ◆ ren4_shi5 ▲ ^2	感性 /b ◆ gan3_xing4
4	人 /n ◆ ren2 ▲ ^4	吹笛 /v ◆ chui1_di2	4	认识 /n ◆ ren4_shi5 ▲ ^2	深刻 /a ◆ shen1_ke4 ▲ ^1
4	人 /n ◆ ren2 ▲ ^4	好 /a ◆ hao3 ▲ ^1	4	认识 /v ◆ ren4_shi5 ▲ ^1	正确 /a ◆ zheng4_que4
4	人 /n ◆ ren2 ▲ ^4	卖 /v ◆ mai4 ▲ ^1	4	认真 /a ◆ ren4_zhen1 ▲ ^2	进行 /v ◆ jin4_xing2 ▲ ^1
4	人 /n ◆ ren2 ▲ ^4	有心 /a ◆ you3_xin1	4	日子 /n ◆ ri4_zi5 ▲ ^2	过去 /v ◆ guo4_qu4 ▲ ^1
4	人 /n ◆ ren2 ▲ ^4	给 /v ◆ gei3 ▲ ^1	4	日子 /n ◆ ri4_zi5 ▲ ^2	久 /a ◆ jiu3 ▲ ^1
4	人 /n ◆ ren2 ▲ ^4	要求 /v ◆ yao1_qiu2 ▲ ^1	4	日子 /n ◆ ri4_zi5 ▲ ^3	太平 /a ◆ tai4_ping2
4	人 /n ◆ ren2 ▲ ^4	代理 /v ◆ dai4_li3 ▲ ^2	4	日子 /n ◆ ri4_zi5 ▲ ^3	苦 /a ◆ ku3 ▲ ^2
4	人 /n ◆ ren2 ▲ ^4	流浪 /v ◆ liu2_lang4	4	日子 /n ◆ ri4_zi5 ▲ ^3	美好 /a ◆ mei3_hao3
4	人 /n ◆ ren2 ▲ ^4	跑 /v ◆ pao3 ▲ ^1	4	绒毛 /n ◆ rong2_mao2 ▲ ^1	长 /a ◆ chang2 ▲ ^1
4	人 /n ◆ ren2 ▲ ^5	给 /v ◆ gei3 ▲ ^2	4	柔 /a ◆ rou2 ▲ ^3	轻 /a ◆ qing1 ▲ ^6
4	人 /n ◆ ren2 ▲ ^5	走 /v ◆ zou3 ▲ ^1	4	肉 /n ◆ rou4 ▲ ^1	衔 /v ◆ xian2 ▲ ^A1
4	人 /n ◆ ren2 ▲ ^5	请 /v ◆ qing3 ▲ ^2	4	入 /v ◆ ru4 ▲ ^1	没 /v ◆ mei2 ▲ ^ ★
4	人 /n ◆ ren2 ▲ ^5	开始 /v ◆ kai1_shi3 ▲ ^2	4	入 /v ◆ ru4 ▲ ^1	推 /v ◆ tui1 ▲ ^1
4	人 /n ◆ ren2 ▲ ^5	找 /v ◆ zhao3 ▲ ^A	4	入 /v ◆ ru4 ▲ ^1	伸 /v ◆ shen1
4	人 /n ◆ ren2 ▲ ^5	做工 /v ◆ zuo4_gong1	4	入 /v ◆ ru4 ▲ ^1	选 /v ◆ xuan3 ▲ ^1
4	人 /n ◆ ren2 ▲ ^5	做 /v ◆ zuo4 ▲ ^1	4	入 /v ◆ ru4 ▲ ^1	船 /n ◆ chuan2
4	人 /n ◆ ren2 ▲ ^5	尊敬 /v ◆ zun1_jing4 ▲ ^1	4	散 /v ◆ san4 ▲ ^1	雾 /n ◆ wu4
4	人 /n ◆ ren2 ▲ ^5	看 /v ◆ kan4 ▲ ^1			
4	人家 /n ◆ ren2_jia1 ▲ ^2	有钱 /a ◆ you3_qian2			
4	人家 /n ◆ ren2_jia1 ▲ ^2	大户 /n ◆ da4_hu4 ▲ ^2			
4	人家 /n ◆ ren2_jia1 ▲ ^2	说 /v ◆ shuo1 ▲ ^1			
4	人物 /n ◆ ren2_wu4 ▲ ^1	优秀 /a ◆ you1_xiu4			

共现次数	节点词语	搭配词语	共现次数	节点词语	搭配词语
4	散文/n ◆ san3_wen2 ▲^2	抒情/v ◆ shu1_qing2	4	社会/n ◆ she4_hui4 ▲^2	关系/n ◆ guan1_xi4 ▲^2
4	嗓子/n ◆ sang3_zi5 ▲^1	沙哑/a ◆ sha1_ya3	4	社会/n ◆ she4_hui4 ▲^2	当今/n ◆ dang1_jin1 ▲^2
4	嗓子/n ◆ sang3_zi5 ▲^2	清/v ◆ qing1 ▲^A6	4	社会/n ◆ she4_hui4 ▲^2	知识/n ◆ zhi1_shi5 ▲^2
4	扫/v ◆ sao3 ▲^1	走/v ◆ zou3 ▲^1	4	社会/n ◆ she4_hui4 ▲^2	下层/f ◆ xia4_ceng2
4	色彩/n ◆ se4_cai3 ▲^1	美丽/a ◆ mei3_li4	4	社会/n ◆ she4_hui4 ▲^2	小说/n ◆ xiao3_shuo1
4	色彩/n ◆ se4_cai3 ▲^2	富有/v ◆ fu4_you3 ▲^2	4	社会/n ◆ she4_hui4 ▲^2	充满/v ◆ chong1_man3 ▲^2
4	色彩/n ◆ se4_cai3 ▲^2	强烈/a ◆ qiang2_lie4 ▲^1	4	社会/n ◆ she4_hui4 ▲^2	成员/n ◆ cheng2_yuan2
4	色彩/n ◆ se4_cai3 ▲^2	浓厚/a ◆ nong2_hou4 ▲^2	4	社会/n ◆ she4_hui4 ▲^2	冲突/v ◆ chong1_tu1 ▲^1
4	色彩/n ◆ se4_cai3 ▲^2	充满/v ◆ chong1_man3 ▲^2	4	社会/n ◆ she4_hui4 ▲^2	现象/n ◆ xian4_xiang4
4	晒/v ◆ shai4 ▲^2	化/v ◆ hua4 ▲^A3	4	社会/n ◆ she4_hui4 ▲^2	理想/a ◆ li3_xiang3 ▲^2
4	山/n ◆ shan1 ▲^1	陡/a ◆ dou3	4	社会/n ◆ she4_hui4 ▲^2	接触/v ◆ jie1_chu4 ▲^1
4	山/n ◆ shan1 ▲^1	崩塌/v ◆ beng1_ta1	4	社会/n ◆ she4_hui4 ▲^2	传统/n ◆ chuan2_tong3 ▲^1
4	山头/n ◆ shan1_tou2 ▲^1	爬/v ◆ pa2 ▲^2	4	社会/n ◆ she4_hui4 ▲^2	变革/v ◆ bian4_ge2
4	闪烁/v ◆ shan3_shuo4 ▲^1	银光/n ◆ yin2_guang1	4	身/n ◆ shen1 ▲^1	回/v ◆ hui2 ▲^A3
4	上/v ◆ shang4 ▲^B1	楼梯/n ◆ lou2_ti1	4	身/n ◆ shen1 ▲^1	戴/v ◆ dai4
4	上/v ◆ shang4 ▲^B12	夜校/n ◆ ye4_xiao4	4	身/n ◆ shen1 ▲^1	扭/v ◆ niu3 ▲^1
4	上/v ◆ shang4 ▲^B2	厕所/n ◆ ce4_suo3	4	身/n ◆ shen1 ▲^1	背/v ◆ bei1 ▲^1
4	上下/n ◆ shang4_xia4 ▲^A2	翻飞/v ◆ fan1_fei1 ▲^1	4	身份/n ◆ shen1_fen5 ▲^1	人物/n ◆ ren2_wu4 ▲^3
4	烧/v ◆ shao1 ▲^1	死/v ◆ si3 ▲^1	4	身子/n ◆ shen1_zi5 ▲^1	挤/v ◆ ji3 ▲^3
4	少/a ◆ shao3 ▲^1	花/v ◆ hua1 ▲^B	4	身子/n ◆ shen1_zi5 ▲^1	摆动/v ◆ bai3_dong4
4	少年/n ◆ shao4_nian2 ▲^2	高/a ◆ gao1 ▲^1	4	身子/n ◆ shen1_zi5 ▲^1	弓/v ◆ gong1 ▲^5
4	少年/n ◆ shao4_nian2 ▲^2	干瘪/a ◆ gan1_bie3 ▲^1	4	身子/n ◆ shen1_zi5 ▲^1	整个/b ◆ zheng3_ge4
4	设备/n ◆ she4_bei4 ▲^2	测量/v ◆ ce4_liang2	4	深/a ◆ shen1 ▲^4	希望/v ◆ xi1_wang4 ▲^1
4	设计/v ◆ she4_ji4 ▲^1	人员/n ◆ ren2_yuan2	4	深入/a ◆ shen1_ru4 ▲^2	理解/v ◆ li3_jie3
4	设计/v ◆ she4_ji4 ▲^1	负责/v ◆ fu4_ze2 ▲^1	4	神/n ◆ shen2 ▲^1	迎/v ◆ ying2 ▲^1
4	设计/v ◆ she4_ji4 ▲^1	建筑/v ◆ jian4_zhu4 ▲^1	4	神/n ◆ shen2 ▲^1	创造/v ◆ chuang4_zao4
4	设计/v ◆ she4_ji4 ▲^1	途径/n ◆ tu2_jing4	4	神话/n ◆ shen2_hua4 ▲^1	传统/n ◆ chuan2_tong3 ▲^1
4	社会/n ◆ she4_hui4 ▲^1	变化/v ◆ bian4_hua4			
4	社会/n ◆ she4_hui4 ▲^2	当代/n ◆ dang1_dai4			

共现次数	节点词语	搭配词语	共现次数	节点词语	搭配词语
4	神气 /a ◆ shen2_qi4 ▲^2	十足 /z ◆ shi2_zu2 ▲^2	4	石板 /n ◆ shi2_ban3 ▲^1	背 /v ◆ bei1 ▲^1
4	生 /v ◆ sheng1 ▲^A1	儿子 /n ◆ er2_zi5	4	石榴 /n ◆ shi2_liu5 ▲^1	树 /n ◆ shu4 ▲^1
4	生产 /v ◆ sheng1_chan3 ▲^1	公司 /n ◆ gong1_si1	4	时代 /n ◆ shi2_dai4 ▲^1	反映 /v ◆ fan3_ying4 ▲^1
4	生产 /v ◆ sheng1_chan3 ▲^1	发展 /v ◆ fa1_zhan3 ▲^2	4	时代 /n ◆ shi2_dai4 ▲^1	远古 /t ◆ yuan3_gu3
4	生产 /v ◆ sheng1_chan3 ▲^1	发展 /v ◆ fa1_zhan3 ▲^1	4	时代 /n ◆ shi2_dai4 ▲^1	封建 /a ◆ feng1_jian4 ▲^3
4	生活 /n ◆ sheng1_huo2 ▲^1	改善 /v ◆ gai3_shan4	4	时代 /n ◆ shi2_dai4 ▲^1	过去 /v ◆ guo4_qu4 ▲^1
4	生活 /n ◆ sheng1_huo2 ▲^1	普通 /a ◆ pu3_tong1	4	时间 /n ◆ shi2_jian1 ▲^2	花费 /v ◆ hua1_fei4
4	生活 /n ◆ sheng1_huo2 ▲^1	习惯 /v ◆ xi2_guan4 ▲^1	4	时间 /n ◆ shi2_jian1 ▲^2	学习 /v ◆ xue2_xi2 ▲^1
4	生活 /n ◆ sheng1_huo2 ▲^1	智慧 /n ◆ zhi4_hui4	4	时间 /n ◆ shi2_jian1 ▲^2	需要 /v ◆ xu1_yao4 ▲^1
4	生活 /n ◆ sheng1_huo2 ▲^1	形象 /n ◆ xing2_xiang4 ▲^2	4	时间 /n ◆ shi2_jian1 ▲^3	有 /v ◆ you3 ▲^3
4	生活 /n ◆ sheng1_huo2 ▲^1	来源 /v ◆ lai2_yuan2 ▲^2	4	时刻 /n ◆ shi2_ke4 ▲^1	同一 /b ◆ tong2_yi1 ▲^1
4	生活 /n ◆ sheng1_huo2 ▲^1	童年 /n ◆ tong2_nian2	4	时刻 /n ◆ shi2_ke4 ▲^1	到来 /v ◆ dao4_lai2
4	生活 /n ◆ sheng1_huo2 ▲^1	熟悉 /v ◆ shu2_xi1	4	时装 /n ◆ shi2_zhuang1 ▲^1	店 /n ◆ dian4 ▲^2
4	生活 /n ◆ sheng1_huo2 ▲^1	回忆 /v ◆ hui2_yi4	4	实际 /a ◆ shi2_ji4 ▲^2	用途 /n ◆ yong4_tu2
4	生活 /n ◆ sheng1_huo2 ▲^1	古代 /n ◆ gu3_dai4 ▲^1	4	世界 /n ◆ shi4_jie4 ▲^1	声音 /n ◆ sheng1_yin1
4	生活 /n ◆ sheng1_huo2 ▲^1	贴近 /v ◆ tie1_jin4 ▲^1	4	世界 /n ◆ shi4_jie4 ▲^1	奇妙 /a ◆ qi2_miao4
4	生活 /n ◆ sheng1_huo2 ▲^1	流亡 /v ◆ liu2_wang2	4	世界 /n ◆ shi4_jie4 ▲^1	新 /a ◆ xin1 ▲^1
4	生活 /n ◆ sheng1_huo2 ▲^1	民间 /n ◆ min2_jian1 ▲^1	4	世界 /n ◆ shi4_jie4 ▲^1	认识 /v ◆ ren4_shi5 ▲^1
4	生活 /n ◆ sheng1_huo2 ▲^4	环境 /n ◆ huan2_jing4 ▲^2	4	世界 /n ◆ shi4_jie4 ▲^3	动物 /n ◆ dong4_wu4
4	生活 /v ◆ sheng1_huo2 ▲^2	人类 /n ◆ ren2_lei4	4	世界 /n ◆ shi4_jie4 ▲^3	主流 /n ◆ zhu3_liu2 ▲^2
4	生意 /n ◆ sheng1_yi5 ▲^1	兴隆 /a ◆ xing1_long2	4	世界 /n ◆ shi4_jie4 ▲^3	冠军 /n ◆ guan4_jun1
4	声 /n ◆ sheng1 ▲^1	断 /v ◆ duan4 ▲^A1	4	世界 /n ◆ shi4_jie4 ▲^3	享誉 /v ◆ xiang3_yu4
4	声 /n ◆ sheng1 ▲^1	呼唤 /v ◆ hu1_huan4 ▲^2	4	世界 /n ◆ shi4_jie4 ▲^3	声音 /n ◆ sheng1_yin1
4	声 /n ◆ sheng1 ▲^1	细 /a ◆ xi4 ▲^4	4	世界 /n ◆ shi4_jie4 ▲^3	一流 /b ◆ yi1_liu2 ▲^2
4	声 /n ◆ sheng1 ▲^1	尖 /a ◆ jian1 ▲^2	4	世界 /n ◆ shi4_jie4 ▲^3	文明 /n ◆ wen2_ming2 ▲^1
4	胜利 /v ◆ sheng4_li4 ▲^1	人民 /n ◆ ren2_min2			
4	十足 /z ◆ shi2_zu2 ▲^2	神气 /a ◆ shen2_qi4 ▲^2			

共现次数	节点词语	搭配词语	共现次数	节点词语	搭配词语
4	市 /n ◆ shi4 ▲ ^3	中心 /n ◆ zhong1_xin1 ▲ ^1	4	手 /n ◆ shou3 ▲ ^1	插 /v ◆ cha1 ▲ ^1
4	市场 /n ◆ shi4_chang3 ▲ ^2	规则 /n ◆ gui1_ze2 ▲ ^1	4	手 /n ◆ shou3 ▲ ^1	摊 /v ◆ tan1 ▲ ^1
4	示威 /v ◆ shi4_wei1 ▲ ^1	游行 /v ◆ you2_xing2 ▲ ^2	4	手臂 /n ◆ shou3_bi4 ▲ ^1	伸出 /v ◆ shen1_chu1
4	事 /n ◆ shi4 ▲ ^1	有 /v ◆ you3 ▲ ^4	4	手法 /n ◆ shou3_fa3 ▲ ^1	讽刺 /v ◆ feng3_ci4
4	事 /n ◆ shi4 ▲ ^1	怕 /v ◆ pa4 ▲ ^3	4	受 /v ◆ shou4 ▲ ^2	尽 /v ◆ jin4 ▲ ^1
4	事 /n ◆ shi4 ▲ ^1	难 /a ◆ nan2 ▲ ^1	4	受 /v ◆ shou4 ▲ ^2	苦难 /n ◆ ku3_nan4
4	事 /n ◆ shi4 ▲ ^1	提起 /v ◆ ti2_qi3 ▲ ^1	4	受 /v ◆ shou4 ▲ ^3	够 /v ◆ gou4 ▲ ^2
4	事 /n ◆ shi4 ▲ ^1	打听 /v ◆ da3_ting1	4	书记 /n ◆ shu1_ji5 ▲ ^1	党支部 /n ◆ dang3_zhi1_bu4
4	事 /n ◆ shi4 ▲ ^1	找 /v ◆ zhao3 ▲ ^A	4	树 /n ◆ shu4 ▲ ^1	生长 /v ◆ sheng1_zhang3 ▲ ^1
4	事 /n ◆ shi4 ▲ ^1	有意思 /a ◆ you3_yi4_si1	4	树 /n ◆ shu4 ▲ ^1	古 /a ◆ gu3
4	事 /n ◆ shi4 ▲ ^1	苦 /a ◆ ku3 ▲ ^2	4	树 /n ◆ shu4 ▲ ^1	挺拔 /a ◆ ting3_ba2 ▲ ^1
4	事 /n ◆ shi4 ▲ ^1	愉快 /a ◆ yu2_kuai4	4	树 /n ◆ shu4 ▲ ^1	挖 /v ◆ wa1 ▲ ^1
4	事 /n ◆ shi4 ▲ ^1	有关 /v ◆ you3_guan1 ▲ ^2	4	树 /n ◆ shu4 ▲ ^1	顶 /n ◆ ding3 ▲ ^1
4	事 /n ◆ shi4 ▲ ^1	有 /v ◆ you3 ▲ ^6	4	竖 /v ◆ shu4 ▲ ^A3	大拇指 /n ◆ da4_mu3_zhi3
4	事 /n ◆ shi4 ▲ ^1	忘记 /v ◆ wang4_ji4 ▲ ^1	4	刷 /v ◆ shua1 ▲ ^A2	碗 /n ◆ wan3
4	事 /n ◆ shi4 ▲ ^1	自然 /a ◆ zi4_ran2 ▲ ^2	4	刷 /v ◆ shua1 ▲ ^A2	牙 /n ◆ ya2
4	事 /n ◆ shi4 ▲ ^1	记得 /v ◆ ji4_de5	4	摔 /v ◆ shuai1 ▲ ^1	掉 /v ◆ diao4 ▲ ^A1
4	事 /n ◆ shi4 ▲ ^3	找 /v ◆ zhao3 ▲ ^A	4	拴 /v ◆ shuan1 ▲ ^1	绳子 /n ◆ sheng2_zi5
4	事情 /n ◆ shi4_qing5 ▲ ^1	高兴 /a ◆ gao1_xing4 ▲ ^1	4	水 /n ◆ shui3 ▲ ^1	泅 /v ◆ qiu2
4	事情 /n ◆ shi4_qing5 ▲ ^1	经过 /v ◆ jing1_guo4 ▲ ^2	4	水 /n ◆ shui3 ▲ ^1	湖 /n ◆ hu2 ▲ ^1
4	事情 /n ◆ shi4_qing5 ▲ ^2	发生 /v ◆ fa1_sheng1 ▲ ^1	4	水 /n ◆ shui3 ▲ ^1	拨 /v ◆ bo1 ▲ ^1
4	事业 /n ◆ shi4_ye4 ▲ ^1	科学 /n ◆ ke1_xue2 ▲ ^1	4	水 /n ◆ shui3 ▲ ^1	盛 /v ◆ cheng2 ▲ ^1
4	事业 /n ◆ shi4_ye4 ▲ ^1	干 /v ◆ gan4 ▲ ^B1	4	水 /n ◆ shui3 ▲ ^1	满 /a ◆ man3 ▲ ^A4
			4	水 /n ◆ shui3 ▲ ^1	凉 /a ◆ liang2 ▲ ^1
4	试验 /v ◆ shi4_yan4 ▲ ^1	进行 /v ◆ jin4_xing2 ▲ ^1	4	水 /n ◆ shui3 ▲ ^1	白 /a ◆ bai2 ▲ ^A1
4	手 /n ◆ shou3 ▲ ^1	满 /a ◆ man3 ▲ ^A4	4	水 /n ◆ shui3 ▲ ^1	利用 /v ◆ li4_yong4 ▲ ^1
4	手 /n ◆ shou3 ▲ ^1	满 /a ◆ man3 ▲ ^A1	4	水 /n ◆ shui3 ▲ ^1	烧 /v ◆ shao1 ▲ ^2
4	手 /n ◆ shou3 ▲ ^1	破 /a ◆ po4 ▲ ^8	4	水 /n ◆ shui3 ▲ ^1	表面 /n ◆ biao3_mian4 ▲ ^1
4	手 /n ◆ shou3 ▲ ^1	好 /a ◆ hao3 ▲ ^7	4	水 /n ◆ shui3 ▲ ^1	带 /v ◆ dai4 ▲ ^B1
4	手 /n ◆ shou3 ▲ ^1	背 /v ◆ bei1 ▲ ^1	4	水 /n ◆ shui3 ▲ ^1	捧 /v ◆ peng3 ▲ ^1
4	手 /n ◆ shou3 ▲ ^1	抬 /v ◆ tai2 ▲ ^1	4	水 /n ◆ shui3 ▲ ^1	冷 /a ◆ leng3 ▲ ^1
4	手 /n ◆ shou3 ▲ ^1	夹 /v ◆ jia1 ▲ ^1	4	水 /n ◆ shui3 ▲ ^1	放 /v ◆ fang4 ▲ ^1
4	手 /n ◆ shou3 ▲ ^1	戴 /v ◆ dai4	4	水 /n ◆ shui3 ▲ ^1	划 /v ◆ hua2 ▲ ^★
4	手 /n ◆ shou3 ▲ ^1	松开 /v ◆ song1_kai1	4	水 /n ◆ shui3 ▲ ^1	泼 /v ◆ po1 ▲ ^A
4	手 /n ◆ shou3 ▲ ^1	叉开 /v ◆ cha4_kai1	4	水 /n ◆ shui3 ▲ ^1	吃 /v ◆ chi1 ▲ ^A3
4	手 /n ◆ shou3 ▲ ^1	胖乎乎 /z ◆ pang4_hu1_hu1	4	水 /n ◆ shui3 ▲ ^1	好 /a ◆ hao3 ▲ ^1
			4	水 /n ◆ shui3 ▲ ^1	热 /a ◆ re4 ▲ ^2
			4	水流 /n ◆ shui3_liu2 ▲ ^2	急 /a ◆ ji2 ▲ ^4
			4	水面 /n ◆ shui3_mian4 ▲ ^1	照 /v ◆ zhao4 ▲ ^1

共现次数	节点词语	搭配词语	共现次数	节点词语	搭配词语
4	水平 /n ◆ shui3_ping2 ▲ ^2	世界 /n ◆ shi4_jie4 ▲ ^3	4	送 /v ◆ song4 ▲ ^3	上 /v ◆ shang4 ▲ ^B2
4	水性 /n ◆ shui3_xing4 ▲ ^1	熟悉 /v ◆ shu2_xi1	4	速度 /n ◆ su4_du4 ▲ ^1	提高 /v ◆ ti2_gao1
4	说 /v ◆ shuo1 ▲ ^1	动 /v ◆ dong4 ▲ ^2	4	速度 /n ◆ su4_du4 ▲ ^1	慢 /a ◆ man4 ▲ ^A1
4	说 /v ◆ shuo1 ▲ ^1	服气 /v ◆ fu2_qi4	4	塑造 /v ◆ su4_zao4 ▲ ^2	情节 /n ◆ qing2_jie2
4	说 /v ◆ shuo1 ▲ ^1	傲慢 /a ◆ ao4_man4	4	塑造 /v ◆ su4_zao4 ▲ ^2	作者 /n ◆ zuo4_zhe3
4	说 /v ◆ shuo1 ▲ ^1	风趣 /a ◆ feng1_qu4 ▲ ^2	4	酸 /a ◆ suan1 ▲ ^A2	鼻子 /n ◆ bi2_zi5
4	说 /v ◆ shuo1 ▲ ^1	诚恳 /a ◆ cheng2_ken3	4	算数 /v ◆ suan4_shu4 ▲ ^1	说话 /v ◆ shuo1_hua4 ▲ ^1
4	说 /v ◆ shuo1 ▲ ^1	开始 /v ◆ kai1_shi3 ▲ ^1	4	碎 /a ◆ sui4 ▲ ^3	咬 /v ◆ yao3 ▲ ^1
4	说 /v ◆ shuo1 ▲ ^1	和蔼 /a ◆ he2_ai3	4	碎 /a ◆ sui4 ▲ ^3	瓷片 /n ◆ ci2_pian4
4	说 /v ◆ shuo1 ▲ ^1	悄悄话 /n ◆ qiao1_qiao1_hua4	4	损失 /n ◆ sun3_shi1 ▲ ^2	估量 /v ◆ gu1_liang2
4	说法 /n ◆ shuo1_fa3 ▲ ^1	有 /v ◆ you3 ▲ ^2	4	锁 /n ◆ suo3 ▲ ^1	钥匙 /n ◆ yao4_shi5
4	说法 /n ◆ shuo1_fa3 ▲ ^2	准确 /a ◆ zhun3_que4	4	台阶 /n ◆ tai2_jie1 ▲ ^1	新 /a ◆ xin1 ▲ ^1
4	说明 /v ◆ shuo1_ming2 ▲ ^1	解释 /v ◆ jie3_shi4 ▲ ^2	4	台阶 /n ◆ tai2_jie1 ▲ ^1	上 /v ◆ shang4 ▲ ^B1
4	说明 /v ◆ shuo1_ming2 ▲ ^1	作 /v ◆ zuo4 ▲ ^2	4	太阳 /n ◆ tai4_yang2 ▲ ^1	光线 /n ◆ guang1_xian4
4	思维 /n ◆ si1_wei2 ▲ ^1	方法 /n ◆ fang1_fa3	4	太阳 /n ◆ tai4_yang2 ▲ ^1	挡 /v ◆ dang3 ▲ ^1
4	思想 /n ◆ si1_xiang3 ▲ ^1	现代 /n ◆ xian4_dai4	4	太阳 /n ◆ tai4_yang2 ▲ ^1	挡 /v ◆ dang3 ▲ ^2
4	思想 /n ◆ si1_xiang3 ▲ ^1	修养 /n ◆ xiu1_yang3 ▲ ^2	4	态度 /n ◆ tai4_du5 ▲ ^2	抱 /v ◆ bao4 ▲ ^A5
4	思想 /n ◆ si1_xiang3 ▲ ^1	教育 /v ◆ jiao4_yu4 ▲ ^2	4	态度 /n ◆ tai4_du5 ▲ ^2	科学 /a ◆ ke1_xue2 ▲ ^2
4	思想 /n ◆ si1_xiang3 ▲ ^1	创作 /v ◆ chuang4_zuo4 ▲ ^1	4	态度 /n ◆ tai4_du5 ▲ ^2	严厉 /a ◆ yan2_li4
4	思想 /n ◆ si1_xiang3 ▲ ^1	交流 /v ◆ jiao1_liu2 ▲ ^2	4	态度 /n ◆ tai4_du5 ▲ ^2	健康 /a ◆ jian4_kang1 ▲ ^2
4	思想 /n ◆ si1_xiang3 ▲ ^1	深刻 /a ◆ shen1_ke4 ▲ ^1	4	态度 /n ◆ tai4_du5 ▲ ^2	粗暴 /a ◆ cu1_bao4
4	思想 /n ◆ si1_xiang3 ▲ ^1	新 /a ◆ xin1 ▲ ^2	4	潭 /n ◆ tan2 ▲ ^1	小 /a ◆ xiao3 ▲ ^1
4	思想 /n ◆ si1_xiang3 ▲ ^2	有 /v ◆ you3 ▲ ^1	4	讨 /v ◆ tao3 ▲ ^4	欢喜 /v ◆ huan1_xi3 ▲ ^2
4	思想 /v ◆ si1_xiang3 ▲ ^3	革命 /v ◆ ge2_ming4 ▲ ^1	4	套子 /n ◆ tao4_zi5 ▲ ^1	装 / v ◆ zhuang1 ▲ ^B1
4	死 /v ◆ si3 ▲ ^1	害 /v ◆ hai4 ▲ ^4	4	题目 /n ◆ ti2_mu4 ▲ ^1	写 /v ◆ xie3 ▲ ^2
4	死 /v ◆ si3 ▲ ^1	怕 /v ◆ pa4 ▲ ^3	4	题目 /n ◆ ti2_mu4 ▲ ^1	作文 /n ◆ zuo4_wen2 ▲ ^2
4	死 /v ◆ si3 ▲ ^1	掐 /v ◆ qia1 ▲ ^2	4	体会 /v ◆ ti3_hui4 ▲ ^1	有 /v ◆ you3 ▲ ^2
4	死 /v ◆ si3 ▲ ^1	吓 /v ◆ xia4			
4	死 /v ◆ si3 ▲ ^1	砸 /v ◆ za2 ▲ ^1			
4	死 /v ◆ si3 ▲ ^1	冻 /v ◆ dong4 ▲ ^1	4	体会 /v ◆ ti3_hui4 ▲ ^1	写 /v ◆ xie3 ▲ ^2
4	死 /v ◆ si3 ▲ ^1	临 /v ◆ lin2 ▲ ^1			

共现次数	节点词语	搭配词语	共现次数	节点词语	搭配词语
4	体会/v ◆ ti3_hui4 ▲^1	有/v ◆ you3 ▲^1	4	听/v ◆ ting1 ▲^A1	收音机/n ◆ shou1_yin1_ji1
4	体育/n ◆ ti3_yu4 ▲^2	运动/n ◆ yun4_dong4 ▲^3	4	停/v ◆ ting2 ▲^A3	火车/n ◆ huo3_che1
4	体育/n ◆ ti3_yu4 ▲^2	活动/n ◆ huo2_dong4 ▲^5	4	同胞/n ◆ tong2_bao1 ▲^2	遇难/v ◆ yu4_nan4 ▲^1
4	天/n ◆ tian1 ▲^3	蒙蒙亮/z ◆ meng1_meng1_liang4	4	同学/n ◆ tong2_xue2 ▲^2	问/v ◆ wen4 ▲^1
4	天/n ◆ tian1 ▲^7	下雨/v ◆ xia4_yu3	4	同学/n ◆ tong2_xue2 ▲^2	亲爱/b ◆ qin1_ai4
4	天赋/n ◆ tian1_fu4 ▲^2	才能/n ◆ cai2_neng2	4	同学/n ◆ tong2_xue2 ▲^3	学校/n ◆ xue2_xiao4
4	天气/n ◆ tian1_qi4 ▲^1	恶劣/a ◆ e4_lie4	4	同志/n ◆ tong2_zhi4 ▲^2	负责/v ◆ fu4_ze2 ▲^1
4	天气/n ◆ tian1_qi4 ▲^1	坏/a ◆ huai4 ▲^1	4	同志/n ◆ tong2_zhi4 ▲^2	老/a ◆ lao3 ▲^1
4	天气/n ◆ tian1_qi4 ▲^1	特别/a ◆ te4_bie2 ▲^1	4	统治/v ◆ tong3_zhi4 ▲^1	殖民/v ◆ zhi2_min2
4	天气/n ◆ tian1_qi4 ▲^1	晴/a ◆ qing2	4	统治/v ◆ tong3_zhi4 ▲^1	时期/n ◆ shi2_qi1
4	天气/n ◆ tian1_qi4 ▲^1	暖/a ◆ nuan3 ▲^1	4	头/n ◆ tou2 ▲^1	抬起/v ◆ tai2_qi3
4	天下/n ◆ tian1_xia4 ▲^1	事/n ◆ shi4 ▲^1	4	头/n ◆ tou2 ▲^1	包/v ◆ bao1 ▲^1
4	添/v ◆ tian1 ▲^1	酒/n ◆ jiu3	4	头/n ◆ tou2 ▲^1	缩/v ◆ suo1 ▲^2
4	甜/a ◆ tian2 ▲^1	带/v ◆ dai4 ▲^B3	4	头/n ◆ tou2 ▲^1	黑/a ◆ hei1 ▲^1
4	甜/a ◆ tian2 ▲^2	睡/v ◆ shui4	4	头/n ◆ tou2 ▲^1	俯/v ◆ fu3
4	条件/n ◆ tiao2_jian4 ▲^1	反映/v ◆ fan3_ying4 ▲^1	4	头/n ◆ tou2 ▲^1	扎/v ◆ za1 ▲^1
4	条件/n ◆ tiao2_jian4 ▲^1	综合/v ◆ zong1_he2 ▲^1	4	头/n ◆ tou2 ▲^1	靠/v ◆ kao4 ▲^A1
4	条件/n ◆ tiao2_jian4 ▲^1	利用/v ◆ li4_yong4 ▲^1	4	头/n ◆ tou2 ▲^1	枕/v ◆ zhen3
4	条件/n ◆ tiao2_jian4 ▲^1	艰苦/a ◆ jian1_ku3	4	头/n ◆ tou2 ▲^4	转/v ◆ zhuan3 ▲^1
4	条件/n ◆ tiao2_jian4 ▲^1	创造/v ◆ chuang4_zao4	4	投/v ◆ tou2 ▲^A2	进/v ◆ jin4 ▲^2
4	条件/n ◆ tiao2_jian4 ▲^1	符合/v ◆ fu2_he2	4	透/a ◆ tou4 ▲^3	猜/v ◆ cai1
4	条件/n ◆ tiao2_jian4 ▲^1	必要/a ◆ bi4_yao4	4	透/a ◆ tou4 ▲^3	看/v ◆ kan4 ▲^1
4	条件/n ◆ tiao2_jian4 ▲^1	外界/n ◆ wai4_jie4	4	透/a ◆ tou4 ▲^3	湿/a ◆ shi1
4	条件/n ◆ tiao2_jian4 ▲^1	劳动/v ◆ lao2_dong4 ▲^3	4	透/a ◆ tou4 ▲^4	淋/v ◆ lin2 ▲^1
4	跳/v ◆ tiao4 ▲^1	快活/a ◆ kuai4_huo2	4	突破/v ◆ tu1_po4 ▲^2	重大/a ◆ zhong4_da4
4	跳/v ◆ tiao4 ▲^1	起/v ◆ qi3 ▲^A12	4	土/n ◆ tu3 ▲^1	掘/v ◆ jue2
4	听/v ◆ ting1 ▲^A1	明白/v ◆ ming2_bai5 ▲^4	4	土/n ◆ tu3 ▲^1	软/a ◆ ruan3 ▲^1
4	听/v ◆ ting1 ▲^A1	讲/v ◆ jiang3 ▲^2	4	土/n ◆ tu3 ▲^1	松/v ◆ song1 ▲^B2
			4	土/n ◆ tu3 ▲^1	埋/v ◆ mai2
			4	土地/n ◆ tu3_di4 ▲^1	面积/n ◆ mian4_ji1
			4	土地/n ◆ tu3_di4 ▲^1	耕种/v ◆ geng1_zhong4
			4	腿/n ◆ tui3 ▲^1	撒/v ◆ sa3 ▲^★
			4	腿/n ◆ tui3 ▲^1	抬/v ◆ tai2 ▲^1
			4	腿/n ◆ tui3 ▲^1	软/a ◆ ruan3 ▲^3
			4	腿/n ◆ tui3 ▲^1	弯/v ◆ wan1 ▲^2
			4	腿/n ◆ tui3 ▲^2	板凳/n ◆ ban3_deng4
			4	退/v ◆ tui4 ▲^1	吓/v ◆ xia4

共现次数	节点词语	搭配词语
4	脱 /v ◆ tuo1 ▲ ^2	甩 /v ◆ shuai3 ▲ ^3
4	脱 /v ◆ tuo1 ▲ ^2	鞋 /n ◆ xie2
4	脱 /v ◆ tuo1 ▲ ^2	外衣 /n ◆ wai4_yi1
4	弯 /v ◆ wan1 ▲ ^2	树枝 /n ◆ shu4_zhi1
4	完全 /a ◆ wan2_quan2 ▲ ^1	明白 /v ◆ ming2_bai5 ▲ ^4
4	玩 /v ◆ wan2 ▲ ^A1	试 /v ◆ shi4
4	晚 /a ◆ wan3 ▲ ^3	起 /v ◆ qi3 ▲ ^A1
4	网络 /n ◆ wang3_luo4 ▲ ^3	信息 /n ◆ xin4_xi1 ▲ ^1
4	望 /v ◆ wang4 ▲ ^A1	惊奇 /a ◆ jing1_qi2
4	威胁 /v ◆ wei1_xie2 ▲ ^2	面临 /v ◆ mian4_lin2
4	微笑 /n ◆ wei1_xiao4 ▲ ^2	带 /v ◆ dai4 ▲ ^B3
4	维持 /v ◆ wei2_chi2 ▲ ^1	靠 /v ◆ kao4 ▲ ^A4
4	尾巴 /n ◆ wei3_ba5 ▲ ^1	美丽 /a ◆ mei3_li4
4	委屈 /a ◆ wei3_qu5 ▲ ^1	受 /v ◆ shou4 ▲ ^2
4	委员 /n ◆ wei3_yuan2 ▲ ^1	担任 /v ◆ dan1_ren4
4	卫星 /n ◆ wei4_xing1 ▲ ^2	侦察 /v ◆ zhen1_cha2
4	未来 /t ◆ wei4_lai2 ▲ ^2	预言 /v ◆ yu4_yan2 ▲ ^1
4	味道 /n ◆ wei4_dao4 ▲ ^1	浓 /a ◆ nong2 ▲ ^1
4	味道 /n ◆ wei4_dao4 ▲ ^1	鲜美 /a ◆ xian1_mei3 ▲ ^1
4	文化 /n ◆ wen2_hua4 ▲ ^1	宗教 /n ◆ zong1_jiao4
4	文化 /n ◆ wen2_hua4 ▲ ^1	教育 /v ◆ jiao4_yu4 ▲ ^2
4	文化 /n ◆ wen2_hua4 ▲ ^1	古老 /a ◆ gu3_lao3
4	文化 /n ◆ wen2_hua4 ▲ ^1	灿烂 /a ◆ can4_lan4
4	文化 /n ◆ wen2_hua4 ▲ ^1	优秀 /a ◆ you1_xiu4
4	文化 /n ◆ wen2_hua4 ▲ ^1	旧 /a ◆ jiu4 ▲ ^1
4	文化 /n ◆ wen2_hua4 ▲ ^1	促进 /v ◆ cu4_jin4
4	文化 /n ◆ wen2_hua4 ▲ ^1	特色 /n ◆ te4_se4
4	文化 /n ◆ wen2_hua4 ▲ ^1	流行 /a ◆ liu2_xing2
4	文化 /n ◆ wen2_hua4 ▲ ^1	资源 /n ◆ zi1_yuan2
4	文化 /n ◆ wen2_hua4 ▲ ^1	遗产 /n ◆ yi2_chan3 ▲ ^2
4	文化 /n ◆ wen2_hua4 ▲ ^1	内涵 /n ◆ nei4_han2 ▲ ^1
4	文化 /n ◆ wen2_hua4 ▲ ^1	背景 /n ◆ bei4_jing3 ▲ ^3
4	文化 /n ◆ wen2_hua4 ▲ ^1	冲撞 /v ◆ chong1_zhuang4 ▲ ^1
4	文化 /n ◆ wen2_hua4 ▲ ^3	提高 /v ◆ ti2_gao1
4	文明 /n ◆ wen2_ming2 ▲ ^1	世界 /n ◆ shi4_jie4 ▲ ^3
4	文章 /n ◆ wen2_zhang1 ▲ ^1	好 /a ◆ hao3 ▲ ^1
4	文章 /n ◆ wen2_zhang1 ▲ ^1	发表 /v ◆ fa1_biao3 ▲ ^1
4	文字 /n ◆ wen2_zi4 ▲ ^1	写 /v ◆ xie3 ▲ ^1
4	文字 /n ◆ wen2_zi4 ▲ ^2	多 /a ◆ duo1 ▲ ^A1
4	文字 /n ◆ wen2_zi4 ▲ ^3	读 /v ◆ du2 ▲ ^2
4	稳 /a ◆ wen3 ▲ ^1	停 /v ◆ ting2 ▲ ^A3
4	稳 /a ◆ wen3 ▲ ^1	坐 /v ◆ zuo4 ▲ ^1
4	问题 /n ◆ wen4_ti2 ▲ ^1	考虑 /v ◆ kao3_lv4
4	问题 /n ◆ wen4_ti2 ▲ ^1	解决 /v ◆ jie3_jue2 ▲ ^1
4	问题 /n ◆ wen4_ti2 ▲ ^1	简单 /a ◆ jian3_dan1 ▲ ^1
4	问题 /n ◆ wen4_ti2 ▲ ^1	科学 /n ◆ ke1_xue2 ▲ ^1
4	问题 /n ◆ wen4_ti2 ▲ ^2	科学 /n ◆ ke1_xue2 ▲ ^1
4	问题 /n ◆ wen4_ti2 ▲ ^2	找到 /v ◆ zhao3_dao4
4	问题 /n ◆ wen4_ti2 ▲ ^2	严重 /a ◆ yan2_zhong4 ▲ ^1
4	问题 /n ◆ wen4_ti2 ▲ ^2	产生 /v ◆ chan3_sheng1
4	问题 /n ◆ wen4_ti2 ▲ ^2	想 /v ◆ xiang3 ▲ ^3
4	问题 /n ◆ wen4_ti2 ▲ ^2	问 /v ◆ wen4 ▲ ^1
4	问题 /n ◆ wen4_ti2 ▲ ^2	探讨 /v ◆ tan4_tao3
4	问题 /n ◆ wen4_ti2 ▲ ^2	人类 /n ◆ ren2_lei4

共现次数	节点词语	搭配词语	共现次数	节点词语	搭配词语
4	问题/n ◆ wen4_ti2 ▲^2	看/v ◆ kan4 ▲^2	4	细腻/a ◆ xi4_ni4 ▲^1	表面/n ◆ biao3_mian4 ▲^1
4	问题/n ◆ wen4_ti2 ▲^2	想/v ◆ xiang3 ▲^1	4	下/v ◆ xia4 ▲^B1	写/v ◆ xie3 ▲^1
4	问题/n ◆ wen4_ti2 ▲^2	思索/v ◆ si1_suo3	4	下/v ◆ xia4 ▲^B1	马/n ◆ ma3
4	问题/n ◆ wen4_ti2 ▲^2	讲/v ◆ jiang3 ▲^2	4	先生/n ◆ xian1_sheng5 ▲^2	好/a ◆ hao3 ▲^1
4	无/v ◆ wu2 ▲^1	休止/v ◆ xiu1_zhi3	4	先生/n ◆ xian1_sheng5 ▲^2	教授/n ◆ jiao4_shou4 ▲^2
4	武器/n ◆ wu3_qi4 ▲^1	战略/n ◆ zhan4_lve4 ▲^1	4	先生/n ◆ xian1_sheng5 ▲^2	教书/v ◆ jiao1_shu1
4	舞蹈/n ◆ wu3_dao3 ▲^1	表演/v ◆ biao3_yan3 ▲^1	4	显/v ◆ xian3 ▲^2	身手/n ◆ shen1_shou3
4	物质/n ◆ wu4_zhi4 ▲^1	研究/v ◆ yan2_jiu1 ▲^1	4	现实/n ◆ xian4_shi2 ▲^1	立足/v ◆ li4_zu2 ▲^2
4	物质/n ◆ wu4_zhi4 ▲^1	精神/n ◆ jing1_shen2 ▲^1	4	线/n ◆ xian4 ▲^1	细/a ◆ xi4 ▲^1
4	希望/n ◆ xi1_wang4 ▲^2	抱/v ◆ bao4 ▲^A5	4	线/n ◆ xian4 ▲^1	断/v ◆ duan4 ▲^A1
4	牺牲/v ◆ xi1_sheng1 ▲^2	生命/n ◆ sheng1_ming4	4	线/n ◆ xian4 ▲^1	缠/v ◆ chan2 ▲^1
4	媳妇/n ◆ xi2_fu4 ▲^2	年轻/a ◆ nian2_qing1 ▲^1	4	线/n ◆ xian4 ▲^1	放/v ◆ fang4 ▲^13
4	喜欢/v ◆ xi3_huan5 ▲^1	动物/n ◆ dong4_wu4	4	线/n ◆ xian4 ▲^1	拴/v ◆ shuan1 ▲^1
4	戏剧/n ◆ xi4_ju4 ▲^1	演出/v ◆ yan3_chu1	4	限制/n ◆ xian4_zhi4 ▲^2	无/v ◆ wu2 ▲^1
4	戏剧/n ◆ xi4_ju4 ▲^1	艺术/n ◆ yi4_shu4 ▲^1	4	香/n ◆ xiang1 ▲^7	花/n ◆ hua1 ▲^A1
4	戏剧/n ◆ xi4_ju4 ▲^1	完整/a ◆ wan2_zheng3	4	响/v ◆ xiang3 ▲^2	遍/v ◆ bian4 ▲^1
4	戏剧/n ◆ xi4_ju4 ▲^1	民间/n ◆ min2_jian1 ▲^1	4	响/v ◆ xiang3 ▲^2	拉/v ◆ la1 ▲^A4
4	戏剧/n ◆ xi4_ju4 ▲^1	现代/n ◆ xian4_dai4	4	响/v ◆ xiang3 ▲^2	闹钟/n ◆ nao4_zhong1
4	戏剧/n ◆ xi4_ju4 ▲^1	传统/n ◆ chuan2_tong3 ▲^1	4	响/v ◆ xiang3 ▲^2	汽笛/n ◆ qi4_di2
4	戏剧/n ◆ xi4_ju4 ▲^1	情节/n ◆ qing2_jie2	4	响/v ◆ xiang3 ▲^2	热烈/a ◆ re4_lie4
4	戏剧/n ◆ xi4_ju4 ▲^1	形象/n ◆ xing2_xiang4 ▲^2	4	想/v ◆ xiang3 ▲^3	明白/v ◆ ming2_bai5 ▲^4
4	系统/n ◆ xi4_tong3 ▲^1	处理/v ◆ chu3_li3 ▲^4	4	想/v ◆ xiang3 ▲^3	心里/s ◆ xin1_li5 ▲^2
4	系统/n ◆ xi4_tong3 ▲^1	信息/n ◆ xin4_xi1 ▲^1	4	消息/n ◆ xiao1_xi5 ▲^1	得到/v ◆ de2_dao4
4	系统/n ◆ xi4_tong3 ▲^1	称谓/n ◆ cheng1_wei4	4	消息/n ◆ xiao1_xi5 ▲^1	好/a ◆ hao3 ▲^1
4	系统/n ◆ xi4_tong3 ▲^1	亲属/n ◆ qin1_shu3	4	消息/n ◆ xiao1_xi5 ▲^1	传来/v ◆ chuan2_lai2
			4	消息/n ◆ xiao1_xi5 ▲^2	告诉/v ◆ gao4_su4
			4	小/a ◆ xiao3 ▲^1	女儿/n ◆ nv3_er2
			4	小/a ◆ xiao3 ▲^1	睡/v ◆ shui4
			4	小/a ◆ xiao3 ▲^1	聪明/a ◆ cong1_ming2
			4	小/a ◆ xiao3 ▲^1	生物/n ◆ sheng1_wu4
			4	小/a ◆ xiao3 ▲^1	孙子/n ◆ sun1_zi5
			4	小孩/n ◆ xiao3_hai2 ▲^2	抱/v ◆ bao4 ▲^A1
			4	小心/a ◆ xiao3_xin1 ▲^2	多/a ◆ duo1 ▲^A1

共现次数	节点词语	搭配词语	共现次数	节点词语	搭配词语
4	小心 /a ◆ xiao3_xin1 ▲^2	走 /v ◆ zou3 ▲^1	4	心脏 /n ◆ xin1_zang4 ▲^1	跳动 /v ◆ tiao4_dong4
4	小雪 /n ◆ xiao3_xue3 ▲^1	下 /v ◆ xia4 ▲^B2	4	欣赏 /v ◆ xin1_shang3 ▲^1	作品 /n ◆ zuo4_pin3
4	小子 /n ◆ xiao3_zi5 ▲^2	傻 /a ◆ sha3 ▲^1	4	新 /a ◆ xin1 ▲^1	形成 /v ◆ xing2_cheng2
4	效果 /n ◆ xiao4_guo3 ▲^1	产生 /v ◆ chan3_sheng1	4	新 /a ◆ xin1 ▲^1	换 /v ◆ huan4 ▲^2
4	效率 /n ◆ xiao4_lv4 ▲^2	高 /a ◆ gao1 ▲^4	4	新 /a ◆ xin1 ▲^1	开辟 /v ◆ kai1_pi4 ▲^2
4	笑 /v ◆ xiao4 ▲^1	淡 /a ◆ dan4 ▲^4	4	新 /a ◆ xin1 ▲^1	建立 /v ◆ jian4_li4 ▲^1
4	笑 /v ◆ xiao4 ▲^1	得意 /a ◆ de2_yi4	4	新 /a ◆ xin1 ▲^1	提出 /v ◆ ti2_chu1
4	笑 /v ◆ xiao4 ▲^1	含泪 /v ◆ han2_lei4	4	新 /a ◆ xin1 ▲^1	科技 /n ◆ ke1_ji4
4	歇 /v ◆ xie1 ▲^1	雨 /n ◆ yu3	4	新 /a ◆ xin1 ▲^1	发展 /v ◆ fa1_zhan3 ▲^1
4	写 /v ◆ xie3 ▲^1	纸条 /n ◆ zhi3_tiao2	4	新 /a ◆ xin1 ▲^1	增添 /v ◆ zeng1_tian1
4	写 /v ◆ xie3 ▲^1	标题 /n ◆ biao1_ti2	4	新 /a ◆ xin1 ▲^1	世纪 /n ◆ shi4_ji4
4	写 /v ◆ xie3 ▲^1	木牌 /n ◆ mu4_pai2	4	新 /a ◆ xin1 ▲^1	显示 /v ◆ xian3_shi4
4	写 /v ◆ xie3 ▲^1	黑板 /n ◆ hei1_ban3	4	新 /a ◆ xin1 ▲^1	文学 /n ◆ wen2_xue2
4	写 /v ◆ xie3 ▲^1	下 /v ◆ xia4 ▲^B1	4	新 /a ◆ xin1 ▲^2	世纪 /n ◆ shi4_ji4
4	写 /v ◆ xie3 ▲^2	体会 /v ◆ ti3_hui4 ▲^1	4	信 /n ◆ xin4 ▲^A7	致 /v ◆ zhi4 ▲^A1
4	写 /v ◆ xie3 ▲^2	试 /v ◆ shi4	4	信 /n ◆ xin4 ▲^A7	回 /v ◆ hui2 ▲^A2
4	写 /v ◆ xie3 ▲^2	坚持 /v ◆ jian1_chi2	4	信 /n ◆ xin4 ▲^A7	拆开 /v ◆ chai1_kai1
4	写 /v ◆ xie3 ▲^2	真实 /a ◆ zhen1_shi2	4	信 /n ◆ xin4 ▲^A7	取 /v ◆ qu3 ▲^1
4	写 /v ◆ xie3 ▲^2	门牌 /n ◆ men2_pai2	4	信号 /n ◆ xin4_hao4 ▲^1	听觉 /n ◆ ting1_jue2
4	写 /v ◆ xie3 ▲^2	成 /v ◆ cheng2 ▲^A1	4	信号 /n ◆ xin4_hao4 ▲^1	文字 /n ◆ wen2_zi4 ▲^1
4	写 /v ◆ xie3 ▲^2	完 /v ◆ wan2 ▲^4	4	信息 /n ◆ xin4_xi1 ▲^1	得到 /v ◆ de2_dao4
4	心 /n ◆ xin1 ▲^2	善良 /a ◆ shan4_liang2	4	信息 /n ◆ xin4_xi1 ▲^2	资源 /n ◆ zi1_yuan2
4	心 /n ◆ xin1 ▲^2	生 /v ◆ sheng1 ▲^A8	4	行动 /n ◆ xing2_dong4 ▲^3	采取 /v ◆ cai3_qu3 ▲^1
4	心 /n ◆ xin1 ▲^2	放下 /v ◆ fang4_xia4	4	行政 /n ◆ xing2_zheng4 ▲^2	部门 /n ◆ bu4_men2
4	心 /n ◆ xin1 ▲^2	打动 /v ◆ da3_dong4	4	形象 /n ◆ xing2_xiang4 ▲^2	描绘 /v ◆ miao2_hui4
4	心 /n ◆ xin1 ▲^2	充满 /v ◆ chong1_man3 ▲^2	4	形象 /n ◆ xing2_xiang4 ▲^2	事物 /n ◆ shi4_wu4
4	心 /n ◆ xin1 ▲^2	跳 /v ◆ tiao4 ▲^3	4	形象 /n ◆ xing2_xiang4 ▲^2	丰满 /a ◆ feng1_man3 ▲^1
4	心 /n ◆ xin1 ▲^2	变 /v ◆ bian4 ▲^1	4	形象 /n ◆ xing2_xiang4 ▲^2	历史 /n ◆ li4_shi3 ▲^1
4	心理 /n ◆ xin1_li3 ▲^2	恐惧 /a ◆ kong3_ju4	4	形象 /n ◆ xing2_xiang4 ▲^2	欣赏 /v ◆ xin1_shang3 ▲^1
4	心理 /n ◆ xin1_li3 ▲^2	动作 /n ◆ dong4_zuo4 ▲^1	4	杏 /n ◆ xing4 ▲^2	熟 /a ◆ shu2 ▲^1
4	心理 /n ◆ xin1_li3 ▲^2	复杂 /a ◆ fu4_za2	4	幸福 /a ◆ xing4_fu2 ▲^2	无比 /z ◆ wu2_bi3
4	心理 /n ◆ xin1_li3 ▲^2	战术 /n ◆ zhan4_shu4 ▲^2			
4	心眼 /n ◆ xin1_yan3 ▲^2	好 /a ◆ hao3 ▲^1			
4	心脏 /n ◆ xin1_zang4 ▲^1	人类 /n ◆ ren2_lei4			
4	心脏 /n ◆ xin1_zang4 ▲^1	移植 /v ◆ yi2_zhi2 ▲^2			

共现次数	节点词语	搭配词语	共现次数	节点词语	搭配词语
4	修辞/n ◆ xiu1_ci2 ▲^2	知识/n ◆ zhi1_shi5 ▲^2	4	严重/a ◆ yan2_zhong4 ▲^1	缺氧/v ◆ que1_yang3
4	修辞/n ◆ xiu1_ci2 ▲^2	方法/n ◆ fang1_fa3	4	研究/v ◆ yan2_jiu1 ▲^1	搞/v ◆ gao3 ▲^1
4	修养/n ◆ xiu1_yang3 ▲^2	文化/n ◆ wen2_hua4 ▲^3	4	研究/v ◆ yan2_jiu1 ▲^1	生物/n ◆ sheng1_wu4
4	绣像/n ◆ xiu4_xiang4 ▲^2	小说/n ◆ xiao3_shuo1	4	研究/v ◆ yan2_jiu1 ▲^1	人员/n ◆ ren2_yuan2
4	需要/n ◆ xu1_yao4 ▲^2	适应/v ◆ shi4_ying4	4	颜色/n ◆ yan2_se4 ▲^1	美/a ◆ mei3 ▲^A1
4	需要/v ◆ xu1_yao4 ▲^1	人民/n ◆ ren2_min2	4	颜色/n ◆ yan2_se4 ▲^1	紫/a ◆ zi3
4	需要/v ◆ xu1_yao4 ▲^1	重要/a ◆ zhong4_yao4	4	颜色/n ◆ yan2_se4 ▲^1	花/n ◆ hua1 ▲^A1
4	选/v ◆ xuan3 ▲^1	入/v ◆ ru4 ▲^1	4	颜色/n ◆ yan2_se4 ▲^1	鲜艳/a ◆ xian1_yan4
4	学/v ◆ xue2 ▲^1	好/v ◆ hao4 ▲^1	4	颜色/n ◆ yan2_se4 ▲^1	变/v ◆ bian4 ▲^1
4	学/v ◆ xue2 ▲^1	声音/n ◆ sheng1_yin1	4	眼/n ◆ yan3 ▲^1	抬/v ◆ tai2 ▲^1
4	学/v ◆ xue2 ▲^1	方法/n ◆ fang1_fa3	4	眼/n ◆ yan3 ▲^1	红/a ◆ hong2 ▲^1
4	学生/n ◆ xue2_sheng5 ▲^1	青年/n ◆ qing1_nian2 ▲^1	4	眼/n ◆ yan3 ▲^1	明/a ◆ ming2 ▲^A2
4	学生/n ◆ xue2_sheng5 ▲^1	小/a ◆ xiao3 ▲^1	4	眼/n ◆ yan3 ▲^1	含/v ◆ han2 ▲^2
4	学问/n ◆ xue2_wen5 ▲^2	有/v ◆ you3 ▲^1	4	眼色/n ◆ yan3_se4 ▲^1	使/v ◆ shi3 ▲^A2
4	学习/v ◆ xue2_xi2 ▲^1	自主/v ◆ zi4_zhu3	4	羊/n ◆ yang2 ▲^1	杀/v ◆ sha1 ▲^1
4	学习/v ◆ xue2_xi2 ▲^1	总结/v ◆ zong3_jie2 ▲^1	4	羊/n ◆ yang2 ▲^1	少/a ◆ shao3 ▲^1
4	学习/v ◆ xue2_xi2 ▲^1	终身/n ◆ zhong1_shen1	4	阳光/n ◆ yang2_guang1 ▲^1	美丽/a ◆ mei3_li4
4	学习/v ◆ xue2_xi2 ▲^1	放弃/v ◆ fang4_qi4	4	痒/a ◆ yang3 ▲^1	喉咙/n ◆ hou2_long2
4	学习/v ◆ xue2_xi2 ▲^1	重视/v ◆ zhong4_shi4	4	样子/n ◆ yang4_zi5 ▲^2	没有/v ◆ mei2_you3 ▲^A1
4	学习/v ◆ xue2_xi2 ▲^1	任务/n ◆ ren4_wu4	4	样子/n ◆ yang4_zi5 ▲^2	做/v ◆ zuo4 ▲^8
4	学习/v ◆ xue2_xi2 ▲^1	进步/v ◆ jin4_bu4 ▲^1	4	摇篮/n ◆ yao2_lan2 ▲^1	摇/v ◆ yao2
4	雪糕/n ◆ xue3_gao1 ▲^1	小/a ◆ xiao3 ▲^1	4	咬/v ◆ yao3 ▲^1	断/v ◆ duan4 ▲^A1
4	血/n ◆ xue4 ▲^1	滴/v ◆ di1 ▲^1	4	要求/n ◆ yao1_qiu2 ▲^2	艺术/n ◆ yi4_shu4 ▲^1
4	压/v ◆ ya1 ▲^1	断/v ◆ duan4 ▲^A1	4	叶子/n ◆ ye4_zi5 ▲^1	落/v ◆ luo4 ▲^1
4	压/v ◆ ya1 ▲^1	扁担/n ◆ bian3_dan1	4	叶子/n ◆ ye4_zi5 ▲^1	新/a ◆ xin1 ▲^1
4	压迫/v ◆ ya1_po4 ▲^1	反抗/v ◆ fan3_kang4	4	叶子/n ◆ ye4_zi5 ▲^1	少/a ◆ shao3 ▲^1
4	压迫/v ◆ ya1_po4 ▲^1	反对/v ◆ fan3_dui4	4	夜/n ◆ ye4 ▲^1	今/n ◆ jin1
4	哑/a ◆ ya3 ▲^2	喊/v ◆ han3 ▲^1	4	一般/a ◆ yi1_ban1 ▲^1	快/a ◆ kuai4 ▲^1
4	烟/n ◆ yan1 ▲^1	白/a ◆ bai2 ▲^A1	4	遗憾/a ◆ yi2_han4 ▲^2	深/a ◆ shen1 ▲^4
4	烟/n ◆ yan1 ▲^5	抽/v ◆ chou1 ▲^A4			

共现次数	节点词语	搭配词语	共现次数	节点词语	搭配词语
4	艺术 /n ◆ yi4_shu4 ▲ ^1	从事 /v ◆ cong2_shi4 ▲ ^1	4	英雄 /n ◆ ying1_xiong2 ▲ ^2	牺牲 /v ◆ xi1_sheng1 ▲ ^2
4	艺术 /n ◆ yi4_shu4 ▲ ^1	搞 /v ◆ gao3 ▲ ^1	4	樱桃 /n ◆ ying1_tao2 ▲ ^1	树 /n ◆ shu4 ▲ ^1
4	艺术 /n ◆ yi4_shu4 ▲ ^1	观念 /n ◆ guan1_nian4 ▲ ^1	4	影响 /v ◆ ying3_xiang3 ▲ ^1	巨大 /a ◆ ju4_da4
4	艺术 /n ◆ yi4_shu4 ▲ ^1	追求 /v ◆ zhui1_qiu2 ▲ ^1	4	影子 /n ◆ ying3_zi5 ▲ ^1	投 /v ◆ tou2 ▲ ^A4
4	艺术 /n ◆ yi4_shu4 ▲ ^1	精神 /n ◆ jing1_shen2 ▲ ^2	4	影子 /n ◆ ying3_zi5 ▲ ^2	照 /v ◆ zhao4 ▲ ^2
4	艺术 /n ◆ yi4_shu4 ▲ ^1	情趣 /n ◆ qing2_qu4 ▲ ^2	4	用 /v ◆ yong4 ▲ ^1	准确 /a ◆ zhun3_que4
4	艺术 /n ◆ yi4_shu4 ▲ ^1	篆刻 /n ◆ zhuan4_ke4	4	油 /n ◆ you2 ▲ ^1	港 /n ◆ gang3 ▲ ^1
4	艺术 /n ◆ yi4_shu4 ▲ ^1	风格 /n ◆ feng1_ge2 ▲ ^2	4	游 /v ◆ you2 ▲ ^1	飞快 /z ◆ fei1_kuai4 ▲ ^1
4	艺术 /n ◆ yi4_shu4 ▲ ^1	宗教 /n ◆ zong1_jiao4	4	游戏 /n ◆ you2_xi4 ▲ ^1	小 /a ◆ xiao3 ▲ ^1
4	艺术 /n ◆ yi4_shu4 ▲ ^1	活动 /n ◆ huo2_dong4 ▲ ^5	4	游戏 /n ◆ you2_xi4 ▲ ^1	儿童 /n ◆ er2_tong2
4	艺术 /n ◆ yi4_shu4 ▲ ^1	要求 /n ◆ yao1_qiu2 ▲ ^2	4	游戏 /n ◆ you2_xi4 ▲ ^1	成年 /v ◆ cheng2_nian2 ▲ ^A
4	艺术 /n ◆ yi4_shu4 ▲ ^1	价值 /n ◆ jia4_zhi2 ▲ ^2	4	友好 /a ◆ you3_hao3 ▲ ^2	往来 /v ◆ wang3_lai2 ▲ ^2
4	意见 /n ◆ yi4_jian4 ▲ ^1	发表 /v ◆ fa1_biao3 ▲ ^1	4	宇宙 /n ◆ yu3_zhou4 ▲ ^1	创造 /v ◆ chuang4_zao4
4	意见 /n ◆ yi4_jian4 ▲ ^1	提 /v ◆ ti2 ▲ ^4	4	宇宙 /n ◆ yu3_zhou4 ▲ ^1	辽阔 /a ◆ liao2_kuo4
4	意识 /n ◆ yi4_shi2 ▲ ^1	强烈 /a ◆ qiang2_lie4 ▲ ^1	4	宇宙 /n ◆ yu3_zhou4 ▲ ^1	认识 /v ◆ ren4_shi5 ▲ ^1
4	意识 /n ◆ yi4_shi2 ▲ ^1	集体 /n ◆ ji2_ti3	4	宇宙 /n ◆ yu3_zhou4 ▲ ^1	定律 /n ◆ ding4_lv4
4	意思 /n ◆ yi4_si5 ▲ ^1	懂得 /v ◆ dong3_de5	4	羽毛 /n ◆ yu3_mao2 ▲ ^1	全身 /n ◆ quan2_shen1
4	意义 /n ◆ yi4_yi4 ▲ ^1	字面 /n ◆ zi4_mian4	4	羽毛 /n ◆ yu3_mao2 ▲ ^1	轻 /a ◆ qing1 ▲ ^6
4	意义 /n ◆ yi4_yi4 ▲ ^2	特殊 /a ◆ te4_shu1	4	语法 /n ◆ yu3_fa3 ▲ ^1	规则 /n ◆ gui1_ze2 ▲ ^2
4	意义 /n ◆ yi4_yi4 ▲ ^2	现实 /a ◆ xian4_shi2 ▲ ^2	4	语文 /n ◆ yu3_wen2 ▲ ^2	教科书 /n ◆ jiao4_ke1_shu1
4	阴 /a ◆ yin1 ▲ ^3	雨 /n ◆ yu3	4	语文 /n ◆ yu3_wen2 ▲ ^2	课 /n ◆ ke4 ▲ ^A2
4	音 /n ◆ yin1 ▲ ^1	同 /a ◆ tong2 ▲ ^1	4	语言 /n ◆ yu3_yan2 ▲ ^1	懂得 /v ◆ dong3_de5
4	引进 /v ◆ yin3_jin4 ▲ ^1	科技 /n ◆ ke1_ji4	4	语言 /n ◆ yu3_yan2 ▲ ^1	外国 /n ◆ wai4_guo2
4	应用 /v ◆ ying4_yong4 ▲ ^1	广泛 /a ◆ guang3_fan4	4	语言 /n ◆ yu3_yan2 ▲ ^1	现象 /n ◆ xian4_xiang4
4	英雄 /n ◆ ying1_xiong2 ▲ ^1	伟大 /a ◆ wei3_da4	4	语言 /n ◆ yu3_yan2 ▲ ^1	技术 /n ◆ ji4_shu4 ▲ ^1
4	英雄 /n ◆ ying1_xiong2 ▲ ^1	史诗 /n ◆ shi3_shi1	4	语言 /n ◆ yu3_yan2 ▲ ^2	特别 /a ◆ te4_bie2 ▲ ^1

共现次数	节点词语	搭配词语	共现次数	节点词语	搭配词语
4	语言 /n ◆ yu3_yan2 ▲ ^2	内容 /n ◆ nei4_rong2	4	战术 /n ◆ zhan4_shu4 ▲ ^2	心理 /n ◆ xin1_li3 ▲ ^2
4	语言 /n ◆ yu3_yan2 ▲ ^2	有声 /b ◆ you3_sheng1	4	站 /n ◆ zhan4 ▲ ^B3	到 /v ◆ dao4 ▲ ^1
4	语言 /n ◆ yu3_yan2 ▲ ^2	礼貌 /a ◆ li3_mao4 ▲ ^2	4	站 /v ◆ zhan4 ▲ ^A1	笔直 /z ◆ bi3_zhi2
4	语言 /n ◆ yu3_yan2 ▲ ^2	人民 /n ◆ ren2_min2	4	站 /v ◆ zhan4 ▲ ^A1	老 /a ◆ lao3 ▲ ^1
4	语言 /n ◆ yu3_yan2 ▲ ^2	交际 /v ◆ jiao1_ji4	4	掌 /n ◆ zhang3 ▲ ^1	鼓 /v ◆ gu3 ▲ ^★
4	语言 /n ◆ yu3_yan2 ▲ ^2	环境 /n ◆ huan2_jing4 ▲ ^2	4	仗 /n ◆ zhang4 ▲ ^B	多 /a ◆ duo1 ▲ ^A1
4	玉兰 /n ◆ yu4_lan2 ▲ ^1	花 /n ◆ hua1 ▲ ^A1	4	招呼 /v ◆ zhao1_hu5 ▲ ^2	打 /v ◆ da3 ▲ ^A13
4	寓言 /n ◆ yu4_yan2 ▲ ^2	故事 /n ◆ gu4_shi5 ▲ ^1	4	找 /v ◆ zhao3 ▲ ^A	办法 /n ban4_fa3
4	元素 /n ◆ yuan2_su4 ▲ ^3	放射 /v ◆ fang4_she4	4	找 /v ◆ zhao3 ▲ ^A	四处 /n ◆ si4_chu4
4	园 /n ◆ yuan2 ▲ ^2	坟 /n ◆ fen2	4	找 /v ◆ zhao3 ▲ ^A	遍 /n ◆ bian4 ▲ ^1
4	源泉 /n ◆ yuan2_quan2 ▲ ^2	生命 /n ◆ sheng1_ming4	4	照 /v ◆ zhao4 ▲ ^1	霞光 /n ◆ xia2_guang1
4	远 /a ◆ yuan3 ▲ ^1	想 /v ◆ xiang3 ▲ ^1	4	折 /v ◆ she2 ▲ ^1	打 /v ◆ da3 ▲ ^A3
4	远门 /n ◆ yuan3_men2 ▲ ^1	出 /v ◆ chu1 ▲ ^A1	4	针 /n ◆ zhen1 ▲ ^1	下 /v ◆ xia4 ▲ ^B1
4	云 /n ◆ yun2 ▲ ^B	淡 /a ◆ dan4 ▲ ^1	4	针 /n ◆ zhen1 ▲ ^1	磨 /v ◆ mo2 ▲ ^2
4	运动 /n ◆ yun4_dong4 ▲ ^3	体育 /n ◆ ti3_yu4 ▲ ^2	4	侦探 /n ◆ zhen1_tan4 ▲ ^2	小说 /n ◆ xiao3_shuo1
4	运动 /n ◆ yun4_dong4 ▲ ^5	革命 /v ◆ ge2_ming4 ▲ ^1	4	真 /a ◆ zhen1 ▲ ^1	知道 /v ◆ zhi1_dao4
4	早 /a ◆ zao3 ▲ ^4	特别 /a ◆ te4_bie2 ▲ ^1	4	整齐 /a ◆ zheng3_qi2 ▲ ^1	排 /v ◆ pai2 ▲ ^A1
4	早 /a ◆ zao3 ▲ ^4	迟 /a ◆ chi2	4	正义 /n ◆ zheng4_yi4 ▲ ^A1	主持 /v ◆ zhu3_chi2 ▲ ^2
4	早 /a ◆ zao3 ▲ ^4	有 /v ◆ you3 ▲ ^1	4	支持 /v ◆ zhi1_chi2 ▲ ^2	祖国 /n ◆ zu3_guo2
4	早 /a ◆ zao3 ▲ ^4	去 /v ◆ qu4 ▲ ^A1	4	知识 /n ◆ zhi1_shi5 ▲ ^1	增长 /v ◆ zeng1_zhang3
4	早 /a ◆ zao3 ▲ ^4	经 /v ◆ jing1 ▲ ^B1	4	知识 /n ◆ zhi1_shi5 ▲ ^2	教 /v ◆ jiao1
4	责任 /n ◆ ze2_ren4 ▲ ^1	工作 /n ◆ gong1_zuo4 ▲ ^2	4	知识 /n ◆ zhi1_shi5 ▲ ^2	传授 /v ◆ chuan2_shou4
4	责任 /n ◆ ze2_ren4 ▲ ^1	有 /v ◆ you3 ▲ ^2	4	知识 /n ◆ zhi1_shi5 ▲ ^2	社会 /n ◆ she4_hui4 ▲ ^2
4	责任 /n ◆ ze2_ren4 ▲ ^1	尽 /v ◆ jin4 ▲ ^5	4	知识 /n ◆ zhi1_shi5 ▲ ^2	追求 /v ◆ zhui1_qiu2 ▲ ^1
4	责任 /n ◆ ze2_ren4 ▲ ^1	承担 /v ◆ cheng2_dan1	4	知识 /n ◆ zhi1_shi5 ▲ ^2	有限 /a ◆ you3_xian4 ▲ ^2
4	责任 /n ◆ ze2_ren4 ▲ ^1	重大 /a ◆ zhong4_da4	4	织 /v ◆ zhi1 ▲ ^2	毛衣 /n ◆ mao2_yi1
4	沾 /v ◆ zhan1 ▲ ^2	湿 /a ◆ shi1	4	直 /a ◆ zhi2 ▲ ^2	鼻子 /n ◆ bi2_zi5
4	占 /v ◆ zhan4 ▲ ^1	面积 /n ◆ mian4_ji1	4	直 /a ◆ zhi2 ▲ ^2	站 /v ◆ zhan4 ▲ ^A1
4	战士 /n ◆ zhan4_shi4 ▲ ^1	带 /v ◆ dai4 ▲ ^B6	4	纸 /n ◆ zhi3 ▲ ^1	用 /v ◆ yong4 ▲ ^1
			4	纸 /n ◆ zhi3 ▲ ^1	卖 /v ◆ mai4 ▲ ^1
			4	指挥 /v ◆ zhi3_hui1 ▲ ^1	听 /v ◆ ting1 ▲ ^A2
			4	指挥 /v ◆ zhi3_hui1 ▲ ^1	音乐 /n ◆ yin1_yue4
			4	至 /v ◆ zhi4 ▲ ^1	走 /v ◆ zou3 ▲ ^1
			4	制度 /n ◆ zhi4_du4 ▲ ^2	政治 /n ◆ zheng4_zhi4

共现次数	节点词语	搭配词语
4	中间 /n ◆ zhong1_jian1 ▲ ^2	走 /v ◆ zou3 ▲ ^1
4	中间 /n ◆ zhong1_jian1 ▲ ^2	摆 /v ◆ bai3 ▲ ^A1
4	中间 /n ◆ zhong1_jian1 ▲ ^3	同学 /n ◆ tong2_xue2 ▲ ^2
4	中心 /n ◆ zhong1_xin1 ▲ ^2	做 /v ◆ zuo4 ▲ ^6
4	中心 /n ◆ zhong1_xin1 ▲ ^4	控制 /v ◆ kong4_zhi4 ▲ ^1
4	中学 /n ◆ zhong1_xue2 ▲ ^A	进 /v ◆ jin4 ▲ ^2
4	中学 /n ◆ zhong1_xue2 ▲ ^A	念 /v ◆ nian4 ▲ ^B2
4	中学 /n ◆ zhong1_xue2 ▲ ^A	学生 /n ◆ xue2_sheng5 ▲ ^1
4	中学 /n ◆ zhong1_xue2 ▲ ^A	男子 /n ◆ nan2_zi3
4	钟 /n ◆ zhong1 ▲ ^A1	敲 /v ◆ qiao1 ▲ ^1
4	种子 /n ◆ zhong3_zi5 ▲ ^1	发芽 /v ◆ fa1_ya2
4	重 /a ◆ zhong4 ▲ ^2	特别 /a ◆ te4_bie2 ▲ ^1
4	重 /a ◆ zhong4 ▲ ^2	大鼓 /n ◆ da4_gu3
4	重量 /n ◆ zhong4_liang4 ▲ ^2	总 /b ◆ zong3 ▲ ^2
4	主持 /v ◆ zhu3_chi2 ▲ ^1	节目 /n ◆ jie2_mu4
4	主人 /n ◆ zhu3_ren2 ▲ ^3	做 /v ◆ zuo4 ▲ ^5
4	主人 /n ◆ zhu3_ren2 ▲ ^3	新 /a ◆ xin1 ▲ ^1
4	主人 /n ◆ zhu3_ren2 ▲ ^3	旧 /a ◆ jiu4 ▲ ^1
4	主人 /n ◆ zhu3_ren2 ▲ ^3	家 /n ◆ jia1 ▲ ^2
4	主题 /n ◆ zhu3_ti2 ▲ ^1	表现 /v ◆ biao3_xian4 ▲ ^1
4	主题 /n ◆ zhu3_ti2 ▲ ^1	故事 /n ◆ gu4_shi5 ▲ ^1
4	主意 /n ◆ zhu3_yi5 ▲ ^2	有 /v ◆ you3 ▲ ^2
4	主意 /n ◆ zhu3_yi5 ▲ ^2	打 /v ◆ da3 ▲ ^A20
4	住 /v ◆ zhu4 ▲ ^3	挺 /v ◆ ting3 ▲ ^A3
4	住 /v ◆ zhu4 ▲ ^3	抑制 /v ◆ yi4_zhi4 ▲ ^2
4	住 /v ◆ zhu4 ▲ ^3	贴 /v ◆ tie1 ▲ ^A2
4	住 /v ◆ zhu4 ▲ ^3	管 /v ◆ guan3 ▲ ^B3
4	住 /v ◆ zhu4 ▲ ^3	立 /v ◆ li4 ▲ ^1

共现次数	节点词语	搭配词语
4	住 /v ◆ zhu4 ▲ ^3	把握 /v ◆ ba3_wo4 ▲ ^2
4	住 /v ◆ zhu4 ▲ ^3	经受 /v ◆ jing1_shou4
4	住 /v ◆ zhu4 ▲ ^3	压 /v ◆ ya1 ▲ ^3
4	住 /v ◆ zhu4 ▲ ^3	拽 /v ◆ zhuai4
4	住 /v ◆ zhu4 ▲ ^3	护 /v ◆ hu4
4	抓 /v ◆ zhua1 ▲ ^1	爪子 /n ◆ zhua3_zi5
4	转化 /v ◆ zhuan3_hua4 ▲ ^1	形式 /n ◆ xing2_shi4
4	追求 /v ◆ zhui1_qiu2 ▲ ^1	执着 /a ◆ zhi2_zhuo2
4	追求 /v ◆ zhui1_qiu2 ▲ ^1	有 /v ◆ you3 ▲ ^1
4	仔细 /a ◆ zi3_xi4 ▲ ^1	打量 /v ◆ da3_liang5 ▲ ^1
4	仔细 /a ◆ zi3_xi4 ▲ ^1	想 /v ◆ xiang3 ▲ ^1
4	资料 /n ◆ zi1_liao4 ▲ ^2	物候 /n ◆ wu4_hou4
4	资料 /n ◆ zi1_liao4 ▲ ^2	附录 /n ◆ fu4_lu4
4	资料 /n ◆ zi1_liao4 ▲ ^2	网上 /s ◆ wang3_shang4
4	字 /n ◆ zi4 ▲ ^1	难 /a ◆ nan2 ▲ ^1
4	字 /n ◆ zi4 ▲ ^1	意思 /n ◆ yi4_si5 ▲ ^1
4	字 /n ◆ zi4 ▲ ^1	打 /v ◆ da3 ▲ ^A22
4	字 /n ◆ zi4 ▲ ^1	绣 /v ◆ xiu4
4	字 /n ◆ zi4 ▲ ^1	改 /v ◆ gai3 ▲ ^2
4	字 /n ◆ zi4 ▲ ^1	音 /n ◆ yin1 ▲ ^1
4	自来水 /n ◆ zi4_lai2_shui3 ▲ ^2	龙头 /n ◆ long2_tou2 ▲ ^A1
4	自然 /a ◆ zi4_ran2 ▲ ^2	序列 /n ◆ xu4_lie4
4	自然 /a ◆ zi4_ran2 ▲ ^2	现象 /n ◆ xian4_xiang4
4	自然 /n ◆ zi4_ran2 ▲ ^1	科学 /n ◆ ke1_xue2 ▲ ^1
4	自由 /a ◆ zi4_you2 ▲ ^3	获得 /v ◆ huo4_de2
4	自由 /n ◆ zi4_you2 ▲ ^1	失去 /v ◆ shi1_qu4
4	自由 /n ◆ zi4_you2 ▲ ^1	给予 /v ◆ ji3_yu3
4	总理 /n ◆ zong3_li3 ▲ ^1	好 /a ◆ hao3 ▲ ^1
4	走 /v ◆ zou3 ▲ ^1	小径 /n ◆ xiao3_jing4
4	走 /v ◆ zou3 ▲ ^1	蹒跚 /a ◆ pan2_shan1
4	走 /v ◆ zou3 ▲ ^1	端 /v ◆ duan1
4	走 /v ◆ zou3 ▲ ^1	领 /v ◆ ling3 ▲ ^6
4	走 /v ◆ zou3 ▲ ^1	扶 /v ◆ fu2 ▲ ^1
4	走 /v ◆ zou3 ▲ ^1	骑 /v ◆ qi2

共现次数	节点词语	搭配词语	共现次数	节点词语	搭配词语
4	走 /v ◆ zou3 ▲^1	拖 /v ◆ tuo1 ▲^1	3	爱 /v ◆ ai4 ▲^1	无私 /a ◆ wu2_si1
4	走 /v ◆ zou3 ▲^1	回头路 /n ◆ hui2_tou2_lu4	3	爱 /v ◆ ai4 ▲^1	懂得 /v ◆ dong3_de5
4	走 /v ◆ zou3 ▲^1	进 /v ◆ jin4 ▲^1	3	爱 /v ◆ ai4 ▲^1	伟大 /a ◆ wei3_da4
4	走 /v ◆ zou3 ▲^1	扫 /v ◆ sao3 ▲^1	3	爱 /v ◆ ai4 ▲^1	充满 /v ◆ chong1_man3 ▲^2
4	走 /v ◆ zou3 ▲^1	遍 /v ◆ bian4 ▲^1			
4	走 /v ◆ zou3 ▲^5	吹 /v ◆ chui1 ▲^3	3	安全带 /n ◆ an1_quan2_dai4 ▲^2	汽车 /n ◆ qi4_che1
4	走 /v ◆ zou3 ▲^5	漂 /v ◆ piao1 ▲^2	3	安慰 /v ◆ an1_wei4 ▲^2	给 /v ◆ gei3 ▲^1
4	走 /v ◆ zou3 ▲^5	抢 /v ◆ qiang3 ▲^A1	3	安慰 /v ◆ an1_wei4 ▲^2	得到 /v ◆ de2_dao4
4	走 /v ◆ zou3 ▲^5	赶 /v ◆ gan3 ▲^5			
4	走 /v ◆ zou3 ▲^5	提 /v ◆ ti2 ▲^1	3	把握 /v ◆ ba3_wo4 ▲^2	整体 /n ◆ zheng3_ti3
4	走 /v ◆ zou3 ▲^5	抓 /v ◆ zhua1 ▲^3	3	白菜 /n ◆ bai2_cai4 ▲^2	熬 /v ◆ ao2 ▲^1
4	走 /v ◆ zou3 ▲^5	逃 /v ◆ tao2			
4	奏 /v ◆ zou4 ▲^1	乐队 /n ◆ yue4_dui4	3	白话 /n ◆ bai2_hua4 ▲^B	现代 /n ◆ xian4_dai4
4	足 /a ◆ zu2 ▲^B1	喝 /v ◆ he1 ▲^A1	3	摆 /v ◆ bai3 ▲^A1	小摊 /n ◆ xiao3_tan1
4	阻碍 /v ◆ zu3_ai4 ▲^1	发展 /v ◆ fa1_zhan3 ▲^1	3	版面 /n ◆ ban3_mian4 ▲^1	广告 /n ◆ guang3_gao4
4	组织 /n ◆ zu3_zhi1 ▲^2	有 /v ◆ you3 ▲^2	3	办 /v ◆ ban4 ▲^1	手续 /n ◆ shou3_xu4
4	组织 /n ◆ zu3_zhi1 ▲^5	国际 /n ◆ guo2_ji4 ▲^2	3	办公室 /n ◆ ban4_gong1_shi4 ▲^1	坐 /v ◆ zuo4 ▲^1
4	钻 /v ◆ zuan1 ▲^2	笼子 /n ◆ long2_zi5	3	包 /v ◆ bao1 ▲^1	荷叶 /n ◆ he2_ye4
4	嘴 /n ◆ zui3 ▲^1	努 /v ◆ nu3 ▲^2	3	包办 /v ◆ bao1_ban4 ▲^2	婚姻 /n ◆ hun1_yin1
4	嘴 /n ◆ zui3 ▲^1	撅 /v ◆ jue1 ▲^A1	3	包袱 /n ◆ bao1_fu5 ▲^2	打开 /v ◆ da3_kai1 ▲^1
4	嘴 /n ◆ zui3 ▲^1	叫 /v ◆ jiao4 ▲^A1	3	包袱 /n ◆ bao1_fu5 ▲^3	沉重 /a ◆ chen2_zhong4 ▲^1
4	嘴巴 /n ◆ zui3_ba5 ▲^2	小 /a ◆ xiao3 ▲^1	3	宝贵 /a ◆ bao3_gui4 ▲^1	财富 /n ◆ cai2_fu4
4	尊敬 /v ◆ zun1_jing4 ▲^1	老师 /n ◆ lao3_shi1	3	饱 /a ◆ bao3 ▲^1	填 /v ◆ tian2 ▲^1
4	作 /v ◆ zuo4 ▲^2	准备 /v ◆ zhun3_bei4 ▲^1	3	报 /n ◆ bao4 ▲^6	送 /v ◆ song4 ▲^1
4	作文 /n ◆ zuo4_wen2 ▲^2	题目 /n ◆ ti2_mu4 ▲^1	3	报道 /n ◆ bao4_dao4 ▲^2	发 /v ◆ fa1 ▲^1
4	作用 /n ◆ zuo4_yong4 ▲^3	产生 /v ◆ chan3_sheng1	3	报告 /n ◆ bao4_gao4 ▲^2	调查 /v ◆ diao4_cha2
4	作用 /n ◆ zuo4_yong4 ▲^3	好 /a ◆ hao3 ▲^1	3	报纸 /n ◆ bao4_zhi3 ▲^1	编辑 /n ◆ bian1_ji2 ▲^2
4	作用 /n ◆ zuo4_yong4 ▲^3	镇痛 /v ◆ zhen4_tong4	3	抱 /v ◆ bao4 ▲^A5	希望 /n ◆ xi1_wang4 ▲^1
4	坐 /v ◆ zuo4 ▲^1	请 /v ◆ qing3 ▲^1			
4	坐 /v ◆ zuo4 ▲^1	凳子 /n ◆ deng4_zi5	3	悲剧 /n ◆ bei1_ju4 ▲^2	面对 /v ◆ mian4_dui4
4	坐 /v ◆ zuo4 ▲^1	沙发 /n ◆ sha1_fa1	3	悲剧 /n ◆ bei1_ju4 ▲^2	残酷 /a ◆ can2_ku4
4	坐 /v ◆ zuo4 ▲^1	三轮 /n ◆ san1_lun2	3	悲剧 /n ◆ bei1_ju4 ▲^2	造成 /v ◆ zao4_cheng2
4	做 /v ◆ zuo4 ▲^2	诗 /n ◆ shi1	3	悲剧 /n ◆ bei1_ju4 ▲^2	制造 /v ◆ zhi4_zao4 ▲^2
4	做 /v ◆ zuo4 ▲^3	体操 /n ◆ ti3_cao1			
4	做 /v ◆ zuo4 ▲^3	决定 /v ◆ jue2_ding4 ▲^1			
3	爱 /v ◆ ai4 ▲^1	深厚 /a ◆ shen1_hou4 ▲^1			

共现次数	节点词语	搭配词语
3	悲剧/n ◆ bei1_ju4 ▲^2	婚姻/n ◆ hun1_yin1
3	背/n ◆ bei4 ▲ ^A1	踩/v ◆ cai3
3	背/n ◆ bei4 ▲ ^A1	朝/v ◆ chao2 ▲ ^5
3	背包/n ◆ bei1_bao1 ▲^1	背/v ◆ bei1 ▲ ^1
3	背景/n ◆ bei4_jing3 ▲ ^1	写作/v ◆ xie3_zuo4
3	背景/n ◆ bei4_jing3 ▲ ^3	广阔/a ◆ guang3_kuo4
3	背景/n ◆ bei4_jing3 ▲ ^3	人物/n ◆ ren2_wu4 ▲ ^3
3	背景/n ◆ bei4_jing3 ▲ ^3	小说/n ◆ xiao3_shuo1
3	本子/n ◆ ben3_zi5 ▲ ^1	看/v ◆ kan4 ▲ ^1
3	比方/n ◆ bi3_fang5 ▲ ^2	打/v ◆ da3 ▲ ^A24
3	比较/v ◆ bi3_jiao4 ▲ ^1	作/v ◆ zuo4 ▲ ^2
3	比赛/n ◆ bi3_sai4 ▲ ^2	举行/v ◆ ju3_xing2
3	比赛/n ◆ bi3_sai4 ▲ ^2	看/v ◆ kan4 ▲ ^1
3	比赛/v ◆ bi3_sai4 ▲ ^1	终点/n ◆ zhong1_dian3 ▲ ^1
3	比赛/v ◆ bi3_sai4 ▲ ^1	进行/v ◆ jin4_xing2 ▲ ^1
3	比赛/v ◆ bi3_sai4 ▲ ^1	开始/v ◆ kai1_shi3 ▲ ^2
3	比重/n ◆ bi3_zhong4 ▲ ^2	占/v ◆ zhan4 ▲ ^1
3	笔/n ◆ bi3 ▲ ^1	提/v ◆ ti2 ▲ ^2
3	笔/n ◆ bi3 ▲ ^1	住/v ◆ zhu4 ▲ ^3
3	笔/n ◆ bi3 ▲ ^1	写字/v ◆ xie3_zi4
3	笔画/n ◆ bi3_hua4 ▲ ^1	粗/a ◆ cu1 ▲ ^2
3	笔画/n ◆ bi3_hua4 ▲ ^1	多/a ◆ duo1 ▲ ^A1
3	编辑/n ◆ bian1_ji2 ▲ ^2	报纸/n ◆ bao4_zhi3 ▲ ^1
3	鞭炮/n ◆ bian1_pao4 ▲ ^2	庆祝/v ◆ qing4_zhu4
3	便宜/n ◆ pian2_yi5 ▲ ^2	占/v ◆ zhan4 ▲ ^1
3	变/v ◆ bian4 ▲ ^1	视野/n ◆ shi4_ye3
3	变/v ◆ bian4 ▲ ^1	作/v ◆ zuo4 ▲ ^6
3	变异/v ◆ bian4_yi4 ▲^1	遗传/v ◆ yi2_chuan2
3	变异/v ◆ bian4_yi4 ▲ ^1	生物/n ◆ sheng1_wu4
3	变异/v ◆ bian4_yi4 ▲ ^1	自然/n ◆ zi4_ran2 ▲ ^1
3	遍/v ◆ bian4 ▲ ^1	流/v ◆ liu2 ▲ ^A1
3	辫子/n ◆ bian4_zi5 ▲ ^1	留/v ◆ liu2 ▲ ^5
3	标准/n ◆ biao1_zhun3 ▲ ^1	衡量/v ◆ heng2_liang2 ▲ ^1
3	标准/n ◆ biao1_zhun3 ▲ ^1	高/a ◆ gao1 ▲ ^4
3	标准/n ◆ biao1_zhun3 ▲ ^1	设计/v ◆ she4_ji4 ▲ ^1
3	标准/n ◆ biao1_zhun3 ▲ ^1	道德/n ◆ dao4_de2 ▲ ^1
3	标准/n ◆ biao1_zhun3 ▲ ^1	规定/v ◆ gui1_ding4 ▲ ^1
3	标准/n ◆ biao1_zhun3 ▲ ^1	成为/v ◆ cheng2_wei2
3	表面/n ◆ biao3_mian4 ▲ ^2	看/v ◆ kan4 ▲ ^2
3	表情/n ◆ biao3_qing2 ▲ ^2	有/v ◆ you3 ▲ ^2
3	表现/v ◆ biao3_xian4 ▲ ^1	外在/b ◆ wai4_zai4
3	表现/v ◆ biao3_xian4 ▲ ^1	注重/v ◆ zhu4_zhong4
3	表演/v ◆ biao3_yan3 ▲ ^1	作/v ◆ zuo4 ▲ ^2
3	表演/v ◆ biao3_yan3 ▲ ^1	剧场/n ◆ ju4_chang3
3	表演/v ◆ biao3_yan3 ▲ ^1	做/v ◆ zuo4 ▲ ^3
3	表演/v ◆ biao3_yan3 ▲ ^1	方式/n ◆ fang1_shi4
3	病/n ◆ bing4 ▲ ^1	重/a ◆ zhong4 ▲ ^3
3	病/v ◆ bing4 ▲ ^2	有/v ◆ you3 ▲ ^2
3	病毒/n ◆ bing4_du2 ▲ ^1	携带/v ◆ xie2_dai4 ▲ ^1
3	玻璃/n ◆ bo1_li5 ▲ ^1	隔/v ◆ ge2 ▲ ^1
3	玻璃/n ◆ bo1_li5 ▲ ^1	划/v ◆ hua2 ▲ ^ ★
3	薄/a ◆ bao2 ▲ ^1	嘴唇/n ◆ zui3_chun2
3	不顾/v ◆ bu4_gu4 ▲ ^2	反对/v ◆ fan3_dui4
3	不足/v ◆ bu4_zu2 ▲ ^2	面积/n ◆ mian4_ji1
3	布/n ◆ bu4 ▲ ^A1	细/a ◆ xi4 ▲ ^1
3	布/n ◆ bu4 ▲ ^A1	碎/a ◆ sui4 ▲ ^3

共现次数	节点词语	搭配词语	共现次数	节点词语	搭配词语
3	布/n ◆ bu4 ▲^A1	垫/v ◆ dian4 ▲^1	3	长/a ◆ chang2 ▲^1	拉/v ◆ la1 ▲^A1
3	布/n ◆ bu4 ▲^A1	卖/v ◆ mai4 ▲^1	3	长/a ◆ chang2 ▲^1	特别/a ◆ te4_bie2 ▲^1
3	布置/v ◆ bu4_zhi4 ▲^2	完成/v ◆ wan2_cheng2	3	长/a ◆ chang2 ▲^1	围/v ◆ wei2 ▲^1
3	步伐/n ◆ bu4_fa2 ▲^2	稳健/a ◆ wen3_jian4 ▲^1	3	长/v ◆ zhang3 ▲^B2	庄稼/n ◆ zhuang1_jia4
3	步伐/n ◆ bu4_fa2 ▲^2	走/v ◆ zou3 ▲^1	3	长城/n ◆ chang2_cheng2 ▲^1	修筑/v ◆ xiu1_zhu4
3	步伐/n ◆ bu4_fa2 ▲^3	前进/v ◆ qian2_jin4	3	长征/n ◆ chang2_zheng1 ▲^2	红军/n ◆ hong2_jun1
3	材料/n ◆ cai2_liao4 ▲^1	轻/a ◆ qing1 ▲^1	3	长征/n ◆ chang2_zheng1 ▲^2	路/n ◆ lu4 ▲^1
3	材料/n ◆ cai2_liao4 ▲^2	写/v ◆ xie3 ▲^2	3	场景/n ◆ chang3_jing3 ▲^2	政治/n ◆ zheng4_zhi4
3	材料/n ◆ cai2_liao4 ▲^2	多/a ◆ duo1 ▲^A1	3	场景/n ◆ chang3_jing3 ▲^2	军事/n ◆ jun1_shi4
3	材料/n ◆ cai2_liao4 ▲^2	新/a ◆ xin1 ▲^1	3	场面/n ◆ chang3_mian4 ▲^4	壮观/a ◆ zhuang4_guan1 ▲^2
3	采/v ◆ cai3 ▲^A1	珍珠/n ◆ zhen1_zhu1	3	倡议/n ◆ chang4_yi4 ▲^2	发/v ◆ fa1 ▲^4
3	采/v ◆ cai3 ▲^A1	花粉/n ◆ hua1_fen3	3	唱/v ◆ chang4 ▲^1	陪/v ◆ pei2
3	菜/n ◆ cai4 ▲^3	夹/v ◆ jia1 ▲^1	3	唱/v ◆ chang4 ▲^1	山歌/n ◆ shan1_ge1
3	菜/n ◆ cai4 ▲^3	洗/v ◆ xi3 ▲^1	3	唱/v ◆ chang4 ▲^1	弹/v ◆ tan2 ▲^4
3	参加/v ◆ can1_jia1 ▲^1	工作/v ◆ gong1_zuo4 ▲^1	3	唱/v ◆ chang4 ▲^1	欢乐/a ◆ huan1_le4
3	参加/v ◆ can1_jia1 ▲^1	仪式/n ◆ yi2_shi4	3	超过/v ◆ chao1_guo4 ▲^2	总数/n ◆ zong3_shu4
3	参加/v ◆ can1_jia1 ▲^1	比赛/v ◆ bi3_sai4 ▲^1	3	超过/v ◆ chao1_guo4 ▲^2	限度/n ◆ xian4_du4
3	参考/v ◆ can1_kao3 ▲^1	供/v ◆ gong1 ▲^2	3	潮流/n ◆ chao2_liu2 ▲^2	文学/n ◆ wen2_xue2
3	草/n ◆ cao3 ▲^A1	长/a ◆ chang2 ▲^1	3	车/n ◆ che1 ▲^1	满/a ◆ man3 ▲^A1
3	草/n ◆ cao3 ▲^A1	扒/v ◆ ba1 ▲^3	3	车子/n ◆ che1_zi5 ▲^1	跑/v ◆ pao3 ▲^1
3	草/n ◆ cao3 ▲^A1	枯/a ◆ ku1 ▲^1	3	沉重/a ◆ chen2_zhong4 ▲^2	心情/n ◆ xin1_qing2
3	草/n ◆ cao3 ▲^A1	割/v ◆ ge1	3	称呼/n ◆ cheng1_hu5 ▲^2	职业/n ◆ zhi2_ye4 ▲^1
3	草地/n ◆ cao3_di4 ▲^2	过/v ◆ guo4 ▲^1	3	成/v ◆ cheng2 ▲^A1	办/v ◆ ban4 ▲^1
3	侧/v ◆ ce4 ▲^2	坐/v ◆ zuo4 ▲^1	3	成/v ◆ cheng2 ▲^A3	精/n ◆ jing1 ▲^9
3	叉/v ◆ cha1 ▲^2	双手/n ◆ shuang1_shou3	3	成分/n ◆ cheng2_fen4 ▲^1	复杂/a ◆ fu4_za2
3	插/v ◆ cha1 ▲^1	裤兜/n ◆ ku4_dou1	3	成分/n ◆ cheng2_fen4 ▲^1	包含/v ◆ bao1_han2
3	茶/n ◆ cha2 ▲^2	热/n ◆ re4 ▲^1	3	成分/n ◆ cheng2_fen4 ▲^1	简单/a ◆ jian3_dan1 ▲^1
3	盆子/n ◆ cha4_zi5 ▲^2	出/v ◆ chu1 ▲^A6	3	成功/a ◆ cheng2_gong1 ▲^2	祝贺/v ◆ zhu4_he4
3	柴/n ◆ chai2 ▲^1	打/v ◆ da3 ▲^A19	3	成功/a ◆ cheng2_gong1 ▲^2	试验/v ◆ shi4_yan4 ▲^1
3	缠/v ◆ chan2 ▲^1	小脚/n ◆ xiao3_jiao3			
3	产业/n ◆ chan3_ye4 ▲^2	发展/v ◆ fa1_zhan3 ▲^1			
3	长/a ◆ chang2 ▲^1	做/v ◆ zuo4 ▲^3			
3	长/a ◆ chang2 ▲^1	拖/v ◆ tuo1 ▲^3			
3	长/a ◆ chang2 ▲^1	写/v ◆ xie3 ▲^2			

共现次数	节点词语	搭配词语
3	成功/a ◆ cheng2_gong1 ▲^2	克隆/v ◆ ke4_long2 ▲^1
3	成就/n ◆ cheng2_jiu4 ▲^1	伟大/a ◆ wei3_da4
3	成就/n ◆ cheng2_jiu4 ▲^1	有所/v ◆ you3_suo3
3	成就/n ◆ cheng2_jiu4 ▲^1	骄傲/a ◆ jiao1_ao4 ▲^2
3	成立/v ◆ cheng2_li4 ▲^1	正式/a ◆ zheng4_shi4
3	承认/v ◆ cheng2_ren4 ▲^1	普遍/a ◆ pu3_bian4
3	承受/v ◆ cheng2_shou4 ▲^1	痛苦/a ◆ tong4_ku3
3	城/n ◆ cheng2 ▲^2	出/v ◆ chu1 ▲^A1
3	城/n ◆ cheng2 ▲^3	入/v ◆ ru4 ▲^1
3	乘/v ◆ cheng2 ▲^A1	船/n ◆ chuan2
3	乘/v ◆ cheng2 ▲^A1	火车/n ◆ huo3_che1
3	程度/n ◆ cheng2_du4 ▲^1	教育/n ◆ jiao4_yu4 ▲^1
3	程度/n ◆ cheng2_du4 ▲^2	集中/v ◆ ji2_zhong1 ▲^1
3	程度/n ◆ cheng2_du4 ▲^2	降低/v ◆ jiang4_di1
3	吃/v ◆ chi1 ▲^A1	食堂/n ◆ shi2_tang2
3	吃/v ◆ chi1 ▲^A1	随便/a ◆ sui2_bian4 ▲^2
3	吃/v ◆ chi1 ▲^A1	白/a ◆ bai2 ▲^A1
3	吃/v ◆ chi1 ▲^A1	胖/a ◆ pang4
3	吃/v ◆ chi1 ▲^A1	丰盛/a ◆ feng1_sheng4
3	吃力/a ◆ chi1_li4 ▲^1	工作/n ◆ gong1_zuo4 ▲^2
3	翅膀/n ◆ chi4_bang3 ▲^1	拍打/v ◆ pai1_da5 ▲^2
3	翅膀/n ◆ chi4_bang3 ▲^1	掸/v ◆ dan3
3	充分/a ◆ chong1_fen4 ▲^1	利用/v ◆ li4_yong4 ▲^1
3	充分/a ◆ chong1_fen4 ▲^2	发挥/v ◆ fa1_hui1 ▲^1
3	充满/v ◆ chong1_man3 ▲^1	喜悦/a ◆ xi3_yue4
3	充满/v ◆ chong1_man3 ▲^2	活力/n ◆ huo2_li4
3	充满/v ◆ chong1_man3 ▲^2	信心/n ◆ xin4_xin1
3	冲/v ◆ chong1 ▲^B2	雨/n ◆ yu3
3	冲突/v ◆ chong1_tu1 ▲^1	性格/n ◆ xing4_ge2
3	抽象/a ◆ chou1_xiang4 ▲^2	事物/n ◆ shi4_wu4
3	踌躇/a ◆ chou2_chu2 ▲^1	未决/v ◆ wei4_jue2
3	臭/a ◆ chou4 ▲^1	汗/n ◆ han4
3	出/v ◆ chu1 ▲^A4	高价/n ◆ gao1_jia4
3	出境/v ◆ chu1_jing4 ▲^1	驱逐/v ◆ qu1_zhu2
3	出路/n ◆ chu1_lu4 ▲^2	惟一/b ◆ wei2_yi1
3	出现/v ◆ chu1_xian4 ▲^2	变化/v ◆ bian4_hua4
3	出现/v ◆ chu1_xian4 ▲^2	故障/n ◆ gu4_zhang4
3	锄头/n ◆ chu2_tou5 ▲^1	扛/v ◆ kang2 ▲^1
3	锄头/n ◆ chu2_tou5 ▲^2	动/v ◆ dong4 ▲^3
3	橱窗/n ◆ chu2_chuang1 ▲^1	陈列/v ◆ chen2_lie4
3	橱窗/n ◆ chu2_chuang1 ▲^1	广告/n ◆ guang3_gao4
3	揣/v ◆ chuai1 ▲^1	怀里/s ◆ huai2_li3
3	穿/v ◆ chuan1 ▲^1	身上/s ◆ shen1_shang5 ▲^1
3	穿/v ◆ chuan1 ▲^5	看/v ◆ kan4 ▲^1
3	传/v ◆ chuan2 ▲^1	声音/n ◆ sheng1_yin1
3	传/v ◆ chuan2 ▲^3	名声/n ◆ ming2_sheng1
3	传/v ◆ chuan2 ▲^3	声音/n ◆ sheng1_yin1
3	传说/n ◆ chuan2_shuo1 ▲^2	故事/n ◆ gu4_shi5 ▲^1
3	传统/n ◆ chuan2_tong3 ▲^1	有/v ◆ you3 ▲^1
3	传统/n ◆ chuan2_tong3 ▲^1	精神/n ◆ jing1_shen2 ▲^1
3	传统/n ◆ chuan2_tong3 ▲^1	民族/n ◆ min2_zu2 ▲^1
3	传统/n ◆ chuan2_tong3 ▲^1	形成/v ◆ xing2_cheng2
3	传统/n ◆ chuan2_tong3 ▲^1	历史/n ◆ li4_shi3 ▲^1
3	传统/n ◆ chuan2_tong3 ▲^1	外国/n ◆ wai4_guo2
3	传统/n ◆ chuan2_tong3 ▲^1	革命/v ◆ ge2_ming4 ▲^1
3	传统/n ◆ chuan2_tong3 ▲^1	封建/a ◆ feng1_jian4 ▲^3
3	传统/n ◆ chuan2_tong3 ▲^1	反/v ◆ fan3 ▲^5

共现次数	节点词语	搭配词语	共现次数	节点词语	搭配词语
3	传统 /n ◆ chuan2_tong3 ▲ ^1	意识 /n ◆ yi4_shi2 ▲ ^1	3	搭 /v ◆ da1 ▲ ^1	帐篷 /n ◆ zhang4_peng2
3	传统 /n ◆ chuan2_tong3 ▲ ^1	宗教 /n ◆ zong1_jiao4	3	搭配 /v ◆ da1_pei4 ▲ ^1	词语 /n ◆ ci2_yu3
3	传统 /n ◆ chuan2_tong3 ▲ ^1	习惯 /n ◆ xi2_guan4 ▲ ^2	3	打 /v ◆ da3 ▲ ^A18	鱼 /n ◆ yu2
3	床 /n ◆ chuang2 ▲ ^1	铺 /v ◆ pu1 ▲ ^1	3	打 /v ◆ da3 ▲ ^A19	粮食 /n ◆ liang2_shi2
3	创新 /v ◆ chuang4_xin1 ▲ ^1	鼓励 /v ◆ gu3_li4	3	打 /v ◆ da3 ▲ ^A23	冷战 /n ◆ leng3_zhan4
3	创意 /n ◆ chuang4_yi4 ▲ ^1	广告 /n ◆ guang3_gao4	3	打 /v ◆ da3 ▲ ^A3	空手 /v ◆ kong1_shou3 ▲ ^2
3	创作 /v ◆ chuang4_zuo4 ▲ ^1	研究 /v ◆ yan2_jiu1 ▲ ^1	3	打 /v ◆ da3 ▲ ^A3	着 /v ◆ zhao2 ▲ ^4
3	创作 /v ◆ chuang4_zuo4 ▲ ^1	广告 /n ◆ guang3_gao4	3	打开 /v ◆ da3_kai1 ▲ ^1	箱子 /n ◆ xiang1_zi5
3	创作 /v ◆ chuang4_zuo4 ▲ ^1	独立 /v ◆ du2_li4 ▲ ^5	3	打开 /v ◆ da3_kai1 ▲ ^1	书 /n ◆ shu1
3	创作 /v ◆ chuang4_zuo4 ▲ ^1	文艺 /n ◆ wen2_yi4	3	打响 /v ◆ da3_xiang3 ▲ ^2	战役 /n ◆ zhan4_yi4
3	纯洁 /a ◆ chun2_jie2 ▲ ^1	保持 /v ◆ bao3_chi2	3	大 /n ◆ da4 ▲ ^A2	惊奇 /a ◆ jing1_qi2
3	词 /n ◆ ci2 ▲ ^3	组成 /v ◆ zu3_cheng2	3	大 /n ◆ da4 ▲ ^A2	魅力 /n ◆ mei4_li4
3	刺 /n ◆ ci4 ▲ ^6	长 /v ◆ zhang3 ▲ ^B1	3	大 /n ◆ da4 ▲ ^A2	饥荒 /n ◆ ji1_huang5 ▲ ^1
3	刺 /v ◆ ci4 ▲ ^1	死 /v ◆ si3 ▲ ^1	3	大 /n ◆ da4 ▲ ^A2	数量 /n ◆ shu4_liang4
3	刺激 /v ◆ ci4_ji1 ▲ ^3	受到 /v ◆ shou4_dao4	3	大 /n ◆ da4 ▲ ^A2	胖子 /n ◆ pang4_zi5
3	从事 /v ◆ cong2_shi4 ▲ ^1	长期 /b ◆ chang2_qi1	3	大 /n ◆ da4 ▲ ^A2	家族 /n ◆ jia1_zu2
3	粗布 /n ◆ cu1_bu4 ▲ ^2	穿 /v ◆ chuan1 ▲ ^5	3	大 /n ◆ da4 ▲ ^A2	危险 /a ◆ wei1_xian3
3	村 /n ◆ cun1 ▲ ^1	建 /v ◆ jian4 ▲ ^A2	3	大 /n ◆ da4 ▲ ^A2	年龄 /n ◆ nian2_ling2
3	存在 /v ◆ cun2_zai4 ▲ ^1	感受 /v ◆ gan3_shou4 ▲ ^1	3	大 /n ◆ da4 ▲ ^A2	工程 /n ◆ gong1_cheng2 ▲ ^1
3	存在 /v ◆ cun2_zai4 ▲ ^1	弱点 /n ◆ ruo4_dian3	3	大 /n ◆ da4 ▲ ^A2	吓 /v ◆ xia4
3	存在 /v ◆ cun2_zai4 ▲ ^1	生物 /n ◆ sheng1_wu4	3	大 /n ◆ da4 ▲ ^A2	关系 /v ◆ guan1_xi4 ▲ ^6
3	存在 /v ◆ cun2_zai4 ▲ ^1	能够 /v ◆ neng2_gou4 ▲ ^2	3	大 /n ◆ da4 ▲ ^A2	代价 /n ◆ dai4_jia4 ▲ ^2
3	存在 /v ◆ cun2_zai4 ▲ ^1	人类 /n ◆ ren2_lei4	3	大 /n ◆ da4 ▲ ^A2	权力 /n ◆ quan2_li4 ▲ ^1
3	挫折 /v ◆ cuo4_zhe2 ▲ ^2	怕 /v ◆ pa4 ▲ ^1	3	大 /n ◆ da4 ▲ ^A2	投资 /n ◆ tou2_zi1 ▲ ^1
3	错 /a ◆ cuo4 ▲ ^A5	怕 /v ◆ pa4 ▲ ^3	3	大 /n ◆ da4 ▲ ^A2	奇迹 /n ◆ qi2_ji4
3	错 /a ◆ cuo4 ▲ ^A5	用 /v ◆ yong4 ▲ ^1	3	大 /n ◆ da4 ▲ ^A2	用途 /n ◆ yong4_tu2
3	错 /n ◆ cuo4 ▲ ^A6	改 /v ◆ gai3 ▲ ^3	3	大 /n ◆ da4 ▲ ^A2	能力 /n ◆ neng2_li4
3	错误 /n ◆ cuo4_wu4 ▲ ^2	小 /a ◆ xiao3 ▲ ^1	3	大 /n ◆ da4 ▲ ^A2	梦想 /n ◆ meng4_xiang3 ▲ ^3
3	错误 /n ◆ cuo4_wu4 ▲ ^2	发现 /v ◆ fa1_xian4 ▲ ^1	3	大 /n ◆ da4 ▲ ^A2	自由 /a ◆ zi4_you2 ▲ ^3
			3	大 /n ◆ da4 ▲ ^A2	破坏 /v ◆ po4_huai4 ▲ ^2
			3	大 /n ◆ da4 ▲ ^A2	荣誉 /n ◆ rong2_yu4
			3	大 /n ◆ da4 ▲ ^A2	灾难 /n ◆ zai1_nan4
			3	大 /n ◆ da4 ▲ ^A2	丰收 /v ◆ feng1_shou1
			3	大 /n ◆ da4 ▲ ^A2	区别 /n ◆ qu1_bie2 ▲ ^2

共现次数	节点词语	搭配词语
3	大/n ◆ da4 ▲ ^A2	鼓舞/v ◆ gu3_wu3 ▲ ^1
3	大/n ◆ da4 ▲ ^A2	地震/n ◆ di4_zhen4 ▲ ^1
3	大/n ◆ da4 ▲ ^A2	作家/n ◆ zuo4_jia1
3	大潮/n ◆ da4_chao2 ▲ ^2	改革/v ◆ gai3_ge2
3	大道/n ◆ da4_dao4 ▲ ^1	宽阔/a ◆ kuan1_kuo4 ▲ ^1
3	大地/n ◆ da4_di4 ▲ ^1	笼罩/v ◆ long3_zhao4
3	大地/n ◆ da4_di4 ▲ ^1	望/v ◆ wang4 ▲ ^A1
3	大地/n ◆ da4_di4 ▲ ^1	倾斜/v ◆ qing1_xie2 ▲ ^1
3	大典/n ◆ da4_dian3 ▲ ^1	举行/v ◆ ju3_xing2
3	大会/n ◆ da4_hui4 ▲ ^2	群众/n ◆ qun2_zhong4 ▲ ^1
3	大会/n ◆ da4_hui4 ▲ ^2	举行/v ◆ ju3_xing2
3	大陆/n ◆ da4_lu4 ▲ ^1	发现/v ◆ fa1_xian4 ▲ ^1
3	大陆/n ◆ da4_lu4 ▲ ^1	板块/n ◆ ban3_kuai4 ▲ ^1
3	大陆/n ◆ da4_lu4 ▲ ^1	漂移/v ◆ piao1_yi2
3	大路/n ◆ da4_lu4 ▲ ^1	走/v ◆ zou3 ▲ ^1
3	大师/n ◆ da4_shi1 ▲ ^1	艺术/n ◆ yi4_shu4 ▲ ^1
3	大师/n ◆ da4_shi1 ▲ ^1	绘画/v ◆ hui4_hua4
3	大师/n ◆ da4_shi1 ▲ ^1	思想/n ◆ si1_xiang3 ▲ ^1
3	大小/n ◆ da4_xiao3 ▲ ^1	一般/a ◆ yi1_ban1 ▲ ^1
3	大洋/n ◆ da4_yang2 ▲ ^1	流入/v ◆ liu2_ru4
3	大战/n ◆ da4_zhan4 ▲ ^1	新闻/n ◆ xin1_wen2 ▲ ^1
3	代表/n ◆ dai4_biao3 ▲ ^3	典型/a ◆ dian3_xing2 ▲ ^2
3	代表/v ◆ dai4_biao3 ▲ ^4	法定/b ◆ fa3_ding4
3	代表/v ◆ dai4_biao3 ▲ ^4	签名/v ◆ qian1_ming2
3	代价/n ◆ dai4_jia4 ▲ ^2	生命/n ◆ sheng1_ming4
3	代价/n ◆ dai4_jia4 ▲ ^2	巨大/a ◆ ju4_da4
3	带/v ◆ dai4 ▲ ^B1	随身/b ◆ sui2_shen1
3	带/v ◆ dai4 ▲ ^B3	眼睛/n ◆ yan3_jing1
3	带/v ◆ dai4 ▲ ^B3	笑/v ◆ xiao4 ▲ ^1
3	带/v ◆ dai4 ▲ ^B3	微笑/v ◆ wei1_xiao4 ▲ ^1
3	带/v ◆ dai4 ▲ ^B4	味儿/n ◆ wei4_r
3	带/v ◆ dai4 ▲ ^B5	动词/n ◆ dong4_ci2
3	带/v ◆ dai4 ▲ ^B5	谓语/n ◆ wei4_yu3
3	带/v ◆ dai4 ▲ ^B5	补语/n ◆ bu3_yu3
3	带/v ◆ dai4 ▲ ^B6	同情心/n ◆ tong2_qing2_xin1
3	带动/v ◆ dai4_dong4 ▲ ^1	工业/n ◆ gong1_ye4
3	待遇/n ◆ dai4_yu4 ▲ ^2	特别/a ◆ te4_bie2 ▲ ^1
3	袋/n ◆ dai4 ▲ ^1	小/a ◆ xiao3 ▲ ^1
3	单/b ◆ dan1 ▲ ^1	用/v ◆ yong4 ▲ ^1
3	单位/n ◆ dan1_wei4 ▲ ^1	时间/n ◆ shi2_jian1 ▲ ^1
3	担子/n ◆ dan4_zi5 ▲ ^1	重/a ◆ zhong4 ▲ ^2
3	胆/n ◆ dan3 ▲ ^2	壮/v ◆ zhuang4 ▲ ^A3
3	蛋/n ◆ dan4 ▲ ^2	腌/v ◆ yan1
3	挡/v ◆ dang3 ▲ ^2	眼睛/n ◆ yan3_jing1
3	挡/v ◆ dang3 ▲ ^2	雨/n ◆ yu3
3	刀/n ◆ dao1 ▲ ^1	裁/v ◆ cai2 ▲ ^1
3	刀/n ◆ dao1 ▲ ^2	磨/v ◆ mo2 ▲ ^2
3	倒/v ◆ dao3 ▲ ^A1	滑/v ◆ hua2 ▲ ^2
3	倒/v ◆ dao3 ▲ ^A1	跪/v ◆ gui4
3	倒/v ◆ dao3 ▲ ^A1	打/v ◆ da3 ▲ ^A3
3	倒/v ◆ dao3 ▲ ^A1	晕/v ◆ yun1 ▲ ^2
3	倒/v ◆ dao3 ▲ ^A1	放/v ◆ fang4 ▲ ^13
3	倒/v ◆ dao3 ▲ ^A1	躺/v ◆ tang3
3	道/v ◆ dao4 ▲ ^A1	说/v ◆ shuo1 ▲ ^1
3	道/v ◆ dao4 ▲ ^C3	心里/s ◆ xin1_li5 ▲ ^2
3	道/v ◆ dao4 ▲ ^C3	答/v ◆ da2
3	道/v ◆ dao4 ▲ ^C3	告诉/v ◆ gao4_su4
3	道/v ◆ dao4 ▲ ^C3	回忆/v ◆ hui2_yi4
3	道/v ◆ dao4 ▲ ^C3	寻思/v ◆ xun2_si1
3	道/v ◆ dao4 ▲ ^C3	反问/v ◆ fan3_wen4 ▲ ^1
3	道德/n ◆ dao4_de2 ▲ ^1	宗教/n ◆ zong1_jiao4
3	道德/n ◆ dao4_de2 ▲ ^1	传统/n ◆ chuan2_tong3 ▲ ^1

共现次数	节点词语	搭配词语
3	道德 /n ◆ dao4_de2 ▲ ^1	规范 /n ◆ gui1_fan4 ▲ ^1
3	道德 /n ◆ dao4_de2 ▲ ^1	行为 /n ◆ xing2_wei2
3	道德 /n ◆ dao4_de2 ▲ ^1	标准 /n ◆ biao1_zhun3 ▲ ^1
3	道理 /n ◆ dao4_li3 ▲ ^1	简单 /a ◆ jian3_dan1 ▲ ^1
3	道理 /n ◆ dao4_li3 ▲ ^2	懂 /v ◆ dong3
3	道理 /n ◆ dao4_li3 ▲ ^2	做人 /v ◆ zuo4_ren2 ▲ ^2
3	道路 /n ◆ dao4_lu4 ▲ ^1	选择 /v ◆ xuan3_ze2
3	道路 /n ◆ dao4_lu4 ▲ ^1	发现 /v ◆ fa1_xian4 ▲ ^1
3	道路 /n ◆ dao4_lu4 ▲ ^1	正确 /a ◆ zheng4_que4
3	道路 /n ◆ dao4_lu4 ▲ ^1	通向 /v ◆ tong1_xiang4
3	道路 /n ◆ dao4_lu4 ▲ ^1	宽广 /a ◆ kuan1_guang3 ▲ ^1
3	道路 /n ◆ dao4_lu4 ▲ ^1	曲折 /a ◆ qu1_zhe2 ▲ ^1
2	得失 /n ◆ de2_shi1 ▲ ^1	个人 /n ◆ ge4_ren2 ▲ ^1
3	灯 /n ◆ deng1 ▲ ^1	开 /v ◆ kai1 ▲ ^A6
3	灯 /n ◆ deng1 ▲ ^1	打 /v ◆ da3 ▲ ^A12
3	灯 /n ◆ deng1 ▲ ^1	照亮 /v ◆ zhao4_liang4
3	灯光 /n ◆ deng1_guang1 ▲ ^1	明亮 /a ◆ ming2_liang4 ▲ ^1
3	登 /v ◆ deng1 ▲ ^ ★	脚 /n ◆ jiao3
3	登 /v ◆ deng1 ▲ ^A1	人类 /n ◆ ren2_lei4
3	低 /a ◆ di1 ▲ ^1	云层 /n ◆ yun2_ceng2
3	低 /a ◆ di1 ▲ ^2	限度 /n ◆ xian4_du4
3	低级 /a ◆ di1_ji2 ▲ ^2	趣味 /n ◆ qu4_wei4
3	嘀咕 /v ◆ di2_gu5 ▲ ^2	心里 /s ◆ xin1_li5 ▲ ^2
3	滴 /v ◆ di1 ▲ ^1	水珠 /n ◆ shui3_zhu1
3	底 /n ◆ di3 ▲ ^A1	到 /v ◆ dao4 ▲ ^1
3	底 /n ◆ di3 ▲ ^A5	枣红 /z ◆ zao3_hong2
3	底 /n ◆ di3 ▲ ^A5	红 /a ◆ hong2 ▲ ^1
3	底层 /n ◆ di3_ceng2 ▲ ^2	社会 /n ◆ she4_hui4 ▲ ^2
3	地 /n ◆ di4 ▲ ^2	多 /a ◆ duo1 ▲ ^A1
3	地 /n ◆ di4 ▲ ^2	低 /v ◆ di1 ▲ ^4
3	地 /n ◆ di4 ▲ ^2	铲 /v ◆ chan3 ▲ ^2
3	地 /n ◆ di4 ▲ ^2	下 /v ◆ xia4 ▲ ^B2
3	地 /n ◆ di4 ▲ ^3	钻 /v ◆ zuan1 ▲ ^2
3	地 /n ◆ di4 ▲ ^3	少 /a ◆ shao3 ▲ ^1
3	地步 /n ◆ di4_bu4 ▲ ^2	达到 /v ◆ da2_dao4
3	地方 /n ◆ di4_fang1 ▲ ^1	到达 /v ◆ dao4_da2
3	地方 /n ◆ di4_fang1 ▲ ^1	近 /a ◆ jin4 ▲ ^1
3	地方 /n ◆ di4_fang1 ▲ ^1	来到 /v ◆ lai2_dao4
3	地方 /n ◆ di4_fang1 ▲ ^1	到 /v ◆ dao4 ▲ ^2
3	地方 /n ◆ di4_fang1 ▲ ^1	工作 /v ◆ gong1_zuo4 ▲ ^1
3	地方 /n ◆ di4_fang1 ▲ ^1	遥远 /a ◆ yao2_yuan3
3	地方 /n ◆ di4_fang1 ▲ ^1	暖和 /a ◆ nuan3_huo5 ▲ ^1
3	地方 /n ◆ di4_fang1 ▲ ^1	飞 /v ◆ fei1 ▲ ^1
3	地方 /n ◆ di4_fang1 ▲ ^1	小 /a ◆ xiao3 ▲ ^1
3	地方 /n ◆ di4_fang5 ▲ ^1	经过 /v ◆ jing1_guo4 ▲ ^1
3	地方 /n ◆ di4_fang5 ▲ ^1	黑暗 /a ◆ hei1_an4 ▲ ^1
3	地方 /n ◆ di4_fang5 ▲ ^1	划 /v ◆ hua2 ▲ ^ ★
3	地方 /n ◆ di4_fang5 ▲ ^1	回 /v ◆ hui2 ▲ ^A2
3	地方 /n ◆ di4_fang5 ▲ ^1	暖和 /a ◆ nuan3_huo5 ▲ ^1
3	地方 /n ◆ di4_fang5 ▲ ^1	来到 /v ◆ lai2_dao4
3	地方 /n ◆ di4_fang5 ▲ ^1	选 /v ◆ xuan3 ▲ ^1
3	地方 /n ◆ di4_fang5 ▲ ^1	空旷 /a ◆ kong1_kuang4
3	地方 /n ◆ di4_fang5 ▲ ^1	寻找 /v ◆ xun2_zhao3
3	地方 /n ◆ di4_fang5 ▲ ^1	产 /v ◆ chan3 ▲ ^3
3	地方 /n ◆ di4_fang5 ▲ ^1	文化 /n ◆ wen2_hua4 ▲ ^1
3	地理 /n ◆ di4_li3 ▲ ^2	分布 /v ◆ fen1_bu4
3	地面 /n ◆ di4_mian4 ▲ ^ ★	指挥 /v ◆ zhi3_hui1 ▲ ^1
3	地面 /n ◆ di4_mian4 ▲ ^1	露出 /v ◆ lou4_chu1
3	地面 /n ◆ di4_mian4 ▲ ^1	晒 /v ◆ shai4 ▲ ^1

共现次数	节点词语	搭配词语
3	地面/n ◆ di4_mian4 ▲^1	离开/v ◆ li2_kai1
3	地面/n ◆ di4_mian4 ▲^1	到/v ◆ dao4 ▲^2
3	地区/n ◆ di4_qu1 ▲^1	广大/b ◆ guang3_da4 ▲^1
3	地区/n ◆ di4_qu1 ▲^1	属于/v ◆ shu3_yu2
3	地区/n ◆ di4_qu1 ▲^1	温带/n ◆ wen1_dai4
3	地铁/n ◆ di4_tie3 ▲^1	车站/n ◆ che1_zhan4
3	地位/n ◆ di4_wei4 ▲^1	有/v ◆ you3 ▲^5
3	地位/n ◆ di4_wei4 ▲^1	法人/n ◆ fa3_ren2
3	地位/n ◆ di4_wei4 ▲^1	提高/v ◆ ti2_gao1
3	地位/n ◆ di4_wei4 ▲^1	落后/a ◆ luo4_hou4 ▲^3
3	地位/n ◆ di4_wei4 ▲^1	居于/v ◆ ju1_yu2
3	地位/n ◆ di4_wei4 ▲^1	低下/a ◆ di1_xia4 ▲^1
3	地狱/n ◆ di4_yu4 ▲^1	入/v ◆ ru4 ▲^1
3	地震/n ◆ di4_zhen4 ▲^1	救援/v ◆ jiu4_yuan2
3	典型/n ◆ dian3_xing2 ▲^1	人物/n ◆ ren2_wu4 ▲^3
3	点/n ◆ dian3 ▲^A2	圆/a ◆ yuan2 ▲^3
3	点/n ◆ dian3 ▲^A8	有/v ◆ you3 ▲^2
3	点/v ◆ dian3 ▲^A13	说/v ◆ shuo1 ▲^1
3	点/v ◆ dian3 ▲^A19	灯笼/n ◆ deng1_long2
3	电/n ◆ dian4 ▲^1	停/v ◆ ting2 ▲^A1
3	电/n ◆ dian4 ▲^1	通/v ◆ tong1 ▲^3
3	电话/n ◆ dian4_hua4 ▲^1	磁卡/n ◆ ci2_ka3
3	电话/n ◆ dian4_hua4 ▲^1	费/n ◆ fei4 ▲^1
3	电话/n ◆ dian4_hua4 ▲^2	声/n ◆ sheng1 ▲^1
3	电话/n ◆ dian4_hua4 ▲^3	通/v ◆ tong1 ▲^5
3	电视/n ◆ dian4_shi4 ▲^2	改编/v ◆ gai3_bian1 ▲^1
3	电视/n ◆ dian4_shi4 ▲^3	听/v ◆ ting1 ▲^A1
3	电视/n ◆ dian4_shi4 ▲^3	屏幕/n ◆ ping2_mu4 ▲^1
3	店/n ◆ dian4 ▲^2	看/v ◆ kan4 ▲^1
3	掉/v ◆ diao4 ▲^A1	流/v ◆ liu2 ▲^A1
3	掉/v ◆ diao4 ▲^A5	毁/v ◆ hui3 ▲^1
3	掉/v ◆ diao4 ▲^A5	灭/v ◆ mie4 ▲^5
3	掉/v ◆ diao4 ▲^A5	走/v ◆ zou3 ▲^1
3	掉/v ◆ diao4 ▲^A5	抽/v ◆ chou1 ▲^A1
3	掉/v ◆ diao4 ▲^A5	省/v ◆ sheng3 ▲^A2
3	掉/v ◆ diao4 ▲^A5	跑/v ◆ pao3 ▲^2
3	掉/v ◆ diao4 ▲^A5	打/v ◆ da3 ▲^A1
3	掉/v ◆ diao4 ▲^A5	咬/v ◆ yao3 ▲^1
3	掉/v ◆ diao4 ▲^A5	摆脱/v ◆ bai3_tuo1
3	掉/v ◆ diao4 ▲^A5	跑/v ◆ pao3 ▲^1
3	掉/v ◆ diao4 ▲^A5	剪/v ◆ jian3
3	掉/v ◆ diao4 ▲^A5	丢/v ◆ diu1 ▲^2
3	顶峰/n ◆ ding3_feng1 ▲^1	登上/v ◆ deng1_shang4
3	顶峰/n ◆ ding3_feng1 ▲^2	达到/v ◆ da2_dao4
3	定/v ◆ ding4 ▲^ ★	输/v ◆ shu1 ▲^B
3	定/v ◆ ding4 ▲^1	说/v ◆ shuo1 ▲^1
3	定/v ◆ ding4 ▲^1	站/v ◆ zhan4 ▲^B1
3	定/v ◆ ding4 ▲^3	价钱/n ◆ jia4_qian2
3	东西/n ◆ dong1_xi1 ▲^1	看/v ◆ kan4 ▲^2
3	东西/n ◆ dong1_xi5 ▲^1	变成/v ◆ bian4_cheng2
3	东西/n ◆ dong1_xi5 ▲^1	美好/a ◆ mei3_hao3
3	东西/n ◆ dong1_xi5 ▲^1	装/v ◆ zhuang1 ▲^B1
3	东西/n ◆ dong1_xi5 ▲^1	用/v ◆ yong4 ▲^1
3	东西/n ◆ dong1_xi5 ▲^1	真实/a ◆ zhen1_shi2
3	东西/n ◆ dong1_xi5 ▲^1	具体/a ◆ ju4_ti3 ▲^1
3	东西/n ◆ dong1_xi5 ▲^1	收拾/v ◆ shou1_shi5 ▲^1
3	东西/n ◆ dong1_xi5 ▲^1	渴望/v ◆ ke3_wang4
3	东西/n ◆ dong1_xi5 ▲^1	值得/v ◆ zhi2_de2 ▲^2
3	东西/n ◆ dong1_xi5 ▲^1	要/v ◆ yao4 ▲^B1
3	东西/n ◆ dong1_xi5 ▲^1	抓/v ◆ zhua1 ▲^1
3	东西/n ◆ dong1_xi5 ▲^2	想/v ◆ xiang3 ▲^1
3	东西/n ◆ dong1_xi5 ▲^2	特别/a ◆ te4_bie2 ▲^1

共现次数	节点词语	搭配词语
3	东西/n ◆ dong1_xi5 ▲^2	美好/a ◆ mei3_hao3
3	东西/n ◆ dong1_xi5 ▲^2	惟一/b ◆ wei2_yi1
3	东西/n ◆ dong1_xi5 ▲^2	有用/a ◆ you3_yong4
3	东西/n ◆ dong1_xi5 ▲^2	随便/a ◆ sui2_bian4 ▲^2
3	东西/n ◆ dong1_xi5 ▲^2	做出/v ◆ zuo4_chu1
3	东西/n ◆ dong1_xi5 ▲^2	掉/v ◆ diao4 ▲^A5
3	东西/n ◆ dong1_xi5 ▲^2	尝/v ◆ chang2 ▲^A1
3	东西/n ◆ dong1_xi5 ▲^2	卖/v ◆ mai4 ▲^1
3	东西/n ◆ dong1_xi5 ▲^2	奇妙/a ◆ qi2_miao4
3	东西/n ◆ dong1_xi5 ▲^2	碰到/v ◆ peng4_dao4
3	东西/n ◆ dong1_xi5 ▲^2	做/v ◆ zuo4 ▲^3
3	东西/n ◆ dong1_xi5 ▲^2	长/a ◆ chang2 ▲^1
3	东西/n ◆ dong1_xi5 ▲^2	脏/a ◆ zang1
3	东西/n ◆ dong1_xi5 ▲^2	摆/v ◆ bai3 ▲^A1
3	东西/n ◆ dong1_xi5 ▲^2	多/v ◆ duo1 ▲^A2
3	东西/n ◆ dong1_xi5 ▲^2	讲/v ◆ jiang3 ▲^1
3	东西/n ◆ dong1_xi5 ▲^2	要/v ◆ yao4 ▲^B7
3	东西/n ◆ dong1_xi5 ▲^2	问/v ◆ wen4 ▲^1
3	东西/n ◆ dong1_xi5 ▲^2	读/v ◆ du2 ▲^2
3	东西/n ◆ dong1_xi5 ▲^2	写/v ◆ xie3 ▲^2
3	东西/n ◆ dong1_xi5 ▲^2	特殊/a ◆ te4_shu1
3	东西/n ◆ dong1_xi5 ▲^2	塞/v ◆ sai1 ▲^1
3	东西/n ◆ dong1_xi5 ▲^2	丢/v ◆ diu1 ▲^1
3	东西/n ◆ dong1_xi5 ▲^2	盛/v ◆ cheng2 ▲^1
3	东西/n ◆ dong1_xi5 ▲^2	重要/a ◆ zhong4_yao4
3	东西/n ◆ dong1_xi5 ▲^2	可怕/a ◆ ke3_pa4
3	东西/n ◆ dong1_xi5 ▲^2	清楚/a ◆ qing1_chu5 ▲^1
3	东西/n ◆ dong1_xi5 ▲^2	写/v ◆ xie3 ▲^★
3	动/v ◆ dong4 ▲^1	懒得/v ◆ lan3_de5
3	动静/n ◆ dong4_jing5 ▲^1	有/v ◆ you3 ▲^4
3	动员/v ◆ dong4_yuan2 ▲^2	作/v ◆ zuo4 ▲^2
3	动作/n ◆ dong4_zuo4 ▲^1	虚拟/v ◆ xu1_ni3 ▲^1
3	动作/n ◆ dong4_zuo4 ▲^1	模仿/v ◆ mo2_fang3
3	动作/n ◆ dong4_zuo4 ▲^1	主要/b ◆ zhu3_yao4
3	冻/v ◆ dong4 ▲^3	破/a ◆ po4 ▲^8
3	冻/v ◆ dong4 ▲^3	通红/z ◆ tong1_hong2
3	洞/n ◆ dong4 ▲^1	刺/v ◆ ci4 ▲^1
3	洞/n ◆ dong4 ▲^1	填/v ◆ tian2 ▲^1
3	洞/n ◆ dong4 ▲^1	直径/n ◆ zhi2_jing4
3	洞/n ◆ dong4 ▲^1	满/a ◆ man3 ▲^A1
3	斗争/v ◆ dou4_zheng1 ▲^1	解放/v ◆ jie3_fang4 ▲^1
3	斗争/v ◆ dou4_zheng1 ▲^1	生存/v ◆ sheng1_cun2
3	斗争/v ◆ dou4_zheng1 ▲^1	坚持/v ◆ jian1_chi2
3	抖/v ◆ dou3 ▲^1	声音/n ◆ sheng1_yin1
3	抖动/v ◆ dou3_dong4 ▲^1	发生/v ◆ fa1_sheng1 ▲^1
3	毒/n ◆ du2 ▲^1	酒/n ◆ jiu3
3	毒害/v ◆ du2_hai4 ▲^1	人民/n ◆ ren2_min2
3	读/v ◆ du2 ▲^2	书籍/n ◆ shu1_ji2
3	读/v ◆ du2 ▲^2	序言/n ◆ xu4_yan2
3	读书/v ◆ du2_shu1 ▲^1	好/v ◆ hao4 ▲^1
3	读书/v ◆ du2_shu1 ▲^1	爱/v ◆ ai4 ▲^2
3	独立/v ◆ du2_li4 ▲^5	工作/v ◆ gong1_zuo4 ▲^1
3	独立/v ◆ du2_li4 ▲^5	意志/n ◆ yi4_zhi4
3	杜鹃/n ◆ du4_juan1 ▲^★	飞/v ◆ fei1 ▲^1
3	杜鹃/n ◆ du4_juan1 ▲^★	叫/v ◆ jiao4 ▲^A1

共现次数	节点词语	搭配词语	共现次数	节点词语	搭配词语
3	肚子/n ◆ du4_zi5 ▲^1	挺/v ◆ ting3 ▲^A2	3	多/a ◆ duo1 ▲^A1	看/v ◆ kan4 ▲^2
3	肚子/n ◆ du4_zi5 ▲^1	饱/a ◆ bao3 ▲^1	3	多/a ◆ duo1 ▲^A1	栽/v ◆ zai1 ▲^A1
3	肚子/n ◆ du4_zi5 ▲^1	痛/a ◆ tong4 ▲^1	3	多/a ◆ duo1 ▲^A1	接触/v ◆ jie1_chu4 ▲^2
3	肚子/n ◆ du4_zi5 ▲^1	疼/a ◆ teng2 ▲^1	3	多/a ◆ duo1 ▲^A1	产/v ◆ chan3 ▲^3
3	渡/v ◆ du4 ▲^1	河/n ◆ he2	3	多/a ◆ duo1 ▲^A1	喜欢/v ◆ xi3_huan5 ▲^1
3	短/a ◆ duan3 ▲^1	音阶/n ◆ yin1_jie1	3	多/a ◆ duo1 ▲^A1	做/v ◆ zuo4 ▲^1
3	短/a ◆ duan3 ▲^1	诗/n ◆ shi1	3	多/a ◆ duo1 ▲^A1	赚/v ◆ zhuan4 ▲^3
3	断/v ◆ duan4 ▲^A1	咬/v ◆ yao3 ▲^1	3	多/a ◆ duo1 ▲^A5	学/v ◆ xue2 ▲^1
3	断/v ◆ duan4 ▲^A1	挣/v ◆ zheng4 ▲^A	3	多/a ◆ duo1 ▲^A5	做/v ◆ zuo4 ▲^3
3	断/v ◆ duan4 ▲^A1	剪/v ◆ jian3	3	多/a ◆ duo1 ▲^A5	想/v ◆ xiang3 ▲^1
3	断/v ◆ duan4 ▲^A1	打/v ◆ da3 ▲^A1	3	多/a ◆ duo1 ▲^A5	少/a ◆ shao3 ▲^1
3	锻炼/v ◆ duan4_lian4 ▲^3	意志/n ◆ yi4_zhi4	3	多少/n ◆ duo1_shao3 ▲^1	知道/v ◆ zhi1_dao4
3	堆/v ◆ dui1 ▲^2	起/v ◆ qi3 ▲^A12	3	躲避/v ◆ duo3_bi4 ▲^2	无法/v ◆ wu2_fa3
3	队/n ◆ dui4 ▲^2	指挥/v ◆ zhi3_hui1 ▲^1	3	耳/n ◆ er3 ▲^A1	长/a ◆ chang2 ▲^1
3	队伍/n ◆ dui4_wu5 ▲^1	革命/v ◆ ge2_ming4 ▲^1	3	耳/n ◆ er3 ▲^A1	听/v ◆ ting1 ▲^A1
3	队伍/n ◆ dui4_wu5 ▲^1	带领/v ◆ dai4_ling3 ▲^2	3	发/v ◆ fa1 ▲^10	声音/n ◆ sheng1_yin1
3	队伍/n ◆ dui4_wu5 ▲^2	加入/v ◆ jia1_ru4 ▲^2	3	发表/v ◆ fa1_biao3 ▲^2	刊物/n ◆ kan1_wu4
3	队伍/n ◆ dui4_wu5 ▲^3	游行/v ◆ you2_xing2 ▲^2	3	发出/v ◆ fa1_chu1 ▲^1	呻吟/v ◆ shen1_yin2
3	队伍/n ◆ dui4_wu5 ▲^3	欢迎/v ◆ huan1_ying2 ▲^1	3	发达/a ◆ fa1_da2 ▲^1	特别/a ◆ te4_bie2 ▲^1
3	队伍/n ◆ dui4_wu5 ▲^3	站/v ◆ zhan4 ▲^A1	3	发明/n ◆ fa1_ming2 ▲^2	伟大/a ◆ wei3_da4
3	对/a ◆ dui4 ▲^10	猜/v ◆ cai1	3	发生/v ◆ fa1_sheng1 ▲^1	事故/n ◆ shi4_gu4
3	对/a ◆ dui4 ▲^10	觉得/v ◆ jue2_de5 ▲^2	3	发生/v ◆ fa1_sheng1 ▲^1	刚才/n ◆ gang1_cai2
3	对比/n ◆ dui4_bi3 ▲^2	反差/n ◆ fan3_cha1 ▲^2	3	发生/v ◆ fa1_sheng1 ▲^1	争执/v ◆ zheng1_zhi2
3	对比/v ◆ dui4_bi3 ▲^1	衬托/v ◆ chen4_tuo1	3	发现/v ◆ fa1_xian4 ▲^1	检查/v ◆ jian3_cha2 ▲^1
3	对面/n ◆ dui4_mian4 ▲^1	望/v ◆ wang4 ▲^A1	3	发现/v ◆ fa1_xian4 ▲^1	有人/v ◆ you3_ren2
3	对手/n ◆ dui4_shou3 ▲^1	竞争/v ◆ jing4_zheng1	3	发现/v ◆ fa1_xian4 ▲^1	伟大/a ◆ wei3_da4
3	对照/v ◆ dui4_zhao4 ▲^2	形成/v ◆ xing2_cheng2	3	发现/v ◆ fa1_xian4 ▲^1	惊奇/a ◆ jing1_qi2
3	多/a ◆ duo1 ▲^A1	听/v ◆ ting1 ▲^A1	3	发现/v ◆ fa1_xian4 ▲^1	惊人/a ◆ jing1_ren2
3	多/a ◆ duo1 ▲^A1	像/v ◆ xiang4 ▲^3	3	发现/v ◆ fa1_xian4 ▲^1	有趣/a ◆ you3_qu4
3	多/a ◆ duo1 ▲^A1	说话/v ◆ shuo1_hua4 ▲^1	3	发展/v ◆ fa1_zhan3 ▲^1	才能/n ◆ cai2_neng2
3	多/a ◆ duo1 ▲^A1	写/v ◆ xie3 ▲^1	3	发展/v ◆ fa1_zhan3 ▲^1	农业/n ◆ nong2_ye4

共现次数	节点词语	搭配词语	共现次数	节点词语	搭配词语
3	发展/v◆fa1_zhan3 ▲^1	祖国/n◆zu3_guo2	3	方向/n◆fang1_xiang4 ▲^2	掌握/v◆zhang3_wo4 ▲^1
3	发展/v◆fa1_zhan3 ▲^1	进步/v◆jin4_bu4 ▲^1	3	方向/n◆fang1_xiang4 ▲^2	前进/v◆qian2_jin4
3	发展/v◆fa1_zhan3 ▲^1	教育/v◆jiao4_yu4 ▲^2	3	方向/n◆fang1_xiang4 ▲^2	飞行/v◆fei1_xing2
3	发展/v◆fa1_zhan3 ▲^2	我国/n◆wo3_guo2	3	方向/n◆fang1_xiang4 ▲^2	伸展/v◆shen1_zhan3
3	发展/v◆fa1_zhan3 ▲^2	生产/v◆sheng1_chan3 ▲^1	3	方向/n◆fang1_xiang4 ▲^2	旋转/v◆xuan2_zhuan3
3	法律/n◆fa3_lv4 ▲^1	规定/n◆gui1_ding4 ▲^2	3	芳香/n◆fang1_xiang1 ▲^1	飘/v◆piao1 ▲^1
3	法律/n◆fa3_lv4 ▲^1	影响/v◆ying3_xiang3 ▲^1	3	放/v◆fang4 ▲^1	完/v◆wan2 ▲^3
3	翻滚/v◆fan1_gun3 ▲^1	波涛/n◆bo1_tao1	3	放/v◆fang4 ▲^13	完/v◆wan2 ▲^3
			3	放/v◆fang4 ▲^13	倒/v◆dao3 ▲^A1
3	翻译/v◆fan1_yi4 ▲^1	探究/v◆tan4_jiu1	3	放/v◆fang4 ▲^14	入/v◆ru4 ▲^1
3	反应/n◆fan3_ying4 ▲^5	毫无/v◆hao2_wu2	3	放/v◆fang4 ▲^6	大炮仗/n◆da4_pao4_zhang4
3	反应/v◆fan3_ying4 ▲^1	迟钝/a◆chi2_dun4	3	放/v◆fang4 ▲^8	高利贷/n◆gao1_li4_dai4
3	反映/v◆fan3_ying4 ▲^1	文学/n◆wen2_xue2	3	放电/v◆fang4_dian4 ▲^1	现象/n◆xian4_xiang4
3	泛滥/v◆fan4_lan4 ▲^1	洪水/n◆hong2_shui3	3	飞/v◆fei1 ▲^1	掠/v◆lve4
3	饭/n◆fan4 ▲^3	碗/n◆wan3	3	飞/v◆fei1 ▲^1	虫/n◆chong2
3	饭/n◆fan4 ▲^3	卖/v◆mai4 ▲^1	3	飞/v◆fei1 ▲^1	腾空/v◆teng2_kong1
3	饭/n◆fan4 ▲^3	煮/v◆zhu3	3	飞/v◆fei1 ▲^1	踢/v◆ti1
3	饭菜/n◆fan4_cai4 ▲^1	简单/a◆jian3_dan1 ▲^1	3	飞/v◆fei1 ▲^1	随意/a◆sui2_yi4
3	范围/n◆fan4_wei2 ▲^1	广泛/a◆guang3_fan4	3	飞/v◆fei1 ▲^1	迅速/a◆xun4_su4
3	方便/a◆fang1_bian4 ▲^1	多/a◆duo1 ▲^A1	3	飞/v◆fei1 ▲^1	飞机/n◆fei1_ji1
3	方位/n◆fang1_wei4 ▲^2	确定/v◆que4_ding4 ▲^2	3	飞/v◆fei1 ▲^1	停/v◆ting2 ▲^A1
3	方向/n◆fang1_xiang4 ▲^1	指点/v◆zhi3_dian3 ▲^1	3	飞/v◆fei1 ▲^1	落/v◆luo4 ▲^1
3	方向/n◆fang1_xiang4 ▲^1	明确/a◆ming2_que4 ▲^1	3	飞船/n◆fei1_chuan2 ▲^1	坐/v◆zuo4 ▲^2
3	方向/n◆fang1_xiang4 ▲^1	分/v◆fen1 ▲^1	3	肥/n◆fei2 ▲^4	浇/v◆jiao1 ▲^A3
3	方向/n◆fang1_xiang4 ▲^1	改变/v◆gai3_bian4 ▲^2	3	废话/n◆fei4_hua4 ▲^1	说/v◆shuo1 ▲^1
3	方向/n◆fang1_xiang4 ▲^1	辨别/v◆bian4_bie2	3	费/n◆fei4 ▲^1	伙食/n◆huo3_shi2
3	方向/n◆fang1_xiang4 ▲^1	朝/v◆chao2 ▲^5	3	费/n◆fei4 ▲^1	电话/n◆dian4_hua4 ▲^1
3	方向/n◆fang1_xiang4 ▲^2		3	费/n◆fei4 ▲^1	住宿/v◆zhu4_su4
			3	费/n◆fei4 ▲^2	力气/n◆li4_qi4
			3	分/v◆fen1 ▲^1	主要/b◆zhu3_yao4
			3	分/v◆fen1 ▲^1	小组/n◆xiao3_zu3
			3	分/v◆fen1 ▲^1	开/v◆kai1 ▲^A1
			3	分明/a◆fen1_ming2 ▲^1	看/v◆kan4 ▲^1
			3	分子/n◆fen1_zi3 ▲^2	生物/n◆sheng1_wu4

共现次数	节点词语	搭配词语	共现次数	节点词语	搭配词语
3	分子/n ◆ fen1_zi3 ▲^2	结构/n ◆ jie2_gou4 ▲^1	3	干/a ◆ gan1 ▲^E1	容易/a ◆ rong2_yi4 ▲^1
3	丰富/a ◆ feng1_fu4 ▲^1	蕴藏/v ◆ yun4_cang2	3	干/a ◆ gan1 ▲^E1	嘴唇/n ◆ zui3_chun2
3	丰富/a ◆ feng1_fu4 ▲^1	物产/n ◆ wu4_chan3	3	干/a ◆ gan1 ▲^E1	蒸/v ◆ zheng1
3	风/n ◆ feng1 ▲^1	无/v ◆ wu2 ▲^1	3	干部/n ◆ gan4_bu4 ▲^1	班/n ◆ ban1 ▲^1
3	风/n ◆ feng1 ▲^1	猛烈/a ◆ meng3_lie4 ▲^1	3	干净/a ◆ gan1_jing4 ▲^1	清扫/v ◆ qing1_sao3
3	风/n ◆ feng1 ▲^1	吹拂/v ◆ chui1_fu2	3	干净/a ◆ gan1_jing4 ▲^1	喝/v ◆ he1 ▲^A1
3	风/n ◆ feng1 ▲^1	卷/v ◆ juan3 ▲^2	3	干扰/v ◆ gan1_rao3 ▲^1	受/v ◆ shou4 ▲^2
3	风格/n ◆ feng1_ge2 ▲^2	古典/b ◆ gu3_dian3 ▲^2	3	赶/v ◆ gan3 ▲^1	努力/a ◆ nu3_li4 ▲^2
3	风浪/n ◆ feng1_lang4 ▲^1	险恶/a ◆ xian3_e4 ▲^1	3	感觉/n ◆ gan3_jue2 ▲^1	给/v ◆ gei3 ▲^1
3	风情/n ◆ feng1_qing2 ▲^5	浓郁/a ◆ nong2_yu4 ▲^B2	3	感情/n ◆ gan3_qing2 ▲^1	细腻/a ◆ xi4_ni4 ▲^2
3	封建/a ◆ feng1_jian4 ▲^3	家族/n ◆ jia1_zu2	3	感情/n ◆ gan3_qing2 ▲^1	体会/v ◆ ti3_hui4 ▲^1
3	封面/n ◆ feng1_mian4 ▲^3	书/n ◆ shu1	3	感情/n ◆ gan3_qing2 ▲^1	深厚/a ◆ shen1_hou4 ▲^1
3	封面/n ◆ feng1_mian4 ▲^3	印/v ◆ yin4 ▲^3	3	感情/n ◆ gan3_qing2 ▲^1	流露/v ◆ liu2_lu4
3	否定/v ◆ fou3_ding4 ▲^1	句式/n ◆ ju4_shi4	3	感情/n ◆ gan3_qing2 ▲^1	真挚/a ◆ zhen1_zhi4
3	浮/v ◆ fu2 ▲^1	船身/n ◆ chuan2_shen1	3	感情/n ◆ gan3_qing2 ▲^1	发生/v ◆ fa1_sheng1 ▲^1
3	腐败/a ◆ fu3_bai4 ▲^3	政府/n ◆ zheng4_fu3	3	感情/n ◆ gan3_qing2 ▲^1	深/a ◆ shen1 ▲^5
3	负担/n ◆ fu4_dan1 ▲^2	减轻/v ◆ jian3_qing1	3	感情/n ◆ gan3_qing2 ▲^1	激动/a ◆ ji1_dong4 ▲^1
3	附件/n ◆ fu4_jian4 ▲^1	合同/n ◆ he2_tong2	3	感情/n ◆ gan3_qing2 ▲^1	浓厚/a ◆ nong2_hou4 ▲^2
3	复苏/v ◆ fu4_su1 ▲^1	万物/n ◆ wan4_wu4	3	感情/n ◆ gan3_qing2 ▲^1	伤害/v ◆ shang1_hai4
3	富有/v ◆ fu4_you3 ▲^2	激情/n ◆ ji1_qing2	3	感受/n ◆ gan3_shou4 ▲^2	独特/a ◆ du2_te4
3	改编/v ◆ gai3_bian1 ▲^1	电影/n ◆ dian4_ying3	3	感受/v ◆ gan3_shou4 ▲^1	独特/a ◆ du2_te4
3	改变/v ◆ gai3_bian4 ▲^2	决定/n ◆ jue2_ding4 ▲^2	3	感受/v ◆ gan3_shou4 ▲^1	特殊/a ◆ te4_shu1
3	改变/v ◆ gai3_bian4 ▲^2	作/v ◆ zuo4 ▲^2	3	岗位/n ◆ gang3_wei4 ▲^2	工作/v ◆ gong1_zuo4 ▲^2
3	改变/v ◆ gai3_bian4 ▲^2	人类/n ◆ ren2_lei4	3	缸/n ◆ gang1 ▲^1	砸/v ◆ za2 ▲^1
3	盖/v ◆ gai4 ▲^A4	雪/n ◆ xue3	3	缸/n ◆ gang1 ▲^1	装/v ◆ zhuang1 ▲^B1
3	盖/v ◆ gai4 ▲^A7	房子/n ◆ fang2_zi5	3	杠子/n ◆ gang4_zi5 ▲^3	画/v ◆ hua4 ▲^B1
3	概括/v ◆ gai4_kuo4 ▲^1	高度/b ◆ gao1_du4 ▲^2	3	高/a ◆ gao1 ▲^1	立/v ◆ li4 ▲^1

共现次数	节点词语	搭配词语	共现次数	节点词语	搭配词语
3	高/a ◆ gao1 ▲ ^1	放/v ◆ fang4 ▲ ^13	3	革命/v ◆ ge2_ming4 ▲ ^1	闹/v ◆ nao4 ▲ ^5
3	高/a ◆ gao1 ▲ ^1	修/v ◆ xiu1 ▲ ^A6	3	革命/v ◆ ge2_ming4 ▲ ^1	工作/v ◆ gong1_zuo4 ▲ ^1
3	高/a ◆ gao1 ▲ ^1	搭/v ◆ da1 ▲ ^1	3	革命/v ◆ ge2_ming4 ▲ ^1	资产阶级/n ◆ zi1_chan3_jie1_ji2
3	高/a ◆ gao1 ▲ ^1	新/a ◆ xin1 ▲ ^1	3	革命/v ◆ ge2_ming4 ▲ ^1	建设/v ◆ jian4_she4
3	高/a ◆ gao1 ▲ ^1	走/v ◆ zou3 ▲ ^1	3	个人/n ◆ ge4_ren2 ▲ ^1	工作/v ◆ gong1_zuo4 ▲ ^1
3	高/a ◆ gao1 ▲ ^1	翻/v ◆ fan1 ▲ ^4	3	个人/n ◆ ge4_ren2 ▲ ^1	名称/n ◆ ming2_cheng1
3	高/a ◆ gao1 ▲ ^1	放/v ◆ fang4 ▲ ^6	3	个人/n ◆ ge4_ren2 ▲ ^1	经验/n ◆ jing1_yan4 ▲ ^1
3	高/a ◆ gao1 ▲ ^1	擎/v ◆ qing2	3	个体/n ◆ ge4_ti3 ▲ ^1	动物/n ◆ dong4_wu4
3	高/a ◆ gao1 ▲ ^1	筑/v ◆ zhu4 ▲ ^A	3	个体/n ◆ ge4_ti3 ▲ ^1	人类/n ◆ ren2_lei4
3	高/a ◆ gao1 ▲ ^1	出/v ◆ chu1 ▲ ^A3	3	个性/n ◆ ge4_xing4 ▲ ^1	体现/v ◆ ti3_xian4
3	高/a ◆ gao1 ▲ ^4	追求/v ◆ zhui1_qiu2 ▲ ^1	3	个性/n ◆ ge4_xing4 ▲ ^1	艺术/n ◆ yi4_shu4 ▲ ^1
3	高/a ◆ gao1 ▲ ^4	要求/v ◆ yao1_qiu2 ▲ ^1	3	给/v ◆ gei3 ▲ ^1	公道/a ◆ gong1_dao4
3	高/a ◆ gao1 ▲ ^4	利益/n ◆ li4_yi4	3	给/v ◆ gei3 ▲ ^1	赠/v ◆ zeng4
3	高/a ◆ gao1 ▲ ^4	叫/v ◆ jiao4 ▲ ^A1	3	给/v ◆ gei3 ▲ ^1	写/v ◆ xie3 ▲ ^1
3	高/a ◆ gao1 ▲ ^5	年级/n ◆ nian2_ji2	3	给/v ◆ gei3 ▲ ^1	传/v ◆ chuan2 ▲ ^1
3	高层/n ◆ gao1_ceng2 ▲ ^1	建筑/n ◆ jian4_zhu4 ▲ ^2	3	给/v ◆ gei3 ▲ ^1	奖/v ◆ jiang3 ▲ ^1
3	高大/a ◆ gao1_da4 ▲ ^1	建筑/v ◆ jian4_zhu4 ▲ ^1	3	根/n ◆ gen1 ▲ ^1	断/v ◆ duan4 ▲ ^A1
3	高低/n ◆ gao1_di1 ▲ ^2	比/v ◆ bi3 ▲ ^A1	3	根/n ◆ gen1 ▲ ^1	草/n ◆ cao3 ▲ ^A1
3	高度/n ◆ gao1_du4 ▲ ^1	发展/v ◆ fa1_zhan3 ▲ ^1	3	根/n ◆ gen1 ▲ ^1	挖/v ◆ wa1 ▲ ^1
3	高峰/n ◆ gao1_feng1 ▲ ^2	科学/n ◆ ke1_xue2 ▲ ^1	3	跟头/n ◆ gen1_tou5 ▲ ^2	翻/v ◆ fan1 ▲ ^1
3	高级/a ◆ gao1_ji2 ▲ ^2	智慧/n ◆ zhi4_hui4	3	工/n ◆ gong1 ▲ ^A2	做/v ◆ zuo4 ▲ ^3
3	高粱/n ◆ gao1_liang5 ▲ ^1	地/n ◆ di4 ▲ ^3	3	工程/n ◆ gong1_cheng2 ▲ ^1	参与/v ◆ can1_yu4
3	高粱/n ◆ gao1_liang5 ▲ ^1	叶子/n ◆ ye4_zi5 ▲ ^1	3	工程/n ◆ gong1_cheng2 ▲ ^1	伟大/a ◆ wei3_da4
3	高寿/n ◆ gao1_shou4 ▲ ^2	老人/n ◆ lao3_ren2 ▲ ^1	3	工程/n ◆ gong1_cheng2 ▲ ^1	巨大/a ◆ ju4_da4
3	高兴/a ◆ gao1_xing4 ▲ ^1	笑/v ◆ xiao4 ▲ ^1	3	工夫/n ◆ gong1_fu5 ▲ ^1	花/v ◆ hua1 ▲ ^B
3	高兴/a ◆ gao1_xing4 ▲ ^1	想/v ◆ xiang3 ▲ ^1	3	工具/n ◆ gong1_ju4 ▲ ^1	重要/a ◆ zhong4_yao4
3	搞/v ◆ gao3 ▲ ^1	科研/v ◆ ke1_yan2	3	工具/n ◆ gong1_ju4 ▲ ^2	语言/n ◆ yu3_yan2 ▲ ^2
3	搞/v ◆ gao3 ▲ ^1	恶作剧/n ◆ e4_zuo4_ju4	3	工具/n ◆ gong1_ju4 ▲ ^2	运用/v ◆ yun4_yong4
3	稿子/n ◆ gao3_zi5 ▲ ^2	审阅/v ◆ shen3_yue4	3	工钱/n ◆ gong1_qian2 ▲ ^2	罚/v ◆ fa2
3	告别/v ◆ gao4_bie2 ▲ ^2	挥手/v ◆ hui1_shou3			
3	革命/v ◆ ge2_ming4 ▲ ^1	投身/v ◆ tou2_shen1			
3	革命/v ◆ ge2_ming4 ▲ ^1	伟大/a ◆ wei3_da4			

共现次数	节点词语	搭配词语	共现次数	节点词语	搭配词语
3	工作/n ◆ gong1_zuo4 ▲ ^2	继续/v ◆ ji4_xu4	3	共和/n ◆ gong4_he2 ▲ ^2	政府/n ◆ zheng4_fu3
3	工作/n ◆ gong1_zuo4 ▲ ^2	参加/v ◆ can1_jia1 ▲ ^1	3	共鸣/v ◆ gong4_ming2 ▲ ^2	引起/v ◆ yin3_qi3
3	工作/n ◆ gong1_zuo4 ▲ ^2	创造/v ◆ chuang4_zao4	3	共鸣/v ◆ gong4_ming2 ▲ ^2	读者/n ◆ du2_zhe3
3	工作/n ◆ gong1_zuo4 ▲ ^2	研究/v ◆ yan2_jiu1 ▲ ^1	3	贡献/n ◆ gong4_xian4 ▲ ^2	人民/n ◆ ren2_min2
3	工作/n ◆ gong1_zuo4 ▲ ^2	科学/n ◆ ke1_xue2 ▲ ^1	3	钩/n ◆ gou1 ▲ ^1	挂/v ◆ gua4 ▲ ^1
3	工作/n ◆ gong1_zuo4 ▲ ^2	干/v ◆ gan4 ▲ ^B1	3	钩/n ◆ gou1 ▲ ^1	细/a ◆ xi4 ▲ ^1
3	工作/n ◆ gong1_zuo4 ▲ ^2	多/a ◆ duo1 ▲ ^A1	3	构成/v ◆ gou4_cheng2 ▲ ^1	组合/v ◆ zu3_he2 ▲ ^1
3	工作/n ◆ gong1_zuo4 ▲ ^3	科学/n ◆ ke1_xue2 ▲ ^1	3	构造/n ◆ gou4_zao4 ▲ ^1	复杂/a ◆ fu4_za2
3	工作/v ◆ gong1_zuo4 ▲ ^1	计算机/n ◆ ji4_suan4_ji1	3	姑娘/n ◆ gu1_niang5 ▲ ^1	可爱/a ◆ ke3_ai4
3	工作/v ◆ gong1_zuo4 ▲ ^1	方法/n ◆ fang1_fa3	3	古代/n ◆ gu3_dai4 ▲ ^1	建筑/v ◆ jian4_zhu4 ▲ ^1
3	工作/v ◆ gong1_zuo4 ▲ ^1	领导/v ◆ ling3_dao3 ▲ ^1	3	故事/n ◆ gu4_shi5 ▲ ^1	爱国/a ◆ ai4_guo2
3	工作/v ◆ gong1_zuo4 ▲ ^1	能力/n ◆ neng2_li4	3	故事/n ◆ gu4_shi5 ▲ ^1	感情/n ◆ gan3_qing2 ▲ ^1
3	工作/v ◆ gong1_zuo4 ▲ ^1	原理/n ◆ yuan2_li3	3	故事/n ◆ gu4_shi5 ▲ ^1	主要/b ◆ zhu3_yao4
3	工作/v ◆ gong1_zuo4 ▲ ^1	投入/v ◆ tou2_ru4 ▲ ^1	3	故事/n ◆ gu4_shi5 ▲ ^1	想起/v ◆ xiang3_qi3
3	工作/v ◆ gong1_zuo4 ▲ ^1	连续/v ◆ lian2_xu4	3	故事/n ◆ gu4_shi5 ▲ ^1	广告/n ◆ guang3_gao4
3	工作/v ◆ gong1_zuo4 ▲ ^1	革命/v ◆ ge2_ming4 ▲ ^1	3	故事/n ◆ gu4_shi5 ▲ ^1	悲惨/a ◆ bei1_can3
3	工作/v ◆ gong1_zuo4 ▲ ^1	救援/v ◆ jiu4_yuan2	3	故事/n ◆ gu4_shi5 ▲ ^1	戏剧/n ◆ xi4_ju4 ▲ ^1
3	工作/v ◆ gong1_zuo4 ▲ ^1	做/v ◆ zuo4 ▲ ^1	3	故事/n ◆ gu4_shi5 ▲ ^1	生活/n ◆ sheng1_huo2 ▲ ^1
3	工作/v ◆ gong1_zuo4 ▲ ^1	人类/n ◆ ren2_lei4	3	故事/n ◆ gu4_shi5 ▲ ^1	传奇/n ◆ chuan2_qi2 ▲ ^1
3	公开/a ◆ gong1_kai1 ▲ ^1	场合/n ◆ chang3_he2	3	故事/n ◆ gu4_shi5 ▲ ^1	记录/v ◆ ji4_lu4 ▲ ^1
3	功夫/n ◆ gong1_fu5 ▲ ^ ★	花/v ◆ hua1 ▲ ^B	3	故事/n ◆ gu4_shi5 ▲ ^1	因素/n ◆ yin1_su4 ▲ ^1
3	功课/n ◆ gong1_ke4 ▲ ^1	学/v ◆ xue2 ▲ ^1	3	故事/n ◆ gu4_shi5 ▲ ^1	传统/n ◆ chuan2_tong3 ▲ ^1
3	功课/n ◆ gong1_ke4 ▲ ^1	做/v ◆ zuo4 ▲ ^3	3	故事/n ◆ gu4_shi5 ▲ ^1	影片/n ◆ ying3_pian4 ▲ ^1
3	功课/n ◆ gong1_ke4 ▲ ^2	学/v ◆ xue2 ▲ ^1	3	故事/n ◆ gu4_shi5 ▲ ^1	独立/v ◆ du2_li4 ▲ ^5
3	功力/n ◆ gong1_li4 ▲ ^2	深厚/a ◆ shen1_hou4 ▲ ^2	3	故事/n ◆ gu4_shi5 ▲ ^2	完整/a ◆ wan2_zheng3
			3	故事/n ◆ gu4_shi5 ▲ ^2	发展/v ◆ fa1_zhan3 ▲ ^1

共现次数	节点词语	搭配词语	共现次数	节点词语	搭配词语
3	瓜子 /n ◆ gua1_zi3 ▲ ^2	炒 /v ◆ chao3 ▲ ^1	3	光 /n ◆ guang1 ▲ ^1	黄色 /n ◆ huang2_se4 ▲ ^1
3	关 /v ◆ guan1 ▲ ^1	窗户 /n ◆ chuang1_hu4	3	光 /n ◆ guang1 ▲ ^1	蓝 /a ◆ lan2 ▲ ^1
3	关系 /n ◆ guan1_xi4 ▲ ^1	假设 /n ◆ jia3_she4 ▲ ^3	3	光 /n ◆ guang1 ▲ ^1	泛 /v ◆ fan4
			3	光 /n ◆ guang1 ▲ ^1	挡 /v ◆ dang3 ▲ ^2
3	关系 /n ◆ guan1_xi4 ▲ ^1	人际 /b ◆ ren2_ji4	3	光 /n ◆ guang1 ▲ ^1	遮 /v ◆ zhe1 ▲ ^1
3	关系 /n ◆ guan1_xi4 ▲ ^1	和谐 /a ◆ he2_xie2	3	光 /n ◆ guang1 ▲ ^1	颜色 /n ◆ yan2_se4 ▲ ^1
3	关系 /n ◆ guan1_xi4 ▲ ^1	假设 /v ◆ jia3_she4 ▲ ^1	3	光 /n ◆ guang1 ▲ ^1	波 /n ◆ bo1
			3	光 /n ◆ guang1 ▲ ^1	射 /v ◆ she4 ▲ ^3
3	关系 /n ◆ guan1_xi4 ▲ ^1	递进 /v ◆ di4_jin4 ▲ ^2	3	光 /n ◆ guang1 ▲ ^1	柔 /a ◆ rou2 ▲ ^3
3	关系 /n ◆ guan1_xi4 ▲ ^1	主要 /b ◆ zhu3_yao4	3	光 /n ◆ guang1 ▲ ^1	微弱 /a ◆ wei1_ruo4 ▲ ^1
3	关系 /n ◆ guan1_xi4 ▲ ^1	矛盾 /a ◆ mao2_dun4 ▲ ^6	3	光 /n ◆ guang1 ▲ ^1	青 /a ◆ qing1 ▲ ^1
3	关系 /n ◆ guan1_xi4 ▲ ^2	社会 /n ◆ she4_hui4 ▲ ^2	3	光 /n ◆ guang1 ▲ ^1	脚 /n ◆ jiao3
			3	光 /n ◆ guang1 ▲ ^1	照耀 /v ◆ zhao4_yao4
3	关系 /n ◆ guan1_xi4 ▲ ^2	发生 /v ◆ fa1_sheng1 ▲ ^1	3	光 /n ◆ guang1 ▲ ^1	落 /v ◆ luo4 ▲ ^1
3	关系 /n ◆ guan1_xi4 ▲ ^2	主要 /b ◆ zhu3_yao4	3	光 /v ◆ guang1 ▲ ^10	卖 /v ◆ mai4 ▲ ^1
3	关系 /n ◆ guan1_xi4 ▲ ^2	重要 /a ◆ zhong4_yao4	3	光彩 /n ◆ guang1_cai3 ▲ ^1	闪耀 /v ◆ shan3_yao4
3	观测 /v ◆ guan1_ce4 ▲ ^1	数据 /n ◆ shu4_ju4	3	光彩 /n ◆ guang1_cai3 ▲ ^1	放 /v ◆ fang4 ▲ ^6
3	观念 /n ◆ guan1_nian4 ▲ ^1	传统 /n ◆ chuan2_tong3 ▲ ^1	3	光辉 /n ◆ guang1_hui1 ▲ ^1	金色 /n ◆ jin1_se4
3	观念 /n ◆ guan1_nian4 ▲ ^1	生活 /n ◆ sheng1_huo2 ▲ ^1	3	光荣 /a ◆ guang1_rong2 ▲ ^1	称号 /n ◆ cheng1_hao4
3	观念 /n ◆ guan1_nian4 ▲ ^1	重要 /a ◆ zhong4_yao4	3	光阴 /n ◆ guang1_yin1 ▲ ^1	消磨 /v ◆ xiao1_mo2 ▲ ^2
3	观念 /n ◆ guan1_nian4 ▲ ^1	理论 /n ◆ li3_lun4 ▲ ^1	3	规定 /n ◆ gui1_ding4 ▲ ^2	合同 /n ◆ he2_tong2
3	观念 /n ◆ guan1_nian4 ▲ ^1	文化 /n ◆ wen2_hua4 ▲ ^1	3	规定 /n ◆ gui1_ding4 ▲ ^2	时间 /n ◆ shi2_jian1 ▲ ^3
3	观念 /n ◆ guan1_nian4 ▲ ^1	集体 /n ◆ ji2_ti3	3	规定 /v ◆ gui1_ding4 ▲ ^1	劳动 /v ◆ lao2_dong4 ▲ ^3
3	管理 /v ◆ guan3_li3 ▲ ^1	工商 /n ◆ gong1_shang1	3	规范 /n ◆ gui1_fan4 ▲ ^1	道德 /n ◆ dao4_de2 ▲ ^1
3	管理 /v ◆ guan3_li3 ▲ ^1	经营 /v ◆ jing1_ying2 ▲ ^1	3	规范 /n ◆ gui1_fan4 ▲ ^1	符合 /v ◆ fu2_he2
3	贯通 /v ◆ guan4_tong1 ▲ ^1	文理 /n ◆ wen2_li3	3	规则 /n ◆ gui1_ze2 ▲ ^1	通行 /v ◆ tong1_xing2 ▲ ^2
3	惯 /v ◆ guan4 ▲ ^1	叫 /v ◆ jiao4 ▲ ^A1	3	规则 /n ◆ gui1_ze2 ▲ ^1	世界 /n ◆ shi4_jie4 ▲ ^3
3	惯 /v ◆ guan4 ▲ ^1	过 /v ◆ guo4 ▲ ^1	3	规则 /n ◆ gui1_ze2 ▲ ^2	一定 /b ◆ yi1_ding4 ▲ ^1
3	光 /n ◆ guang1 ▲ ^1	美丽 /a ◆ mei3_li4	3	轨道 /n ◆ gui3_dao4 ▲ ^3	飞船 /n ◆ fei1_chuan2 ▲ ^1
3	光 /n ◆ guang1 ▲ ^1	幽蓝 /z ◆ you1_lan2	3	轨迹 /n ◆ gui3_ji4 ▲ ^3	发展 /v ◆ fa1_zhan3 ▲ ^1
			3	桂花 /n ◆ gui4_hua1 ▲ ^2	开 /v ◆ kai1 ▲ ^A3

共现次数	节点词语	搭配词语	共现次数	节点词语	搭配词语
3	滚滚 /z ◆ gun3_gun3 ▲ ^1	波浪 /n ◆ bo1_lang4	3	孩子 /n ◆ hai2_zi5 ▲ ^2	要 /v ◆ yao4 ▲ ^B7
3	国际 /n ◆ guo2_ji4 ▲ ^2	标准 /n ◆ biao1_zhun3 ▲ ^1	3	孩子 /n ◆ hai2_zi5 ▲ ^2	有 /v ◆ you3 ▲ ^4
3	国际 /n ◆ guo2_ji4 ▲ ^2	比赛 /n ◆ bi3_sai4 ▲ ^2	3	海 /n ◆ hai3 ▲ ^1	靠 /v ◆ kao4 ▲ ^A3
3	国家 /n ◆ guo2_jia1 ▲ ^2	整个 /b ◆ zheng3_ge4	3	海 /n ◆ hai3 ▲ ^1	蔚蓝 /z ◆ wei4_lan2
3	国家 /n ◆ guo2_jia1 ▲ ^2	主要 /b ◆ zhu3_yao4	3	海 /n ◆ hai3 ▲ ^1	深 /a ◆ shen1 ▲ ^1
3	国家 /n ◆ guo2_jia1 ▲ ^2	文化 /n ◆ wen2_hua4 ▲ ^1	3	海棠 /n ◆ hai3_tang2 ▲ ^1	盛开 /v ◆ sheng4_kai1
3	国家 /n ◆ guo2_jia1 ▲ ^2	总理 /n ◆ zong3_li3 ▲ ^1	3	海棠 /n ◆ hai3_tang2 ▲ ^1	树 /n ◆ shu4 ▲ ^1
3	国家 /n ◆ guo2_jia1 ▲ ^2	独立 /v ◆ du2_li4 ▲ ^4	3	海棠 /n ◆ hai3_tang2 ▲ ^2	开 /v ◆ kai1 ▲ ^A3
3	国家 /n ◆ guo2_jia1 ▲ ^2	管理 /v ◆ guan3_li3 ▲ ^1	3	海啸 /n ◆ hai3_xiao4 ▲ ^1	发生 /v ◆ fa1_sheng1 ▲ ^1
3	国家 /n ◆ guo2_jia1 ▲ ^2	标准 /n ◆ biao1_zhun3 ▲ ^1	3	害 /v ◆ hai4 ▲ ^4	死 /v ◆ si3 ▲ ^1
3	国家 /n ◆ guo2_jia1 ▲ ^2	多 /a ◆ duo1 ▲ ^A1	3	喊 /v ◆ han3 ▲ ^1	声儿 /n ◆ sheng1_r
3	国家 /n ◆ guo2_jia1 ▲ ^2	强大 /a ◆ qiang2_da4	3	喊 /v ◆ han3 ▲ ^1	醒 /v ◆ xing3 ▲ ^2
3	国家 /n ◆ guo2_jia1 ▲ ^2	首都 /n ◆ shou3_du1	3	喊 /v ◆ han3 ▲ ^1	救命 /v ◆ jiu4_ming4
3	国文 /n ◆ guo2_wen2 ▲ ^2	教 /v ◆ jiao1	3	好 /a ◆ hao3 ▲ ^ ★	问 /v ◆ wen4 ▲ ^2
3	果实 /n ◆ guo3_shi2 ▲ ^1	摘 /v ◆ zhai1 ▲ ^1	3	好 /a ◆ hao3 ▲ ^ ★	看 /v ◆ kan4 ▲ ^2
3	果实 /n ◆ guo3_shi2 ▲ ^1	结出 /v ◆ jie2_chu1	3	好 /a ◆ hao3 ▲ ^ ★	新 /a ◆ xin1 ▲ ^1
3	果实 /n ◆ guo3_shi2 ▲ ^2	劳动 /v ◆ lao2_dong4 ▲ ^3	3	好 /a ◆ hao3 ▲ ^ ★	长 /a ◆ chang2 ▲ ^1
3	裹 /v ◆ guo3 ▲ ^1	被子 /n ◆ bei4_zi5	3	好 /a ◆ hao3 ▲ ^1	真实 /a ◆ zhen1_shi2
3	裹 /v ◆ guo3 ▲ ^1	脚 /n ◆ jiao3	3	好 /a ◆ hao3 ▲ ^1	会 /v ◆ hui4 ▲ ^B3
3	过 /v ◆ guo4 ▲ ^1	新年 /t ◆ xin1_nian2	3	好 /a ◆ hao3 ▲ ^1	新 /a ◆ xin1 ▲ ^1
3	过 /v ◆ guo4 ▲ ^1	惯 /v ◆ guan4 ▲ ^1	3	好 /a ◆ hao3 ▲ ^1	作 /v ◆ zuo4 ▲ ^2
3	过去 /v ◆ guo4_qu4 ▲ ^1	匆匆 /z ◆ cong1_cong1	3	好 /a ◆ hao3 ▲ ^1	感觉 /v ◆ gan3_jue2 ▲ ^2
3	过去 /v ◆ guo4_qu4 ▲ ^1	飞快 /z ◆ fei1_kuai4 ▲ ^1	3	好 /a ◆ hao3 ▲ ^1	设计 /v ◆ she4_ji4 ▲ ^1
3	孩子 /n ◆ hai2_zi5 ▲ ^1	调皮 /a ◆ tiao2_pi2 ▲ ^1	3	好 /a ◆ hao3 ▲ ^1	叫 /v ◆ jiao4 ▲ ^A1
3	孩子 /n ◆ hai2_zi5 ▲ ^1	机灵 /a ◆ ji1_ling2	3	好 /a ◆ hao3 ▲ ^1	造 /v ◆ zao4 ▲ ^A1
3	孩子 /n ◆ hai2_zi5 ▲ ^1	天真 /a ◆ tian1_zhen1 ▲ ^1	3	好 /a ◆ hao3 ▲ ^1	弄 /v ◆ nong4 ▲ ^2
3	孩子 /n ◆ hai2_zi5 ▲ ^1	有 /v ◆ you3 ▲ ^5	3	好 /a ◆ hao3 ▲ ^1	教育 /v ◆ jiao4_yu4 ▲ ^2
			3	好 /a ◆ hao3 ▲ ^1	活 /v ◆ huo2 ▲ ^A1
			3	好 /a ◆ hao3 ▲ ^1	生活 /v ◆ sheng1_huo2 ▲ ^2
			3	好 /a ◆ hao3 ▲ ^1	洗 /v ◆ xi3 ▲ ^1
			3	好 /a ◆ hao3 ▲ ^1	高兴 /a ◆ gao1_xing4 ▲ ^1
			3	好 /a ◆ hao3 ▲ ^1	衣服 /n ◆ yi1_fu2
			3	好 /a ◆ hao3 ▲ ^1	雪 /n ◆ xue3
			3	好 /a ◆ hao3 ▲ ^1	文笔 /n ◆ wen2_bi3
			3	好 /a ◆ hao3 ▲ ^1	叫 /v ◆ jiao4 ▲ ^A4
			3	好 /a ◆ hao3 ▲ ^1	帮手 /n ◆ bang1_shou3
			3	好 /a ◆ hao3 ▲ ^10	做 /v ◆ zuo4 ▲ ^3
			3	好 /a ◆ hao3 ▲ ^10	写 /v ◆ xie3 ▲ ^ ★

共现次数	节点词语	搭配词语
3	好/a ◆ hao3 ▲ ^10	消化/v ◆ xiao1_hua4 ▲ ^1
3	好/a ◆ hao3 ▲ ^2	做/v ◆ zuo4 ▲ ^3
3	好/a ◆ hao3 ▲ ^4	说/v ◆ shuo1 ▲ ^1
3	好/a ◆ hao3 ▲ ^5	多/a ◆ duo1 ▲ ^A1
3	好/a ◆ hao3 ▲ ^7	洗/v ◆ xi3 ▲ ^1
3	好/a ◆ hao3 ▲ ^7	满/a ◆ man3 ▲ ^A1
3	好/a ◆ hao3 ▲ ^7	铺/v ◆ pu1 ▲ ^1
3	好/a ◆ hao3 ▲ ^7	练/v ◆ lian4 ▲ ^3
3	好/a ◆ hao3 ▲ ^7	拿/v ◆ na2 ▲ ^1
3	好/a ◆ hao3 ▲ ^7	坐/v ◆ zuo4 ▲ ^1
3	好/a ◆ hao3 ▲ ^7	设计/v ◆ she4_ji4 ▲ ^1
3	好/a ◆ hao3 ▲ ^7	办/v ◆ ban4 ▲ ^2
3	好/a ◆ hao3 ▲ ^7	掌握/v ◆ zhang3_wo4 ▲ ^1
3	好/a ◆ hao3 ▲ ^7	意思/n ◆ yi4_si5 ▲ ^1
3	好/a ◆ hao3 ▲ ^7	贴/v ◆ tie1 ▲ ^A1
3	好/a ◆ hao3 ▲ ^7	拉/v ◆ la1 ▲ ^A4
3	好/a ◆ hao3 ▲ ^7	老/a ◆ lao3 ▲ ^1
3	好/a ◆ hao3 ▲ ^7	治/v ◆ zhi4 ▲ ^4
3	好/a ◆ hao3 ▲ ^7	盖/v ◆ gai4 ▲ ^A4
3	好/a ◆ hao3 ▲ ^7	磨/v ◆ mo2 ▲ ^2
3	好/a ◆ hao3 ▲ ^7	讲/v ◆ jiang3 ▲ ^3
3	好/a ◆ hao3 ▲ ^7	签/v ◆ qian1 ▲ ^A1
3	好/a ◆ hao3 ▲ ^7	配制/v ◆ pei4_zhi4 ▲ ^1
3	好/a ◆ hao3 ▲ ^8	站/v ◆ zhan4 ▲ ^A1
3	好/v ◆ hao4 ▲ ^1	读书/v ◆ du2_shu1 ▲ ^1
3	好处/n ◆ hao3_chu5 ▲ ^1	带来/v ◆ dai4_lai2
3	好处/n ◆ hao3_chu5 ▲ ^1	捞/v ◆ lao1 ▲ ^2
3	好处/n ◆ hao3_chu5 ▲ ^2	得到/v ◆ de2_dao4
3	好看/a ◆ hao3_kan4 ▲ ^1	煞是/v ◆ sha1_shi4
3	好听/a ◆ hao3_ting1 ▲ ^1	歌/n ◆ ge1
3	喝/v ◆ he1 ▲ ^A1	热水/n ◆ re4_shui3
3	喝/v ◆ he1 ▲ ^A1	露水/n ◆ lu4_shui3
3	喝/v ◆ he1 ▲ ^A2	醉/v ◆ zui4 ▲ ^1
3	合/v ◆ he2 ▲ ^A1	眼睛/n ◆ yan3_jing1
3	合成/v ◆ he2_cheng2 ▲ ^2	人工/b ◆ ren2_gong1 ▲ ^1
3	和平/n ◆ he2_ping2 ▲ ^1	拒绝/v ◆ ju4_jue2
3	和平/n ◆ he2_ping2 ▲ ^1	象征/v ◆ xiang4_zheng1 ▲ ^1
3	和平/n ◆ he2_ping2 ▲ ^1	热爱/v ◆ re4_ai4
3	和平/n ◆ he2_ping2 ▲ ^1	希望/n ◆ xi1_wang4 ▲ ^2
3	盒子/n ◆ he2_zi5 ▲ ^1	圆/a ◆ yuan2 ▲ ^3
3	盒子/n ◆ he2_zi5 ▲ ^1	红/a ◆ hong2 ▲ ^1
3	黑/a ◆ hei1 ▲ ^1	晒/v ◆ shai4 ▲ ^2
3	黑/a ◆ hei1 ▲ ^2	完全/a ◆ wan2_quan2 ▲ ^1
3	黑/a ◆ hei1 ▲ ^2	晚上/t ◆ wan3_shang5
3	黑暗/a ◆ hei1_an4 ▲ ^1	憎恶/v ◆ zeng1_wu4
3	黑暗/a ◆ hei1_an4 ▲ ^1	无边/v ◆ wu2_bian1
3	黑话/n ◆ hei1_hua4 ▲ ^1	土匪/n ◆ tu3_fei3
3	痕迹/n ◆ hen2_ji4 ▲ ^1	发现/v ◆ fa1_xian4 ▲ ^1
3	横/v ◆ heng2 ▲ ^3	躺/v ◆ tang3
3	红/a ◆ hong2 ▲ ^1	泛/v ◆ fan4
3	红/a ◆ hong2 ▲ ^1	羞/v ◆ xiu1 ▲ ^A1
3	后代/n ◆ hou4_dai4 ▲ ^2	繁殖/v ◆ fan2_zhi2
3	后代/n ◆ hou4_dai4 ▲ ^2	延续/v ◆ yan2_xu4
3	厚/a ◆ hou4 ▲ ^1	雪/n ◆ xue3
3	胡子/n ◆ hu2_zi5 ▲ ^1	短/a ◆ duan3 ▲ ^1
3	葫芦/n ◆ hu2_lu5 ▲ ^2	好看/a ◆ hao3_kan4 ▲ ^1
3	花/a ◆ hua1 ▲ ^A6	黑/a ◆ hei1 ▲ ^1
3	花/n ◆ hua1 ▲ ^A1	野/b ◆ ye3 ▲ ^4
3	花/n ◆ hua1 ▲ ^A1	落/v ◆ luo4 ▲ ^2
3	花/n ◆ hua1 ▲ ^A1	白色/n ◆ bai2_se4 ▲ ^1
3	花/n ◆ hua1 ▲ ^A1	粉红色/n ◆ fen3_hong2_se4
3	花/n ◆ hua1 ▲ ^A1	护/v ◆ hu4
3	花/n ◆ hua1 ▲ ^A1	栽/v ◆ zai1 ▲ ^A1
3	花/n ◆ hua1 ▲ ^A1	鲜红/z ◆ xian1_hong2
3	花/n ◆ hua1 ▲ ^A1	绿色/n ◆ lv4_se4 ▲ ^1
3	花/n ◆ hua1 ▲ ^A1	火红/z ◆ huo3_hong2 ▲ ^1
3	花/n ◆ hua1 ▲ ^A1	怒放/v ◆ nu4_fang4
3	花/n ◆ hua1 ▲ ^A1	香/a ◆ xiang1 ▲ ^1

共现次数	节点词语	搭配词语
3	花 /n ◆ hua1 ▲ ^A1	浇 /v ◆ jiao1 ▲ ^A3
3	花 /n ◆ hua1 ▲ ^A2	雪白 /z ◆ xue3_bai2
3	花 /n ◆ hua1 ▲ ^A2	绿 /a ◆ lv4
3	花 /n ◆ hua1 ▲ ^A2	浇水 /v ◆ jiao1_shui3
3	花卉 /n ◆ hua1_hui4 ▲ ^1	基因 /n ◆ ji1_yin1
3	花卉 /n ◆ hua1_hui4 ▲ ^1	特别 /a ◆ te4_bie2 ▲ ^1
3	花期 /n ◆ hua1_qi1 ▲ ^2	长 /a ◆ chang2 ▲ ^1
3	化 /v ◆ hua4 ▲ ^A3	雪 /n ◆ xue3
3	划 /v ◆ hua2 ▲ ^★	尽力 /v ◆ jin4_li4
3	划 /v ◆ hua2 ▲ ^★	小艇 /n ◆ xiao3_ting3
3	画 /n ◆ hua4 ▲ ^A2	简单 /a ◆ jian3_dan1 ▲ ^1
3	画 /n ◆ hua4 ▲ ^A2	画师 /n ◆ hua4_shi1 ▲ ^2
3	画 /n ◆ hua4 ▲ ^A2	古 /a ◆ gu3
3	画 /v ◆ hua4 ▲ ^A1	身上 /s ◆ shen1_shang5 ▲ ^1
3	画廊 /n ◆ hua4_lang2 ▲ ^1	曲折 /a ◆ qu1_zhe2 ▲ ^1
3	画廊 /n ◆ hua4_lang2 ▲ ^1	迂回 /a ◆ yu1_hui2 ▲ ^1
3	话 /n ◆ hua4 ▲ ^1	老实 /a ◆ lao3_shi5 ▲ ^1
3	话 /n ◆ hua4 ▲ ^1	直接 /a ◆ zhi2_jie1
3	话 /n ◆ hua4 ▲ ^1	头 /n ◆ tou2 ▲ ^1
3	话 /n ◆ hua4 ▲ ^1	重要 /a ◆ zhong4_yao4
3	话 /n ◆ hua4 ▲ ^1	漂亮 /a ◆ piao4_liang5 ▲ ^2
3	话 /n ◆ hua4 ▲ ^1	咀嚼 /v ◆ ju3_jue2 ▲ ^2
3	话 /n ◆ hua4 ▲ ^1	清楚 /a ◆ qing1_chu5 ▲ ^1
3	话 /n ◆ hua4 ▲ ^1	明白 /a ◆ ming2_bai5 ▲ ^1
3	话 /n ◆ hua4 ▲ ^1	提起 /v ◆ ti2_qi3 ▲ ^1
3	话 /n ◆ hua4 ▲ ^1	好 /a ◆ hao3 ▲ ^1
3	话筒 /n ◆ hua4_tong3 ▲ ^2	电话 /n ◆ dian4_hua4 ▲ ^2
3	怀抱 /n ◆ huai2_bao4 ▲ ^2	祖国 /n ◆ zu3_guo2
3	怀抱 /n ◆ huai2_bao4 ▲ ^2	投入 /v ◆ tou2_ru4 ▲ ^1
3	怀抱 /n ◆ huai2_bao4 ▲ ^2	扑 /v ◆ pu1 ▲ ^1
3	坏 /a ◆ huai4 ▲ ^2	冻 /v ◆ dong4 ▲ ^3
3	坏 /a ◆ huai4 ▲ ^2	压 /v ◆ ya1 ▲ ^1
3	坏 /a ◆ huai4 ▲ ^2	眼睛 /n ◆ yan3_jing1
3	坏 /a ◆ huai4 ▲ ^2	记性 /n ◆ ji4_xing4
3	坏 /a ◆ huai4 ▲ ^2	透 /a ◆ tou4 ▲ ^4
3	欢喜 /v ◆ huan1_xi3 ▲ ^2	心里 /s ◆ xin1_li5 ▲ ^2
3	欢迎 /v ◆ huan1_ying2 ▲ ^1	人群 /n ◆ ren2_qun2
3	环境 /n ◆ huan2_jing4 ▲ ^1	自然 /n ◆ zi4_ran2 ▲ ^1
3	环境 /n ◆ huan2_jing4 ▲ ^2	新 /a ◆ xin1 ▲ ^1
3	环境 /n ◆ huan2_jing4 ▲ ^2	艰苦 /a ◆ jian1_ku3
3	环境 /n ◆ huan2_jing4 ▲ ^2	特定 /b ◆ te4_ding4 ▲ ^1
3	环境 /n ◆ huan2_jing4 ▲ ^2	地球 /n ◆ di4_qiu2
3	环境 /n ◆ huan2_jing4 ▲ ^2	良好 /z ◆ liang2_hao3
3	环境 /n ◆ huan2_jing4 ▲ ^2	工作 /v ◆ gong1_zuo4 ▲ ^1
3	环境 /n ◆ huan2_jing4 ▲ ^2	利用 /v ◆ li4_yong4 ▲ ^1
3	环境 /n ◆ huan2_jing4 ▲ ^2	复杂 /a ◆ fu4_za2
3	环境 /n ◆ huan2_jing4 ▲ ^2	上下文 /n ◆ shang4_xia4_wen2
3	幻想 /n ◆ huan4_xiang3 ▲ ^2	艺术 /n ◆ yi4_shu4 ▲ ^1
3	黄 /a ◆ huang2 ▲ ^A1	深 /a ◆ shen1 ▲ ^6
3	黄瓜 /n ◆ huang2_gua1 ▲ ^2	摘 /v ◆ zhai1 ▲ ^1
3	黄牛 /n ◆ huang2_niu2 ▲ ^1	老 /a ◆ lao3 ▲ ^1
3	灰色 /n ◆ hui1_se4 ▲ ^1	穿 /v ◆ chuan1 ▲ ^5
3	恢复 /v ◆ hui1_fu4 ▲ ^1	身体 /n ◆ shen1_ti3
3	恢复 /v ◆ hui1_fu4 ▲ ^1	生态 /n ◆ sheng1_tai4
3	恢复 /v ◆ hui1_fu4 ▲ ^1	正常 /a ◆ zheng4_chang2
3	恢复 /v ◆ hui1_fu4 ▲ ^1	平静 /a ◆ ping2_jing4
3	辉煌 /a ◆ hui1_huang2 ▲ ^2	文学 /n ◆ wen2_xue2
3	辉煌 /a ◆ hui1_huang2 ▲ ^2	发展 /v ◆ fa1_zhan3 ▲ ^1
3	回 /v ◆ hui2 ▲ ^A2	想 /v ◆ xiang3 ▲ ^1
3	回 /v ◆ hui2 ▲ ^A2	巢 /n ◆ chao2
3	回 /v ◆ hui2 ▲ ^A3	转 /v ◆ zhuan3 ▲ ^1

共现次数	节点词语	搭配词语	共现次数	节点词语	搭配词语
3	会 /v ◆ hui4 ▲ ^B5	真 /a ◆ zhen1 ▲ ^1	3	机构 /n ◆ ji1_ gou4 ▲ ^2	教育 /v ◆ jiao4_ yu4 ▲ ^2
3	会议 /n ◆ hui4_ yi4 ▲ ^1	记录 /n ◆ ji4_lu4 ▲ ^2	3	机关 /n ◆ ji1_ guan1 ▲ ^3	工作 /v ◆ gong1_ zuo4 ▲ ^1
3	会议 /n ◆ hui4_ yi4 ▲ ^1	政府 /n ◆ zheng4_fu3	3	积极 /a ◆ ji1_ji2 ▲ ^2	学习 /v ◆ xue2_ xi2 ▲ ^1
3	会议 /n ◆ hui4_ yi4 ▲ ^1	开 /v ◆ kai1 ▲ ^A10	3	基础 /n ◆ ji1_ chu3 ▲ ^2	剧本 /n ◆ ju4_ben3
3	活 /a ◆ huo2 ▲ ^A5	画 /v ◆ hua4 ▲ ^A1	3	基础 /n ◆ ji1_ chu3 ▲ ^2	戏剧 /n ◆ xi4_ ju4 ▲ ^1
3	活 /v ◆ huo2 ▲ ^A1	顽强 /a ◆ wan2_qiang2	3	基础 /n ◆ ji1_ chu3 ▲ ^2	事业 /n ◆ shi4_ ye4 ▲ ^1
3	活 /v ◆ huo2 ▲ ^A1	做 /v ◆ zuo4 ▲ ^3	3	基础 /n ◆ ji1_ chu3 ▲ ^2	动摇 /v ◆ dong4_ yao2 ▲ ^2
3	活 /v ◆ huo2 ▲ ^A1	了 /v ◆ liao3 ▲ ^A2	3	基础 /n ◆ ji1_ chu3 ▲ ^2	桥墩 /n ◆ qiao2_dun1
3	活动 /n ◆ huo2_ dong4 ▲ ^5	举行 /v ◆ ju3_xing2	3	基础 /n ◆ ji1_ chu3 ▲ ^2	坚实 /a ◆ jian1_ shi2 ▲ ^1
3	活动 /n ◆ huo2_ dong4 ▲ ^5	国际 /n ◆ guo2_ ji4 ▲ ^2	3	基础 /n ◆ ji1_ chu3 ▲ ^2	文化 /n ◆ wen2_ hua4 ▲ ^1
3	活动 /n ◆ huo2_ dong4 ▲ ^5	学习 /v ◆ xue2_ xi2 ▲ ^1	3	基础 /n ◆ ji1_ chu3 ▲ ^2	构成 /v ◆ gou4_ cheng2 ▲ ^1
3	活动 /n ◆ huo2_ dong4 ▲ ^5	民间 /n ◆ min2_ jian1 ▲ ^1	3	基础 /n ◆ ji1_ chu3 ▲ ^2	民族 /n ◆ min2_ zu2 ▲ ^2
3	活动 /n ◆ huo2_ dong4 ▲ ^5	重要 /a ◆ zhong4_yao4	3	基础 /n ◆ ji1_ chu3 ▲ ^2	产生 /v ◆ chan3_ sheng1
3	活动 /n ◆ huo2_ dong4 ▲ ^5	小组 /n ◆ xiao3_zu3	3	激烈 /a ◆ ji1_ lie4 ▲ ^1	竞争 /v ◆ jing4_ zheng1
3	活动 /n ◆ huo2_ dong4 ▲ ^5	学校 /n ◆ xue2_xiao4	3	及 /v ◆ ji2 ▲ ^A3	目力 /n ◆ mu4_li4
3	活动 /n ◆ huo2_ dong4 ▲ ^5	文学 /n ◆ wen2_xue2	3	及时 /a ◆ ji2_ shi2 ▲ ^1	提供 /v ◆ ti2_gong1
3	活动 /n ◆ huo2_ dong4 ▲ ^5	艺术 /n ◆ yi4_ shu4 ▲ ^1	3	及时 /a ◆ ji2_ shi2 ▲ ^1	赶到 /v ◆ gan3_dao4
3	活动 /n ◆ huo2_ dong4 ▲ ^5	积极 /a ◆ ji1_ji2 ▲ ^2	3	急 /a ◆ ji2 ▲ ^4	水势 /n ◆ shui3_shi4
3	活动 /n ◆ huo2_ dong4 ▲ ^5	完成 /v ◆ wan2_ cheng2	3	急 /a ◆ ji2 ▲ ^4	河水 /n ◆ he2_shui3
3	活动 /n ◆ huo2_ dong4 ▲ ^5	停止 /v ◆ ting2_zhi3	3	急 /a ◆ ji2 ▲ ^4	走 /v ◆ zou3 ▲ ^1
3	活动 /n ◆ huo2_ dong4 ▲ ^5	娱乐 /v ◆ yu2_ le4 ▲ ^1	3	集中 /a ◆ ji2_ zhong1 ▲ ^2	高度 /b ◆ gao1_ du4 ▲ ^2
3	活动 /n ◆ huo2_ dong4 ▲ ^5	多 /a ◆ duo1 ▲ ^A1	3	集中 /v ◆ ji2_ zhong1 ▲ ^1	兵力 /n ◆ bing1_li4
3	活跃 /a ◆ huo2_ yue4 ▲ ^1	生命 /n ◆ sheng1_ ming4	3	几何 /n ◆ ji3_ he2 ▲ ^2	课本 /n ◆ ke4_ben3
3	火 /n ◆ huo3 ▲ ^1	引 /v ◆ yin3 ▲ ^5	3	挤 /v ◆ ji3 ▲ ^4	牙膏 /n ◆ ya2_gao1
3	火 /n ◆ huo3 ▲ ^1	打 /v ◆ da3 ▲ ^A21	3	计划 /n ◆ ji4_ hua4 ▲ ^1	实现 /v ◆ shi2_xian4
3	火 /n ◆ huo3 ▲ ^1	柴 /n ◆ chai2 ▲ ^1	3	计划 /n ◆ ji4_ hua4 ▲ ^1	大胆 /a ◆ da4_dan3
3	火 /n ◆ huo3 ▲ ^1	烤 /v ◆ kao3 ▲ ^1	3	计划 /n ◆ ji4_ hua4 ▲ ^1	新 /a ◆ xin1 ▲ ^1
3	火车头 /n ◆ huo3_ che1_tou2 ▲ ^1	拉 /v ◆ la1 ▲ ^A1			
3	饥荒 /n ◆ ji1_ huang5 ▲ ^1	发生 /v ◆ fa1_ sheng1 ▲ ^1			

共现次数	节点词语	搭配词语	共现次数	节点词语	搭配词语
3	计划/n ◆ ji4_hua4 ▲^1	制订/v ◆ zhi4_ding4	3	夹/v ◆ jia1 ▲^2	胳肢窝/n ◆ ga1_zhi1_wo1
3	计划/n ◆ ji4_hua4 ▲^1	完成/v ◆ wan2_cheng2	3	家/n ◆ jia1 ▲^1	好/a ◆ hao3 ▲^1
3	计划/n ◆ ji4_hua4 ▲^1	科学/n ◆ ke1_xue2 ▲^1	3	家/n ◆ jia1 ▲^1	回/v ◆ hui2 ▲^A2
3	记/v ◆ ji4 ▲^1	难/v ◆ nan2 ▲^2	3	家/n ◆ jia1 ▲^2	搬/v ◆ ban1 ▲^1
3	记/v ◆ ji4 ▲^1	心里/s ◆ xin1_li5 ▲^2	3	家/n ◆ jia1 ▲^2	送到/v ◆ song4_dao4
3	记录/n ◆ ji4_lu4 ▲^2	会议/n ◆ hui4_yi4 ▲^1	3	家/n ◆ jia1 ▲^2	新/a ◆ xin1 ▲^1
3	记忆/n ◆ ji4_yi4 ▲^2	多/a ◆ duo1 ▲^A1	3	价值/n ◆ jia4_zhi2 ▲^2	观赏/v ◆ guan1_shang3
3	记忆/n ◆ ji4_yi4 ▲^2	深/a ◆ shen1 ▲^4	3	价值/n ◆ jia4_zhi2 ▲^2	认识/n ◆ ren4_shi5 ▲^2
3	记载/v ◆ ji4_zai3 ▲^2	历史/n ◆ li4_shi3 ▲^1	3	价值/n ◆ jia4_zhi2 ▲^2	生活/v ◆ sheng1_huo2 ▲^2
3	纪念/v ◆ ji4_nian4 ▲^1	值得/v ◆ zhi2_de2 ▲^2	3	价值/n ◆ jia4_zhi2 ▲^2	营养/n ◆ ying2_yang3 ▲^2
3	技巧/n ◆ ji4_qiao3 ▲^1	娴熟/a ◆ xian2_shu2	3	价值/n ◆ jia4_zhi2 ▲^2	内在/b ◆ nei4_zai4 ▲^1
3	技巧/n ◆ ji4_qiao3 ▲^1	学/v ◆ xue2 ▲^1	3	价值/n ◆ jia4_zhi2 ▲^2	实现/v ◆ shi2_xian4
3	技术/n ◆ ji4_shu4 ▲^1	知识/n ◆ zhi1_shi5 ▲^2	3	价值/n ◆ jia4_zhi2 ▲^2	发现/v ◆ fa1_xian4 ▲^1
3	技术/n ◆ ji4_shu4 ▲^1	制造/v ◆ zhi4_zao4 ▲^1	3	价值/n ◆ jia4_zhi2 ▲^2	文学/n ◆ wen2_xue2
3	技术/n ◆ ji4_shu4 ▲^1	设计/v ◆ she4_ji4 ▲^1	3	价值/n ◆ jia4_zhi2 ▲^2	生物/n ◆ sheng1_wu4
3	技术/n ◆ ji4_shu4 ▲^1	建筑/v ◆ jian4_zhu4 ▲^1	3	价值/n ◆ jia4_zhi2 ▲^2	真正/b ◆ zhen1_zheng4 ▲^1
3	技术/n ◆ ji4_shu4 ▲^1	研究/v ◆ yan2_jiu1 ▲^1	3	假设/n ◆ jia3_she4 ▲^3	关系/n ◆ guan1_xi4 ▲^1
3	技术/n ◆ ji4_shu4 ▲^1	学/v ◆ xue2 ▲^1	3	尖/a ◆ jian1 ▲^1	树/n ◆ shu4 ▲^1
3	技术/n ◆ ji4_shu4 ▲^1	处理/v ◆ chu3_li3 ▲^4	3	尖/a ◆ jian1 ▲^3	眼睛/n ◆ yan3_jing1
3	技术/n ◆ ji4_shu4 ▲^1	发明/v ◆ fa1_ming2 ▲^1	3	坚强/a ◆ jian1_qiang2 ▲^1	成长/v ◆ cheng2_zhang3
3	技术/n ◆ ji4_shu4 ▲^1	专家/n ◆ zhuan1_jia1	3	坚强/a ◆ jian1_qiang2 ▲^1	毅力/n ◆ yi4_li4
3	技术/n ◆ ji4_shu4 ▲^1	高超/a ◆ gao1_chao1	3	坚强/a ◆ jian1_qiang2 ▲^1	后盾/n ◆ hou4_dun4
3	技术/n ◆ ji4_shu4 ▲^1	进步/v ◆ jin4_bu4 ▲^1	3	监督/v ◆ jian1_du1 ▲^1	负责/v ◆ fu4_ze2 ▲^1
3	技术/n ◆ ji4_shu4 ▲^1	学校/n ◆ xue2_xiao4	3	监督/v ◆ jian1_du1 ▲^1	政府/n ◆ zheng4_fu3
3	继承/v ◆ ji4_cheng2 ▲^1	儿子/n ◆ er2_zi5	3	简单/a ◆ jian3_dan1 ▲^1	世界/n ◆ shi4_jie4 ▲^1
3	继承/v ◆ ji4_cheng2 ▲^2	文学/n ◆ wen2_xue2	3	简单/a ◆ jian3_dan1 ▲^1	房子/n ◆ fang2_zi5
3	寄/v ◆ ji4 ▲^1	支票/n ◆ zhi1_piao4	3	简单/a ◆ jian3_dan1 ▲^1	色彩/n ◆ se4_cai3 ▲^1
			3	碱/n ◆ jian3 ▲^1	耐/v ◆ nai4
			3	见/v ◆ jian4 ▲^A1	地方/n ◆ di4_fang5 ▲^1

共现次数	节点词语	搭配词语	共现次数	节点词语	搭配词语
3	见 /v ◆ jian4 ▲ ^A1	眼睛 /n ◆ yan3_jing1	3	角度 /n ◆ jiao3_du4 ▲ ^2	换 /v ◆ huan4 ▲ ^2
3	见 /v ◆ jian4 ▲ ^A1	怕 /v ◆ pa4 ▲ ^3	3	角度 /n ◆ jiao3_du4 ▲ ^2	生活 /n ◆ sheng1_huo2 ▲ ^2
3	建议 /n ◆ jian4_yi4 ▲ ^2	提 /v ◆ ti2 ▲ ^4	3	角度 /n ◆ jiao3_du4 ▲ ^2	科学 /n ◆ ke1_xue2 ▲ ^1
3	建筑 /n ◆ jian4_zhu4 ▲ ^2	大型 /b ◆ da4_xing2	3	角度 /n ◆ jiao3_du4 ▲ ^2	文化 /n ◆ wen2_hua4 ▲ ^1
3	建筑 /n ◆ jian4_zhu4 ▲ ^2	传统 /a chuan2_tong3 ▲ ^3	3	角落 /n ◆ jiao3_luo4 ▲ ^1	阴暗 /a ◆ yin1_an4
3	建筑 /n ◆ jian4_zhu4 ▲ ^2	传统 /n chuan2_tong3 ▲ ^1	3	脚步 /n ◆ jiao3_bu4 ▲ ^2	沉重 /a ◆ chen2_zhong4 ▲ ^1
3	建筑 /n ◆ jian4_zhu4 ▲ ^2	新 /a ◆ xin1 ▲ ^1	3	脚步 /n ◆ jiao3_bu4 ▲ ^2	稳 /a ◆ wen3 ▲ ^1
3	建筑 /n ◆ jian4_zhu4 ▲ ^2	民族 /n ◆ min2_zu2 ▲ ^2	3	脚步 /n ◆ jiao3_bu4 ▲ ^2	停住 /v ◆ ting2_zhu4
3	建筑 /n ◆ jian4_zhu4 ▲ ^2	形式 /n ◆ xing2_shi4	3	叫 /v ◆ jiao4 ▲ ^A1	快乐 /a ◆ kuai4_le4
3	建筑 /n ◆ jian4_zhu4 ▲ ^2	城市 /n ◆ cheng2_shi4	3	教授 /n ◆ jiao4_shou4 ▲ ^2	做 /v ◆ zuo4 ▲ ^3
3	建筑 /n ◆ jian4_zhu4 ▲ ^2	哥特 /n ◆ ge1_te4	3	教授 /n ◆ jiao4_shou4 ▲ ^2	讲座 /n ◆ jiang3_zuo4
3	建筑 /n ◆ jian4_zhu4 ▲ ^2	高层 /n ◆ gao1_ceng2 ▲ ^1	3	教育 /n ◆ jiao4_yu4 ▲ ^1	情感 /n ◆ qing2_gan3 ▲ ^1
3	建筑 /n ◆ jian4_zhu4 ▲ ^2	多 /a ◆ duo1 ▲ ^A1	3	教育 /n ◆ jiao4_yu4 ▲ ^1	工业 /n ◆ gong1_ye4
3	建筑 /n ◆ jian4_zhu4 ▲ ^2	砖石 /n ◆ zhuan1_shi2	3	教育 /n ◆ jiao4_yu4 ▲ ^1	全国 /n ◆ quan2_guo2
3	建筑 /n ◆ jian4_zhu4 ▲ ^2	耸立 /v ◆ song3_li4	3	教育 /n ◆ jiao4_yu4 ▲ ^1	普及 /v ◆ pu3_ji2 ▲ ^2
3	贱 /a ◆ jian4 ▲ ^1	卖 /v ◆ mai4 ▲ ^1	3	教育 /n ◆ jiao4_yu4 ▲ ^1	程度 /n ◆ cheng2_du4 ▲ ^1
3	舰队 /n ◆ jian4_dui4 ▲ ^2	庞大 /a ◆ pang2_da4	3	教育 /v ◆ jiao4_yu4 ▲ ^2	爱国 /a ◆ ai4_guo2
3	箭 /n ◆ jian4 ▲ ^1	放 /v ◆ fang4 ▲ ^6	3	教育 /v ◆ jiao4_yu4 ▲ ^2	从事 /v ◆ cong2_shi4 ▲ ^1
3	箭 /n ◆ jian4 ▲ ^1	飞 /v ◆ fei1 ▲ ^1	3	阶层 /n ◆ jie1_ceng2 ▲ ^2	骑士 /n ◆ qi2_shi4
3	奖 /n ◆ jiang3 ▲ ^2	获 /v ◆ huo4	3	阶层 /n ◆ jie1_ceng2 ▲ ^2	市民 /n ◆ shi4_min2
3	奖 /n ◆ jiang3 ▲ ^2	得 /v ◆ de2 ▲ ^A1	3	阶级 /n ◆ jie1_ji2 ▲ ^3	意识 /n ◆ yi4_shi2 ▲ ^1
3	降 /v ◆ jiang4 ▲ ^1	气温 /n ◆ qi4_wen1	3	接 /v ◆ jie1 ▲ ^3	双手 /n ◆ shuang1_shou3
3	交流 /v ◆ jiao1_liu2 ▲ ^2	得体 /a ◆ de2_ti3	3	揭示 /v ◆ jie1_shi4 ▲ ^2	标题 /n ◆ biao1_ti2
3	交流 /v ◆ jiao1_liu2 ▲ ^2	说话 /v ◆ shuo1_hua4 ▲ ^1	3	街 /n ◆ jie1 ▲ ^1	扫 /v ◆ sao3 ▲ ^1
3	交流 /v ◆ jiao1_liu2 ▲ ^2	东西方 /s ◆ dong1_xi1_fang1	3	街 /n ◆ jie1 ▲ ^1	满 /a ◆ man3 ▲ ^A4
3	交通 /n ◆ jiao1_tong1 ▲ ^2	警察 /n ◆ jing3_cha2	3	节日 /n ◆ jie2_ri4 ▲ ^2	愉快 /a ◆ yu2_kuai4
3	交通 /n ◆ jiao1_tong1 ▲ ^2	阻碍 /v ◆ zu3_ai4 ▲ ^1			
3	浇 /v ◆ jiao1 ▲ ^A1	雨 /n ◆ yu3			
3	浇 /v ◆ jiao1 ▲ ^A1	灭 /v ◆ mie4 ▲ ^1			
3	角 /n ◆ jiao3 ▲ ^A1	长 /v ◆ zhang3 ▲ ^B1			

共现次数	节点词语	搭配词语	共现次数	节点词语	搭配词语
3	节制 /v ◆ jie2_zhi4 ▲ ^2	毫无 /v ◆ hao2_wu2	3	解决 /v ◆ jie3_jue2 ▲ ^1	研究 /v ◆ yan2_jiu1 ▲ ^1
3	结构 /n ◆ jie2_gou4 ▲ ^1	排比 /n ◆ pai2_bi3	3	解决 /v ◆ jie3_jue2 ▲ ^1	争端 /n ◆ zheng1_duan1
3	结构 /n ◆ jie2_gou4 ▲ ^1	剧本 /n ◆ ju4_ben3	3	解剖 /v ◆ jie3_pou1 ▲ ^1	实习 /v ◆ shi2_xi2
3	结构 /n ◆ jie2_gou4 ▲ ^1	注意 /v ◆ zhu4_yi4	3	解释 /v ◆ jie3_shi4 ▲ ^1	科学 /a ◆ ke1_xue2 ▲ ^2
3	结构 /n ◆ jie2_gou4 ▲ ^1	类型 /n ◆ lei4_xing2	3	解释 /v ◆ jie3_shi4 ▲ ^1	寻求 /v ◆ xun2_qiu2
3	结构 /n ◆ jie2_gou4 ▲ ^1	介词 /n ◆ jie4_ci2	3	解释 /v ◆ jie3_shi4 ▲ ^2	词语 /n ◆ ci2_yu3
3	结构 /n ◆ jie2_gou4 ▲ ^1	身体 /n ◆ shen1_ti3	3	介绍 /v ◆ jie4_shao4 ▲ ^3	简要 /a ◆ jian3_yao4
3	结构 /n ◆ jie2_gou4 ▲ ^1	艺术 /n ◆ yi4_shu4 ▲ ^1	3	介绍 /v ◆ jie4_shao4 ▲ ^3	主要 /b ◆ zhu3_yao4
3	结构 /n ◆ jie2_gou4 ▲ ^1	分子 /n ◆ fen1_zi3 ▲ ^2	3	界限 /n ◆ jie4_xian4 ▲ ^1	空间 /n ◆ kong1_jian1
3	结构 /n ◆ jie2_gou4 ▲ ^1	社会 /n ◆ she4_hui4 ▲ ^2	3	紧 /a ◆ jin3 ▲ ^1	拉 /v ◆ la1 ▲ ^A1
3	结构 /n ◆ jie2_gou4 ▲ ^1	主题 /n ◆ zhu3_ti2 ▲ ^1	3	紧 /a ◆ jin3 ▲ ^2	捏 /v ◆ nie1 ▲ ^1
			3	紧 /a ◆ jin3 ▲ ^2	扎 /v ◆ za1 ▲ ^1
3	结构 /n ◆ jie2_gou4 ▲ ^1	历史 /n ◆ li4_shi3 ▲ ^1	3	紧 /a ◆ jin3 ▲ ^2	闭 /v ◆ bi4
3	结构 /n ◆ jie2_gou4 ▲ ^1	电影 /n ◆ dian4_ying3	3	紧 /a ◆ jin3 ▲ ^4	搂 /v ◆ lou3 ▲ ^1
3	结构 /n ◆ jie2_gou4 ▲ ^1	相似 /a ◆ xiang1_si4	3	紧 /a ◆ jin3 ▲ ^4	追 /v ◆ zhui1 ▲ ^1
			3	紧 /a ◆ jin3 ▲ ^4	挨 /v ◆ ai1 ▲ ^1
3	结果 /n ◆ jie2_guo3 ▲ ^A1	得 /v ◆ de2 ▲ ^A1	3	紧密 /a ◆ jin3_mi4 ▲ ^1	联系 /v ◆ lian2_xi4
3	结果 /n ◆ jie2_guo3 ▲ ^A1	导致 /v ◆ dao3_zhi4	3	紧张 /a ◆ jin3_zhang1 ▲ ^1	考试 /v ◆ kao3_shi4
3	结果 /n ◆ jie2_guo3 ▲ ^A1	发生 /v ◆ fa1_sheng1 ▲ ^1	3	紧张 /a ◆ jin3_zhang1 ▲ ^2	情节 /n ◆ qing2_jie2
3	结合 /v ◆ jie2_he2 ▲ ^1	完美 /a ◆ wan2_mei3	3	尽 /v ◆ jin4 ▲ ^1	想 /v ◆ xiang3 ▲ ^3
3	结论 /n ◆ jie2_lun4 ▲ ^2	研究 /v ◆ yan2_jiu1 ▲ ^1	3	劲 /n ◆ jin4 ▲ ^1	鼓 /v ◆ gu3 ▲ ^5
			3	劲 /n ◆ jin4 ▲ ^1	来 /v ◆ lai2 ▲ ^A3
3	结论 /n ◆ jie2_lun4 ▲ ^2	实验 /v ◆ shi2_yan4 ▲ ^1	3	近代 /n ◆ jin4_dai4 ▲ ^1	科学 /a ◆ ke1_xue2 ▲ ^2
3	结论 /n ◆ jie2_lun4 ▲ ^2	相反 /v ◆ xiang1_fan3	3	进 /v ◆ jin4 ▲ ^2	学堂 /n ◆ xue2_tang2
3	结束 /v ◆ jie2_shu4 ▲ ^1	宣告 /v ◆ xuan1_gao4	3	进步 /a ◆ jin4_bu4 ▲ ^2	表现 /v ◆ biao3_xian4 ▲ ^1
3	姐姐 /n ◆ jie3_jie5 ▲ ^1	打 /v ◆ da3 ▲ ^A6	3	进步 /a ◆ jin4_bu4 ▲ ^1	发展 /v ◆ fa1_zhan3 ▲ ^1
3	姐姐 /n ◆ jie3_jie5 ▲ ^1	打 /v ◆ da3 ▲ ^A22	3	进步 /a ◆ jin4_bu4 ▲ ^1	长足 /z ◆ chang2_zu2
3	解 /v ◆ jie3 ▲ ^2	绳子 /n ◆ sheng2_zi5	3	进攻 /v ◆ jin4_gong1 ▲ ^1	开始 /v ◆ kai1_shi3 ▲ ^1
3	解放 /v ◆ jie3_fang4 ▲ ^2	人民 /n ◆ ren2_min2	3	进退 /v ◆ jin4_tui4 ▲ ^1	指挥 /v ◆ zhi3_hui1 ▲ ^1
			3	进行 /v ◆ jin4_xing2 ▲ ^1	缓慢 /a ◆ huan3_man4

共现次数	节点词语	搭配词语	共现次数	节点词语	搭配词语
3	进行/v ◆ jin4_xing2 ▲^1	顺利/a ◆ shun4_li4	3	精神/n ◆ jing1_shen2 ▲^1	传统/n ◆ chuan2_tong3 ▲^1
3	经/v ◆ jing1 ▲^B1	整理/v ◆ zheng3_li3	3	精神/n ◆ jing1_shen2 ▲^1	内在/b ◆ nei4_zai4 ▲^1
3	经/v ◆ jing1 ▲^B1	同意/v ◆ tong2_yi4	3	精神/n ◆ jing1_shen2 ▲^1	振作/v ◆ zhen4_zuo4 ▲^2
3	经过/v ◆ jing1_guo4 ▲^1	设计/v ◆ she4_ji4 ▲^1	3	精神/n ◆ jing1_shen2 ▲^1	好转/v ◆ hao3_zhuan3
3	经过/v ◆ jing1_guo4 ▲^1	事/n ◆ shi4 ▲^1	3	精神/n ◆ jing1_shen2 ▲^1	本质/n ◆ ben3_zhi4
3	经过/v ◆ jing1_guo4 ▲^1	铁路/n ◆ tie3_lu4	3	精神/n ◆ jing1_shen2 ▲^1	革命/v ◆ ge2_ming4 ▲^1
3	经过/v ◆ jing1_guo4 ▲^1	提炼/v ◆ ti2_lian4	3	精神/n ◆ jing1_shen2 ▲^2	发扬/v ◆ fa1_yang2 ▲^1
3	经过/v ◆ jing1_guo4 ▲^1	考虑/v ◆ kao3_lv4	3	精神/n ◆ jing1_shen2 ▲^2	激励/v ◆ ji1_li4
3	经济/n ◆ jing1_ji4 ▲^1	人类/n ◆ ren2_lei4	3	精神/n ◆ jing1_shen2 ▲^2	科学/a ◆ ke1_xue2 ▲^2
3	经济/n ◆ jing1_ji4 ▲^1	研究/v ◆ yan2_jiu1 ▲^1	3	精神/n ◆ jing1_shen2 ▲^2	探索/v ◆ tan4_suo3
3	经济/n ◆ jing1_ji4 ▲^2	知识/n ◆ zhi1_shi5 ▲^2	3	精神/n ◆ jing1_shen2 ▲^2	进取/v ◆ jin4_qu3
3	经历/v ◆ jing1_li4 ▲^1	痛苦/a ◆ tong4_ku3	3	精神/n ◆ jing1_shen2 ▲^2	理解/v ◆ li3_jie3
3	经验/n ◆ jing1_yan4 ▲^1	生活/n ◆ sheng1_huo2 ▲^1	3	精神/n ◆ jing1_shen2 ▲^2	理性/n ◆ li3_xing4 ▲^2
3	经验/n ◆ jing1_yan4 ▲^1	学习/v ◆ xue2_xi2 ▲^1	3	精神/n ◆ jing1_shen2 ▲^2	创作/v ◆ chuang4_zuo4 ▲^1
3	经验/n ◆ jing1_yan4 ▲^1	文学/n ◆ wen2_xue2	3	精神/n ◆ jing1_shen2 ▲^2	需要/v ◆ xu1_yao4 ▲^1
3	经验/n ◆ jing1_yan4 ▲^1	个人/n ◆ ge4_ren2 ▲^1	3	精神/n ◆ jing1_shen2 ▲^2	提升/v ◆ ti2_sheng1 ▲^1
3	经营/v ◆ jing1_ying2 ▲^1	跨国/b ◆ kua4_guo2	3	精神/n ◆ jing1_shen2 ▲^2	基本/b ◆ ji1_ben3 ▲^2
3	惊/v ◆ jing1 ▲^1	醒/v ◆ xing3 ▲^2	3	井/n ◆ jing3 ▲^A1	深/a ◆ shen1 ▲^1
3	惊/v ◆ jing1 ▲^3	受/v ◆ shou4 ▲^2	3	井/n ◆ jing3 ▲^A1	凿/v ◆ zao2
3	精彩/a ◆ jing1_cai3 ▲^1	段落/n ◆ duan4_luo4	3	景/n ◆ jing3 ▲^A1	美/a ◆ mei3 ▲^A1
3	精华/n ◆ jing1_hua2 ▲^1	人类/n ◆ ren2_lei4	3	景观/n ◆ jing3_guan1 ▲^1	自然/n ◆ zi4_ran2 ▲^1
3	精华/n ◆ jing1_hua2 ▲^1	传统/n ◆ chuan2_tong3 ▲^1	3	境界/n ◆ jing4_jie4 ▲^2	理想/a ◆ li3_xiang3 ▲^2
3	精华/n ◆ jing1_hua2 ▲^1	艺术/n ◆ yi4_shu4 ▲^1	3	境界/n ◆ jing4_jie4 ▲^2	修养/n ◆ xiu1_yang3 ▲^2
3	精神/n ◆ jing1_shen2 ▲^1	品格/n ◆ pin3_ge2 ▲^1	3	境界/n ◆ jing4_jie4 ▲^2	提高/v ◆ ti2_gao1
3	精神/n ◆ jing1_shen2 ▲^1	崇高/a ◆ chong2_gao1	3	境界/n ◆ jing4_jie4 ▲^2	追求/v ◆ zhui1_qiu2 ▲^1
3	精神/n ◆ jing1_shen2 ▲^1	探索/v ◆ tan4_suo3	3	境界/n ◆ jing4_jie4 ▲^2	诗人/n ◆ shi1_ren2
3	精神/n ◆ jing1_shen2 ▲^1	体现/v ◆ ti3_xian4			

共现次数	节点词语	搭配词语	共现次数	节点词语	搭配词语
3	境界 /n ◆ jing4_jie4 ▲^2	崇高 /a ◆ chong2_gao1	3	开阔 /v ◆ kai1_kuo4 ▲^3	视野 /n ◆ shi4_ye3
3	究竟 /n ◆ jiu1_jing4 ▲^1	问 /v ◆ wen4 ▲^1	3	开始 /v ◆ kai1_shi3 ▲^1	正式 /a ◆ zheng4_shi4
3	久 /a ◆ jiu3 ▲^1	说 /v ◆ shuo1 ▲^1	3	开头 /n ◆ kai1_tou2 ▲^3	正文 /n ◆ zheng4_wen2
3	久 /a ◆ jiu3 ▲^1	玩 /v ◆ wan2 ▲^A1	3	开头 /n ◆ kai1_tou2 ▲^3	写 /v ◆ xie3 ▲^1
3	久 /a ◆ jiu3 ▲^1	谈 /v ◆ tan2	3	开拓 /v ◆ kai1_tuo4 ▲^1	勇于 /v ◆ yong3_yu2
3	久 /a ◆ jiu3 ▲^1	活 /v ◆ huo2 ▲^A1	3	开心 /a ◆ kai1_xin1 ▲^1	笑 /v ◆ xiao4 ▲^1
3	久 /a ◆ jiu3 ▲^1	抱 /v ◆ bao4 ▲^A1	3	砍 /v ◆ kan3 ▲^A1	树木 /n ◆ shu4_mu4
3	久 /a ◆ jiu3 ▲^1	走 /v ◆ zou3 ▲^1	3	看 /v ◆ kan4 ▲^1	小心 /a ◆ xiao3_xin1 ▲^2
3	久 /a ◆ jiu3 ▲^1	望 /v ◆ wang4 ▲^A1	3	看 /v ◆ kan4 ▲^1	痴 /a ◆ chi1
3	久 /a ◆ jiu3 ▲^1	坚持 /v ◆ jian1_chi2	3	看 /v ◆ kan4 ▲^1	病人 /n ◆ bing4_ren2
3	久 /a ◆ jiu3 ▲^1	等候 /v ◆ deng3_hou4	3	看 /v ◆ kan4 ▲^1	眼睁睁 /z ◆ yan3_zheng1_zheng1
3	旧 /a ◆ jiu4 ▲^1	势力 /n ◆ shi4_li4	3	看 /v ◆ kan4 ▲^1	呆 /v ◆ dai1 ▲^3
3	局面 /n ◆ ju2_mian4 ▲^1	繁荣 /a ◆ fan2_rong2 ▲^1	3	看 /v ◆ kan4 ▲^1	焦急 /a ◆ jiao1_ji2
3	菊花 /n ◆ ju2_hua1 ▲^2	野 /b ◆ ye3 ▲^4	3	看 /v ◆ kan4 ▲^1	穿 /v ◆ chuan1 ▲^5
3	菊花 /n ◆ ju2_hua1 ▲^2	插 /v ◆ cha1 ▲^1	3	看 /v ◆ kan4 ▲^1	满意 /v ◆ man3_yi4
3	举 /v ◆ ju3 ▲^1	好 /a ◆ hao3 ▲^7	3	看 /v ◆ kan4 ▲^2	书 /n ◆ shu1
3	具体 /a ◆ ju4_ti3 ▲^1	情节 /n ◆ qing2_jie2	3	炕 /n ◆ kang4 ▲^1	躺 /v ◆ tang3
3	具体 /a ◆ ju4_ti3 ▲^1	结合 /v ◆ jie2_he2 ▲^1	3	炕 /n ◆ kang4 ▲^1	暖 /a ◆ nuan3 ▲^1
3	具体 /a ◆ ju4_ti3 ▲^1	形式 /n ◆ xing2_shi4	3	考 /v ◆ kao3 ▲^A2	幼稚园 /n ◆ you4_zhi4_yuan2
3	距离 /n ◆ ju4_li2 ▲^2	遥远 /a ◆ yao2_yuan3	3	考 /v ◆ kao3 ▲^A2	初中 /n ◆ chu1_zhong1
3	决定 /v ◆ jue2_ding4 ▲^1	做 /v ◆ zuo4 ▲^3	3	科学 /a ◆ ke1_xue2 ▲^2	掌握 /v ◆ zhang3_wo4 ▲^1
3	决心 /n ◆ jue2_xin1 ▲^1	抱 /v ◆ bao4 ▲^A5	3	科学 /a ◆ ke1_xue2 ▲^2	学习 /v ◆ xue2_xi2 ▲^1
3	开 /v ◆ kai1 ▲^A1	扒 /v ◆ ba1 ▲^3	3	科学 /a ◆ ke1_xue2 ▲^2	定律 /n ◆ ding4_lv4
3	开 /v ◆ kai1 ▲^A1	掰 /v ◆ bai1	3	科学 /n ◆ ke1_xue2 ▲^1	证明 /v ◆ zheng4_ming2 ▲^1
3	开 /v ◆ kai1 ▲^A1	游 /v ◆ you2 ▲^1	3	科学 /n ◆ ke1_xue2 ▲^1	数学 /n ◆ shu4_xue2
3	开 /v ◆ kai1 ▲^A1	拆 /v ◆ chai1 ▲^1	3	科学 /n ◆ ke1_xue2 ▲^1	实验 /n ◆ shi2_yan4 ▲^2
3	开 /v ◆ kai1 ▲^A1	隔 /v ◆ ge2 ▲^1	3	科学 /n ◆ ke1_xue2 ▲^1	奥秘 /n ◆ ao4_mi4
3	开 /v ◆ kai1 ▲^A1	伸 /v ◆ shen1	3	科学 /n ◆ ke1_xue2 ▲^1	生产 /v ◆ sheng1_chan3 ▲^1
3	开 /v ◆ kai1 ▲^A1	窗 /n ◆ chuang1	3	科学 /n ◆ ke1_xue2 ▲^1	工作 /n ◆ gong1_zuo4 ▲^2
3	开 /v ◆ kai1 ▲^A14	煮 /v ◆ zhu3			
3	开 /v ◆ kai1 ▲^A3	河 /n ◆ he2			
3	开 /v ◆ kai1 ▲^A3	长 /v ◆ zhang3 ▲^B1			
3	开 /v ◆ kai1 ▲^A3	鲜花 /n ◆ xian1_hua1			
3	开 /v ◆ kai1 ▲^A6	说 /v ◆ shuo1 ▲^1			
3	开车 /v ◆ kai1_che1 ▲^1	缓慢 /a ◆ huan3_man4			
3	开动 /v ◆ kai1_dong4 ▲^1	机器 /n ◆ ji1_qi4			
3	开花 /v ◆ kai1_hua1 ▲^1	季节 /n ◆ ji4_jie2			

共现次数	节点词语	搭配词语
3	科学/n ◆ ke1_xue2 ▲^1	精神/n ◆ jing1_shen2 ▲^1
3	科学/n ◆ ke1_xue2 ▲^1	思想/n ◆ si1_xiang3 ▲^1
3	科学/n ◆ ke1_xue2 ▲^1	设计/v ◆ she4_ji4 ▲^1
3	科学/n ◆ ke1_xue2 ▲^1	现象/n ◆ xian4_xiang4
3	科学/n ◆ ke1_xue2 ▲^1	问题/n ◆ wen4_ti2 ▲^1
3	科学/n ◆ ke1_xue2 ▲^1	推动/v ◆ tui1_dong4
3	科学/n ◆ ke1_xue2 ▲^1	新/a ◆ xin1 ▲^2
3	科学/n ◆ ke1_xue2 ▲^1	先进/a ◆ xian1_jin4 ▲^1
3	科学/n ◆ ke1_xue2 ▲^1	宇宙/n ◆ yu3_zhou4 ▲^1
3	科学/n ◆ ke1_xue2 ▲^1	重要/a ◆ zhong4_yao4
3	科学/n ◆ ke1_xue2 ▲^1	外国/n ◆ wai4_guo2
3	科学/n ◆ ke1_xue2 ▲^1	思想/v ◆ si1_xiang3 ▲^3
3	科学/n ◆ ke1_xue2 ▲^1	东方/s ◆ dong1_fang1
3	科学/n ◆ ke1_xue2 ▲^1	追求/v ◆ zhui1_qiu2 ▲^1
3	科学/n ◆ ke1_xue2 ▲^1	成果/n ◆ cheng2_guo3
3	科学/n ◆ ke1_xue2 ▲^1	方法/n ◆ fang1_fa3
3	科学/n ◆ ke1_xue2 ▲^1	高峰/n ◆ gao1_feng1 ▲^2
3	可靠/a ◆ ke3_kao4 ▲^2	完全/a ◆ wan2_quan2 ▲^1
3	可怜/a ◆ ke3_lian2 ▲^1	死/v ◆ si3 ▲^1
3	可能/a ◆ ke3_neng2 ▲^1	存在/v ◆ cun2_zai4 ▲^1
3	可能/n ◆ ke3_neng2 ▲^2	成为/v ◆ cheng2_wei2
3	可以/v ◆ ke3_yi3 ▲^A1	隐约/z ◆ yin3_yue1
3	可以/v ◆ ke3_yi3 ▲^A1	全/a ◆ quan2 ▲^3
3	克隆/v ◆ ke4_long2 ▲^1	动物/n ◆ dong4_wu4
3	刻画/v ◆ ke4_hua4 ▲^2	性格/n ◆ xing4_ge2
3	刻画/v ◆ ke4_hua4 ▲^2	生动/a ◆ sheng1_dong4
3	客观/a ◆ ke4_guan1 ▲^2	考虑/v ◆ kao3_lv4
3	客观/a ◆ ke4_guan1 ▲^2	真理/n ◆ zhen1_li3
3	客人/n ◆ ke4_ren2 ▲^3	做/v ◆ zuo4 ▲^8
3	课/n ◆ ke4 ▲^A2	学习/v ◆ xue2_xi2 ▲^1
3	课/n ◆ ke4 ▲^A3	上/v ◆ shang4 ▲^B12
3	肯定/v ◆ ken3_ding4 ▲^1	句式/n ◆ ju4_shi4
3	空/a ◆ kong1 ▲^1	抓/v ◆ zhua1 ▲^1
3	空/a ◆ kong1 ▲^1	有/v ◆ you3 ▲^2
3	空气/n ◆ kong1_qi4 ▲^1	冰冷/z ◆ bing1_leng3 ▲^1
3	空气/n ◆ kong1_qi4 ▲^1	净化/v ◆ jing4_hua4
3	空气/n ◆ kong1_qi4 ▲^1	流动/v ◆ liu2_dong4 ▲^1
3	空气/n ◆ kong1_qi4 ▲^1	稀薄/a ◆ xi1_bo2
3	空隙/n ◆ kong4_xi4 ▲^1	留/v ◆ liu2 ▲^5
3	控制/v ◆ kong4_zhi4 ▲^1	指挥/v ◆ zhi3_hui1 ▲^1
3	口/n ◆ kou3 ▲^1	满/a ◆ man3 ▲^A4
3	口/n ◆ kou3 ▲^1	张/v ◆ zhang1 ▲^1
3	口/n ◆ kou3 ▲^1	吐/v ◆ tu3 ▲^1
3	口/n ◆ kou3 ▲^5	岔路/n ◆ cha4_lu4
3	口袋/n ◆ kou3_dai5 ▲^1	塞/v ◆ sai1 ▲^1
3	口袋/n ◆ kou3_dai5 ▲^1	皮/n ◆ pi2 ▲^2
3	口袋/n ◆ kou3_dai5 ▲^2	进/v ◆ jin4 ▲^2
3	口袋/n ◆ kou3_dai5 ▲^2	装/v ◆ zhuang1 ▲^B1
3	口号/n ◆ kou3_hao4 ▲^1	喊/v ◆ han3 ▲^1
3	口吻/n ◆ kou3_wen3 ▲^2	命令/n ◆ ming4_ling4 ▲^2
3	口语/n ◆ kou3_yu3 ▲^1	运用/v ◆ yun4_yong4
3	口子/n ◆ kou3_zi5 ▲^B2	撕/v ◆ si1
3	窟窿/n ◆ ku1_long5 ▲^1	修/v ◆ xiu1 ▲^A2

共现次数	节点词语	搭配词语
3	窟窿 /n ◆ ku1_long5 ▲^1	修 /v ◆ xiu1 ▲^A6
3	苦 /a ◆ ku3 ▲^2	叫 /v ◆ jiao4 ▲^A1
3	苦 /a ◆ ku3 ▲^2	吃 /v ◆ chi1 ▲^A6
3	快 /a ◆ kuai4 ▲^1	点 /v ◆ dian3 ▲^A19
3	快 /a ◆ kuai4 ▲^1	走 /v ◆ zou3 ▲^3
3	快 /a ◆ kuai4 ▲^1	打 /v ◆ da3 ▲^A19
3	快 /a ◆ kuai4 ▲^1	进 /v ◆ jin4 ▲^2
3	快 /a ◆ kuai4 ▲^1	看 /v ◆ kan4 ▲^2
3	快 /a ◆ kuai4 ▲^1	跳 /v ◆ tiao4 ▲^3
3	快 /a ◆ kuai4 ▲^1	好 /a ◆ hao3 ▲^7
3	快 /a ◆ kuai4 ▲^1	到 /v ◆ dao4 ▲^1
3	快 /a ◆ kuai4 ▲^1	醒 /v ◆ xing3 ▲^2
3	快 /a ◆ kuai4 ▲^1	追 /v ◆ zhui1 ▲^1
3	宽 /a ◆ kuan1 ▲^1	手掌 /n ◆ shou3_zhang3
3	宽 /a ◆ kuan1 ▲^1	视野 /z ◆ shi4_ye3
3	宽大 /a ◆ kuan1_da4 ▲^1	无比 /z ◆ wu2_bi3
3	狂风 /n ◆ kuang2_feng1 ▲^1	刮 /v ◆ gua1 ▲^★
3	矿 /n ◆ kuang4 ▲^1	富 /a ◆ fu4
3	困惑 /a ◆ kun4_huo4 ▲^1	不解 /v ◆ bu4_jie3
3	困难 /n ◆ kun4_nan5 ▲^3	造成 /v ◆ zao4_cheng2
3	困难 /n ◆ kun4_nan5 ▲^3	经济 /n ◆ jing1_ji4 ▲^2
3	蜡 /n ◆ la4 ▲^1	涂 /v ◆ tu2 ▲^A1
3	蜡梅 /n ◆ la4_mei2 ▲^1	花 /n ◆ hua1 ▲^A1
3	来 /v ◆ lai2 ▲^A1	直接 /a ◆ zhi2_jie1
3	来 /v ◆ lai2 ▲^A5	同 /a ◆ tong2 ▲^1
3	来 /v ◆ lai2 ▲^A7	战争 /n ◆ zhan4_zheng1
3	来源 /n ◆ lai2_yuan2 ▲^1	主要 /b ◆ zhu3_yao4
3	蓝 /a ◆ lan2 ▲^1	海洋 /n ◆ hai3_yang2
3	篮球 /n ◆ lan2_qiu2 ▲^1	赛 /v ◆ sai4 ▲^A1
3	篮球 /n ◆ lan2_qiu2 ▲^1	打 /v ◆ da3 ▲^A22
3	烂 /a ◆ lan4 ▲^2	掉 /v ◆ diao4 ▲^A5
3	浪 /n ◆ lang4 ▲^1	翻 /v ◆ fan1 ▲^1
3	浪 /n ◆ lang4 ▲^1	白 /a ◆ bai2 ▲^A1
3	浪花 /n ◆ lang4_hua1 ▲^1	激起 /v ◆ ji1_qi3
3	浪花 /n ◆ lang4_hua1 ▲^1	飞溅 /v ◆ fei1_jian4
3	浪花 /n ◆ lang4_hua1 ▲^1	小 /a ◆ xiao3 ▲^1
3	浪头 /n ◆ lang4_tou5 ▲^1	小 /a ◆ xiao3 ▲^1
3	劳动 /n ◆ lao2_dong4 ▲^1	体力 /n ◆ ti3_li4
3	劳动 /v ◆ lao2_dong4 ▲^3	体力 /n ◆ ti3_li4
3	劳累 /a ◆ lao2_lei4 ▲^1	过度 /a ◆ guo4_du4
3	牢 /n ◆ lao2 ▲^3	坐 /v ◆ zuo4 ▲^1
3	牢骚 /n ◆ lao2_sao1 ▲^1	发 /v ◆ fa1 ▲^4
3	老 /a ◆ lao3 ▲^★	说 /v ◆ shuo1 ▲^1
3	老 /a ◆ lao3 ▲^1	去 /v ◆ qu4 ▲^A1
3	老 /a ◆ lao3 ▲^1	多 /a ◆ duo1 ▲^A1
3	老 /a ◆ lao3 ▲^1	住 /v ◆ zhu4 ▲^3
3	老 /a ◆ lao3 ▲^1	住 /v ◆ zhu4 ▲^1
3	老 /a ◆ lao3 ▲^5	住 /v ◆ zhu4 ▲^1
3	老人 /n ◆ lao3_ren2 ▲^1	有 /v ◆ you3 ▲^6
3	老人 /n ◆ lao3_ren2 ▲^1	年迈 /a ◆ nian2_mai4
3	老人 /n ◆ lao3_ren2 ▲^1	耳聋 /v ◆ er3_long2
3	老爷 /n ◆ lao3_ye5 ▲^1	差 /v ◆ cha4 ▲^3
3	老爷 /n ◆ lao3_ye5 ▲^2	说 /v ◆ shuo1 ▲^1
3	累 /a ◆ lei4 ▲^1	感到 /v ◆ gan3_dao4
3	冷 /a ◆ leng3 ▲^1	冬 /n ◆ dong1
3	冷 /a ◆ leng3 ▲^1	怕 /v ◆ pa4 ▲^3
3	冷 /a ◆ leng3 ▲^1	多 /a ◆ duo1 ▲^A1
3	礼貌 /a ◆ li3_mao4 ▲^2	有 /v ◆ you3 ▲^2
3	李子 /n ◆ li3_zi5 ▲^2	红 /a ◆ hong2 ▲^1
3	理论 /n ◆ li3_lun4 ▲^1	著名 /a ◆ zhu4_ming2
3	理论 /n ◆ li3_lun4 ▲^1	基本 /b ◆ ji1_ben3 ▲^2
3	理论 /n ◆ li3_lun4 ▲^1	探索 /v ◆ tan4_suo3
3	理论 /n ◆ li3_lun4 ▲^1	成为 /v ◆ cheng2_wei2
3	理想 /a ◆ li3_xiang3 ▲^2	外形 /n ◆ wai4_xing2
3	理想 /a ◆ li3_xiang3 ▲^2	追求 /v ◆ zhui1_qiu2 ▲^1
3	理想 /n ◆ li3_xiang3 ▲^1	生活 /n ◆ sheng1_huo2 ▲^1

共现次数	节点词语	搭配词语	共现次数	节点词语	搭配词语
3	理想/n ◆ li3_xiang3 ▲^1	人生/n ◆ ren2_sheng1	3	历史/n ◆ li4_shi3 ▲^1	人物/n ◆ ren2_wu4 ▲^3
3	理想/n ◆ li3_xiang3 ▲^1	体现/v ◆ ti3_xian4	3	历史/n ◆ li4_shi3 ▲^1	长/a ◆ chang2 ▲^1
3	理想/n ◆ li3_xiang3 ▲^1	青年/n ◆ qing1_nian2 ▲^2	3	历史/n ◆ li4_shi3 ▲^1	过程/n ◆ guo4_cheng2
3	理想/n ◆ li3_xiang3 ▲^1	社会/n ◆ she4_hui4 ▲^2	3	历史/n ◆ li4_shi3 ▲^1	改变/v ◆ gai3_bian4 ▲^2
3	理性/n ◆ li3_xing4 ▲^2	认识/n ◆ ren4_shi5 ▲^2	3	历史/n ◆ li4_shi3 ▲^1	使命/n ◆ shi3_ming4
3	理性/n ◆ li3_xing4 ▲^2	非/b ◆ fei1	3	历史/n ◆ li4_shi3 ▲^1	意识/n ◆ yi4_shi2 ▲^1
3	理性/n ◆ li3_xing4 ▲^2	存在/v ◆ cun2_zai4 ▲^1	3	历史/n ◆ li4_shi3 ▲^1	题材/n ◆ ti2_cai2
3	力量/n ◆ li4_liang4 ▲^1	充满/v ◆ chong1_man3 ▲^1	3	厉害/a ◆ li4_hai5 ▲^1	刮/v ◆ gua1 ▲^★
3	力量/n ◆ li4_liang4 ▲^1	集中/v ◆ ji2_zhong1 ▲^1	3	厉害/a ◆ li4_hai5 ▲^1	摇晃/v ◆ yao2_huang4 ▲^1
3	力量/n ◆ li4_liang4 ▲^1	有/v ◆ you3 ▲^1	3	厉害/a ◆ li4_hai5 ▲^1	痛/a ◆ tong4 ▲^1
3	力量/n ◆ li4_liang4 ▲^1	有/v ◆ you3 ▲^2	3	立/v ◆ li4 ▲^5	契约/n ◆ qi4_yue1
3	力量/n ◆ li4_liang4 ▲^1	精神/n ◆ jing1_shen2 ▲^1	3	利用/v ◆ li4_yong4 ▲^1	有效/a ◆ you3_xiao4
3	力量/n ◆ li4_liang4 ▲^3	生命/n ◆ sheng1_ming4	3	例/n ◆ li4 ▲^1	字/n ◆ zi4 ▲^1
3	力量/n ◆ li4_liang4 ▲^3	感到/v ◆ gan3_dao4	3	例外/n ◆ li4_wai4 ▲^2	多/a ◆ duo1 ▲^A1
3	力量/n ◆ li4_liang4 ▲^3	威慑/v ◆ wei1_she4	3	荔枝/n ◆ li4_zhi1 ▲^1	花期/n ◆ hua1_qi1 ▲^2
3	力量/n ◆ li4_liang4 ▲^3	精神/n ◆ jing1_shen2 ▲^2	3	荔枝/n ◆ li4_zhi1 ▲^1	花序/n ◆ hua1_xu4
3	力量/n ◆ li4_liang4 ▲^3	道德/n ◆ dao4_de2 ▲^1	3	荔枝/n ◆ li4_zhi1 ▲^1	多/a ◆ duo1 ▲^A1
3	力量/n ◆ li4_liang4 ▲^3	精神/n ◆ jing1_shen2 ▲^1	3	荔枝/n ◆ li4_zhi1 ▲^1	移植/v ◆ yi2_zhi2 ▲^1
3	力量/n ◆ li4_liang4 ▲^3	物质/n ◆ wu4_zhi4 ▲^2	3	荔枝/n ◆ li4_zhi1 ▲^2	加工/v ◆ jia1_gong1 ▲^1
3	历史/n ◆ li4_shi3 ▲^1	讲述/v ◆ jiang3_shu4	3	荔枝/n ◆ li4_zhi1 ▲^2	形态/n ◆ xing2_tai4 ▲^2
3	历史/n ◆ li4_shi3 ▲^1	城市/n ◆ cheng2_shi4	3	荔枝/n ◆ li4_zhi1 ▲^2	大小/n ◆ da4_xiao3 ▲^1
3	历史/n ◆ li4_shi3 ▲^1	科学/n ◆ ke1_xue2 ▲^1	3	脸/n ◆ lian3 ▲^1	戳/v ◆ chuo1 ▲^1
3	历史/n ◆ li4_shi3 ▲^1	复杂/a ◆ fu4_za2	3	脸/n ◆ lian3 ▲^1	老/a ◆ lao3 ▲^1
3	历史/n ◆ li4_shi3 ▲^1	形象/n ◆ xing2_xiang4 ▲^2	3	脸/n ◆ lian3 ▲^1	侧/v ◆ ce4 ▲^2
3	历史/n ◆ li4_shi3 ▲^1	古代/n ◆ gu3_dai4 ▲^1	3	脸/n ◆ lian3 ▲^1	阴沉沉/z ◆ yin1_chen2_chen2
			3	脸/n ◆ lian3 ▲^1	绷/v ◆ beng1 ▲^A1
			3	脸/n ◆ lian3 ▲^1	捂住/v ◆ wu3_zhu4
			3	脸/n ◆ lian3 ▲^1	丑/a ◆ chou3 ▲^B1
			3	脸/n ◆ lian3 ▲^1	发/v ◆ fa1 ▲^10

共现次数	节点词语	搭配词语
3	脸色 /n ◆ lian3_se4 ▲ ^1	棕红 /z ◆ zong1_hong2
3	脸色 /n ◆ lian3_se4 ▲ ^1	白 /a ◆ bai2 ▲ ^A1
3	脸色 /n ◆ lian3_se4 ▲ ^1	看 /v ◆ kan4 ▲ ^1
3	脸色 /n ◆ lian3_se4 ▲ ^1	青 /a ◆ qing1 ▲ ^1
3	脸色 /n ◆ lian3_se4 ▲ ^1	惨白 /z ◆ can3_bai2 ▲ ^2
3	脸色 /n ◆ lian3_se4 ▲ ^1	青黄 /z ◆ qing1_huang2
3	凉 /a ◆ liang2 ▲ ^1	秋天 /t ◆ qiu1_tian1
3	两岸 /n ◆ liang3_an4 ▲ ^2	海峡 /n ◆ hai3_xia2
3	亮 /a ◆ liang4 ▲ ^1	星星 /n ◆ xing1_xing1
3	亮 /a ◆ liang4 ▲ ^1	擦 /v ◆ ca1 ▲ ^2
3	亮 /a ◆ liang4 ▲ ^1	点 /v ◆ dian3 ▲ ^A19
3	亮 /a ◆ liang4 ▲ ^1	黑 /a ◆ hei1 ▲ ^1
3	亮点 /n ◆ liang4_dian3 ▲ ^ ★	小 /a ◆ xiao3 ▲ ^1
3	亮光 /n ◆ liang4_guang1 ▲ ^1	发出 /v ◆ fa1_chu1 ▲ ^1
3	亮光 /n ◆ liang4_guang1 ▲ ^1	闪 /v ◆ shan3 ▲ ^6
3	量 /n ◆ liang4 ▲ ^3	销售 /v ◆ xiao1_shou4
3	了不起 /a ◆ liao3_bu5_qi3 ▲ ^1	觉得 /v ◆ jue2_de5 ▲ ^2
3	了解 /v ◆ liao3_jie3 ▲ ^1	增进 /v ◆ zeng1_jin4
3	了解 /v ◆ liao3_jie3 ▲ ^1	有助 /v ◆ you3_zhu4
3	了解 /v ◆ liao3_jie3 ▲ ^1	真实 /a ◆ zhen1_shi2
3	列 /v ◆ lie4 ▲ ^1	名单 /n ◆ ming2_dan1
3	裂 /v ◆ lie4 ▲ ^1	炸 /v ◆ zha2 ▲ ^1
3	淋 /v ◆ lin2 ▲ ^1	衣服 /n ◆ yi1_fu2
3	淋漓 /z ◆ lin2_li2 ▲ ^1	鲜血 /n ◆ xian1_xue4
3	灵魂 /n ◆ ling2_hun2 ▲ ^2	伟大 /a ◆ wei3_da4
3	领导 /v ◆ ling3_dao3 ▲ ^2	国家 /n ◆ guo2_jia1 ▲ ^2
3	领域 /n ◆ ling3_yu4 ▲ ^2	发现 /v ◆ fa1_xian4 ▲ ^1
3	领域 /n ◆ ling3_yu4 ▲ ^2	艺术 /n ◆ yi4_shu4 ▲ ^1
3	流 /v ◆ liu2 ▲ ^A1	液体 /n ◆ ye4_ti3
3	流 /v ◆ liu2 ▲ ^A1	泉水 /n ◆ quan2_shui3
3	流 /v ◆ liu2 ▲ ^A1	热泪 /n ◆ re4_lei4
3	流利 /a ◆ liu2_li4 ▲ ^1	说 /v ◆ shuo1 ▲ ^1
3	流失 /v ◆ liu2_shi1 ▲ ^1	防止 /v ◆ fang2_zhi3
3	流水 /n ◆ liu2_shui3 ▲ ^1	小溪 /n ◆ xiao3_xi1
3	楼 /n ◆ lou2 ▲ ^1	新 /a ◆ xin1 ▲ ^4
3	楼 /n ◆ lou2 ▲ ^1	盖 /v ◆ gai4 ▲ ^A7
3	楼 /n ◆ lou2 ▲ ^1	门 /n ◆ men2 ▲ ^2
3	漏 /v ◆ lou4 ▲ ^2	雨 /n ◆ yu3
3	露 /v ◆ lu4 ▲ ^B2	嘴角 /n ◆ zui3_jiao3
3	路 /n ◆ lu4 ▲ ^1	通 /v ◆ tong1 ▲ ^3
3	路 /n ◆ lu4 ▲ ^1	探索 /v ◆ tan4_suo3
3	路 /n ◆ lu4 ▲ ^1	新 /a ◆ xin1 ▲ ^1
3	路 /n ◆ lu4 ▲ ^1	行 /v ◆ xing2 ▲ ^9
3	路 /n ◆ lu4 ▲ ^1	开 /v ◆ kai1 ▲ ^A1
3	路 /n ◆ lu4 ▲ ^1	开 /v ◆ kai1 ▲ ^A3
3	路 /n ◆ lu4 ▲ ^1	边 /n ◆ bian1 ▲ ^2
3	路线 /n ◆ lu4_xian4 ▲ ^1	图 /n ◆ tu2 ▲ ^1
3	绿色 /n ◆ lv4_se4 ▲ ^1	植被 /n ◆ zhi2_bei4
3	乱 /a ◆ luan4 ▲ ^1	弄 /v ◆ nong4 ▲ ^2
3	萝卜 /n ◆ luo2_bo5 ▲ ^2	卖 /v ◆ mai4 ▲ ^1
3	逻辑 /n ◆ luo2_ji5 ▲ ^2	思维 /n ◆ si1_wei2 ▲ ^1
3	落 /v ◆ luo4 ▲ ^1	飞 /v ◆ fei1 ▲ ^1
3	落 /v ◆ luo4 ▲ ^1	滑 /v ◆ hua2 ▲ ^2
3	落 /v ◆ luo4 ▲ ^1	春雨 /n ◆ chun1_yu3
3	妈妈 /n ◆ ma1_ma5 ▲ ^1	焦急 /a ◆ jiao1_ji2
3	马车 /n ◆ ma3_che1 ▲ ^1	赶 /v ◆ gan3 ▲ ^4
3	马路 /n ◆ ma3_lu4 ▲ ^2	柏油 /n ◆ bai3_you2
3	码头 /n ◆ ma3_tou5 ▲ ^1	船 /n ◆ chuan2
3	买卖 /n ◆ mai3_mai5 ▲ ^1	张罗 /v ◆ zhang1_luo5 ▲ ^3
3	买卖 /n ◆ mai3_mai5 ▲ ^1	拉 /v ◆ la1 ▲ ^A12
3	买卖 /n ◆ mai3_mai5 ▲ ^1	公平 /a ◆ gong1_ping2
3	卖 /v ◆ mai4 ▲ ^3	力气 /n ◆ li4_qi4
3	脉络 /n ◆ mai4_luo4 ▲ ^1	纤细 /a ◆ xian1_xi4
3	满 /a ◆ man3 ▲ ^A1	注 /v ◆ zhu4 ▲ ^B1
3	满 /a ◆ man3 ▲ ^A1	浸 /v ◆ jin4 ▲ ^1

共现次数	节点词语	搭配词语	共现次数	节点词语	搭配词语
3	满 /a ◆ man3 ▲ ^A1	围 /v ◆ wei2 ▲^1	3	美 /a ◆ mei3 ▲^A1	爱 /v ◆ ai4 ▲^1
3	满 /a ◆ man3 ▲ ^A1	贮 /v zhu4	3	美 /a ◆ mei3 ▲^A1	追求 /v ◆ zhui1_qiu2 ▲^1
3	满 /a ◆ man3 ▲ ^A1	洒 /v ◆ sa3 ▲^2	3	美 /a ◆ mei3 ▲^A1	多 /a ◆ duo1 ▲^A1
3	满 /a ◆ man3 ▲ ^A1	住 /v ◆ zhu4 ▲^1	3	美 /a ◆ mei3 ▲^A1	变 /v ◆ bian4 ▲^1
3	满 /a ◆ man3 ▲ ^A1	涨 /v zhang3	3	美 /a ◆ mei3 ▲^A3	心灵 /n ◆ xin1_ling2
3	满 /a ◆ man3 ▲ ^A1	放 /v ◆ fang4 ▲^14	3	门 /n ◆ men2 ▲^2	推开 /v ◆ tui1_kai1
3	满 /a ◆ man3 ▲ ^A1	贴 /v ◆ tie1 ▲^A1	3	门 /n ◆ men2 ▲^2	入 /v ◆ ru4 ▲^1
3	满 /a ◆ man3 ▲ ^A1	散 /v ◆ san4 ▲^1	3	门 /n ◆ men2 ▲^2	走 /v ◆ zou3 ▲^8
3	满 /a ◆ man3 ▲ ^A1	帆 /n ◆ fan1	3	门 /n ◆ men2 ▲^2	钻 /v ◆ zuan1 ▲^2
3	满 /a ◆ man3 ▲ ^A4	开 /v ◆ kai1 ▲^A3	3	门板 /n ◆ men2_ban3 ▲^1	抬 /v ◆ tai2 ▲^2
3	满 /a ◆ man3 ▲ ^A4	坐 /v ◆ zuo4 ▲^1	3	门槛 /n ◆ men2_kan3 ▲^1	坐 /v ◆ zuo4 ▲^1
3	满 /a ◆ man3 ▲ ^A4	弄 /v ◆ nong4 ▲^2	3	闷 /a ◆ men1 ▲^1	解 /v ◆ jie3 ▲^2
3	满 /a ◆ man3 ▲ ^A4	铺 /v ◆ pu1 ▲^1	3	闷 /a ◆ men1 ▲^1	死 /v ◆ si3 ▲^1
3	满怀 /v ◆ man3_huai2 ▲^A1	希望 /v ◆ xi1_wang4 ▲^1	3	猛 /a ◆ meng3 ▲^1	劈 /v ◆ pi1 ▲^1
3	满足 /v ◆ man3_zu2 ▲^1	心情 /n ◆ xin1_qing2	3	梦 /n ◆ meng4 ▲^1	醒 /v ◆ xing3 ▲^2
3	忙 /v ◆ mang2 ▲^2	完 /v ◆ wan2 ▲^3	3	迷蒙 /a ◆ mi2_meng2 ▲^1	云雾 /n ◆ yun2_wu4
3	猫 /n ◆ mao1 ▲^1	母 /b ◆ mu3 ▲^3	3	迷信 /v ◆ mi2_xin4 ▲^2	书本 /n ◆ shu1_ben3
3	毛 /n ◆ mao2 ▲^A1	梳理 /v ◆ shu1_li3	3	谜 /n ◆ mi2 ▲^2	解 /v ◆ jie3 ▲^★
3	毛 /n ◆ mao2 ▲^A1	长 /a ◆ chang2 ▲^1	3	谜 /n ◆ mi2 ▲^2	解开 /v ◆ jie4_kai1
3	毛 /n ◆ mao2 ▲^A1	细 /a ◆ xi4 ▲^1	3	秘书 /n ◆ mi4_shu1 ▲^1	女 /b ◆ nv3
3	毛 /n ◆ mao2 ▲^A1	舔 /v tian3	3	密度 /n ◆ mi4_du4 ▲^2	初始 /b ◆ chu1_shi3
3	毛 /n ◆ mao2 ▲^A1	灰褐色 /n ◆ hui1_he4_se4	3	密切 /a ◆ mi4_qie4 ▲^1	相关 /v ◆ xiang1_guan1
3	毛 /n ◆ mao2 ▲^A1	灰蓝色 /n ◆ hui1_lan2_se4	3	密切 /a ◆ mi4_qie4 ▲^3	注视 /v ◆ zhu4_shi4
3	矛盾 /n ◆ mao2_dun4 ▲^2	内心 /n ◆ nei4_xin1 ▲^A	3	面具 /n ◆ mian4_ju4 ▲^2	戴 /v ◆ dai4
3	矛盾 /n ◆ mao2_dun4 ▲^2	生活 /n ◆ sheng1_huo2 ▲^1	3	面貌 /n ◆ mian4_mao4 ▲^2	社会 /n ◆ she4_hui4 ▲^2
3	矛盾 /n ◆ mao2_dun4 ▲^2	人物 /n ◆ ren2_wu4 ▲^3	3	面目 /n ◆ mian4_mu4 ▲^2	端正 /a ◆ duan1_zheng4 ▲^1
3	矛盾 /n ◆ mao2_dun4 ▲^2	社会 /n ◆ she4_hui4 ▲^2	3	苗 /n ◆ miao2 ▲^1	种 /v ◆ zhong4
3	茂盛 /a ◆ mao4_sheng4 ▲^1	枝叶 /n ◆ zhi1_ye4	3	妙 /a ◆ miao4 ▲^1	用 /v ◆ yong4 ▲^1
3	茂盛 /a ◆ mao4_sheng4 ▲^1	开 /v ◆ kai1 ▲^A3	3	灭 /v ◆ mie4 ▲^1	扇 /v ◆ shan1 ▲^1
3	冒 /v ◆ mao4 ▲^1	火焰 /n ◆ huo3_yan4	3	灭绝 /v ◆ mie4_jue2 ▲^1	种群 /n ◆ zhong3_qun2
3	冒 /v ◆ mao4 ▲^2	风雪 /n ◆ feng1_xue3	3	灭绝 /v ◆ mie4_jue2 ▲^1	面临 /v ◆ mian4_lin2
3	帽子 /n ◆ mao4_zi5 ▲^1	小 /a ◆ xiao3 ▲^1	3	灭绝 /v ◆ mie4_jue2 ▲^1	濒临 /v ◆ bin1_lin2
3	没有 /v ◆ mei2_you3 ▲^A2	必要 /a ◆ bi4_yao4	3	民间 /n ◆ min2_jian1 ▲^1	传统 /n ◆ chuan2_tong3 ▲^1
3	玫瑰 /n ◆ mei2_gui5 ▲^2	花瓣 /n ◆ hua1_ban4			
3	梅花 /n ◆ mei2_hua1 ▲^1	开 /v ◆ kai1 ▲^A3			

共现次数	节点词语	搭配词语	共现次数	节点词语	搭配词语
3	民间 /n ◆ min2_jian1 ▲ ^1	神话 /n ◆ shen2_hua4 ▲ ^1	3	名字 /n ◆ ming2_zi5 ▲ ^1	刻 /v ◆ ke4 ▲ ^1
3	民间 /n ◆ min2_jian1 ▲ ^1	传说 /n ◆ chuan2_shuo1 ▲ ^2	3	名字 /n ◆ ming2_zi5 ▲ ^1	长 /a ◆ chang2 ▲ ^1
3	民间 /n ◆ min2_jian1 ▲ ^1	文化 /n ◆ wen2_hua4 ▲ ^1	3	名字 /n ◆ ming2_zi5 ▲ ^1	好 /a ◆ hao3 ▲ ^1
3	民主 /a ◆ min2_zhu3 ▲ ^2	争取 /v ◆ zheng1_qu3 ▲ ^2	3	名字 /n ◆ ming2_zi5 ▲ ^2	叫 /v ◆ jiao4 ▲ ^A2
3	民主 /a ◆ min2_zhu3 ▲ ^2	体现 /v ◆ ti3_xian4	3	明白 /a ◆ ming2_bai5 ▲ ^1	说 /v ◆ shuo1 ▲ ^2
3	民族 /n ◆ min2_zu2 ▲ ^1	感情 /n ◆ gan3_qing2 ▲ ^2	3	明白 /a ◆ ming2_bai5 ▲ ^1	搞 /v ◆ gao3 ▲ ^1
3	民族 /n ◆ min2_zu2 ▲ ^1	文化 /n ◆ wen2_hua4 ▲ ^1	3	明亮 /a ◆ ming2_liang4 ▲ ^1	光线 /n ◆ guang1_xian4
3	民族 /n ◆ min2_zu2 ▲ ^2	建筑 /v ◆ jian4_zhu4 ▲ ^1	3	明亮 /a ◆ ming2_liang4 ▲ ^1	照 /v ◆ zhao4 ▲ ^1
3	民族 /n ◆ min2_zu2 ▲ ^2	优秀 /a ◆ you1_xiu4	3	明亮 /a ◆ ming2_liang4 ▲ ^1	太阳 /n ◆ tai4_yang2 ▲ ^1
3	民族 /n ◆ min2_zu2 ▲ ^2	战争 /n ◆ zhan4_zheng1	3	明确 /a ◆ ming2_que4 ▲ ^1	无误 /v ◆ wu2_wu4
3	民族 /n ◆ min2_zu2 ▲ ^2	全 /a ◆ quan2 ▲ ^3	3	鸣 /v ◆ ming2 ▲ ^2	雷 /n ◆ lei2
3	民族 /n ◆ min2_zu2 ▲ ^2	融合 /v ◆ rong2_he2	3	命令 /n ◆ ming4_ling4 ▲ ^2	得到 /v ◆ de2_dao4
3	民族 /n ◆ min2_zu2 ▲ ^2	地区 /n ◆ di4_qu1 ▲ ^1	3	命令 /n ◆ ming4_ling4 ▲ ^2	传 /v ◆ chuan2 ▲ ^6
3	民族 /n ◆ min2_zu2 ▲ ^2	特色 /n ◆ te4_se4	3	命令 /n ◆ ming4_ling4 ▲ ^2	服从 /v ◆ fu2_cong2
3	民族 /n ◆ min2_zu2 ▲ ^2	原始 /a ◆ yuan2_shi3 ▲ ^2	3	命令 /n ◆ ming4_ling4 ▲ ^2	口吻 /n ◆ kou3_wen3 ▲ ^2
3	民族 /n ◆ min2_zu2 ▲ ^2	认识 /v ◆ ren4_shi5 ▲ ^1	3	命运 /n ◆ ming4_yun4 ▲ ^1	抱怨 /v ◆ bao4_yuan4
3	民族 /n ◆ min2_zu2 ▲ ^2	发展 /v ◆ fa1_zhan3 ▲ ^1	3	命运 /n ◆ ming4_yun4 ▲ ^1	掌握 /v ◆ zhang3_wo4 ▲ ^1
3	民族 /n ◆ min2_zu2 ▲ ^2	自尊心 /n ◆ zi4_zun1_xin1	3	命运 /n ◆ ming4_yun4 ▲ ^2	决定 /v ◆ jue2_ding4 ▲ ^1
3	民族 /n ◆ min2_zu2 ▲ ^2	复兴 /v ◆ fu4_xing1 ▲ ^1	3	命运 /n ◆ ming4_yun4 ▲ ^2	世界 /n ◆ shi4_jie4 ▲ ^3
3	民族 /n ◆ min2_zu2 ▲ ^2	命运 /n ◆ ming4_yun4 ▲ ^2	3	命运 /n ◆ ming4_yun4 ▲ ^2	民族 /n ◆ min2_zu2 ▲ ^2
3	名 /n ◆ ming2 ▲ ^1	为 /v ◆ wei2 ▲ ^A4	3	摸 /v ◆ mo1 ▲ ^1	手指 /n ◆ shou3_zhi3
3	名 /n ◆ ming2 ▲ ^1	为 /v ◆ wei2 ▲ ^A2	3	模糊 /a ◆ mo2_hu5 ▲ ^1	眼睛 /n ◆ yan3_jing1
3	名词 /n ◆ ming2_ci2 ▲ ^1	用 /v ◆ yong4 ▲ ^1	3	目标 /n ◆ mu4_biao1 ▲ ^1	接近 /v ◆ jie1_jin4
3	名词 /n ◆ ming2_ci2 ▲ ^2	修饰 /v ◆ xiu1_shi4 ▲ ^3	3	目标 /n ◆ mu4_biao1 ▲ ^1	攻击 /v ◆ gong1_ji1 ▲ ^1
3	名词 /n ◆ ming2_ci2 ▲ ^3	用 /v ◆ yong4 ▲ ^1	3	目标 /n ◆ mu4_biao1 ▲ ^2	新 /a ◆ xin1 ▲ ^1
3	名字 /n ◆ ming2_zi5 ▲ ^1	陌生 /a ◆ mo4_sheng1	3	目标 /n ◆ mu4_biao1 ▲ ^2	专一 /a ◆ zhuan1_yi1

共现次数	节点词语	搭配词语	共现次数	节点词语	搭配词语
3	目光/n ◆ mu4_guang1 ▲^1	集中/v ◆ ji2_zhong1 ▲^1	3	泥土/n ◆ ni2_tu3 ▲^1	翻/v ◆ fan1 ▲^1
3	目光/n ◆ mu4_guang1 ▲^1	望/v ◆ wang4 ▲^A1	3	泥土/n ◆ ni2_tu3 ▲^1	填/v ◆ tian2 ▲^1
3	目光/n ◆ mu4_guang1 ▲^1	注视/v ◆ zhu4_shi4	3	泥土/n ◆ ni2_tu3 ▲^1	埋/v ◆ mai2
3	目光/n ◆ mu4_guang1 ▲^1	转向/v ◆ zhuan3_xiang4 ▲^1	3	腻/a ◆ ni4 ▲^3	玩/v ◆ wan2 ▲^A1
3	内涵/n ◆ nei4_han2 ▲^1	深刻/a ◆ shen1_ke4 ▲^1	3	年/n ◆ nian2 ▲^1	过/v ◆ guo4 ▲^5
3	内涵/n ◆ nei4_han2 ▲^1	概念/n ◆ gai4_nian4	3	年代/n ◆ nian2_dai4 ▲^1	历史/n ◆ li4_shi3 ▲^1
3	内心/n ◆ nei4_xin1 ▲^A	感受/v ◆ gan3_shou4 ▲^1	3	年代/n ◆ nian2_dai4 ▲^1	久远/a ◆ jiu3_yuan3
3	内心/n ◆ nei4_xin1 ▲^A	真实/a ◆ zhen1_shi2	3	碾子/n ◆ nian3_zi5 ▲^1	推/v ◆ tui1 ▲^2
3	耐心/a ◆ nai4_xin1 ▲^1	有/v ◆ you3 ▲^2	3	念/v ◆ nian4 ▲^B1	诗/n ◆ shi1
3	耐心/a ◆ nai4_xin1 ▲^1	有/v ◆ you3 ▲^1	3	念/v ◆ nian4 ▲^B2	书/n ◆ shu1
3	难/a ◆ nan2 ▲^1	解/v ◆ jie3 ▲^ ★	3	捏/v ◆ nie1 ▲^1	拳头/n ◆ quan2_tou2
3	难过/a ◆ nan2_guo4 ▲^2	觉得/v ◆ jue2_de5 ▲^1	3	捏/v ◆ nie1 ▲^1	使劲/v ◆ shi3_jin4
3	楠木/n ◆ nan2_mu4 ▲^1	产/v ◆ chan3 ▲^3	3	牛/n ◆ niu2 ▲^A1	脚/n ◆ jiao3
3	楠木/n ◆ nan2_mu4 ▲^1	叶/n ◆ ye4	3	牛/n ◆ niu2 ▲^A1	养/v ◆ yang3 ▲^2
3	脑袋/n ◆ nao3_dai5 ▲^1	砸/v ◆ za2 ▲^1	3	牛/n ◆ niu2 ▲^A1	花/a ◆ hua1 ▲^A6
3	脑袋/n ◆ nao3_dai5 ▲^1	抱/v ◆ bao4 ▲^A1	3	牛/n ◆ niu2 ▲^A1	圈/n ◆ juan4 ▲^1
3	脑袋/n ◆ nao3_dai5 ▲^1	圆/a ◆ yuan2 ▲^3	3	牛/n ◆ niu2 ▲^A1	叫/v ◆ jiao4 ▲^A1
3	脑袋/n ◆ nao3_dai5 ▲^1	摇/v ◆ yao2	3	牛/n ◆ niu2 ▲^A1	尾巴/n ◆ wei3_ba5 ▲^1
3	脑袋/n ◆ nao3_dai5 ▲^1	疼/a ◆ teng2 ▲^1	3	浓/a ◆ nong2 ▲^1	密/a ◆ mi4
3	脑袋/n ◆ nao3_dai5 ▲^1	塞/v ◆ sai1 ▲^1	3	弄/v ◆ nong4 ▲^2	懂/v ◆ dong3
3	闹/v ◆ nao4 ▲^5	革命/v ◆ ge2_ming4 ▲^1	3	弄/v ◆ nong4 ▲^2	错/v ◆ cuo4 ▲^A1
3	能量/n ◆ neng2_liang4 ▲^1	创造/v ◆ chuang4_zao4	3	努力/a ◆ nu3_li4 ▲^2	愿意/v ◆ yuan4_yi4 ▲^2
3	能量/n ◆ neng2_liang4 ▲^1	一定/b ◆ yi1_ding4 ▲^1	3	努力/a ◆ nu3_li4 ▲^2	多/a ◆ duo1 ▲^A1
3	能量/n ◆ neng2_liang4 ▲^1	消耗/v ◆ xiao1_hao4 ▲^A2	3	努力/a ◆ nu3_li4 ▲^2	付出/v ◆ fu4_chu1
3	能量/n ◆ neng2_liang4 ▲^1	减少/v ◆ jian3_shao3	3	暖和/a ◆ nuan3_huo5 ▲^1	觉得/v ◆ jue2_de5 ▲^1
			3	暖和/a ◆ nuan3_huo5 ▲^1	穿/v ◆ chuan1 ▲^5
			3	爬/v ◆ pa2 ▲^1	过/v ◆ guo4 ▲^1
			3	爬/v ◆ pa2 ▲^1	过去/v ◆ guo4_qu4 ▲^4
			3	爬/v ◆ pa2 ▲^1	过去/v ◆ guo4_qu4 ▲^1
			3	拍/v ◆ pai1 ▲^1	手掌/n ◆ shou3_zhang3
			3	排/v ◆ pai2 ▲^A1	座次/n ◆ zuo4_ci4
			3	排场/n ◆ pai2_chang3 ▲^1	讲/v ◆ jiang3 ▲^5
			3	派/n ◆ pai4 ▲^A1	反对/v ◆ fan3_dui4

共现次数	节点词语	搭配词语
3	盘子/n ◆ pan2_zi5 ▲^1	圆/a ◆ yuan2 ▲^3
3	盘子/n ◆ pan2_zi5 ▲^1	精致/a ◆ jing1_zhi4
3	判断/v ◆ pan4_duan4 ▲^2	正确/a ◆ zheng4_que4
3	判断/v ◆ pan4_duan4 ▲^2	做出/v ◆ zuo4_chu1
3	判决/v ◆ pan4_jue2 ▲^1	公正/a ◆ gong1_zheng4
3	判决/v ◆ pan4_jue2 ▲^1	做出/v ◆ zuo4_chu1
3	抛/v ◆ pao1 ▲^1	入/v ◆ ru4 ▲^1
3	咆哮/v ◆ pao2_xiao4 ▲^2	尽力/v ◆ jin4_li4
3	炮/n ◆ pao4 ▲^1	响/v ◆ xiang3 ▲^2
3	跑/v ◆ pao3 ▲^1	急匆匆/z ◆ ji2_cong1_cong1
3	跑/v ◆ pao3 ▲^1	开/v ◆ kai1 ▲^A1
3	泡/v ◆ pao4 ▲^3	泉水/n ◆ quan2_shui3
3	培养/v ◆ pei2_yang3 ▲^1	经过/v ◆ jing1_guo4 ▲^1
3	培养/v ◆ pei2_yang3 ▲^2	方式/n ◆ fang1_shi4
3	培养/v ◆ pei2_yang3 ▲^2	趣味/n ◆ qu4_wei4
3	培养/v ◆ pei2_yang3 ▲^2	大学/n ◆ da4_xue2
3	朋友/n ◆ peng2_you5 ▲^1	要好/a ◆ yao4_hao3 ▲^1
3	朋友/n ◆ peng2_you5 ▲^1	亲密/a ◆ qin1_mi4
3	朋友/n ◆ peng2_you5 ▲^1	青少年/n ◆ qing1_shao4_nian2
3	朋友/n ◆ peng2_you5 ▲^1	年轻/a ◆ nian2_qing1 ▲^1
3	朋友/n ◆ peng2_you5 ▲^1	靠/v ◆ kao4 ▲^A4
3	朋友/n ◆ peng2_you5 ▲^1	好/a ◆ hao3 ▲^8
3	朋友/n ◆ peng2_you5 ▲^1	诚实/a ◆ cheng2_shi2
3	捧/v ◆ peng3 ▲^1	碗/n ◆ wan3
3	碰/v ◆ peng4 ▲^1	撞/v ◆ zhuang4 ▲^1
3	批判/v ◆ pi1_pan4 ▲^2	文学/n ◆ wen2_xue2
3	披/v ◆ pi1 ▲^1	戴/v ◆ dai4
3	披/v ◆ pi1 ▲^1	散/v ◆ san4 ▲^1
3	披/v ◆ pi1 ▲^1	衣服/n ◆ yi1_fu2
3	皮/n ◆ pi2 ▲^1	长/a ◆ chang2 ▲^1
3	皮/n ◆ pi2 ▲^1	新/a ◆ xin1 ▲^1
3	皮/n ◆ pi2 ▲^1	剥/v ◆ bao1
3	皮/n ◆ pi2 ▲^1	大衣/n ◆ da4_yi1
3	皮肤/n ◆ pi2_fu1 ▲^1	黝黑/z ◆ you3_hei1 ▲^1
3	疲劳/a ◆ pi2_lao2 ▲^1	消除/v ◆ xiao1_chu2
3	脾气/n ◆ pi2_qi5 ▲^1	好/a ◆ hao3 ▲^1
3	脾气/n ◆ pi2_qi5 ▲^2	发/v ◆ fa1 ▲^3
3	屁股/n ◆ pi4_gu5 ▲^2	拍/v ◆ pai1 ▲^1
3	篇幅/n ◆ pian1_fu5 ▲^1	限制/v ◆ xian4_zhi4 ▲^1
3	篇幅/n ◆ pian1_fu5 ▲^1	短小/a ◆ duan3_xiao3 ▲^1
3	骗/v ◆ pian4 ▲^A1	眼睛/n ◆ yan3_jing1
3	飘/v ◆ piao1 ▲^1	声音/n ◆ sheng1_yin1
3	飘/v ◆ piao1 ▲^1	迎风/v ◆ ying2_feng1 ▲^1
3	飘/v ◆ piao1 ▲^1	飞/v ◆ fei1 ▲^3
3	拼/v ◆ pin1 ▲^B	尽/v ◆ jin4 ▲^1
3	拼/v ◆ pin1 ▲^B	力气/n ◆ li4_qi4
3	品味/v ◆ pin3_wei4 ▲^2	感悟/v ◆ gan3_wu4
3	品质/n ◆ pin3_zhi4 ▲^1	优秀/a ◆ you1_xiu4
3	品质/n ◆ pin3_zhi4 ▲^1	崇高/a ◆ chong2_gao1
3	品质/n ◆ pin3_zhi4 ▲^1	高尚/a ◆ gao1_shang4 ▲^1
3	品种/n ◆ pin3_zhong3 ▲^1	培育/v ◆ pei2_yu4 ▲^1
3	品种/n ◆ pin3_zhong3 ▲^2	繁多/a ◆ fan2_duo1
3	平/a ◆ ping2 ▲^1	铺/v ◆ pu1 ▲^1
3	平衡/a ◆ ping2_heng2 ▲^2	失去/v ◆ shi1_qu4
3	平均/a ◆ ping2_jun1 ▲^2	状态/n ◆ zhuang4_tai4
3	评价/v ◆ ping2_jia4 ▲^1	给予/v ◆ ji3_yu3
3	苹果/n ◆ ping2_guo3 ▲^1	种/v ◆ zhong4
3	苹果/n ◆ ping2_guo3 ▲^2	熟/a ◆ shu2 ▲^1
3	苹果/n ◆ ping2_guo3 ▲^2	甜/a ◆ tian2 ▲^1

共现次数	节点词语	搭配词语	共现次数	节点词语	搭配词语
3	苹果/n ◆ ping2_guo3 ▲^2	少/a ◆ shao3 ▲^1	3	气候/n ◆ qi4_hou4 ▲^1	海洋/n ◆ hai3_yang2
3	苹果/n ◆ ping2_guo3 ▲^2	多/a ◆ duo1 ▲^A1	3	气候/n ◆ qi4_hou4 ▲^1	记录/v ◆ ji4_lu4 ▲^1
3	屏幕/n ◆ ping2_mu4 ▲^1	电视/n ◆ dian4_shi4 ▲^3	3	气候/n ◆ qi4_hou4 ▲^1	影响/v ◆ ying3_xiang3 ▲^1
3	瓶颈/n ◆ ping2_jing3 ▲^2	信息/n ◆ xin4_xi1 ▲^1	3	气候/n ◆ qi4_hou4 ▲^1	温和/a ◆ wen1_he2 ▲^1
3	瓶颈/n ◆ ping2_jing3 ▲^2	进入/v ◆ jin4_ru4	3	气魄/n ◆ qi4_po4 ▲^2	雄伟/a ◆ xiong2_wei3 ▲^1
3	婆婆/z ◆ po2_suo1 ▲^2	树影/n ◆ shu4_ying3	3	气味/n ◆ qi4_wei4 ▲^1	带/v ◆ dai4 ▲^B4
3	破/v ◆ po4 ▲^1	抓/v ◆ zhua1 ▲^2	3	气味/n ◆ qi4_wei4 ▲^1	难闻/a ◆ nan2_wen2
3	破/v ◆ po4 ▲^1	刺/v ◆ ci4 ▲^1	3	气息/n ◆ qi4_xi1 ▲^★	生活/n ◆ sheng1_huo2 ▲^1
3	破/v ◆ po4 ▲^1	擦/v ◆ ca1 ▲^1	3	气息/n ◆ qi4_xi1 ▲^★	浓郁/a ◆ nong2_yu4 ▲^B2
3	破/v ◆ po4 ▲^1	叫/v ◆ jiao4 ▲^B1	3	气息/n ◆ qi4_xi1 ▲^1	发出/v ◆ fa1_chu1 ▲^1
3	扑/v ◆ pu1 ▲^1	倒/v ◆ dao3 ▲^A1	3	气息/n ◆ qi4_xi1 ▲^2	带来/v ◆ dai4_lai2
3	葡萄/n ◆ pu2_tao2 ▲^1	藤/n ◆ teng2	3	气息/n ◆ qi4_xi1 ▲^2	弥漫/v ◆ mi2_man4
3	葡萄/n ◆ pu2_tao2 ▲^2	产区/n ◆ chan3_qu1	3	气息/n ◆ qi4_xi1 ▲^2	生活/n ◆ sheng1_huo2 ▲^1
3	蒲公英/n ◆ pu2_gong1_ying1 ▲^1	落/v ◆ luo4 ▲^1	3	气息/n ◆ qi4_xi1 ▲^2	新/a ◆ xin1 ▲^1
3	蒲公英/n ◆ pu2_gong1_ying1 ▲^1	绒毛/n ◆ rong2_mao2 ▲^1	3	气息/n ◆ qi4_xi1 ▲^2	洋溢/v ◆ yang2_yi4
3	普及/v ◆ pu3_ji2 ▲^2	义务/b ◆ yi4_wu4 ▲^3	3	气象/n ◆ qi4_xiang4 ▲^1	仪器/n ◆ yi2_qi4
3	漆/n ◆ qi1 ▲^1	墙/n ◆ qiang2	3	掐/v ◆ qia1 ▲^2	死/v ◆ si3 ▲^1
3	齐/a ◆ qi2 ▲^A5	带/v ◆ dai4 ▲^B1	3	前/f ◆ qian2 ▲^1	朝/v ◆ chao2 ▲^5
3	奇怪/v ◆ qi2_guai4 ▲^2	感到/v ◆ gan3_dao4	3	前言/n ◆ qian2_yan2 ▲^1	书/n ◆ shu1
3	起伏/v ◆ qi3_fu2 ▲^1	山峦/n ◆ shan1_luan2	3	钱/n ◆ qian2 ▲^A2	借/v ◆ jie4 ▲^A1
3	起源/n ◆ qi3_yuan2 ▲^2	研究/v ◆ yan2_jiu1 ▲^1	3	钱/n ◆ qian2 ▲^A2	要/v ◆ yao4 ▲^B6
3	起源/n ◆ qi3_yuan2 ▲^2	汉字/n ◆ han4_zi4	3	钱/n ◆ qian2 ▲^A2	赢/v ◆ ying2
3	起源/n ◆ qi3_yuan2 ▲^2	问题/n ◆ wen4_ti2 ▲^2	3	钱/n ◆ qian2 ▲^A2	没/v ◆ mei2 ▲^★
3	气/n ◆ qi4 ▲^★	沉/v ◆ chen2 ▲^3	3	钱/n ◆ qian2 ▲^A3	收/v ◆ shou1 ▲^2
3	气/n ◆ qi4 ▲^1	冒/v ◆ mao4 ▲^1	3	钱/n ◆ qian2 ▲^A3	卖/v ◆ mai4 ▲^1
3	气/n ◆ qi4 ▲^1	雾/n ◆ wu4	3	钱/n ◆ qian2 ▲^A3	多/a ◆ duo1 ▲^A1
3	气/n ◆ qi4 ▲^1	热/n ◆ re4 ▲^1	3	钱/n ◆ qian2 ▲^A4	借/v ◆ jie4 ▲^A1
3	气/n ◆ qi4 ▲^3	出/v ◆ chu1 ▲^A8	3	钱/n ◆ qian2 ▲^A4	收/v ◆ shou1 ▲^2
3	气/n ◆ qi4 ▲^3	透/v ◆ tou4 ▲^★	3	钱/n ◆ qian2 ▲^A4	借/v ◆ jie4 ▲^A2
3	气/n ◆ qi4 ▲^3	吹/v ◆ chui1 ▲^3	3	钱/n ◆ qian2 ▲^A4	骗/v ◆ pian4 ▲^A2
3	气/n ◆ qi4 ▲^3	生/v ◆ sheng1 ▲^A8	3	浅/a ◆ qian3 ▲^1	颜色/n ◆ yan2_se4 ▲^1
3	气/n ◆ qi4 ▲^3	短/a ◆ duan3 ▲^1	3	枪/n ◆ qiang1 ▲^A2	小/a ◆ xiao3 ▲^1
3	气/n ◆ qi4 ▲^3	白/a ◆ bai2 ▲^A1			

共现次数	节点词语	搭配词语
3	枪/n ◆ qiang1 ▲^A2	打/v ◆ da3 ▲^A3
3	枪/n ◆ qiang1 ▲^A2	身/n ◆ shen1 ▲^1
3	枪/n ◆ qiang1 ▲^A2	持/v ◆ chi2 ▲^1
3	枪/n ◆ qiang1 ▲^A2	筒/n ◆ tong3 ▲^2
3	强/a ◆ qiang2 ▲^1	酸味/n ◆ suan1_wei4
3	强/a ◆ qiang2 ▲^2	撑/v ◆ cheng1 ▲^3
3	强/a ◆ qiang2 ▲^5	多/a ◆ duo1 ▲^A1
3	强烈/a ◆ qiang2_lie4 ▲^1	愿望/n ◆ yuan4_wang4
3	强烈/a ◆ qiang2_lie4 ▲^1	无比/z ◆ wu2_bi3
3	强烈/a ◆ qiang2_lie4 ▲^1	兴趣/n ◆ xing4_qu4
3	蔷薇/n ◆ qiang2_wei1 ▲^1	花/n ◆ hua1 ▲^A1
3	敲/v ◆ qiao1 ▲^1	响/v ◆ xiang3 ▲^2
3	敲打/v ◆ qiao1_da3 ▲^1	锣鼓/n ◆ luo2_gu3
3	桥梁/n ◆ qiao2_liang2 ▲^1	架设/v ◆ jia4_she4
3	桥梁/n ◆ qiao2_liang2 ▲^1	图/n ◆ tu2 ▲^1
3	切/v ◆ qie1 ▲^1	蛋糕/n ◆ dan4_gao1
3	茄子/n ◆ qie2_zi5 ▲^2	紫/a ◆ zi3
3	亲/b ◆ qin1 ▲^7	特别/a ◆ te4_bie2 ▲^1
3	亲人/n ◆ qin1_ren2 ▲^2	祖国/n ◆ zu3_guo2
3	亲人/n ◆ qin1_ren2 ▲^2	思念/v ◆ si1_nian4
3	勤/a ◆ qin2 ▲^1	学习/v ◆ xue2_xi2 ▲^1
3	青春/n ◆ qing1_chun1 ▲^1	象征/n ◆ xiang4_zheng1 ▲^2
3	青春/n ◆ qing1_chun1 ▲^1	时代/n ◆ shi2_dai4 ▲^2
3	青年/n ◆ qing1_nian2 ▲^1	时候/n ◆ shi2_hou5 ▲^2
3	青年/n ◆ qing1_nian2 ▲^2	当代/n ◆ dang1_dai4
3	青年/n ◆ qing1_nian2 ▲^2	文学/n ◆ wen2_xue2
3	青衣/n ◆ qing1_yi1 ▲^1	穿/v ◆ chuan1 ▲^5
3	轻/a ◆ qing1 ▲^6	放/v ◆ fang4 ▲^13
3	轻/a ◆ qing1 ▲^6	划/v ◆ hua2 ▲^★
3	轻/a ◆ qing1 ▲^6	咬/v ◆ yao3 ▲^1
3	清/a ◆ qing1 ▲^A1	说/v ◆ shuo1 ▲^1
3	清/a ◆ qing1 ▲^A1	溪水/n ◆ xi1_shui3
3	清/a ◆ qing1 ▲^A4	写/v ◆ xie3 ▲^1
3	清/a ◆ qing1 ▲^A4	问/v ◆ wen4 ▲^1
3	清/a ◆ qing1 ▲^A4	说/v ◆ shuo1 ▲^2
3	清/a ◆ qing1 ▲^A4	认/v ◆ ren4 ▲^1
3	清/v ◆ qing1 ▲^A6	听/v ◆ ting1 ▲^A1
3	清楚/a ◆ qing1_chu5 ▲^1	声音/n ◆ sheng1_yin1
3	清楚/a ◆ qing1_chu5 ▲^1	问/v ◆ wen4 ▲^1
3	清楚/a ◆ qing1_chu5 ▲^1	内容/n ◆ nei4_rong2
3	清楚/a ◆ qing1_chu5 ▲^1	完全/a ◆ wan2_quan2 ▲^1
3	情感/n ◆ qing2_gan3 ▲^1	真挚/a ◆ zhen1_zhi4
3	情感/n ◆ qing2_gan3 ▲^1	带/v ◆ dai4 ▲^B4
3	情感/n ◆ qing2_gan3 ▲^2	心灵/n ◆ xin1_ling2
3	情感/n ◆ qing2_gan3 ▲^2	创造/v ◆ chuang4_zao4
3	情况/n ◆ qing2_kuang4 ▲^1	天气/n ◆ tian1_qi4 ▲^1
3	情况/n ◆ qing2_kuang4 ▲^1	掌握/v ◆ zhang3_wo4 ▲^1
3	情况/n ◆ qing2_kuang4 ▲^1	遇到/v ◆ yu4_dao4
3	情况/n ◆ qing2_kuang4 ▲^1	有关/v ◆ you3_guan1 ▲^2
3	情况/n ◆ qing2_kuang4 ▲^1	核对/v ◆ he2_dui4
3	情况/n ◆ qing2_kuang4 ▲^1	报告/v ◆ bao4_gao4 ▲^1
3	情况/n ◆ qing2_kuang4 ▲^1	说明/v ◆ shuo1_ming2 ▲^1
3	情况/n ◆ qing2_kuang4 ▲^1	前线/n ◆ qian2_xian4
3	情况/n ◆ qing2_kuang4 ▲^1	了解/v ◆ liao3_jie3 ▲^2
3	情况/n ◆ qing2_kuang4 ▲^1	询问/v ◆ xun2_wen4
3	情况/n ◆ qing2_kuang4 ▲^1	分析/v ◆ fen1_xi1
3	情况/n ◆ qing2_kuang4 ▲^1	危急/a ◆ wei1_ji2
3	情趣/n ◆ qing2_qu4 ▲^2	思想/n ◆ si1_xiang3 ▲^1
3	情趣/n ◆ qing2_qu4 ▲^2	艺术/n ◆ yi4_shu4 ▲^1

共现次数	节点词语	搭配词语	共现次数	节点词语	搭配词语
3	情趣 /n ◆ qing2_qu4 ▲ ^2	增添 /v ◆ zeng1_tian1	3	人 /n ◆ ren2 ▲ ^1	英雄 /n ◆ ying1_xiong2 ▲ ^2
3	情绪 /n ◆ qing2_xu4 ▲ ^1	安定 /v ◆ an1_ding4 ▲ ^2	3	人 /n ◆ ren2 ▲ ^1	异常 /a ◆ yi4_chang2 ▲ ^1
3	求 /v ◆ qiu2 ▲ ^1	保佑 /v ◆ bao3_you4	3	人 /n ◆ ren2 ▲ ^1	自豪 /a ◆ zi4_hao2
3	球 /n ◆ qiu2 ▲ ^2	小 /a ◆ xiao3 ▲ ^1	3	人 /n ◆ ren2 ▲ ^1	坚强 /a ◆ jian1_qiang2 ▲ ^1
3	球 /n ◆ qiu2 ▲ ^2	整个 /b ◆ zheng3_ge4	3	人 /n ◆ ren2 ▲ ^1	遗憾 /a ◆ yi2_han4 ▲ ^2
3	球 /n ◆ qiu2 ▲ ^2	顶 /v ◆ ding3 ▲ ^4	3	人 /n ◆ ren2 ▲ ^1	心目 /n ◆ xin1_mu4 ▲ ^1
3	球 /n ◆ qiu2 ▲ ^3	发 /v ◆ fa1 ▲ ^2			
3	区别 /n ◆ qu1_bie2 ▲ ^2	有所 /v ◆ you3_suo3	3	人 /n ◆ ren2 ▲ ^1	预备 /v ◆ yu4_bei4
3	全 /a ◆ quan2 ▲ ^1	发育 /v ◆ fa1_yu4	3	人 /n ◆ ren2 ▲ ^1	敬 /v ◆ jing4
3	全 /a ◆ quan2 ▲ ^3	看 /v ◆ kan4 ▲ ^1	3	人 /n ◆ ren2 ▲ ^1	扯 /v ◆ che3 ▲ ^1
3	全 /a ◆ quan2 ▲ ^3	过程 /n ◆ guo4_cheng2	3	人 /n ◆ ren2 ▲ ^1	经 /v ◆ jing1 ▲ ^B1
3	权威 /n ◆ quan2_wei1 ▲ ^2	迷信 /v ◆ mi2_xin4 ▲ ^2	3	人 /n ◆ ren2 ▲ ^1	亲近 /v ◆ qin1_jin4 ▲ ^2
3	缺口 /n ◆ que1_kou3 ▲ ^1	堵 /v ◆ du3 ▲ ^1	3	人 /n ◆ ren2 ▲ ^1	目光 /n ◆ mu4_guang1 ▲ ^2
3	确定 /a ◆ que4_ding4 ▲ ^1	证据 /n ◆ zheng4_ju4	3	人 /n ◆ ren2 ▲ ^1	遇 /v ◆ yu4
3	群众 /n ◆ qun2_zhong4 ▲ ^1	广播 /n ◆ guang3_bo1 ▲ ^2	3	人 /n ◆ ren2 ▲ ^1	有钱 /a ◆ you3_qian2
3	群众 /n ◆ qun2_zhong4 ▲ ^1	好 /a ◆ hao3 ▲ ^1	3	人 /n ◆ ren2 ▲ ^1	思维 /n ◆ si1_wei2 ▲ ^1
3	群众 /n ◆ qun2_zhong4 ▲ ^1	影响 /v ◆ ying3_xiang3 ▲ ^1	3	人 /n ◆ ren2 ▲ ^1	如下 /v ◆ ru2_xia4
3	群众 /n ◆ qun2_zhong4 ▲ ^1	大会 /n ◆ da4_hui4 ▲ ^2	3	人 /n ◆ ren2 ▲ ^1	见解 /n ◆ jian4_jie3
3	燃 /v ◆ ran2 ▲ ^1	蜡烛 /n ◆ la4_zhu2	3	人 /n ◆ ren2 ▲ ^1	读 /v ◆ du2 ▲ ^1
3	热 /a ◆ re4 ▲ ^2	烤 /v ◆ kao3 ▲ ^1	3	人 /n ◆ ren2 ▲ ^1	灵秀 /a ◆ ling2_xiu4
3	热闹 /a ◆ re4_nao5 ▲ ^1	多 /a ◆ duo1 ▲ ^A1	3	人 /n ◆ ren2 ▲ ^1	多 /a ◆ duo1 ▲ ^A5
3	人 /n ◆ ren2 ▲ ^1	厄运 /n ◆ e4_yun4	3	人 /n ◆ ren2 ▲ ^1	慨叹 /v ◆ kai3_tan4
3	人 /n ◆ ren2 ▲ ^1	敏感 /a ◆ min3_gan3	3	人 /n ◆ ren2 ▲ ^1	出发 /v ◆ chu1_fa1 ▲ ^2
3	人 /n ◆ ren2 ▲ ^1	头发 /n ◆ tou2_fa5			
3	人 /n ◆ ren2 ▲ ^1	换 /v ◆ huan4 ▲ ^2	3	人 /n ◆ ren2 ▲ ^1	真诚 /a ◆ zhen1_cheng2
3	人 /n ◆ ren2 ▲ ^1	愚蠢 /a ◆ yu2_chun3	3	人 /n ◆ ren2 ▲ ^1	照 /v ◆ zhao4 ▲ ^1
3	人 /n ◆ ren2 ▲ ^1	身材 /n ◆ shen1_cai2	3	人 /n ◆ ren2 ▲ ^1	优秀 /a ◆ you1_xiu4
3	人 /n ◆ ren2 ▲ ^1	聋哑 /a ◆ long2_ya3	3	人 /n ◆ ren2 ▲ ^1	当做 /v ◆ dang4_zuo4
3	人 /n ◆ ren2 ▲ ^1	患 /v ◆ huan4	3	人 /n ◆ ren2 ▲ ^1	喝酒 /v ◆ he1_jiu3
3	人 /n ◆ ren2 ▲ ^1	踩 /v ◆ cai3	3	人 /n ◆ ren2 ▲ ^1	追 /v ◆ zhui1 ▲ ^1
3	人 /n ◆ ren2 ▲ ^1	重要 /a ◆ zhong4_yao4	3	人 /n ◆ ren2 ▲ ^1	叫喊 /v ◆ jiao4_han3
3	人 /n ◆ ren2 ▲ ^1	部分 /n ◆ bu4_fen5	3	人 /n ◆ ren2 ▲ ^1	放 /v ◆ fang4 ▲ ^6
3	人 /n ◆ ren2 ▲ ^1	看出 /v ◆ kan4_chu1	3	人 /n ◆ ren2 ▲ ^1	逢 /v ◆ feng2
3	人 /n ◆ ren2 ▲ ^1	认真 /a ◆ ren4_zhen1 ▲ ^2	3	人 /n ◆ ren2 ▲ ^1	超过 /v ◆ chao1_guo4 ▲ ^2
3	人 /n ◆ ren2 ▲ ^1	舞姿 /n ◆ wu3_zi1	3	人 /n ◆ ren2 ▲ ^1	攀登 /v ◆ pan1_deng1
			3	人 /n ◆ ren2 ▲ ^1	展示 /v ◆ zhan3_shi4
			3	人 /n ◆ ren2 ▲ ^1	绝望 /a ◆ jue2_wang4
			3	人 /n ◆ ren2 ▲ ^1	选 /v ◆ xuan3 ▲ ^1
			3	人 /n ◆ ren2 ▲ ^1	执着 /a ◆ zhi2_zhuo2
			3	人 /n ◆ ren2 ▲ ^1	建 /v ◆ jian4 ▲ ^A1

共现次数	节点词语	搭配词语
3	人 /n ◆ ren2 ▲ ^1	讲话 /v ◆ jiang3_hua4 ▲ ^1
3	人 /n ◆ ren2 ▲ ^1	翻 /v ◆ fan1 ▲ ^1
3	人 /n ◆ ren2 ▲ ^1	克隆 /v ◆ ke4_long2 ▲ ^1
3	人 /n ◆ ren2 ▲ ^1	参观 /v ◆ can1_guan1
3	人 /n ◆ ren2 ▲ ^1	晓得 /v ◆ xiao3_de5
3	人 /n ◆ ren2 ▲ ^1	放下 /v ◆ fang4_xia4
3	人 /n ◆ ren2 ▲ ^1	见到 /v ◆ jian4_dao4
3	人 /n ◆ ren2 ▲ ^1	大脑 /n ◆ da4_nao3
3	人 /n ◆ ren2 ▲ ^1	制造 /v ◆ zhi4_zao4 ▲ ^2
3	人 /n ◆ ren2 ▲ ^1	点头 /v ◆ dian3_tou2
3	人 /n ◆ ren2 ▲ ^1	凑 /v ◆ cou4 ▲ ^1
3	人 /n ◆ ren2 ▲ ^1	品质 /n ◆ pin3_zhi4 ▲ ^1
3	人 /n ◆ ren2 ▲ ^1	构成 /v ◆ gou4_cheng2 ▲ ^1
3	人 /n ◆ ren2 ▲ ^1	亲爱 /b ◆ qin1_ai4
3	人 /n ◆ ren2 ▲ ^1	奋斗 /v ◆ fen4_dou4
3	人 /n ◆ ren2 ▲ ^1	骄傲 /a ◆ jiao1_ao4 ▲ ^1
3	人 /n ◆ ren2 ▲ ^1	幸福 /n ◆ xing4_fu2 ▲ ^1
3	人 /n ◆ ren2 ▲ ^1	深沉 /a ◆ shen1_chen2 ▲ ^1
3	人 /n ◆ ren2 ▲ ^1	脸色 /n ◆ lian3_se4 ▲ ^1
3	人 /n ◆ ren2 ▲ ^1	出现 /v ◆ chu1_xian4 ▲ ^1
3	人 /n ◆ ren2 ▲ ^1	挑选 /v ◆ tiao1_xuan3
3	人 /n ◆ ren2 ▲ ^1	追赶 /v ◆ zhui1_gan3 ▲ ^1
3	人 /n ◆ ren2 ▲ ^1	爬 /v ◆ pa2 ▲ ^1
3	人 /n ◆ ren2 ▲ ^1	造型 /n ◆ zao4_xing2 ▲ ^2
3	人 /n ◆ ren2 ▲ ^1	珍贵 /a ◆ zhen1_gui4
3	人 /n ◆ ren2 ▲ ^1	爱美 /a ◆ ai4_mei3
3	人 /n ◆ ren2 ▲ ^1	概括 /v ◆ gai4_kuo4 ▲ ^1
3	人 /n ◆ ren2 ▲ ^1	无穷 /z ◆ wu2_qiong2
3	人 /n ◆ ren2 ▲ ^1	怪 /a ◆ guai4 ▲ ^A1
3	人 /n ◆ ren2 ▲ ^1	试图 /v ◆ shi4_tu2
3	人 /n ◆ ren2 ▲ ^1	嫌 /v ◆ xian2
3	人 /n ◆ ren2 ▲ ^1	气势 /n ◆ qi4_shi4
3	人 /n ◆ ren2 ▲ ^1	显示 /v ◆ xian3_shi4
3	人 /n ◆ ren2 ▲ ^1	迫害 /v ◆ po4_hai4
3	人 /n ◆ ren2 ▲ ^1	折磨 /v ◆ zhe2_mo2
3	人 /n ◆ ren2 ▲ ^1	前进 /v ◆ qian2_jin4
3	人 /n ◆ ren2 ▲ ^1	见 /v ◆ jian4 ▲ ^A5
3	人 /n ◆ ren2 ▲ ^1	递 /v ◆ di4
3	人 /n ◆ ren2 ▲ ^1	开 /v ◆ kai1 ▲ ^A3
3	人 /n ◆ ren2 ▲ ^1	抓住 /v ◆ zhua1_zhu4
3	人 /n ◆ ren2 ▲ ^1	创作 /v ◆ chuang4_zuo4 ▲ ^1
3	人 /n ◆ ren2 ▲ ^1	凄惨 /a ◆ qi1_can3
3	人 /n ◆ ren2 ▲ ^1	检查 /v ◆ jian3_cha2 ▲ ^1
3	人 /n ◆ ren2 ▲ ^1	渺小 /a ◆ miao3_xiao3
3	人 /n ◆ ren2 ▲ ^1	舒服 /a ◆ shu1_fu5 ▲ ^1
3	人 /n ◆ ren2 ▲ ^1	开 /v ◆ kai1 ▲ ^★
3	人 /n ◆ ren2 ▲ ^1	劝 /v ◆ quan4
3	人 /n ◆ ren2 ▲ ^1	歇 /v ◆ xie1 ▲ ^1
3	人 /n ◆ ren2 ▲ ^1	当 /v ◆ dang4 ▲ ^A3
3	人 /n ◆ ren2 ▲ ^1	外乡 /n ◆ wai4_xiang1
3	人 /n ◆ ren2 ▲ ^1	藏 /v ◆ cang2 ▲ ^1
3	人 /n ◆ ren2 ▲ ^1	批评 /v ◆ pi1_ping2 ▲ ^2
3	人 /n ◆ ren2 ▲ ^1	敲 /v ◆ qiao1 ▲ ^1
3	人 /n ◆ ren2 ▲ ^1	需 /v ◆ xu1
3	人 /n ◆ ren2 ▲ ^1	加以 /v ◆ jia1_yi3 ▲ ^1
3	人 /n ◆ ren2 ▲ ^1	寻找 /v ◆ xun2_zhao3
3	人 /n ◆ ren2 ▲ ^1	肯定 /v ◆ ken3_ding4 ▲ ^1
3	人 /n ◆ ren2 ▲ ^1	养护 /v ◆ yang3_hu4 ▲ ^1
3	人 /n ◆ ren2 ▲ ^1	迁怒 /v ◆ qian1_nu4
3	人 /n ◆ ren2 ▲ ^1	来到 /v ◆ lai2_dao4
3	人 /n ◆ ren2 ▲ ^1	地方 /n ◆ di4_fang1 ▲ ^1
3	人 /n ◆ ren2 ▲ ^1	轻松 /a ◆ qing1_song1
3	人 /n ◆ ren2 ▲ ^1	举行 /v ◆ ju3_xing2
3	人 /n ◆ ren2 ▲ ^1	提 /v ◆ ti2 ▲ ^4
3	人 /n ◆ ren2 ▲ ^1	运动 /n ◆ yun4_dong4 ▲ ^5
3	人 /n ◆ ren2 ▲ ^1	穷苦 /a ◆ qiong2_ku3
3	人 /n ◆ ren2 ▲ ^1	伤害 /v ◆ shang1_hai4
3	人 /n ◆ ren2 ▲ ^1	照片 /n ◆ zhao4_pian4
3	人 /n ◆ ren2 ▲ ^1	系 /v ◆ xi4 ▲ ^A6
3	人 /n ◆ ren2 ▲ ^1	降临 /v ◆ jiang4_lin2
3	人 /n ◆ ren2 ▲ ^1	碰 /v ◆ peng4 ▲ ^1
3	人 /n ◆ ren2 ▲ ^1	不如 /v ◆ bu4_ru2
3	人 /n ◆ ren2 ▲ ^1	钻 /v ◆ zuan1 ▲ ^2
3	人 /n ◆ ren2 ▲ ^1	铺路 /v ◆ pu1_lu4 ▲ ^1
3	人 /n ◆ ren2 ▲ ^1	代替 /v ◆ dai4_ti4

共现次数	节点词语	搭配词语	共现次数	节点词语	搭配词语
3	人/n ◆ ren2 ▲ ^1	张/v ◆ zhang1 ▲ ^1	3	人/n ◆ ren2 ▲ ^1	只能/v ◆ zhi3_neng2
3	人/n ◆ ren2 ▲ ^1	借/v ◆ jie4 ▲^A1	3	人/n ◆ ren2 ▲ ^1	开/v ◆ kai1 ▲^A10
3	人/n ◆ ren2 ▲ ^1	冲/v ◆ chong1 ▲^A2	3	人/n ◆ ren2 ▲ ^1	想法/n ◆ xiang3_fa3
3	人/n ◆ ren2 ▲ ^1	丢/v ◆ diu1 ▲^1	3	人/n ◆ ren2 ▲ ^1	适合/v ◆ shi4_he2
3	人/n ◆ ren2 ▲ ^1	发觉/v ◆ fa1_jue2	3	人/n ◆ ren2 ▲ ^1	放心/v ◆ fang4_xin1
3	人/n ◆ ren2 ▲ ^1	揍/v ◆ zou4 ▲^1	3	人/n ◆ ren2 ▲ ^1	影子/n ◆ ying3_zi5 ▲^1
3	人/n ◆ ren2 ▲ ^1	感慨/v ◆ gan3_kai3	3	人/n ◆ ren2 ▲ ^1	好/a ◆ hao3 ▲^4
3	人/n ◆ ren2 ▲ ^1	使/v ◆ shi3 ▲^A1	3	人/n ◆ ren2 ▲ ^1	擦/v ◆ ca1 ▲^2
3	人/n ◆ ren2 ▲ ^1	倒/v ◆ dao4 ▲^A4	3	人/n ◆ ren2 ▲ ^1	礼貌/a ◆ li3_mao4 ▲^2
3	人/n ◆ ren2 ▲ ^1	笨/a ◆ ben4 ▲^1	3	人/n ◆ ren2 ▲ ^1	成就/n ◆ cheng2_jiu4 ▲^1
3	人/n ◆ ren2 ▲ ^1	扑/v ◆ pu1 ▲^1	3	人/n ◆ ren2 ▲ ^1	冒险/v ◆ mao4_xian3
3	人/n ◆ ren2 ▲ ^1	照料/v ◆ zhao4_liao4	3	人/n ◆ ren2 ▲ ^1	呼喊/v ◆ hu1_han3
3	人/n ◆ ren2 ▲ ^1	砸/v ◆ za2 ▲^1	3	人/n ◆ ren2 ▲ ^1	病情/n ◆ bing4_qing2
3	人/n ◆ ren2 ▲ ^1	热/a ◆ re4 ▲^2	3	人/n ◆ ren2 ▲ ^1	弱小/a ◆ ruo4_xiao3
3	人/n ◆ ren2 ▲ ^1	呛/v ◆ qiang1	3	人/n ◆ ren2 ▲ ^1	加上/v ◆ jia1_shang4
3	人/n ◆ ren2 ▲ ^1	利用/v ◆ li4_yong4 ▲^1	3	人/n ◆ ren2 ▲ ^1	撩/v ◆ liao2
3	人/n ◆ ren2 ▲ ^1	好/a ◆ hao3 ▲^8	3	人/n ◆ ren2 ▲ ^1	受难/v ◆ shou4_nan4
3	人/n ◆ ren2 ▲ ^1	下来/v ◆ xia4_lai2 ▲^1	3	人/n ◆ ren2 ▲ ^1	体现/v ◆ ti3_xian4
3	人/n ◆ ren2 ▲ ^1	安排/v ◆ an1_pai2	3	人/n ◆ ren2 ▲ ^1	过失/n ◆ guo4_shi1 ▲^1
3	人/n ◆ ren2 ▲ ^1	少年/n ◆ shao4_nian2 ▲^2	3	人/n ◆ ren2 ▲ ^1	提高/v ◆ ti2_gao1
3	人/n ◆ ren2 ▲ ^1	可爱/a ◆ ke3_ai4	3	人/n ◆ ren2 ▲ ^1	专有/v ◆ zhuan1_you3
3	人/n ◆ ren2 ▲ ^1	当代/n ◆ dang1_dai4	3	人/n ◆ ren2 ▲ ^1	传/v ◆ chuan2 ▲^1
3	人/n ◆ ren2 ▲ ^1	实验/v ◆ shi2_yan4 ▲^1	3	人/n ◆ ren2 ▲ ^1	相比/v ◆ xiang1_bi3
3	人/n ◆ ren2 ▲ ^1	才能/n ◆ cai2_neng2	3	人/n ◆ ren2 ▲ ^1	满意/v ◆ man3_yi4
3	人/n ◆ ren2 ▲ ^1	组成/v ◆ zu3_cheng2	3	人/n ◆ ren2 ▲ ^1	转弯/v ◆ zhuan3_wan1 ▲^1
3	人/n ◆ ren2 ▲ ^1	大/a ◆ da4 ▲^A1	3	人/n ◆ ren2 ▲ ^1	单纯/a ◆ dan1_chun2 ▲^1
3	人/n ◆ ren2 ▲ ^1	残疾/n ◆ can2_ji2	3	人/n ◆ ren2 ▲ ^1	良好/z ◆ liang2_hao3
3	人/n ◆ ren2 ▲ ^1	解决/v ◆ jie3_jue2 ▲^1	3	人/n ◆ ren2 ▲ ^1	报告/v ◆ bao4_gao4 ▲^1
3	人/n ◆ ren2 ▲ ^1	变化/v ◆ bian4_hua4	3	人/n ◆ ren2 ▲ ^1	陪同/v ◆ pei2_tong2
3	人/n ◆ ren2 ▲ ^1	商量/v ◆ shang1_liang4	3	人/n ◆ ren2 ▲ ^1	吓唬/v ◆ xia4_hu3
3	人/n ◆ ren2 ▲ ^1	顾/v ◆ gu4 ▲^A2	3	人/n ◆ ren2 ▲ ^1	准备/v ◆ zhun3_bei4 ▲^2
3	人/n ◆ ren2 ▲ ^1	设计/v ◆ she4_ji4 ▲^1	3	人/n ◆ ren2 ▲ ^1	采取/v ◆ cai3_qu3 ▲^1
3	人/n ◆ ren2 ▲ ^1	如同/v ◆ ru2_tong2	3	人/n ◆ ren2 ▲ ^1	轻视/v ◆ qing1_shi4
3	人/n ◆ ren2 ▲ ^1	舒畅/a ◆ shu1_chang4	3	人/n ◆ ren2 ▲ ^1	老实/a ◆ lao3_shi5 ▲^2
3	人/n ◆ ren2 ▲ ^1	限制/v ◆ xian4_zhi4 ▲^1	3	人/b ◆ ren2 ▲ ^1	出生/v ◆ chu1_sheng1
3	人/n ◆ ren2 ▲ ^1	说话/v ◆ shuo1_hua4 ▲^2	3	人/n ◆ ren2 ▲ ^1	忧郁/a ◆ you1_yu4
3	人/n ◆ ren2 ▲ ^1	唯一/b ◆ wei2_yi1	3	人/n ◆ ren2 ▲ ^1	神情/n ◆ shen2_qing2
3	人/n ◆ ren2 ▲ ^1	搬/v ◆ ban1 ▲^1			
3	人/n ◆ ren2 ▲ ^1	梦想/n ◆ meng4_xiang3 ▲^3			

共现次数	节点词语	搭配词语	共现次数	节点词语	搭配词语
3	人 /n ◆ ren2 ▲ ^1	忘掉 /v ◆ wang4_diao4	3	人 /n ◆ ren2 ▲ ^1	看得见 /v ◆ kan4_de5_jian4
3	人 /n ◆ ren2 ▲ ^1	状态 /n ◆ zhuang4_tai4	3	人 /n ◆ ren2 ▲ ^1	成 /v ◆ cheng2 ▲ ^A7
3	人 /n ◆ ren2 ▲ ^1	综合 /v ◆ zong1_he2 ▲ ^2	3	人 /n ◆ ren2 ▲ ^1	价值 /n ◆ jia4_zhi2 ▲ ^2
3	人 /n ◆ ren2 ▲ ^1	统一 /v ◆ tong3_yi1 ▲ ^1	3	人 /n ◆ ren2 ▲ ^1	带 /v ◆ dai4 ▲ ^B5
3	人 /n ◆ ren2 ▲ ^1	老实 /a ◆ lao3_shi5 ▲ ^1	3	人 /n ◆ ren2 ▲ ^1	感性 /b ◆ gan3_xing4
3	人 /n ◆ ren2 ▲ ^1	比 /v ◆ bi3 ▲ ^A1	3	人 /n ◆ ren2 ▲ ^1	幻想 /n ◆ huan4_xiang3 ▲ ^2
3	人 /n ◆ ren2 ▲ ^1	上层 /f ◆ shang4_ceng2	3	人 /n ◆ ren2 ▲ ^1	要 /v ◆ yao4 ▲ ^B2
3	人 /n ◆ ren2 ▲ ^1	服务 /v ◆ fu2_wu4	3	人 /n ◆ ren2 ▲ ^1	统治 /v ◆ tong3_zhi4 ▲ ^1
3	人 /n ◆ ren2 ▲ ^1	内在 /b ◆ nei4_zai4 ▲ ^1	3	人 /n ◆ ren2 ▲ ^1	管理 /v ◆ guan3_li3 ▲ ^1
3	人 /n ◆ ren2 ▲ ^1	听话 /v ◆ ting1_hua4 ▲ ^1	3	人 /n ◆ ren2 ▲ ^1	签字 /v ◆ qian1_zi4
3	人 /n ◆ ren2 ▲ ^1	要求 /n ◆ yao1_qiu2 ▲ ^2	3	人 /n ◆ ren2 ▲ ^1	出列 /v ◆ chu1_lie4
3	人 /n ◆ ren2 ▲ ^1	汉族 /n ◆ han4_zu2	3	人 /n ◆ ren2 ▲ ^1	抢救 /v ◆ qiang3_jiu4
3	人 /n ◆ ren2 ▲ ^1	感动 /v ◆ gan3_dong4 ▲ ^2	3	人 /n ◆ ren2 ▲ ^1	焦躁 /a ◆ jiao1_zao4
3	人 /n ◆ ren2 ▲ ^1	称为 /v ◆ cheng1_wei2	3	人 /n ◆ ren2 ▲ ^1	偷 /v ◆ tou1 ▲ ^1
3	人 /n ◆ ren2 ▲ ^1	寻求 /v ◆ xun2_qiu2	3	人 /n ◆ ren2 ▲ ^1	不许 /v ◆ bu4_xu3
3	人 /n ◆ ren2 ▲ ^1	形容 /v ◆ xing2_rong2 ▲ ^2	3	人 /n ◆ ren2 ▲ ^1	赶时髦 /v ◆ gan3_shi2_mao2
3	人 /n ◆ ren2 ▲ ^1	侍候 /v ◆ shi4_hou4	3	人 /n ◆ ren2 ▲ ^1	完成 /v ◆ wan2_cheng2
3	人 /n ◆ ren2 ▲ ^1	记录 /v ◆ ji4_lu4 ▲ ^1	3	人 /n ◆ ren2 ▲ ^1	内行 /a ◆ nei4_hang2 ▲ ^1
3	人 /n ◆ ren2 ▲ ^1	打架 /v ◆ da3_jia4	3	人 /n ◆ ren2 ▲ ^1	配制 /v ◆ pei4_zhi4 ▲ ^1
3	人 /n ◆ ren2 ▲ ^1	维持 /v ◆ wei2_chi2 ▲ ^1	3	人 /n ◆ ren2 ▲ ^1	憎恨 /v ◆ zeng1_hen4
3	人 /n ◆ ren2 ▲ ^1	掏 /v ◆ tao1 ▲ ^1	3	人 /n ◆ ren2 ▲ ^1	解除 /v ◆ jie3_chu2
3	人 /n ◆ ren2 ▲ ^1	目的 /n ◆ mu4_di4	3	人 /n ◆ ren2 ▲ ^1	习惯 /v ◆ xi2_guan4 ▲ ^1
3	人 /n ◆ ren2 ▲ ^1	塞 /v ◆ sai1 ▲ ^1	3	人 /n ◆ ren2 ▲ ^1	道歉 /v ◆ dao4_qian4
3	人 /n ◆ ren2 ▲ ^1	躲 /v ◆ duo3	3	人 /n ◆ ren2 ▲ ^1	拥有 /v ◆ yong1_you3
3	人 /n ◆ ren2 ▲ ^1	出国 /v ◆ chu1_guo2	3	人 /n ◆ ren2 ▲ ^1	教育 /n ◆ jiao4_yu4 ▲ ^1
3	人 /n ◆ ren2 ▲ ^1	随 /v ◆ sui2 ▲ ^1	3	人 /n ◆ ren2 ▲ ^1	洗 /v ◆ xi3 ▲ ^1
3	人 /n ◆ ren2 ▲ ^1	醉 /v ◆ zui4 ▲ ^1	3	人 /n ◆ ren2 ▲ ^1	怀念 /v ◆ huai2_nian4
3	人 /n ◆ ren2 ▲ ^1	强迫 /v ◆ qiang3_po4	3	人 /n ◆ ren2 ▲ ^1	西洋 /n ◆ xi1_yang2
3	人 /n ◆ ren2 ▲ ^1	害怕 /v ◆ hai4_pa4	3	人 /n ◆ ren2 ▲ ^1	心底 /n ◆ xin1_di3 ▲ ^1
3	人 /n ◆ ren2 ▲ ^1	数 /v ◆ shu3 ▲ ^1	3	人 /n ◆ ren2 ▲ ^1	宝贵 /a ◆ bao3_gui4 ▲ ^1
3	人 /n ◆ ren2 ▲ ^1	翻译 /v ◆ fan1_yi4 ▲ ^1	3	人 /n ◆ ren2 ▲ ^1	惊喜 /a ◆ jing1_xi3
3	人 /n ◆ ren2 ▲ ^1	催 /v ◆ cui1	3	人 /n ◆ ren2 ▲ ^1	脸色 /n ◆ lian3_se4 ▲ ^3
3	人 /n ◆ ren2 ▲ ^1	和解 /v ◆ he2_jie3	3	人 /n ◆ ren2 ▲ ^1	理会 /v ◆ li3_hui4 ▲ ^3
3	人 /n ◆ ren2 ▲ ^1	冲动 /n ◆ chong1_dong4 ▲ ^1	3	人 /n ◆ ren2 ▲ ^1	不安 /a ◆ bu4_an1 ▲ ^1

共现次数	节点词语	搭配词语	共现次数	节点词语	搭配词语
3	人 /n ◆ ren2 ▲ ^1	比较 /v ◆ bi3_jiao4 ▲ ^1	3	人 /n ◆ ren2 ▲ ^2	发 /v ◆ fa1 ▲ ^1
3	人 /n ◆ ren2 ▲ ^2	观察 /v ◆ guan1_cha2	3	人 /n ◆ ren2 ▲ ^2	恨不得 /v ◆ hen4_bu4_de5
3	人 /n ◆ ren2 ▲ ^2	骂 /v ◆ ma4 ▲ ^1	3	人 /n ◆ ren2 ▲ ^2	不幸 /a ◆ bu4_xing4 ▲ ^1
3	人 /n ◆ ren2 ▲ ^1	喘 /v ◆ chuan3 ▲ ^1	3	人 /n ◆ ren2 ▲ ^2	听 /v ◆ ting1 ▲ ^A1
3	人 /n ◆ ren2 ▲ ^1	受 /v ◆ shou4 ▲ ^3	3	人 /n ◆ ren2 ▲ ^2	所有 /b ◆ suo3_you3 ▲ ^3
3	人 /n ◆ ren2 ▲ ^1	叫绝 /v ◆ jiao4_jue2	3	人 /n ◆ ren2 ▲ ^2	哭 /v ◆ ku1
3	人 /n ◆ ren2 ▲ ^1	信服 /v ◆ xin4_fu2	3	人 /n ◆ ren2 ▲ ^2	好像 /v ◆ hao3_xiang4 ▲ ^1
3	人 /n ◆ ren2 ▲ ^1	向往 /v ◆ xiang4_wang3	3	人 /n ◆ ren2 ▲ ^2	参观 /v ◆ can1_guan1
3	人 /n ◆ ren2 ▲ ^1	置身 /v ◆ zhi4_shen1	3	人 /n ◆ ren2 ▲ ^2	开 /v ◆ kai1 ▲ ^A1
3	人 /n ◆ ren2 ▲ ^1	特殊 /a ◆ te4_shu1	3	人 /n ◆ ren2 ▲ ^2	懒惰 /a ◆ lan3_duo4
3	人 /n ◆ ren2 ▲ ^1	应 /v ◆ ying1 ▲ ^A1	3	人 /n ◆ ren2 ▲ ^2	见到 /v ◆ jian4_dao4
3	人 /n ◆ ren2 ▲ ^1	睁 /v ◆ zheng1	3	人 /n ◆ ren2 ▲ ^2	愿意 /v ◆ yuan4_yi4 ▲ ^2
3	人 /n ◆ ren2 ▲ ^1	持 /v ◆ chi2 ▲ ^1	3	人 /n ◆ ren2 ▲ ^2	繁忙 /a ◆ fan2_mang2
3	人 /n ◆ ren2 ▲ ^1	相处 /v ◆ xiang1_chu3	3	人 /n ◆ ren2 ▲ ^2	请安 /v ◆ qing3_an1 ▲ ^1
3	人 /n ◆ ren2 ▲ ^1	推 /v ◆ tui1 ▲ ^1	3	人 /n ◆ ren2 ▲ ^2	起来 /v ◆ qi3_lai2 ▲ ^3
3	人 /n ◆ ren2 ▲ ^1	尸体 /n ◆ shi1_ti3			
3	人 /n ◆ ren2 ▲ ^1	天性 /n ◆ tian1_xing4	3	人 /n ◆ ren2 ▲ ^2	参加 /v ◆ can1_jia1 ▲ ^1
3	人 /n ◆ ren2 ▲ ^1	感 /v ◆ gan3	3	人 /n ◆ ren2 ▲ ^2	过 /v ◆ guo4 ▲ ^1
3	人 /n ◆ ren2 ▲ ^1	建议 /v ◆ jian4_yi4 ▲ ^1	3	人 /n ◆ ren2 ▲ ^2	以为 /v ◆ yi3_wei2
3	人 /n ◆ ren2 ▲ ^1	介绍 /v ◆ jie4_shao4 ▲ ^3	3	人 /n ◆ ren2 ▲ ^2	争 /v ◆ zheng1 ▲ ^A1
3	人 /n ◆ ren2 ▲ ^1	捧 /v ◆ peng3 ▲ ^1	3	人 /n ◆ ren2 ▲ ^2	去 /v ◆ qu4 ▲ ^A1
3	人 /n ◆ ren2 ▲ ^1	遗忘 /v ◆ yi2_wang4	3	人 /n ◆ ren2 ▲ ^2	心 /n ◆ xin1 ▲ ^2
3	人 /n ◆ ren2 ▲ ^1	意识 /v ◆ yi4_shi2 ▲ ^2	3	人 /n ◆ ren2 ▲ ^4	苦命 /n ◆ ku3_ming4
3	人 /n ◆ ren2 ▲ ^1	解救 /v ◆ jie3_jiu4	3	人 /n ◆ ren2 ▲ ^4	走路 /v ◆ zou3_lu4 ▲ ^1
3	人 /n ◆ ren2 ▲ ^1	神往 /v ◆ shen2_wang3	3	人 /n ◆ ren2 ▲ ^4	生活 /n ◆ sheng1_huo2 ▲ ^1
3	人 /n ◆ ren2 ▲ ^1	心疼 /v ◆ xin1_teng2 ▲ ^2	3	人 /n ◆ ren2 ▲ ^4	写 /v ◆ xie3 ▲ ^2
3	人 /n ◆ ren2 ▲ ^1	尊重 /v ◆ zun1_zhong4 ▲ ^1	3	人 /n ◆ ren2 ▲ ^4	创造 /v ◆ chuang4_zao4
3	人 /n ◆ ren2 ▲ ^1	歧视 /v ◆ qi2_shi4	3	人 /n ◆ ren2 ▲ ^4	回答 /v ◆ hui2_da2
3	人 /n ◆ ren2 ▲ ^2	鼓励 /v ◆ gu3_li4	3	人 /n ◆ ren2 ▲ ^4	快 /a ◆ kuai4 ▲ ^1
3	人 /n ◆ ren2 ▲ ^2	骑 /v ◆ qi2	3	人 /n ◆ ren2 ▲ ^4	工作 /v ◆ gong1_zuo4 ▲ ^1
3	人 /n ◆ ren2 ▲ ^2	催 /v ◆ cui1	3	人 /n ◆ ren2 ▲ ^4	开始 /v ◆ kai1_shi3 ▲ ^2
3	人 /n ◆ ren2 ▲ ^2	住 /v ◆ zhu4 ▲ ^1			
3	人 /n ◆ ren2 ▲ ^2	找 /v ◆ zhao3 ▲ ^A	3	人 /n ◆ ren2 ▲ ^4	野蛮 /a ◆ ye3_man2 ▲ ^1
3	人 /n ◆ ren2 ▲ ^2	前来 /v ◆ qian2_lai2	3	人 /n ◆ ren2 ▲ ^4	引起 /v ◆ yin3_qi3
3	人 /n ◆ ren2 ▲ ^2	不少 /a ◆ bu4_shao3	3	人 /n ◆ ren2 ▲ ^4	革命 /v ◆ ge2_ming4 ▲ ^1
3	人 /n ◆ ren2 ▲ ^2	职业 /n ◆ zhi2_ye4 ▲ ^1			
3	人 /n ◆ ren2 ▲ ^2	想 /v ◆ xiang3 ▲ ^2	3	人 /n ◆ ren2 ▲ ^4	熟悉 /v ◆ shu2_xi1
3	人 /n ◆ ren2 ▲ ^2	拿 /v ◆ na2 ▲ ^1			
3	人 /n ◆ ren2 ▲ ^2	留下 /v ◆ liu2_xia4			
3	人 /n ◆ ren2 ▲ ^2	给 /v ◆ gei3 ▲ ^1			

共现次数	节点词语	搭配词语	共现次数	节点词语	搭配词语
3	人 /n ◆ ren2 ▲ ^4	请 /v ◆ qing3 ▲ ^3	3	人物 /n ◆ ren2_wu4 ▲ ^3	古代 /n ◆ gu3_dai4 ▲ ^1
3	人 /n ◆ ren2 ▲ ^4	候选 /v ◆ hou4_xuan3	3	人物 /n ◆ ren2_wu4 ▲ ^3	简单 /a ◆ jian3_dan1 ▲ ^1
3	人 /n ◆ ren2 ▲ ^4	谈话 /v ◆ tan2_hua4 ▲ ^1	3	人物 /n ◆ ren2_wu4 ▲ ^3	描绘 /v ◆ miao2_hui4
3	人 /n ◆ ren2 ▲ ^4	缺席 /v ◆ que1_xi2	3	人物 /n ◆ ren2_wu4 ▲ ^3	背景 /n ◆ bei4_jing3 ▲ ^3
3	人 /n ◆ ren2 ▲ ^4	可怜 /a ◆ ke3_lian2 ▲ ^1	3	人物 /n ◆ ren2_wu4 ▲ ^3	角度 /n ◆ jiao3_du4 ▲ ^2
3	人 /n ◆ ren2 ▲ ^4	过 /v ◆ guo4 ▲ ^1	3	人物 /n ◆ ren2_wu4 ▲ ^3	丰满 /a ◆ feng1_man3 ▲ ^1
3	人 /n ◆ ren2 ▲ ^4	好像 /v ◆ hao3_xiang4 ▲ ^1	3	人物 /n ◆ ren2_wu4 ▲ ^3	画 /n ◆ hua4 ▲ ^A2
3	人 /n ◆ ren2 ▲ ^4	认为 /v ◆ ren4_wei2	3	人物 /n ◆ ren2_wu4 ▲ ^3	普通 /a ◆ pu3_tong1
3	人 /n ◆ ren2 ▲ ^4	原告 /n ◆ yuan2_gao4	3	人物 /n ◆ ren2_wu4 ▲ ^3	历史 /n ◆ li4_shi3 ▲ ^1
3	人 /n ◆ ren2 ▲ ^4	起诉 /v ◆ qi3_su4	3	人物 /n ◆ ren2_wu4 ▲ ^3	伟大 /a ◆ wei3_da4
3	人 /n ◆ ren2 ▲ ^4	想 /v ◆ xiang3 ▲ ^3	3	人物 /n ◆ ren2_wu4 ▲ ^3	艺术 /n ◆ yi4_shu4 ▲ ^1
3	人 /n ◆ ren2 ▲ ^4	有钱 /a ◆ you3_qian2	3	人物 /n ◆ ren2_wu4 ▲ ^3	反映 /v ◆ fan3_ying4 ▲ ^1
3	人 /n ◆ ren2 ▲ ^4	做 /v ◆ zuo4 ▲ ^3	3	人物 /n ◆ ren2_wu4 ▲ ^3	重要 /a ◆ zhong4_yao4
3	人 /n ◆ ren2 ▲ ^4	注意 /v ◆ zhu4_yi4	3	人物 /n ◆ ren2_wu4 ▲ ^3	正面 /b ◆ zheng4_mian4 ▲ ^3
3	人 /n ◆ ren2 ▲ ^4	找到 /v ◆ zhao3_dao4	3	人物 /n ◆ ren2_wu4 ▲ ^3	感情 /n ◆ gan3_qing2 ▲ ^1
3	人 /n ◆ ren2 ▲ ^4	来到 /v ◆ lai2_dao4	3	人心 /n ◆ ren2_xin1 ▲ ^1	激动 /a ◆ ji1_dong4 ▲ ^1
3	人 /n ◆ ren2 ▲ ^4	描写 /v ◆ miao2_xie3	3	认识 /n ◆ ren4_shi5 ▲ ^2	理性 /n ◆ li3_xing4 ▲ ^2
3	人 /n ◆ ren2 ▲ ^4	生意 /n ◆ sheng1_yi5 ▲ ^1	3	认识 /n ◆ ren4_shi5 ▲ ^2	精神 /n ◆ jing1_shen2 ▲ ^2
3	人 /n ◆ ren2 ▲ ^4	进来 /v ◆ jin4_lai2	3	认识 /n ◆ ren4_shi5 ▲ ^2	人生 /n ◆ ren2_sheng1
3	人 /n ◆ ren2 ▲ ^4	挖 /v ◆ wa1 ▲ ^1	3	认真 /a ◆ ren4_zhen1 ▲ ^2	研究 /v ◆ yan2_jiu1
3	人 /n ◆ ren2 ▲ ^4	死 /v ◆ si3 ▲ ^1	3	日子 /n ◆ ri4_zi5 ▲ ^1	快 /a ◆ kuai4 ▲ ^1
3	人 /n ◆ ren2 ▲ ^4	名字 /n ◆ ming2_zi5 ▲ ^1	3	日子 /n ◆ ri4_zi5 ▲ ^2	晴朗 /a ◆ qing2_lang3
3	人 /n ◆ ren2 ▲ ^5	拿 /v ◆ na2 ▲ ^1	3	日子 /n ◆ ri4_zi5 ▲ ^2	有 /v ◆ you3 ▲ ^2
3	人 /n ◆ ren2 ▲ ^5	请 /v ◆ qing3 ▲ ^1	3	日子 /n ◆ ri4_zi5 ▲ ^2	小 /a ◆ xiao3 ▲ ^1
3	人 /n ◆ ren2 ▲ ^5	小 /a ◆ xiao3 ▲ ^1	3	日子 /n ◆ ri4_zi5 ▲ ^3	快乐 /a ◆ kuai4_le4
3	人 /n ◆ ren2 ▲ ^5	打 /v ◆ da3 ▲ ^A3	3	日子 /n ◆ ri4_zi5 ▲ ^3	有 /v ◆ you3 ▲ ^1
3	人 /n ◆ ren2 ▲ ^5	来 /v ◆ lai2 ▲ ^A5	3	日子 /n ◆ ri4_zi5 ▲ ^3	难忘 /v ◆ nan2_wang4
3	人 /n ◆ ren2 ▲ ^5	遭 /v ◆ zao1 ▲ ^A	3	绒毛 /n ◆ rong2_mao2 ▲ ^1	飞 /v ◆ fei1 ▲ ^1
3	人 /n ◆ ren2 ▲ ^5	指教 /v ◆ zhi3_jiao4 ▲ ^1			
3	人 /n ◆ ren2 ▲ ^5	逢 /v ◆ feng2			
3	人 /n ◆ ren2 ▲ ^5	帮助 /v ◆ bang1_zhu4			
3	人 /n ◆ ren2 ▲ ^5	令 /v ◆ ling4 ▲ ^A3			
3	人 /n ◆ ren2 ▲ ^5	多 /a ◆ duo1 ▲ ^A1			
3	人才 /n ◆ ren2_cai2 ▲ ^1	培养 /v ◆ pei2_yang3 ▲ ^2			
3	人才 /n ◆ ren2_cai2 ▲ ^1	尊重 /v ◆ zun1_zhong4 ▲ ^2			
3	人家 /n ◆ ren2_jia1 ▲ ^★	说 /v ◆ shuo1 ▲ ^1			
3	人家 /n ◆ ren2_jia1 ▲ ^2	隔壁 /n ◆ ge2_bi4			
3	人物 /n ◆ ren2_wu4 ▲ ^1	英雄 /n ◆ ying1_xiong2 ▲ ^1			

269

共现次数	节点词语	搭配词语	共现次数	节点词语	搭配词语
3	绒毛 /n ◆ rong2_mao2 ▲ ^1	落 /v ◆ luo4 ▲ ^2	3	色彩 /n ◆ se4_cai3 ▲ ^1	生活 /n ◆ sheng1_huo2 ▲ ^1
3	容易 /a ◆ rong2_yi4 ▲ ^1	多 /a ◆ duo1 ▲ ^A1	3	色彩 /n ◆ se4_cai3 ▲ ^1	增添 /v ◆ zeng1_tian1
3	容易 /a ◆ rong2_yi4 ▲ ^1	了解 /v ◆ liao3_jie3 ▲ ^1	3	色彩 /n ◆ se4_cai3 ▲ ^1	呈现 /v ◆ cheng2_xian4
3	容易 /a ◆ rong2_yi4 ▲ ^1	掌握 /v ◆ zhang3_wo4 ▲ ^1	3	色彩 /n ◆ se4_cai3 ▲ ^1	鲜明 /a ◆ xian1_ming2 ▲ ^1
3	容易 /a ◆ rong2_yi4 ▲ ^1	发现 /v ◆ fa1_xian4 ▲ ^1	3	色彩 /n ◆ se4_cai3 ▲ ^1	鲜艳 /a ◆ xian1_yan4
3	肉 /n ◆ rou4 ▲ ^1	掉 /v ◆ diao4 ▲ ^A1	3	色彩 /n ◆ se4_cai3 ▲ ^2	浓郁 /a ◆ nong2_yu4 ▲ ^B2
3	肉 /n ◆ rou4 ▲ ^1	掉 /v ◆ diao4 ▲ ^A5	3	色彩 /n ◆ se4_cai3 ▲ ^2	语言 /n ◆ yu3_yan2 ▲ ^2
3	肉 /n ◆ rou4 ▲ ^1	卖 /v ◆ mai4 ▲ ^1	3	色彩 /n ◆ se4_cai3 ▲ ^2	生活 /n ◆ sheng1_huo2 ▲ ^1
3	肉 /n ◆ rou4 ▲ ^1	烂 /a ◆ lan4 ▲ ^1	3	色彩 /n ◆ se4_cai3 ▲ ^2	特别 /a ◆ te4_bie2 ▲ ^1
3	肉 /n ◆ rou4 ▲ ^1	撕 /v ◆ si1	3	色彩 /n ◆ se4_cai3 ▲ ^2	浓 /a ◆ nong2 ▲ ^1
3	肉 /n ◆ rou4 ▲ ^1	嚼 /v ◆ jiao2	3	杀 /v ◆ sha1 ▲ ^1	宰 /v ◆ zai3 ▲ ^B1
3	肉 /n ◆ rou4 ▲ ^1	添 /v ◆ tian1 ▲ ^1	3	晒 /v ◆ shai4 ▲ ^2	衣服 /n ◆ yi1_fu2
3	入 /v ◆ ru4 ▲ ^1	放 /v ◆ fang4 ▲ ^14	3	山 /n ◆ shan1 ▲ ^1	多 /a ◆ duo1 ▲ ^A1
3	入 /v ◆ ru4 ▲ ^1	抛 /v ◆ pao1 ▲ ^1	3	山 /n ◆ shan1 ▲ ^1	游 /v ◆ you2 ▲ ^2
3	入 /v ◆ ru4 ▲ ^1	扑 /v ◆ pu1 ▲ ^1	3	山 /n ◆ shan1 ▲ ^1	满 /a ◆ man3 ▲ ^A1
3	入 /v ◆ ru4 ▲ ^1	钻 /v ◆ zuan1 ▲ ^2	3	山 /n ◆ shan1 ▲ ^1	堆 /v ◆ dui1 ▲ ^1
3	入 /v ◆ ru4 ▲ ^1	泻 /v ◆ xie4 ▲ ^1	3	山 /n ◆ shan1 ▲ ^1	好 /a ◆ hao3 ▲ ^1
3	入 /v ◆ ru4 ▲ ^1	听 /v ◆ ting1 ▲ ^A1	3	闪 /v ◆ shan3 ▲ ^5	眼前 /s ◆ yan3_qian2 ▲ ^1
3	入 /v ◆ ru4 ▲ ^1	拖 /v ◆ tuo1 ▲ ^1	3	闪 /v ◆ shan3 ▲ ^5	飞快 /z ◆ fei1_kuai4 ▲ ^1
3	入 /v ◆ ru4 ▲ ^1	公库 /n ◆ gong1_ku4	3	伤 /n ◆ shang1 ▲ ^1	重 /a ◆ zhong4 ▲ ^3
3	入神 /a ◆ ru4_shen2 ▲ ^2	看 /v ◆ kan4 ▲ ^1	3	伤 /n ◆ shang1 ▲ ^1	好 /a ◆ hao3 ▲ ^5
3	弱 /a ◆ ruo4 ▲ ^1	身体 /n ◆ shen1_ti3	3	商品 /n ◆ shang1_pin3 ▲ ^2	信息 /n ◆ xin4_xi1 ▲ ^1
3	洒 /v ◆ sa3 ▲ ^2	雨 /n ◆ yu3	3	上 /v ◆ shang4 ▲ ^B1	看 /v ◆ kan4 ▲ ^1
3	塞 /v ◆ sai1 ▲ ^1	耳朵 /n ◆ er3_duo3	3	上流 /n ◆ shang4_liu2 ▲ ^2	社会 /n ◆ she4_hui4 ▲ ^2
3	散文 /n ◆ san3_wen2 ▲ ^2	好 /a ◆ hao3 ▲ ^1	3	上游 /n ◆ shang4_you2 ▲ ^1	小溪 /n ◆ xiao3_xi1
3	散文 /n ◆ san3_wen2 ▲ ^2	优美 /a ◆ you1_mei3	3	烧 /v ◆ shao1 ▲ ^2	熔 /v ◆ rong2
3	散文 /n ◆ san3_wen2 ▲ ^2	形式 /n ◆ xing2_shi4	3	烧 /v ◆ shao1 ▲ ^2	糊 /v ◆ hu2 ▲ ^A
3	散文 /n ◆ san3_wen2 ▲ ^2	当代 /n ◆ dang1_dai4	3	烧 /v ◆ shao1 ▲ ^2	开水 /n ◆ kai1_shui3
3	散文 /n ◆ san3_wen2 ▲ ^2	语言 /n ◆ yu3_yan2 ▲ ^2	3	少 /a ◆ shao3 ▲ ^1	部分 /n ◆ bu4_fen5
3	散文 /n ◆ san3_wen2 ▲ ^2	作品 /n ◆ zuo4_pin3	3	少 /a ◆ shao3 ▲ ^1	数量 /n ◆ shu4_liang4
3	嗓子 /n ◆ sang3_zi5 ▲ ^1	喊 /v ◆ han3 ▲ ^1	3	少 /a ◆ shao3 ▲ ^1	用 /v ◆ yong4 ▲ ^1
3	嗓子 /n ◆ sang3_zi5 ▲ ^2	练 /v ◆ lian4 ▲ ^3	3	少 /a ◆ shao3 ▲ ^1	说话 /v ◆ shuo1_hua4 ▲ ^1
3	嗓子 /n ◆ sang3_zi5 ▲ ^2	喊 /v ◆ han3 ▲ ^1	3	舌头 /n ◆ she2_tou5 ▲ ^1	伸 /v ◆ shen1
3	扫射 /v ◆ sao3_she4 ▲ ^1	机枪 /n ◆ ji1_qiang1			

共现次数	节点词语	搭配词语	共现次数	节点词语	搭配词语
3	设计 /v ◆ she4_ji4 ▲ ^1	做 /v ◆ zuo4 ▲ ^3	3	社会 /n ◆ she4_hui4 ▲ ^2	面貌 /n ◆ mian4_mao4 ▲ ^2
3	设计 /v ◆ she4_ji4 ▲ ^1	形式 /n ◆ xing2_shi4	3	社会 /n ◆ she4_hui4 ▲ ^2	地位 /n ◆ di4_wei4 ▲ ^1
3	设想 /v ◆ she4_xiang3 ▲ ^1	实现 /v ◆ shi2_xian4	3	社会 /n ◆ she4_hui4 ▲ ^2	变迁 /v ◆ bian4_qian1
3	社会 /n ◆ she4_hui4 ▲ ^1	生活 /v ◆ sheng1_huo2 ▲ ^2	3	社会 /n ◆ she4_hui4 ▲ ^2	结构 /n ◆ jie2_gou4 ▲ ^1
3	社会 /n ◆ she4_hui4 ▲ ^2	全 /a ◆ quan2 ▲ ^3	3	射 /v ◆ she4 ▲ ^1	子弹 /n ◆ zi3_dan4
3	社会 /n ◆ she4_hui4 ▲ ^2	全面 /a ◆ quan2_mian4 ▲ ^2	3	射 /v ◆ she4 ▲ ^1	弓 /n ◆ gong1 ▲ ^1
3	社会 /n ◆ she4_hui4 ▲ ^2	上流 /n ◆ shang4_liu2 ▲ ^2	3	射 /v ◆ she4 ▲ ^3	光线 /n ◆ guang1_xian4
3	社会 /n ◆ she4_hui4 ▲ ^2	半殖民地 /n ◆ ban4_zhi2_min2_di4	3	身 /n ◆ shen1 ▲ ^1	背 /v ◆ bei4 ▲ ^B6
3	社会 /n ◆ she4_hui4 ▲ ^2	腐败 /a ◆ fu3_bai4 ▲ ^3	3	身 /n ◆ shen1 ▲ ^1	直 /v ◆ zhi2 ▲ ^4
3	社会 /n ◆ she4_hui4 ▲ ^2	黑暗 /a ◆ hei1_an4 ▲ ^2	3	身 /n ◆ shen1 ▲ ^1	弯 /v ◆ wan1 ▲ ^2
3	社会 /n ◆ she4_hui4 ▲ ^2	国际 /n ◆ guo2_ji4 ▲ ^2	3	身 /n ◆ shen1 ▲ ^1	擦 /v ◆ ca1 ▲ ^2
3	社会 /n ◆ she4_hui4 ▲ ^2	经济 /n ◆ jing1_ji4 ▲ ^2	3	身 /n ◆ shen1 ▲ ^1	披 /v ◆ pi1 ▲ ^1
3	社会 /n ◆ she4_hui4 ▲ ^2	农业 /n ◆ nong2_ye4	3	身子 /n ◆ shen1_zi5 ▲ ^1	直 /a ◆ zhi2 ▲ ^1
3	社会 /n ◆ she4_hui4 ▲ ^2	悲剧 /n ◆ bei1_ju4 ▲ ^2	3	身子 /n ◆ shen1_zi5 ▲ ^1	长 /v ◆ zhang3 ▲ ^B2
3	社会 /n ◆ she4_hui4 ▲ ^2	科学 /n ◆ ke1_xue2 ▲ ^1	3	身子 /n ◆ shen1_zi5 ▲ ^1	使劲 /v ◆ shi3_jin4
3	社会 /n ◆ she4_hui4 ▲ ^2	服务 /v ◆ fu2_wu4	3	身子 /n ◆ shen1_zi5 ▲ ^1	转 /v ◆ zhuan3 ▲ ^1
3	社会 /n ◆ she4_hui4 ▲ ^2	影响 /v ◆ ying3_xiang3 ▲ ^1	3	身子 /n ◆ shen1_zi5 ▲ ^1	缩 /v ◆ suo1 ▲ ^2
3	社会 /n ◆ she4_hui4 ▲ ^2	动荡 /a ◆ dong4_dang4 ▲ ^2	3	身子 /n ◆ shen1_zi5 ▲ ^1	伏 /v ◆ fu2 ▲ ^A1
3	社会 /n ◆ she4_hui4 ▲ ^2	旧 /a ◆ jiu4 ▲ ^1	3	身子 /n ◆ shen1_zi5 ▲ ^1	紧 /a ◆ jin3 ▲ ^4
3	社会 /n ◆ she4_hui4 ▲ ^2	问题 /n ◆ wen4_ti2 ▲ ^2	3	身子 /n ◆ shen1_zi5 ▲ ^1	直 /v ◆ zhi2 ▲ ^4
3	社会 /n ◆ she4_hui4 ▲ ^2	心理 /n ◆ xin1_li3 ▲ ^2	3	身子 /n ◆ shen1_zi5 ▲ ^1	瘦 /a ◆ shou4 ▲ ^1
3	社会 /n ◆ she4_hui4 ▲ ^2	资源 /n ◆ zi1_yuan2	3	身子 /n ◆ shen1_zi5 ▲ ^1	有 /v ◆ you3 ▲ ^2
3	社会 /n ◆ she4_hui4 ▲ ^2	经济 /n ◆ jing1_ji4 ▲ ^1	3	身子 /n ◆ shen1_zi5 ▲ ^1	暖和 /a ◆ nuan3_huo5 ▲ ^1
3	社会 /n ◆ she4_hui4 ▲ ^2	不幸 /a ◆ bu4_xing4 ▲ ^1	3	身子 /n ◆ shen1_zi5 ▲ ^1	光 /v ◆ guang1 ▲ ^10
3	社会 /n ◆ she4_hui4 ▲ ^2	习俗 /n ◆ xi2_su2	3	身子 /n ◆ shen1_zi5 ▲ ^1	滚圆 /a ◆ gun3_yuan2
			3	身子 /n ◆ shen1_zi5 ▲ ^1	抬 /v ◆ tai2 ▲ ^1
			3	身子 /n ◆ shen1_zi5 ▲ ^1	挺直 /z ◆ ting3_zhi2
			3	身子 /n ◆ shen1_zi5 ▲ ^1	短 /a ◆ duan3 ▲ ^1

共现次数	节点词语	搭配词语	共现次数	节点词语	搭配词语
3	身子/n ◆ shen1_zi5 ▲ ^1	弯/v ◆ wan1 ▲ ^2	3	生活/n ◆ sheng1_huo2 ▲ ^1	痛苦/a ◆ tong4_ku3
3	身子/n ◆ shen1_zi5 ▲ ^1	胖/a ◆ pang4	3	生活/n ◆ sheng1_huo2 ▲ ^1	寂寞/a ◆ ji4_mo4 ▲ ^1
3	深/a ◆ shen1 ▲ ^1	河水/n ◆ he2_shui3	3	生活/n ◆ sheng1_huo2 ▲ ^1	实践/v ◆ shi2_jian4 ▲ ^1
3	深/a ◆ shen1 ▲ ^1	加/v ◆ jia1 ▲ ^2	3	生活/n ◆ sheng1_huo2 ▲ ^1	困苦/a ◆ kun4_ku3
3	深/a ◆ shen1 ▲ ^1	入/v ◆ ru4 ▲ ^1	3	生活/n ◆ sheng1_huo2 ▲ ^1	充满/v ◆ chong1_man3 ▲ ^2
3	深/a ◆ shen1 ▲ ^1	希望/v ◆ xi1_wang4 ▲ ^1	3	生活/n ◆ sheng1_huo2 ▲ ^1	舒适/a ◆ shu1_shi4
3	深/a ◆ shen1 ▲ ^5	爱/v ◆ ai4 ▲ ^1	3	生活/n ◆ sheng1_huo2 ▲ ^1	记录/v ◆ ji4_lu4 ▲ ^1
3	深/a ◆ shen1 ▲ ^7	吸/v ◆ xi1 ▲ ^1	3	生活/n ◆ sheng1_huo2 ▲ ^1	合理/a ◆ he2_li3
3	深刻/a ◆ shen1_ke4 ▲ ^1	形象/n ◆ xing2_xiang4 ▲ ^2	3	生活/n ◆ sheng1_huo2 ▲ ^1	丰富/v ◆ feng1_fu4 ▲ ^2
3	深情/a ◆ shen1_qing2 ▲ ^2	望/v ◆ wang4 ▲ ^A1	3	生活/n ◆ sheng1_huo2 ▲ ^1	片断/n ◆ pian4_duan4
3	深情/n ◆ shen1_qing2 ▲ ^1	饱含/v ◆ bao3_han2	3	生活/n ◆ sheng1_huo2 ▲ ^1	贫穷/a ◆ pin2_qiong2
3	深入/a ◆ shen1_ru4 ▲ ^2	社会/n ◆ she4_hui4 ▲ ^2	3	生活/n ◆ sheng1_huo2 ▲ ^1	认识/v ◆ ren4_shi5 ▲ ^1
3	神/n ◆ shen2 ▲ ^1	敬/v ◆ jing4	3	生活/n ◆ sheng1_huo2 ▲ ^1	经济/n ◆ jing1_ji4 ▲ ^1
3	神/n ◆ shen2 ▲ ^4	慌/a ◆ huang1	3	生活/n ◆ sheng1_huo2 ▲ ^1	长期/b ◆ chang2_qi1
3	神话/n ◆ shen2_hua4 ▲ ^1	古老/a ◆ gu3_lao3	3	生活/n ◆ sheng1_huo2 ▲ ^1	歌唱/v ◆ ge1_chang4 ▲ ^2
3	神经/n ◆ shen2_jing1 ▲ ^1	系统/n ◆ xi4_tong3 ▲ ^1	3	生活/n ◆ sheng1_huo2 ▲ ^1	建设/v ◆ jian4_she4
3	神经/n ◆ shen2_jing1 ▲ ^1	生物/n ◆ sheng1_wu4	3	生活/n ◆ sheng1_huo2 ▲ ^1	革命/v ◆ ge2_ming4 ▲ ^1
3	神经/n ◆ shen2_jing1 ▲ ^2	错乱/a ◆ cuo4_luan4	3	生活/n ◆ sheng1_huo2 ▲ ^1	感情/n ◆ gan3_qing2 ▲ ^1
3	神气/n ◆ shen2_qi4 ▲ ^1	装/v ◆ zhuang1 ▲ ^A5	3	生活/n ◆ sheng1_huo2 ▲ ^1	充满/v ◆ chong1_man3 ▲ ^1
3	升/v ◆ sheng1 ▲ ^A1	袅袅/z ◆ niao3_niao3 ▲ ^1	3	生活/n ◆ sheng1_huo2 ▲ ^1	气息/n ◆ qi4_xi1 ▲ ^2
3	升/v ◆ sheng1 ▲ ^A1	国旗/n ◆ guo2_qi2	3	生活/n ◆ sheng1_huo2 ▲ ^1	节奏/n ◆ jie2_zou4 ▲ ^2
3	生/v ◆ sheng1 ▲ ^A1	恨/v ◆ hen4	3	生活/n ◆ sheng1_huo2 ▲ ^1	清苦/a ◆ qing1_ku3
3	生/v ◆ sheng1 ▲ ^A8	情/n ◆ qing2	3	生活/n ◆ sheng1_huo2 ▲ ^1	工业/n ◆ gong1_ye4
3	生产/v ◆ sheng1_chan3 ▲ ^1	研究/v ◆ yan2_jiu1 ▲ ^1	3	生活/n ◆ sheng1_huo2 ▲ ^1	经济/n ◆ jing1_ji4 ▲ ^2
3	生产/v ◆ sheng1_chan3 ▲ ^1	工厂/n ◆ gong1_chang3	3	生活/n ◆ sheng1_huo2 ▲ ^1	复杂/a ◆ fu4_za2
3	生产/v ◆ sheng1_chan3 ▲ ^1	现代化/v ◆ xian4_dai4_hua4			
3	生产/v ◆ sheng1_chan3 ▲ ^1	工业/n ◆ gong1_ye4			
3	生产/v ◆ sheng1_chan3 ▲ ^1	物品/n ◆ wu4_pin3			
3	生活/n ◆ sheng1_huo2 ▲ ^1	平静/a ◆ ping2_jing4			
3	生活/n ◆ sheng1_huo2 ▲ ^1	欢乐/a ◆ huan1_le4			

共现次数	节点词语	搭配词语	共现次数	节点词语	搭配词语
3	生活 /n ◆ sheng1_huo2 ▲ ^1	旧 /a ◆ jiu4 ▲ ^1	3	胜利 /v ◆ sheng4_li4 ▲ ^2	完成 /v ◆ wan2_cheng2
3	生活 /n ◆ sheng1_huo2 ▲ ^1	深入 /v ◆ shen1_ru4 ▲ ^1	3	圣母 /n ◆ sheng4_mu3 ▲ ^2	教堂 /n ◆ jiao4_tang2
3	生活 /n ◆ sheng1_huo2 ▲ ^1	矛盾 /n ◆ mao2_dun4 ▲ ^4	3	失声 /v ◆ shi1_sheng1 ▲ ^1	说 /v ◆ shuo1 ▲ ^1
3	生活 /n ◆ sheng1_huo2 ▲ ^1	方面 /n ◆ fang1_mian4	3	失望 /a ◆ shi1_wang4 ▲ ^2	结果 /n ◆ jie2_guo3 ▲ ^A1
3	生活 /n ◆ sheng1_huo2 ▲ ^1	现象 /n ◆ xian4_xiang4	3	师范 /n ◆ shi1_fan4 ▲ ^1	学校 /n ◆ xue2_xiao4
3	生活 /n ◆ sheng1_huo2 ▲ ^1	习性 /n ◆ xi2_xing4	3	诗篇 /n ◆ shi1_pian1 ▲ ^2	谱写 /v ◆ pu3_xie3
3	生活 /n ◆ sheng1_huo2 ▲ ^1	情趣 /n ◆ qing2_qu4 ▲ ^2	3	十足 /z ◆ shi2_zu2 ▲ ^2	信心 /n ◆ xin4_xin1
3	生活 /n ◆ sheng1_huo2 ▲ ^4	家庭 /n ◆ jia1_ting2	3	石板 /n ◆ shi2_ban3 ▲ ^1	砌 /v ◆ qi4
3	生活 /n ◆ sheng1_huo2 ▲ ^4	反映 /v ◆ fan3_ying4 ▲ ^1	3	石榴 /n ◆ shi2_liu5 ▲ ^2	小 /a ◆ xiao3 ▲ ^1
3	生活 /n ◆ sheng1_huo2 ▲ ^4	人类 /n ◆ ren2_lei4	3	时 /n ◆ shi2 ▲ ^1	上学 /v ◆ shang4_xue2 ▲ ^1
3	生活 /n ◆ sheng1_huo2 ▲ ^4	苦难 /n ◆ ku3_nan4	3	时 /n ◆ shi2 ▲ ^1	准备 /v ◆ zhun3_bei4 ▲ ^1
3	生活 /n ◆ sheng1_huo2 ▲ ^4	物质 /n ◆ wu4_zhi4 ▲ ^2	3	时 /n ◆ shi2 ▲ ^1	上学 /v ◆ shang4_xue2 ▲ ^2
3	生活 /n ◆ sheng1_huo2 ▲ ^4	俭朴 /a ◆ jian3_pu3	3	时代 /n ◆ shi2_dai4 ▲ ^1	风格 /n ◆ feng1_ge2 ▲ ^2
3	生活 /v ◆ sheng1_huo2 ▲ ^2	辛苦 /a ◆ xin1_ku3 ▲ ^1	3	时代 /n ◆ shi2_dai4 ▲ ^1	发展 /v ◆ fa1_zhan3 ▲ ^1
3	生活 /v ◆ sheng1_huo2 ▲ ^2	充实 /v ◆ chong1_shi2 ▲ ^2	3	时代 /n ◆ shi2_dai4 ▲ ^1	原子 /n ◆ yuan2_zi3
3	生活 /v ◆ sheng1_huo2 ▲ ^2	快乐 /a ◆ kuai4_le4	3	时代 /n ◆ shi2_dai4 ▲ ^1	语言 /n ◆ yu3_yan2 ▲ ^1
3	生机 /n ◆ sheng1_ji1 ▲ ^2	无限 /b ◆ wu2_xian4	3	时代 /n ◆ shi2_dai4 ▲ ^1	工业 /n ◆ gong1_ye4
3	生灵 /n ◆ sheng1_ling2 ▲ ^2	小 /a ◆ xiao3 ▲ ^1	3	时光 /n ◆ shi2_guang1 ▲ ^1	消磨 /v ◆ xiao1_mo2 ▲ ^2
3	生平 /n ◆ sheng1_ping2 ▲ ^1	阅历 /n ◆ yue4_li4 ▲ ^2	3	时光 /n ◆ shi2_guang1 ▲ ^3	美好 /a ◆ mei3_hao3
3	生意 /n ◆ sheng1_yi5 ▲ ^2	停 /v ◆ ting2 ▲ ^A1	3	时间 /n ◆ shi2_jian1 ▲ ^1	争取 /v ◆ zheng1_qu3 ▲ ^1
3	声 /n ◆ sheng1 ▲ ^1	轻 /a ◆ qing1 ▲ ^3	3	时间 /n ◆ shi2_jian1 ▲ ^1	需要 /v ◆ xu1_yao4 ▲ ^1
3	声 /n ◆ sheng1 ▲ ^1	说话 /v ◆ shuo1_hua4 ▲ ^1	3	时间 /n ◆ shi2_jian1 ▲ ^1	节省 /v ◆ jie2_sheng3
3	声 /n ◆ sheng1 ▲ ^1	高 /a ◆ gao1 ▲ ^4	3	时间 /n ◆ shi2_jian1 ▲ ^1	耽误 /v ◆ dan1_wu4
3	胜利 /v ◆ sheng4_li4 ▲ ^1	伟大 /a ◆ wei3_da4	3	时间 /n ◆ shi2_jian1 ▲ ^1	抓紧 /v ◆ zhua1_jin3
3	胜利 /v ◆ sheng4_li4 ▲ ^1	迎来 /v ◆ ying2_lai2	3	时间 /n ◆ shi2_jian1 ▲ ^1	工作 /v ◆ gong1_zuo4 ▲ ^1
3	胜利 /v ◆ sheng4_li4 ▲ ^1	战役 /n ◆ zhan4_yi4			

273

共现次数	节点词语	搭配词语	共现次数	节点词语	搭配词语
3	时间 /n ◆ shi2_jian1 ▲ ^1	学习 /v ◆ xue2_xi2 ▲ ^1	3	实际 /a ◆ shi2_ji4 ▲ ^2	行动 /v ◆ xing2_dong4 ▲ ^2
3	时间 /n ◆ shi2_jian1 ▲ ^1	久 /a ◆ jiu3 ▲ ^1	3	实际 /n ◆ shi2_ji4 ▲ ^1	联系 /v ◆ lian2_xi4
3	时间 /n ◆ shi2_jian1 ▲ ^1	流逝 /v ◆ liu2_shi4	3	实践 /v ◆ shi2_jian4 ▲ ^1	检验 /v ◆ jian3_yan4
3	时间 /n ◆ shi2_jian1 ▲ ^2	课余 /n ◆ ke4_yu2	3	实践 /v ◆ shi2_jian4 ▲ ^1	长期 /b ◆ chang2_qi1
3	时间 /n ◆ shi2_jian1 ▲ ^2	隔 /v ◆ ge2 ▲ ^2	3	实物 /n ◆ shi2_wu4 ▲ ^2	广告 /n ◆ guang3_gao4
3	时间 /n ◆ shi2_jian1 ▲ ^2	空闲 /a ◆ kong4_xian2 ▲ ^1	3	实验 /n ◆ shi2_yan4 ▲ ^2	进行 /v ◆ jin4_xing2 ▲ ^1
3	时间 /n ◆ shi2_jian1 ▲ ^2	看 /v ◆ kan4 ▲ ^1	3	实验 /v ◆ shi2_yan4 ▲ ^1	目的 /n ◆ mu4_di4
3	时间 /n ◆ shi2_jian1 ▲ ^2	安排 /v ◆ an1_pai2	3	实验 /v ◆ shi2_yan4 ▲ ^1	观察 /v ◆ guan1_cha2
3	时间 /n ◆ shi2_jian1 ▲ ^2	过去 /v ◆ guo4_qu4 ▲ ^1	3	实在 /a ◆ shi2_zai4 ▲ ^1	说 /v ◆ shuo1 ▲ ^1
3	时间 /n ◆ shi2_jian1 ▲ ^2	宝贵 /a ◆ bao3_gui4 ▲ ^1	3	食 /n ◆ shi2 ▲ ^4	添 /v ◆ tian1 ▲ ^1
3	时间 /n ◆ shi2_jian1 ▲ ^2	充分 /a ◆ chong1_fen4 ▲ ^1	3	使唤 /v ◆ shi3_huan5 ▲ ^2	听 /v ◆ ting1 ▲ ^A2
3	时间 /n ◆ shi2_jian1 ▲ ^2	消磨 /v ◆ xiao1_mo2 ▲ ^2	3	驶 /v ◆ shi3 ▲ ^1	船 /n ◆ chuan2
3	时间 /n ◆ shi2_jian1 ▲ ^2	抓紧 /v ◆ zhua1_jin3	3	世界 /n ◆ shi4_jie4 ▲ ^1	人类 /n ◆ ren2_lei4
3	时间 /n ◆ shi2_jian1 ▲ ^2	没 /v ◆ mei2 ▲ ^ ★	3	世界 /n ◆ shi4_jie4 ▲ ^1	现实 /n ◆ xian4_shi2 ▲ ^1
3	时间 /n ◆ shi2_jian1 ▲ ^2	延长 /v ◆ yan2_chang2	3	世界 /n ◆ shi4_jie4 ▲ ^1	神奇 /a ◆ shen2_qi2
3	时间 /n ◆ shi2_jian1 ▲ ^2	快 /a ◆ kuai4 ▲ ^1	3	世界 /n ◆ shi4_jie4 ▲ ^1	离开 /v ◆ li2_kai1
3	时间 /n ◆ shi2_jian1 ▲ ^2	久 /a ◆ jiu3 ▲ ^1	3	世界 /n ◆ shi4_jie4 ▲ ^1	属于 /v ◆ shu3_yu2
3	时间 /n ◆ shi2_jian1 ▲ ^3	预定 /v ◆ yu4_ding4	3	世界 /n ◆ shi4_jie4 ▲ ^1	新 /a ◆ xin1 ▲ ^2
3	时间 /n ◆ shi2_jian1 ▲ ^3	有 /v ◆ you3 ▲ ^2	3	世界 /n ◆ shi4_jie4 ▲ ^3	创造 /v ◆ chuang4_zao4
3	时间 /n ◆ shi2_jian1 ▲ ^3	规定 /v ◆ gui1_ding4 ▲ ^1	3	世界 /n ◆ shi4_jie4 ▲ ^3	新 /a ◆ xin1 ▲ ^1
3	时间 /n ◆ shi2_jian1 ▲ ^3	规定 /n ◆ gui1_ding4 ▲ ^2	3	世界 /n ◆ shi4_jie4 ▲ ^3	传遍 /v ◆ chuan2_bian4
3	时间 /n ◆ shi2_jian1 ▲ ^3	早 /a ◆ zao3 ▲ ^4	3	世界 /n ◆ shi4_jie4 ▲ ^3	发展 /v ◆ fa1_zhan3 ▲ ^1
3	时刻 /n ◆ shi2_ke4 ▲ ^1	关键 /a ◆ guan1_jian4 ▲ ^3	3	世界 /n ◆ shi4_jie4 ▲ ^3	征服 /v ◆ zheng1_fu2 ▲ ^1
3	时刻 /n ◆ shi2_ke4 ▲ ^1	美好 /a ◆ mei3_hao3	3	世界 /n ◆ shi4_jie4 ▲ ^3	精神 /n ◆ jing1_shen2 ▲ ^1
3	实 /a ◆ shi2 ▲ ^2	写 /v ◆ xie3 ▲ ^2	3	世界 /n ◆ shi4_jie4 ▲ ^3	当今 /n ◆ dang1_jin1 ▲ ^2
			3	世界 /n ◆ shi4_jie4 ▲ ^3	落后 /a ◆ luo4_hou4 ▲ ^3

共现次数	节点词语	搭配词语	共现次数	节点词语	搭配词语
3	世界/n ◆ shi4_jie4 ▲^3	贫穷/a ◆ pin2_qiong2	3	事/n ◆ shi4 ▲^1	麻烦/a ◆ ma2_fan5 ▲^1
3	世界/n ◆ shi4_jie4 ▲^3	古代/n ◆ gu3_dai4 ▲^1	3	事/n ◆ shi4 ▲^1	遇/v ◆ yu4
3	世界/n ◆ shi4_jie4 ▲^3	属于/v ◆ shu3_yu2	3	事/n ◆ shi4 ▲^1	讨论/v ◆ tao3_lun4
3	世界/n ◆ shi4_jie4 ▲^3	范围/n ◆ fan4_wei2 ▲^1	3	事/n ◆ shi4 ▲^1	忙/a ◆ mang2 ▲^1
3	世界/n ◆ shi4_jie4 ▲^3	面向/v ◆ mian4_xiang4	3	事/n ◆ shi4 ▲^1	高兴/a ◆ gao1_xing4 ▲^1
3	世界/n ◆ shi4_jie4 ▲^3	瞩目/v ◆ zhu3_mu4	3	事/n ◆ shi4 ▲^1	惨/a ◆ can3 ▲^1
3	世界/n ◆ shi4_jie4 ▲^3	和平/n ◆ he2_ping2 ▲^1	3	事/n ◆ shi4 ▲^3	干/v ◆ gan4 ▲^B1
3	世界/n ◆ shi4_jie4 ▲^3	有名/a ◆ you3_ming2	3	事情/n ◆ shi4_qing5 ▲^1	平常/a ◆ ping2_chang2 ▲^1
3	世界/n ◆ shi4_jie4 ▲^5	人类/n ◆ ren2_lei4	3	事情/n ◆ shi4_qing5 ▲^1	困难/a ◆ kun4_nan5 ▲^1
3	世界/n ◆ shi4_jie4 ▲^5	整个/b ◆ zheng3_ge4	3	事情/n ◆ shi4_qing5 ▲^1	有益/a ◆ you3_yi4
3	世界/n ◆ shi4_jie4 ▲^5	探索/v ◆ tan4_suo3	3	事情/n ◆ shi4_qing5 ▲^1	奇怪/a ◆ qi2_guai4 ▲^1
3	世界/n ◆ shi4_jie4 ▲^5	奇妙/a ◆ qi2_miao4	3	事情/n ◆ shi4_qing5 ▲^1	小/a ◆ xiao3 ▲^1
3	世界/n ◆ shi4_jie4 ▲^5	客观/a ◆ ke4_guan1 ▲^2	3	事情/n ◆ shi4_qing5 ▲^1	有趣/a ◆ you3_qu4
3	世界/n ◆ shi4_jie4 ▲^5	文学/n ◆ wen2_xue2	3	事情/n ◆ shi4_qing5 ▲^1	看/v ◆ kan4 ▲^2
3	市/n ◆ shi4 ▲^3	政府/n ◆ zheng4_fu3	3	事情/n ◆ shi4_qing5 ▲^1	经过/v ◆ jing1_guo4 ▲^1
3	市场/n ◆ shi4_chang3 ▲^1	电影/n ◆ dian4_ying3	3	事情/n ◆ shi4_qing5 ▲^1	糟/a ◆ zao1 ▲^4
3	市场/n ◆ shi4_chang3 ▲^2	调查/v ◆ diao4_cha2	3	事业/n ◆ shi4_ye4 ▲^1	神圣/a ◆ shen2_sheng4
3	事/n ◆ shi4 ▲^1	听说/v ◆ ting1_shuo1 ▲^1	3	事业/n ◆ shi4_ye4 ▲^1	重要/a ◆ zhong4_yao4
3	事/n ◆ shi4 ▲^1	困难/a ◆ kun4_nan5 ▲^1	3	事业/n ◆ shi4_ye4 ▲^1	发展/v ◆ fa1_zhan3 ▲^2
3	事/n ◆ shi4 ▲^1	关心/v ◆ guan1_xin1	3	事业/n ◆ shi4_ye4 ▲^1	献身/v ◆ xian4_shen1
3	事/n ◆ shi4 ▲^1	好/a ◆ hao3 ▲^7	3	事业/n ◆ shi4_ye4 ▲^1	解放/v ◆ jie3_fang4 ▲^1
3	事/n ◆ shi4 ▲^1	坏/a ◆ huai4 ▲^2	3	事业/n ◆ shi4_ye4 ▲^1	体育/n ◆ ti3_yu4 ▲^2
3	事/n ◆ shi4 ▲^1	简单/a ◆ jian3_dan1 ▲^1	3	事业/n ◆ shi4_ye4 ▲^1	帮助/v ◆ bang1_zhu4
3	事/n ◆ shi4 ▲^1	家/n ◆ jia1 ▲^1	3	事业/n ◆ shi4_ye4 ▲^1	文化/n ◆ wen2_hua4 ▲^1
3	事/n ◆ shi4 ▲^1	新鲜/a ◆ xin1_xian1 ▲^4	3	事业/n ◆ shi4_ye4 ▲^1	完成/v ◆ wan2_cheng2
3	事/n ◆ shi4 ▲^1	神奇/a ◆ shen2_qi2	3	视线/n ◆ shi4_xian4 ▲^1	集中/v ◆ ji2_zhong1 ▲^1
3	事/n ◆ shi4 ▲^1	悲哀/a ◆ bei1_ai1	3	试飞/v ◆ shi4_fei1 ▲^1	飞机/n ◆ fei1_ji1
3	事/n ◆ shi4 ▲^1	说明/v ◆ shuo1_ming2 ▲^1			

共现次数	节点词语	搭配词语
3	试验/v ◆ shi4_yan4 ▲ ^1	搞/v ◆ gao3 ▲ ^1
3	试验/v ◆ shi4_yan4 ▲ ^1	失败/v ◆ shi1_bai4 ▲ ^2
3	是非/n ◆ shi4_fei1 ▲ ^1	观念/n ◆ guan1_nian4 ▲ ^1
3	柿子/n ◆ shi4_zi5 ▲ ^2	树/n ◆ shu4 ▲ ^1
3	收/v ◆ shou1 ▲ ^6	住/v ◆ zhu4 ▲ ^3
3	收获/n ◆ shou1_huo4 ▲ ^2	新/a ◆ xin1 ▲ ^1
3	收获/v ◆ shou1_huo4 ▲ ^1	季节/n ◆ ji4_jie2 ▲ ^1
3	收敛/v ◆ shou1_lian3 ▲ ^1	笑容/n ◆ xiao4_rong2
3	收拾/v ◆ shou1_shi5 ▲ ^1	房间/n ◆ fang2_jian1
3	手/n ◆ shou3 ▲ ^1	通红/z ◆ tong1_hong2
3	手/n ◆ shou3 ▲ ^1	放开/v ◆ fang4_kai1
3	手/n ◆ shou3 ▲ ^1	粗/a ◆ cu1 ▲ ^1
3	手/n ◆ shou3 ▲ ^1	拍打/v ◆ pai1_da5 ▲ ^1
3	手/n ◆ shou3 ▲ ^1	搀/v ◆ chan1
3	手/n ◆ shou3 ▲ ^1	脏/a ◆ zang1
3	手/n ◆ shou3 ▲ ^1	拉/v ◆ la1 ▲ ^A4
3	手/n ◆ shou3 ▲ ^1	摇/v ◆ yao2
3	手/n ◆ shou3 ▲ ^1	抖/v ◆ dou3 ▲ ^2
3	手/n ◆ shou3 ▲ ^1	缩回/v ◆ suo1_hui2
3	手/n ◆ shou3 ▲ ^1	按住/v ◆ an4_zhu4
3	手/n ◆ shou3 ▲ ^1	冷/a ◆ leng3 ▲ ^1
3	手/n ◆ shou3 ▲ ^1	抓住/v ◆ zhua1_zhu4
3	手/n ◆ shou3 ▲ ^1	撑/v ◆ cheng1 ▲ ^1
3	手/n ◆ shou3 ▲ ^1	冰冷/z ◆ bing1_leng3 ▲ ^1
3	手/n ◆ shou3 ▲ ^1	抹/v ◆ mo3 ▲ ^2
3	手臂/n ◆ shou3_bi4 ▲ ^1	伸/v ◆ shen1
3	手段/n ◆ shou3_duan4 ▲ ^1	采取/v ◆ cai3_qu3 ▲ ^1
3	手段/n ◆ shou3_duan4 ▲ ^1	重要/a ◆ zhong4_yao4
3	手法/n ◆ shou3_fa3 ▲ ^1	采用/v ◆ cai3_yong4
3	手法/n ◆ shou3_fa3 ▲ ^1	创造/v ◆ chuang4_zao4
3	手法/n ◆ shou3_fa3 ▲ ^1	掌握/v ◆ zhang3_wo4 ▲ ^1
3	手法/n ◆ shou3_fa3 ▲ ^1	夸张/a ◆ kua1_zhang1 ▲ ^1

共现次数	节点词语	搭配词语
3	手法/n ◆ shou3_fa3 ▲ ^1	象征/v ◆ xiang4_zheng1 ▲ ^1
3	手法/n ◆ shou3_fa3 ▲ ^1	意识流/n ◆ yi4_shi2_liu2
3	手榴弹/n ◆ shou3_liu2_dan4 ▲ ^1	握/v ◆ wo4 ▲ ^1
3	手术/n ◆ shou3_shu4 ▲ ^1	完成/v ◆ wan2_cheng2
3	手足/n ◆ shou3_zu2 ▲ ^2	情/n ◆ qing2
3	首领/n ◆ shou3_ling3 ▲ ^2	部落/n ◆ bu4_luo4
3	受/v ◆ shou4 ▲ ^1	欢迎/v ◆ huan1_ying2 ▲ ^2
3	受/v ◆ shou4 ▲ ^1	欢迎/v ◆ huan1_ying2 ▲ ^1
3	受/v ◆ shou4 ▲ ^1	限制/v ◆ xian4_zhi4 ▲ ^1
3	受/v ◆ shou4 ▲ ^2	磨难/n ◆ mo2_nan4
3	受/v ◆ shou4 ▲ ^2	欺骗/v ◆ qi1_pian4
3	受/v ◆ shou4 ▲ ^2	迫害/v ◆ po4_hai4
3	受/v ◆ shou4 ▲ ^2	责备/v ◆ ze2_bei4
3	受/v ◆ shou4 ▲ ^2	惊/v ◆ jing1 ▲ ^3
3	书皮/n ◆ shu1_pi2 ▲ ^2	包/v ◆ bao1 ▲ ^1
3	输入/v ◆ shu1_ru4 ▲ ^3	计算机/n ◆ ji4_suan4_ji1
3	熟/a ◆ shu2 ▲ ^1	透/v ◆ tou4 ▲ ^4
3	熟/a ◆ shu2 ▲ ^1	烤/v ◆ kao3 ▲ ^1
3	熟/a ◆ shu2 ▲ ^4	读/v ◆ du2 ▲ ^2
3	熟/a ◆ shu2 ▲ ^4	读/v ◆ du2 ▲ ^1
3	熟/a ◆ shu2 ▲ ^4	记/v ◆ ji4 ▲ ^1
3	树/n ◆ shu4 ▲ ^1	少/a ◆ shao3 ▲ ^1
3	树/n ◆ shu4 ▲ ^1	粗壮/a ◆ cu1_zhuang4 ▲ ^1
3	树/n ◆ shu4 ▲ ^1	普通/a ◆ pu3_tong1
3	树/n ◆ shu4 ▲ ^1	碧绿/z ◆ bi4_lv4
3	树/n ◆ shu4 ▲ ^1	长成/v ◆ zhang3_cheng2
3	树/n ◆ shu4 ▲ ^1	枯萎/a ◆ ku1_wei3
3	树/n ◆ shu4 ▲ ^1	长大/v ◆ zhang3_da4
3	树/n ◆ shu4 ▲ ^1	爬/v ◆ pa2 ▲ ^1
3	树/n ◆ shu4 ▲ ^1	成片/a ◆ cheng2_pian4
3	树/n ◆ shu4 ▲ ^1	锯/v ◆ ju4 ▲ ^2
3	树桩/n ◆ shu4_zhuang1 ▲ ^1	枯/a ◆ ku1 ▲ ^1
3	竖/v ◆ shu4 ▲ ^A3	耳朵/n ◆ er3_duo3
3	刷/v ◆ shua1 ▲ ^A2	锅/n ◆ guo1

共现次数	节点词语	搭配词语
3	衰弱/a ◆ shuai1_ruo4 ▲^1	身体/n ◆ shen1_ti3
3	摔/v ◆ shuai1 ▲^2	死/v ◆ si3 ▲^1
3	甩/v ◆ shuai3 ▲^3	脱/v ◆ tuo1 ▲^2
3	水/n ◆ shui3 ▲^1	海/n ◆ hai3 ▲^1
3	水/n ◆ shui3 ▲^1	汲/v ◆ ji2
3	水/n ◆ shui3 ▲^1	开采/v ◆ kai1_cai3
3	水/n ◆ shui3 ▲^1	沾/v ◆ zhan1 ▲^2
3	水/n ◆ shui3 ▲^1	排/v ◆ pai2 ▲^B1
3	水/n ◆ shui3 ▲^1	清澈/a ◆ qing1_che4
3	水/n ◆ shui3 ▲^1	脏/a ◆ zang1
3	水/n ◆ shui3 ▲^1	江/n ◆ jiang1
3	水/n ◆ shui3 ▲^1	伸/v ◆ shen1
3	水/n ◆ shui3 ▲^1	开/v ◆ kai1 ▲^A1
3	水/n ◆ shui3 ▲^1	过/v ◆ guo4 ▲^3
3	水/n ◆ shui3 ▲^1	奔腾/v ◆ ben1_teng2
3	水/n ◆ shui3 ▲^1	花/n ◆ hua1 ▲^A1
3	水/n ◆ shui3 ▲^1	换/v ◆ huan4 ▲^2
3	水/n ◆ shui3 ▲^1	盛/v ◆ cheng2 ▲^2
3	水/n ◆ shui3 ▲^1	爱护/v ◆ ai4_hu4
3	水/n ◆ shui3 ▲^1	加/v ◆ jia1 ▲^2
3	水/n ◆ shui3 ▲^1	蒸发/v ◆ zheng1_fa1 ▲^1
3	水/n ◆ shui3 ▲^1	滑/v ◆ hua2 ▲^2
3	水/n ◆ shui3 ▲^1	来/v ◆ lai2 ▲^A5
3	水/n ◆ shui3 ▲^1	冲/v ◆ chong1 ▲^A2
3	水/n ◆ shui3 ▲^1	坐/v ◆ zuo4 ▲^1
3	水/n ◆ shui3 ▲^1	抽/v ◆ chou1 ▲^A4
3	水/n ◆ shui3 ▲^1	买/v ◆ mai3
3	水/n ◆ shui3 ▲^1	卖/v ◆ mai4 ▲^1
3	水/n ◆ shui3 ▲^1	涌/v ◆ yong3 ▲^1
3	水/n ◆ shui3 ▲^1	洒/v ◆ sa3 ▲^2
3	水/n ◆ shui3 ▲^1	漫/v ◆ man4 ▲^1
3	水/n ◆ shui3 ▲^1	资源/n ◆ zi1_yuan2
3	水草/n ◆ shui3_cao3 ▲^2	长/a ◆ chang2 ▲^1
3	水分/n ◆ shui3_fen4 ▲^1	充足/a ◆ chong1_zu2
3	水分/n ◆ shui3_fen4 ▲^1	吸收/v ◆ xi1_shou1 ▲^1
3	水分/n ◆ shui3_fen4 ▲^1	少/a ◆ shao3 ▲^1
3	水分/n ◆ shui3_fen4 ▲^1	蒸发/v ◆ zheng1_fa1 ▲^1
3	水花/n ◆ shui3_hua1 ▲^1	激/v ◆ ji1 ▲^1
3	水流/n ◆ shui3_liu2 ▲^2	小/a ◆ xiao3 ▲^1
3	水面/n ◆ shui3_mian4 ▲^1	倒映/v ◆ dao4_ying4
3	水平/n ◆ shui3_ping2 ▲^2	欣赏/v ◆ xin1_shang3 ▲^1
3	水平/n ◆ shui3_ping2 ▲^2	技术/n ◆ ji4_shu4 ▲^1
3	水平/n ◆ shui3_ping2 ▲^2	好/a ◆ hao3 ▲^1
3	水平/n ◆ shui3_ping2 ▲^2	达到/v ◆ da2_dao4
3	水平/n ◆ shui3_ping2 ▲^2	生活/n ◆ sheng1_huo2 ▲^4
3	水位/n ◆ shui3_wei4 ▲^1	高/a ◆ gao1 ▲^1
3	水源/n ◆ shui3_yuan2 ▲^1	找/v ◆ zhao3 ▲^A
3	顺手/a ◆ shun4_shou3 ▲^1	拿/v ◆ na2 ▲^1
3	顺手/a ◆ shun4_shou3 ▲^1	放/v ◆ fang4 ▲^13
3	说/v ◆ shuo1 ▲^1	果断/a ◆ guo3_duan4
3	说/v ◆ shuo1 ▲^1	伤心/a ◆ shang1_xin1
3	说/v ◆ shuo1 ▲^1	对/v ◆ dui4 ▲^3
3	说/v ◆ shuo1 ▲^1	开始/v ◆ kai1_shi3 ▲^1
3	说/v ◆ shuo1 ▲^1	评价/v ◆ ping2_jia4 ▲^1
3	说/v ◆ shuo1 ▲^1	评论/v ◆ ping2_lun4 ▲^1
3	说/v ◆ shuo1 ▲^1	够/v ◆ gou4 ▲^1
3	说/v ◆ shuo1 ▲^1	倔强/a ◆ jue2_jiang4
3	说/v ◆ shuo1 ▲^1	慢吞吞/z ◆ man4_tun1_tun1
3	说/v ◆ shuo1 ▲^1	冷静/a ◆ leng3_jing4 ▲^2
3	说/v ◆ shuo1 ▲^1	低沉/a ◆ di1_chen2 ▲^2
3	说/v ◆ shuo1 ▲^1	礼貌/a ◆ li3_mao4 ▲^2
3	说/v ◆ shuo1 ▲^1	迟疑/a ◆ chi2_yi2
3	说/v ◆ shuo1 ▲^1	外语/n ◆ wai4_yu3
3	说/v ◆ shuo1 ▲^1	对白/n ◆ dui4_bai2
3	说/v ◆ shuo1 ▲^1	定/v ◆ ding4 ▲^3
3	说/v ◆ shuo1 ▲^1	开/v ◆ kai1 ▲^A6
3	说/v ◆ shuo1 ▲^1	对/v ◆ dui4 ▲^6
3	说法/n ◆ shuo1_fa3 ▲^1	夸张/a ◆ kua1_zhang1 ▲^1
3	说话/v ◆ shuo1_hua4 ▲^1	算数/v ◆ suan4_shu4 ▲^1

共现次数	节点词语	搭配词语	共现次数	节点词语	搭配词语
3	说话 /v ◆ shuo1_hua4 ▲ ^1	得体 /a ◆ de2_ti3	3	思想 /n ◆ si1_xiang3 ▲ ^1	大师 /n ◆ da4_shi1 ▲ ^1
3	说明 /v ◆ shuo1_ming2 ▲ ^1	方法 /n ◆ fang1_fa3	3	思想 /n ◆ si1_xiang3 ▲ ^1	精神 /n ◆ jing1_shen2 ▲ ^2
3	说明 /v ◆ shuo1_ming2 ▲ ^3	事实 /n ◆ shi4_shi2	3	思想 /n ◆ si1_xiang3 ▲ ^1	基础 /n ◆ ji1_chu3 ▲ ^1
3	思潮 /n ◆ si1_chao2 ▲ ^1	新 /a ◆ xin1 ▲ ^1	3	思想 /n ◆ si1_xiang3 ▲ ^1	意识 /n ◆ yi4_shi2 ▲ ^1
3	思潮 /n ◆ si1_chao2 ▲ ^1	影响 /v ◆ ying3_xiang3 ▲ ^1	3	思想 /n ◆ si1_xiang3 ▲ ^1	观念 /n ◆ guan1_nian4 ▲ ^1
3	思维 /n ◆ si1_wei2 ▲ ^1	进行 /v ◆ jin4_xing2 ▲ ^1	3	思想 /n ◆ si1_xiang3 ▲ ^1	准备 /v ◆ zhun3_bei4 ▲ ^1
3	思维 /n ◆ si1_wei2 ▲ ^1	数学 /n ◆ shu4_xue2	3	思想 /n ◆ si1_xiang3 ▲ ^1	深邃 /a ◆ shen1_sui4 ▲ ^2
3	思维 /n ◆ si1_wei2 ▲ ^1	逻辑 /n ◆ luo2_ji5 ▲ ^2	3	思想 /n ◆ si1_xiang3 ▲ ^1	革命 /v ◆ ge2_ming4 ▲ ^3
3	思维 /n ◆ si1_wei2 ▲ ^1	同一 /b ◆ tong2_yi1 ▲ ^1	3	死 /v ◆ si3 ▲ ^1	摔 /v ◆ shuai1 ▲ ^1
3	思维 /n ◆ si1_wei2 ▲ ^1	方式 /n ◆ fang1_shi4	3	死 /v ◆ si3 ▲ ^1	摔 /v ◆ shuai1 ▲ ^2
3	思想 /n ◆ si1_xiang3 ▲ ^1	背景 /n ◆ bei4_jing3 ▲ ^3	3	死 /v ◆ si3 ▲ ^1	装 /v ◆ zhuang1 ▲ ^A5
3	思想 /n ◆ si1_xiang3 ▲ ^1	把握 /v ◆ ba3_wo4 ▲ ^2	3	死 /v ◆ si3 ▲ ^1	诈 /v ◆ zha4 ▲ ^1
3	思想 /n ◆ si1_xiang3 ▲ ^1	赋予 /v ◆ fu4_yu3	3	死 /v ◆ si3 ▲ ^1	逼 /v ◆ bi1 ▲ ^1
3	思想 /n ◆ si1_xiang3 ▲ ^1	社会 /n ◆ she4_hui4 ▲ ^1	3	死 /v ◆ si3 ▲ ^1	吊 /v ◆ diao4 ▲ ^A1
3	思想 /n ◆ si1_xiang3 ▲ ^1	吸取 /v ◆ xi1_qu3	3	死 /v ◆ si3 ▲ ^1	热 /a ◆ re4 ▲ ^2
3	思想 /n ◆ si1_xiang3 ▲ ^1	英雄 /n ◆ ying1_xiong2 ▲ ^2	3	死 /v ◆ si3 ▲ ^1	睡 /v ◆ shui4
3	思想 /n ◆ si1_xiang3 ▲ ^1	平民 /n ◆ ping2_min2	3	松 /a ◆ song1 ▲ ^B1	翻 /v ◆ fan1 ▲ ^1
3	思想 /n ◆ si1_xiang3 ▲ ^1	影响 /v ◆ ying3_xiang3 ▲ ^1	3	耸 /v ◆ song3 ▲ ^3	肩 /n ◆ jian1
3	思想 /n ◆ si1_xiang3 ▲ ^1	仿佛 /v ◆ fang3_fu2 ▲ ^2	3	送 /v ◆ song4 ▲ ^1	医院 /n ◆ yi1_yuan4
3	思想 /n ◆ si1_xiang3 ▲ ^1	文学 /n ◆ wen2_xue2	3	送 /v ◆ song4 ▲ ^3	走 /v ◆ zou3 ▲ ^1
3	思想 /n ◆ si1_xiang3 ▲ ^1	独特 /a ◆ du2_te4	3	送 /v ◆ song4 ▲ ^3	上 /v ◆ shang4 ▲ ^B1
3	思想 /n ◆ si1_xiang3 ▲ ^1	封建 /a ◆ feng1_jian4 ▲ ^3	3	速度 /n ◆ su4_du4 ▲ ^1	减慢 /v ◆ jian3_man4
3	思想 /n ◆ si1_xiang3 ▲ ^1	古代 /n ◆ gu3_dai4 ▲ ^1	3	速度 /n ◆ su4_du4 ▲ ^1	达到 /v ◆ da2_dao4
3	思想 /n ◆ si1_xiang3 ▲ ^1	传统 /n ◆ chuan2_tong3 ▲ ^1	3	速度 /n ◆ su4_du4 ▲ ^1	有 /v ◆ you3 ▲ ^2
3	思想 /n ◆ si1_xiang3 ▲ ^1	主要 /b ◆ zhu3_yao4	3	塑造 /v ◆ su4_zao4 ▲ ^2	冲突 /v ◆ chong1_tu1 ▲ ^1
			3	塑造 /v ◆ su4_zao4 ▲ ^2	作品 /n ◆ zuo4_pin3
			3	塑造 /v ◆ su4_zao4 ▲ ^2	生动 /a ◆ sheng1_dong4
			3	碎 /a ◆ sui4 ▲ ^3	打 /v ◆ da3 ▲ ^A1
			3	碎 /a ◆ sui4 ▲ ^3	碰 /v ◆ peng4 ▲ ^1
			3	碎 /a ◆ sui4 ▲ ^3	撞 /v ◆ zhuang4 ▲ ^1
			3	碎 /a ◆ sui4 ▲ ^3	压 /v ◆ ya1 ▲ ^1
			3	碎 /a ◆ sui4 ▲ ^3	摔 /v ◆ shuai1 ▲ ^1
			3	损失 /n ◆ sun3_shi1 ▲ ^2	人类 /n ◆ ren2_lei4

共现次数	节点词语	搭配词语
3	损失 /n ◆ sun3_shi1 ▲ ^2	小 /a ◆ xiao3 ▲ ^1
3	损失 /n ◆ sun3_shi1 ▲ ^2	财产 /n ◆ cai2_chan3
3	锁 /n ◆ suo3 ▲ ^1	上 /v ◆ shang4 ▲ ^B8
3	锁 /n ◆ suo3 ▲ ^1	打开 /v ◆ da3_kai1 ▲ ^1
3	锁 /n ◆ suo3 ▲ ^1	小 /a ◆ xiao3 ▲ ^1
3	锁 /v ◆ suo3 ▲ ^2	信箱 /n ◆ xin4_xiang1 ▲ ^3
3	台阶 /n ◆ tai2_jie1 ▲ ^1	登上 /v ◆ deng1_shang4
3	台阶 /n ◆ tai2_jie1 ▲ ^1	小 /a ◆ xiao3 ▲ ^1
3	台阶 /n ◆ tai2_jie1 ▲ ^1	蹦 /v ◆ beng4
3	台阶 /n ◆ tai2_jie1 ▲ ^2	新 /a ◆ xin1 ▲ ^1
3	抬 /v ◆ tai2 ▲ ^2	伤员 /n ◆ shang1_yuan2
3	太阳 /n ◆ tai4_yang2 ▲ ^1	好 /a ◆ hao3 ▲ ^1
3	太阳 /n ◆ tai4_yang2 ▲ ^1	金灿灿 /z ◆ jin1_can4_can4
3	太阳 /n ◆ tai4_yang2 ▲ ^1	遮 /v ◆ zhe1 ▲ ^2
3	太阳 /n ◆ tai4_yang2 ▲ ^1	偏 /v ◆ pian1 ▲ ^A4
3	太阳 /n ◆ tai4_yang2 ▲ ^2	照 /v ◆ zhao4 ▲ ^1
3	态度 /n ◆ tai4_du5 ▲ ^2	积极 /a ◆ ji1_ji2 ▲ ^1
3	态度 /n ◆ tai4_du5 ▲ ^2	持 /v ◆ chi2 ▲ ^2
3	态度 /n ◆ tai4_du5 ▲ ^2	生活 /n ◆ sheng1_huo2 ▲ ^1
3	态度 /n ◆ tai4_du5 ▲ ^2	审美 /v ◆ shen3_mei3
3	糖 /n ◆ tang2 ▲ ^2	煮 /v ◆ zhu3
3	掏 /v ◆ tao1 ▲ ^1	挎包 /n ◆ kua4_bao1
3	讨厌 /v ◆ tao3_yan4 ▲ ^3	觉得 /v ◆ jue2_de5 ▲ ^1
3	套 /v ◆ tao4 ▲ ^2	脖子 /n ◆ bo2_zi5
3	特别 /a ◆ te4_bie2 ▲ ^1	值得 /v ◆ zhi2_de2 ▲ ^2
3	特别 /a ◆ te4_bie2 ▲ ^1	薄 /a ◆ bao2 ▲ ^1
3	提要 /n ◆ ti2_yao4 ▲ ^2	内容 /n ◆ nei4_rong2
3	题 /n ◆ ti2 ▲ ^1	作文 /n ◆ zuo4_wen2 ▲ ^2
3	题 /n ◆ ti2 ▲ ^1	思考 /v ◆ si1_kao3
3	体格 /n ◆ ti3_ge2 ▲ ^1	强壮 /a ◆ qiang2_zhuang4 ▲ ^1
3	体育 /n ◆ ti3_yu4 ▲ ^1	老师 /n ◆ lao3_shi1
3	体育 /n ◆ ti3_yu4 ▲ ^2	事业 /n ◆ shi4_ye4 ▲ ^1
3	体育 /n ◆ ti3_yu4 ▲ ^2	比赛 /v ◆ bi3_sai4 ▲ ^1
3	天 /n ◆ tian1 ▲ ^1	热 /a ◆ re4 ▲ ^2
3	天 /n ◆ tian1 ▲ ^1	满 /a ◆ man3 ▲ ^A1
3	天 /n ◆ tian1 ▲ ^1	冷 /a ◆ leng3 ▲ ^1
3	天 /n ◆ tian1 ▲ ^1	湛蓝 /z ◆ zhan4_lan2
3	天 /n ◆ tian1 ▲ ^1	高 /a ◆ gao1 ▲ ^4
3	天才 /n ◆ tian1_cai2 ▲ ^2	自命 /v ◆ zi4_ming4
3	天才 /n ◆ tian1_cai2 ▲ ^2	伟大 /a ◆ wei3_da4
3	天气 /n ◆ tian1_qi4 ▲ ^1	现象 /n ◆ xian4_xiang4
3	天气 /n ◆ tian1_qi4 ▲ ^1	情况 /n ◆ qing2_kuang4 ▲ ^1
3	天气 /n ◆ tian1_qi4 ▲ ^1	阴 /a ◆ yin1 ▲ ^3
3	天气 /n ◆ tian1_qi4 ▲ ^1	凉爽 /a ◆ liang2_shuang3
3	天气 /n ◆ tian1_qi4 ▲ ^1	闷热 /a ◆ men1_re4
3	天气 /n ◆ tian1_qi4 ▲ ^1	变 /v ◆ bian4 ▲ ^2
3	天使 /n ◆ tian1_shi3 ▲ ^1	翅膀 /n ◆ chi4_bang3 ▲ ^1
3	天真 /a ◆ tian1_zhen1 ▲ ^1	儿童 /n ◆ er2_tong2
3	挑 /v ◆ tiao1 ▲ ^B1	重担 /n ◆ zhong4_dan4
3	条 /n ◆ tiao2 ▲ ^3	长 /a ◆ chang2 ▲ ^1
3	条件 /n ◆ tiao2_jian4 ▲ ^1	植物 /n ◆ zhi2_wu4
3	条件 /n ◆ tiao2_jian4 ▲ ^1	物质 /n ◆ wu4_zhi4 ▲ ^2
3	条件 /n ◆ tiao2_jian4 ▲ ^1	提出 /v ◆ ti2_chu1
3	条件 /n ◆ tiao2_jian4 ▲ ^1	生活 /n ◆ sheng1_huo2 ▲ ^4
3	条件 /n ◆ tiao2_jian4 ▲ ^1	环境 /n ◆ huan2_jing4 ▲ ^2

共现次数	节点词语	搭配词语	共现次数	节点词语	搭配词语
3	条件 /n ◆ tiao2_jian4 ▲^2	提出 /v ◆ ti2_chu1	3	统一 /a ◆ tong3_yi1 ▲^2	高度 /b ◆ gao1_du4 ▲^2
3	条件 /n ◆ tiao2_jian4 ▲^3	生活 /n ◆ sheng1_huo2 ▲^4	3	统一 /v ◆ tong3_yi1 ▲^1	祖国 /n ◆ zu3_guo2
3	条件 /n ◆ tiao2_jian4 ▲^3	极端 /a ◆ ji2_duan1 ▲^3	3	统一 /v ◆ tong3_yi1 ▲^1	实现 /v ◆ shi2_xian4
3	条件 /n ◆ tiao2_jian4 ▲^3	知道 /v ◆ zhi1_dao4	3	统一 /v ◆ tong3_yi1 ▲^1	全国 /n ◆ quan2_guo2
3	条件 /n ◆ tiao2_jian4 ▲^3	一定 /b ◆ yi1_ding4 ▲^4	3	统治 /v ◆ tong3_zhi4 ▲^1	反对 /v ◆ fan3_dui4
3	条件 /n ◆ tiao2_jian4 ▲^3	好 /a ◆ hao3 ▲^1	3	统治 /v ◆ tong3_zhi4 ▲^1	出现 /v ◆ chu1_xian4 ▲^2
3	跳 /v ◆ tiao4 ▲^1	起 /v ◆ qi3 ▲^A1	3	痛 /a ◆ tong4 ▲^1	刺 /v ◆ ci4 ▲^1
3	跳舞 /v ◆ tiao4_wu3 ▲^1	教 /v ◆ jiao1	3	痛 /a ◆ tong4 ▲^1	发 /v ◆ fa1 ▲^12
3	铁 /n ◆ tie3 ▲^1	铸 /v ◆ zhu4	3	头 /n ◆ tou2 ▲^1	剃 /v ◆ ti4
3	听 /v ◆ ting1 ▲^A1	耐心 /a ◆ nai4_xin1 ▲^1	3	头 /n ◆ tou2 ▲^1	绿 /a ◆ lv4
3	听 /v ◆ ting1 ▲^A1	侧耳 /v ◆ ce4_er3	3	头 /n ◆ tou2 ▲^1	黄 /a ◆ huang2 ▲^A1
3	听 /v ◆ ting1 ▲^A1	演奏 /v ◆ yan3_zou4	3	头 /n ◆ tou2 ▲^1	弯 /v ◆ wan1 ▲^2
3	听 /v ◆ ting1 ▲^A1	讲述 /v ◆ jiang3_shu4	3	头 /n ◆ tou2 ▲^1	晕 /v ◆ yun1 ▲^2
3	听 /v ◆ ting1 ▲^A1	出神 /v ◆ chu1_shen2	3	头 /n ◆ tou2 ▲^1	砍 /v ◆ kan3 ▲^A1
3	停 /v ◆ ting2 ▲^A1	叫 /v ◆ jiao4 ▲^A1	3	头 /n ◆ tou2 ▲^1	顶 /v ◆ ding3 ▲^5
3	停 /v ◆ ting2 ▲^A1	歌声 /n ◆ ge1_sheng1	3	头 /n ◆ tou2 ▲^1	尖 /a ◆ jian1 ▲^1
3	通读 /v ◆ tong1_du2 ▲^A	全书 /n ◆ quan2_shu1	3	头 /n ◆ tou2 ▲^1	痛 /a ◆ tong4 ▲^1
3	通行证 /n ◆ tong1_xing2_zheng4 ▲^1	检查 /v ◆ jian3_cha2 ▲^1	3	头 /n ◆ tou2 ▲^1	疼 /a ◆ teng2 ▲^1
3	同学 /n ◆ tong2_xue2 ▲^2	毕业 /v ◆ bi4_ye4	3	头脑 /n ◆ tou2_nao3 ▲^1	清醒 /a ◆ qing1_xing3 ▲^1
3	同学 /n ◆ tong2_xue2 ▲^2	成绩 /n ◆ cheng2_ji4	3	投资 /v ◆ tou2_zi1 ▲^1	公司 /n ◆ gong1_si1
3	同学 /n ◆ tong2_xue2 ▲^2	新 /a ◆ xin1 ▲^1	3	透 /a ◆ tou4 ▲^4	恨 /v ◆ hen4
3	同学 /n ◆ tong2_xue2 ▲^2	同班 /v ◆ tong2_ban1 ▲^1	3	透 /a ◆ tou4 ▲^4	熟 /a ◆ shu2 ▲^1
3	同学 /n ◆ tong2_xue2 ▲^2	少 /a ◆ shao3 ▲^1	3	透 /a ◆ tou4 ▲^4	坏 /a ◆ huai4 ▲^2
3	同学 /n ◆ tong2_xue2 ▲^2	读书 /v ◆ du2_shu1 ▲^1	3	透明 /a ◆ tou4_ming2 ▲^1	天空 /n ◆ tian1_kong1
3	同学 /n ◆ tong2_xue2 ▲^3	全体 /n ◆ quan2_ti3	3	图 /n ◆ tu2 ▲^1	路线 /n ◆ lu4_xian4 ▲^1
3	同志 /n ◆ tong2_zhi4 ▲^1	带领 /v ◆ dai4_ling3 ▲^2	3	土 /n ◆ tu3 ▲^1	拍 /v ◆ pai1 ▲^1
3	同志 /n ◆ tong2_zhi4 ▲^2	亲爱 /b ◆ qin1_ai4	3	土 /n ◆ tu3 ▲^1	松 /a ◆ song1 ▲^B1
3	同志 /n ◆ tong2_zhi4 ▲^2	好 /a ◆ hao3 ▲^8	3	土地 /n ◆ tu3_di4 ▲^1	平整 /a ◆ ping2_zheng3 ▲^2
3	同志 /n ◆ tong2_zhi4 ▲^2	多 /a ◆ duo1 ▲^A1	3	土地 /n ◆ tu3_di4 ▲^2	神圣 /a ◆ shen2_sheng4
			3	吐 /v ◆ tu3 ▲^1	痰 /n ◆ tan2
			3	推 /v ◆ tui1 ▲^1	倒 /v ◆ dao3 ▲^A1
			3	腿 /n ◆ tui3 ▲^1	折 /v ◆ she2 ▲^1
			3	腿 /n ◆ tui3 ▲^1	裹 /v ◆ guo3 ▲^1
			3	腿 /n ◆ tui3 ▲^1	坏 /a ◆ huai4 ▲^2
			3	腿 /n ◆ tui3 ▲^1	抱 /v ◆ bao4 ▲^A1
			3	腿 /n ◆ tui3 ▲^1	迈 /v ◆ mai4 ▲^A1
			3	腿 /n ◆ tui3 ▲^1	短 /a ◆ duan3 ▲^1

共现次数	节点词语	搭配词语
3	腿/n ◆ tui3 ▲^1	酸/a ◆ suan1 ▲^A2
3	腿/n ◆ tui3 ▲^1	病/n ◆ bing4 ▲^1
3	托/v ◆ tuo1 ▲^A1	右手/n ◆ you4_shou3
3	拖/v ◆ tuo1 ▲^1	船/n ◆ chuan2
3	拖/v ◆ tuo1 ▲^1	走/v ◆ zou3 ▲^5
3	脱/v ◆ tuo1 ▲^2	上衣/n ◆ shang4_yi1
3	脱/v ◆ tuo1 ▲^2	尽/v ◆ jin4 ▲^1
3	瓦/n ◆ wa3 ▲^A1	红/a ◆ hong2 ▲^1
3	弯/a ◆ wan1 ▲^1	压/v ◆ ya1 ▲^1
3	弯/a ◆ wan1 ▲^1	炸/v ◆ zha2 ▲^1
3	弯/a ◆ wan1 ▲^1	月亮/n ◆ yue4_liang4
3	完全/a ◆ wan2_quan2 ▲^1	确定/v ◆ que4_ding4 ▲^2
3	玩/v ◆ wan2 ▲^A1	够/v ◆ gou4 ▲^2
3	玩/v ◆ wan2 ▲^A2	捉迷藏/v ◆ zhuo1_mi2_cang2
3	玩笑/n ◆ wan2_xiao4 ▲^2	小/a ◆ xiao3 ▲^1
3	玩意/n ◆ wan2_yi4 ▲^1	小/a ◆ xiao3 ▲^1
3	婉转/a ◆ wan3_zhuan3 ▲^1	说/v ◆ shuo1 ▲^1
3	网/n ◆ wang3 ▲^2	蜘蛛/n ◆ zhi1_zhu1
3	网/n ◆ wang3 ▲^3	密/a ◆ mi4
3	网络/n ◆ wang3_luo4 ▲^3	广告/n ◆ guang3_gao4
3	网络/n ◆ wang3_luo4 ▲^3	电视/n ◆ dian4_shi4 ▲^2
3	网络/n ◆ wang3_luo4 ▲^3	电脑/n ◆ dian4_nao3
3	忘记/v ◆ wang4_ji4 ▲^1	无法/v ◆ wu2_fa3
3	望/v ◆ wang4 ▲^A1	眼巴巴/z ◆ yan3_ba1_ba1 ▲^1
3	望/v ◆ wang4 ▲^A1	出神/v ◆ chu1_shen2
3	围/v ◆ wei2 ▲^1	上去/v ◆ shang4_qu4
3	维持/v ◆ wei2_chi2 ▲^1	生命/n ◆ sheng1_ming4
3	尾巴/n ◆ wei3_ba5 ▲^1	摆动/v ◆ bai3_dong4
3	尾巴/n ◆ wei3_ba5 ▲^1	长/v ◆ zhang3 ▲^B1
3	委员/n ◆ wei3_yuan2 ▲^1	指导/v ◆ zhi3_dao3
3	委员/n ◆ wei3_yuan2 ▲^2	负责/v ◆ fu4_ze2 ▲^1
3	萎缩/v ◆ wei3_suo1 ▲^1	肌肉/n ◆ ji1_rou4
3	卫星/n ◆ wei4_xing1 ▲^2	技术/n ◆ ji4_shu4 ▲^1
3	卫星/n ◆ wei4_xing1 ▲^2	太空/n ◆ tai4_kong1
3	卫星/n ◆ wei4_xing1 ▲^2	观测/v ◆ guan1_ce4 ▲^1
3	卫星/n ◆ wei4_xing1 ▲^2	返回/v ◆ fan3_hui2
3	卫星/n ◆ wei4_xing1 ▲^2	图/n ◆ tu2 ▲^1
3	未来/t ◆ wei4_lai2 ▲^2	面对/v ◆ mian4_dui4
3	位置/n ◆ wei4_zhi4 ▲^1	重要/a ◆ zhong4_yao4
3	位置/n ◆ wei4_zhi4 ▲^1	变换/v ◆ bian4_huan4
3	位置/n ◆ wei4_zhi4 ▲^1	坐/v ◆ zuo4 ▲^1
3	位置/n ◆ wei4_zhi4 ▲^1	好/a ◆ hao3 ▲^1
3	温和/a ◆ wen1_he2 ▲^2	性情/n ◆ xing4_qing2
3	温暖/a ◆ wen1_nuan3 ▲^1	带来/v ◆ dai4_lai2
3	温暖/a ◆ wen1_nuan3 ▲^1	充满/v ◆ chong1_man3 ▲^1
3	文化/n ◆ wen2_hua4 ▲^1	传统/a ◆ chuan2_tong3 ▲^3
3	文化/n ◆ wen2_hua4 ▲^1	经济/n ◆ jing1_ji4 ▲^1
3	文化/n ◆ wen2_hua4 ▲^1	民间/n ◆ min2_jian1 ▲^1
3	文化/n ◆ wen2_hua4 ▲^1	作品/n ◆ zuo4_pin3
3	文化/n ◆ wen2_hua4 ▲^1	需要/v ◆ xu1_yao4 ▲^1
3	文化/n ◆ wen2_hua4 ▲^1	国际/n ◆ guo2_ji4 ▲^2
3	文化/n ◆ wen2_hua4 ▲^1	保留/v ◆ bao3_liu2 ▲^1
3	文化/n ◆ wen2_hua4 ▲^1	民俗/n ◆ min2_su2
3	文化/n ◆ wen2_hua4 ▲^1	辉煌/a ◆ hui1_huang2 ▲^2
3	文化/n ◆ wen2_hua4 ▲^1	富有/v ◆ fu4_you3 ▲^2
3	文化/n ◆ wen2_hua4 ▲^1	创造/v ◆ chuang4_zao4
3	文化/n ◆ wen2_hua4 ▲^1	有/v ◆ you3 ▲^1
3	文化/n ◆ wen2_hua4 ▲^1	吸收/v ◆ xi1_shou1 ▲^2

共现次数	节点词语	搭配词语
3	文化/n ◆ wen2_hua4 ▲ ^1	市民/n ◆ shi4_min2
3	文化/n ◆ wen2_hua4 ▲ ^1	突出/a ◆ tu1_chu1 ▲ ^B2
3	文化/n ◆ wen2_hua4 ▲ ^1	封建/a ◆ feng1_jian4 ▲ ^3
3	文化/n ◆ wen2_hua4 ▲ ^1	推动/v ◆ tui1_dong4
3	文化/n ◆ wen2_hua4 ▲ ^1	风俗/n ◆ feng1_su2
3	文化/n ◆ wen2_hua4 ▲ ^1	产生/v ◆ chan3_sheng1
3	文化/n ◆ wen2_hua4 ▲ ^1	分析/v ◆ fen1_xi1
3	文化/n ◆ wen2_hua4 ▲ ^1	独特/a ◆ du2_te4
3	文化/n ◆ wen2_hua4 ▲ ^1	转换/v ◆ zhuan3_huan4
3	文化/n ◆ wen2_hua4 ▲ ^1	接触/v ◆ jie1_chu4 ▲ ^1
3	文化/n ◆ wen2_hua4 ▲ ^1	深厚/a ◆ shen1_hou4 ▲ ^2
3	文化/n ◆ wen2_hua4 ▲ ^1	艺术/n ◆ yi4_shu4 ▲ ^1
3	文化/n ◆ wen2_hua4 ▲ ^1	延续/v ◆ yan2_xu4
3	文件/n ◆ wen2_jian4 ▲ ^1	批阅/v ◆ pi1_yue4
3	文明/a ◆ wen2_ming2 ▲ ^2	说话/v ◆ shuo1_hua4 ▲ ^1
3	文章/n ◆ wen2_zhang1 ▲ ^1	发表/v ◆ fa1_biao3 ▲ ^2
3	文章/n ◆ wen2_zhang1 ▲ ^1	多/a ◆ duo1 ▲ ^A1
3	文章/n ◆ wen2_zhang1 ▲ ^1	系列/n ◆ xi4_lie4
3	文字/n ◆ wen2_zi4 ▲ ^1	达意/v ◆ da2_yi4
3	文字/n ◆ wen2_zi4 ▲ ^1	创造/v ◆ chuang4_zao4
3	文字/n ◆ wen2_zi4 ▲ ^1	字母/n ◆ zi4_mu3 ▲ ^1
3	文字/n ◆ wen2_zi4 ▲ ^1	传统/n ◆ chuan2_tong3 ▲ ^1
3	文字/n ◆ wen2_zi4 ▲ ^1	产生/v ◆ chan3_sheng1
3	文字/n ◆ wen2_zi4 ▲ ^3	简洁/a ◆ jian3_jie2
3	吻/n ◆ wen3 ▲ ^3	长/a ◆ chang2 ▲ ^1
3	稳/a ◆ wen3 ▲ ^1	脚跟/n ◆ jiao3_gen1

共现次数	节点词语	搭配词语
3	稳/a ◆ wen3 ▲ ^1	走/v ◆ zou3 ▲ ^1
3	问/v ◆ wen4 ▲ ^1	明白/v ◆ ming2_bai5 ▲ ^4
3	问/v ◆ wen4 ▲ ^1	焦急/a ◆ jiao1_ji2
3	问/v ◆ wen4 ▲ ^1	着急/a ◆ zhao2_ji2
3	问/v ◆ wen4 ▲ ^1	急切/a ◆ ji2_qie4 ▲ ^1
3	问题/n ◆ wen4_ti2 ▲ ^1	数学/n ◆ shu4_xue2
3	问题/n ◆ wen4_ti2 ▲ ^1	小/a ◆ xiao3 ▲ ^1
3	问题/n ◆ wen4_ti2 ▲ ^1	遇到/v ◆ yu4_dao4
3	问题/n ◆ wen4_ti2 ▲ ^1	傻瓜/n ◆ sha3_gua1
3	问题/n ◆ wen4_ti2 ▲ ^1	讨论/v ◆ tao3_lun4
3	问题/n ◆ wen4_ti2 ▲ ^1	乏味/a ◆ fa2_wei4
3	问题/n ◆ wen4_ti2 ▲ ^1	思考/v ◆ si1_kao3
3	问题/n ◆ wen4_ti2 ▲ ^1	复杂/a ◆ fu4_za2
3	问题/n ◆ wen4_ti2 ▲ ^2	法律/n ◆ fa3_lv4 ▲ ^1
3	问题/n ◆ wen4_ti2 ▲ ^2	回答/v ◆ hui2_da2
3	问题/n ◆ wen4_ti2 ▲ ^2	清楚/a ◆ qing1_chu5 ▲ ^1
3	问题/n ◆ wen4_ti2 ▲ ^2	碰到/v ◆ peng4_dao4
3	问题/n ◆ wen4_ti2 ▲ ^2	重大/a ◆ zhong4_da4
3	问题/n ◆ wen4_ti2 ▲ ^2	生存/v ◆ sheng1_cun2
3	问题/n ◆ wen4_ti2 ▲ ^2	搜集/v ◆ sou1_ji2
3	问题/n ◆ wen4_ti2 ▲ ^2	起源/n ◆ qi3_yuan2 ▲ ^2
3	问题/n ◆ wen4_ti2 ▲ ^2	现实/n ◆ xian4_shi2 ▲ ^1
3	问题/n ◆ wen4_ti2 ▲ ^2	思维/n ◆ si1_wei2 ▲ ^1
3	问题/n ◆ wen4_ti2 ▲ ^2	好/a ◆ hao3 ▲ ^1
3	问题/n ◆ wen4_ti2 ▲ ^2	简单/a ◆ jian3_dan1 ▲ ^1
3	问题/n ◆ wen4_ti2 ▲ ^2	同样/a ◆ tong2_yang4

共现次数	节点词语	搭配词语	共现次数	节点词语	搭配词语
3	问题/n ◆ wen4_ti2 ▲ ^2	特别/a ◆ te4_bie2 ▲ ^1	3	吸收/v ◆ xi1_shou1 ▲ ^1	部分/n ◆ bu4_fen5
3	问题/n ◆ wen4_ti2 ▲ ^2	搞/v ◆ gao3 ▲ ^1	3	吸收/v ◆ xi1_shou1 ▲ ^1	树木/n ◆ shu4_mu4
3	窝/n ◆ wo1 ▲ ^1	整个/b ◆ zheng3_ge4	3	吸收/v ◆ xi1_shou1 ▲ ^2	消化/v ◆ xiao1_hua4 ▲ ^1
3	握/v ◆ wo4 ▲ ^1	右手/n ◆ you4_shou3	3	希望/n ◆ xi1_wang4 ▲ ^2	存/v ◆ cun2 ▲ ^8
3	乌云/n ◆ wu1_yun2 ▲ ^1	满天/n ◆ man3_tian1	3	希望/n ◆ xi1_wang4 ▲ ^2	惟一/b ◆ wei2_yi1
3	乌云/n ◆ wu1_yun2 ▲ ^1	遮/v ◆ zhe1 ▲ ^1	3	希望/n ◆ xi1_wang4 ▲ ^2	带/v ◆ dai4 ▲ ^B1
3	污染/v ◆ wu1_ran3 ▲ ^2	人类/n ◆ ren2_lei4	3	希望/v ◆ xi1_wang4 ▲ ^1	满怀/v ◆ man3_huai2 ▲ ^A1
3	屋/n ◆ wu1 ▲ ^1	造/v ◆ zao4 ▲ ^A1	3	希望/v ◆ xi1_wang4 ▲ ^1	抱/v ◆ bao4 ▲ ^A5
3	屋/n ◆ wu1 ▲ ^1	回/v ◆ hui2 ▲ ^A2	3	牺牲/v ◆ xi1_sheng1 ▲ ^2	流血/v ◆ liu2_xue4
3	屋/n ◆ wu1 ▲ ^1	出/v ◆ chu1 ▲ ^A1	3	习惯/n ◆ xi2_guan4 ▲ ^2	良好/z ◆ liang2_hao3
3	屋/n ◆ wu1 ▲ ^2	老/a ◆ lao3 ▲ ^5	3	习惯/n ◆ xi2_guan4 ▲ ^2	生活/n ◆ sheng1_huo2 ▲ ^1
3	屋/n ◆ wu1 ▲ ^2	回/v ◆ hui2 ▲ ^A2	3	习惯/n ◆ xi2_guan4 ▲ ^2	心理/n ◆ xin1_li3 ▲ ^2
3	武器/n ◆ wu3_qi4 ▲ ^1	国防/n ◆ guo2_fang2	3	习惯/n ◆ xi2_guan4 ▲ ^2	社会/n ◆ she4_hui4 ▲ ^2
3	武器/n ◆ wu3_qi4 ▲ ^1	战斗/v ◆ zhan4_dou4 ▲ ^2	3	袭击/v ◆ xi2_ji1 ▲ ^2	遭到/v ◆ zao1_dao4
3	武器/n ◆ wu3_qi4 ▲ ^1	制造/v ◆ zhi4_zao4 ▲ ^1	3	喜事/n ◆ xi3_shi4 ▲ ^2	办/v ◆ ban4 ▲ ^1
3	舞/v ◆ wu3 ▲ ^2	忘情/v ◆ wang4_qing2 ▲ ^2	3	戏剧/n ◆ xi4_ju4 ▲ ^1	舞台/n ◆ wu3_tai2
3	舞蹈/n ◆ wu3_dao3 ▲ ^1	动作/n ◆ dong4_zuo4 ▲ ^1	3	戏剧/n ◆ xi4_ju4 ▲ ^1	表现/v ◆ biao3_xian4 ▲ ^1
3	物理/n ◆ wu4_li3 ▲ ^2	研究/v ◆ yan2_jiu1 ▲ ^1	3	戏剧/n ◆ xi4_ju4 ▲ ^1	发展/v ◆ fa1_zhan3 ▲ ^1
3	物质/n ◆ wu4_zhi4 ▲ ^1	生命/n ◆ sheng1_ming4	3	戏剧/n ◆ xi4_ju4 ▲ ^1	好/a ◆ hao3 ▲ ^1
3	物质/n ◆ wu4_zhi4 ▲ ^1	发现/v ◆ fa1_xian4 ▲ ^1	3	戏剧/n ◆ xi4_ju4 ▲ ^1	构成/v ◆ gou4_cheng2 ▲ ^1
3	物质/n ◆ wu4_zhi4 ▲ ^1	结构/n ◆ jie2_gou4 ▲ ^1	3	戏剧/n ◆ xi4_ju4 ▲ ^1	当代/n ◆ dang1_dai4
3	物质/n ◆ wu4_zhi4 ▲ ^2	生命/n ◆ sheng1_ming4	3	戏剧/n ◆ xi4_ju4 ▲ ^1	古代/n ◆ gu3_dai4 ▲ ^1
3	物质/n ◆ wu4_zhi4 ▲ ^2	满足/v ◆ man3_zu2 ▲ ^2	3	戏剧/n ◆ xi4_ju4 ▲ ^1	外国/n ◆ wai4_guo2
3	物质/n ◆ wu4_zhi4 ▲ ^2	存在/v ◆ cun2_zai4 ▲ ^1	3	戏剧/n ◆ xi4_ju4 ▲ ^1	矛盾/n ◆ mao2_dun4 ▲ ^4
3	物质/n ◆ wu4_zhi4 ▲ ^2	普通/a ◆ pu3_tong1	3	戏剧/n ◆ xi4_ju4 ▲ ^1	代表/n ◆ dai4_biao3 ▲ ^3
3	物质/n ◆ wu4_zhi4 ▲ ^2	生活/n ◆ sheng1_huo2 ▲ ^4			
3	夕阳/n ◆ xi1_yang2 ▲ ^1	映照/v ◆ ying4_zhao4			
3	吸/v ◆ xi1 ▲ ^1	进去/v ◆ jin4_qu4			
3	吸/v ◆ xi1 ▲ ^1	旱烟/n ◆ han4_yan1			

共现次数	节点词语	搭配词语	共现次数	节点词语	搭配词语
3	戏剧/n ◆ xi4_ju4 ▲^1	鉴赏/v ◆ jian4_shang3	3	线头/n ◆ xian4_tou2 ▲^2	剪/v ◆ jian3
3	系/v ◆ xi4 ▲^A6	带儿/n ◆ dai4_r	3	限制/v ◆ xian4_zhi4 ▲^1	超越/v ◆ chao1_yue4
3	系/v ◆ xi4 ▲^A6	拴贼扣/n ◆ shuan1_zei2_kou4	3	限制/v ◆ xian4_zhi4 ▲^1	空间/n ◆ kong1_jian1
3	系统/n ◆ xi4_tong3 ▲^1	多媒体/n ◆ duo1_mei2_ti3	3	陷/v ◆ xian4 ▲^3	眼睛/n ◆ yan3_jing1
3	系统/n ◆ xi4_tong3 ▲^1	稳定/a ◆ wen3_ding4 ▲^1	3	陷阱/n ◆ xian4_jing3 ▲^1	掉/v ◆ diao4 ▲^A1
3	细/a ◆ xi4 ▲^1	切/v ◆ qie1 ▲^1	3	献/v ◆ xian4 ▲^2	殷勤/a ◆ yin1_qin2
3	细/a ◆ xi4 ▲^3	沙/n ◆ sha1	3	响/v ◆ xiang3 ▲^2	钟声/n ◆ zhong1_sheng1
3	细/a ◆ xi4 ▲^4	声音/n ◆ sheng1_yin1	3	响/v ◆ xiang3 ▲^2	敲/v ◆ qiao1 ▲^1
3	瞎/v ◆ xia1 ▲^1	眼睛/n ◆ yan3_jing1	3	响/v ◆ xiang3 ▲^2	电话铃/n ◆ dian4_hua4_ling2
3	下/v ◆ xia4 ▲^B1	泻/v ◆ xie4 ▲^1	3	响/v ◆ xiang3 ▲^2	铃铛/n ◆ ling2_dang1
3	下/v ◆ xia4 ▲^B1	飞机/n ◆ fei1_ji1	3	响/v ◆ xiang3 ▲^2	警报/n ◆ jing3_bao4
3	下/v ◆ xia4 ▲^B1	火车/n ◆ huo3_che1	3	响/v ◆ xiang3 ▲^2	踩/v ◆ cai3
3	仙鹤/n ◆ xian1_he4 ▲^1	飞/v ◆ fei1 ▲^1	3	响/v ◆ xiang3 ▲^2	鼓声/n ◆ gu3_sheng1
3	先辈/n ◆ xian1_bei4 ▲^2	革命/v ◆ ge2_ming4 ▲^1	3	想/v ◆ xiang3 ▲^1	法子/n ◆ fa3_zi5
3	先生/n ◆ xian1_sheng5 ▲^2	好/a ◆ hao3 ▲^8	3	想/v ◆ xiang3 ▲^1	起/v ◆ qi3 ▲^A1
3	先生/n ◆ xian1_sheng5 ▲^2	敬爱/v ◆ jing4_ai4	3	想象/v ◆ xiang3_xiang4 ▲^2	展开/v ◆ zhan3_kai1 ▲^1
3	先生/n ◆ xian1_sheng5 ▲^2	教/v ◆ jiao1	3	向/v ◆ xiang4 ▲^A2	伸/v ◆ shen1
3	鲜/a ◆ xian1 ▲^1	尝/v ◆ chang2 ▲^A1	3	象征/n ◆ xiang4_zheng1 ▲^2	伟大/a ◆ wei3_da4
3	鲜明/a ◆ xian1_ming2 ▲^2	印象/n ◆ yin4_xiang4	3	象征/n ◆ xiang4_zheng1 ▲^2	新/a ◆ xin1 ▲^2
3	鲜明/a ◆ xian1_ming2 ▲^2	突出/a ◆ tu1_chu1 ▲^B2	3	象征/n ◆ xiang4_zheng1 ▲^2	祖国/n ◆ zu3_guo2
3	鲜明/a ◆ xian1_ming2 ▲^2	白色/n ◆ bai2_se4 ▲^1	3	消耗/v ◆ xiao1_hao4 ▲^A1	体力/n ◆ ti3_li4
3	鲜明/a ◆ xian1_ming2 ▲^2	表现/v ◆ biao3_xian4 ▲^1	3	消息/n ◆ xiao1_xi5 ▲^1	告诉/v ◆ gao4_su4
3	现实/n ◆ xian4_shi2 ▲^1	社会/n ◆ she4_hui4 ▲^1	3	消息/n ◆ xiao1_xi5 ▲^2	得知/v ◆ de2_zhi1
3	现实/n ◆ xian4_shi2 ▲^1	故事/n ◆ gu4_shi5 ▲^1	3	小/a ◆ xiao3 ▲^1	皇帝/n ◆ huang2_di4
3	现实/n ◆ xian4_shi2 ▲^1	创作/v ◆ chuang4_zuo4 ▲^1	3	小/a ◆ xiao3 ▲^1	胆子/n ◆ dan3_zi5
3	现实/n ◆ xian4_shi2 ▲^1	脱离/v ◆ tuo1_li2	3	小/a ◆ xiao3 ▲^1	雷声/n ◆ lei2_sheng1
3	线/n ◆ xian4 ▲^1	放/v ◆ fang4 ▲^1	3	小/a ◆ xiao3 ▲^1	变/v ◆ bian4 ▲^2
3	线/n ◆ xian4 ▲^1	抽/v ◆ chou1 ▲^A1	3	小/a ◆ xiao3 ▲^1	数目/n ◆ shu4_mu4
3	线/n ◆ xian4 ▲^1	长/a ◆ chang2 ▲^1	3	小/a ◆ xiao3 ▲^1	职员/n ◆ zhi2_yuan2
3	线条/n ◆ xian4_tiao2 ▲^1	细/a ◆ xi4 ▲^1	3	小孩/n ◆ xiao3_hai2 ▲^1	逗/v ◆ dou4 ▲^A1
3	线条/n ◆ xian4_tiao2 ▲^1	平直/a ◆ ping2_zhi2 ▲^1	3	小孩/n ◆ xiao3_hai2 ▲^1	背/v ◆ bei1 ▲^1
			3	小姐/n ◆ xiao3_jie3 ▲^2	年轻/a ◆ nian2_qing1 ▲^1
			3	小楷/n ◆ xiao3_kai3 ▲^1	写/v ◆ xie3 ▲^1

共现次数	节点词语	搭配词语	共现次数	节点词语	搭配词语
3	小学/n ◆ xiao3_xue2 ▲^1	农村/n ◆ nong2_cun1	3	写/v ◆ xie3 ▲^2	文言/n ◆ wen2_yan2
3	小学/n ◆ xiao3_xue2 ▲^1	读/v ◆ du2 ▲^3	3	写/v ◆ xie3 ▲^2	对联/n ◆ dui4_lian2
3	小学/n ◆ xiao3_xue2 ▲^1	学生/n ◆ xue2_sheng5 ▲^1	3	写/v ◆ xie3 ▲^2	通顺/a ◆ tong1_shun4
			3	写/v ◆ xie3 ▲^2	剧本/n ◆ ju4_ben3
3	小学/n ◆ xiao3_xue2 ▲^1	进/v ◆ jin4 ▲^2	3	写/v ◆ xie3 ▲^2	战争/n ◆ zhan4_zheng1
3	效果/n ◆ xiao4_guo3 ▲^1	特殊/a ◆ te4_shu1	3	写/v ◆ xie3 ▲^2	论文/n ◆ lun4_wen2
3	效果/n ◆ xiao4_guo3 ▲^1	宣传/v ◆ xuan1_chuan2	3	写法/n ◆ xie3_fa3 ▲^2	字/n ◆ zi4 ▲^1
3	效果/n ◆ xiao4_guo3 ▲^1	增强/v ◆ zeng1_qiang2	3	心/n ◆ xin1 ▲^2	感受/v ◆ gan3_shou4 ▲^1
3	效果/n ◆ xiao4_guo3 ▲^1	特别/a ◆ te4_bie2 ▲^1	3	心/n ◆ xin1 ▲^2	真诚/a ◆ zhen1_cheng2
3	效率/n ◆ xiao4_lv4 ▲^2	工作/v ◆ gong1_zuo4 ▲^1	3	心/n ◆ xin1 ▲^2	碎/a ◆ sui4 ▲^3
3	效率/n ◆ xiao4_lv4 ▲^2	讲究/v ◆ jiang3_jiu5 ▲^1	3	心/n ◆ xin1 ▲^2	死/v ◆ si3 ▲^1
3	笑/v ◆ xiao4 ▲^1	狡猾/a ◆ jiao3_hua2	3	心/n ◆ xin1 ▲^2	纯真/a ◆ chun2_zhen1
3	笑/v ◆ xiao4 ▲^1	调皮/a ◆ tiao2_pi2 ▲^1	3	心/n ◆ xin1 ▲^2	同情/v ◆ tong2_qing2 ▲^1
3	协定/n ◆ xie2_ding4 ▲^1	签订/v ◆ qian1_ding4	3	心/n ◆ xin1 ▲^2	全/a ◆ quan2 ▲^3
3	协议/n ◆ xie2_yi4 ▲^2	达成/v ◆ da2_cheng2	3	心/n ◆ xin1 ▲^2	想/v ◆ xiang3 ▲^★
3	协议/n ◆ xie2_yi4 ▲^2	合同/n ◆ he2_tong2	3	心/n ◆ xin1 ▲^2	软/a ◆ ruan3 ▲^5
3	写/v ◆ xie3 ▲^★	书/n ◆ shu1	3	心底/n ◆ xin1_di3 ▲^1	痛苦/a ◆ tong4_ku3
3	写/v ◆ xie3 ▲^★	内容/n ◆ nei4_rong2	3	心理/n ◆ xin1_li3 ▲^2	状态/n ◆ zhuang4_tai4
3	写/v ◆ xie3 ▲^1	楷字/n ◆ kai3_zi4	3	心理/n ◆ xin1_li3 ▲^2	社会/n ◆ she4_hui4 ▲^2
3	写/v ◆ xie3 ▲^1	大字/n ◆ da4_zi4	3	心理/n ◆ xin1_li3 ▲^2	活动/n ◆ huo2_dong4 ▲^5
3	写/v ◆ xie3 ▲^1	姓名/n ◆ xing4_ming2	3	心眼/n ◆ xin1_yan3 ▲^4	多/a ◆ duo1 ▲^A1
3	写/v ◆ xie3 ▲^1	诉状/n ◆ su4_zhuang4			
3	写/v ◆ xie3 ▲^1	日期/n ◆ ri4_qi1	3	辛苦/a ◆ xin1_ku3 ▲^1	工作/v ◆ gong1_zuo4 ▲^1
3	写/v ◆ xie3 ▲^1	账单/n ◆ zhang4_dan1	3	欣赏/v ◆ xin1_shang3 ▲^1	值得/v ◆ zhi2_de2 ▲^2
3	写/v ◆ xie3 ▲^1	标语/n ◆ biao1_yu3	3	欣赏/v ◆ xin1_shang3 ▲^1	小说/n ◆ xiao3_shuo1
3	写/v ◆ xie3 ▲^1	请假条/n ◆ qing3_jia4_tiao2	3	欣赏/v ◆ xin1_shang3 ▲^1	趣味/n ◆ qu4_wei4
3	写/v ◆ xie3 ▲^1	工整/a ◆ gong1_zheng3	3	新/a ◆ xin1 ▲^1	物种/n ◆ wu4_zhong3
3	写/v ◆ xie3 ▲^1	愿望/n ◆ yuan4_wang4	3	新/a ◆ xin1 ▲^1	设计/v ◆ she4_ji4 ▲^1
3	写/v ◆ xie3 ▲^1	成/v ◆ cheng2 ▲^A1	3	新/a ◆ xin1 ▲^1	提供/v ◆ ti2_gong1
3	写/v ◆ xie3 ▲^1	表扬信/n ◆ biao3_yang2_xin4	3	新/a ◆ xin1 ▲^1	学堂/n ◆ xue2_tang2
			3	新/a ◆ xin1 ▲^1	高/a ◆ gao1 ▲^4
3	写/v ◆ xie3 ▲^2	黑板/n ◆ hei1_ban3	3	新/a ◆ xin1 ▲^1	引入/v ◆ yin3_ru4
3	写/v ◆ xie3 ▲^2	自由/a ◆ zi4_you2 ▲^3	3	新/a ◆ xin1 ▲^1	现象/n ◆ xian4_xiang4
			3	新/a ◆ xin1 ▲^1	涌现/v ◆ yong3_xian4
			3	新/a ◆ xin1 ▲^1	课本/n ◆ ke4_ben3

共现次数	节点词语	搭配词语	共现次数	节点词语	搭配词语
3	新/a ◆ xin1 ▲ ^1	老师/n ◆ lao3_shi1	3	形象/n ◆ xing2_xiang4 ▲ ^2	成功/a ◆ cheng2_gong1 ▲ ^2
3	新/a ◆ xin1 ▲ ^1	落成/v ◆ luo4_cheng2	3	形象/n ◆ xing2_xiang4 ▲ ^2	活生生/z ◆ huo2_sheng1_sheng1 ▲ ^1
3	新/a ◆ xin1 ▲ ^1	伙伴/n ◆ huo3_ban4	3	形象/n ◆ xing2_xiang4 ▲ ^2	特征/n ◆ te4_zheng1
3	新/a ◆ xin1 ▲ ^2	文学/n ◆ wen2_xue2	3	形象/n ◆ xing2_xiang4 ▲ ^2	体现/v ◆ ti3_xian4
3	新/a ◆ xin1 ▲ ^2	文艺/n ◆ wen2_yi4	3	形象/n ◆ xing2_xiang4 ▲ ^2	重要/a ◆ zhong4_yao4
3	新/a ◆ xin1 ▲ ^6	药/n ◆ yao4 ▲ ^1	3	形象/n ◆ xing2_xiang4 ▲ ^2	古代/n ◆ gu3_dai4 ▲ ^1
3	新闻/n ◆ xin1_wen2 ▲ ^1	广播/v ◆ guang3_bo1 ▲ ^1	3	形象/n ◆ xing2_xiang4 ▲ ^2	揭示/v ◆ jie1_shi4 ▲ ^2
3	新闻/n ◆ xin1_wen2 ▲ ^1	大战/n ◆ da4_zhan4 ▲ ^1	3	醒/v ◆ xing3 ▲ ^2	喊/v ◆ han3 ▲ ^1
3	信/n ◆ xin4 ▲ ^A7	写/v ◆ xie3 ▲ ^★	3	醒/v ◆ xing3 ▲ ^2	惊/v ◆ jing1 ▲ ^2
3	信/n ◆ xin4 ▲ ^A7	推荐/v ◆ tui1_jian4	3	姓/n ◆ xing4 ▲ ^1	改/v ◆ gai3 ▲ ^1
3	信/n ◆ xin4 ▲ ^A7	长/a ◆ chang2 ▲ ^1	3	幸福/a ◆ xing4_fu2 ▲ ^2	追求/v ◆ zhui1_qiu2 ▲ ^1
3	信/n ◆ xin4 ▲ ^A7	看/v ◆ kan4 ▲ ^2	3	幸福/a ◆ xing4_fu2 ▲ ^2	争取/v ◆ zheng1_qu3 ▲ ^1
3	信/n ◆ xin4 ▲ ^A7	等/v ◆ deng3 ▲ ^B1	3	兄弟/n ◆ xiong1_di5 ▲ ^2	小/a ◆ xiao3 ▲ ^1
3	信/n ◆ xin4 ▲ ^A7	接过/v ◆ jie1_guo4	3	休息/v ◆ xiu1_xi5 ▲ ^2	工作/v ◆ gong1_zuo4 ▲ ^1
3	信号/n ◆ xin4_hao4 ▲ ^1	视觉/n ◆ shi4_jue2	3	休息/v ◆ xiu1_xi5 ▲ ^2	回家/v ◆ hui2_jia1
3	信息/n ◆ xin4_xi1 ▲ ^1	文化/n ◆ wen2_hua4 ▲ ^1	3	修饰/v ◆ xiu1_shi4 ▲ ^3	直接/a ◆ zhi2_jie1
3	信息/n ◆ xin4_xi1 ▲ ^1	电脑/n ◆ dian4_nao3	3	修饰/v ◆ xiu1_shi4 ▲ ^3	受/v ◆ shou4 ▲ ^1
3	信息/n ◆ xin4_xi1 ▲ ^1	接受/v ◆ jie1_shou4 ▲ ^1	3	修养/n ◆ xiu1_yang3 ▲ ^1	艺术/n ◆ yi4_shu4 ▲ ^1
3	信息/n ◆ xin4_xi1 ▲ ^1	错误/a ◆ cuo4_wu4 ▲ ^1	3	修养/n ◆ xiu1_yang3 ▲ ^1	文化/n ◆ wen2_hua4 ▲ ^3
3	信息/n ◆ xin4_xi1 ▲ ^1	系统/n ◆ xi4_tong3 ▲ ^1	3	修养/n ◆ xiu1_yang3 ▲ ^2	提高/v ◆ ti2_gao1
3	信息/n ◆ xin4_xi1 ▲ ^1	输入/v ◆ shu1_ru4 ▲ ^3	3	绣像/n ◆ xiu4_xiang4 ▲ ^2	描/v ◆ miao2 ▲ ^1
3	信息/n ◆ xin4_xi1 ▲ ^2	生物/n ◆ sheng1_wu4	3	需要/n ◆ xu1_yao4 ▲ ^2	时代/n ◆ shi2_dai4 ▲ ^1
3	兴奋/a ◆ xing1_fen4 ▲ ^1	异常/a ◆ yi4_chang2 ▲ ^1	3	需要/n ◆ xu1_yao4 ▲ ^2	生活/n ◆ sheng1_huo2 ▲ ^1
3	兴奋/a ◆ xing1_fen4 ▲ ^1	说/v ◆ shuo1 ▲ ^1	3	需要/v ◆ xu1_yao4 ▲ ^1	特殊/a ◆ te4_shu1
3	兴奋/a ◆ xing1_fen4 ▲ ^1	不已/v ◆ bu4_yi3	3	序幕/n ◆ xu4_mu4 ▲ ^2	拉/v ◆ la1 ▲ ^A1
3	星/n ◆ xing1 ▲ ^1	明亮/a ◆ ming2_liang4 ▲ ^1	3	选/v ◆ xuan3 ▲ ^1	作/v ◆ zuo4 ▲ ^6
3	星/n ◆ xing1 ▲ ^1	天空/n ◆ tian1_kong1	3	学/v ◆ xue2 ▲ ^1	懂/v ◆ dong3
3	星期/n ◆ xing1_qi1 ▲ ^1	过/v ◆ guo4 ▲ ^1			
3	星期/n ◆ xing1_qi1 ▲ ^1	过去/v ◆ guo4_qu4 ▲ ^1			
3	形象/n ◆ xing2_xiang4 ▲ ^2	故事/n ◆ gu4_shi5 ▲ ^1			
3	形象/n ◆ xing2_xiang4 ▲ ^2	完整/a ◆ wan2_zheng3			

共现次数	节点词语	搭配词语	共现次数	节点词语	搭配词语
3	学科 /n ◆ xue2_ke1 ▲ ^1	生物 /n ◆ sheng1_wu4	3	研究 /v ◆ yan2_jiu1 ▲ ^1	揭示 /v ◆ jie1_shi4 ▲ ^2
3	学科 /n ◆ xue2_ke1 ▲ ^1	新 /a ◆ xin1 ▲ ^1	3	盐 /n ◆ yan2 ▲ ^1	买 /v ◆ mai3
3	学生 /n ◆ xue2_sheng5 ▲ ^1	进步 /a ◆ jin4_bu4 ▲ ^2	3	颜色 /n ◆ yan2_se4 ▲ ^1	黑 /a ◆ hei1 ▲ ^1
3	学生 /n ◆ xue2_sheng5 ▲ ^1	小学 /n ◆ xiao3_xue2 ▲ ^1	3	颜色 /n ◆ yan2_se4 ▲ ^1	朱红 /b ◆ zhu1_hong2
3	学生 /n ◆ xue2_sheng5 ▲ ^1	成绩 /n ◆ cheng2_ji4	3	颜色 /n ◆ yan2_se4 ▲ ^1	换 /v ◆ huan4 ▲ ^2
3	学生 /n ◆ xue2_sheng5 ▲ ^1	教 /v ◆ jiao1	3	颜色 /n ◆ yan2_se4 ▲ ^1	普通 /a ◆ pu3_tong1
3	学徒 /n ◆ xue2_tu2 ▲ ^1	做 /v ◆ zuo4 ▲ ^5	3	掩 /v ◆ yan3 ▲ ^1	耳朵 /n ◆ er3_duo3
3	学问 /n ◆ xue2_wen5 ▲ ^1	高深 /a ◆ gao1_shen1	3	眼 /n ◆ yan3 ▲ ^1	青 /a ◆ qing1 ▲ ^1
3	学问 /n ◆ xue2_wen5 ▲ ^2	没有 /v ◆ mei2_you3 ▲ ^A1	3	眼 /n ◆ yan3 ▲ ^1	瞥 /v ◆ pie1
3	学习 /v ◆ xue2_xi2 ▲ ^1	初中 /n ◆ chu1_zhong1	3	眼 /n ◆ yan3 ▲ ^1	圆 /a ◆ yuan2 ▲ ^3
3	学习 /v ◆ xue2_xi2 ▲ ^1	专心 /a ◆ zhuan1_xin1	3	眼 /n ◆ yan3 ▲ ^1	满 /a ◆ man3 ▲ ^A4
3	学习 /v ◆ xue2_xi2 ▲ ^1	发愤 /v ◆ fa1_fen4	3	眼 /n ◆ yan3 ▲ ^1	双 /b ◆ shuang1 ▲ ^1
3	学习 /v ◆ xue2_xi2 ▲ ^1	善于 /v ◆ shan4_yu2	3	眼 /n ◆ yan3 ▲ ^1	看到 /v ◆ kan4_dao4
3	学习 /v ◆ xue2_xi2 ▲ ^1	课堂 /n ◆ ke4_tang2	3	眼 /n ◆ yan3 ▲ ^1	多 /a ◆ duo1 ▲ ^A1
3	学习 /v ◆ xue2_xi2 ▲ ^1	享受 /v ◆ xiang3_shou4	3	眼 /n ◆ yan3 ▲ ^2	鼓 /v ◆ gu3 ▲ ^6
3	血 /n ◆ xue4 ▲ ^1	流出 /v ◆ liu2_chu1	3	眼光 /n ◆ yan3_guang1 ▲ ^1	投 /v ◆ tou2 ▲ ^A4
3	血 /n ◆ xue4 ▲ ^1	多 /a ◆ duo1 ▲ ^A1	3	羊 /n ◆ yang2 ▲ ^1	黑 /a ◆ hei1 ▲ ^1
3	压力 /n ◆ ya1_li4 ▲ ^1	承受 /v ◆ cheng2_shou4 ▲ ^1	3	羊 /n ◆ yang2 ▲ ^1	死 /v ◆ si3 ▲ ^1
3	芽 /n ◆ ya2 ▲ ^1	小 /a ◆ xiao3 ▲ ^1	3	阳光 /n ◆ yang2_guang1 ▲ ^1	晒 /v ◆ shai4 ▲ ^2
3	烟 /n ◆ yan1 ▲ ^1	淡 /a ◆ dan4 ▲ ^3	3	阳光 /n ◆ yang2_guang1 ▲ ^1	暖和 /a ◆ nuan3_huo5 ▲ ^1
3	烟 /n ◆ yan1 ▲ ^1	薄 /a ◆ bao2 ▲ ^1	3	阳光 /n ◆ yang2_guang1 ▲ ^1	明亮 /a ◆ ming2_liang4 ▲ ^1
3	烟 /n ◆ yan1 ▲ ^4	递 /v ◆ di4	3	阳光 /n ◆ yang2_guang1 ▲ ^1	普照 /v ◆ pu3_zhao4
3	烟 /n ◆ yan1 ▲ ^4	鸦片 /n ◆ ya1_pian4	3	阳光 /n ◆ yang2_guang1 ▲ ^1	洒 /v ◆ sa3 ▲ ^2
3	烟 /n ◆ yan1 ▲ ^4	给 /v ◆ gei3 ▲ ^1	3	阳光 /n ◆ yang2_guang1 ▲ ^1	映照 /v ◆ ying4_zhao4
3	烟 /n ◆ yan1 ▲ ^5	雪茄 /n ◆ xue3_jia1			
3	烟 /n ◆ yan1 ▲ ^5	吸 /v ◆ xi1 ▲ ^1	3	杨梅 /n ◆ yang2_mei2 ▲ ^2	树 /n ◆ shu4 ▲ ^1
3	烟 /n ◆ yan1 ▲ ^5	叼 /v ◆ diao1	3	仰望 /v ◆ yang3_wang4 ▲ ^1	天空 /n ◆ tian1_kong1
3	淹 /v ◆ yan1 ▲ ^1	大水 /n ◆ da4_shui3	3	养 /v ◆ yang3 ▲ ^2	活 /v ◆ huo2 ▲ ^A1
3	严重 /a ◆ yan2_zhong4 ▲ ^1	污染 /v ◆ wu1_ran3 ▲ ^2	3	痒 /a ◆ yang3 ▲ ^1	挠 /v ◆ nao2
3	严重 /a ◆ yan2_zhong4 ▲ ^1	破坏 /v ◆ po4_huai4 ▲ ^1	3	样子 /n ◆ yang4_zi5 ▲ ^2	学 /v ◆ xue2 ▲ ^2
3	研究 /v ◆ yan2_jiu1 ▲ ^1	课题 /n ◆ ke4_ti2	3	腰 /n ◆ yao1 ▲ ^1	叉 /v ◆ cha1 ▲ ^2
			3	腰鼓 /n ◆ yao1_gu3 ▲ ^2	好 /a ◆ hao3 ▲ ^ ★
			3	药 /n ◆ yao4 ▲ ^1	给 /v ◆ gei3 ▲ ^1
			3	药 /n ◆ yao4 ▲ ^1	医 /v ◆ yi1 ▲ ^3
			3	药 /n ◆ yao4 ▲ ^1	厂 /n ◆ chang3 ▲ ^1

共现次数	节点词语	搭配词语	共现次数	节点词语	搭配词语
3	要 /v ◆ yao4 ▲^B5	成绩 /n ◆ cheng2_ji4	3	一致 /a ◆ yi1_zhi4 ▲^1	认为 /v ◆ ren4_wei2
3	要道 /n ◆ yao4_dao4 ▲^1	交通 /n ◆ jiao1_tong1 ▲^2	3	遗产 /n ◆ yi2_chan3 ▲^1	继承 /v ◆ ji4_cheng2 ▲^1
3	要求 /n ◆ yao1_qiu2 ▲^2	基本 /b ◆ ji1_ben3 ▲^3	3	遗容 /n ◆ yi2_rong2 ▲^1	瞻仰 /v ◆ zhan1_yang3
3	要求 /n ◆ yao1_qiu2 ▲^2	新 /a ◆ xin1 ▲^1	3	遗体 /n ◆ yi2_ti3 ▲^1	烈士 /n ◆ lie4_shi4 ▲^1
3	要求 /n ◆ yao1_qiu2 ▲^2	高 /a ◆ gao1 ▲^4	3	遗体 /n ◆ yi2_ti3 ▲^1	保护 /v ◆ bao3_hu4
3	要求 /n ◆ yao1_qiu2 ▲^2	挑战 /v ◆ tiao3_zhan4 ▲^2	3	义务 /n ◆ yi4_wu4 ▲^2	尽 /v ◆ jin4 ▲^1
3	要求 /n ◆ yao1_qiu2 ▲^2	满足 /v ◆ man3_zu2 ▲^2	3	艺术 /n ◆ yi4_shu4 ▲^1	优美 /a ◆ you1_mei3
3	要求 /n ◆ yao1_qiu2 ▲^2	合乎 /v ◆ he2_hu1	3	艺术 /n ◆ yi4_shu4 ▲^1	传达 /v ◆ chuan2_da2 ▲^1
3	要求 /v ◆ yao1_qiu2 ▲^1	准确 /a ◆ zhun3_que4	3	艺术 /n ◆ yi4_shu4 ▲^1	民族 /n ◆ min2_zu2 ▲^2
3	爷爷 /n ◆ ye2_ye5 ▲^1	家 /n ◆ jia1 ▲^1	3	艺术 /n ◆ yi4_shu4 ▲^1	提高 /v ◆ ti2_gao1
3	爷爷 /n ◆ ye2_ye5 ▲^1	好 /a ◆ hao3 ▲^1	3	艺术 /n ◆ yi4_shu4 ▲^1	高度 /b ◆ gao1_du4 ▲^2
3	爷爷 /n ◆ ye2_ye5 ▲^1	家 /n ◆ jia1 ▲^2	3	艺术 /n ◆ yi4_shu4 ▲^1	书写 /v ◆ shu1_xie3
3	爷爷 /n ◆ ye2_ye5 ▲^1	高兴 /a ◆ gao1_xing4 ▲^1	3	艺术 /n ◆ yi4_shu4 ▲^1	建筑 /v ◆ jian4_zhu4 ▲^1
3	爷爷 /n ◆ ye2_ye5 ▲^2	看 /v ◆ kan4 ▲^1	3	艺术 /n ◆ yi4_shu4 ▲^1	感受 /v ◆ gan3_shou4 ▲^1
3	叶子 /n ◆ ye4_zi5 ▲^1	植物 /n ◆ zhi2_wu4	3	艺术 /n ◆ yi4_shu4 ▲^1	人民 /n ◆ ren2_min2
3	叶子 /n ◆ ye4_zi5 ▲^1	颜色 /n ◆ yan2_se4 ▲^1	3	艺术 /n ◆ yi4_shu4 ▲^1	历史 /n ◆ li4_shi3 ▲^1
3	叶子 /n ◆ ye4_zi5 ▲^1	老 /a ◆ lao3 ▲^1	3	艺术 /n ◆ yi4_shu4 ▲^1	美 /a ◆ mei3 ▲^A1
3	叶子 /n ◆ ye4_zi5 ▲^1	舒展 /v ◆ shu1_zhan3 ▲^1	3	艺术 /n ◆ yi4_shu4 ▲^1	时期 /n ◆ shi2_qi1
3	叶子 /n ◆ ye4_zi5 ▲^1	碧绿 /z ◆ bi4_lv4	3	艺术 /n ◆ yi4_shu4 ▲^1	成熟 /a ◆ cheng2_shu2 ▲^2
3	叶子 /n ◆ ye4_zi5 ▲^1	嫩红 /z ◆ nen4_hong2	3	艺术 /n ◆ yi4_shu4 ▲^1	瑰宝 /n ◆ gui1_bao3
3	叶子 /n ◆ ye4_zi5 ▲^1	美 /a ◆ mei3 ▲^A1	3	艺术 /n ◆ yi4_shu4 ▲^1	青年 /n ◆ qing1_nian2 ▲^1
3	叶子 /n ◆ ye4_zi5 ▲^1	绿 /a ◆ lv4	3	艺术 /n ◆ yi4_shu4 ▲^1	表演 /v ◆ biao3_yan3 ▲^1
3	叶子 /n ◆ ye4_zi5 ▲^1	长 /a ◆ chang2 ▲^1	3	艺术 /n ◆ yi4_shu4 ▲^1	高度 /n ◆ gao1_du4 ▲^1
3	夜 /n ◆ ye4 ▲^1	美 /a ◆ mei3 ▲^A1	3	艺术 /n ◆ yi4_shu4 ▲^1	特征 /n ◆ te4_zheng1
3	夜 /n ◆ ye4 ▲^1	雨 /n ◆ yu3	3	艺术 /n ◆ yi4_shu4 ▲^1	美学 /n ◆ mei3_xue2
3	一定 /b ◆ yi1_ding4 ▲^2	没有 /v ◆ mei2_you3 ▲^A2			

共现次数	节点词语	搭配词语
3	艺术 /n ◆ yi4_shu4 ▲ ^1	评论 /v ◆ ping2_lun4 ▲ ^1
3	艺术 /n ◆ yi4_shu4 ▲ ^1	深刻 /a ◆ shen1_ke4 ▲ ^1
3	艺术 /n ◆ yi4_shu4 ▲ ^1	精华 /n ◆ jing1_hua2 ▲ ^1
3	艺术 /n ◆ yi4_shu4 ▲ ^1	手段 /n ◆ shou3_duan4 ▲ ^1
3	艺术 /n ◆ yi4_shu4 ▲ ^1	研究 /v ◆ yan2_jiu1 ▲ ^1
3	艺术 /n ◆ yi4_shu4 ▲ ^1	享受 /v ◆ xiang3_shou4
3	艺术 /n ◆ yi4_shu4 ▲ ^1	大师 /n ◆ da4_shi1 ▲ ^1
3	议论 /v ◆ yi4_lun4 ▲ ^1	发 /v ◆ fa1 ▲ ^4
3	异常 /a ◆ yi4_chang2 ▲ ^1	兴奋 /a ◆ xing1_fen4 ▲ ^1
3	抑制 /v ◆ yi4_zhi4 ▲ ^2	无法 /v ◆ wu2_fa3
3	意见 /n ◆ yi4_jian4 ▲ ^1	同意 /v ◆ tong2_yi4
3	意见 /n ◆ yi4_jian4 ▲ ^1	听 /v ◆ ting1 ▲ ^A2
3	意见 /n ◆ yi4_jian4 ▲ ^1	表示 /v ◆ biao3_shi4 ▲ ^1
3	意识 /n ◆ yi4_shi2 ▲ ^1	阶级 /n ◆ jie1_ji2 ▲ ^3
3	意识 /n ◆ yi4_shi2 ▲ ^1	形成 /v ◆ xing2_cheng2
3	意识 /n ◆ yi4_shi2 ▲ ^1	历史 /n ◆ li4_shi3 ▲ ^1
3	意识 /n ◆ yi4_shi2 ▲ ^1	强 /a ◆ qiang2 ▲ ^1
3	意识 /n ◆ yi4_shi2 ▲ ^1	文化 /n ◆ wen2_hua4 ▲ ^1
3	意思 /n ◆ yi4_si5 ▲ ^1	词语 /n ◆ ci2_yu3
3	意思 /n ◆ yi4_si5 ▲ ^1	明白 /a ◆ ming2_bai5 ▲ ^1
3	意思 /n ◆ yi4_si5 ▲ ^2	知道 /v ◆ zhi1_dao4
3	意思 /n ◆ yi4_si5 ▲ ^2	懂得 /v ◆ dong3_de5
3	意思 /n ◆ yi4_si5 ▲ ^6	有 /v ◆ you3 ▲ ^5
3	意外 /a ◆ yi4_wai4 ▲ ^1	发生 /v ◆ fa1_sheng1 ▲ ^1
3	意外 /a ◆ yi4_wai4 ▲ ^1	出 /v ◆ chu1 ▲ ^A6
3	意味 /n ◆ yi4_wei4 ▲ ^1	有 /v ◆ you3 ▲ ^1
3	意味 /n ◆ yi4_wei4 ▲ ^1	象征 /v ◆ xiang4_zheng1 ▲ ^1
3	意义 /n ◆ yi4_yi4 ▲ ^1	构成 /v ◆ gou4_cheng2 ▲ ^1
3	意义 /n ◆ yi4_yi4 ▲ ^2	含有 /v ◆ han2_you3
3	意义 /n ◆ yi4_yi4 ▲ ^2	产生 /v ◆ chan3_sheng1
3	意义 /n ◆ yi4_yi4 ▲ ^2	重大 /a ◆ zhong4_da4
3	意义 /n ◆ yi4_yi4 ▲ ^2	真正 /b ◆ zhen1_zheng4 ▲ ^1
3	意义 /n ◆ yi4_yi4 ▲ ^2	赋予 /v ◆ fu4_yu3
3	因素 /n ◆ yin1_su4 ▲ ^1	影响 /v ◆ ying3_xiang3 ▲ ^1
3	因素 /n ◆ yin1_su4 ▲ ^1	重要 /a ◆ zhong4_yao4
3	因素 /n ◆ yin1_su4 ▲ ^1	考虑 /v ◆ kao3_lv4
3	因素 /n ◆ yin1_su4 ▲ ^1	新 /a ◆ xin1 ▲ ^1
3	音 /n ◆ yin1 ▲ ^1	发出 /v ◆ fa1_chu1 ▲ ^1
3	引用 /v ◆ yin3_yong4 ▲ ^1	直接 /a ◆ zhi2_jie1
3	印 /v ◆ yin4 ▲ ^3	讲义 /n ◆ jiang3_yi4
3	应用 /v ◆ ying4_yong4 ▲ ^1	方法 /n ◆ fang1_fa3
3	应用 /v ◆ ying4_yong4 ▲ ^1	普遍 /a ◆ pu3_bian4
3	英雄 /n ◆ ying1_xiong2 ▲ ^1	称 /v ◆ cheng1 ▲ ^A1
3	英雄 /n ◆ ying1_xiong2 ▲ ^1	神话 /n ◆ shen2_hua4 ▲ ^1
3	英雄 /n ◆ ying1_xiong2 ▲ ^1	人民 /n ◆ ren2_min2
3	英雄 /n ◆ ying1_xiong2 ▲ ^1	女 /b ◆ nv3
3	英雄 /n ◆ ying1_xiong2 ▲ ^1	古代 /n ◆ gu3_dai4 ▲ ^1
3	英雄 /n ◆ ying1_xiong2 ▲ ^1	人物 /n ◆ ren2_wu4 ▲ ^1
3	英雄 /n ◆ ying1_xiong2 ▲ ^1	形象 /n ◆ xing2_xiang4 ▲ ^2
3	英雄 /n ◆ ying1_xiong2 ▲ ^2	革命 /v ◆ ge2_ming4 ▲ ^1
3	英雄 /n ◆ ying1_xiong2 ▲ ^2	时代 /n ◆ shi2_dai4 ▲ ^1
3	英雄 /n ◆ ying1_xiong2 ▲ ^2	气概 /n ◆ qi4_gai4

共现次数	节点词语	搭配词语	共现次数	节点词语	搭配词语
3	英雄 /n ◆ ying1_xiong2 ▲ ^2	纪念碑 /n ◆ ji4_nian4_bei1	3	友好 /a ◆ you3_hao3 ▲ ^2	使者 /n ◆ shi3_zhe3
3	营养 /n ◆ ying2_yang3 ▲ ^2	汲取 /v ◆ ji2_qu3	3	有关 /v ◆ you3_guan1 ▲ ^1	疾病 /n ◆ ji2_bing4
3	营养 /n ◆ ying2_yang3 ▲ ^2	价值 /n ◆ jia4_zhi2 ▲ ^2	3	宇宙 /n ◆ yu3_zhou4 ▲ ^1	敬畏 /v ◆ jing4_wei4
3	影响 /n ◆ ying3_xiang3 ▲ ^2	深远 /a ◆ shen1_yuan3	3	宇宙 /n ◆ yu3_zhou4 ▲ ^1	科学 /n ◆ ke1_xue2 ▲ ^1
3	影响 /n ◆ ying3_xiang3 ▲ ^2	受到 /v ◆ shou4_dao4	3	宇宙 /n ◆ yu3_zhou4 ▲ ^1	起始 /v ◆ qi3_shi3 ▲ ^1
3	影响 /n ◆ ying3_xiang3 ▲ ^2	深 /a ◆ shen1 ▲ ^4	3	宇宙 /n ◆ yu3_zhou4 ▲ ^1	观测 /v ◆ guan1_ce4 ▲ ^1
3	影响 /n ◆ ying3_xiang3 ▲ ^2	文学 /n ◆ wen2_xue2	3	宇宙 /n ◆ yu3_zhou4 ▲ ^1	爆炸 /v ◆ bao4_zha4 ▲ ^1
3	影响 /n ◆ ying3_xiang3 ▲ ^2	受 /v ◆ shou4 ▲ ^1	3	宇宙 /n ◆ yu3_zhou4 ▲ ^1	理论 /n ◆ li3_lun4 ▲ ^1
3	影响 /v ◆ ying3_xiang3 ▲ ^1	重要 /a ◆ zhong4_yao4	3	羽毛 /n ◆ yu3_mao2 ▲ ^1	乌黑 /z ◆ wu1_hei1
3	影响 /v ◆ ying3_xiang3 ▲ ^1	发生 /v ◆ fa1_sheng1 ▲ ^1	3	羽毛 /n ◆ yu3_mao2 ▲ ^1	长 /a ◆ chang2 ▲ ^1
3	影响 /v ◆ ying3_xiang3 ▲ ^1	形成 /v ◆ xing2_cheng2	3	羽毛 /n ◆ yu3_mao2 ▲ ^1	美丽 /a ◆ mei3_li4
3	影响 /v ◆ ying3_xiang3 ▲ ^1	物候 /n ◆ wu4_hou4	3	羽毛 /n ◆ yu3_mao2 ▲ ^1	洁白 /z ◆ jie2_bai2
3	影子 /n ◆ ying3_zi5 ▲ ^1	灯 /n ◆ deng1 ▲ ^1	3	羽毛 /n ◆ yu3_mao2 ▲ ^1	光滑 /a ◆ guang1_hua2
3	影子 /n ◆ ying3_zi5 ▲ ^1	灯光 /n ◆ deng1_guang1 ▲ ^1	3	羽毛 /n ◆ yu3_mao2 ▲ ^1	小 /a ◆ xiao3 ▲ ^1
3	拥 /v ◆ yong1 ▲ ^3	上去 /v ◆ shang4_qu4	3	雨水 /n ◆ yu3_shui3 ▲ ^1	冲洗 /v ◆ chong1_xi3 ▲ ^2
3	涌 /v ◆ yong3 ▲ ^1	泉 /n ◆ quan2	3	语气 /n ◆ yu3_qi4 ▲ ^1	句子 /n ◆ ju4_zi5
3	涌 /v ◆ yong3 ▲ ^1	海水 /n ◆ hai3_shui3	3	语气 /n ◆ yu3_qi4 ▲ ^1	舒缓 /z ◆ shu1_huan3 ▲ ^2
3	用心 /a ◆ yong4_xin1 ▲ ^A	看 /v ◆ kan4 ▲ ^1	3	语文 /n ◆ yu3_wen2 ▲ ^2	课堂 /n ◆ ke4_tang2
3	用语 /n ◆ yong4_yu3 ▲ ^2	普通话 /n ◆ pu3_tong1_hua4	3	语文 /n ◆ yu3_wen2 ▲ ^2	素养 /n ◆ su4_yang3
3	用语 /n ◆ yong4_yu3 ▲ ^2	基本 /b ◆ ji1_ben3 ▲ ^3	3	语文 /n ◆ yu3_wen2 ▲ ^2	世界 /n ◆ shi4_jie4 ▲ ^1
3	油 /n ◆ you2 ▲ ^1	榨 /v ◆ zha4	3	语文 /n ◆ yu3_wen2 ▲ ^2	教 /v ◆ jiao1
3	油 /n ◆ you2 ▲ ^1	多 /a ◆ duo1 ▲ ^A1	3	语文 /n ◆ yu3_wen2 ▲ ^2	好 /a ◆ hao3 ▲ ^1
3	油 /n ◆ you2 ▲ ^1	煎 /v ◆ jian1 ▲ ^1	3	语文 /n ◆ yu3_wen2 ▲ ^2	世界 /n ◆ shi4_jie4 ▲ ^5
3	游戏 /n ◆ you2_xi4 ▲ ^1	基本 /b ◆ ji1_ben3 ▲ ^3	3	语言 /n ◆ yu3_yan2 ▲ ^1	科学 /n ◆ ke1_xue2 ▲ ^1
3	游戏 /n ◆ you2_xi4 ▲ ^1	操纵 /v ◆ cao1_zong4 ▲ ^1	3	语言 /n ◆ yu3_yan2 ▲ ^1	美 /a ◆ mei3 ▲ ^A1
3	游行 /v ◆ you2_xing2 ▲ ^2	举行 /v ◆ ju3_xing2			
3	游行 /v ◆ you2_xing2 ▲ ^2	参加 /v ◆ can1_jia1 ▲ ^1			
3	友好 /a ◆ you3_hao3 ▲ ^2	人民 /n ◆ ren2_min2			

共现次数	节点词语	搭配词语
3	语言/n ◆ yu3_yan2 ▲^1	人民/n ◆ ren2_min2
3	语言/n ◆ yu3_yan2 ▲^1	会/v ◆ hui4 ▲^B3
3	语言/n ◆ yu3_yan2 ▲^1	讲/v ◆ jiang3 ▲^2
3	语言/n ◆ yu3_yan2 ▲^1	古代/n ◆ gu3_dai4 ▲^1
3	语言/n ◆ yu3_yan2 ▲^1	变化/v ◆ bian4_hua4
3	语言/n ◆ yu3_yan2 ▲^1	重要/a ◆ zhong4_yao4
3	语言/n ◆ yu3_yan2 ▲^1	规定/n ◆ gui1_ding4 ▲^2
3	语言/n ◆ yu3_yan2 ▲^1	丰富/a ◆ feng1_fu4 ▲^1
3	语言/n ◆ yu3_yan2 ▲^1	共同/b ◆ gong4_tong2 ▲^1
3	语言/n ◆ yu3_yan2 ▲^1	政策/n ◆ zheng4_ce4
3	语言/n ◆ yu3_yan2 ▲^2	多样/a ◆ duo1_yang4
3	语言/n ◆ yu3_yan2 ▲^2	清晰/a ◆ qing1_xi1
3	语言/n ◆ yu3_yan2 ▲^2	散文/n ◆ san3_wen2 ▲^2
3	语言/n ◆ yu3_yan2 ▲^2	特殊/a ◆ te4_shu1
3	语言/n ◆ yu3_yan2 ▲^2	鲜明/a ◆ xian1_ming2 ▲^2
3	语言/n ◆ yu3_yan2 ▲^2	讲/v ◆ jiang3 ▲^1
3	语言/n ◆ yu3_yan2 ▲^2	简练/a ◆ jian3_lian4
3	语言/n ◆ yu3_yan2 ▲^2	恰当/a ◆ qia4_dang4
3	语言/n ◆ yu3_yan2 ▲^2	工具/n ◆ gong1_ju4 ▲^2
3	语言/n ◆ yu3_yan2 ▲^2	重要/a ◆ zhong4_yao4
3	语言/n ◆ yu3_yan2 ▲^2	刻画/v ◆ ke4_hua4 ▲^2
3	语言/n ◆ yu3_yan2 ▲^2	人类/n ◆ ren2_lei4
3	语言/n ◆ yu3_yan2 ▲^2	简洁/a ◆ jian3_jie2
3	语言/n ◆ yu3_yan2 ▲^2	精练/a ◆ jing1_lian4
3	玉米/n ◆ yu4_mi3 ▲^1	长/v ◆ zhang3 ▲^B2
3	玉米/n ◆ yu4_mi3 ▲^1	种/v ◆ zhong4
3	玉米/n ◆ yu4_mi3 ▲^2	地/n ◆ di4 ▲^3
3	预感/n ◆ yu4_gan3 ▲^2	不祥/a ◆ bu4_xiang2
3	预言/n ◆ yu4_yan2 ▲^2	可靠/a ◆ ke3_kao4 ▲^2
3	预言/n ◆ yu4_yan2 ▲^2	做/v ◆ zuo4 ▲^3
3	预言/v ◆ yu4_yan2 ▲^1	作/v ◆ zuo4 ▲^2
3	预言/v ◆ yu4_yan2 ▲^1	巫师/n ◆ wu1_shi1
3	寓言/n ◆ yu4_yan2 ▲^2	起源/n ◆ qi3_yuan2 ▲^2
3	原则/n ◆ yuan2_ze2 ▲^1	道德/n ◆ dao4_de2 ▲^1
3	原则/n ◆ yuan2_ze2 ▲^1	精神/n ◆ jing1_shen2 ▲^2
3	远/a ◆ yuan3 ▲^1	隔/v ◆ ge2 ▲^2
3	远/a ◆ yuan3 ▲^1	去/v ◆ qu4 ▲^A1
3	远/a ◆ yuan3 ▲^1	送/v ◆ song4 ▲^1
3	院/n ◆ yuan4 ▲^1	满/a ◆ man3 ▲^A4
3	月/n ◆ yue4 ▲^1	登/v ◆ deng1 ▲^A1
3	月/n ◆ yue4 ▲^1	照/v ◆ zhao4 ▲^1
3	阅历/n ◆ yue4_li4 ▲^2	多/a ◆ duo1 ▲^A1
3	阅历/n ◆ yue4_li4 ▲^2	生平/n ◆ sheng1_ping2 ▲^1
3	运动/n ◆ yun4_dong4 ▲^5	新/a ◆ xin1 ▲^1
3	运动/v ◆ yun4_dong4 ▲^1	星系/n ◆ xing1_xi4
3	再生/v ◆ zai4_sheng1 ▲^3	能源/n ◆ neng2_yuan2
3	遭遇/n ◆ zao1_yu4 ▲^2	悲惨/a ◆ bei1_can3
3	早/a ◆ zao3 ▲^4	死/v ◆ si3 ▲^1
3	早/a ◆ zao3 ▲^4	该/v ◆ gai1 ▲^A1
3	枣/n ◆ zao3 ▲^2	摘/v ◆ zhai1 ▲^1
3	枣/n ◆ zao3 ▲^2	干/a ◆ gan1 ▲^E1
3	造型/n ◆ zao4_xing2 ▲^2	独特/a ◆ du2_te4
3	造型/n ◆ zao4_xing2 ▲^2	新颖/a ◆ xin1_ying3
3	造型/n ◆ zao4_xing2 ▲^2	优美/a ◆ you1_mei3
3	责任/n ◆ ze2_ren4 ▲^1	父母/n ◆ fu4_mu3

共现次数	节点词语	搭配词语	共现次数	节点词语	搭配词语
3	责任 /n ◆ ze2_ren4 ▲ ^1	逃避 /v ◆ tao2_bi4	3	整齐 /a ◆ zheng3_qi2 ▲ ^3	排列 /v ◆ pai2_lie4 ▲ ^1
3	扎 /v ◆ za1 ▲ ^1	袋口 /n ◆ dai4_kou3	3	正义 /a ◆ zheng4_yi4 ▲ ^A2	战争 /n ◆ zhan4_zheng1
3	扎 /v ◆ za1 ▲ ^1	刀子 /n ◆ dao1_zi5	3	正义 /a ◆ zheng4_yi4 ▲ ^A1	斗争 /v ◆ dou4_zheng1 ▲ ^1
3	炸 /v ◆ zha2 ▲ ^1	炸弹 /n ◆ zha4_dan4	3	证明 /v ◆ zheng4_ming2 ▲ ^1	试验 /v ◆ shi4_yan4 ▲ ^1
3	炸 /v ◆ zha2 ▲ ^1	裂 /v ◆ lie4 ▲ ^1	3	支撑 /v ◆ zhi1_cheng1 ▲ ^2	信念 /n ◆ xin4_nian4
3	摘 /v ◆ zhai1 ▲ ^1	果子 /n ◆ guo3_zi5	3	支持 /v ◆ zhi1_chi2 ▲ ^2	提供 /v ◆ ti2_gong1
3	摘 /v ◆ zhai1 ▲ ^1	眼镜 /n ◆ yan3_jing4	3	支持 /v ◆ zhi1_chi2 ▲ ^2	政府 /n ◆ zheng4_fu3
3	展开 /v ◆ zhan3_kai1 ▲ ^1	想像 /v ◆ xiang3_xiang4	3	支配 /v ◆ zhi1_pei4 ▲ ^2	受 /v ◆ shou4 ▲ ^1
3	展开 /v ◆ zhan3_kai1 ▲ ^1	双翅 /n ◆ shuang1_chi4	3	知识 /n ◆ zhi1_shi5 ▲ ^2	多 /a ◆ duo1 ▲ ^A1
3	展开 /v ◆ zhan3_kai1 ▲ ^1	想象 /v ◆ xiang3_xiang4 ▲ ^2	3	知识 /n ◆ zhi1_shi5 ▲ ^2	有 /v ◆ you3 ▲ ^1
3	站 /n ◆ zhan4 ▲ ^B2	火车 /n ◆ huo3_che1	3	知识 /n ◆ zhi1_shi5 ▲ ^2	技术 /n ◆ ji4_shu4 ▲ ^1
3	站 /n ◆ zhan4 ▲ ^B3	通信 /v ◆ tong1_xin4 ▲ ^2	3	知识 /n ◆ zhi1_shi5 ▲ ^2	包含 /v ◆ bao1_han2
3	站 /v ◆ zhan4 ▲ ^A1	孤零零 /z ◆ gu1_ling2_ling2	3	知识 /n ◆ zhi1_shi5 ▲ ^2	利用 /v ◆ li4_yong4 ▲ ^1
3	站 /v ◆ zhan4 ▲ ^A1	挣扎 /v ◆ zheng1_zha2	3	知识 /n ◆ zhi1_shi5 ▲ ^2	丰富 /v ◆ feng1_fu4 ▲ ^2
3	站 /v ◆ zhan4 ▲ ^B1	定 /v ◆ ding4 ▲ ^1	3	知识 /n ◆ zhi1_shi5 ▲ ^2	生活 /n ◆ sheng1_huo2 ▲ ^1
3	掌握 /v ◆ zhang3_wo4 ▲ ^1	规律 /n ◆ gui1_lv4	3	知识 /n ◆ zhi1_shi5 ▲ ^2	艺术 /n ◆ yi4_shu4 ▲ ^1
3	仗 /n ◆ zhang4 ▲ ^B	打 /v ◆ da3 ▲ ^A3	3	知识 /n ◆ zhi1_shi5 ▲ ^2	研究 /v ◆ yan2_jiu1 ▲ ^1
3	找 /v ◆ zhao3 ▲ ^A	机会 /n ◆ ji1_hui4	3	知识 /n ◆ zhi1_shi5 ▲ ^2	基础 /n ◆ ji1_chu3 ▲ ^2
3	照 /v ◆ zhao4 ▲ ^1	手电 /n ◆ shou3_dian4	3	知识 /n ◆ zhi1_shi5 ▲ ^2	技能 /n ◆ ji4_neng2
3	照 /v ◆ zhao4 ▲ ^1	月亮 /n ◆ yue4_liang4	3	知识 /n ◆ zhi1_shi5 ▲ ^2	创新 /v ◆ chuang4_xin1 ▲ ^1
3	遮 /v ◆ zhe1 ▲ ^1	树叶 /n ◆ shu4_ye4	3	织 /v ◆ zhi1 ▲ ^2	毛线 /n ◆ mao2_xian4
3	遮 /v ◆ zhe1 ▲ ^1	草帽 /n ◆ cao3_mao4	3	直 /a ◆ zhi2 ▲ ^1	站 /v ◆ zhan4 ▲ ^A1
3	遮 /v ◆ zhe1 ▲ ^1	席子 /n ◆ xi2_zi5	3	直 /a ◆ zhi2 ▲ ^1	拉 /v ◆ la1 ▲ ^A1
3	遮 /v ◆ zhe1 ▲ ^1	眼睛 /n ◆ yan3_jing1	3	值得 /v ◆ zhi2_de2 ▲ ^2	做 /v ◆ zuo4 ▲ ^3
3	针 /n ◆ zhen1 ▲ ^1	缝 /v ◆ feng2	3	纸 /n ◆ zhi3 ▲ ^1	碎 /a ◆ sui4 ▲ ^3
3	针 /n ◆ zhen1 ▲ ^1	刺 /v ◆ ci4 ▲ ^1	3	纸 /n ◆ zhi3 ▲ ^1	满 /a ◆ man3 ▲ ^A4
3	针脚 /n ◆ zhen1_jiao5 ▲ ^2	密 /a ◆ mi4	3	纸 /n ◆ zhi3 ▲ ^1	白 /a ◆ bai2 ▲ ^A1
3	侦探 /n ◆ zhen1_tan4 ▲ ^2	做 /v ◆ zuo4 ▲ ^5	3	纸 /n ◆ zhi3 ▲ ^1	满 /a ◆ man3 ▲ ^A1
3	真 /a ◆ zhen1 ▲ ^1	想 /v ◆ xiang3 ▲ ^1	3	纸 /n ◆ zhi3 ▲ ^1	印 /v ◆ yin4 ▲ ^3
3	真 /a ◆ zhen1 ▲ ^1	本领 /n ◆ ben3_ling3			
3	真 /a ◆ zhen1 ▲ ^1	没有 /v ◆ mei2_you3 ▲ ^A2			
3	真 /a ◆ zhen1 ▲ ^1	笑 /v ◆ xiao4 ▲ ^1			
3	真 /a ◆ zhen1 ▲ ^1	美 /a ◆ mei3 ▲ ^A1			
3	真 /a ◆ zhen1 ▲ ^1	气 /v ◆ qi4 ▲ ^10			
3	真切 /a ◆ zhen1_qie4 ▲ ^1	看 /v ◆ kan4 ▲ ^1			
3	震 /v ◆ zhen4 ▲ ^1	响 /v ◆ xiang3 ▲ ^2			
3	整齐 /a ◆ zheng3_qi2 ▲ ^1	排列 /v ◆ pai2_lie4 ▲ ^1			

共现次数	节点词语	搭配词语
3	纸/n ◆ zhi3 ▲ ^1	买/v ◆ mai3
3	纸/n ◆ zhi3 ▲ ^1	包/v ◆ bao1 ▲ ^1
3	纸/n ◆ zhi3 ▲ ^1	剪/v ◆ jian3
3	纸/n ◆ zhi3 ▲ ^1	蒙/v ◆ meng2 ▲ ^1
3	指/v ◆ zhi3 ▲ ^6	事物/n ◆ shi4_wu4
3	指挥/v ◆ zhi3_hui1 ▲ ^1	令旗/n ◆ ling4_qi2
3	指挥/v ◆ zhi3_hui1 ▲ ^1	一流/b ◆ yi1_liu2 ▲ ^2
3	指挥/v ◆ zhi3_hui1 ▲ ^1	进退/v ◆ jin4_tui4 ▲ ^1
3	指令/n ◆ zhi3_ling4 ▲ ^2	发出/v ◆ fa1_chu1 ▲ ^2
3	至/v ◆ zhi4 ▲ ^1	行/v ◆ xing2 ▲ ^9
3	制度/n ◆ zhi4_du4 ▲ ^1	成为/v ◆ cheng2_wei2
3	制度/n ◆ zhi4_du4 ▲ ^1	考试/v ◆ kao3_shi4
3	制造/v ◆ zhi4_zao4 ▲ ^1	方法/n ◆ fang1_fa3
3	治理/v ◆ zhi4_li3 ▲ ^2	综合/v ◆ zong1_he2 ▲ ^2
3	质量/n ◆ zhi4_liang4 ▲ ^2	劳动/v ◆ lao2_dong4 ▲ ^3
3	中/v ◆ zhong4 ▲ ^1	说/v ◆ shuo1 ▲ ^1
3	中间/n ◆ zhong1_jian1 ▲ ^3	走/v ◆ zou3 ▲ ^1
3	中间/n ◆ zhong1_jian1 ▲ ^3	满/a ◆ man3 ▲ ^A1
3	中间/n ◆ zhong1_jian1 ▲ ^3	部分/n ◆ bu4_fen5
3	中心/n ◆ zhong1_xin1 ▲ ^1	河/n ◆ he2
3	中心/n ◆ zhong1_xin1 ▲ ^1	巨大/a ◆ ju4_da4
3	中心/n ◆ zhong1_xin1 ▲ ^2	围绕/v ◆ wei2_rao4 ▲ ^2
3	中心/n ◆ zhong1_xin1 ▲ ^2	主要/b ◆ zhu3_yao4
3	中心/n ◆ zhong1_xin1 ▲ ^2	充当/v ◆ chong1_dang1
3	中心/n ◆ zhong1_xin1 ▲ ^4	商业/n ◆ shang1_ye4
3	中心/n ◆ zhong1_xin1 ▲ ^4	航运/n ◆ hang2_yun4
3	中心/n ◆ zhong1_xin1 ▲ ^4	贸易/n ◆ mao4_yi4
3	中学/n ◆ zhong1_xue2 ▲ ^A	读/v ◆ du2 ▲ ^3
3	中学/n ◆ zhong1_xue2 ▲ ^A	女子/n ◆ nv3_zi3
3	中学/n ◆ zhong1_xue2 ▲ ^A	课本/n ◆ ke4_ben3
3	种/n ◆ zhong3 ▲ ^4	下/v ◆ xia4 ▲ ^B6
3	种子/n ◆ zhong3_zi5 ▲ ^1	优良/z ◆ you1_liang2
3	种子/n ◆ zhong3_zi5 ▲ ^1	太空/n ◆ tai4_kong1
3	种子/n ◆ zhong3_zi5 ▲ ^1	发育/v ◆ fa1_yu4
3	种子/n ◆ zhong3_zi5 ▲ ^1	培育/v ◆ pei2_yu4 ▲ ^1
3	重复/v ◆ chong2_fu4 ▲ ^1	有/v ◆ you3 ▲ ^2
3	重复/v ◆ chong2_fu4 ▲ ^2	有/v ◆ you3 ▲ ^2
3	重量/n ◆ zhong4_liang4 ▲ ^2	物体/n ◆ wu4_ti3
3	皱/v ◆ zhou4 ▲ ^2	揉/v ◆ rou2 ▲ ^1
3	珠子/n ◆ zhu1_zi5 ▲ ^2	串/v ◆ chuan4 ▲ ^ ★
3	主/n ◆ zhu3 ▲ ^10	做/v ◆ zuo4 ▲ ^5
3	主人/n ◆ zhu3_ren2 ▲ ^1	好客/a ◆ hao4_ke4
3	主人/n ◆ zhu3_ren2 ▲ ^3	女/b ◆ nv3
3	主题/n ◆ zhu3_ti2 ▲ ^1	理解/v ◆ li3_jie3
3	主题/n ◆ zhu3_ti2 ▲ ^1	生活/n ◆ sheng1_huo2 ▲ ^1
3	主题/n ◆ zhu3_ti2 ▲ ^1	文学/n ◆ wen2_xue2
3	主题/n ◆ zhu3_ti2 ▲ ^1	变奏/n ◆ bian4_zou4
3	主题/n ◆ zhu3_ti2 ▲ ^1	情节/n ◆ qing2_jie2
3	主题/n ◆ zhu3_ti2 ▲ ^2	广告/n ◆ guang3_gao4
3	主题/n ◆ zhu3_ti2 ▲ ^2	确定/v ◆ que4_ding4 ▲ ^2
3	主题/n ◆ zhu3_ti2 ▲ ^2	宣传/v ◆ xuan1_chuan2
3	主体/n ◆ zhu3_ti3 ▲ ^1	部分/n ◆ bu4_fen5
3	主体/n ◆ zhu3_ti3 ▲ ^1	写作/v ◆ xie3_zuo4
3	主席/n ◆ zhu3_xi2 ▲ ^2	共和国/n ◆ gong4_he2_guo2

共现次数	节点词语	搭配词语
3	主席/n ◆ zhu3_xi2 ▲^2	遗容/n ◆ yi2_rong2 ▲^1
3	主席/n ◆ zhu3_xi2 ▲^2	秘书/n ◆ mi4_shu1 ▲^1
3	主张/n ◆ zhu3_zhang1 ▲^2	宣传/v ◆ xuan1_chuan2
3	住/v ◆ zhu4 ▲^1	抓/v ◆ zhua1 ▲^1
3	住/v ◆ zhu4 ▲^3	罩/v ◆ zhao4 ▲^1
3	住/v ◆ zhu4 ▲^3	守/v ◆ shou3 ▲^2
3	住/v ◆ zhu4 ▲^3	憋/v ◆ bie1 ▲^1
3	住/v ◆ zhu4 ▲^3	抵挡/v ◆ di3_dang3
3	住/v ◆ zhu4 ▲^3	扣/v ◆ kou4 ▲^2
3	住/v ◆ zhu4 ▲^3	停/v ◆ ting2 ▲^A3
3	住/v ◆ zhu4 ▲^3	挂/v ◆ gua4 ▲^5
3	住/v ◆ zhu4 ▲^3	控制/v ◆ kong4_zhi4 ▲^1
3	住/v ◆ zhu4 ▲^3	守/v ◆ shou3 ▲^1
3	住/v ◆ zhu4 ▲^3	稳/v ◆ wen3 ▲^4
3	住/v ◆ zhu4 ▲^3	捆/v ◆ kun3 ▲^1
3	住/v ◆ zhu4 ▲^3	巴/v ◆ ba1 ▲^A2
3	住/v ◆ zhu4 ▲^3	缠/v ◆ chan2 ▲^1
3	住/v ◆ zhu4 ▲^3	叫/v ◆ jiao4 ▲^A1
3	住/v ◆ zhu4 ▲^3	挡/v ◆ dang3 ▲^2
3	住/v ◆ zhu4 ▲^3	迷/v ◆ mi2 ▲^2
3	住/v ◆ zhu4 ▲^3	喊/v ◆ han3 ▲^1
3	住/v ◆ zhu4 ▲^3	攥/v ◆ zuan4
3	住/v ◆ zhu4 ▲^3	扭/v ◆ niu3 ▲^5
3	住/v ◆ zhu4 ▲^3	盯/v ◆ ding1
3	著作/n ◆ zhu4_zuo4 ▲^2	科普/v ◆ ke1_pu3
3	著作/n ◆ zhu4_zuo4 ▲^2	背诵/v ◆ bei4_song4
3	转/v ◆ zhuan3 ▲^1	回/v ◆ hui2 ▲^A3
3	转/v ◆ zhuan3 ▲^1	迅速/a ◆ xun4_su4
3	转/v ◆ zhuan3 ▲^1	身体/n ◆ shen1_ti3
3	转/v ◆ zhuan4 ▲^2	眼珠/n ◆ yan3_zhu1
3	转动/v ◆ zhuan4_dong4 ▲^1	停止/v ◆ ting2_zhi3
3	装饰/v ◆ zhuang1_shi4 ▲^1	作/v ◆ zuo4 ▲^6
3	装饰/v ◆ zhuang1_shi4 ▲^1	图案/n ◆ tu2_an4
3	状元/n ◆ zhuang4_yuan5 ▲^1	中/v ◆ zhong4 ▲^1
3	追求/v ◆ zhui1_qiu2 ▲^1	有/v ◆ you3 ▲^2
3	追求/v ◆ zhui1_qiu2 ▲^1	爱情/n ◆ ai4_qing2
3	准/a ◆ zhun3 ▲^B3	打/v ◆ da3 ▲^A3

共现次数	节点词语	搭配词语
3	准备/v ◆ zhun3_bei4 ▲^1	就绪/v ◆ jiu4_xu4
3	准备/v ◆ zhun3_bei4 ▲^1	礼物/n ◆ li3_wu4
3	着/v ◆ zhao2 ▲^3	划/v ◆ hua2 ▲^★
3	着/v ◆ zhao2 ▲^3	火柴/n ◆ huo3_chai2
3	仔细/a ◆ zi3_xi4 ▲^1	想/v ◆ xiang3 ▲^3
3	仔细/a ◆ zi3_xi4 ▲^1	拿/v ◆ na2 ▲^1
3	资料/n ◆ zi1_liao4 ▲^2	观测/v ◆ guan1_ce4 ▲^1
3	资料/n ◆ zi1_liao4 ▲^2	科学/a ◆ ke1_xue2 ▲^2
3	资料/n ◆ zi1_liao4 ▲^2	电脑/n ◆ dian4_nao3
3	资料/n ◆ zi1_liao4 ▲^2	探究/v ◆ tan4_jiu1
3	滋味/n ◆ zi1_wei4 ▲^1	尝/v ◆ chang2 ▲^A1
3	滋味/n ◆ zi1_wei4 ▲^2	有/v ◆ you3 ▲^1
3	滋味/n ◆ zi1_wei4 ▲^2	有/v ◆ you3 ▲^5
3	字/n ◆ zi4 ▲^1	临写/v ◆ lin2_xie3
3	字/n ◆ zi4 ▲^1	记/v ◆ ji4 ▲^1
3	字/n ◆ zi4 ▲^1	选/v ◆ xuan3 ▲^1
3	字/n ◆ zi4 ▲^1	象形/n ◆ xiang4_xing2
3	字/n ◆ zi4 ▲^1	古/a ◆ gu3
3	字/n ◆ zi4 ▲^1	解释/v ◆ jie3_shi4 ▲^2
3	字/n ◆ zi4 ▲^1	部首/n ◆ bu4_shou3
3	字/n ◆ zi4 ▲^1	例/n ◆ li4 ▲^1
3	字/n ◆ zi4 ▲^1	书写/v ◆ shu1_xie3
3	字/n ◆ zi4 ▲^1	好/a ◆ hao3 ▲^7
3	字/n ◆ zi4 ▲^1	敲/v ◆ qiao1 ▲^1
3	字/n ◆ zi4 ▲^1	认得/v ◆ ren4_de5
3	字/n ◆ zi4 ▲^1	描/v ◆ miao2 ▲^1
3	字/n ◆ zi4 ▲^1	意义/n ◆ yi4_yi4 ▲^1
3	字/n ◆ zi4 ▲^1	妙/a ◆ miao4 ▲^1
3	字/n ◆ zi4 ▲^1	漏/v ◆ lou4 ▲^5
3	字/n ◆ zi4 ▲^3	行楷/n ◆ xing2_kai3
3	字母/n ◆ zi4_mu3 ▲^1	词/n ◆ ci2 ▲^3
3	字样/n ◆ zi4_yang4 ▲^2	写/v ◆ xie3 ▲^1
3	自来水/n ◆ zi4_lai2_shui3 ▲^1	清/a ◆ qing1 ▲^A1
3	自然/a ◆ zi4_ran2 ▲^2	生长/v ◆ sheng1_zhang3 ▲^2

共现次数	节点词语	搭配词语	共现次数	节点词语	搭配词语
3	自然 /n ◆ zi4_ran2 ▲ ^1	敬畏 /v ◆ jing4_wei4	3	奏 /v ◆ zou4 ▲ ^1	国歌 /n ◆ guo2_ge1
3	自然 /n ◆ zi4_ran2 ▲ ^1	景观 /n ◆ jing3_guan1 ▲ ^1	3	租赁 /v ◆ zu1_lin4 ▲ ^1	期限 /n ◆ qi1_xian4
3	自然 /n ◆ zi4_ran2 ▲ ^1	风光 /n ◆ feng1_guang1	3	租赁 /v ◆ zu1_lin4 ▲ ^2	契约 /n ◆ qi4_yue1
3	自然 /n ◆ zi4_ran2 ▲ ^1	和谐 /a ◆ he2_xie2	3	足 /a ◆ zu2 ▲ ^B1	气力 /n ◆ qi4_li4
3	自由 /a ◆ zi4_you2 ▲ ^3	说话 /v ◆ shuo1_hua4 ▲ ^1	3	足 /a ◆ zu2 ▲ ^B1	吸 /v ◆ xi1 ▲ ^1
3	自由 /a ◆ zi4_you2 ▲ ^3	联想 /v ◆ lian2_xiang3	3	足球 /n ◆ zu2_qiu2 ▲ ^1	踢 /v ◆ ti1
3	自由 /n ◆ zi4_you2 ▲ ^1	得到 /v ◆ de2_dao4	3	组合 /v ◆ zu3_he2 ▲ ^1	搭配 /v ◆ da1_pei4 ▲ ^1
3	自由 /n ◆ zi4_you2 ▲ ^1	恢复 /v ◆ hui1_fu4 ▲ ^2	3	钻 /v ◆ zuan1 ▲ ^2	入 /v ◆ ru4 ▲ ^1
3	总督 /n ◆ zong3_du1 ▲ ^3	当 /v ◆ dang1 ▲ ^B1	3	钻 /v ◆ zuan1 ▲ ^2	被窝 /n ◆ bei4_wo1
3	总理 /n ◆ zong3_li3 ▲ ^1	副 /b ◆ fu4 ▲ ^A1	3	嘴 /n ◆ zui3 ▲ ^1	插 /v ◆ cha1 ▲ ^2
3	总理 /n ◆ zong3_li3 ▲ ^1	关怀 /v ◆ guan1_huai2	3	嘴 /n ◆ zui3 ▲ ^1	嘟 /v ◆ du1 ▲ ^B
3	走 /v ◆ zou3 ▲ ^1	小路 /n ◆ xiao3_lu4	3	嘴 /n ◆ zui3 ▲ ^1	叫 /v ◆ jiao4 ▲ ^A4
3	走 /v ◆ zou3 ▲ ^1	山路 /n ◆ shan1_lu4	3	嘴 /n ◆ zui3 ▲ ^1	插 /v ◆ cha1 ▲ ^1
3	走 /v ◆ zou3 ▲ ^1	小道 /n ◆ xiao3_dao4	3	嘴巴 /n ◆ zui3_ba5 ▲ ^2	张开 /v ◆ zhang1_kai1
3	走 /v ◆ zou3 ▲ ^1	迅速 /a ◆ xun4_su4	3	嘴巴 /n ◆ zui3_ba5 ▲ ^2	说 /v ◆ shuo1 ▲ ^1
3	走 /v ◆ zou3 ▲ ^1	搀 /v ◆ chan1	3	醉 /v ◆ zui4 ▲ ^1	喝 /v ◆ he1 ▲ ^A2
3	走 /v ◆ zou3 ▲ ^1	兴冲冲 /z ◆ xing4_chong1_chong1	3	尊敬 /v ◆ zun1_jing4 ▲ ^1	学生 /n ◆ xue2_sheng5 ▲ ^1
3	走 /v ◆ zou3 ▲ ^1	拍 /v ◆ pai1 ▲ ^1	3	尊敬 /v ◆ zun1_jing4 ▲ ^1	受到 /v ◆ shou4_dao4
3	走 /v ◆ zou3 ▲ ^1	放 /v ◆ fang4 ▲ ^1	3	尊严 /n ◆ zun1_yan2 ▲ ^2	维护 /v ◆ wei2_hu4
3	走 /v ◆ zou3 ▲ ^1	开 /v ◆ kai1 ▲ ^A6	3	尊重 /v ◆ zun1_zhong4 ▲ ^2	受到 /v ◆ shou4_dao4
3	走 /v ◆ zou3 ▲ ^1	扛 /v ◆ kang2 ▲ ^1	3	作 /v ◆ zuo4 ▲ ^2	诗 /n ◆ shi1
3	走 /v ◆ zou3 ▲ ^1	跳 /v ◆ tiao4 ▲ ^1	3	作 /v ◆ zuo4 ▲ ^2	皇帝 /n ◆ huang2_di4
3	走 /v ◆ zou3 ▲ ^1	抬 /v ◆ tai2 ▲ ^2	3	作 /v ◆ zuo4 ▲ ^2	陈述 /v ◆ chen2_shu4
3	走 /v ◆ zou3 ▲ ^1	上 /v ◆ shang4 ▲ ^B2	3	作 /v ◆ zuo4 ▲ ^2	说明 /v ◆ shuo1_ming2 ▲ ^1
3	走 /v ◆ zou3 ▲ ^1	叫 /v ◆ jiao4 ▲ ^A1	3	作 /v ◆ zuo4 ▲ ^2	表演 /v ◆ biao3_yan3 ▲ ^1
3	走 /v ◆ zou3 ▲ ^1	近 /v ◆ jin4 ▲ ^2	3	作 /v ◆ zuo4 ▲ ^2	对比 /v ◆ dui4_bi3 ▲ ^1
3	走 /v ◆ zou3 ▲ ^1	中门 /n ◆ zhong1_men2	3	作 /v ◆ zuo4 ▲ ^3	对联 /n ◆ dui4_lian2
3	走 /v ◆ zou3 ▲ ^5	流 /v ◆ liu2 ▲ ^A1	3	作文 /n ◆ zuo4_wen2 ▲ ^2	写 /v ◆ xie3 ▲ ^1
3	走 /v ◆ zou3 ▲ ^5	快乐 /a ◆ kuai4_le4	3	作文 /n ◆ zuo4_wen2 ▲ ^2	布置 /v ◆ bu4_zhi4 ▲ ^2
3	走 /v ◆ zou3 ▲ ^5	回 /v ◆ hui2 ▲ ^A3	3	作文 /n ◆ zuo4_wen2 ▲ ^2	材料 /n ◆ cai2_liao4 ▲ ^2
3	走 /v ◆ zou3 ▲ ^5	卷 /v ◆ juan3 ▲ ^2	3	作文 /n ◆ zuo4_wen2 ▲ ^2	有趣 /a ◆ you3_qu4
3	走 /v ◆ zou3 ▲ ^5	夹 /v ◆ jia1 ▲ ^2	3	作文 /n ◆ zuo4_wen2 ▲ ^2	丰富 /a ◆ feng1_fu4 ▲ ^1
3	走 /v ◆ zou3 ▲ ^5	放 /v ◆ fang4 ▲ ^1			
3	走 /v ◆ zou3 ▲ ^5	摘 /v ◆ zhai1 ▲ ^1			
3	走 /v ◆ zou3 ▲ ^5	溜 /v ◆ liu1 ▲ ^A2			
3	走 /v ◆ zou3 ▲ ^5	叫 /v ◆ jiao4 ▲ ^B1			

共现次数	节点词语	搭配词语	共现次数	节点词语	搭配词语
3	作文/n ◆ zuo4_wen2 ▲^2	内容/n ◆ nei4_rong2	2	白/a ◆ bai2 ▲^A1	刷/v ◆ shua1 ▲^A2
3	作业/n ◆ zuo4_ye4 ▲^1	布置/v ◆ bu4_zhi4 ▲^2	2	白/a ◆ bai2 ▲^B	透/v ◆ tou4 ▲^5
3	作用/n ◆ zuo4_yong4 ▲^3	小/a ◆ xiao3 ▲^1	2	版面/n ◆ ban3_mian4 ▲^1	占据/v ◆ zhan4_ju4
3	作用/n ◆ zuo4_yong4 ▲^3	发生/v ◆ fa1_sheng1 ▲^1	2	报告/n ◆ bao4_gao4 ▲^2	发表/v ◆ fa1_biao3 ▲^2
3	作用/n ◆ zuo4_yong4 ▲^3	关键/a ◆ guan1_jian4 ▲^3	2	比赛/n ◆ bi3_sai4 ▲^2	参加/v ◆ can1_jia1 ▲^1
3	作用/n ◆ zuo4_yong4 ▲^3	起到/v ◆ qi3_dao4	2	鞭炮/n ◆ bian1_pao4 ▲^2	放/v ◆ fang4 ▲^7
3	作用/n ◆ zuo4_yong4 ▲^3	主要/b ◆ zhu3_yao4	2	便利/a ◆ bian4_li4 ▲^1	图/v ◆ tu2 ▲^3
3	作用/n ◆ zuo4_yong4 ▲^3	平衡/a ◆ ping2_heng2 ▲^1	2	标准/n ◆ biao1_zhun3 ▲^1	低/a ◆ di1 ▲^2
3	作用/n ◆ zuo4_yong4 ▲^3	有/v ◆ you3 ▲^1	2	兵/n ◆ bing1 ▲^2	进/v ◆ jin4 ▲^2
3	作用/n ◆ zuo4_yong4 ▲^3	促进/v ◆ cu4_jin4	2	病/n ◆ bing4 ▲^1	好/a ◆ hao3 ▲^1
3	作用/n ◆ zuo4_yong4 ▲^3	重大/a ◆ zhong4_da4	2	材料/n ◆ cai2_liao4 ▲^2	写/v ◆ xie3 ▲^1
3	作用/n ◆ zuo4_yong4 ▲^3	推动/v ◆ tui1_dong4	2	菜/n ◆ cai4 ▲^1	好/a ◆ hao3 ▲^1
3	作用/n ◆ zuo4_yong4 ▲^3	止痛/v ◆ zhi3_tong4	2	插曲/n ◆ cha1_qu3 ▲^1	电影/n ◆ dian4_ying3
3	坐/v ◆ zuo4 ▲^1	孤零零/z ◆ gu1_ling2_ling2	2	车/n ◆ che1 ▲^1	拉/v ◆ la1 ▲^A12
3	坐/v ◆ zuo4 ▲^1	乖/a ◆ guai1 ▲^A1	2	车/n ◆ che1 ▲^1	开/v ◆ kai1 ▲^A1
3	坐/v ◆ zuo4 ▲^1	蹲/v ◆ dun1 ▲^1	2	沉重/a ◆ chen2_zhong4 ▲^1	打击/v ◆ da3_ji1 ▲^2
3	坐/v ◆ zuo4 ▲^1	陪/v ◆ pei2	2	成功/a ◆ cheng2_gong1 ▲^2	爆炸/v ◆ bao4_zha4 ▲^1
3	坐/v ◆ zuo4 ▲^1	侧/v ◆ ce4 ▲^2	2	成功/a ◆ cheng2_gong1 ▲^2	进行/v ◆ jin4_xing2 ▲^1
3	坐/v ◆ zuo4 ▲^1	石凳/n ◆ shi2_deng4	2	程度/n ◆ cheng2_du4 ▲^1	到/v ◆ dao4 ▲^1
3	坐/v ◆ zuo4 ▲^1	太师椅/n ◆ tai4_shi1_yi3	2	翅膀/n ◆ chi4_bang3 ▲^1	呼扇/v ◆ hu1_shan5 ▲^1
3	坐/v ◆ zuo4 ▲^2	公共汽车/n ◆ gong1_gong4_qi4_che1	2	错/a ◆ cuo4 ▲^A5	走/v ◆ zou3 ▲^5
3	做/v ◆ zuo4 ▲^1	工作/v ◆ gong1_zuo4 ▲^1	2	错/a ◆ cuo4 ▲^A5	拿/v ◆ na2 ▲^2
3	做/v ◆ zuo4 ▲^1	手势/n ◆ shou3_shi4	2	大陆/n ◆ da4_lu4 ▲^1	运动/v ◆ yun4_dong4 ▲^1
3	做/v ◆ zuo4 ▲^3	叫/v ◆ jiao4 ▲^A4	2	大小/n ◆ da4_xiao3 ▲^1	一般/a ◆ yi1_ban1 ▲^3
3	做/v ◆ zuo4 ▲^5	叫/v ◆ jiao4 ▲^B1	2	呆/a ◆ dai1 ▲^2	望/v ◆ wang4 ▲^A1
3	做/v ◆ zuo4 ▲^8	手势/n ◆ shou3_shi4	2	呆/a ◆ dai1 ▲^2	站/v ◆ zhan4 ▲^A1
3	做/v ◆ zuo4 ▲^8	装/v ◆ zhuang1 ▲^A5	2	待遇/n ◆ dai4_yu4 ▲^4	优厚/a ◆ you1_hou4
2	安心/a ◆ an1_xin1 ▲^B	养/v ◆ yang3 ▲^6	2	蛋/n ◆ dan4 ▲^1	下/v ◆ xia4 ▲^B14
2	案子/n ◆ an4_zi5 ▲^B	审理/v ◆ shen3_li3	2	道理/n ◆ dao4_li3 ▲^1	讲/v ◆ jiang3 ▲^1
2	白/a ◆ bai2 ▲^A1	说/v ◆ shuo1 ▲^1	2	灯光/n ◆ deng1_guang1 ▲^1	照/v ◆ zhao4 ▲^1
			2	地/n ◆ di4 ▲^2	倒/v ◆ dao4 ▲^A4
			2	地/n ◆ di4 ▲^3	倒/v ◆ dao3 ▲^A1

共现次数	节点词语	搭配词语
2	地 /n ◆ di4 ▲ ^3	落 /v ◆ luo4 ▲ ^2
2	地 /n ◆ di4 ▲ ^3	翻 /v ◆ fan1 ▲ ^1
2	地 /n ◆ di4 ▲ ^4	扫 /v ◆ sao3 ▲ ^1
2	地方 /n ◆ di4_fang1 ▲ ^1	发现 /v ◆ fa1_xian4 ▲ ^1
2	地方 /n ◆ di4_fang5 ▲ ^1	工作 /v ◆ gong1_zuo4 ▲ ^1
2	地方 /n ◆ di4_fang5 ▲ ^1	走 /v ◆ zou3 ▲ ^5
2	地方 /n ◆ di4_fang5 ▲ ^1	放 /v ◆ fang4 ▲ ^13
2	地方 /n ◆ di4_fang5 ▲ ^1	住 /v ◆ zhu4 ▲ ^3
2	地位 /n ◆ di4_wei4 ▲ ^1	低 /a ◆ di1 ▲ ^3
2	点 /n ◆ dian3 ▲ ^A8	到 /v ◆ dao4 ▲ ^1
2	电报 /n ◆ dian4_bao4 ▲ ^2	拍 /v ◆ pai1 ▲ ^5
2	电话 /n ◆ dian4_hua4 ▲ ^1	打 /v ◆ da3 ▲ ^A13
2	洞 /n ◆ dong4 ▲ ^1	开 /v ◆ kai1 ▲ ^A1
2	毒 /n ◆ du2 ▲ ^1	中 /v ◆ zhong4 ▲ ^2
2	队员 /n ◆ dui4_yuan2 ▲ ^1	突击 /v ◆ tu1_ji1 ▲ ^2
2	对 /a ◆ dui4 ▲ ^10	找 /v ◆ zhao3 ▲ ^A
2	多 /a ◆ duo1 ▲ ^A1	见 /v ◆ jian4 ▲ ^A2
2	多 /a ◆ duo1 ▲ ^A1	工作 /v ◆ gong1_zuo4 ▲ ^1
2	多 /a ◆ duo1 ▲ ^A1	议论 /v ◆ yi4_lun4 ▲ ^1
2	多 /a ◆ duo1 ▲ ^A1	发现 /v ◆ fa1_xian4 ▲ ^1
2	多 /a ◆ duo1 ▲ ^A1	占 /v ◆ zhan4 ▲ ^1
2	多 /a ◆ duo1 ▲ ^A1	记 /v ◆ ji4 ▲ ^2
2	多 /a ◆ duo1 ▲ ^A1	怕 /v ◆ pa4 ▲ ^1
2	多 /a ◆ duo1 ▲ ^A1	接触 /v ◆ jie1_chu4 ▲ ^1
2	多 /a ◆ duo1 ▲ ^A1	记 /v ◆ ji4 ▲ ^1
2	多 /a ◆ duo1 ▲ ^A1	找 /v ◆ zhao3 ▲ ^A
2	发动 /v ◆ fa1_dong4 ▲ ^1	起义 /v ◆ qi3_yi4 ▲ ^1
2	饭 /n ◆ fan4 ▲ ^3	放 /v ◆ fang4 ▲ ^13
2	饭碗 /n ◆ fan4_wan3 ▲ ^2	谋 /v ◆ mou2
2	范围 /n ◆ fan4_wei2 ▲ ^1	工作 /v ◆ gong1_zuo4 ▲ ^1
2	方向 /n ◆ fang1_xiang4 ▲ ^2	指点 /v ◆ zhi3_dian3 ▲ ^1
2	飞船 /n ◆ fei1_chuan2 ▲ ^1	起飞 /v ◆ qi3_fei1 ▲ ^1
2	丰富 /a ◆ feng1_fu4 ▲ ^1	积累 /v ◆ ji1_lei3 ▲ ^1
2	风 /n ◆ feng1 ▲ ^1	响 /v ◆ xiang3 ▲ ^2
2	干 /a ◆ gan1 ▲ ^E1	发 /v ◆ fa1 ▲ ^10
2	干 /a ◆ gan1 ▲ ^E1	喝 /v ◆ he1 ▲ ^A2
2	干 /a ◆ gan1 ▲ ^E1	晒 /v ◆ shai4 ▲ ^1
2	杠子 /n ◆ gang4_zi5 ▲ ^1	顶 /v ◆ ding3 ▲ ^5
2	高 /a ◆ gao1 ▲ ^1	爬 /v ◆ pa2 ▲ ^1
2	高 /a ◆ gao1 ▲ ^1	攀 /v ◆ pan1 ▲ ^1
2	高 /a ◆ gao1 ▲ ^1	飞 /v ◆ fei1 ▲ ^3
2	高 /a ◆ gao1 ▲ ^1	长 /v ◆ zhang3 ▲ ^B1
2	高 /a ◆ gao1 ▲ ^1	飘 /v ◆ piao1 ▲ ^1
2	高 /a ◆ gao1 ▲ ^1	卧 /v ◆ wo4 ▲ ^1
2	高 /a ◆ gao1 ▲ ^4	升 /v ◆ sheng1 ▲ ^A1
2	高 /a ◆ gao1 ▲ ^4	评价 /v ◆ ping2_jia4 ▲ ^1
2	高 /a ◆ gao1 ▲ ^4	出 /v ◆ chu1 ▲ ^A3
2	工 /n ◆ gong1 ▲ ^A6	做 /v ◆ zuo4 ▲ ^3
2	姑娘 /n ◆ gu1_niang5 ▲ ^1	好 /a ◆ hao3 ▲ ^1
2	骨肉 /n ◆ gu3_rou4 ▲ ^1	分离 /v ◆ fen1_li2 ▲ ^2
2	故事 /n ◆ gu4_shi5 ▲ ^1	发展 /v ◆ fa1_zhan3 ▲ ^1
2	故事 /n ◆ gu4_shi5 ▲ ^1	说明 /v ◆ shuo1_ming2 ▲ ^3
2	故事 /n ◆ gu4_shi5 ▲ ^2	曲折 /a ◆ qu1_zhe2 ▲ ^2
2	故事 /n ◆ gu4_shi5 ▲ ^2	简单 /a ◆ jian3_dan1 ▲ ^1
2	关 /n ◆ guan1 ▲ ^ ★	过 /v ◆ guo4 ▲ ^1
2	关系 /n ◆ guan1_xi4 ▲ ^1	发生 /v ◆ fa1_sheng1 ▲ ^1
2	光景 /n ◆ guang1_jing3 ▲ ^2	好 /a ◆ hao3 ▲ ^1
2	鬼 /n ◆ gui3 ▲ ^4	捣 /v ◆ dao3 ▲ ^3
2	国家 /n ◆ guo2_jia1 ▲ ^2	发展 /v ◆ fa1_zhan3 ▲ ^2
2	国家 /n ◆ guo2_jia1 ▲ ^2	统一 /a ◆ tong3_yi1 ▲ ^2
2	孩子 /n ◆ hai2_zi5 ▲ ^1	领 /v ◆ ling3 ▲ ^6
2	好 /a ◆ hao3 ▲ ^ ★	学 /v ◆ xue2 ▲ ^1
2	好 /a ◆ hao3 ▲ ^ ★	玩 /v ◆ wan2 ▲ ^A1
2	好 /a ◆ hao3 ▲ ^ ★	走 /v ◆ zou3 ▲ ^A1
2	好 /a ◆ hao3 ▲ ^ ★	放 /v ◆ fang4 ▲ ^1
2	好 /a ◆ hao3 ▲ ^1	准备 /v ◆ zhun3_bei4 ▲ ^1

共现次数	节点词语	搭配词语	共现次数	节点词语	搭配词语
2	好/a ◆ hao3 ▲^1	想/v ◆ xiang3 ▲^2	2	基础/n ◆ ji1_chu3 ▲^2	研究/v ◆ yan2_jiu1 ▲^1
2	好/a ◆ hao3 ▲^1	叫/v ◆ jiao4 ▲^B1	2	基础/n ◆ ji1_chu3 ▲^2	教育/v ◆ jiao4_yu4 ▲^2
2	好/a ◆ hao3 ▲^1	算/v ◆ suan4 ▲^8	2	急/a ◆ ji2 ▲^1	气/v ◆ qi4 ▲^9
2	好/a ◆ hao3 ▲^1	站/v ◆ zhan4 ▲^A1	2	集中/a ◆ ji2_zhong1 ▲^2	表现/v ◆ biao3_xian4 ▲^1
2	好/a ◆ hao3 ▲^1	受/v ◆ shou4 ▲^1	2	集中/a ◆ ji2_zhong1 ▲^2	反映/v ◆ fan3_ying4 ▲^1
2	好/a ◆ hao3 ▲^1	磨/v ◆ mo2 ▲^2	2	记载/n ◆ ji4_zai3 ▲^2	可靠/a ◆ ke3_kao4 ▲^2
2	好/a ◆ hao3 ▲^1	签/v ◆ qian1 ▲^A1	2	家/n ◆ jia1 ▲^1	看/v ◆ kan4 ▲^2
2	好/a ◆ hao3 ▲^10	活/v ◆ huo2 ▲^A1	2	家/n ◆ jia1 ▲^1	想/v ◆ xiang3 ▲^1
2	好/a ◆ hao3 ▲^10	找/v ◆ zhao3 ▲^A	2	家/n ◆ jia1 ▲^1	在/v ◆ zai4 ▲^2
2	好/a ◆ hao3 ▲^2	唱/v ◆ chang4 ▲^1	2	尖锐/a ◆ jian1_rui4 ▲^4	斗争/v ◆ dou4_zheng1 ▲^1
2	好/a ◆ hao3 ▲^2	关/v ◆ guan1 ▲^1	2	简单/a ◆ jian3_dan1 ▲^1	介绍/v ◆ jie4_shao4 ▲^3
2	好/a ◆ hao3 ▲^5	走/v ◆ zou3 ▲^1	2	建筑/n ◆ jian4_zhu4 ▲^2	布局/v ◆ bu4_ju2 ▲^2
2	好/a ◆ hao3 ▲^6	想/v ◆ xiang3 ▲^1	2	建筑/n ◆ jian4_zhu4 ▲^2	雄伟/a ◆ xiong2_wei3 ▲^1
2	好/a ◆ hao3 ▲^7	听/v ◆ ting1 ▲^A1	2	角/n ◆ jiao3 ▲^A5	对/v ◆ dui4 ▲^3
2	好/a ◆ hao3 ▲^7	管理/v ◆ guan3_li3 ▲^2	2	角色/n ◆ jue2_se4 ▲^2	扮/v ◆ ban4 ▲^1
2	好/a ◆ hao3 ▲^7	想/v ◆ xiang3 ▲^3	2	结果/n ◆ jie2_guo3 ▲^A1	试验/v ◆ shi4_yan4 ▲^1
2	好/a ◆ hao3 ▲^7	学习/v ◆ xue2_xi2 ▲^1	2	界限/n ◆ jie4_xian4 ▲^1	跨越/v ◆ kua4_yue4
2	好/a ◆ hao3 ▲^7	装/v ◆ zhuang1 ▲^B2	2	紧/a ◆ jin3 ▲^2	搂/v ◆ lou3 ▲^1
2	好/a ◆ hao3 ▲^7	装/v ◆ zhuang1 ▲^B1	2	紧/a ◆ jin3 ▲^2	挤/v ◆ ji3 ▲^1
2	好/a ◆ hao3 ▲^7	裹/v ◆ guo3 ▲^1	2	紧/a ◆ jin3 ▲^4	挤/v ◆ ji3 ▲^1
2	好/a ◆ hao3 ▲^7	喝/v ◆ he1 ▲^A1	2	紧/a ◆ jin3 ▲^4	包/v ◆ bao1 ▲^1
2	好/a ◆ hao3 ▲^7	办/v ◆ ban4 ▲^1	2	紧张/a ◆ jin3_zhang1 ▲^2	工作/v ◆ gong1_zuo4 ▲^1
2	好/a ◆ hao3 ▲^7	放/v ◆ fang4 ▲^14	2	经典/a ◆ jing1_dian3 ▲^3	读/v ◆ du2 ▲^2
2	好/a ◆ hao3 ▲^7	讲/v ◆ jiang3 ▲^1	2	精彩/a ◆ jing1_cai3 ▲^1	写/v ◆ xie3 ▲^2
2	好/a ◆ hao3 ▲^7	切/v ◆ qie1 ▲^1	2	精华/n ◆ jing1_hua2 ▲^1	吸纳/v ◆ xi1_na4 ▲^3
2	好/a ◆ hao3 ▲^7	弄/v ◆ nong4 ▲^2	2	精神/n ◆ jing1_shen2 ▲^1	发扬/v ◆ fa1_yang2 ▲^1
2	好/a ◆ hao3 ▲^8	治/v ◆ zhi4 ▲^4	2	精神/n ◆ jing1_shen2 ▲^1	好/a ◆ hao3 ▲^1
2	好/a ◆ hao3 ▲^8	想/v ◆ xiang3 ▲^1	2	决心/n ◆ jue2_xin1 ▲^1	动摇/v ◆ dong4_yao2 ▲^1
2	好/a ◆ hao3 ▲^8	看/v ◆ kan4 ▲^1	2	科学/n ◆ ke1_xue2 ▲^1	新/a ◆ xin1 ▲^1
2	黑/a ◆ hei1 ▲^1	烧/v ◆ shao1 ▲^2			
2	红/a ◆ hong2 ▲^1	透/v ◆ tou4 ▲^★			
2	厚/a ◆ hou4 ▲^1	长/v ◆ zhang3 ▲^B1			
2	虎/n ◆ hu3 ▲^A1	啸/v ◆ xiao4 ▲^2			
2	花卉/n ◆ hua1_hui4 ▲^1	改良/v ◆ gai3_liang2 ▲^1			
2	话/n ◆ hua4 ▲^1	感动/v ◆ gan3_dong4 ▲^2			
2	黄/a ◆ huang2 ▲^A1	透/v ◆ tou4 ▲^5			
2	火/n ◆ huo3 ▲^1	放/v ◆ fang4 ▲^7			
2	火花/n ◆ huo3_hua1 ▲^A	闪烁/v ◆ shan3_shuo4 ▲^1			
2	火气/n ◆ huo3_qi4 ▲^1	压/v ◆ ya1 ▲^3			
2	机构/n ◆ ji1_gou4 ▲^2	设立/v ◆ she4_li4			

共现次数	节点词语	搭配词语
2	科学 /n ◆ ke1_xue2 ▲ ^1	需要 /v ◆ xu1_yao4 ▲ ^1
2	颗粒 /n ◆ ke1_li4 ▲ ^2	饱满 /a ◆ bao3_man3 ▲ ^1
2	空气 /n ◆ kong1_qi4 ▲ ^1	热 /a ◆ re4 ▲ ^2
2	口齿 /n ◆ kou3_chi3 ▲ ^A	伶俐 /a ◆ ling2_li4
2	口齿 /n ◆ kou3_chi3 ▲ ^A	清楚 /a ◆ qing1_chu5 ▲ ^1
2	口音 /n ◆ kou3_yin1 ▲ ^2	浓重 /a ◆ nong2_zhong4
2	哭腔 /n ◆ ku1_qiang1 ▲ ^2	带 /v ◆ dai4 ▲ ^B4
2	苦 /a ◆ ku3 ▲ ^2	受 /v ◆ shou4 ▲ ^3
2	夸张 /a ◆ kua1_zhang1 ▲ ^1	说 /v ◆ shuo1 ▲ ^1
2	快 /a ◆ kuai4 ▲ ^1	爬 /v ◆ pa2 ▲ ^1
2	快 /a ◆ kuai4 ▲ ^1	问 /v ◆ wen4 ▲ ^1
2	快 /a ◆ kuai4 ▲ ^1	算 /v ◆ suan4 ▲ ^1
2	快 /a ◆ kuai4 ▲ ^1	转 /v ◆ zhuan4 ▲ ^1
2	快 /a ◆ kuai4 ▲ ^1	长 /v ◆ zhang3 ▲ ^B1
2	快 /a ◆ kuai4 ▲ ^1	讲 /v ◆ jiang3 ▲ ^1
2	快 /a ◆ kuai4 ▲ ^1	请 /v ◆ qing3 ▲ ^2
2	快 /a ◆ kuai4 ▲ ^1	落 /v ◆ luo4 ▲ ^2
2	垃圾 /n ◆ la1_ji1 ▲ ^1	清扫 /v ◆ qing1_sao3
2	老 /a ◆ lao3 ▲ ^1	跳 /v ◆ tiao4 ▲ ^1
2	老 /a ◆ lao3 ▲ ^1	想 /v ◆ xiang3 ▲ ^3
2	老 /a ◆ lao3 ▲ ^1	送 /v ◆ song4 ▲ ^1
2	老 /a ◆ lao3 ▲ ^1	找 /v ◆ zhao3 ▲ ^A
2	老 /a ◆ lao3 ▲ ^1	想 /v ◆ xiang3 ▲ ^1
2	冷静 /a ◆ leng3_jing4 ▲ ^2	研究 /v ◆ yan2_jiu1 ▲ ^1
2	历史 /n ◆ li4_shi3 ▲ ^1	影响 /v ◆ ying3_xiang3 ▲ ^1
2	历史 /n ◆ li4_shi3 ▲ ^1	光荣 /a ◆ guang1_rong2 ▲ ^1
2	脸 /n ◆ lian3 ▲ ^1	扭 /v ◆ niu3 ▲ ^2
2	脸 /n ◆ lian3 ▲ ^1	带 /v ◆ dai4 ▲ ^B4
2	脸 /n ◆ lian3 ▲ ^3	翻 /v ◆ fan1 ▲ ^7
2	脸 /n ◆ lian3 ▲ ^3	丢 /v ◆ diu1 ▲ ^1
2	脸 /n ◆ lian3 ▲ ^4	拉 /v ◆ la1 ▲ ^A5
2	凉水 /n ◆ liang2_shui3 ▲ ^1	泼 /v ◆ po1 ▲ ^A
2	凉水 /n ◆ liang2_shui3 ▲ ^2	喝 /v ◆ he1 ▲ ^A1
2	灵活 /a ◆ ling2_huo2 ▲ ^1	行动 /v ◆ xing2_dong4 ▲ ^1
2	铃 /n ◆ ling2 ▲ ^1	响 /v ◆ xiang3 ▲ ^2
2	零钱 /n ◆ ling2_qian2 ▲ ^1	换 /v ◆ huan4 ▲ ^3
2	绿色 /n ◆ lv4_se4 ▲ ^1	浓 /a ◆ nong2 ▲ ^2
2	卵 /n ◆ luan3 ▲ ^3	生 /v ◆ sheng1 ▲ ^A2
2	买卖 /n ◆ mai3_mai5 ▲ ^1	好 /a ◆ hao3 ▲ ^1
2	麦 /n ◆ mai4 ▲ ^1	割 /v ◆ ge1
2	满 /a ◆ man3 ▲ ^A1	盖 /v ◆ gai4 ▲ ^A4
2	满 /a ◆ man3 ▲ ^A1	筛 /v ◆ shai1 ▲ ^B2
2	满 /a ◆ man3 ▲ ^A4	住 /v ◆ zhu4 ▲ ^1
2	满 /a ◆ man3 ▲ ^A4	洒 /v ◆ sa3 ▲ ^2
2	满 /a ◆ man3 ▲ ^A4	撒 /v ◆ sa3 ▲ ^2
2	满 /a ◆ man3 ▲ ^A4	开 /v ◆ kai1 ▲ ^A1
2	慢 /a ◆ man4 ▲ ^A1	跑 /v ◆ pao3 ▲ ^1
2	毛病 /n ◆ mao2_bing4 ▲ ^2	出 /v ◆ chu1 ▲ ^A6
2	矛盾 /n ◆ mao2_dun4 ▲ ^4	解决 /v ◆ jie3_jue2 ▲ ^1
2	门 /n ◆ men2 ▲ ^2	开 /v ◆ kai1 ▲ ^A3
2	门 /n ◆ men2 ▲ ^3	开 /v ◆ kai1 ▲ ^A1
2	门 /n ◆ men2 ▲ ^5	打开 /v ◆ da3_kai1 ▲ ^1
2	门板 /n ◆ men2_ban3 ▲ ^1	卸 /v ◆ xie4 ▲ ^4
2	猛 /a ◆ meng3 ▲ ^1	打 /v ◆ da3 ▲ ^A3
2	梦 /n ◆ meng4 ▲ ^1	做 /v ◆ zuo4 ▲ ^5
2	名字 /n ◆ ming2_zi5 ▲ ^2	取 /v ◆ qu3 ▲ ^3
2	命运 /n ◆ ming4_yun4 ▲ ^1	决定 /v ◆ jue2_ding4 ▲ ^3
2	目光 /n ◆ mu4_guang1 ▲ ^1	落 /v ◆ luo4 ▲ ^1
2	年 /n ◆ nian2 ▲ ^1	过 /v ◆ guo4 ▲ ^1
2	年月 /n ◆ nian2_yue5 ▲ ^1	动荡 /a ◆ dong4_dang4 ▲ ^2
2	牛皮 /n ◆ niu2_pi2 ▲ ^1	生 /a ◆ sheng1 ▲ ^B3
2	女工 /n ◆ nv3_gong1 ▲ ^A2	雇用 /v ◆ gu4_yong4
2	拍子 /n ◆ pai1_zi5 ▲ ^2	急促 /a ◆ ji2_cu4 ▲ ^1
2	排球 /n ◆ pai2_qiu2 ▲ ^2	打 /v ◆ da3 ▲ ^A22
2	脾气 /n ◆ pi2_qi5 ▲ ^2	发 /v ◆ fa1 ▲ ^4
2	起义 /v ◆ qi3_yi4 ▲ ^1	发动 /v ◆ fa1_dong4 ▲ ^1
2	气 /n ◆ qi4 ▲ ^★	生 /v ◆ sheng1 ▲ ^A8
2	钱 /n ◆ qian2 ▲ ^A2	借 /v ◆ jie4 ▲ ^A2

共现次数	节点词语	搭配词语
2	钱 /n ◆ qian2 ▲ ^A2	小 /a ◆ xiao3 ▲ ^1
2	钱 /n ◆ qian2 ▲ ^A2	换 /v ◆ huan4 ▲ ^3
2	钱 /n ◆ qian2 ▲ ^A2	赚 /v ◆ zhuan4 ▲ ^1
2	钱 /n ◆ qian2 ▲ ^A2	换 /v ◆ huan4 ▲ ^1
2	钱 /n ◆ qian2 ▲ ^A3	寄 /v ◆ ji4 ▲ ^1
2	钱 /n ◆ qian2 ▲ ^A3	出 /v ◆ chu1 ▲ ^A4
2	钱 /n ◆ qian2 ▲ ^A3	没 /v ◆ mei2 ▲ ^ ★
2	钱 /n ◆ qian2 ▲ ^A4	换 /v ◆ huan4 ▲ ^3
2	钱 /n ◆ qian2 ▲ ^A4	值 /v ◆ zhi2 ▲ ^2
2	轻 /a ◆ qing1 ▲ ^3	看 /v ◆ kan4 ▲ ^1
2	轻 /a ◆ qing1 ▲ ^6	点 /v ◆ dian3 ▲ ^A11
2	轻 /a ◆ qing1 ▲ ^6	走 /v ◆ zou3 ▲ ^5
2	轻 /a ◆ qing1 ▲ ^6	抖 /v ◆ dou3 ▲ ^2
2	轻 /a ◆ qing1 ▲ ^6	响 /v ◆ xiang3 ▲ ^2
2	轻 /a ◆ qing1 ▲ ^6	摇晃 /v ◆ yao2_huang4 ▲ ^1
2	轻 /a ◆ qing1 ▲ ^6	拨 /v ◆ bo1 ▲ ^1
2	清楚 /a ◆ qing1_chu5 ▲ ^1	想 /v ◆ xiang3 ▲ ^1
2	清楚 /a ◆ qing1_chu5 ▲ ^1	写 /v ◆ xie3 ▲ ^1
2	清楚 /a ◆ qing1_chu5 ▲ ^1	写 /v ◆ xie3 ▲ ^2
2	清楚 /a ◆ qing1_chu5 ▲ ^1	写 /v ◆ xie3 ▲ ^ ★
2	全 /a ◆ quan2 ▲ ^1	看 /v ◆ kan4 ▲ ^1
2	全面 /a ◆ quan2_mian4 ▲ ^2	介绍 /v ◆ jie4_shao4 ▲ ^3
2	劝告 /v ◆ quan4_gao4 ▲ ^1	诚恳 /a ◆ cheng2_ken3
2	热情 /a ◆ re4_qing2 ▲ ^2	欢迎 /v ◆ huan1_ying2 ▲ ^1
2	人 /n ◆ ren2 ▲ ^1	逼 /v ◆ bi1 ▲ ^ ★
2	人物 /n ◆ ren2_wu4 ▲ ^3	典型 /a ◆ dian3_xing2 ▲ ^2
2	人影 /n ◆ ren2_ying3 ▲ ^2	密集 /a ◆ mi4_ji2 ▲ ^2
2	认识 /n ◆ ren4_shi5 ▲ ^2	理性 /a ◆ li3_xing4 ▲ ^1
2	认真 /a ◆ ren4_zhen1 ▲ ^2	听 /v ◆ ting1 ▲ ^A1
2	日 /n ◆ ri4 ▲ ^1	落 /v ◆ luo4 ▲ ^2
2	日子 /n ◆ ri4_zi5 ▲ ^3	紧 /a ◆ jin3 ▲ ^6
2	容易 /a ◆ rong2_yi4 ▲ ^1	接受 /v ◆ jie1_shou4 ▲ ^2
2	入神 /a ◆ ru4_shen2 ▲ ^2	听 /v ◆ ting1 ▲ ^A1
2	散文 /n ◆ san3_wen2 ▲ ^2	写 /v ◆ xie3 ▲ ^ ★

共现次数	节点词语	搭配词语
2	山 /n ◆ shan1 ▲ ^1	游 /v ◆ you2 ▲ ^1
2	山 /n ◆ shan1 ▲ ^1	清 /a ◆ qing1 ▲ ^A4
2	上游 /n ◆ shang4_you2 ▲ ^2	力争 /v ◆ li4_zheng1 ▲ ^1
2	少 /a ◆ shao3 ▲ ^1	发现 /v ◆ fa1_xian4 ▲ ^1
2	舌头 /n ◆ she2_tou5 ▲ ^1	吐 /v ◆ tu3 ▲ ^2
2	设备 /n ◆ she4_bei4 ▲ ^2	配备 /v ◆ pei4_bei4 ▲ ^1
2	社会 /n ◆ she4_hui4 ▲ ^1	旧 /a ◆ jiu4 ▲ ^1
2	社会 /n ◆ she4_hui4 ▲ ^2	文明 /a ◆ wen2_ming2 ▲ ^2
2	社会 /n ◆ she4_hui4 ▲ ^2	封建 /a ◆ feng1_jian4 ▲ ^3
2	身 /n ◆ shen1 ▲ ^1	转 /v ◆ zhuan4 ▲ ^2
2	身子 /n ◆ shen1_zi5 ▲ ^1	摆 /v ◆ bai3 ▲ ^A3
2	深 /a ◆ shen1 ▲ ^1	刻 /v ◆ ke4 ▲ ^1
2	深 /a ◆ shen1 ▲ ^1	沉 /v ◆ chen2 ▲ ^2
2	深 /a ◆ shen1 ▲ ^1	呼吸 /v ◆ hu1_xi1 ▲ ^1
2	深 /a ◆ shen1 ▲ ^1	扎根 /v ◆ zha1_gen1 ▲ ^2
2	深 /a ◆ shen1 ▲ ^4	体会 /v ◆ ti3_hui4 ▲ ^1
2	深 /a ◆ shen1 ▲ ^4	认识 /v ◆ ren4_shi5 ▲ ^1
2	深 /a ◆ shen1 ▲ ^4	感受 /v ◆ gan3_shou4 ▲ ^1
2	深 /a ◆ shen1 ▲ ^4	影响 /v ◆ ying3_xiang3 ▲ ^1
2	深 /a ◆ shen1 ▲ ^7	入 /v ◆ ru4 ▲ ^1
2	深 /a ◆ shen1 ▲ ^7	沉 /v ◆ chen2 ▲ ^2
2	深 /a ◆ shen1 ▲ ^7	陷 /v ◆ xian4 ▲ ^2
2	深入 /a ◆ shen1_ru4 ▲ ^2	研究 /v ◆ yan2_jiu1 ▲ ^1
2	生活 /n ◆ sheng1_huo2 ▲ ^1	揭示 /v ◆ jie1_shi4 ▲ ^2
2	生活 /n ◆ sheng1_huo2 ▲ ^1	改变 /v ◆ gai3_bian4 ▲ ^1
2	生活 /n ◆ sheng1_huo2 ▲ ^4	新 /a ◆ xin1 ▲ ^1
2	生活 /n ◆ sheng1_huo2 ▲ ^4	困难 /a ◆ kun4_nan5 ▲ ^2
2	声 /n ◆ sheng1 ▲ ^1	叫 /v ◆ jiao4 ▲ ^A2
2	声 /n ◆ sheng1 ▲ ^1	停 /v ◆ ting2 ▲ ^A1
2	时间 /n ◆ shi2_jian1 ▲ ^1	费 /v ◆ fei4 ▲ ^2

共现次数	节点词语	搭配词语
2	时间/n ◆ shi2_jian1 ▲^1	短/a ◆ duan3 ▲^1
2	时间/n ◆ shi2_jian1 ▲^1	看/v ◆ kan4 ▲^2
2	时间/n ◆ shi2_jian1 ▲^1	经过/v ◆ jing1_guo4 ▲^1
2	时间/n ◆ shi2_jian1 ▲^1	早/a ◆ zao3 ▲^4
2	时间/n ◆ shi2_jian1 ▲^1	休息/v ◆ xiu1_xi5 ▲^1
2	时间/n ◆ shi2_jian1 ▲^3	快/a ◆ kuai4 ▲^1
2	世界/n ◆ shi4_jie4 ▲^1	充满/v ◆ chong1_man3 ▲^2
2	世界/n ◆ shi4_jie4 ▲^1	震惊/v ◆ zhen4_jing1 ▲^2
2	世界/n ◆ shi4_jie4 ▲^1	发展/v ◆ fa1_zhan3 ▲^1
2	世界/n ◆ shi4_jie4 ▲^3	震惊/v ◆ zhen4_jing1 ▲^2
2	世界/n ◆ shi4_jie4 ▲^3	经典/a ◆ jing1_dian3 ▲^4
2	世界/n ◆ shi4_jie4 ▲^5	认识/v ◆ ren4_shi5 ▲^1
2	世界/n ◆ shi4_jie4 ▲^5	充满/v ◆ chong1_man3 ▲^2
2	事/n ◆ shi4 ▲^1	说/v ◆ shuo1 ▲^6
2	事/n ◆ shi4 ▲^1	写/v ◆ xie3 ▲^1
2	事/n ◆ shi4 ▲^1	做/v ◆ zuo4 ▲^1
2	事/n ◆ shi4 ▲^1	解释/v ◆ jie3_shi4 ▲^2
2	事/n ◆ shi4 ▲^1	能够/v ◆ neng2_gou4 ▲^2
2	事/n ◆ shi4 ▲^1	清楚/a ◆ qing1_chu5 ▲^1
2	事/n ◆ shi4 ▲^1	成/v ◆ cheng2 ▲^A1
2	事/n ◆ shi4 ▲^3	作/v ◆ zuo4 ▲^2
2	事/n ◆ shi4 ▲^4	作/v ◆ zuo4 ▲^2
2	事情/n ◆ shi4_qing5 ▲^1	想/v ◆ xiang3 ▲^★
2	事情/n ◆ shi4_qing5 ▲^1	看/v ◆ kan4 ▲^4
2	事情/n ◆ shi4_qing5 ▲^1	来/v ◆ lai2 ▲^A5
2	事情/n ◆ shi4_qing5 ▲^1	明白/a ◆ ming2_bai5 ▲^1
2	事情/n ◆ shi4_qing5 ▲^1	弄/v ◆ nong4 ▲^2
2	事情/n ◆ shi4_qing5 ▲^1	清楚/a ◆ qing1_chu5 ▲^1
2	事情/n ◆ shi4_qing5 ▲^2	看/v ◆ kan4 ▲^1
2	手头/n ◆ shou3_tou2 ▲^2	紧/a ◆ jin3 ▲^6
2	舒服/a ◆ shu1_fu5 ▲^1	看/v ◆ kan4 ▲^1
2	水平/n ◆ shui3_ping2 ▲^2	先进/a ◆ xian1_jin4 ▲^1
2	顺手/a ◆ shun4_shou3 ▲^1	拍/v ◆ pai1 ▲^1
2	顺序/n ◆ shun4_xu4 ▲^1	自然/a ◆ zi4_ran2 ▲^2
2	思想/n ◆ si1_xiang3 ▲^1	冲突/v ◆ chong1_tu1 ▲^1
2	速度/n ◆ su4_du4 ▲^1	加快/v ◆ jia1_kuai4 ▲^1
2	速度/n ◆ su4_du4 ▲^2	加快/v ◆ jia1_kuai4 ▲^1
2	随便/a ◆ sui2_bian4 ▲^2	说/v ◆ shuo1 ▲^1
2	随便/a ◆ sui2_bian4 ▲^2	翻/v ◆ fan1 ▲^1
2	随便/a ◆ sui2_bian4 ▲^3	问/v ◆ wen4 ▲^1
2	太阳/n ◆ tai4_yang2 ▲^1	遮/v ◆ zhe1 ▲^1
2	太阳/n ◆ tai4_yang2 ▲^1	亮/a ◆ liang4 ▲^1
2	太阳/n ◆ tai4_yang2 ▲^1	暖和/a ◆ nuan3_huo5 ▲^1
2	太阳/n ◆ tai4_yang2 ▲^1	暖/a ◆ nuan3 ▲^1
2	态度/n ◆ tai4_du5 ▲^2	温和/a ◆ wen1_he2 ▲^2
2	特别/a ◆ te4_bie2 ▲^1	像/v ◆ xiang4 ▲^3
2	题目/n ◆ ti2_mu4 ▲^1	好/a ◆ hao3 ▲^1
2	天/n ◆ tian1 ▲^1	黑/a ◆ hei1 ▲^1
2	天/n ◆ tian1 ▲^3	早/a ◆ zao3 ▲^4
2	天/n ◆ tian1 ▲^3	黑/a ◆ hei1 ▲^1
2	天气/n ◆ tian1_qi4 ▲^1	坏/a ◆ huai4 ▲^2
2	天气/n ◆ tian1_qi4 ▲^1	转/v ◆ zhuan3 ▲^1
2	天气/n ◆ tian1_qi4 ▲^1	暖和/a ◆ nuan3_huo5 ▲^1
2	天真/a ◆ tian1_zhen1 ▲^1	想/v ◆ xiang3 ▲^3
2	甜/a ◆ tian2 ▲^1	带/v ◆ dai4 ▲^B4

共现次数	节点词语	搭配词语	共现次数	节点词语	搭配词语
2	条件 /n ◆ tiao2_jian4 ▲ ^1	讲究 /v ◆ jiang3_jiu5 ▲ ^1	2	鲜明 /a ◆ xian1_ming2 ▲ ^2	对照 /v ◆ dui4_zhao4 ▲ ^2
2	条件 /n ◆ tiao2_jian4 ▲ ^1	好 /a ◆ hao3 ▲ ^1	2	消息 /n ◆ xiao1_xi5 ▲ ^2	好 /a ◆ hao3 ▲ ^1
2	头 /n ◆ tou2 ▲ ^1	转 /v ◆ zhuan4 ▲ ^2	2	小 /a ◆ xiao3 ▲ ^1	坐 /v ◆ zuo4 ▲ ^2
2	腿 /n ◆ tui3 ▲ ^1	蹬 /v ◆ deng1 ▲ ^1	2	小 /a ◆ xiao3 ▲ ^1	希望 /v ◆ xi1_wang4 ▲ ^1
2	腿 /n ◆ tui3 ▲ ^1	撒 /v ◆ sa1 ▲ ^1		小年 /n ◆ xiao3_nian2 ▲ ^2	过 /v ◆ guo4 ▲ ^1
2	完全 /a ◆ wan2_quan2 ▲ ^1	变 /v ◆ bian4 ▲ ^1	2	斜 /a ◆ xie2 ▲ ^1	插 /v ◆ cha1 ▲ ^1
2	玩笑 /n ◆ wan2_xiao4 ▲ ^1	开 /v ◆ kai1 ▲ ^A1	2	心 /n ◆ xin1 ▲ ^2	激动 /a ◆ ji1_dong4 ▲ ^1
2	卫生 /a ◆ wei4_sheng1 ▲ ^1	讲 /v ◆ jiang3 ▲ ^1	2	心 /n ◆ xin1 ▲ ^2	贴近 /v ◆ tie1_jin4 ▲ ^1
2	文采 /n ◆ wen2_cai3 ▲ ^2	讲求 /v ◆ jiang3_qiu2	2	心 /n ◆ xin1 ▲ ^2	细 /a ◆ xi4 ▲ ^6
2	文化 /n ◆ wen2_hua4 ▲ ^1	影响 /v ◆ ying3_xiang3 ▲ ^1	2	心怀 /n ◆ xin1_huai2 ▲ ^3	坦荡 /a ◆ tan3_dang4 ▲ ^2
2	文明 /n ◆ wen2_ming2 ▲ ^1	发展 /v ◆ fa1_zhan3 ▲ ^1	2	心田 /n ◆ xin1_tian2 ▲ ^1	幼小 /a ◆ you4_xiao3
2	文章 /n ◆ wen2_zhang1 ▲ ^1	看 /v ◆ kan4 ▲ ^1	2	心胸 /n ◆ xin1_xiong1 ▲ ^2	宽 /a ◆ kuan1 ▲ ^4
2	文章 /n ◆ wen2_zhang1 ▲ ^1	写 /v ◆ xie3 ▲ ^ ★	2	新 /a ◆ xin1 ▲ ^1	研究 /v ◆ yan2_jiu1 ▲ ^1
2	文章 /n ◆ wen2_zhang1 ▲ ^4	做 /v ◆ zuo4 ▲ ^3	2	新 /a ◆ xin1 ▲ ^1	发现 /v ◆ fa1_xian4 ▲ ^2
2	问题 /n ◆ wen4_ti2 ▲ ^1	研究 /v ◆ yan2_jiu1 ▲ ^1	2	新 /a ◆ xin1 ▲ ^1	建立 /v ◆ jian4_li4 ▲ ^2
2	问题 /n ◆ wen4_ti2 ▲ ^1	发现 /v ◆ fa1_xian4 ▲ ^1	2	信 /n ◆ xin4 ▲ ^A7	给 /v ◆ gei3 ▲ ^2
2	问题 /n ◆ wen4_ti2 ▲ ^2	发现 /v ◆ fa1_xian4 ▲ ^1	2	信 /n ◆ xin4 ▲ ^A7	去 /v ◆ qu4 ▲ ^A1
2	问题 /n ◆ wen4_ti2 ▲ ^2	有关 /v ◆ you3_guan1 ▲ ^2	2	信 /n ◆ xin4 ▲ ^A7	去 /v ◆ qu4 ▲ ^A10
2	屋 /n ◆ wu1 ▲ ^2	进 /v ◆ jin4 ▲ ^2	2	信息 /n ◆ xin4_xi1 ▲ ^1	发展 /v ◆ fa1_zhan3 ▲ ^1
2	希望 /n ◆ xi1_wang4 ▲ ^2	充满 /v ◆ chong1_man3 ▲ ^1	2	形象 /n ◆ xing2_xiang4 ▲ ^2	具体 /a ◆ ju4_ti3 ▲ ^1
2	媳妇 /n ◆ xi2_fu5 ▲ ^1	娶 /v ◆ qu3	2	修养 /n ◆ xiu1_yang3 ▲ ^1	深厚 /a ◆ shen1_hou4 ▲ ^2
2	戏剧 /n ◆ xi4_ju4 ▲ ^1	写 /v ◆ xie3 ▲ ^2	2	学生 /n ◆ xue2_sheng5 ▲ ^1	教育 /v ◆ jiao4_yu4 ▲ ^2
2	系统 /n ◆ xi4_tong3 ▲ ^1	改变 /v ◆ gai3_bian4 ▲ ^2	2	烟 /n ◆ yan1 ▲ ^4	点 /v ◆ dian3 ▲ ^A19
2	系统 /n ◆ xi4_tong3 ▲ ^1	改变 /v ◆ gai3_bian4 ▲ ^1	2	严重 /a ◆ yan2_zhong4 ▲ ^1	流失 /v ◆ liu2_shi1 ▲ ^1
2	细 /a ◆ xi4 ▲ ^2	看 /v ◆ kan4 ▲ ^1	2	严重 /a ◆ yan2_zhong4 ▲ ^1	威胁 /v ◆ wei1_xie2 ▲ ^2
2	细 /a ◆ xi4 ▲ ^6	读 /v ◆ du2 ▲ ^2	2	眼 /n ◆ yan3 ▲ ^1	瞪 /v ◆ deng4 ▲ ^2
2	细 /a ◆ xi4 ▲ ^6	数 /v ◆ shu3 ▲ ^1	2	阳光 /n ◆ yang2_guang1 ▲ ^1	散射 /v ◆ san3_she4 ▲ ^1
2	鲜 /a ◆ xian1 ▲ ^1	见 /v ◆ jian4 ▲ ^A2	2	阳光 /n ◆ yang2_guang1 ▲ ^1	亮 /a ◆ liang4 ▲ ^1
2	鲜明 /a ◆ xian1_ming2 ▲ ^2	对比 /v ◆ dui4_bi3 ▲ ^1	2	一定 /b ◆ yi1_ding4 ▲ ^1	存在 /v ◆ cun2_zai4 ▲ ^1

共现次数	节点词语	搭配词语
2	疑心 /n ◆ yi2_xin1 ▲ ^1	起 /v ◆ qi3 ▲ ^A6
2	艺术 /n ◆ yi4_shu4 ▲ ^1	新 /a ◆ xin1 ▲ ^2
2	艺术 /n ◆ yi4_shu4 ▲ ^1	好 /a ◆ hao3 ▲ ^1
2	意见 /n ◆ yi4_jian4 ▲ ^1	一致 /a ◆ yi1_zhi4 ▲ ^1
2	意思 /n ◆ yi4_si5 ▲ ^2	明白 /a ◆ ming2_bai5 ▲ ^1
2	意义 /n ◆ yi4_yi4 ▲ ^2	构成 /v ◆ gou4_cheng2 ▲ ^1
2	意义 /n ◆ yi4_yi4 ▲ ^2	深 /a ◆ shen1 ▲ ^4
2	印 /n ◆ yin4 ▲ ^1	盖 /v ◆ gai4 ▲ ^A5
2	应对 /v ◆ ying4_dui4 ▲ ^1	从容 /a ◆ cong2_rong2 ▲ ^1
2	用心 /a ◆ yong4_xin1 ▲ ^A	体会 /v ◆ ti3_hui4 ▲ ^1
2	用心 /a ◆ yong4_xin1 ▲ ^A	想 /v ◆ xiang3 ▲ ^1
2	宇宙 /n ◆ yu3_zhou4 ▲ ^1	构成 /v ◆ gou4_cheng2 ▲ ^1
2	宇宙 /n ◆ yu3_zhou4 ▲ ^1	混沌 /a ◆ hun4_dun4 ▲ ^2
2	雨水 /n ◆ yu3_shui3 ▲ ^1	流 /v ◆ liu2 ▲ ^A1
2	语言 /n ◆ yu3_yan2 ▲ ^1	发展 /v ◆ fa1_zhan3 ▲ ^2
2	语言 /n ◆ yu3_yan2 ▲ ^2	具体 /a ◆ ju4_ti3 ▲ ^1
2	语言 /n ◆ yu3_yan2 ▲ ^2	组织 /v ◆ zu3_zhi1 ▲ ^1
2	语言 /n ◆ yu3_yan2 ▲ ^2	说明 /v ◆ shuo1_ming2 ▲ ^1
2	元素 /n ◆ yuan2_su4 ▲ ^3	分解 /v ◆ fen1_jie3 ▲ ^1
2	远 /a ◆ yuan3 ▲ ^1	想 /v ◆ xiang3 ▲ ^3
2	远 /a ◆ yuan3 ▲ ^3	离 /v ◆ li2 ▲ ^A2

共现次数	节点词语	搭配词语
2	云 /n ◆ yun2 ▲ ^B	飞 /v ◆ fei1 ▲ ^1
2	运动 /n ◆ yun4_dong4 ▲ ^5	批判 /v ◆ pi1_pan4 ▲ ^1
2	运气 /n ◆ yun4_qi5 ▲ ^1	碰 /v ◆ peng4 ▲ ^2
2	早 /a ◆ zao3 ▲ ^4	醒 /v ◆ xing3 ▲ ^2
2	早 /a ◆ zao3 ▲ ^4	回 /v ◆ hui2 ▲ ^A2
2	早 /a ◆ zao3 ▲ ^4	起 /v ◆ qi3 ▲ ^A6
2	早 /a ◆ zao3 ▲ ^4	想 /v ◆ xiang3 ▲ ^1
2	早 /a ◆ zao3 ▲ ^4	明白 /v ◆ ming2_bai5 ▲ ^4
2	账 /n ◆ zhang4 ▲ ^1	记 /v ◆ ji4 ▲ ^2
2	真 /a ◆ zhen1 ▲ ^1	希望 /v ◆ xi1_wang4 ▲ ^1
2	真正 /b ◆ zhen1_zheng4 ▲ ^1	会 /v ◆ hui4 ▲ ^B3
2	整齐 /a ◆ zheng3_qi2 ▲ ^1	放 /v ◆ fang4 ▲ ^13
2	直 /a ◆ zhi2 ▲ ^2	坐 /v ◆ zuo4 ▲ ^1
2	钟 /n ◆ zhong1 ▲ ^A2	敲 /v ◆ qiao1 ▲ ^1
2	主意 /n ◆ zhu3_yi5 ▲ ^1	拿定 /v ◆ na2_ding4 ▲ ^1
2	主意 /n ◆ zhu3_yi5 ▲ ^2	想 /v ◆ xiang3 ▲ ^3
2	仔细 /a ◆ zi3_xi4 ▲ ^1	读 /v ◆ du2 ▲ ^2
2	资金 /n ◆ zi1_jin1 ▲ ^2	不足 /a ◆ bu4_zu2 ▲ ^1
2	资料 /n ◆ zi1_liao4 ▲ ^2	生产 /v ◆ sheng1_chan3 ▲ ^1
2	字 /n ◆ zi4 ▲ ^1	新 /a ◆ xin1 ▲ ^1
2	自由 /n ◆ zi4_you2 ▲ ^1	追求 /v ◆ zhui1_qiu2 ▲ ^1
2	嘴 /n ◆ zui3 ▲ ^1	含 /v ◆ han2 ▲ ^2
2	嘴 /n ◆ zui3 ▲ ^1	吐 /v ◆ tu3 ▲ ^1
2	嘴 /n ◆ zui3 ▲ ^1	吹 /v ◆ chui1 ▲ ^2
2	作文 /n ◆ zuo4_wen2 ▲ ^2	写 /v ◆ xie3 ▲ ^★
2	作用 /n ◆ zuo4_yong4 ▲ ^2	起 /v ◆ qi3 ▲ ^A6